인도철학의 최고 명저

브라흐마 수뜨라 주석 【1】

Brahma-sūtra-bhāṣya

샹까라 저 / 박효엽 역

세창출판사

저자 샹까라Śaṅkara(약 700-750년 또는 788-820년)

인도에서 가장 위대한 철학자로 알려져 있고 힌두교에서 가장 중요한 스승이자 성인으로 숭배되는 인물이다. 인도의 정통 철학으로서 최대 학파인 아드바이따 베단따의 창시자이다. 고전 우빠니샤드, 『바가바드 기따』, 『브라흐마 수뜨라』에 대해 현존하는 최초의 주석이자 최고의 권위를 가진 주석을 썼다. 그의 생애는 힌두교 전통에서 영웅적이고 극적으로 묘사되는데, 비非힌두권에서는 거의 역사적 사실로 간주되지 않는 편이다.

역자 박효엽Park, Hyo-Yeop

인도 뿌네대학교University of Pune에서 샹까라 철학을 전공으로 박사학위를 받았다. 현재 경북대학교와 원광대학교 동양학대학원(요가학과)에서 강의 중이며, 주로 우빠니샤드 철학, 베단따 철학, 현대요가를 연구하고 있다. 역서로는 『베단따의 정수』(2006)가 있고, 저서로는 『처음 읽는 우파니샤드』(2007), 『불온한 신화 읽기』(2011), 『탈식민주의의 얼굴들』(공저, 2012), 『요가와 문화』(공저, 2013), 『요가란 무엇인가』(공저, 2015) 등이 있다.

브라흐마 수뜨라 주석 【1】

1판 1쇄 인쇄 2016년 9월 10일
1판 1쇄 발행 2016년 9월 20일

저 자 | 샹까라
역 자 | 박효엽
발행인 | 이방원
발행처 | 세창출판사

신고번호 · 제300-1990-63호 | 주소 · 서울 서대문구 경기대로 88(냉천빌딩 4층)
전화 · (02) 723-8660 | 팩스 · (02) 720-4579 | http://www.sechangpub.co.kr
e-mail: sc1992@empal.com

ISBN 978-89-8411-633-7 94150
978-89-8411-632-0 (세트)

이 책은 한국연구재단의 지원으로 세창출판사가 출판, 유통합니다.
잘못된 책은 구입하신 서점에서 바꾸어 드립니다.
책값은 뒤표지에 있습니다.

이 도서의 국립중앙도서관 출판예정도서목록(CIP)은 서지정보유통지원시스템 홈페이지(http://seoji.nl.go.kr)와 국가자료공동목록시스템(http://www.nl.go.kr/kolisnet)에서 이용하실 수 있습니다.(CIP제어번호: CIP2016020930)

"그것을 두려워함으로써 바람이 불리라.
두려워함으로써 태양이 떠오르리라.
그것을 두려워함으로써 불과 인드라가,
그리고 제5인 죽음이 달리리라."

-『따잇띠리야 우빠니샤드』 2.8.1 -

내가 두려워한다는 것을 알게끔 하고,
두려움을 향해서 나를 나아가게끔 한,
그 시절의 아득하고 아름다운 인연들에게,
이 무거운 번역서를 두 손 모아 바칩니다.

역자의 말

번역은 시간의 무덤이다. 무수한 시간들이 서로 다른 언어들 사이에서 묻힌다. 세월 가는 줄도 모르고 인생의 한가운데 번역의 닻을 내리고 살다가, 어느 날 주위를 둘러보니 모든 인연들은 떠났고 머리칼만 하얗게 세었다. 무수한 시간들이 무덤 속으로 사라져 갔다. 남은 것은 견딤이 낳은 후유증인지도 모를 무덤덤한 감각뿐이다.

『브라흐마 수뜨라 주석』의 번역을 마치면서 기억을 되살려보니 몇 개의 장면들이 스친다. 먼저 인도의 바라나시에서 보낸 첫날이다. 아직도 생생하게 기억나는 그 찬란한 첫날은 영원보다도 더 영원 같다. 바라나시는 내 삶을 밤새 뒤척이게 만든 곳이다. 또 하나는, 산스크리트 읽기 연습을 위해 붉은 표지의 『브라흐마 수뜨라 주석』을 사들고 서점 앞의 언덕길을 내려올 때이다. 그때 내 심장이 어떤 이유에서인지 몰라도 무섭도록 뜨겁게 뛰고 있었으니, 지금도 어떤 운명 같은 것이 이미 예정되었을 것이라고 굳게 믿는다. 또 하나는, 쉴 새 없이 번역에 매달리던 일상들이다. 그 밀도는 하도 촘촘해서 나중에는 번역이 곧 소명이 되어 버렸다. 끝내는 소명감도 사라지고 굴레만 남아 버렸다. 그래서 멈췄다. 다만 끝까지 최선을 다한 뒤에 멈춘 것만큼은 헤아려 주었으면 좋겠다.

이 번역에서 주안점을 둔 것들 가운데 몇 가지는 이러하다. 첫째, 이 책이 인도의 고대 철학서이지만 21세기 동시대 한국의 언어로 번역을 해야 한다는 것이다. 특히 한자어에 익숙하지 않은 세대에 걸맞은 번역을 시도하려고 나름대로 노력을 기울였다. 둘째, 이질적인 인도 철학의 낯섦을 어느 정도 드러내야 한다는 것이다. 번역은 어찌 보면 낯익음과 낯섦 사이의 변주이다. 산스크리트 번역에서는 이러한 점이 더더욱 강하게 적용되는데, 예를 들어 문장을 아무리 낯익게 다듬어도 논리의 낯섦이 사라지지 않는 경우가 많다. 낯섦을 드러내려는 시도가 혹은 그대로 두려는 시도가 좋은 결과를 낳았기를 바랄 뿐이다. 셋째, 다른 누구보다도 나 자신에게 제대로 읽히는 글이어야 한다는 것이다. 나 자신이 잘 이해하는 글이라면 다른 사람도 잘 이해할 수 있다고 생각하기 때문이다. 이 번역에 역주가 상대적으로 많은 것도 나 자신의 이해를 돕기 위해서였다.

번역은 불가피하게 그럴듯한 오역이지만 오역을 최소화해야 하는 것은 역자에게 마치 의무와도 같다. 오역을 줄이려고 오랫동안 이 번역을 붙들고 있었다. 얼마나 많은 세월을 보냈는지 말할 필요는 없다. 번역은 오직 그 결과물을 통해서 평가받을 뿐이기에, 단지 오역을 줄이려고 애쓴 행간의 주름들을 읽어주었으면 하는 마음이다.

번역을 재검토하거나 수정하는 동안 얼마나 나 자신에 대해 실망했는지 모른다. 얼마나 나의 성급한 본문 읽기와 얄팍한 지식과 엉터리 역주에 좌절했는지 모른다. 잘못 번역한 본문 문장은 끝도 없이 발견되었고, 잘못 작성한 역주는 고쳐도 또 고쳐도 마음에 들지 않았다. 아직 내가 찾지 못하고 교정하지 못한 오류는 무수할 터이다. 그 숨어 있는 오류는 전적으로 나의 역량이 부족한 탓이다.

나는 문화의 불모지에서 자라났다. 내가 산스크리트를 알게 된 것은 경이로운 싹이다. 내가 이와 같은 번역서를 내놓는 것은 거의 기적에 가까운 열매이다. 굼벵이가 날개를 얻는 것이 한 생애에서 가능한 것도 일종의 헛헛한 행운이라면, 그건 틀림없이 재기가 아닌 끈기의 덕이다. 끈기는 나의 끈질긴 자산이다. 마지막으로, 내게는 소멸이었던 그 시간들이 이 책의 독자에게는 새로운 시간들로 다시 태어나기를, 간절히 소망한다.

2016년 9월

박효엽

차례

역자의 말 · 5 | 약호 · 10 | 문헌 소개 · 12
일러두기 · 69 | 주요 번역어 · 78

브라흐마 수뜨라 주석 【1】

제1장 조화(samanvaya)

제1절 ········ 91
제2절 ········ 269
제3절 ········ 347
제4절 ········ 471

찾아보기 / 553

브라흐마 수뜨라 주석 【2】

제2장 무모순(avirodha)

제1절 · 제2절 · 제3절 · 제4절

브라흐마 수뜨라 주석 【3】

제3장 성취수단(sādhana)

제1절 · 제2절 · 제3절 · 제4절

브라흐마 수뜨라 주석 【4】

제4장 결과(phala)

제1절 · 제2절 · 제3절 · 제4절

[부록1] 수뜨라 모음

[부록2] 인용 문장들

[부록 3] 주제와 우빠니샤드 문장

약호

기따	*Bhagavad-gītā*
까우	*Kauṣītaki-upaniṣad*
까타	*Kaṭha-upaniṣad*
께나	*Kena-upaniṣad*
나라	*Nārāyaṇa-upaniṣad*
느야야-수	*Nyāya-sūtra*
다르마-수	*Dharma-sūtra*
따잇	*Taittirīya-upaniṣad*
따잇-브	*Taittirīya-brāhmaṇa*
따잇-상	*Taittirīya-saṃhitā*
따잇-아	*Taittirīya-āraṇyaka*
딴드-브	*Tāṇḍya-brāhmaṇa*
리그	*Ṛg-veda*
마누	*Manu-smṛti*
마하	*Mahābhārata*
만두-까	*Māṇḍūkya-kārikā*
문다	*Muṇḍaka-upaniṣad*
미맘사-바	*Mīmāṃsā-sūtra-bhāṣya*
미맘사-수	*Mīmāṃsā-sūtra*

바이-수	*Vaiśeṣika-sūtra*
브리	*Bṛhadāraṇyaka-upaniṣad*
쁘라	*Praśna-upaniṣad*
상크야-까	*Sāṃkhya-kārikā*
샤드-브	*Ṣaḍviṃśa-brāhmaṇa*
샤따-브	*Śatapatha-brāhmaṇa*
수뜨라	*Brahma-sūtra*
슈베	*Śvetāśvatara-upaniṣad*
아슈따	*Aṣṭādhyāyī*
아이	*Aitareya-upaniṣad*
아이-브	*Aitareya-brāhmaṇa*
아이-아	*Aitareya-āraṇyaka*
요가-수	*Yoga-sūtra*
이샤	*Īśā-upaniṣad*
자발	*Jābāla-upaniṣad*
주석	*Brahma-sūtra-bhāṣya*
찬도	*Chāndogya-upaniṣad*

문헌 소개

인도철학과 『브라흐마 수뜨라 주석』

인도철학은 한때 서양철학에 견줄 만한 인류의 유산으로 평가되기도 했지만 21세기인 지금 현실적으로 그 평판은 그리 우호적이지 않은 편이다. 아직도 인도에 순수한 이론으로서의 '철학'이라는 것이 존재하느냐 하는 원초적인 질문을 받을 수도 있고, 인도의 사유란 철학이라기보다 신학이나 구원론에 불과하지 않느냐 하는 회의적인 시각을 만날 수도 있다. 인도철학은 여전히 세계철학사에서 변방의 철학이요 동아시아의 한국에서 이질적이고 낯선 사유체계에 지나지 않는다. 분명히 점차 나아져 왔고 더 나아질 것이지만, 그 저평가와 오해와 왜곡과 무관심을 넘어서려면 아직 더 많은 시간과 노력이 필요하다.

아무래도 인도철학의 현재적 위상에는 그 방대한 유산을 접할 기회가 그다지 많지 않았다는 점도 상당히 영향을 미쳤을 것이다. 그리고 그러한 기회가 없었다는 것은 인도철학의 문헌들에 대한 번역본이 거의 없었다는 것과 다르지 않다. 인도철학의 문헌들은 대개 산스크리트(Sanskrit) 언어로 쓰인 것들인데, 심지어 영어권에서조차 그 영역본이 많지는 않다. 그나마 세계적으로 널리 알려진 우빠니샤드, 『바가바드 기따』, 『요가 수뜨라 주석』 등에 대해서는 영역본이 꽤 많은 편이지만, 이 또한 얼마나 인도의 정신문화에 대해 편식이 심한지 알려주는 지표에 다름 아니다. 한국에서도 이러한 사정은 매우 흡사하다. 심지어 인도철학사에서 매우 중요한 위치를 차지하는 불교철학 측의 사정도 아주 낫다고는 결코 말할 수 없다.

『브라흐마 수뜨라 주석』(이하, 『브라흐마 수뜨라』를 〈수뜨라〉로 부르고, 『브라흐마 수뜨라 주석』을 〈주석〉으로 부름)의 경우에는 '동양의 성전'(Sacred Books of the East)이라는 총서의 일환으로 조지 티보(George Thibaut)가 번역하여 1904년 처음으로 영역본이 출간된 이래, 현재까지 적어도 예닐곱 개의 영역본이 출간되었다. 영어권을 제외한 다수의 국가들에서 모국어로 이 〈주석〉을 번역 출간한 것도 이미 오래전의 일이다. 대중성이 전무하다시피 한 철학 전문서 〈주석〉이 이와 같이 상대적으로 빈번하게 번역 출간된 것은 인도철학사에서 〈주석〉의 중요성을 방증해 주는 사례이다.

만약 인도에서 철학적으로 또 신학적으로 가장 영향력 있는 단 하나의 문헌을 꼽으라고 하고, 이에 대해 대중적인 측면이 아니라 학술적인 측면에서 대답한다면, 단연코 〈주석〉을 가장 먼저 떠올릴 수밖에 없다.[1] 〈주석〉은 단순히 베단따(Vedānta) 사상 또는 '아드바이따 베단따'(Advaita Vedānta) 사상의 정수를 담아내고 있느냐 그렇지 않으냐 하는 논의를 넘어서, 인도의 철학적 문헌들 가운데 가장 빼어난 문장과 가장 명료한 논리를 보여주는 논서(論書)이다. 〈주석〉이 보여주는 유려하면서도 정밀한 스타일은 타의 추종을 불허하면서 그 자체로 추앙받는 성전의 반열에까지 올랐다고 해도 과언이 아니다. 물론 이러한 평가에는 인도 특유의 과장이 포함되어 있겠지만, 〈주석〉이 인도철학사에서 차지하는 위상은 이러한 과장 속에서나마 어렴풋하게 알려질 수 있을 것이다.

1_ Potter는 <주석>이 오늘날 인도에서 가장 영향력 있는 단 하나의 철학적 문헌이라고 해도 과언이 아니라고 주장한다. Potter(1981), p.119 참조.

『브라흐마 수뜨라』라는 경전

〈주석〉은 일차적으로 베단따 학파의 경전인 『브라흐마 수뜨라』를 해석한 책이다. 『브라흐마 수뜨라』라는 이 명칭은 '최고의 실재를 브라흐만(Brahman)이라고 간주하는 경전'이라고 풀이할 수 있다. 이 경우에 최고의 실재를 브라흐만으로 간주하는 인도철학의 학파는 베단따이다. 이로부터 『브라흐마 수뜨라』는 『베단따 수뜨라』(*Vedānta-sūtra*)라고도 불린다. 인도사상사에서 가장 강력한 영향력을 행세한 베단따 학파에서 '수뜨라'라는 꼬리표를 달고 있는 유일무이한 경전이 바로 이 〈수뜨라〉인 것이다. 〈수뜨라〉에 대한 여러 명칭들을 정리해 보면 다음과 같다.

- 베단따 수뜨라: 브라흐만을 최고의 실재로 간주하는 우빠니샤드 전통을 잇는 베단따 학파의 경전(sūtra).
- 샤리라까(*Śārīraka*), 샤리라까 수뜨라(*Śārīraka-sūtra*), 샤리라까 샤스뜨라(*Śārīraka-śāstra*), 샤리라까 미맘사(*Śārīraka-mīmāṃsā*): '육화(肉化)된 자'(śārīraka) 즉 개별자아(개별영혼)에 대해 고찰(mīmāṃsā)하는 경전 또는 논서(śāstra).
- 브라흐마 비짜라 샤스뜨라(*Brahma-vicāra-śāstra*): 브라흐만을 탐구하는 논서.
- 베단따 샤스뜨라(*Vedānta-śāstra*), 베단따 미맘사 샤스뜨라(*Vedānta-mīmāṃsā-śāstra*): 베단따(우빠니샤드)에 대한 논서, 베단따를 고찰하는 논서.
- 웃따라 미맘사 수뜨라(*Uttara-mīmāṃsā-sūtra*): 베다의 후편(uttara)인 우빠니샤드를 고찰하는 경전.
- 짜뚜르 락샤니(*Catur-lakṣaṇī*): 4개의 '장'(章)을 가진 책.

- 빅슈 수뜨라(*Bhikṣu-sūtra*): 탁발승(유랑자)이 공부하기에 가장 적당한 경전.

〈수뜨라〉의 저자는 전통적으로 바다라야나(Bādarāyaṇa)라고 알려져 있다. 하지만 〈수뜨라〉가 수세기에 걸쳐 점진적으로 결집된 것인 이상, 단독 저자의 작품으로 보기에는 무리가 따른다. 설령 그가 단독으로 〈수뜨라〉를 기획하고 최초의 형태를 저술했다고 하더라도, 그보다 앞서 또는 동시대에 우빠니샤드에 대한 해석을 시도한 여러 학자들로부터 영향을 받았음에 틀림없다. 〈수뜨라〉 자체에 등장하는 학자들 이름만 해도 여덟 명인데, 그들은 자이미니(Jaimini), 바다라야나(Bādarāyaṇa), 바다리(Bādari), 아우둘로미(Auḍulomi), 아슈마라트야(Āśmarathya), 까샤끄리뜨스나(Kāśakṛtsna), 까르슈나지니(Kārṣṇājini), 아뜨레야(Ātreya)이다.[2] 과연 이들이 베단따 학파가 성립하는 데 어떤 기여를 했는지 확언할 수는 없지만, 적어도 이 학파를 체계화하는 데 어느 정도 공헌을 했을 것이라고는 충분히 짐작할 수 있다.

〈수뜨라〉는 약 700여 년 동안 여러 베단따 학자들이 수정하고 보완하여 집적한 공동 작품으로서 그 최종 형태는 기원후 약 400-450년에 형성되었다고 볼 수 있다.[3] 물론 그 연대에 관해서는 다수의 학자들 사이에 이견이 상당한 편이다. 555개의 수뜨라로 이루어진 〈수뜨라〉는

2_ 자이미니는 11회, 바다라야나는 9회, 바다리는 4회, 아우둘로미는 3회, 아슈마라트야는 2회, 까샤끄리뜨스나, 까르슈나지니, 아뜨레야는 각각 1회씩 <수뜨라>에서 언급된다.

3_ Nakamura(1983), p.436; Mayeda(1979), p.12 참조. 기원후 450년이라는 연대는 Hermann Jacobi가 제안한 것이다. 그는 "The Date of Brahmanical Sūtras"(*Journal of American Oriental Society*, 1911)라는 글에서 <수뜨라>가 200 A.D.와 450 A.D. 사이에 쓰였다고 주장한 바 있다. Pandey(1983), p.21 참조.

4개의 장(adhyāya)으로 나뉘고, 각각의 장은 4개의 절(pāda)로 나뉜다. 이 가운데 1장의 1절, 2절, 3절과 3장의 3절 등은 우빠니샤드의 문장을 직접 다루기 때문에 기원전에 편집되었을 가능성이 높다.[4] 반면에 상크야(Sāṃkhya), 바이셰쉬까(Vaiśeṣika), 불교 등 여러 학파들을 비판하는 2장 2절은 가장 후대에 보완되었을 가능성이 높다.

〈수뜨라〉는 기본적으로 우빠니샤드의 가르침을 축약해서 정리해 놓은 것들이다. 우빠니샤드들 가운데서도 〈수뜨라〉를 형성하는 데 가장 중심이 된 것은 〈찬도〉이다. 그런데 〈미맘사-수〉의 저자로 알려진 자이미니가 '샤리라까 수뜨라'를 썼다고도 전승되는 것으로 보아, 〈수뜨라〉의 성립 초기에 〈찬도〉가 아닌 다른 우빠니샤드를 중심으로 편집된 베단따 학파의 수뜨라도 있었으리라고 추정할 수 있다.[5] 아마도 베단따와 관련된 제2, 제3의 수뜨라는 〈수뜨라〉와의 경쟁에서 패퇴함으로써 〈찬도〉를 중심으로 하는 현재의 〈수뜨라〉만이 유일하게 살아남았을 가능성이 높다. 샹까라 이전의 베단따 학자들과 샹까라는 이와 같이 〈찬도〉의 중요성을 자각하고 있었으며, 그에 따라 샹까라의 경우 〈주석〉에서 〈찬도〉를 가장 많이 인용한다.[6]

하지만 〈찬도〉에 비견할 만큼 〈브리〉도 매우 중요한 우빠니샤드이다. 〈수뜨라〉의 555개 수뜨라들 가운데 〈찬도〉와 연계된 경우는 적어도 127회이고 〈브리〉와 연계된 경우는 적어도 57회이므로 그 비율은 100:44이다. 그런데 〈주석〉에서 샹까라는 전자를 809회 후자를 565회 인용하므로 그 비율은 100:69이다. 결과적으로 〈수뜨라〉와 비교하여 〈주석〉에서 샹까라는 〈브리〉를 더 자주 언급하는 편이다.[7] 일반적으

4_ Nakamura(1983), p.436 참조.

5_ <수뜨라>에서는 바다라야나와 자이미니가 가장 중요한 철학자로 등장한다. 이 둘은 <찬도>가 소속된 『사마베다』(Sāma-veda) 계열의 학자들로 알려져 있다.

6_ 이상 Nakamura(1983), pp.430-431 참조.

로 샹까라의 사유가 〈브리〉 2장과 4장에 등장하는 야즈냐발끄야(Yājñavalkya)와 가장 유사하다고 알려져 있는 이상, 이러한 결과는 충분히 수긍할 만하다. 게다가 우빠니샤드에 대한 주석가이기도 한 그가 〈찬도〉보다 〈브리〉에 관해 더 방대하면서도 상세한 주석을 달고 있는 점도 〈브리〉의 중요성을 방증해준다.

베단따 학파에서 〈수뜨라〉의 중요성은 아무리 강조해도 지나치지 않다. 베단따 학파의 3대원서(三大原書, prasthāna-trayī)는 우빠니샤드들, 『바가바드 기따』, 『브라흐마 수뜨라』(〈수뜨라〉)이다.[8] 이 셋은 종종 힌두교의 3대 경전으로 불리기도 한다. 이 가운데 모든 베단따 학파들에서 공식적으로 가장 중요한 위치를 차지하는 원서는 우빠니샤드이다. 유신론적 베단따 학파에서 실질적으로 가장 중요한 위치를 차지하는 원서는 『바가바드 기따』이다. 그럼에도 후대로 가면 갈수록 〈수뜨라〉의 중요성이 커지고 권위가 높아진다. 베단따의 하위 학파들은 바로 이 〈수뜨라〉에 관해 독립적인 주석 전통을 가짐으로써 독립적인 학파로 간주될 수 있었던 것이다.

베단따 학파를 넘어 힌두교라는 거대 종교에서도 〈수뜨라〉는 매우 중요한 의의를 가진다. 〈수뜨라〉는 힌두 정통사상의 표준이 되는 동시에 힌두 수행론의 표준이 되는 텍스트이다. 무엇보다도 〈수뜨라〉는 힌두교 사상의 근원이라고 할 수 있는 우빠니샤드의 요약본이나 마찬가지이기 때문이다. 〈수뜨라〉의 여러 주석가들 가운데 한 명인 마드바(Madhva)는 〈수뜨라〉가 모든 계시서(śruti)와 전승서(smṛti)의 요체이자 정수라고 강조한다.[9] 그만큼 〈수뜨라〉는 인도의 사상사와 종교사

7_ Nakamura(1983), pp.467-468 참조.

8_ 3대원서 가운데 우빠니샤드들을 'śruti-prasthāna'(계시서로서의 원서), 『바가바드 기따』를 'smṛti-prasthāna'(전승서로서의 원서), 『브라흐마 수뜨라』를 'nyāya-prasthāna'(논리서로서의 원서)라고 각각 부른다.

에서 가장 중요한 위치를 차지하는 문헌인 것이다.

『브라흐마 수뜨라』의 주석서들

인도의 대부분 수뜨라들이 그러하듯이 〈수뜨라〉도 매우 압축적이고 생략적인 방식으로 표현된다. 1-15개의 낱말로 이루어져 있는 〈수뜨라〉의 수뜨라들은[10] 온전한 문장으로 읽는 것조차 어렵고 또 설령 온전한 문장으로 읽더라도 그 의도와 의의가 무엇인지 명료하게 알기 어렵다. 〈수뜨라〉의 이러한 특징은 〈수뜨라〉를 올바르게 이해하기 위한 다양한 독법(讀法)과 접근법을 낳았고, 이러한 방법들은 자연스럽게 베단따의 여러 하위 학파들을 양산했다. 다시 말해, 최고의 실재를 '브라흐만'이라고 부르는 베단따 학파에서는 〈수뜨라〉를 재(再)기술하고 재(再)해석하는 주석의 방식을 통해 새로운 베단따 전통을 만들어냈다.

다음은 〈수뜨라〉에 대한 주석들이다.[11] 새로운 주석은 대체적으로 새로운 학파 또는 새로운 학설의 등장이라고 간주할 수 있다.

9_ Adams(1993), p.4, fn. 2 참조.

10_ 수뜨라의 길이에 관한 보다 자세한 정보는 Adams(1993), p.139 Appendix B를 참조하시오.

11_ Nakamura(1983), p.438 참조. 이는 Nakamura가 제시한 표에 샹까라와 바스까라를 추가한 것이다.

연대	저자	작품명	학파	학설
8세기 전반	Śaṅkara	*Brahmasūtrabhāṣya*	Śāṅkara	Advaita
8세기 후반	Bhāskara	*Bhāskarabhāṣya*		Bhedābheda
1017-1137	Rāmānuja	*Śrībhāṣya*	Śrī-Vaiṣṇava	Viśiṣṭādvaita
1062-1162	Nimbārka	*Vedāntapārijātasaurabha*	Nimbārka	Dvaitādvaita
1230	Madhva	*Sūtrabhāṣya*	Mādhva	Dvaita
13세기	Viṣṇusvāmin	*Brahmasūtrabhāṣya*	Viṣṇusvāmin	Dvaita
1400	Śrīkaṇṭha	*Śaivabhāṣya*	Śaiva	Viśiṣṭādvaita
16세기	Vallabha	*Aṇubhāṣya*	Vallabhācārya	Śuddhādvaita
?	Śrīpati	*Śrīkarabhāṣya*	Liṅgāyat	Śaktiviśiṣṭādvaita
?	Śuka	*Śukabhāṣya*	Bhāgavata	Viśiṣṭādvaita
18세기	Baladeva	Govindabhāṣya	Caitanya	Acintyabhedābheda

베단따의 여러 하위 학파들 가운데 가장 널리 알려져 있는 것은 5개이다. 그것들은 ① 샹까라의 '비이원론'(Advaita), ② 라마누자의 '한정 비이원론'(Viśiṣṭādvaita), ③ 마드바의 '이원론'(Dvaita), ④ 님바르까의 '이원론적 비이원론'(Dvaitādvaita), ⑤ 발라바의 '순수 비이원론'(Śuddhādvaita)이다. 하위 학파의 이러한 명칭들은 대개 '최고의 실재인 브라흐만'과 '개별자아(jīva) 또는 세계'의 관계를 표현한 것이다. 양자가 동일한 경우에 '비이원론'이라는 명칭을 사용하고, 양자가 차이 있는 경우에 '이원론'이라는 명칭을 사용한다. 이러한 연관에서 5개 학파의 자아관(自我觀)을 정리해 보면 다음과 같다.

① 비이원론: 자아는 브라흐만(참된 나)과 본래적으로 '하나'이고 '동일'하다.
② 한정 비이원론: 자아는 브라흐만(신)의 '부분'이다.
③ 이원론: 자아는 브라흐만(신)과 본래적으로 '차이' 있다.
④ 이원론적 비이원론: 자아는 브라흐만(신)과 다르기도 하고 같기도 하다.
⑤ 순수 비이원론: 자아는 브라흐만(신)의 '부분'이지만 브라흐만과 '하나'이다.

이 가운데서도 가장 대표적인 것은 샹까라, 라마누자, 마드바의 이론들이다. 샹까라는 절대적인(kevala) 일원론자로, 마드바는 이원론자로, 라마누자는 이원론을 포섭하는 일원론자로 각각 대변되기 때문이다.

그런데 〈수뜨라〉에 주석을 쓴 이들 세 학자가 제시하는 수뜨라의 개수에는 다소 차이가 있다. 더 나아가 수뜨라를 자신의 독법에 따라 묶는 단위인 '주제'(adhikaraṇa)의 개수에는 훨씬 더 많은 차이가 있다.[12]

	샹까라	라마누자	마드바
수뜨라의 개수	555	543	563
주제의 개수	191	156	223

수뜨라와 주제의 개수가 가장 많은 학자는 마드바이고 가장 적은 학자는 라마누자이다. 샹까라는 수뜨라의 개수와 주제의 개수 모두에서 마드바와 라마누자의 중간이다. 어쨌거나 〈수뜨라〉 자체가 고정적인

12_ 아래의 표는 Adams(1993), p.138 Appendix A를 참조하시오.

개수를 가지고 있지 않다는 사실을 인지할 필요가 있다. 그리고 주제의 개수에 차이가 나는 것은 그만큼 수뜨라에 대한 다양한 독법이 가능하다는 것을 암시한다.

샹까라 주석의 정통성

〈수뜨라〉에 대한 최초의 주석가인 샹까라는 여러 주석가들 가운데 한 사람이지만 그 명성은 가히 누구도 넘볼 수 없을 정도이다. 〈주석〉의 권위는 곧 〈수뜨라〉의 권위라고 할 만큼 양자는 불가분의 관계로 알려져 있기도 하다. 심지어 베단따 학자들 가운데 극단적인 전통주의자들은 〈주석〉에 그 어떤 오류도 있을 수 없다고 믿어 왔다. 하지만 수뜨라가 매우 압축적인 형태인 이상 그 간략한 말을 해석하는 데 주관적이고 자의적인 해석이 개입할 여지가 없을 리는 없다. 특히 〈수뜨라〉의 전통을 그 어떤 주석도 올바르게 계승했다고 확신할 수 없기 때문에 객관적인 해석이나 무오류의 해석이라는 것은 결코 가능하지 않은 영역일 뿐이다.

샹까라의 〈주석〉이 〈수뜨라〉의 본래 취지를 온전하게 반영한다는 신화는 무너진 지 오래이다. 〈주석〉을 최초로 영역한 티보는 샹까라와 라마누자 가운데 어느 학자가 〈수뜨라〉의 진의를 더 잘 드러냈는지 따져본다. 그 결과 샹까라가 자주 자의적인 해석을 추가한 것과 달리 라마누자야말로 수뜨라의 본래 의미에 더 가깝게 해석한다고 결론 내린다.[13] 더 나아가 티보는 어느 학자가 각자의 주석에서 우빠니샤드의

13_ Thibaut(1962), Introduction, lxxxvi, xcvi, c 참조. Thibaut는 <수뜨라>에 대한 라마누자의 주석도 영역한 바 있다.

가르침을 더 충실하게 계승하는지 따진 뒤에, 라마누자보다는 샹까라가 우빠니샤드 사상에 더 적합한 체계를 보여준다고 결론 내린다.[14] 결국 샹까라가 우빠니샤드의 전통을 더 잘 계승할지라도 바다라야나의 〈수뜨라〉에 관해서는 자의적이고 다소 왜곡된 해석을 가했다는 것이다. 이러한 연관에서 〈수뜨라〉에 대해 〈주석〉이 누리고 있던 독보적인 권위는 샹까라의 추종자들에 의해 과장된 것이라고 할 수 있다.

한편, 〈수뜨라〉에 관한 5개 하위 학파의 주석을 각 장과 절에 따라 비교하고 분석한 가떼(V. S. Ghate)는 다음과 같이 결론을 내린다.[15]

- 마드바는 우빠니샤드와 〈수뜨라〉에 대해 비합리적이고 왜곡된 해석을 할뿐더러 의심스러운 권위를 인용하기도 한다. 마드바의 주석은 다른 주석에 비해 상대적으로 열등하다.[16]
- 다른 네 주석들 가운데 샹까라의 주석은 라마누자, 님바르까, 발라바의 주석과 사상적으로 완전히 상이하다.
- 샹까라와 라마누자가 〈수뜨라〉에 대해 상이한 해석을 하는 경우, 어느 해석이 더 적합한지 결정하기가 어려운 경우도 많고, 샹까라가 더 적합한 경우와 라마누자가 더 적합한 경우도 각각 많다.
- 동일성과 차이성이라는 관점에서 〈수뜨라〉 해석을 평가할 경우, 님바르까가 〈수뜨라〉의 취지에 가장 가깝고, 그 다음으로는 라마누자, 마드바, 발라바, 샹까라의 순서이다.

14_ Thibaut(1962), Introduction, cxxii-cxxiii, cxxvi 참조.

15_ Ghate(1981), pp.156-170 참조.

16_ 이와 달리 B. N. K. Sharma는 <수뜨라>와 그 주석들을 분석한 방대한 저작을 통해 마드바가 <수뜨라>에 가장 충실한 해석을 남겼다고 주장한다. Sharma(1971), pp.17-18 참조.

가떼의 결론은 티보의 결론과 그다지 다를 바가 없다. 단지 샹까라가 주석가로서 〈수뜨라〉의 의도를 제대로 해석했는가 하는 문제를 따지는 한, 가떼는 '절대적 비이원론'(Kevalādvaita)의 입장을 취하는 샹까라의 〈주석〉이 〈수뜨라〉의 의도와 가장 멀다고 간주한다.

또 다른 한편, 나카무라(H. Nakamura)는 〈수뜨라〉를 그 자체로 더 잘 이해하기 위해서 세 명의 학자 즉 샹까라, 라마누자, 바스까라의 주석을 비교하는 것이 중요하다고 말한다. 그가 바스까라의 주석을 중요시하는 이유는, 바스까라가 샹까라와 라마누자 사이의 시기에서 특별한 분파적 쏠림 없이 보다 객관적으로 주석을 했을 가능성이 높다는 데 있다. 그래서 세 학자의 해석이 일치하는 경우에는 수뜨라의 본래적 의미가 드러나고 불일치하는 경우에는 끈질긴 연구가 요구된다는 것이다.[17] 이러한 방법을 동원하여 나카무라는 다음과 같이 몇 가지 결론을 내린다.[18]

- 샹까라, 바스까라, 라마누자에 의해 전해지는 〈수뜨라〉에 다소간 차이가 존재한다.
- 바스까라의 주석은 그 취지에서 〈수뜨라〉와 가장 가깝고 수뜨라의 용어들에 대한 해석은 매우 신뢰할 만하다.
- 라마누자의 주석은 철학적으로 〈수뜨라〉로부터 그다지 많이 벗어나지 않지만, 개별적 수뜨라의 용어들을 해석하는 데 상당히 자의적인 해석이 자주 발견되기 때문에 그 부분에서는 샹까라나 바스까라보다 열등하다.

17_ Nakamura(1983), p.446 참조.

18_ Nakamura(1983), p.464에는 결론이 5가지로 요약되어 있다. 여기에 제시된 것은, 바로 그 5가지를 바탕으로 하고 pp.458-464에 등장하는 내용을 참고로 하여 바스까라, 라마누자, 샹까라 순으로 재구성한 것이다.

- 개별적 수뜨라에 대해 바스까라와 라마누자가 일치되는 해석을 하고 샹까라가 다른 해석을 하는 경우에, 주석에 불필요하게 자신의 견해를 많이 집어넣는 샹까라가 주로 타당하지 않다.
- 샹까라의 주석 또한 용어들에 대한 해석에서 매우 신뢰할 만하다. 전통적인 견해들을 충실하게 물려받았지만, 그의 저작에 나타난 전체적인 사유는 〈수뜨라〉의 본래적 의미와 꽤 상이하다.

나카무라는 샹까라가 각 수뜨라의 용어를 풀이하는 데 매우 신뢰할 만하지만 자주 불필요하게 자신의 견해를 집어넣는다고 지적한다. 결국 샹까라의 〈주석〉이 〈수뜨라〉 전체의 진의를 제대로 반영하지 못한다고 결론내린 것은 티보나 가떼와 다를 바 없다. 덧붙이자면, 일찍이 모디(P. M. Modi)는 샹까라가 특히 〈수뜨라〉 3.3에 대한 해석과 관련하여 거의 전통을 계승하지 못했다고 분석적으로 검토하고 엄정하게 결론내린 바 있다.[19]

하지만 이와 같이 〈수뜨라〉와 샹까라의 〈주석〉 사이에 사상적 간극이 있다손 치더라도 〈주석〉의 정통성이 크게 문제시되지는 않는다. 샹까라는 〈주석〉에서 어떤 해석이 〈수뜨라〉의 취지로부터 어느 정도 벗어나더라도 그 해석이 우빠니샤드와 정합성을 가지는 것에 더 초점을 맞추었기 때문이다. 그에게는 〈수뜨라〉를 주석함으로써 우빠니샤드의 권위를 확립하는 것이 소명이었던 것이다. 이로부터 그는 우빠니샤드에 근거하는 비이원론이라는 자기 사유가 내적 일관성을 가지도록 〈수뜨라〉를 유리한 방향으로 해석하려는 경향을 종종 보인다. 따

19_ Modi(1956), Introduction, p.xiv 참조. 보다 구체적으로, Modi는 샹까라가 〈수뜨라〉 3.3 등과 관련하여 엉뚱한 '논제 문장'(수뜨라와 관련되는 우빠니샤드 문장)을 끌어오거나 잘못된 전론을 설정하거나 정당하지 않은 내용을 추가한다고 비판한다. Introduction, p.xvii 참조.

라서 만약 수뜨라의 다양한 해석 가능성을 용인한다면, 샹까라가 〈수뜨라〉의 전체 취지를 다소 벗어나더라도 〈주석〉의 정통성이 훼손되는 것은 결코 아니다.

샹까라의 생존연대와 시대적 환경

〈주석〉의 저자인 샹까라는 교사, 사상가, 개혁가, 주석가, 조직자, 철학자, 시인, 신학자, 전도사, 신비가, 학자, 성자, 완전자, 깨달은 자, 신성한 화신, 살아 있는 전설 등 매우 다양한 정체성을 가지는 인물로 묘사된다.[20] 그의 생존연대를 확인하려는 경우에도 바로 이처럼 다양한 면모를 염두에 두는 것이 필요하다. 특히 샹까라의 연대와 관련하여 서구학자들이 철학적, 문헌학적 방법으로 설정한 연대가 전통적으로 전해지는 연대보다 더 사실에 가까울 수는 있지만 힌두교의 전통 속에서 그가 차지하는 다양한 위상을 이해하는 데는 그다지 유용하지 못할 수도 있다. 게다가 샹까라의 사상을 해탈(mokṣa)에 관한 가르침으로 믿고 따르는 자들에게는 그가 생존한 연대나 저작의 진위(眞僞)가 그다지 중요하지 않다. 다만 그의 가르침을 어떻게 이해하고 실천함으로써 어떻게 그 해탈을 경험할 것인가 하는 문제만이 중요할 뿐이다.[21]

샹까라의 생존연대는 인도의 전통적인 시선과 서구 학자들의 시선 사이에 큰 차이가 있는 편이다. 인도에서 샹까라가 건립한 것으로 알려져 있는 4-5개의 수도원 가운데 뿌리(Purī), 드바라까(Dvārakā), 깐찌(Kāñcī) 전통에서는 그가 기원전 509년에 태어났다고 여긴다. 그리고

20_ Grimes(2004), p.3 참조.

21_ Grimes(2004), pp.5-6 참조.

가장 큰 권위를 가지는 슈링게리(Śṛṅgeri) 전통에서는 그가 기원전 44년에 태어났다고 여긴다. 현재 인도의 학자들이 널리 받아들이고 슈링게리 전통에서도 받아들이는 연대는 기원후 788-820년이다. 하지만 다수의 서구 학자들은 샹까라를 그보다는 좀 더 이른 시대에 활약한 인물로 간주하는 편이다. 그래서 650-700년이나 700-750년이 거론되는데, 그나마 후자가 보다 일반적으로 받아들여지는 샹까라의 생존연대이다.

샹까라의 생존연대를 788-820년으로 잡은 사람은 떼일레(Prof. Teile)이고, 빠탁(K. B. Pathak)도 독립적으로 820년 사망설을 제기했다.[22] 그 이후 다스굽따(S. N. Dasgupta), 벨발까르(S. K. Belvalkar) 등의 학자들이 이 연대를 지지함으로써 이 연대는 상당히 일반화된다. 하지만 일본의 학자인 나카무라는 여러 가지 증거들을 고려함으로써 이 연대를 거부하고 1950년에 700-750년이라는 새로운 연대를 제안한다.[23] 이 연대에 대해 다수의 서구 학자들이 찬동하게 되면서 오늘날에는 적어도 서구에서만큼은 788-820년보다는 700-750년이라는 연대를 더 폭넓게 받아들이는 편이다. 물론 샹까라의 연대를 이보다 더 빠르게 7세기 후반부터 잡아야 한다는 견해도 무시할 수는 없다.[24]

샹까라의 생존연대를 결정하기 위해서 연구자들은 몇 가지 확정적인 기준을 적용한다. 그것들은 다음과 같다.[25]

22_ Pandey(1983), p.59와 Victor(2002), pp.20-21을 참조하시오. Pandey에 따르면 788-820년은 1877년에 떼일레가 *Outlines of the History of Ancient Religions* (p.140)에서 제일 처음 제안했다고 한다. 그리고 1882년에는 빠탁이 "The Date of Śaṃkarācārya"(*The Indian Antiquary*, XI, pp.174-175)를 통해 이 연대를 뒷받침하는 사본을 발견했다는 것을 밝혔다고 한다.

23_ Nakamura(1983), p.87 참조.

24_ 이는 만다나 미슈라(Maṇḍana Miśra) 연구자인 Allen Thrasher의 견해이다. 그는 샹까라를 7세기 후반과 8세기 초반의 인물이라고 간주한다. Potter (1981), p.116 참조.

- 샹까라는 가우다빠다(Gauḍapāda, 6세기)의 제자인 고빈다(Govinda)의 제자이다.
- 샹까라는 다르마끼르띠(Dharmakīrti, 7세기 중반)보다 후대이다.
- 샹까라는 꾸마릴라(Kumārila, 650-700년)와 동시대이지만 후배이다.
- 샹까라는 만다나 미슈라(Maṇḍana Miśra, 670-720년), 수레슈바라(Surśvara, 720-770년)와 동시대인이다.
- 샹까라는 바스까라(Bhāskara, 750-800년)보다 전대이다.
- 샹까라는 강력한 군주가 없던 시대에 속한다.

만약 샹까라가 기원후 약 700-750년에 활약한 인물이라면, 그가 어떤 시대환경 속에서 살았는지 대략 짐작해볼 수 있다. 우선 샹까라는 고대 인도의 황금기라고 불리고 북인도 전역을 거의 통일한 굽따(Gupta, 320-550년) 왕조와 그 이후에 짧게 번성한 하르샤(Harṣa, 606-647년) 왕조 이후에 태어난 인물이다. 따라서 하르샤 왕국 이후부터 인도가 군소왕국의 난립 시대를 겪은 만큼, 샹까라는 거대 왕국이 붕괴된 직후에 정치적으로 혼란스럽고 사회적으로 불안정한 시기를 살았음에 틀림없다.[26] 샹까라 스스로 "게다가 현재처럼 옛적에조차 만천하를 통치하는 끄샤뜨리야(왕)가 없었다고 말할 것이다."[27]라고 언급함으로써 이를 뒷받침한다. 이러한 사정은 남인도도 마찬가지였으며, 9세기 후반부터 쫄라(Cola) 왕조가 세력을 확장하기 이전까지 드라비다 계열의 여러 왕국들이 흥망성쇠를 거듭했다.

인도 남부의 께랄라(Kerala) 태생인 샹까라가 소속된 왕국은 쩨라

25_ Pande(1994), p.50 참조. 여러 학자들의 생존연대는 Nakamura(1983), p.88을 참조하시오.

26_ Mayeda(1979), pp.3-4 참조.

27_ <주석>, 1.3.33.

(Cera)였다. 이 왕국은 쫄라, 빤드야(Pāṇḍya) 왕국과 함께 오랜 동안 남인도의 패권을 두고 세력 다툼을 했으나 샹까라의 시대에는 거의 쇠퇴기를 겪고 있었다. 이와 별도로 그의 시대에 남인도는 전반적으로 매우 활발한 문화적 변용의 시기를 통과하면서 뛰어난 제도와 관습과 전통을 발달시켰다. 그 시대에 남인도의 왕들은 토착 사제가 아니라 브라흐만 사제의 힘을 빌려 왕권을 강화했고 베다 의례를 적극 도입했다. 즉 아리안의 브라흐만 문화가 남인도에 확실하게 정착되는 시점이었다. 또한 자이나교의 융성기를 지나 비슈누(Viṣṇu)와 쉬바(Śiva) 신을 숭배하는 종파들이 널리 유행했기에, 박띠(bhakti)와 관련되는 대중적 종교 운동이 막 개화하려는 시점이었다. 그리고 그가 학습기를 보낸 데칸(Deccan) 지역은 북인도와 남인도의 접경으로 문화적 교류에 중요한 역할을 하기도 했다.[28] 따라서 샹까라는 고대와 후기 고대 사이의 인물로 인도의 정통적 사유와 이단적 사유 또는 브라흐만 전통과 사문 전통의 접점에 위치하면서[29] 문화적으로 매우 역동적인 시대를 살았다고 추정할 수 있다.

다른 한편, 마에다(S. Mayeda)는 샹까라가 살았던 시대의 환경을 사상적인 측면에서 몇 가지 제시한 바 있다. 먼저 그의 시대에 가장 강력한 영향력을 행세한 학파는 꾸마릴라 밧따, 쁘라바까라(Prabhākara, 700년 전후), 만다나 미슈라 등이 주도하던 미맘사였고, 밀교 중심적이 된 불교는 그들의 비판 표적이 되면서 매우 약화되었다. 그리고 비슈누, 쉬바 신을 중심으로 하는 대중 힌두교의 물결이 일어나기 시작했다. 반면에 베단따는 오히려 철저하게 불교화된 형태를 띠고 있었다.[30] 이

28_ Victor(2002), pp.33-36 참조.

29_ Pande(1994), pp.67-68 참조.

30_ 이상, Mayeda(2000), p.27 참조. 베단따가 철저하게 불교화된 형태였다는 주장은 논란의 여지가 있을 것이다.

러한 와중에 샹까라는 베단따의 부흥 또는 중흥을 자신의 소명으로 여기면서 여러 가지 주석 작업을 했고 베단따를 적극 선교하려고 했다.

샹까라의 생애[31]

일단 샹까라의 생애는 전통적으로 전해지는 그에 대한 다수의 전기들을 통해 재구성된다. 샹까라 자신은 그 어떤 저작에서도 자신에 대한 정보를 흘리지 않았다. 또한 그의 제자들도 직접적으로 스승에 대한 정보를 전하지 않았다. 따라서 그의 생애에 관해서는 '샹까라의 정복'(Śaṅkaravijaya) 등의 제목이 붙은 전기들이나 샹까라와 관련된 수도원들의 기록물이 중요한 출처이다.

샹까라의 생애와 관련된 기록물들은 대개 그를 신격화하는 데 몰두한 듯하다. 그에 관한 전기들은 남인도의 비자야나가라(Vijayanagara, 기원후 14-17세기)라는 왕조에서 힌두의 부활이라는 목적 아래 만들어진 것이 대다수이다. 아무리 그가 남인도 출신일지라도 그의 활동 무대가 주로 북인도였다는 점을 두고 볼 때에 북인도에서 전기가 산출되지 않은 것은 이상한 일이기도 하다. 결국 샹까라의 전기가 특정한 의도와 함께 쓰인 이상 그 전기가 왜곡과 과장과 비일관성으로 가득하다고 해도 크게 놀랄 일은 아니다. 다만 인도인이나 힌두교의 관점에서 역사적 사실과 종교적 믿음이 거의 구별되지 않는다는 점을 염두에 두고 그의 생애를 들여다보는 편이 좋다.

무수한 문헌들을 통해 샹까라의 생애를 재구성하는 데는 다음과 같

31_ 샹까라의 생애와 관련해서 다음과 같은 책들을 참조했다: ① Sankaranarayanan (1995), ② Pande(1994), ③ Grimes(2004), ④ Malinar(2007).

은 3가지 요소가 도움을 준다. 첫째, 샹까라는 쉬바 신의 화신으로 간주되었다.[32] 둘째, 힌두교의 수도원 전통에서 샹까라는 그 권위의 원천이었다. 셋째, 샹까라의 지적인 정복에 관해 논쟁이 치열했다.[33] 샹까라의 생애에서 일어난 중요한 사건들은 대체적으로 이러한 3가지 요소와 직간접적으로 관련을 가진다고 할 수 있다.

샹까라의 32년 생애는 크게 16세를 기준으로 하여 두 부분으로 나눌 수 있다. 전반기는 교육과 저술의 시기이고 후반기는 포교와 조직화의 시기이다. 그는 본래 8년 동안의 생명을 부여받았는데, 8세에 금욕과 수행을 특징으로 하는 유랑자(saṃnyāsin) 또는 수도승이 됨으로써 8년의 생명이 더 연장된다. 그리고 16세에 아드바이따 베단따를 인도 전역에 전파해야 하는 소명이 주어짐으로써 16년의 생명이 더 연장된다. 결과적으로 그의 생명은 두 번에 걸쳐 각각 두 배가 연장된 셈이다.

전통적으로 샹까라는 쉬바 신의 화신으로 알려져 있고, 이는 그의 탄생 비화에서도 엿볼 수 있다. 그는 남인도 께랄라 지방의 깔라띠(Kālaṭi)라는 곳의 작은 마을에서 학식 있는 브라흐만 아버지 쉬바구루(Śivaguru)와 학자 집안의 딸인 어머니 아르얌바(Āryāmbā) 사이에서 태어난다. 이 부부는 부유하고 경건한 삶을 살았으나 오랜 동안 아이가 없었고, 아이를 얻기 위해 근처의 쉬바 사원으로 가서 간절하게 기도를 올렸다. 그러한 즈음에 신들의 세상에서는 여러 신들이 인간 세상에서 법도가 무너지는 것에 상심하고 있는 중이었다. 즉 무신론, 불교, 밀교 등에 의해 올바른 도리가 구현되지 못하는 것을 염려하고 있는

32_ Hacker는 샹까라가 샤이비즘(Śaivism)에 치우치거나 또는 가깝다는 그 어떤 작은 흔적조차 그의 주요 저작들에서 발견되지 않는다고 단언한다. Hacker(1995), p.34 참조. 샹까라와 쉬바의 결합은 전적으로 14세기 비드야란야(Vidyāraṇya, 1331-1386년)의 창작이라는 것이다. 같은 책, p.28 참조. 비드야란야는 출가 전에 Mādhava 또는 Mādhavācārya로 불렸다.

33_ Pande(1994), pp.73-74 참조.

중이었다. 여러 신들이 최고의 신인 쉬바에게 이 문제를 간청하자 쉬바는 인간의 몸으로 태어나 법도를 바로 세우겠다고 결심한다. 마침 쉬바구루와 아르얌바 부부의 기도를 들은 쉬바는 그들의 꿈에 동시에 나타난다. 그러고는 평범하지만 오랜 삶을 사는 아이와 비범하지만 짧은 삶을 사는 아이 가운데 하나를 선택하라고 한다. 두 사람은 모두 후자를 선택한다.[34] 이에 얼마 지나지 않아 아르얌바는 아이를 임신하게 된다.

아이가 태어나던 날은 최고의 길일이었고 온갖 상서로운 징조들이 나타났다. 부모는 아이에게 '행복을 주는 자', '행복을 손에 가진 자'라는 뜻의 '샹까라'라는 이름을 지어주었다. 이 이름은 쉬바의 별칭이기도 하다. 샹까라는 조숙한 천재 아이의 모습을 보이는데, 3세 때 산스크리트를 말하고 읽을 줄 알게 된다. 7세 때는 모든 지식을 섭렵하고 첫 번째 책을 집필한다. 다만 5세 때 아버지가 돌아가심으로 말미암아 그는 홀어머니와 둘이서 살아갔다.

샹까라의 어린 시절에 얽힌 여러 이야기 가운데 하나는 이러하다. 그는 5세에 학생의 자격을 얻고서 기숙학교(Gurukula)에 다니게 되는데, 하루는 탁발을 하러 마을로 나간 적이 있었다. 우연히 매우 가난한 브라흐만의 집 앞에 이르러 구걸을 하자 그 집의 부인이 유일한 먹을거리인 구즈베리 열매를 건넨다. 이때 그 부인은 제대로 된 음식을 공양할 수 없는 사실에 부끄러워하면서 눈물을 흘렸다고 한다. 이에 샹까라는 크게 감동을 받아 부의 여신에게 기도를 올린다. 부의 여신은 구즈베리의 크기와 모양을 한 금덩이를 그 집에 쏟아부었다고 한다.

공부를 마친 샹까라는 집으로 돌아와 홀어머니를 봉양하기 시작한

34_ 아버지 쉬바구루만 쉬바의 꿈을 꾸었다는 전승도 있다. 이때 쉬바구루는 오히려 쉬바에게 인간에게 유리한 걸 선택하라고 요청한다. 그래서 쉬바 스스로 비범하지만 짧은 삶을 사는 아이를 선택했다고 한다.

다. 하루는 어머니가 매일 뿌르나(Pūrṇā)[35] 강으로 목욕을 하러 가는 것을 힘들어 하는 모습을 보고 나서 그 강줄기를 기도의 힘으로 (또는 요가 초능력의 힘으로) 집 근처로 돌려버렸다고 한다. 그만큼 샹까라는 어머니를 극진히 생각하고 모셨던 것이다. 그러던 어느 날 성자들이 집에 찾아와서 어머니에게 샹까라의 수명이 8년이지만 특별한 이유에 의해 16년으로 연장되었다고 알려준다. 어머니는 아들을 결혼시킬 계획을 세운다. 반면에 샹까라는 수도승이 되기를 결심한다. 이로부터 아들이 수도승이 되는 것에 대해 어머니의 염려는 커져만 간다.

하루는 샹까라가 뿌르나 강에서 목욕을 하다가 수심이 깊은 곳으로 헤엄을 치는데 악어가 그의 다리를 물어버린다. 샹까라는 곧장 어머니를 소리쳐 부르고 어떻게 된 상황인지 설명을 한다. 그러면서 어머니에게 삶의 마지막 순간이지만 수도승이 됨으로써 구원을 받을 수 있도록 해달라고 요청한다. 결국 어머니는 수도승이 되는 것을 허락하고 샹까라는 자신이 수도승임을 마음속으로 선언한다. 그러자 언제 그랬냐는 듯이 악어는 샹까라의 다리를 풀어준다. 어머니는 아들이 살아나서 기뻤지만 한편으로 아들이 수도승으로서 자기 곁을 떠날 것이라는 사실에 매우 슬퍼한다. 샹까라는 친척과 친구와 이웃들에게 어머니를 잘 보살펴 달라고 부탁한 뒤에 북쪽을 향해 길을 떠난다.

8세에 수도승이 된 샹까라는 이제 새로운 인생 8년을 시작한다. 그는 북쪽으로 걸어가다가 인도의 중부를 횡으로 가로지르는 나르마다(Narmadā) 강의 빈드야(Vindhya) 산에 도착한다. 그곳에는 고빈다라는 스승이 수많은 제자를 거느리면서 동굴에 거주하고 있었다. 샹까라는 그의 제자가 되기를 결심하고 동굴로 찾아간다. 고빈다가 샹까라에게 "너는 누구냐?"라고 물었을 때 샹까라는 자신이 그 어떤 물질이거나 육

35_ 쭈르나(Cūrṇā), 쭈르니(Cūrṇi)라고도 불린다.

체적이거나 심리적인 존재도 아닌 순수의식이라고 대답하면서 "나는 유일하게 지고한 자로 존재하는 쉬바이다."(yaḥ kevalo 'sti paramaḥ sa śivo 'ham asmi)라고 대답한다. 한 문헌에 따르면 이 대답을 들은 스승이 동굴 밖으로 발을 뻗자 샹까라가 그 발에 경배함으로써 제자가 되었다고 한다.

샹까라가 고빈다 문하에서 얼마나 머물렀는지는 정확히 알 수 없다. 문헌에 따라 다르지만 대략 2~4년 정도 공부했을 것이라고 추정된다. 그는 다양한 학파의 논서들을 공부했고 여러 책을 직접 지었다고 한다. 하루는 나르마다에 거대한 홍수가 나서 동굴 입구에까지 거대한 강물이 차오른 적이 있었다. 이에 샹까라는 만뜨라를 외어 그 범람하던 강물이 자신의 작은 물 항아리에 빨려 들어가게끔 해버린다. 명상에 잠겨 있다가 깨어난 스승 고빈다는 〈수뜨라〉의 저자 바다라야나가 한 예언을 떠올린다. 즉 성난 강물을 길들이는 자가 〈수뜨라〉에 대한 가장 위대한 주석을 쓸 것이라는 예언을 기억한다. 결국 고빈다는 샹까라에게 까쉬(Kāśī, 현재의 바라나시)로 가서 〈주석〉을 쓰도록 권유한다. 샹까라가 떠나자 고빈다도 히말라야로 떠났다고 한다.

까쉬에 도착한 샹까라는 마니까르니까 가트 근처에 머물렀고 쉬바를 숭배했다. 그는 얼마 지나지 않아 자신을 찾아온 한 청년을 첫 제자로 삼는다. 그에게 수도승의 의례를 행한 뒤에 '사난다나'(Sanandana)라는 이름을 부여한다. 그 이후로 다수의 제자를 입문시키게 되지만 사난다나에게 특별한 애정을 가지고 있어서 다른 제자들의 질투가 있었다고 한다. 어느 날 아침에 여러 제자들과 갠지스 강변에서 공부를 시작하는데 사난다나가 보이지 않는다. 제자는 강 건너편에서 스승의 옷을 빨고 있었다. 이에 샹까라는 제자가 강 이쪽으로 건너오게끔 한다. 그런데 사난다나는 강을 건너서 걸어온다. 스승 샹까라가 연꽃으로 징검다리를 놓아줌으로써 제자가 건너올 수 있었던 것이다. 이에 사람들은 그를 '빠드마빠다'(Padmapāda, 연꽃을 발아래에 가진 자)로 부르게 된다.

대략 12세 때 샹까라는 까쉬를 떠나 히말라야의 바드리나트(Badrināth)로 간다. 그곳에서 그는 스승 고빈다를 만나고 여러 학자들, 성자들과 토론을 벌인다. 그러면서 4년 동안 우빠니샤드, 『바가바드 기따』, 『브라흐마 수뜨라』에 대한 주석들을 쓴다. 16세에 〈주석〉을 완성하여 '스승 고빈다'와 '스승의 스승 가우다빠다'에게 보여주자 두 스승이 극찬했다고 한다. 그가 〈주석〉을 완성했다는 사실은 인도 전역으로 퍼지게 된다. 그러던 어느 날 늙은 브라흐만이 찾아와서 샹까라와 논쟁을 벌인다. 논쟁은 팽팽하게 진행되는데, 샹까라의 제자인 빠드마빠다는 바로 그 노인이 〈수뜨라〉의 저자인 브야사(Vyāsa)라는 것을 알아챈다. 샹까라가 예의를 갖추자 브야사는 〈주석〉을 찬양한 뒤에 샹까라에게 아드바이따 베단따의 우월성을 인도 전역에 전파해야 한다는 의무를 부과한다. 그러면서 16년으로 한정된 샹까라의 수명을 배로 늘려서 32년으로 만들어준다.

이제 샹까라의 인생 1기가 끝나고 2기가 시작된다. 2기는 그야말로 순례, 학자와의 논쟁,베단따의 전파, 수도원 설립 등의 소명으로 채워진다. 샹까라의 이 여정을 '천하 정복'(digvijaya)이라고 부른다. 천하 정복은 왕의 소명으로 알려져 있지만, 샹까라의 경우에는 지성을 통해 인도 전역을 정복했다는 의미이다. 그래서 그는 '세계의 스승'(jagadguru)으로 불린다. 세계의 스승이란 샹까라가 다른 일반적인 스승들과 분명히 구별된다는 의미이다.

기나긴 여정에 앞서 샹까라는 어머니의 죽음을 알아채고 고향으로 잠시 돌아온다. 죽음을 앞둔 어머니에게 그는 절대에 대한 진리를 설파하지만 어머니는 이해하지 못한다. 그러자 그는 어머니가 죽음에 맞서 용기와 평온을 갖도록 비슈누와 쉬바 신에게 기도한다. 어머니가 죽자 샹까라는 자신이 수도승임에도 속세의 의례인 장례식을 치르고

자 한다. 이에 친척들을 비롯한 보수적인 사람들이 장례식을 못하도록 가로막는다. 그래서 샹까라는 뒷마당에서 요가의 초능력을 동원하여 어머니를 화장할 수밖에 없었다.

제자들과 '천하 정복' 여행을 하면서 샹까라는 인도 전역의 무수한 지역에서 무수한 학자들과 논쟁을 벌여서 승리를 거둔다. 그는 당대의 모든 학파와 종파의 학자들을 만나 아드바이따 베단따의 우월성을 주지시킨다. 여정의 순서와 연대에 대해서는 문헌들마다 기록이 다르다. 심지어 그가 당대의 인물이 아닌 후대의 위대한 학자들과 논쟁을 벌였고 또 승리했다는 기록도 있다.

특히 샹까라는 미맘사의 위대한 학자인 꾸마릴라 밧따(Kumārila Bhaṭṭa)를 쁘라야가(Prayāga, 지금의 알라하바드)에서 만난다. 하지만 애석하게도 꾸마릴라는 자신이 불교도를 패퇴시키지 못했고 또 신을 부정하는 논증을 펼쳤다는 죄악을 씻기 위해 속죄의식을 행하고 있던 중이었다. 곡식껍질을 더미째 쌓아놓고 목만 내놓은 채 불을 질러 서서히 자신을 태워 죽이는 중이었다. 샹까라가 〈주석〉을 보여주자 꾸마릴라는 서문을 읽은 다음에 그 명료함에 감탄한다. 그러면서 자신의 제자인 비슈바루빠(Viśvarūpa)를 찾아가라고 일러준다. 비슈바루빠는 곧 만다나 미슈라이다.

비슈바루빠를 만나러 마히슈마띠(Māhiṣmatī)에 온 샹까라는 그의 집으로 곧장 나아간다. 약간의 소란이 있은 뒤 두 석학은 다음날 아침부터 본격적으로 논쟁을 벌이기로 합의한다. 그리고 논쟁에 패배한 측이 승리한 측이 추구하는 삶의 방식을 따르기로 합의한다. 논쟁의 심판은 비슈바루빠의 부인인 우바야 바라띠(Ubhaya Bhāratī)가 맡는다. 이 부부는 각각 브라흐마 신과 사라스바띠 여신의 화신으로 묘사되곤 한다. 행위(karma)를 구원의 수단으로 삼는 비슈바루빠와 지식(jñāna)을 구원의 수단으로 삼는 샹까라는 며칠 동안 베다의 궁극적인 취지가 무엇인지에 관해 논쟁을 벌인다. 결국 샹까라가 승리하게 되고 비슈바루빠는 가장의 삶을 버린 채 수도승의 삶을 선택한다. 대부분의 전기에 따르면 바로 이 비슈바루빠(만나다 미슈라)가 샹까라의 사상을 가장 잘 계승한다고 평가되는 수레슈바라와 동일인물이다. 하지만 전기들을 따르지 않는다면, 샹까라의 라이벌인 만다나 미슈라가 샹까라의 제자로 되었을 리도 없고, 만다나 미슈라가 곧 수레슈바라일 가능성도 거의 없다.

어느 문헌에 따르면 샹까라는 비슈바루빠와 논쟁한 후에 그 부인과 18일 동안 또 추가로 논쟁했다고 한다. 샹까라가 우바야 바라띠의 모든 날카로운 질문에 답을 하자 그녀는 수도승인 샹까라가 성에 대한 경험이 없을 것이라고 짐작하여 성과 욕망에 대해 질문한다. 이에 샹까라는 며칠 말미를 얻은 채 방금 죽은 어떤 왕의 육체에 들어가 그의 아름다운 왕비와 성 경험을 한다. 그 이후에 성에 대한 논쟁에서도 승리했다고 한다.

샹까라가 '천하 정복'이라는 여정을 통해 최종적으로 얻은 것은 '전지성의 왕좌에 즉위함'(sarvajñapīṭhārohaṇa)이다. 그리고 그 여정의 실제적인 결과물은 마타(수도원)의 건립이다. 인도의 동서남북 중요한 곳에 수도원을 세우고 자신의 4대 제자를 각각 그곳의 수장으로 임명함으로써 자신을 '최초(원조) 스승'(Ādiguru)으로 하는 베단따의 조직을 완성한 것이다.[36] 동쪽에는 뿌리에 '고바르다나 마타'(Govardhana-maṭha)가 빠드마빠다를 수장으로, 서쪽에는 드바라까에 '샤라다 마타'(Śāradā-maṭha)가 하스따말라까(Hastāmalaka)를 수장으로, 남쪽에는 슈링게리에 '슈링게리 마타'(Śṛṅgeri-maṭha)가 수레슈바라를 수장으로, 북쪽에는 바드리나트(Badrināth)에 '즈요띠르 마타'(Jyotir-maṭha)가 또따까(Toṭaka)를 수장으

36_ 그런데 현재 인도의 샹까라 마타에서는 14세기경에 Vidyāraṇya(muni)가 마타를 설립했다는 것을 역사적 사실로 받아들이는 편이다.

로 각각 건립되었다. 이 가운데 슈링게리 마타가 가장 먼저 설립되었고 현재에도 가장 큰 영향력을 행세한다. 남쪽 방향의 깐찌에 하나의 마타가 더 있어서 총 5개의 마타를 공인하기도 한다. 깐찌 전통에 따르면 샹까라가 스스로 깐찌에 마타를 설립하고 수장이 되었으므로 깐찌 마타가 가장 위대하다고 전한다. 하지만 실제로는 14세기의 비드야란야 이후로 슈링게리 마타가 가장 중요하고 우월한 것으로 알려져 있다.

샹까라가 어느 곳에서 죽음을 맞이했는지는 알 수 없다. 문헌마다 다른 장소를 지목하기 때문이다. 깐찌 전통에 따르면 그가 말년을 보낸 곳도 그가 죽은 곳도 모두 깐찌이다. 슈링게리 전통에서는 슈링게리라고 한다. 또 어떤 전승에 따르면, 그가 말년에 히말라야로 갔고 까일라사에서 완전히 사라졌다고 한다. 아무튼 죽음의 날에 샹까라는 깊은 명상에 잠겼고 수많은 제자들과 신들이 그 모습을 지켜보았다고 한다.

샹까라의 저작들

샹까라는 베단따 학파의 '3대원서'로 불리는 우빠니샤드, 『바가바드기따』, 〈수뜨라〉에 관해 현존하는 최고(最古)의 주석을 쓴 인물이다. 전통에 따르면 그의 저작으로 알려진 것은 400여 종이 넘지만, 최근 연구 결과에 따르면 그가 직접 쓴 작품은 기껏 10여 종에 지나지 않는다. 이는 인도에서 저자 개인보다는 전통 전체를 더 중요시하는 관습 때문에, 또 샹까라라는 개인의 위대한 명성과 권위 때문에 벌어진 일일 것이다. 실제로 인도에서는 유명한 이에게 저작권을 돌리는 관습이 존재했고, 샹까라가 세운 것으로 알려진 수도원들의 수장들이 모두 '샹까라짜르야'(Śaṅkarācārya)라고 불렸기에, 샹까라의 저작이 400여 종이

넘는 것은 그다지 놀라운 일도 아니다.

현대의 연구자들은 샹까라가 쓴 것으로 간주되는 수백 종의 저작들 가운데 오직 〈주석〉을 표준으로 삼아 진작과 위작을 가려내려고 시도했다. '샹까라'라는 이름이 일차적으로 〈주석〉의 저자로 전승된다는 사실에서 출발하여, 다른 저작들은 〈주석〉과의 사상적 · 용어적 · 문체적 일치 여부에 따라 진작인지 위작인지 판명하려고 했다. 특히 학커(P. Hacker)와 마에다가 문헌학적 작업을 통해 샹까라의 진작을 가려내고자 했는데, 두 사람이 제시한 주요 기준점들은 다음과 같다.[37]

- avidyā(무지)라는 말을 adhyāsa(덧놓음)의 의미로만 사용하고, jaḍa(무감각적인 것), bhāvarūpa(존재하는 형태인 것), āvaraṇa-śakti(은폐력), vikṣepa-śakti(산출력), anirvacanīya(말할 수 없는 것) 등의 의미로 사용하지 않아야 한다.
- nāmarūpa(명칭과 형태)라는 말을 상크야의 prakṛti처럼 세계의 물질적 원인으로 사용한다.
- māyā라는 말을 avidyā라는 말에 비해 상대적으로 드물게 사용한다.
- īśvara(신)라는 말을, 자신의 제자들을 포함한 후대 베단따 학자들과 비교하여, 자주 사용한다.
- ānanda(환희)라는 말을 브라흐만의 긍정적인 특징으로 잘 사용하지 않는다.
- vivarta(가현)라는 말을 세계의 결과가 환영적이라는 의미로 사용하지 않는다.
- 가우다빠다와 달리 생시와 꿈 상태를 동등하게 보지 않는다.

37_ Potter(1981), p.115; Grimes(2004), p.14 참조. 이러한 기준들은 대개 Hacker가 제시한 것이다. Mayeda는 이 기준들을 몇몇 저작들에 구체적으로 적용했다.

- 사본의 서지정보가 'Śaṅkara-Bhagavat, -Bhagavatpāda' 또는 '-Bhagavatpūjyapāda'로 끝맺는다.

이와 같은 잣대를 바탕으로 하여 학커가 제시한 샹까라의 진작 목록은 다음과 같다: 『브라흐마 수뜨라 주석』, 『바가바드 기따 주석』, 10개 우빠니샤드에 대한 주석(브리, 찬도, 아이, 따잇, 께나, 이샤, 까타, 문다, 쁘라, 만두), 『천 가지 가르침』(Upadeśa-sāhasrī), 『요가 수뜨라 주석에 대한 해설』(Yogasūtrabhāṣya-vivaraṇa) 등이다.[38]

학커가 제시한 목록에는 전통적으로 샹까라의 진작이라고 알려져 있는 『비베까 쭈다마니』(Viveka-cūḍāmaṇi), 『아뜨마 보다』(Ātma-bodha) 등이 제외되어 있다. 그리고 그는 샹까라가 일찍이 요가 수행자였다가 나중에 아드바이따 베단따 학자가 된다는 가설을 내세움으로써 『요가 수뜨라 주석에 대한 해설』을 샹까라의 진작에 포함시킨다. 이 저작은 현재까지도 샹까라의 진작인지 아닌지 논란이 팽팽하게 맞서 있는 상태이다.

학커, 마에다의 제안과 기존의 연구 성과를 바탕으로 하여 포터(K. H. Potter)는 샹까라의 저작 논란에 대해 다음과 같은 결론을 내린다. 물론 이는 〈주석〉을 쓴 저자의 진작에 대한 결론이다.[39]

- 의심의 여지없이 〈주석〉을 쓴 저자의 작품인 것: *Bṛhadāraṇyaka-upaniṣad-bhāṣya, Taittirīya-upaniṣad-bhāṣya, Upadeśa-sāhasrī.*[40]

38_ Hacker(1995), pp.127-128 참조. 여기서 '만두'란 *Māṇḍūkya-upaniṣad*를 가리키며 '만두-까'도 포함한다. Hacker는 이 외에도 *Āpastamba-Dharmasūtra*의 Adhyātmapaṭala에 대한 주석도 샹까라의 저작으로 간주한다. Mayeda의 목록은 Hacker와 동일하다. Mayeda(1979), p.6 참조.

39_ Potter(1981), p.116 참조.

40_ *Bṛhadāraṇyaka-upaniṣad-bhāṣya, Taittirīya-upaniṣad-bhāṣya*를 확실한

- 거부할 이유가 그다지 없는 저작: *Aitareya-upaniṣad-bhāṣya, Chāndogya-upaniṣad-bhāṣya, Muṇḍaka-upaniṣad-bhāṣya, Praśna-upaniṣad-bhāṣya.*

포터는 이와 같이 〈주석〉을 포함하여 4개의 저작을 확실한 것으로 간주하고, 또 다른 4개의 저작을 거의 확실한 것으로 간주한다. 그는 이 8개의 저작들 바깥에 있는 나머지는 그저 추정이나 상상에 지나지 않는다고 말한다.

사실 샹까라의 진작과 위작을 가리는 일은 결코 쉽사리 결론 나지 않을 문제이다. 학커 등의 문헌학자들은 분명 전통적인 관점에 균열을 내었고 어느 정도 받아들일 만한 새로운 관점을 광범위하게 확산시켰다. 그럼에도 인도 등지에서 의지하고 있는 전통적인 관점을 완전히 무시하는 태도를 취하는 것도 어렵다. 『비베까 쭈다마니』와 같은 저작이 샹까라의 것이 아니라고 아무리 객관적인 증거를 펼치더라도, 여전히 '베단따'라는 하나의 살아 있는 전통 속에서 그 베단따의 방식대로 살아가는 수도원 등에서는 그러한 결론을 받아들일 수 없기 때문이다. 게다가 문헌학 등을 동원하여 이끌어내는 결론조차도 이견이 너무 다양하여 진작과 위작에 대한 잠정적 합의를 만드는 것조차 쉽지 않다. 특히 『바가바드 기따 주석』, 『요가 수뜨라 주석에 대한 해설』 등의 저작은 진작과 위작의 경계선상을 결코 벗어나지 못할지도 모른다.

『브라흐마 수뜨라 주석』의 의의

경전에 대해 주석을 쓰고 그 주석에 대해 복주석과 복복주석을 쓰는

저작으로 간주하는 이유는 이 두 작품에 대해 샹까라의 제자인 수레슈바라가 해설서를 썼기 때문이다.

인도의 전통에서는 얼마나 많은 복주석 등이 존재하느냐 하는 것이 특정 문헌의 중요도를 가늠하는 기준이 되기도 한다. 물론 반드시 그러하지는 않고 어느 정도 참고사항이 된다는 말이다. 이에 따라 〈주석〉에 대한 복주석, 복복주석, 요약, 해설 등등은 〈주석〉의 위상을 어느 정도나마 간접적으로 알려준다. 다음은 〈주석〉에 대한 복주석 등이다.[41]

Ānuguṇya-siddhi (Kṛṣṇa-Śāstri)

Bhāmatī (Vācaspati Miśra)

Bhāṣya-bhāva-prakāśikā (Citsukhācārya)

Bhāṣyānuprabhā 또는 *Bhāṣya-bhānu-prabhā* (Tryambaka Śāstri)

Bhāṣya-nyāya-saṅgraha (Prakāśātman)

Bhāṣyārtha-saṅgraha (Brahmānanda Yati)

Bhāṣya-siddhānta-saṅgraha (Kṛṣṇānubhūti)

Bhāṣya-siddhānta-saṅgraha (Upaniṣad-brahmendra)

Bhāṣya-vārttika (Bālakṛṣṇānanda)

Bhāṣya-vārttika (Nārāyaṇa-Sarasvatī)

Brahmavidyābharaṇa (Advaitānanda)

Nyāya-nirṇaya (Ānanda Giri)

Pañcapādikā (Padmapāda)

Pradīpa (Ananta Krishna Śāstri)

Prakaṭārtha-vivaraṇa (Anubhūtisvarūpācārya)

Ratna-prabhā (Rāmānanda)

Śārīraka-nyāya-maṇi-mālā (Ananyānubhava)

41_ Roodurmun(2002), pp.28-29 참조. 알파벳 순서로 재배열한 것임. Roodurmun은 이 목록을 R. Thangaswami가 쓴 *Advaita Vedānta Literature - A Bibliographical Survey*, p.222로부터 가져왔다.

Subodhinī (Śivanārāyaṇa)
Vidyā-śrī (Jñānottama)

일종의 해설서인 〈주석〉을 또다시 풀이하기 위해 19개의 문헌들이 산출되었다는 것은 결코 가볍게 볼 일이 아니다. 그리고 이 가운데 『바마띠』(Bhāmatī)와 『빤짜빠디까』(Pañcapādikā)라는 문헌은 샹까라 이후에 아드바이따 베단따 학파가 두 개의 하위학파로 갈라지는 데 결정적인 역할을 했을 만큼 매우 중요하다. 『바마띠』는 그 자체로 '바마띠' 학파를 형성하는 명칭이 되었다. 『빤짜빠디까』에 대해서는 쁘라까샤뜨만(Prakāśātman, 1000년 전후)이 『빤짜빠디까 비바라나』(Pañcapādikā-vivaraṇa)라는 해설서를 씀으로써, 『빤짜빠디까』는 '비바라나' 학파를 형성하는 데 실마리가 되었다. 바마띠 학파와 비바라나 학파는 베단따의 기본 공리를 공유하면서도 세부적인 여러 이론적 쟁점들에 관해서는 상이한 입장을 노정한 바 있다.

〈주석〉은 〈수뜨라〉가 인도의 철학사와 종교사에서 매우 중요한 위치를 차지하는 것만큼이나 〈수뜨라〉에 대해 현존하는 첫 번째 주석서로서 그 가치가 특별할 수밖에 없다. 아니, 〈주석〉은 실질적 위상이나 영향력의 측면에서 보자면 인도철학과 힌두교에서 첫 손가락에 꼽히는 수작이자 대표작이다. 약간의 과장을 보태서, 칸트(I. Kant)가 서양철학의 저수지(호수)에 비견되듯이, 〈주석〉은 인도철학과 인도종교의 저수지에 비견되는 작품이라고 할 만하다. 이러한 점은 다음과 같이 〈주석〉의 사상사적 의의와 문화사적 의의를 몇 가지 확인해 봄으로써 충분히 수긍할 수 있을 것이다.

첫째, 〈주석〉은 우빠니샤드에 관한 최초의 체계적 연구서로서 우빠니샤드의 영혼학(Ātma-vidyā)을 계승하는 유아론적(唯我論的) 형이상학을 힌두철학의 중심으로 정초시킨다. 〈주석〉의 각 주제(adhikaraṇa)는 우빠니샤드와 관련된 특정 쟁점에 대해 마치 한 편의 연구논문처럼 명쾌하고 선명한 해설을 제시한다. 또한 〈주석〉은 우빠니샤드의 영원불멸하는 영혼에 대한 관념과 범아일여(梵我一如) 사상을 끊임없이 설파한다. 이러한 까닭에 우빠니샤드의 유아론적 사상은 〈수뜨라〉를 거친 뒤에 〈주석〉에 이르러 '우빠니샤드-베단따'의 최종적 완성을 이루었다고 말할 수 있다. 샹까라가 활약하던 시기에 무아론(無我論)을 주창한 불교는 이미 그 교세가 기울어진 상태였지만 그의 〈주석〉 이후 무아론은 거의 자취를 감추고 유아론적인 힌두교 철학이 중흥기를 맞이하게 된다. 자주 인용되는 비유로서, 샹까라는 바로 이 〈주석〉을 통해 불교에 '카운터펀치'를 날렸다고 한다. 우빠니샤드 이후 불교의 강력한 교세로 말미암아 위기에 처했던 힌두교 철학은 〈주석〉을 통해 그 자존심을 다시 회복하고 고양할 수 있었던 셈이다.

둘째, 〈주석〉은 문헌해석의 방법을 통해 우빠니샤드를 절대적인 지식체계로 확립함으로써 베단따를 독립적인 하나의 학파로 자리 잡게끔 한다. 미맘사 학파이든 베단따 학파이든 그 출발점이 '성전 해석학'(pāribhāṣika)에 지나지 않았다는 것은 널리 알려져 있는 사실이다. 미맘사의 경우에는 꾸마릴라 밧따와 쁘라바까라가 등장하는 기원후 7세기경 이후부터 베다 해석학파를 벗어나 철학 학파로 자리 잡는다. 베단따의 경우에는 '미맘사와 무관한 베단따 전통'과 '미맘사와 유관한 베단따 전통'이 공존해 오다가 샹까라 이후 후자가 드디어 주류를 차지한다. 즉 샹까라는 베다 근본주의자로서 애당초부터 미맘사 친화적인 태도를 가지고 있었다는 것이다.[42] 이 점은 그가 다른 미맘사 학자

42_ 미맘사(뿌르바 미맘사) 학파는 베단따(웃따라 미맘사) 학파와 근본적으로 하나의 전통에 속하지 않았고 또 속할 수 없다고 생각한다. 반면에 베단따 학파는 그 자체가 미맘사의 한 부분이었고 그 자체가 없이 미맘사는 결코 온전해질 수 없다고 간주한다. Bronkhorst(2007), p.78 참조.

들보다도 더 충실한 미맘사 학자였다고 할 정도로 미맘사의 문헌해석 방법들을 계승하고 발전시켰다는 데서 확인할 수 있다.[43] 그와 동시에 샹까라는 〈주석〉에서 이 방법들을 통해 우빠니샤드를 신성불가침의 유일무이한 진리 그 자체로 확립함으로써 우빠니샤드를 추종하는 '베단따'라는 하나의 독립된 학파가 출범할 수 있는 기틀을 마련한다. 더 나아가 그는 사상적으로도 〈주석〉을 통해 행위 중심적인 미맘사로부터 지식 중심적인 베단따를 차별화함으로써 〈주석〉을 베단따 학파의 기점이 될 만한 기념비적인 작품으로 올려놓는다.

셋째, 〈주석〉은 인도철학사에서 가장 전형적인 주석서로서 그 일관된 방법론과 치밀한 논리와 탁월한 문장은 주석과 해설 전통의 한 전범이 된다. 물론 샹까라가 〈주석〉에서 〈미맘사-수〉와 〈미맘사-바〉의 다양한 대립이항적 범주들을 차용하고[44] 〈미맘사-바〉의 주석 스타일을 수용하고 응용한 것은 틀림없다. 그럼에도 〈주석〉이 인도철학사의 대표적인 주석서라는 데 이의제기를 하는 사람은 별로 없을 것이다. 〈주석〉은 그 형식적이고 외양적인 측면에서 가히 해설서의 전형적인 표준으로 간주되는데, 특히 〈주석〉의 방법론과 논리와 문장을 주목할 만하다. 우선 방법론과 관계하여 〈주석〉은 처음부터 끝까지 오직 일

43_ 샹까라는 <주석>에서 문헌해석과 관련하여 28여 개의 일반적 원칙, 12여 개의 미맘사 원칙, 30여 개의 미맘사 전문어를 사용한다. 그리고 <미맘사-수>를 20-25회 언급하면서 그 원리를 그대로 따르거나 약간의 견해 차이를 보이기도 한다. 게다가 전론을 펴는 자가 미맘사에 의거하여 잘못된 해석을 보이는 경우에 후론을 펴는 자로서 미맘사 규칙에 철저히 의거하여 올바른 해석을 제시한다. Moghe(1984), pp.1-5, 7-8, 11 참조. Moghe는 이러한 점에서 <주석>에 관한 연구가 미맘사에 대한 지식이 없이는 온전할 수 없다고 단언한다. Moghe (1998), p.176 참조.

44_ 예컨대 '존재하는 것'(bhuta)과 '존재할 것'(bhavya), '제의를 위하는 것'(kratu-artha)과 '인간을 위하는 것'(puruṣa-artha) 등의 대립이항적 범주들을 차용한다. Verpoorten(1987), p.12 참조.

관된 방식으로 베단따의 고유한 해석적 전통을 완성한다. 아뜨만(Ātman, 참된 자아)의 유일성에 대한 확신을 뒷받침하기 위해 우빠니샤드의 다양한 해석 가능성을 조화롭게 통일시키는 것은 〈주석〉의 가장 큰 공헌 가운데 하나이다. 그리고 이러한 방법론의 밑바탕에는 〈주석〉을 관통하고 있는 논리, 논증의 힘이 작동한다.[45] 〈주석〉의 논증은 '이미 확정된 것으로서 주어져 있는 교리'를 다시 증명함으로써 계시를 재구성하고 전통을 증축하기 위한 목적을 가진다. 또한 〈주석〉의 논증은 그 하나하나가 논리적 활동인 동시에 교육적 활동이자 종교적 활동이다.[46] 마지막으로 〈주석〉의 진정한 생명력은 무엇보다도 〈주석〉이 산스크리트로 쓰인 문헌들 가운데 최고의 명문이라는 점에 있다. 사실 샹까라의 문체와 스타일이 주는 명료함과 웅장함에 관해서는 이견이 그다지 없을 정도로, 그의 문장은 인도의 고전 문헌들 가운데 가장 높은 봉우리를 이루고 있음에 분명하다. 샹까라의 〈주석〉이 다른 주석들과 비교해서 더 높이 평가받는다면, 거기에는 아마도 그의 탁월한 문장력이 크게 기여했을 것이다.

넷째, 〈주석〉은 관념론과 외계실재론, 일원론과 유신론, 자력구원과 타력구원, 탈속주의와 세속주의 등 힌두사상 내의 여러 대립적 전통들을 베단따의 방식으로 종합한다. 〈주석〉은 사상사적으로 베단따의 최고 고전에 해당되지만 전대와 당대의 다양한 전통들을 '베단따'라는 하

45_ <주석>의 논증에 대해서는 부정적이고 소극적인 평가가 많은 편이다. 예컨대, Hacker는 샹까라가 합리적인 논증보다 우빠니샤드의 권위를 빌린다고 지적하고, Nakamura는 그에게 치밀함이나 일관성이 결여되어 있다고 주장하며, Halbfass는 그가 베다의 가르침에서 한 걸음 더 나아간 논증을 보여주지 못한다고 결론 내린다. Hacker(1995), p.104; Halbfass(1992), p.133; Halbfass(1992), p.160을 차례로 참조하시오. 보다 상세한 논의는 박효엽(2012), 「『브라흐마 수뜨라 주석』과 논증의 인도적인 고유성」을 보시오.

46_ 박효엽(2012), pp.65-73 참조.

나의 체계 아래 통합하고자 한다. 예컨대 〈주석〉이 제시하는 '경험적 관점'(vyāvahārika)과 '실재적 관점'(pāramārthika)이라는 두 관점은 각각 무지의 영역과 지식의 영역에 대응하면서 깨우침 이전의 세계와 그 이후의 세계를 모두 긍정적으로 수용하게끔 해준다. 또한 〈주석〉에서는 브라흐만, 아뜨만, 지고한 신 등의 용어를 호환하고 지고한 신의 은총을 가끔 언급함으로써 브라흐만에 대한 유신론적인 이해의 가능성마저 제공한다. 그리고 〈주석〉은 분명 지식 중심의 탈속적 삶이 우위에 있다는 점을 공언하지만 세속적 삶의 조건들이 탈속의 해탈을 위한 선행조건일 수 있다는 점을 빠뜨리지 않는다. 요컨대 샹까라는 〈주석〉에서 아뜨만 일원론과 지식 중심주의를 강조하면서도 힌두교가 가진 다층적 사유구조와 포용의 정신을 결코 내던지지 않는다. 이와 같이 그가 제시한 종합의 전략과 묘미는 그의 시대 이후에 그 어떤 학파나 종파에서든 〈주석〉의 이론과 실천에 대해 긍정적이거나 부정적인 대응을 할 수밖에 없도록 만들기도 한다.

다섯째, 〈주석〉은 당대 인도철학, 인도종교, 인도문화의 다채로운 양상과 높은 수준을 직간접적으로 알려줌으로써 인도 정신 또는 힌두 정신의 다양성과 정수를 담고 있다. 우선 〈주석〉은 전대와 당대의 사상적 지형도를 암시적으로 밝혀주고 학파 간에 발생한 학문적 상호 교섭의 역사를 명증하게 알려준다. 실제로 〈주석〉에는 상크야, 요가, 미맘사, 느야야(Nyāya), 바이셰쉬까, 자이나교, 불교 등에 대한 수용과 비판이 혼재하기에 당대 인도철학의 총화를 그 면면이 살펴볼 수 있다. 또한 〈주석〉은 베다시대부터 굽따 왕조에 이르기까지 굽이굽이 이어져온 인도종교와 인도문화의 다양성과 정수를 보여준다. 특히 브라흐만교(바라문교)의 사상과 문화를 집대성하고 지식, 의례(행위), 명상 등 그들의 종교와 수행을 체계화함으로써, 〈주석〉을 지식 중심주의의 입장에서 편집된 브라흐만교의 백과전서라고 부를 만하다. 이처럼 〈주석〉은 인도 고대 지식인들과 수행자들의 문화를 이해하는 데 매우 귀중한 자료라고 할 수 있다.

『브라흐마 수뜨라 주석』의 구성

〈수뜨라〉는 4개의 장(章)으로 나뉘고 각각의 장은 4개의 절(節)로 나뉘기 때문에 총 16개의 절로 이루어진다. 그리고 각각의 절에는 다수의 수뜨라들이 포함된다. 따라서 전체 555개의 수뜨라들은 모두 '장, 절, 수뜨라'라는 3단계로 분류되는 셈이다. 예컨대, '1.1.1'이라는 표시는 '1장, 1절, 1번 수뜨라'라는 의미이다. 〈주석〉은 〈수뜨라〉의 이러한 편제를 고스란히 따른다. 하지만 한 가지 예외가 있는데, 그것은 바로 〈주석〉이 '주제'라는 또 하나의 분류 체계를 가진다는 점이다. 결과적으로 〈주석〉은 '장, 절, 주제, 수뜨라'라는 4단계로 이루어져 있고, 그 각각의 구체적인 개수는 4개의 장, 16개의 절, 191개의 주제, 555개의 수뜨라이다.

〈주석〉에서 어떤 주제는 하나의 수뜨라만을 포함하기도 하고 어떤 주제는 10개 이상의 수뜨라들을 포함하기도 한다. 또한 어떤 절에는 수뜨라들의 수에 비해 주제의 수가 매우 적기도 하고 어떤 절에는 매우 많기도 하다. 다음은 〈주석〉에서 주제의 개수와 수뜨라의 개수를 일목요연하게 나타낸 것이다.

장	1				2				3				4			
절	1	2	3	4	1	2	3	4	1	2	3	4	1	2	3	4
주제의 수	11	7	13	8	13	8	17	9	6	8	36	17	14	11	6	7
수뜨라의 수	31	32	43	28	37	45	53	22	27	41	66	52	19	21	16	22

〈주석〉에서 '주제'라는 것은 특정한 장과 절에 속하는 수뜨라들을 주석가가 자신의 관점에 따라 유사한 주제(내용)끼리 묶은 것을 가리킨다. 이 때문에, 주제를 어떻게 나누느냐에 따라 수뜨라들에 대한 이해가 달라질 수 있으므로, 주제 나누기는 주석에서 매우 중요한 의미를 가진다고 할 수 있다. 그리고 각각의 주제를 논의하면서 주석에서는 5단계의 논증 방식을 따른다. 그것은 ① 논제, ② 의문, ③ 전론(前論), ④ 후론(後論), ⑤ 정론(定論)이다. 이 경우에, 〈수뜨라〉가 소위 우빠니샤드의 요약본인 이상, 각각의 주제는 우빠니샤드의 '논제 문장'(viṣaya-vākya) 즉 '논제를 담고 있는 문장'과 관련된다. 따라서 〈주석〉은 대개 주석가가 각각의 주제에 따라 우빠니샤드의 논제 문장을 의문, 전론, 후론, 정론의 순서로 상세히 설명하는 방식으로 구성된다.

샹까라는 〈주석〉을 시작하면서 책 전체의 서문이라고 간주되는 짧은 분량의 글을 썼다. 이를 '덧놓음(가탁)에 대한 주석'(adhyāsa-bhāṣya)이라고 부르는데, 이 글은 주석가가 주석을 시작하려는 기본적인 배경과 의도가 잘 드러난 명문(名文)으로 알려져 있다. 서문을 필두로 하여 〈주석〉에는 4개의 '장'이 전개되며 각 장의 제목은 다음과 같다.

- 제1장: 조화(samanvaya) - 134개 수뜨라
- 제2장: 무모순(avirodha) - 157개 수뜨라
- 제3장: 성취수단(sādhana) - 186개 수뜨라
- 제4장: 결과(phala) - 78개 수뜨라

제1장에서는 먼저 조화를 통해 브라흐만주의(Brahma-vāda)를 정초한다. 다시 말해, 모든 우빠니샤드 문장들이 상충되지 않은 채로 조화를 이루면서 브라흐만 또는 아뜨만을 가르친다는 점을 제시한다. 제2장에서는 우빠니샤드 사상에 논리적인 모순이 없다는 점을 강조하고, 또

베단따의 관점에서 다른 학파들의 교리가 모순적이라는 점을 밝힌다. 그리고 우빠니샤드에 등장하는 다양한 창조 이론들이 서로 모순되지 않는다는 점도 풀어낸다. 제3장에서는 브라흐만에 대한 지식을 얻기 위한 성취수단을 다룬다. 특히 윤회를 겪는 개별자아와 윤회를 넘어선 브라흐만을 제시하고 나서 무(無)속성 브라흐만과 유(有)속성 브라흐만에 대한 '명상적 지식'(vidyā)들을 집중적으로 검토한다. 제4장에서는 상위의 지식과 하위의 지식이 낳는 결과를 제시한다. 제3장의 명상을 조금 더 다루고 나서 주로 지식을 가진 자가 사후 세계에 어떤 경로를 밟는지 상세하게 설명한다.

〈주석〉에서 각 장들의 제목은 그저 무목적적으로 붙여진 것이 아니다. 각 장들의 제목이 가지는 함의를 분석해 보면 〈수뜨라〉 또는 〈주석〉이 전체적으로 어떤 구조를 이루고 있는지 짐작해볼 수 있다.

장(章)	제목	수행론	지식수단	3단 논법	논증 유형
제1장	조화	듣기 śravaṇa	성언	주장 pratijñā	권위 논증
제2장	무모순	숙고하기 manana	추론	이유 hetu	추리 논증
제3장	성취수단	명상하기 nididhyāsana	지각	예시 udāharaṇa	경험 논증
제4장	결과	해탈	직각		

우선 조화, 무모순, 성취수단이라는 3가지는 각각 베단따의 대표적 수행론인 듣기, 숙고하기, 명상하기(깊게 명상하기)와 즉 문사수(聞思修)와 대응한다. 조화란 우빠니샤드 문장들이 조화롭게 브라흐만을 공통적인 취지로 한다는 것을 의미하며, 이는 우빠니샤드의 가르침을 절대

적인 것으로 듣는 데 토대가 될 수 있다. 무모순이란 우빠니샤드를 중심으로 하는 베단따의 교리가 아무런 모순도 가지지 않는다는 것을 의미하며, 이는 그 교리가 논리적 숙고의 과정을 충분히 거친 결과물이라는 것을 암시한다. 성취수단이란 우빠니샤드의 가르침에 담긴 의례, 명상 등 지식의 발생을 위한 여러 가지 수단을 의미하며, 이는 오직 브라흐만에 전심전념하고 몰두하는 명상하기에 대한 실천과 다르지 않다. 추가로 말하자면, 마지막의 '결과'라는 것은 해탈을 의미하며 듣기, 숙고하기, 명상하기로부터 발생한 지식에 곧 이어서 브라흐만 상태가 되는 것을 가리킨다.

듣기, 숙고하기, 명상하기가 각각 핵심적 지식수단(인식수단)인 성언, 추론, 지각과 관련되는 것은 매우 자연스럽다. 우빠니샤드 즉 성언(증언)을 통해 듣기가, 논리적인 추론을 통해 숙고하기가, 직접적인 지각을 통해 명상하기가 각각 가능하기 때문이다. 그리고 베단따에서 중요시되는 이러한 세 가지 지식수단은 각각 3단 논법의 주장, 이유, 예시와 대응한다. 예컨대, 타인에게 논증을 펼치는 경우, 산에 불이 났다는 주장을 펼치는 것은 논증 제시자의 증명되지 않은 증언(말)이고, 연기가 나기 때문이라고 이유를 이끌어내는 것은 그의 추론이며, 연기가 나는 곳마다 불이 존재한다는 것에 대한 예시로서 아궁이를 떠올리는 것은 그의 지각이기 때문이다.[47] 결과적으로 성언, 추론, 지각이라는 세 가지 지식수단은 세 가지 유형의 논증을 낳는데, 이를 각각 권위 논증, 추리 논증, 경험 논증이라고 명명할 수 있을 것이다.[48] 어떤 대상을

47_ 박효엽(2010), p.117 참조.

48_ 박효엽(2010), pp.112-118 참조. '권위 논증, 추리 논증, 경험 논증'이라는 명칭들 가운데 '추리 논증'과 '경험 논증'이라는 표현은 다소 어색하다. 그럼에도 계시(주어진 것), 합리성(이성), 경험(체험)을 논증의 토대로 삼는 아드바이따 베단따의 전통을 반추한다면 어느 정도 이해할 수 있는 작명일 것이다.

'아는' 데 적용하는 수단들은 어떤 주장을 '증명하는' 데 적용하는 수단들과 유사할 가능성이 매우 높을 수밖에 없다.

이처럼 〈주석〉의 4개 장들은 그 제목을 통해 알 수 있듯이 베단따의 전체 체계와 매우 긴밀하게 연계된 채로 작동한다. 특히 앞의 3개 장들은 베단따의 인식론, 수행론 등에서 제시하는 여러 방법들과도 떼려야 뗄 수 없는 관련을 가진다.

『브라흐마 수뜨라 주석』의 내용

샹까라는 〈주석〉의 곳곳에서 자신이 무엇을 다룰 것이고 무엇을 다루었는지 정리하는 글을 남긴다. 따라서 샹까라 자신의 직접적 발언을 통해 〈주석〉이 어떤 내용을 담고 있는지 상당 부분 가늠할 수 있다.[49]

장절	주요 내용
전체	• 이 교서는 베단따 문장들의 취지를 확정하기 위해 시작된다(2.2.1).
1장 1절	• 브라흐만은 세계의 원인이다(1.1.5; 1.2.1; 2.1.1). • 베단따 문장들은 심지어 행위에 해당되지 않고서도 브라흐만으로 귀착된다(1.1.5). • 성언을 벗어나는 쁘라다나는 세계의 원인이 아니다(1.4.1; 2.1.1). • 브라흐만에 대한 표징이 분명하지만 여전히 의문스러운 어떤 문장들은 브라흐만을 의도한다(1.2.1).
2절	• 브라흐만에 대한 표징이 불분명한 어떤 문장들은 브라흐만을 제시한다(1.2.1).
3절	

49_ 표에서 괄호 안의 숫자는 〈주석〉의 출처를 가리킨다.

<table>
<tr><td>4절</td><td>• 성언들이 쁘라다나가 아니라 브라흐만을 의도한다는 점을 증명한다(1.4.1).</td></tr>
<tr><td>2장 1절</td><td>• 베단따 이론에서 전승서, 논리와의 모순을 제거한다(2.1.1; 3.1.1).</td></tr>
<tr><td>2절</td><td>• 타 학파의 사상들은 그럴듯한 논리에 의해 지지된다(2.1.1).
• 타 학파의 사상들을 부인해야만 한다(2.2.1; 3.1.1).</td></tr>
<tr><td>3절</td><td rowspan="2">• 각각의 베단따마다 창조 등의 양상이 상위하지 않다(2.1.1).
• 모든 베단따에 담긴 창조에 대한 계시들의 의미를 명료하게 한다(2.3.1).
• 창조 등과 관계하여 계시서의 상호모순이 제거된다(2.4.1; 3.1.1).</td></tr>
<tr><td>4절</td></tr>
<tr><td>3장 1절</td><td>• [3장 전체] 상위와 하위의 지식들에 대하여 성취수단과 관련되는 것들을 검토한다(4.1.1).
• 방편들에 의해 한정된 개별자아가 윤회를 겪는 다양한 양상을 다룬다(3.1.1; 3.2.1).</td></tr>
<tr><td>2절</td><td>• 개별자아의 상이한 상태들과 브라흐만의 본질을 다룬다(3.1.1; 3.2.1; 3.3.1).</td></tr>
<tr><td>3절</td><td>• 명상적 지식들 사이의 차이 있음과 차이 없음, 명상적 지식들에서 세부사항(속성)들의 공유됨과 공유되지 않음을 다룬다(3.1.1; 3.3.1).</td></tr>
<tr><td>4절</td><td>• 참된 직관을 통한 인간의 목표 완성, 참된 직관의 수단을 위한 명령(가르침)들이 가지는 차이, 해탈이라는 결과에서 특정한 규칙의 부재를 다룬다(3.1.1).</td></tr>
<tr><td>4장 1절</td><td rowspan="4">• [4장 1절] 성취수단과 관련되는 3장에서 남겨진 것들을 검토한다(4.1.1).
• 상위와 하위의 지식들에 대하여 결과와 관련되는 것들을 검토한다(4.1.1).</td></tr>
<tr><td>2절</td></tr>
<tr><td>3절</td></tr>
<tr><td>4절</td></tr>
</table>

샹까라가 〈주석〉의 내용에 대해 직접 언급한 것으로부터 알 수 있는 점은 간단명료하다. 즉 〈수뜨라〉 또는 〈주석〉의 대부분은 모든 베단따(우빠니샤드) 문장들이 브라흐만을 취지로 한다는 것을 확정하는 데 목적을 둔다는 점이다. 달리 말해, 〈주석〉의 목적은 모든 베단따 문장들이 아뜨만의 유일성에 대한 지식 획득을 의도한다는 것을 재확인하는 데 있다.[50] '조화, 무모순, 성취수단, 결과'라는 각 장의 제목들은 다만 이러한 목적을 달성하기 위한 체계적인 분류에 지나지 않는다. 거칠게 말해서 이 제목들은 각각 그 지식들 모두의 조화요, 그 지식들 사이의 무모순이요, 그 지식을 위한 성취수단이요, 그 지식이 낳는 결과이다.

다른 한편, 〈주석〉의 내용은 191개의 주제들을 통해서도 어느 정도 가늠할 수 있다. 다음은 〈주석〉 전체를 주제에 따라 정리한 것이다. 물론 주제의 제목은 대개 그 주제에 포함되는 수뜨라들 가운데 첫 번째 수뜨라의 앞 낱말에서 따온 것이기 때문에 제목 자체가 곧 핵심내용인 것은 아니다.[51]

장절	주제 (포함되는 수뜨라)
1장 1절	1. 탐구욕(1) ǀ 2. 생성 등(2) ǀ 3. 성전의 원천(3) ǀ 4. 조화(4) ǀ 5. 마음으로 바라보기(5-11) ǀ 6. 환희로 이루어진 것(12-19) ǀ 7. 안에 있는 것(20-21) ǀ 8. 허공(22) ǀ 9. 생기(23) ǀ 10. 빛, 발(24-27) ǀ 11. 쁘라따르다나(28-31)

50_ Ghate는 우빠니샤드의 상호 모순적인 구절들을 조화하려는 시도가 성공적이었다는 데 샹까라 체계의 가장 위대한 가치가 있다고 말한다. Ghate(1981), p.21 참조.

51_ Deutsch(2006), pp.84-92에서는 각각의 주제에서 다루는 핵심내용을 잘 정리해 놓았다.

2절	1. 모든 곳에서 잘 알려져 있음(1-8) | 2. 먹는 자(9-10) | 3. 공동에 들어간 것(11-12) | 4. 안에 있음(13-17) | 5. 내부의 지배자(18-20) | 6. 보일 수 없음(21-23) | 7. 바이슈바나라(24-32)
3절	1. 천상, 지상 등(1-7) | 2. 극대(8-9) | 3. 불멸체(10-12) | 4. 마음으로 바라보기의 대상이라고 언급됨(13) | 5. 작음(14-21) | 6. 따라 하기(22-23) | 7. 재어진 것(24-25) | 8. 신격(26-33) | 9. 슈드라가 아닌 자(34-38) | 10. 떨림(39) | 11. 빛(40) | 12. 다른 것으로 언급됨(41) | 13. 숙면과 죽음(42-43)
4절	1. 추론된 것(1-7) | 2. 국자(8-10) | 3. 수에 대한 진술(11-13) | 4. 원인인 것(14-15) | 5. 발라끼(16-18) | 6. 문장의 연계(19-22) | 7. 원물질(23-27) | 8. 모두 설명됨(28)
2장 1절	1. 전승서(1-2) | 2. 요가가 논박됨(3) | 3. 상이함(4-11) | 4. 식자들이 수용하지 않음(12) | 5. 향유주체로 됨(13) | 6. 기원(14-20) | 7. 다른 것에 대한 언급(21-23) | 8. 모으는 것을 봄(24-25) | 9. 전체의 수반(26-29) | 10. 모두 주어짐(30-31) | 11. 동기를 가짐(32-33) | 12. 불공평함과 잔인함(34-36) | 13. 모든 특성들이 합당함(37)
2절	1. 설계가 부당함(1-10) | 2. 크고 김(11) | 3. 단원자는 세계의 원인이 아님(12-17) | 4. 결합(18-27) | 5. 비존재(28-32) | 6. 동일자에서 불가능함(33-36) | 7. 통치자(37-41) | 8. 발생하는 것이 불가능함(42-45)
3절	1. 에테르(1-7) | 2. 공기(8) | 3. 불가능함(9) | 4. 불(10) | 5. 물(11) | 6. 흙, 화제(12) | 7. 그것에 대한 깊은 명상(13) | 8. 반대(14) | 9. 사이에 놓임, 지성(15) | 10. 움직이는 것과 움직이지 않는 것과 관련됨(16) | 11. 아뜨만(17) | 12. 아는 자(18) | 13. 떠남과 감(19-32) | 14. 행위주체(33-39) | 15. 목수(40) | 16. 지고한 자에 의존함(41-42) | 17. 부분(43-53)
4절	1. 생기들이 생성됨(1-4) | 2. 일곱, 알려짐(5-6) | 3. 생기들이 지극

	히 미세함(7) ǀ 4. 최고위의 생기(8) ǀ 5. 공기와 작용(9-12) ǀ 6. 최고위가 지극히 미세함(13) ǀ 7. 불 등(14-16) ǀ 8. 기관들(17-19) ǀ 9. 이름과 형상의 형성(20-22)
3장 1절	1. 다른 어떤 것을 획득함(1-7) ǀ 2. 행한 것이 사라짐(8-11) ǀ 3. 제의 등을 행하지 않은 자들(12-21) ǀ 4. 유사하게 됨(22) ǀ 5. 매우 긴 동안은 아님(23) ǀ 6. 다른 것이 주재함(24-27)
2절	1. 중간대(1-6) ǀ 2. 그것의 부재(7-8) ǀ 3. 일, 기억, 성언, 명령(9) ǀ 4. 기절은 절반만 합치됨(10) ǀ 5. 두 가지 표징(11-21) ǀ 6. 그러한 만큼의 논제인 것(22-30) ǀ 7. 지고함(31-37) ǀ 8. 결과(38-41)
3절	1. 모든 베단따들에서 명상적 관념들(1-4) ǀ 2. 공유(5) ǀ 3. 다른 방식으로(6-8) ǀ 4. 고루 미쳐 있음(9) ǀ 5. 모든 곳에서 차이가 없음(10) ǀ 6. 환희 등(11-13) ǀ 7. 명상(14-15) ǀ 8. 아뜨만이 파악됨(16-17) ǀ 9. 행해야만 하는 것으로 언급됨(18) ǀ 10. 동일함(19) ǀ 11. 관련(20-22) ǀ 12. 함께 모음(23) ǀ 13. 뿌루샤 등(24) ǀ 14. 꿰찌름 등(25) ǀ 15. 폐기(26) ǀ 16. 죽음(27-28) ǀ 17. 여로의 의의(29-30) ǀ 18. 제한되지 않음(31) ǀ 19. 임무가 있는 한(32) ǀ 20. 불멸체의 명상적 관념(33) ǀ 21. 한계(34) ǀ 22. 안에 있음(35-36) ǀ 23. 치환(37) ǀ 24. 진리 등(38) ǀ 25. 욕망 등(39) ǀ 26. 존중(40-41) ǀ 27. 그것에 대해 확정하는 것들(42) ǀ 28. 제물(43) ǀ 29. 표징이 다수임(44-52) ǀ 30. 혹자들, 아뜨만(53-54) ǀ 31. 종속적인 것들과 결부됨(55-56) ǀ 32. 전체가 더 뛰어남(57) ǀ 33. 직접적인 말 등의 차이(58) ǀ 34. 택일(59) ǀ 35. 욕망 추구적임(60) ǀ 36. 근저들이 되는 것처럼(61-66)
4절	1. 인간의 목표(1-17) ǀ 2. 지시(18-20) ǀ 3. 단순한 찬양(21-22) ǀ 4. 빠리쁠라바(23-24) ǀ 5. 불 피우기 등(25) ǀ 6. 모두 필요로 함(26-27) ǀ 7. 모든 음식이 허용됨(28-31) ǀ 8. 인생단계에서의 행위들(32-35) ǀ 9. 홀아비(36-39) ǀ 10. 그렇게 됨(40) ǀ 11. 자격(41-42) ǀ 12. 밖으로(43) ǀ 13. 제의 주인(44-46) ǀ 14. 다른 협조적인 것으로 명령됨(47-49) ǀ 15. 현시하지 않음(50) ǀ 16. 현세에서

	(51) ǀ 17. 해탈이라는 결과(52)
4장 1절	1. 반복(1-2) ǀ 2. 아뜨만인 것에 대한 계속적 명상(3) ǀ 3. 상징(4) ǀ 4. 브라흐만의 심상(5) ǀ 5. 태양 등의 명상적 생각들(6) ǀ 6. 앉아 있으면서(7-10) ǀ 7. 전념(11) ǀ 8. 죽음에 이르기까지(12) ǀ 9. 그것을 획득함(13) ǀ 10. 다른 것이 접착하지 않음(14) ǀ 11. 시작되지 않음(15) ǀ 12. 아그니호뜨라 등(16-17) ǀ 13. 명상적 지식, 지식의 성취수단(18) ǀ 14. 다른 것은 소멸시킴(19)
2절	1. 발성기관(1-2) ǀ 2. 마음(3) ǀ 3. 지배자(4-6) ǀ 4. 길의 시작에 이르기까지(7) ǀ 5. 윤회를 언급함(8-11) ǀ 6. 부정(12-14) ǀ 7. 발성기관 등이 소멸됨(15) ǀ 8. 분리되지 않음(16) ǀ 9. 그 거처(17) ǀ 10. 광선들(18-19) ǀ 11. 태양의 남진(20-21)
3절	1. 빛을 시작으로 함(1) ǀ 2. 공기(2) ǀ 3. 번개(3) ǀ 4. 안내자(4-6) ǀ 5. 결과(7-14) ǀ 6. 상징을 근저로 삼지 않음(15-16)
4절	1. 도달하고 나서 나타남(1-3) ǀ 2. 분리되지 않음, 알려짐(4) ǀ 3. 브라흐만에 속함(5-7) ǀ 4. 결의(8-9) ǀ 5. 존재하지 않음(10-14) ǀ 6. 등불(15-16) ǀ 7. 세계의 일(17-22)

샹까라 사상의 핵심

〈주석〉에서 주석가인 샹까라의 사상을 읽어내기 위해서는 무엇보다도 그가 사용하는 용어들이 매우 복잡하게 얽혀 있다는 점을 인지해야 한다. 예를 들어 그는 〈주석〉에서 '브라흐만, 아뜨만, 신'이라는 용어를 호환해서 쓸뿐더러 세 용어 앞에 '지고한'(para, parama)이라는 한정어가 있는 경우마저 모조리 호환해서 쓴다.[52] 이는 아마도 유일무이

52_ Hacker(1995), p.91, 94 참조.

한 브라흐만이 관점에 따라 상이하게 알려진다는 점을 의도하기 위해서일 것이다. 즉 실재는 그 본질에서 어떤 차이도 가지지 않지만 관점에 따라 차이를 가지게 된다는 점을 의도하기 위해서일 것이다. 이처럼 〈주석〉이라는 문헌은 '실재적 관점' 즉 브라흐만의 관점과 '경험적 관점' 즉 무지의 관점을 분명히 구분한 채로 접근해야 한다. 그리고 이러한 두 가지 관점은 샹까라가 우빠니샤드를 '브라흐만주의'라는 하나의 진리체계로 일관되게 해석하기 위해 고안한 장치이기도 하다. 다시 말해, 유일무이한 무속성 브라흐만을 취지로 하지 않는 우빠니샤드 문장들은 다만 경험적 관점에 지나지 않는다고 함으로써, 그는 그 문장들마저 브라흐만주의와 조화를 이루고 모순되지 않는다는 식으로 단일한 해석체계를 세울 수 있게 된다.

〈주석〉에 나타난 샹까라의 사상은 우빠니샤드의 핵심적 사상과 그 궤를 같이한다. 흔히 우빠니샤드의 가르침은 '브라흐만 · 아뜨만의 본질을 확정하는 것'과 '개별자아와 브라흐만 · 아뜨만의 동일성을 가르치는 것'이라는 2가지로 알려져 있다.[53] 이에 따라 우빠니샤드를 신성불가침의 절대 진리로 간주하는 샹까라도 〈주석〉에서 이 2가지를 핵심적 가르침으로 설파한다. 우선 첫 번째 가르침은 오직 브라흐만이 유일무이한 실재라고 생각하는 브라흐만주의를 표명한 것으로서 브라흐만(아뜨만)이 이 세계의 유일한 원천이라는 주장이다. 그리고 두 번째 가르침은 '비이원성'(advaita) 또는 '제2자를 가지지 않음'(advitīya)을 특징으로 하는 아뜨만의 본질적 동일성에 대한 주장이다. 이는 개별자아가 브라흐만(아뜨만)과 본질적으로 동일하다는 주장으로서 아드바이따 베단따 사상의 제1공리라고 할 수 있다.

53_ 〈주석〉 1.3.25 참조: "왜냐하면 베단따 문장들은 2가지 형태로 작동하기 때문이다. 어떤 경우에는 지고한 아뜨만의 본질을 확정하는 것을 의도하고, 어떤 경우에는 인식적 아뜨만과 지고한 아뜨만의 동일성을 가르치는 것을 의도한다."

다른 한편, 신학자로서 샹까라는 그의 후학들과 비교하여 〈주석〉에서 신에 관해 상대적으로 자주 언급하는 편이다. 학커는 〈주석〉에서 신이 세 가지 위상을 가진 채로 묘사된다고 정리한다. 즉 신은 우주의 지배자, 개인 운명의 관리자, 명상의 대상으로 묘사된다는 것이다.[54] 신은 대우주를 지배하고 소우주인 인간을 관리하는 최고의 존재이자 무속성 브라흐만, 유속성 브라흐만과 더불어 명상의 대상이다. 그렇다고 할지라도 샹까라에게 신이란 실재적 관점에서 브라흐만·아뜨만이 한정자(upādhi)를 가지는 것에 지나지 않으므로, 신의 존재와 신의 세계 창조는 다만 경험적 관점에서 이해될 수 있을 뿐이다. 물론 샹까라의 실재가 가지는 인격적인 측면을 충분히 고려함으로써 그의 실재가 오직 비인격적인 원리인 것만은 아니라고 주장할 수도 있다. 몇몇 학자들은 샹까라의 신이 인격성과 비인격성을 넘어선 '초인격적'(transpersonal, suprapersonal) 존재라고 주장하기도 한다.[55]

잘 알려져 있다시피 샹까라의 베단따 사유에서 핵심적인 개념 두 가지는 실재로서의 '브라흐만'과 비실재의 근거인 '무지'이다. 〈주석〉에서는 바로 이 무지가, 샹까라의 가장 독창적이고 획기적인 개념이라고 할 수 있는 덧놓음(adhyāsa)과 동일한 것으로 제시된다. 반면에 전통적으로 샹까라의 주요 개념으로 알려져 있는 환술(māyā)이라는 것은 그 등장 빈도나 중요도의 측면에서 그다지 주목할 필요가 없다. 샹까라는 무엇보다도 실재를 실재가 아닌 것으로 잘못 알게끔 하는 인식론적 오류와 그것을 파기하는 것에 초점을 맞추기 때문이다. 물론 〈주석〉에

54_ Hacker(1995), pp.89-94 참조.

55_ Lipner는 샹까라가 인격적인 술어인 '의식', '환희'를 선호하기 때문에 그의 절대는 초인격적(transpersonal)이라고 주장한다. Comans는 샹까라의 신이 인격성과 비인격성 양자를 넘어선 초인격적(suprapersonal) 존재라고 주장한다. 각각 Lipner(1989), p.169, n. 9; Comans(2000), p.230 참조.

서 대체적으로 인식론적 오류를 의미하는 무지는 '무지에 의해 야기된 명칭과 형태(nāmarūpa)'라는 표현처럼 세계 창조의 물질적 원인을 의미한다고도 볼 수 있는데, 그 경우에 무지는 '원천적 내재력(mūla-śakti), 미현현자(avyakta), 환술, 대(大)수면, 명칭과 형태' 등의 개념들과 같은 뜻이다.[56] 무지라는 개념을 본격적으로 세계의 물질적 원인으로 간주한 것은 샹까라의 제자인 빠드마빠다이다.

〈주석〉에 따르면 세계(jagat)라는 것은 바로 이 무지에 의해 야기되는 명칭과 형태가 '전개되지 않은 상태'에서 '전개된 상태'로 드러난 것을 가리킨다. 달리 말해, 세계는 유일무이한 브라흐만이 무지 때문에 명칭과 형태에 따르는 한정자로 나타난 것이기도 하다. 결국 세계가 무지의 소산에 지나지 않는 이상, 의식체(cetana)인 브라흐만으로부터 비의식체인 세계가 전개된다고 주장하는 것에는 논리적 결함이 뒤따르지 않는다. 이 때문에 〈주석〉에서 드러나는 세계의 전개 이론 또는 창조 이론은 가현설(vivarta-vāda)에 가깝다고 할 수 있다. 흔히 베단따의 창조 이론은 브라흐만의 가현이요 무지의 전변(pariṇāma)이라고 알려져 있는데, 샹까라의 경우에는 학커가 말한 바대로 '일종의 환영적 전변설'에 해당하거나 마에다가 말한 바대로 '초기 가현설'에 해당한다고 볼 수 있다.[57] 〈주석〉에서는 '가현'과 관련된 용어가 직접적으로 등장하지는 않지만, 샹까라가 무지를 물질적 원인으로 잘 간주하지 않는

56_ <주석> 1.4.3 참조: "실로 무지를 본질로 하는 그 원천적 내재력은 '미현현자'라는 말로 지시될 수 있고, 지고한 신에 의존하며, 환술로 이루어진 것으로서, 본질에 대한 깨달음을 결여하는 '윤회하는 개별자아들'이 그 안에서 눕는(잠자는) 대(大)수면이다."

57_ Hacker는 그의 논문 *Vivarta* (p.210)에서 '일종의 환영적 전변설'(eine Art illusionistischer Pariṇāmavāda)이라고 언급한다. Mayeda(1979), p.25, p.59의 미주 24에서 재인용. Mayeda가 '초기 가현설'이라고 주장한 것은, Mayeda (1979), p.26 참조.

이상 가현설의 요소가 다분한 셈이다.

〈주석〉에서는 해탈을 인간의 최고 목표로 간주하면서 해탈에 이르는 유일한 수단으로 무지의 파기 또는 지식의 발생을 제시한다. 지식이 발생하는 경우에 그 어떤 간극도 없이 연속해서 해탈이 이루어진다. 해탈이란 '탈(脫)육화 상태'(aśarīratva), '브라흐만 상태'(brahma-bhāva) 등으로 묘사되며, 아뜨만에 대한 지식을 통해서는 해탈 중에서도 점진적 해탈이 아니라 즉각적 해탈을 얻는다.[58] 베단따의 일반적인 견해와 마찬가지로 샹까라도 해탈을 위한 가장 유효한 수단으로 지식만을 인정하는 지식 중심주의를 견지한다. 그리고 그 지식을 얻기 위한 수단으로 의례나 명상과 같이 행위의 영역에 속하는 것들을 제시한다. 베다에 속하는 브라흐마나(Brāhmaṇa), 아란야까(Āraṇyaka), 우빠니샤드 문헌이 각각 의례, 명상, 지식을 중심 주제로 다룬다는 점을 감안하면, 우빠니샤드를 계승하고 우빠니샤드를 해석하는 샹까라가 해탈의 성취수단들을 지식 중심으로 질서지은 것에 충분히 수긍할 수 있을 것이다.

베단따 수행론의 핵심이 듣기, 숙고하기, 명상하기라는 3가지이듯이 〈주석〉에서도 이 3가지를 언급한다. 듣기, 숙고하기, 명상하기는 그 각각이 직접적 지식을 낳을 수 있고, 직접적 지식은 무지를 파기하는 분명한 결과로 이어진다. 만약 누군가가 우빠니샤드의 가르침을 들음으로써 직접적 앎을 얻는다면, 그는 굳이 3가지를 반복할 필요가 없다. 하지만 누군가가 '그것이 너이다'(tat tvam asi)와 같은 위대한 문장을 듣고서도 직접적 앎을 얻지 못한다면, 그는 직접적 앎을 장애하는 것들을 제거하기 위해 3가지를 반복해야만 한다. 이처럼 〈주석〉에서는, 후대 베단따에서 아뜨만에 대한 간접적(parokṣa) 지식과 직접적

58_ '즉각적 해탈'(sadyomukti)이라는 표현은 <주석> 전체에서 1.1.12에만 유일하게 등장한다.

(aparokṣa) 지식을 확실하게 나누는 것과는 달리, 선명한 방식으로 두 지식을 나누지는 않지만 암묵적으로 두 지식을 나눔으로써 해탈을 위해서는 오직 직접적 지식이 필요하다는 점을 암시한다.

샹까라와 아드바이따 베단따 전통

흔히 샹까라는 아드바이따 베단따 전통을 체계화시키고 완성시킨 최고의 학자이자 위대한 스승으로 알려져 있다. 이에 따라 인도에서는 아드바이따 전통과 관련된 주요 가르침들이 오로지 샹까라에 기원을 두고 있는 것처럼 여겨져 왔다. 그런데 샹까라 이후 몇 세기 동안 베단따가 아닌 다른 학파들에서 아드바이따 베단따의 주요 인물로 표상된 학자는 샹까라가 아니라 만다나 미슈라였다고 한다.[59] 게다가 샹까라에 의해 처음 제시되었다고 알려져 있는 주제(교리)들도 실제로는 그 상당수가 만다나 미슈라에 의해 제시되었다고 밝혀진 바 있다. 예를 들어, 무지에 대해 존재라고도 비존재라고도 '말할 수 없다'(anirvacanīya)고 하는 것, 브라흐만의 특징으로 존재(sat), 환희(ānanda)를 중요하게 간주하는 것, 지각에 대한 비판, 무지의 두 가지 양상인 은폐력(āvaraṇa-śakti)과 산출력(vikṣepa-śakti), 가현이라는 개념은 샹까라의 사상이 아니라 만다나 미슈라의 사상이다.[60]

만다나 미슈라와 동일인물이라고 전해지기도 하는 수레슈바라는 스승인 샹까라를 존경하는 자세를 견지하면서 대부분 샹까라의 주석에 의존한 채로 글을 썼다. 그와 달리 만다나 미슈라는 자신감 있게 논증

59_ Potter(1981), p.17 참조.

60_ Thrasher(1993), Introduction, vii 참조.

을 펼치고 또 샹까라를 비판하기도 하며 우빠니샤드, 『바가바드 기따』, 〈수뜨라〉를 자유자재로 인용했다. 당연하다는 듯이, 만다나 미슈라는 샹까라의 라이벌로서 샹까라를 직접 인용하지 않았다.[61] 결국 만다나 미슈라와 수레슈바라가 동일인물이 아니라면, 샹까라 이후의 아드바이따 베단따에서 만다나 미슈라가 아닌 샹까라가 어떤 이유에서 이 학파의 대표학자로 남게 되었는지 의문이 들 수밖에 없다. 이에 대해서는 다음과 같은 추정이 가능할 것이다. 우선 샹까라가 대표학자로 남은 첫 번째 계기는 베단따가 미맘사와 동등한 학문적 권력을 가지게 된 10세기에 바짜스빠띠 미슈라(Vācaspati Miśra)가 샹까라를 재조명한 것이었다.[62] 그러다가 10-11세기에 베단따 학계에서 적통자에 대한 다양한 이견이 있자 〈주석〉을 쓴 샹까라에게 상당 부분 적통성이 주어지게 되었다. 최종적으로는 14세기에 베단따의 색채를 입은 박띠 전통과 대비하여 우빠니샤드를 기반으로 하는 베단따가 학문 권력의 중심이 되자 샹까라의 주가도 크게 상승했다.

다른 한편, 샹까라의 〈주석〉이 가지는 여러 가지 의의를 되새겨 본다면, 그가 왜 아드바이따 베단따의 대표학자일 수밖에 없는지 어느 정도는 짐작할 수 있다. 게다가 만다나 미슈라가 전개한 베단따 사상도 그 자체로 샹까라에 의존하고 있을 뿐이다. 다시 말해, 샹까라가 제시하지 않은 주제를 만다나 미슈라가 제시하기도 하지만, 그보다는 샹까라가 제시한 주제를 만다나 미슈라가 더 많이 제시한다.[63] 따라서 만다나 미슈라가 아드바이따 베단따의 몇 가지 중요한 주제들을 최초로

61_ Sastri(1937), Introduction, xlv 참조. 만다나 미슈라의 이러한 면모는 그가 쓴 유일한 베단따 저작인 *Brahma-siddhi*를 통해 알려진다.

62_ 바마띠 학파의 실질적 창시자인 바짜스빠띠 미슈라는 샹까라와 만다나 미슈라의 사상을 조화시키려고 애쓴 인물이다.

63_ Thrasher(1993), pp.112-114 참조.

제시했다고 해서 샹까라의 위상에 금이 가지는 않는다. 무엇보다도 샹까라가 〈주석〉 등을 통해 이 전통의 출발점이라고 할 수 있는 우빠니샤드를 일관되게 해석함으로써 '전통 계승'(saṃpradāya)을 성공리에 완수했다는 점은 전통을 중요시하는 인도에서 특별히 높이 평가될 수밖에 없었을 것이다.

사실 개별 학자보다 학파를 더 중요시하는 인도에서는 샹까라의 사상과 아드바이따 베단따의 사상을 구별 짓지 않는 경향이 강했다. 수백 권의 저작들이 샹까라의 작품으로 전해지는 것도 바로 이러한 이유 때문이다. 그나마 20세기에는 학커 등이 보여준 문헌학의 성과로 말미암아 샹까라의 진작을 구별해내는 와중에 자연스럽게 아드바이따의 일반적 사상으로부터 샹까라의 개별적 사상을 분리하고자 하는 시도가 있었다. 인도 내에서도 스와미 삿치다난덴드라 사라스와띠(Satchidānandendra Sarasvati, 1880-1975년)는 여러 저작들을 통해 샹까라의 고유한 사유에 왜곡이 있었다는 점을 밝히면서 베단따의 본령을 회복하고자 하는 운동을 벌였다. 특히 그는 샹까라의 제자인 빠드마빠다가 샹까라의 무지를 물질적 원인으로 잘못 이해했다는 점을 강하게 지적하곤 했다.[64] 결론적으로 말해 만다나 미슈라를 필두로 하는 바마띠 학파나 빠드마빠다를 필두로 하는 비바라나 학파 모두 샹까라의 사유를 어느 정도 왜곡해서 받아들인 것은 마찬가지였다. 따라서 아주 엄밀하게 말한다면, 샹까라의 제자인 수레슈바라를 제외하고는 샹까라의 사유가 온전하게 계승되지 못한 측면이 있는 것은 틀림없다.

64_ 대표적으로 Satchidānandendra(1997), p.19를 참조하시오. Satchidānandendra는 1975년에 90세가 넘은 나이로 사망했다. 그는 Hacker보다 앞선 20세기 초반에 샹까라의 사상이 왜곡되었다는 점을 지적하는 공격적이고 비판적인 산스크리트 저작 *Mūlāvidyā-nirāsaḥ*(1929)를 남겼고, 이후에 그 논의를 더욱 확장한 다수의 저작들을 남겼다.

이러한 사정은 19-20세기의 신(新)베단따(Neo-Vedānta)에서도 크게 다르지 않다. 통합성과 보편성을 강조하는 신베단따는 비베카난다(Vivekananda, 1863-1902년) 등의 인도 민족주의자들에 의해 탄생한 것으로서, 상크야 · 요가로부터 영향을 받고 체험적 요소가 강화된 후대 아드바이따가 힌두의 개혁운동, 유신론적 베단따 등과 결합된 형태이다. 결정적으로 고전베단따와 신베단따의 차이는, 전자가 세계를 환영으로 간주함으로써 세계를 평가절하하는 반면에, 후자는 세계를 신성이 확장되고 깃든 것으로 간주함으로써 세계를 평가절하하지 않는다는 데 있다.[65] 어찌된 영문인지 고전베단따는 20세기 인도에서 또는 다른 지역에서 신베단따와 혼동된 채 알려진 적이 많았다. 이처럼 샹까라의 고유한 사상, 고전베단따의 일반화된 견해, 신베단따의 변형되고 종합된 체계 사이의 상호 혼동이나 무분별은, 한편으로 아드바이따 전통의 강력한 토대와 오래된 영향력을 암시하지만 다른 한편으로 학문과 관련하여 인도의 전통적 방법론과 서구적 방법론 사이의 괴리와 갈등을 암시하기도 한다.

샹까라의 아드바이따 베단따를 연구하면서 발생할 수 있는 이러한 어려움에도, 20세기에 그 연구는 획기적인 성과를 거두었다. 클루니(Francis X. Clooney)에 따르면, 지나치게 서구 중심적인 평가이자 다소 억지스러운 평가이기도 하지만, 샹까라의 고전 아드바이따를 통합적으로 이해하려는 세 가지 양상이 존재한다. 첫째는 철학적 양상이고, 둘째는 해석학적(해설적) 양상이며, 셋째는 종교적(신학적) 양상이다. 철학적 양상으로 접근한 대표적 학자는 도이센(Paul Deussen), 도이치(Eliot Deutsch) 등이고, 해석학적 양상으로 접근한 대표적 학자는 학커, 할브파스(Wilhelm Halbfass) 등이며, 종교적 양상으로 접근한 대표적 학

65_ Nelson(1998), pp.61-88 참조.

자는 드 스멧(Richard De Smet), 모디 등이다.[66] 21세기에 들어서는 아드바이따 베단따에 관한 연구가 다소 활발하지 않은 측면이 있기에 앞으로 더욱더 정교하고 확장된 연구 성과가 기대된다.

참고문헌

Adams, George C.(1993), *The Structure and Meaning of Bādarāyaṇa's Brahma Sūtras*, Delhi, Motilal Banarsidass Publishers.

Bronkhorst, Johannes(2007), *Mīmāṃsā and Vedānta*, Delhi, Motilal Banarsidass Publishers.

Clooney, Francis X.(2000), "Śaṃkara's Theological Realism", *New Perspectives on Advaita Vedānta*, Leiden, Brill.

Comans, Michael(2000), *The Method of Early Advaita Vedānta*, Delhi, Motilal Banarsidass Publishers.

Deutsch(2006), *The Essential Vedānta: A New Source Book of Advaita Vedānta*, ed. Eliot Deutsch & Rohit Dalvi, Delhi, New Age Books.

66_ 이상, Clooney(2000), pp.30-31을 참조하시오. 각 학자의 대표작은 다음과 같다. Paul Deussen의 *The System of the Vedānta*, Eliot Deutsch의 *Advaita Vedānta: A Philosophical Reconstruction*, Paul Hacker의 *Philology and Confrontation*, Wilhelm Halbfass의 *Tradition and Reflection: Explorations in Indian Thought*, Richard De Smet의 *The Theological Method of Śaṃkara*, P. M. Modi의 *A Critique of the Brahmasūtra*, Francis X. Clooney의 *Theology after Vedānta*이다. Clooney는 자기 자신을 종교학적 양상으로 접근한 학자에 포함시킨다.

Ghate, V. S.(1981), *The Vedānta—A Study of the Brahma-sūtras with the Bhāṣyas of Śaṃkara, Rāmānuja, Nimbārka, Madhva, and Vallabha*, Poona, Bhandarkar Oriental Research Institute.

Grimes, John(2004), *The Vivekacūḍāmaṇi of Śaṅkarācārya Bhagavatpāda*, Delhi, Motilal Banarsidass Publishers.

Hacker, Paul(1995), *Philology and Confrontation*, ed. Wilhelm Halbfass, Albany, State University of New York Press.

Halbfass, Wilhelm(1992), *Tradition and Reflection*, Delhi, Sri Satguru Publications.

Lipner, Julius(1989), "Śaṃkara on Metaphor", *Indian Philosophy of Religion*, ed. R. W. Perrett, Dordrecht, Kluwer Academic Publishers.

Malinar, Angelika(2007), "Śaṅkara as Jagadguru According to Śaṅkara-Digvijaya", *The Oxford India Hinduism Reader*, Delhi, Oxford University Press.

Mayeda, Sengaku(1979), *A Thousand Teachings (The Upadeśasāhasrī of Śaṅkara)*, Tokyo, University of Tokyo Press.

Mayeda, Sengaku(2000), "Śaṅkara and Buddhism", *New Perspectives on Advaita Vedānta*, Leiden, Brill.

Modi, P. M.(1956), *A Critique of the Brahmasūtra*, Part I, Baroda, Private Publication.

Moghe, S. G.(1984), *Studies in the Pūrva Mīmāṃsā*, Delhi, Ajanta Publications.

Moghe, S. G.(1998), *Studies in Applied Pūrva Mīmāṃsā*, Delhi, Ajanta Publications.

Nakamura, Hajime(1983), *A History of Early Vedānta Philosophy*,

Part One, Delhi, Motilal Banarsidass Publishers.

Nelson, Lance E.(1998), "The Dualism of Nondualism: Advaita Vedānta and the Irrelevance of Nature", *Purifying the Earthly Body of God*, Albany, State University of New York Press.

Pande, Govind Chandra(1994), *Life and Thought of Śaṅkarācārya*, Delhi, Motilal Banarsidass Publishers.

Pandey, Sangam Lal(1983), *Pre-Śaṃkara Advaita Philosophy*, Allahabad, Darshan Peeth.

Potter, Karl H.(1981), *Encyclopedia of Indian Philosophies, Volume III, Advaita Vedānta up to Śaṃkara and His Pupils*, Delhi, Motilal Banarsidass Publishers.

Roodurmun, P. S.(2002), *Bhāmatī and Vivaraṇa Schools of Advaita Vedānta*, Delhi, Motilal Banarsidass Publishers.

Sankaranarayanan, S.(1995), *Śrī Śaṅkara - His Life, Philosophy and Relevance to Man in Modern Times*, Madras, The Adyar Library and Research Centre.

Sastri, S. Kuppuswami(1937), *Brahmasiddhi*, Madras Government Oriental Manuscripts Series No. 4, Madras, Government Press.

Satchidānandendra Sarasvati(1997), *The Method of the Vedanta*, (tr.) A. J. Alston, Delhi, Motilal Banarsidass Publishers.

Sharma, B. N. K.(1986), *The Brahmasūtras and Their Principal Commentaries*, Vol. I, Second Edition, Delhi, Munshiram Manoharlal Publishers.

Thibaut, George(1962), *Vedānta-sūtras with the Commentary by Śaṅkarācārya*, Part I, Delhi, Motilal Banarsidass Publishers.

Thrasher, Allen Wright(1993), *The Advaita Vedānta of Brahma-*

siddhi, Delhi, Motilal Banarsidass Publishers.

Verpoorten, Jean-Marie(1987), *Mīmāṃsā Literature*, Wiesbaden, Otto Harrassowitz.

Victor, P. George(2002), *Life and Teachings of Ādi Śaṅkarācārya*, Delhi, D. K. Printworld (P) Ltd.

박효엽(2010), 「『브라흐마 수뜨라 주석』에서 논증의 유형과 함의」, 『철학연구』 제114집, pp.111-140.

박효엽(2012), 「『브라흐마 수뜨라 주석』과 논증의 인도적인 고유성」, 『인도철학』 제36집, pp.49-77.

일러두기

■ 일반 사항

(1) 이 번역본은 다음 2개의 판본을 저본(底本)으로 삼아 완역한 것이다: ① **Nirnaya**: *Brahmasūtraśāṅkarabhāṣyam*, Second Edition, Revised by Vāsudeva Śarman, Bombay: Pāṇḍuraṅg Jāvajī, Nirṇaya Sāgar Press, 1927. ② **Samata**: *Complete Works of Sri Sankaracharya*, Vol. Ⅶ, *Brahmasutra Bhashya*, Chennai, Samata Books, 1983.

(2) 저본이 2개인 이유는 두 판본이 각각 장단점을 고루 갖추고 있기 때문이다. Nirnaya는 매우 널리 보급된 판본으로서 구성이 좋은 편이지만 세세한 부분에서 정교하지 못한 구석이 많다. Samata는 인도의 남부 지역에서 편집된 판본답게 문법적인 오류가 거의 없는 편이고 오탈자도 거의 발견되지 않는다. 하지만 주제(adhikaraṇa)의 경계가 불분명한 경우가 있고, 인용된 문장들의 출처를 전혀 표시하지 않고, 각각의 문장을 긴 형태로 편집하는 경향이 있다. 따라서 두 저본 가운데 전체적인 구성이나 체제는 대체적으로 Nirnaya를 따르고, 문장의 내용이나 문법은 대체적으로 Samata를 따른다. 다만 두 저본의 미세한 차이가 〈주석〉의 내용을 이해하는 데 결정적인 차이를 보여주는 경우는 거의 없다고 할 수 있다.

(3) 두 저본에서는 종종 문장의 시작과 끝을 다르게 간주함으로써 문장에 대한 편집 자체가 다른 경우가 많은데, 이 번역본은 대체적으로 Nirnaya를 따른다. 하지만 가끔 Nirnaya의 문장 나누기가 적절치 않다고 판단되는 경우에는 Samata를 따르기도 한다. 물론 두 저본의 원문과는 달리 역자가 의도적으로 하나의 문장을 분리하거나 둘 이상의 문장을 결합하는 경우도 꽤 있다.

(4) Nirnaya와 Samata의 어느 한 저본에 추가적으로 덧붙여진 낱말이 있으면 가능한 한 그 낱말을 포함한 채로 번역한다. 특히 명사의 경우에는 역주에서 그 낱말이 어느 저본에 추가되어 있는지 밝힌다. 그리고 문법적인 오류나 오탈자는 다른 저본을 바탕으로 하여 교정한 채로 번역한다. 대체적으로 더 정확한 Samata를 따르는 편이지만 매우 드물게 Nirnaya를 따르기도 한다. 그리고 가끔씩 Nirnaya에 직설법 현재로 등장하는 동사가 Samata에는 원망법으로 등장하는 경우가 있는데, 대부분 Samata의 원망법을 취해서 번역한다.

(5) 각각의 수뜨라는, 수뜨라 저자의 의도와 관계없이, 샹까라(주석가)의 주석에 근거하여 번역한다. 그리고 샹까라의 주석은, 그 이후에 쓰인 수많은 복주석들에 거의 의존하지 않고, 단지 〈주석〉 자체의 의미에 충실하게 번역한다. 물론 주석을 번역하는 데 복주석을 참고하기도 하며, 역주에서 복주석의 내용을 추가로 설명하기도 한다.

(6) 원문은 직역을 원칙으로 하되 가독성을 위해 종종 의역을 하기도 한다. 그리고 산스크리트는 그 언어의 특성상 피동형(수동태)의 문장이 많은 편인데, 사람 등이 주어일 경우에는 가능한 한 피동형을

능동형으로 바꿔서 번역한다. 하지만 강박적으로 피동형을 능동형으로 바꾸고자 하지는 않는다. 그 이유는 피동형이 인도적 사유의 특징적인 측면을 더 잘 드러내기도 한다는 데 있다.

(7) 번역본의 본문에서 '**전론**(前論), **후론**(後論), **이론**(異論), **반박**(反駁)' 등의 구분은 원문에 실제로 나오는 말이 아니지만 가독성을 높이기 위해서 임의로 설정한 것이다. 이러한 구분은 대체로 Swami Gambhirananda의 영역본을 참고로 한다. 전론은 '논증에서 가상의 논적이 취하는 반대견해'를, 후론은 '논증에서 논자가 취하는 견해'를, 이론은 '논증에서 전론이나 후론과는 상이한 제3자의 견해'를, 반박은 '논의의 와중에 주고받는 양측의 논리적 반박'을 각각 가리킨다. 이러한 구분이 필요한 이유는, 샹까라가 펼치는 논증이 '논제-의문-전론-후론-정론(定論)'이라는 5단계를 따르는 데 있다. 그런데 '논제', '의문', '정론'에 관해서는 반드시 구분이 필요한 경우를 제외하고는 일반적으로 구분을 적용하지 않는다. 왜냐하면 전론이나 후론과 달리 그것들은 그 경계가 불분명한 경우가 많기 때문이다. 예를 들어 논제와 의문 사이의 경계, 또는 후론과 정론 사이의 경계가 불분명하다.

(8) 원문에서는 문단을 전혀 나누지 않는다. 따라서 번역본의 문단은 전적으로 역자가 내용과 맥락을 고려하여 직접 나눈 것이다. 문단은 '논제-의문-전론-후론-정론'이라는 5단계를 어느 정도 고려한 채 가능하다면 짧게 나눈다.

(9) 〈주석〉에 등장하는 베단따의 전문어는 가능한 한 우리말 사전에 등록되어 있되 일반 독자들도 충분히 이해할 수 있는 용어를 선택한

다. 고유어이든 한자어이든 처음 읽을(들을) 때에 그 내포를 충분히 짐작할 수 있는 용어를 선택한다. 다만 '브라흐만', '아뜨만', '다르마' 등과 같이 번역이 불가능하거나 힘든 전문어에 대해서는 번역어 없이 원어를 그대로 사용한다. 그리고 전공자나 전문가를 위해서는 종종 역주에서 산스크리트 원어를 따로 표기한다. 국내에서 산스크리트 원어에 대한 번역어가 워낙 다양하기 때문에, 번역본의 앞부분에 '산스크리트-우리말'(주요 번역어) 목록을 제시하여 이 번역본이 채택한 번역어들을 일목요연하게 보여준다.

(10) 본문에서 방대하게 인용되는 우빠니샤드 문장들에 대한 번역은 중립적이지 않은 경우가 많다. 왜냐하면 주석가가 자신의 논증을 뒷받침하기 위해 우빠니샤드 문장을 인용하면서 자신에게 유리한 방식으로 그 문장을 풀이하기 때문이다. 우빠니샤드 '원문'과 '장절의 분류'는 Patrick Olivelle의 다음 판본을 따른다: *The Early Upaniṣads*, New York, Oxford University Press, 1998(이하 Olivelle로 줄여 부름).

(11) 인용문의 출처와 관련하여, 우빠니샤드 이전 시대 문헌들의 경우는 그 출처가 정확하지 않을 수도 있다. 그리고 인용문 뒤에 출처 표시가 없는 경우는, 대개 아직까지 그 출처가 밝혀지지 않은 것이다. 다만 하나의 수뜨라에 대한 주석에서 동일한 인용문이 다시 등장할 때는 출처 표시를 반복하지 않으므로 출처 표시가 없다.

(12) 이 번역본에 실린 역주는 모두 역자가 작성한 것이다. 역주 작성에 밑바탕이 된 일차문헌들과 이차문헌들은 특별한 경우에만 그 출처를 밝힌다. 그리고 Nirnaya에 간간이 등장하는 편집자 각주를 따로 번역하지는 않고 다만 참조사항으로 반영한다. 〈주석〉 자체에는

그 어떤 각주도 존재하지 않는다.

(13) 본문을 번역하고 역주를 작성하는 데 참고한 기존 번역서들은 다음과 같다. 이 영역본들로부터 도움을 받은 자료(내용)들은 일일이 그 출처를 밝히지 않는다. 특히 Swami Gambhirananda와 Thibaut의 번역서는 역자의 오독을 교정하고 이해를 심화하는 데 큰 역할을 한 바 있다.

- *Brahma-sūtra Shānkara-bhāshya*, tr. V. M. Apte, Bombay, Popular Book Depot, 1960.
- *Brahma-sūtra-bhāṣya of Śrī Śaṅkarācārya*, Second Edition, tr. Swami Gambhirananda, Calcutta, Advaita Ashrama, 1972.
- *Vedānta Explained (Saṃkara's Commentary on the Brahma-sūtras)*, Vol. I & II, tr. V. H. Date, Delhi, Munshiram Manoharlal Publishers, 1973.
- *Vedānta-sūtras with the Commentary by Śaṅkarācārya*, Part I & II, tr. George Thibaut, Delhi, Motilal Banarsidass Publishers, 1962.

■ 특수 사항

(1) 〈수뜨라〉 또는 〈주석〉과 관련된 3개의 숫자는 차례대로 '장, 절, 수뜨라'를 지시한다. 예를 들어 〈수뜨라 1.1.12〉는 '1장, 1절, 12번 수뜨라'를 지시하고, 〈주석 1.1.12〉는 바로 그 수뜨라에 대한 주석을 지시한다. 관례에 따라, 수뜨라들을 묶어서 읽는 '주제'에 대해서는 이러한 숫자를 매기지 않는다.

(2) { } 안에는 '주제'의 제목과 그 '주제'에 속하는 수뜨라 번호를 명기한다.

(3) [ ] 안에는 원문에는 없지만 번역의 맥락상 필요한 내용을 삽입하거나 더 쉬운 읽기를 위해 역자가 필요하다고 생각하는 낱말이나 구절을 삽입한다.

(4) 〈 〉는 출처를 표시하는 데 사용한다. 예를 들어 '〈찬도 6.8.7〉'은 '찬도그야 우빠니샤드 6장 8절 7번의 산문이나 운문'을 가리킨다. 출처 표시 뒤에 본문의 내용이 이어지기 때문에 〈 〉 안에 책 이름과 장절의 숫자를 모두 기입할 수밖에 없다.

(5) ( )는 유의어, 지시대상, 산스크리트 원어의 한글 표기, 한자 등 다양한 용도로 사용한다.

(6) ' ; ' 기호는 수뜨라를 번역하는 데만 사용한다. 비록 수뜨라가 짧더라도 두 문장 이상으로 번역해야 하는 경우가 많은데, 번역된 문장과 문장 사이에 ' ; ' 기호를 넣는다. 수뜨라 번역에서 문장과 문장 사이에 마침표를 사용하지 않는 것은, 아무래도 하나의 수뜨라에는 하나의 마침표만 있는 것이 더 적절하기 때문이다.

(7) ' : ' 기호는 본문과 역주에서 부연설명, 요약, 대사 등에 한하여 제한적으로 사용한다.

(8) ' … ' 기호는 인용 문장의 생략된 부분을 나타내는 데 사용한다.

(9) '큰따옴표'는 오직 인용 문장에 대해서만 사용한다. '작은따옴표'는 강조, 구별, 수식 관계, 짧은 예시, 의미 명료화 등 여러 용도로 사용한다.

(10) 역주에서 주로 사용하는 기호는 다음과 같다.

- ' = ' 기호는 본문에 등장하는 용어, 구절, 문장을 지시하고 설명하고 풀이하는 데 사용한다.
- ' * ' 기호는 두 저본의 차이점, 편집이나 문법과 관련된 사항을 설명하는 데 사용한다.
- ' √ ' 기호는 동사 어근을 표시하는 데 사용한다.

(11) 산스크리트의 한글 표기는 다음과 같은 방식을 따른다.

① 모음

a 아	ā 아	i 이	ī 이
u 우	ū 우	ṛ 리	ḷ ㄹ리
e 에	ai 아이	o 오	au 아우

② 자음

ka 까	kha 카	ga 가	gha 가	ṅ 받침 ㅇ
ca 짜	cha 차	ja 자	jha 자	ña 냐
ṭa 따	ṭha 타	ḍa 다	ḍha 다	ṇa 나
ta 따	tha 타	da 다	dha 다	na 나
pa 빠	pha 파	ba 바	bha 바	ma 마
ha 하				

③ 반모음

ya 야	ra 라	la ㄹ라	va 바

예 avidyā: 아비드야, dhāraṇā: 다라나, kāla: 깔라, sattva: 삿뜨바

④ 치찰음

	a/ā	i/ī	u/ū	e	ai	o	au	자음단독
ś / ṣ	샤	쉬	슈	셰	샤이	쇼	샤우	슈
s	사	시	수	세	사이	소	사우	스

⑤ 아누스바라(anusvāra)

	반모음	기음(h)	치찰음	ka 행	ca 행	ṭa 행	ta 행	pa 행
ṃ	받침 ㅇ	받침 ㅇ	받침 ㅁ	받침 ㅇ	받침 ㄴ	받침 ㄴ	받침 ㄴ	받침 ㅁ

예 saṃskāra: 삼스까라, ahaṃkāra: 아항까라

⑥ 자음과 반모음의 결합

	ya	ra	la	va
자음(k)	끄야	끄라	끌라	끄바

예 sāṃkhya: 상크야, kva: 끄바

⑦ 결합자음

- 가능한 한 모든 음가를 그대로 표기한다.

  예 smṛti: 스므리띠, brahman: 브라흐만

- 앞의 자음을 받침으로 내려 표기하는 경우도 있다.

  예 śakti: 샥띠, āpta: 압따, tattva: 땃뜨바

주요 번역어*

ābhāsa 사이비(似而非), 오류, 그럴듯한
abhāva 비(非)존재
abheda 차이 없음, 차이가 없다는 것, 무(無)차이, 동일함
abhidhyāna 깊은 명상
abhimāna 자기가정(自己假定), 자기로 가정함
abhyudaya 번영
ācāra 행위규범, 행실
ācārya 대(大)스승, 스승
acetana 비의식체(非意識體)
adharma 다르마가 아닌 것
adhidaivam 신격적인 것, 대우주적인 것
adhikāra 자격, 장절
adhikaraṇa 주제
adhikārin 자격자(資格者)
adhyakṣa 주시자, 지배자, 창조자
ādhyāna 명상
adhyāropa(adhyāropaṇa) 덧얹음, 덧얹는 것
adhyāsa 덧놓음, 덧놓는 것, 덧놓기
adhyātmam(ādhyātmika) 인격적인 것, 소우주적인 것, 신체적인, 몸과 관련된, 인체의
adhyayana 학습, 학습하기, 학습하는 것
adṛṣṭa 보이지 않는 힘
advaita 비(非)이원적, 비(非)이원성
advitīya 제2자를 가지지 않음
āgama 성전

* 주요 번역어에 대응하는 산스크리트 원어는 대부분 다양한 의미를 가지지만 여기서는 가급적 <주석>에서 전문적으로 사용된 의미만을 제시하고자 한다. 그리고 이러한 목록을 앞서 제시하는 이유는 사람들마다 산스크리트 원어에 대해 매우 다양한 번역어를 채택하고 있기 때문이다.

ahaṃkāra	자아의식, 아항까라
aikātmya	아뜨만의 유일성, 본질적 동일성
aiśvarya	권능, 신성, 초능력
ajñāna	무지
ākāṅkṣā	기대성(期待性)
ākāśa	에테르, 허공, 공간, 천공(天空)
akṣara	불멸체(不滅體)
amṛta	불멸수(不滅水)
amṛtatva	불멸성
anādi	시작(시초)이 없는, 시초를 가지지 않는
anākāra	무(無)양상, 양상이 없는
ānanda	환희
ānandamaya	환희로 이루어진 것
ananta	무한
anartha	해악, 무용(無用)
anātman	아뜨만이 아닌 것
anavasthā	무한소급
anāvṛtti	되돌아오지 않음
anitya	무상, 영원하지 않음
annamaya	음식으로 이루어진 것
anṛta	비(非)실재, 비(非)존재, 허위
antaḥkaraṇa	내부기관
antarātman	내부 아뜨만
antaryāmin	내부의 지배자

aṇu	원자, 지극히 미세한 것
anubhava	직각(直覺), 지각, 앎
anumāna	추론
anuśaya	남은 결과
anuvāda	반복진술
anvaya	연관성, 연합
anvaya-vyatireka	연속과 불연속
apādāna	이탈의 지점, 행위이탈
apāna	아빠나
apara-brahman	하위 브라흐만
aparavidyā	하위 지식
aparokṣatva	직접성
apauruṣeya	인간의 저작이 아님
apavāda	제거, 예외, 부인
apavarga	해방, 지고선
apūrva	새로운 힘, 새로운 것, 낯선 것
apūrvavat	낯선 것
apyaya	되들어감
arthāpatti	추정
arthavāda	아르타바다(의미진술)
āsana	아사나(좌법)
aśarīratva	탈(脫)육화 상태
asatkāryavāda	결과가 미리 존재하지 않는다는 이론
asatya	진실이 아닌 것, 허위
āśrama	인생단계

āśraya	소재지, 처소, 근저
atideśa	연장 적용
atiprasaṅga	확대적용
ātma-ekatva	아뜨만의 유일성
ātman	아뜨만, 본질, 영혼
ātmatattva	아뜨만이라는 실재
audāsīnya(udāsin)	부동성 부동심(不動心), 부동체(不動體)
avabodha	깨우침, 앎
avagama(avagati)	직접적 앎, 앎
āvaraṇa	은폐, 장애
avidyā	무지
aviveka	무(無)분별
āvṛtti	회귀, 되돌아옴, 반복
avyākṛta	전개되지 않은 것
avyakta	미현현자(未顯現者)
ayutasiddhatva	확립된 불가분리성(不可分離性)
bādha	지양
bandha(bandhana)	속박
bhagavat	존경스러운 이
bhakti	섬김
bhautika	원소로 이루어진 것
bhavya	존재할 것
bheda	차이, 차이 있음, 상이
bhoga	향유, 향락
bhoktṛ	향유주체
bhrama	혼동
bhrānta	착각
bhrānti	착오
bhūta	존재하는 것, 존재, 원소
bhūtārthavāda	사실담진술
brahmabhāva	브라흐만 상태
brahmacārin	학인(學人)
brahmacarya	학습기, 금욕(학습)
brahmaloka	브라흐만 세상
brahman	브라흐만
brahmātmabhāva	브라흐만이 곧 아뜨만이라는 것, 브라흐만으로서의 아뜨만
brahmātman	브라흐만 즉 아뜨만
brahmātmatva(tā)	브라흐만이 곧 아뜨만이라는 것, 브라흐만으로서의 아뜨만
brahmavāda	브라흐만주의
buddhi	지성, 인식, 관념, 명상적 관념
buddhīndriya	인식기관
caitanya	순수의식, 의식
cetana(cetanā)	의식체, 의식
cit	순수의식, 의식
citta	의식, 마음, 생각(내부기관)
codanā	신성한 명령
dama	감각철회

dāna	자선(보시)
darśana	직관, 통찰, 사상, 주장, 명상
deha	육체, 신체
dehin	육화된 자
deva	신, 신격
devatā	신격, 신
devatātman	신격적 아뜨만
devayāna	신의 길
dharma	다르마, 속성, 세부사항(특성), 특징, 공덕
dharmin	본체
dhātu	본체, 요소, 동사 어근
dhyāna	명상
doṣa	결함, 결점
dravya	실체, 물체, 물질요소
duḥkha	괴로움, 불행, 고통
dvaita	이원적, 이원성
dveṣa	혐오
dvija	재생자(再生者)
dvitīya	제2자
ekāgratā	전념(專念)
ekārthatva	의미의 일관성
ekatva(ekatā)	유일성, 동일성, 단일성
ekavākya(tva)	문장적(의미적) 통일(성)
gati	감, 여로, 목적지, 여지 등
gauṇa	이차적 의미, 비유적 의미
gṛhastha	가정기, 가장(家長)
guṇa	속성, 구나(속성), 성질, 세부사항, 부차적인 것
guṇavāda	비유진술
hāna	거부
hetu	이유, 원인, 근거, 수단
hetvābhāsa	그럴듯한 논거(근거)
heya	거부할 수 있는 것
hiṃsā	살생
īkṣaṇa(īkṣati)	마음으로 바라보기
indriya	감관, 기관
īśvara	신
itaretarāśrayatva	상호의존(성)
itihāsa	이띠하사(서사집)
jaḍa	감각이 없는 자
jāgarita	생시
jāgarita-avasthā	생시 상태
jagat	세계
japa(japya)	음송(吟誦)
jāti	카스트(계급)
jijñāsā	탐구욕
jñāna	지식, 명상적 지식
jñānendriya	인식기관
jīva	개별자아(개별영혼), 영혼
jīva-bhāva	개별자아 상태

jīvātman	개별적 아뜨만
kaivalya	독존(獨存), 단독성
kalpa	겁(劫)
kāmya-karma	선택적 의례
kāraka	행위의 격(格)관계, 행위인자(因子), 행위수단, 인과적 원인
karaṇa	기관, 행위수단, 도구
kāraṇa	원인, 동작적 원인, 수단, 감관
karma	행위, 업, 의례, 행위대상, 운동
karmāśaya	잠재업
karmendriya	행위기관
karmakāṇḍa	행위편(行爲篇)
kartṛ	행위주체, 동작주체
kārya	결과, 결과물, 일, 신체
kleśa	번뇌
kośa	덮개
kramamukti	점진적 해탈
kratu	제의, 결의
kriyā	행위, 동작, 의례
kṣetra	몸
kṣetrajña	몸을 아는 자, 개별자아, 영혼
kūṭastha	불변(적)
lakṣaṇa	정의, 특징, 징표
lakṣaṇā	함축
līlā	유희
liṅga	표징, 논거, 전거, 표징신체
mahābhūta	대(大)원소
mahat	마하뜨, 위대한 것
manana	숙고하기
manas	마음
manomaya	마음으로 이루어진 것
mantra	만뜨라
mantra-varṇa	만뜨라의 전언(傳言)
mati	견해, 명상적 생각
māyā	환술, 환영, 속임수
mīmāṃsā	미맘사, 고찰
mithyā	거짓
mithyā-abhimāna	거짓된 자기가정
mithyā-buddhi	거짓된 생각
mithyā-jñāna	거짓된 지식
mithyā-pratyaya	거짓된 관념
moha	미혹, 어리석음
mokṣa	해탈
mukhya	일차적 의미, 일차적인 것, 으뜸
mumukṣutva	해탈에 대한 욕구
nāḍi	경맥(나디)
naimittika	임시적 의례

nāmarūpa 명칭과 형태
nididhyāsana 명상하기, 깊게 명상하기
niḥśreyasa 지고선
nimitta 동작적 원인, 원인, 기인, 근거, 표징
nimitta(-kāraṇa) 동작적 원인
nimitta-naimittika 동작의 원인과 동작의 결과
nindā 비난
nirākāra(anākāra)-brahman 무(無)양상(양상이 없는) 브라흐만
nirantara 무(無)차이
nirguṇa 무(無)속성
nirṇaya 결론
nirvāṇa 열반
nirvikalpa(ka) 구분이 없는
nirviśeṣa 무(無)특성
nitya 영원, 상시(常時)적(의례), 통상적인 것
nitya-karma 상시(常時)적 의례
nitya-śuddha-buddha-mukta 영원 · 순수 · 자각 · 자유
nivṛtti 파기, 행위 억제, 무(無)동작
niyoga 강제적 명령
nyāya 논리, 논증
pañcakośa 5덮개
paṇḍita 학자
para- 지고한, 궁극적인
para-ātman 지고한 아뜨만
para(parama)-brahman 지고한 브라흐만, 상위 브라흐만
parama-kāraṇa 궁극적 원인
paramāṇu 원자, 단원자
paramārtha 실재
pāramārthika 실재적인 것
paramātman 지고한 아뜨만
parameśvara 지고한 신
parapakṣa 상대이론
paravidyā 상위 지식
parijñāna 철저한 지식
parimāṇa 부피, 한도, 연장(延長)
pārimāṇḍalya 극미 구체성(極微 球體性)
pariṇāma 전변(轉變)
parivrājaka(parivrāj) 출가자
pārivrājya 출가
parokṣatva 간접성
phala 결과, 행위결과
pitṛyāna 조상의 길
prabodha 깨우침, 생시, 깨어남
prabodha-sthāna 생시 상태
pradhāna 주된 것, 쁘라다나

prajñā 지혜, 앎, 예지, 지성(체), 잠재성향, 명상적 앎
prājña 최상의 지성, 지성체
prajñātman 지성적 아뜨만
prakaraṇa 맥락, 장절, 주제
prakāśa 광명, 빛
prakriyā 방법론, 방식, 양상, 창조, 장절
prakṛta 논제
prakṛti 쁘라끄리띠, 원형, 원형물, 원물질, 물질적 원인
pralaya 소멸, 대(大)소멸
pramā 타당한 지식
pramāṇa 지식수단, 증명수단, 증거, 타당, 권위
prāmāṇya 진리성, 권위, 전거
prameya 지식대상
prāṇa 생기, 숨, 생명, 기관, 쁘라나
prāṇamaya 생기로 이루어진 것
prāṇāyāma 호흡 조절
praṇidhāna 헌신
prapañca 복합현상계, 부연설명, 상술
prasāda 은총
prasaṅga 부조리한 결말
pratijñā 확언, 주장
pratipakṣa 대립이론
pratipatti 최종적 행위, 이해
pratiṣedha 금지
pratyagātman 내재적 아뜨만
pratyakṣa 지각, 직각적
pratyaya 관념, 명상적 관념
pravṛtti 동작, 동작 성향, 행위, 행위 촉구
prāyaścitta 속죄의식
puṇya 선행, 공덕
purāṇa 뿌라나(전설집)
puruṣa 뿌루샤, 사람, 영혼
puruṣārtha 인간의 목표
pūrvapakṣa 전론(前論)
rāddhānta 정론(定論)
rāga 애욕
ṛṣi 성자
śabda 성언, 말, 직접적인 말
sādhana 성취수단, 수단, 실증
sadyomukti 즉각적 해탈
saguṇa 유(有)속성
sākṣātkaraṇa 직접지각
sākṣin 관찰자
śakti 내재력, 권능, 힘
śama 마음억제
samādhi 삼매
sāmānādhikaraṇya 동격 관계
samanvaya 조화

sāmānya 보편, 일반적 진술
samavāya 내속
samavāyikāraṇa 내속적 원인, 물질적 원인
saṃkalpa 결의
saṃnidhāna 근접
saṃnyāsa 유랑기, 탈속, 세속 떠나기, 떠남
saṃnyāsin 유랑자
saṃpad 결합하기
saṃpatti 결합, 가상적 결합, 융합
saṃpradāya 전통 계승, 계승된 전통, 전통
saṃprasāda 적정(寂靜)
saṃprasāda-sthāna 숙면 (적정) 상태
saṃsāra 윤회, 윤회세계
saṃsārin 윤회하는 자
saṃśaya 의문, 의심
saṃskāra 정화하기, 정화의식, 신성한 의례, 잠재인상
samuccaya 공조(共助), 공동, 공동적인 것
samyag-darśana 참된 직관, 참된 지식
samyag-jñāna 참된 지식
samyag-vijñāna 참된 지식
saṃyoga 결합, 접촉
śarīra 육체, 신체, 몸, 몸통, 육신
śārīra 육화된 자
śārīrātman 육화된 아뜨만
śārīratva 육화(肉化) 상태
sarvagata 편재(遍在)
sarvajña 전지
sarvaśakti 전능
sarvavyāpin 편재(遍在)
śāstra 성전, 논서, 교서
sat 존재
satkāryatā(-tva) 결과가 미리 존재한다는 것
satkāryavāda 결과가 미리 존재한다는 이론
satya 진리, 진실, 실재, 존재
satyatva 실재성
saviśeṣa 유(有)특성
siddhānta 정론, 정설
śloka 시구
smaraṇa 전승, 전승서(傳承書)
smṛti 전승, 전승서(傳承書)
śoka 슬픔
sphoṭa 스포따
śraddhā 믿음
śravaṇa 듣기, 계시
śreṣṭha 최고위(最高位),

최고인 것

śreyas	지선(至善)
śruti	계시, 계시서(啓示書), 계시어(啓示語)
sthāvara	비(非)동물
sthūla	가시적(可視的)
stuti	찬양
śuddha-brahman	순수한 브라흐만
sukha	즐거움, 행복
sūkṣma	미시적(微視的)
śūnyavāda	허무주의
suṣupta	숙면
suṣupti(suṣupta)-avasthā	숙면 상태
sūtra	수뜨라
sūtrakāra	수뜨라 저자
svādhyāya	성전 공부
svapakṣa	자기이론
svapna	꿈, 꿈속
svapna-avasthā(sthāna)	꿈 상태
svarga	천국
tādātmya	본질의 동일성
tamas	무명, 어둠
tantra	딴뜨라, 지식체계
tarka	추리, 논리, 논의
tārkika	추리학자
tātparya	취지, 전심전념
tattva	실재, 실체, 존재, 원리, 본질, 진리
timira	복시증(複視症), 암흑
upacāra	비유적 의미, 비유적 적용(사용)
upādāna	물질적 원인, 수용
upādāna-kāraṇa	물질적 원인
upādeya	수용할 수 있는 것
upādhi	한정자
upamā	유비
upamāna	비교
upanayana	입문식(入門式)
upaniṣad	비밀스러운 가르침, 비밀스러운 이름, 비밀스러운 명상
upapatti	합당, 추리
upasaṃhāra	공유
upāsaka	명상자
upāsanā(upāsana, upāsā)	계속적 명상
upāsya	명상대상
upāya	수단, 방편
utpatti	생성
uttarapakṣa	후론(後論)
vāc	언어, 말, 발성기관
vacana	말, 의미, 글귀
vāda	이론, 논(론)

vairāgya(virāga) 무욕(無慾)
vākya 문장
vākya-bheda 문장적(의미적) 분열
vākya-śeṣa 문장의 생략어, 보조적 문장, 나머지 문장
vānaprastha 은퇴기, 은퇴자
varṇa 계급(바르나)
vāsanā 잠재습성, 인상
vastu 사물, 실재, 본질, 사실, 대상
veda 베다
vedana(vedanā) 감각, 앎, 지식
vedāṅga 베다보조학
vedānta 베단따
vedānta-vākya 베단따 문장
vicāra 탐구, 검토
vidhi 명령
vidhikāṇḍa 명령편
vidyā 지식, 명상적 지식
vijñāna 지식, 인식, 명상적 인식
vijñānamaya 인식으로 이루어진 것
vijñānātman 인식적 아뜨만
vikalpa 의심, 가정, 택일
vikāra 변형, 변형물
vikriyā 변형, 변화
vikṛti 변형, 변형물
vipāka 과보
viparyaya 그릇된 관념
vipratipatti 이견, 불일치
vipratiṣedha 상호모순
viśaya 의문
viṣaya 대상, 사물, 주제, 영역
viṣayin 주관
viśeṣa 특징, 특성, 징표, 한정, 특이점, 차별점, 차이, 특수(성), 특정적 진술, 세부사항
viśeṣaṇa 한정어, 특성, 특징
viveka 분별(分別)
vrata 서약
vṛtti 변용, 양상, 작용, 기능, 어법
vyabhicāra 반례, 이탈(무효화)
vyākaraṇa(vyākriyā) 전개
vyavahāra 경험작용, 관습적 사용, 용법, 교섭
yajña 제의
yogin 요가 수행자
yoni 원천
yukti 추리, 논증

제1장

조화(調和): samanvaya

제1절

서 문[1]

'어둠'과 '빛'처럼 본질적으로 상충하고 '너'와 '나'라는 관념들의 영역인 '대상'과 '주관'[2] 사이에 상호 동일화(同一化)가 부당하다고 확립된 경우에는, 그것들 [각각의] 속성 사이에도 더더욱 상호 동일화가 부당하다. 이 때문에 '나'라는 관념의 영역이고 순수의식(純粹意識)을 본질로 하는 주관에 '너'라는 관념의 영역인 대상과 그 속성들을 덧놓는 것[3]과,

---

1_ 이 서문은 제1장이 시작하는 곳에 놓여 있지만 책 전체의 서문으로 간주된다. 이 서문을 특별히 '덧놓음(가탁)에 대한 주석'(adhyāsa-bhāṣya)이라고 부른다. 왜냐하면 이 서문에서는 주석가(bhāṣyakāra) 즉 샹까라의 사상에서 가장 중요한 개념인 '덧놓음'을 전적으로 논의하기 때문이다.

2_ 아드바이따 베단따(Advaita Vedānta, 이하 모든 각주에서 특별한 경우를 제외하고 '베단따'로 줄여 부른다) 학파에서 대상(viṣaya)이란 아뜨만(Ātman)이 아닌 모든 비실재 · 허위(anṛta)를 가리키고, 주관(viṣayin)이란 아뜨만으로서 실재 · 진리(satya)를 가리킨다. 아뜨만으로서 이 주관은 순수의식(cit, cetana, caitanya)을 본질로 하는 순수주관이다. 그리고 이 아뜨만은 유일무이한 브라흐만(Brahman)과 동일한 것이다.

3_ 덧놓는 것=덧놓음(adhyāsa)=흔히 '가탁'(假託)으로 번역되는 adhyāsa는, 동사어근 √ās(앉다, 살다)에 접두사 adhi(~ 위에)가 붙은 adhyās의 명사형이다. 그 뜻은 '~ 위에 앉음, 놓임, 들어감'이다. 예를 들어, '태양을 비슈누로 명상하다'라는 명상에서처럼 어느 하나(태양)의 '위에' 다른 하나(비슈누)가 '앉거나 놓이는' 방식이 adhyāsa이다. 따라서 adhyāsa란 주체의 의도성을 고려한다면 '태양 위에 비슈누를 덧놓음' 즉 '어떤 것 위에 다른 것을 덧놓음'을 가리키기에, 최종적으로 '덧놓음'(덧얹음)이라고 번역될 수 있다. 이 경우에 adhyāsa라는 용어 그 자체에 허위성(거짓)이 내포되어 있다고 말할 수는 없다. 샹까라의 제자인 수레슈바라(*Naiṣkarmya-siddhi*, 2.116; 3.1)는 'mithyā+ adhyāsa'(거짓된 덧놓음)라는 복합어를 사용하기도 한다. 이 덧놓음은 본디 우빠니샤드에서 살펴지는 '계속적 명상'(우빠사나, upāsana, upāsanā) 중의 한 형태이다. 우빠사나로서의 덧놓음에 대한 정의를 <주석 3.3.9>에서 볼 수 있다. 그와 달리 이곳 서문의 덧놓음은 주석가에 의해 순전히 철학적 전문용어로 사용된다. 이 덧놓음은 인식론적인 것으로서 무분별(aviveka)을 특징으로 하고, '거짓된 지식'(mithyā-jñāna)이나 무지(avidyā)라는 말과 같은 뜻이다.

그와 반대로 대상에 주관과 그 속성들을 덧놓는 것은 [모두] 거짓이라고 함이 합리적이다.[4] 그럼에도 완전히 분별(分別)되는 본체들 사이와 속성들 사이에 대한 상호 무분별(無分別)로 말미암아[5] 각각에 [그것과는 다른] 각각의 본체들과 각각의 속성들을 덧놓은 채로 실재(實在)와 비실재(非實在)[6]를 결합시킴으로써, '나는 이것이다.', '이것은 나의 것이다.'[7]라며 거짓된 지식[8]을 기인으로 하는 이 자연스러운[9] 일상적 경험작용(經驗作用)이 [생긴다].[10]

4_ 덧놓음에는 주관의 본체에 대상의 본체나 속성을 덧놓는 양상들도 있고, 대상의 본체에 주관의 본체나 속성을 덧놓는 양상들도 있다. 예를 들어, '나는 몸이다.'의 경우는 '나'라는 본체로서의 주관에 '몸'이라는 본체로서의 대상을 덧놓는 양상이다. 그리고 '나는 뚱뚱하다.'의 경우는 '나'라는 본체로서의 주관에 '뚱뚱함'이라는 속성으로서의 대상을 덧놓는 양상이다.

5_ 분별은 viveka의 번역으로서 긍정적인 의미를 가진다. 분별의 반대말인 무분별은 aviveka의 번역으로서 부정적인 의미를 가진다. 일반적인 의미의 분별이 대상들을 나누어 가르는 것이듯이, 베단따의 전문 개념인 분별이란 '아뜨만'과 '아뜨만이 아닌 것'이라는 전혀 다른 종류의 대상들을 나누어 가르는 것이다.

6_ 실재(satya)와 비실재(anṛta)를 각각 진리와 허위로 읽어도 무방하다. 고대 인도에서는 '실제로 존재하는 것에 대한 앎은 진리'이고 '참된 앎의 대상일 수 있는 것은 실재'라는 사고방식이 일반화되어 있었기 때문이다.

7_ '나는 이것이다.'와 '이것은 나의 것이다.'라는 2가지는 각각 '주관에 대상을 덧놓는 것'과 '대상에 주관을 덧놓는 것'이다. 이 2가지로부터 분명히 알 수 있는 점은, 덧놓음이 반드시 대상과 주관이라는 마치 물과 기름 같은 양자를 전제로 한다는 것이다. 본체로서의 대상인지 속성으로서의 대상인지, 아니면 본체로서의 주관인지 속성으로서의 주관인지, 이러한 사항을 따져보는 것은 보다 구체적으로 덧놓음의 양상을 살펴보기 위해서이다. 이 2가지에 대한 예시로서, '나는 사람이다.'의 경우는 주관('나'라는 아뜨만)에 대상(사람의 육체)을 덧놓는 것이고, '저 사람은 살아 있다.'의 경우는 대상(사람)에 주관(살아 있는 아뜨만)을 덧놓는 것이다.

8_ '거짓된 지식'(mithyā-jñāna)의 반대말은 '참된 지식'(saṃyag-jñāna)이고, '거짓된 지식'과 유사한 것으로는 <주석 2.2.33>에 등장하는 '의심스러운 지식'(saṃśaya-jñāna)이 있다. 지식이 타당한 지식수단에 의해 산출되지 않으면, 이처럼 참된 지식이 아닌 의심스러운 지식이나 거짓된 지식이 발생한다.

9_ '자연스러운'(naisargika)이라는 말은 이 서문의 끝에서 '덧놓음'의 수식어로 등장하고, 또 <주석 3.2.15>와 같은 곳에서는 '무지'의 수식어로 등장한다.

[이에 대하여] 말한다.

[반박]: '덧놓음'이라고 불리는 그것은 무엇인가?

[이에 대하여] 대답한다.

이전에 경험된 것이 기억의 형태로 다른 곳에 나타남이다.[11] 혹자들은 그것을 '어떤 것에 다른 것의 속성을 덧놓음'이라고 말한다.[12] 반면

10_ 주석가는 덧놓음이 매우 자연스러운 현상이기 때문에 그것을 기반으로 하는 인간의 모든 경험작용(vyavahāra)도 자연스럽다고 선언한다. 하지만 이처럼 자연스러운 덧놓음을 인위적으로 끝낼 수 있다는 것이 베단따의 결론이다.

11_ '기억의 형태로'를 강조하는 까닭은, 이전에 경험된 것이 현재 실제로 지각되지 않고 기억되는 경우에 덧놓음이 성립하기 때문이다. 실재인 밧줄에 허구인 뱀이 덧놓이는 경우를 예로 들자면, 밧줄을 지각하는 와중에 현재 구체적인 어떤 뱀을 실제로 지각하고 있다면 덧놓음 자체가 성립하지 않는다. 반면에 밧줄을 지각하는 와중에 과거에 지각했던(경험했던) 뱀이 기억의 형태로 '다른 곳(paratra)'인 밧줄에 나타날 때에만 덧놓음이 성립한다.

12_ 인도철학에서는 오류에 관한 이론을 'khyāti-vāda'라고 부른다. 'khyāti'라는 말은 올바른 지식을 뜻하기 때문에 'khyāti-vāda'는 '인식(지식)에 관한 이론'으로 풀이될 수 있다. 하지만 'khyāti-vāda'라는 미명 아래 각 학파에서는 대개 오류 이론을 다루었기 때문에 'khyāti-vāda'는 '오류에 관한 이론' 즉 '오류론'으로 이해될 수 있을 것이다. 이는 서구에서와 달리 인도에서 참인 지식과 거짓인 지식 모두가 지식의 범주에 포함된다는 점과 밀접한 관련이 있다. 그리고 'khyāti-vāda'를 통해서는 주로 거짓인 지식 혹은 오류(bhrama, bhrānti)를 대상으로 삼아 그 발생 원인을 추적한다. 이 경우에 오류란 주로 지각적인 환영을 가리킨다. 가장 대표적인 예시인 '밧줄과 뱀'의 오류에서 보듯이, 뱀은 지각적인 오류이기에 대상적으로 존재하는 '환영적 대상'이다. 사실 주석가가 제시하는 덧놓음이라는 개념은 기존에 존재하던 여러 'khyāti-vāda'로부터 공통점을 도출해낸 것이라고 할 수 있다. 여러 'khyāti-vāda' 가운데 첫 번째로 제시되는 것이 바로 '어떤 것에 다른 것의 속성을 덧놓음'이라는 이론이다. 이 이론은 주석가가 다른 두 학파의 이론을 합해 놓은 것이다. 하나는, 일단의 자이나(Jaina) 학자, 밧따의 미맘사(Bhāṭṭa-Mīmāṃsā) 학자들이 수용하지만 주로 느야야 · 바이셰쉬까(Nyāya-Vaiśeṣika) 학파에서 옹호하는 ① 'anyathākhyāti'(그릇된 인식) 이론이다. 다른 하나는, 초기불교와 유식학파에서 옹호하는 ② 'ātmakhyāti'(주관을 [대상화한] 인식) 이론이다. 먼저 'anyathākhyāti' 이론은 진리대응설을 바탕으로 한다. 그래서 오류란 주관에 표상된 것이 실재하는 대상과 일치하지 않는 경우에 발생한다. 예컨대 자개를 은으로 착각하는 것이란, 실재하는 자개에 '다른 곳에 존재하는 어떤 은의 인상'이 놓인 인식이다. 즉 실재하는 자개를

에 혹자들은 '[어떤 것에 다른 것을] 덧놓는 경우에 그것들에 대한 분별적 이해가 없음에 기반을 두는 혼동'이라고 [말한다].[13] 그와 달리 혹자들은 '[어떤 것에 다른 것을] 덧놓는 경우에 바로 그 어떤 것과 반대되는 속성을 가정함'이라고 말한다.[14] 하지만 어느 경우이든지 모두 [덧놓음이] '어떤 것이 다른 것의 속성으로 나타남'이라는 것을 위배하지는 않는다.[15]

은이라는 '다른 방식으로(anyathā) 지각한(khyāti)' 그릇된 인식이다. 이러한 점에서 우다야나(Udayana)는 'anyathākhyāti'를 'viparītakhyāti'(틀린 인식)와 동일시하기도 한다. 다음으로 'ātmakhyāti' 이론에 따르면, 오류란 '지시대상에 속하지 않는 어떤 외래의 형식을 취하는 것'(초기불교)이거나 '관념에 지나지 않는 것을 대상화하는 것'(유식학파)이다. 이를 각각 바꿔 말하면, '심리적인 것을 심리 외적인 것으로 간주하는 것'이거나 '내적인 대상을 외적인 대상인 것으로 간주하는 것'이다. 특히 유식학파의 경우, 오류란 주관적인 은의 표상(인상)에 지나지 않는 것을 대상적인 어떤 것으로 인식하는 것이다. 결국 'anyathākhyāti' 이론은 실재론의 입장이고, 'ātmakhyāti'(유식학파) 이론은 관념론의 입장이다. 하지만 이러한 차이가 있음에도, 양자 모두에서 오류가 '어떤 것에 다른 것의 속성을 덧놓음'이라는 점은 공통적이다.

13_ 그것들=덧놓음의 토대와 덧놓음의 대상. 쁘라바까라의 미맘사(Prābhākara-Mīmāṃsā) 학파에서 주장하는 ③ 'akhyāti'(인식의 결여) 이론으로서 오류란 판단의 결여이다. 이에 따르면 각각 반드시 참이고 완전한 2개의 판단 즉 '표상된 대상'과 '실재하는 대상'에 관한 2개의 판단이 개별적으로 지속되지 않고 결합함으로써 발생하는 분별의 결여 또는 혼동이 곧 오류이다. 자개도 은도 모두 옳은 판단인데, 그 두 판단이 결합함으로써 자개와 은을 구별하지 못하고 혼동한다는 것이다. 이러한 점에서 'akhyāti'를 'viveka-akhyāti'(분별적 인식의 결여)라고 부르기도 한다. 이 학파에서는 결코 잘못된 판단 또는 거짓인 지식이 있을 수 없다고 여기는데, 오류에 관한 이론을 다루는 한에서 참된 판단만 있다고 할 수는 없기 때문에, 분별적 판단의 결여를 아예 오류로 만들어 버린 것이다.

14_ 중관학파의 ④ 'asatkhyāti'(비실재를 [실재화한] 인식) 이론으로서 오류란 비실재를 실재하는 것으로 인식하는 것이다. 물론 중관학파에서 직접 주창한 것이라기보다 힌두교와 자이나교 학파에서 중관학파의 오류론으로 규정한 것이다. 이 학파에서는 오류라는 것이 절대적으로 비실재인 대상과 개념적 구성에 불과한 주관적 판단을 실재한다고 인식함으로써 발생한다고 한다. 예컨대 비실재인 자개에 그것의 반대되는 속성인 실재성을 가정함으로써 은으로 인식하는 경우이다.

이와 같은 연관에서 이 세상에서는, 예를 들어 자개가 은처럼 나타나고 하나의 달이 두 개처럼 나타나는 것이 경험된다.

[반박]: 그렇다면 어떻게 대상이 아닌 내재적(內在的) 아뜨만[16]에 대상과 그 속성들을 덧놓는다는 말인가? 왜냐하면 모든 이들은 바로 눈앞에 놓인 대상에 다른 대상을 덧놓고, 또 당신은 '너'라는 관념으로부터 자유로운 내재적 아뜨만을 대상이 아닌 것이라고 말하기 때문이다.[17]

[이에 대하여] 대답한다.

15_ 앞에서 언급한 혹자들의 이론들 모두에서 덧놓음이란 '어떤 것이 다른 것의 속성으로 나타남'이다. 한편, 주석가가 주창하지는 않았지만 베단따 학파의 오류론을 ⑤ 'anirvacanīyakhyāti'(언설불가한 인식)라고 부른다. 이 이론은 모든 판단이 언어의 한계로 말미암아 항상 잘못 진술될 가능성이 있다는 점과 실재를 그대로 묘사하는 것이 불가능하다는 점을 염두에 둔다. 그래서 오류의 대상 또는 덧놓인 대상이 실재(sat)도 아니고, 비실재(asat)도 아니며, '실재이자 비실재' (sadasat)도 아닌 '언설불가한 것'(anirvacanīya)이라고 주장한다. 즉 자개로부터 잘못 알려진 은이 실재라고도 비실재라고도 말할 수 없다는 논리이다. 은에 대한 인식은 지각되기 때문에 '비실재'가 아니고, 그 인식은 자개가 알려질 때에 지양되기 때문에 '실재'가 아니다. 달리 말해, 오류가 존재하지 않는다면 애초에 오류로서 알려질 수가 없고, 오류가 존재한다면 오류일 수가 없으므로 종결될 수가 없다. 따라서 오류란 실재도 아니고 비실재도 아닌 언설불가한 것이다. 이 오류론은 샹까라의 동시대인인 만다나 미슈라(Maṇḍana Miśra)가 확립한 것으로 알려져 있다.

16_ 아뜨만은 베단따의 유일무이한 실재를 가리키는 말이다. 이 실재는 무상하고 가변적인 육체, 마음, 자아의식, 지성 등과 같은 외부적인 아뜨만이 아니다. 그와 달리 궁극적이고 본질적인 자아이자 영혼이기에 '내재적 아뜨만'(pratyagātman)이다, 외부적인 아뜨만이 윤회세계와 관련되는 반면에, 내재적 아뜨만은 그러한 윤회세계로부터 전혀 영향을 받지 않는다. 그리고 외부적인 아뜨만이 지식주체, 행위주체, 향유주체인 개별자아라면, 내재적 아뜨만은 그 배후에 존재하는 관찰자(sākṣin)로서 '지고한 아뜨만'(paramātman)이다.

17_ 눈앞에 놓인 대상=감관을 통해 지각 가능한 대상. 반박의 내용은 다음과 같다: 만약 사람들이 일반적으로 지각 가능한 대상에 다른 대상을 덧놓고, 또 '너'라는 관념(대상적인 것)과 무관한 내재적 아뜨만이 '대상이 아닌 것'(aviṣaya)으로서 지각 불가능하다면, 그 내재적 아뜨만에 대상과 그 속성들을 덧놓는다는 것은 불가능한 일이 아닌가?

먼저 그것(내재적 아뜨만)은 절대적으로 대상이 아닌 것이지는 않다. '나'라는 관념의 대상이기 때문이고, 또 직접성(直接性)[18]으로 말미암아 내재적 아뜨만은 잘 알려져 있기 때문이다. 게다가 바로 눈앞에 놓인 대상에 다른 대상을 덧놓아야만 한다는 그러한 원칙이 있지는 않다. 왜냐하면 우매한 자들은 심지어 지각되지 않는 허공에 [하늘이라는] 표면 · 오염 따위를 덧놓기 때문이다. 마찬가지로 심지어 '내재적 아뜨만'에 '아뜨만이 아닌 것'을 덧놓는 것은 모순적이지 않다.

이와 같은 특징을 가지는 이 덧놓음을 학자들은 '무지'(無知)라고 간주한다. 또한 그것(덧놓음)을 분별함으로써 사물의 본질을 확정하는 것을 '지식'(知識)이라고 부른다.[19] 그래서 이와 같을 경우에, [어떤 것에 다른 것을] 덧놓을 때 다른 것에 의해 야기된 단점이나 장점에 의해 그 어떤 것은 털끝만큼도 영향 받지 않는다.[20]

[한편] '무지'라고 불리는 그 '아뜨만과 아뜨만이 아닌 것 사이의 상호 덧놓음'을 전제로 하여 지식수단 · 지식대상[21]에 대한 세속적이고 베다적인[22] 모든 경험작용들이 나아가고, 또 명령 · 금지 · 해탈을 목적으로

18_ 직접성(aparokṣatva)=가시권의 밖에 있지(parokṣa) 않은(a) 속성(tva), 즉 직접적인 속성. 이는 내재적 아뜨만이 간접적 · 매개적으로 인식되지 않고 직접적 · 즉시적으로 인식된다는 것을 의미한다.

19_ 덧놓음을 분별한다는 것은 덧놓음의 토대와 덧놓음의 대상을 분별한다는 의미이다. 이러한 분별을 통하여 덧놓음의 토대인 사물(vastu)의 본질을 확정(avadhāraṇa)하는 것이 지식(vidyā)이다.

20_ 무지와 지식을 덧놓음과 관련하여 이렇게 이해할 경우에, 덧놓음의 대상이 가진 장단점에 의해 덧놓음의 토대는 조금도 영향을 받지 않는다.

21_ 지식수단(pramāṇa)은 '타당한 지식'(pramā)을 얻기 위한 타당한 수단을 가리키고, 지식대상(prameya)이란 아뜨만 등과 같이 지식의 대상이 되는 것을 가리킨다. 그러므로 타당한 지식수단을 통해 지식대상에 대한 타당한 지식을 얻는다고 말할 수 있다.

22_ * '베다적인'(vaidikāś ca)이라는 표현은 Nirnaya에만 추가로 등장한다. '세속적이고 베다적인'이라는 표현을 '형이하학적이고 형이상학적인'이라고 읽을 수 있다.

하는 모든 성전(聖典)들이 나아간다.[23]

[반박]: 그렇다면 어떻게 지각 등의 지식수단들이나 성전들이 무지에 속하는 영역이라는 말인가?[24]

[이에 대하여] 대답한다.

신체 · 감관 등에 대해 '나', '나의 것'이라는 자기가정(自己假定)[25]이 없는 자가 지식주체로 되는 것이 가능하지 않다면 지식수단의 작동 [역시] 가능하지 않기 때문이다. 실로 감관들을 사용하지 않고서는 지각 등의 경험작용이 가능하지 않다. 또한 [신체라는] 토대가 없이는 감관들의 경험작용이 가능하지 않다. 그리고 아뜨만이라는 관념이 덧놓이지 않은 신체에 의해서는 아무것도 작용하지 않는다. 게다가 이러한

23_ 베다(Veda)의 브라흐마나(Brāhmaṇa) 문헌에서는 명령(vidhi)과 금지(pratiṣedha)를 다루고, 우빠니샤드(Upaniṣad) 문헌에서는 해탈(mokṣa)을 다룬다. 명령과 금지는 행위를 수단으로 하고 해탈은 지식을 수단으로 하기 때문에, 브라흐마나를 '행위편'(karmakāṇḍa, 行爲篇)이라고 부르고 우빠니샤드를 '지식편'(jñānakāṇḍa, 知識篇)이라고 부른다. 베단따에서 성전(śāstra)이란, 넓은 의미에서 베다 전체를 가리키고 좁은 의미에서 우빠니샤드만을 가리킨다. 성전은 곧 계시서(śruti)이다.

24_ 반박의 내용은 다음과 같다: 모든 지식수단들은 그 결과로서 지식을 산출하는데, 어떻게 그것들이 지식과 반대되는 무지의 영역에 속한다고 말할 수 있는가? 이와 유사한 질문을 <주석 2.1.14>에서도 찾아볼 수 있다. 주석가는 '지식수단들'과 '성전들'을 따로 언급하지만, 성전은 본디 지식수단에 포함되는 것이다. 왜냐하면 주석가가 자주 제시하는 지식수단들인 지각(pratyakṣa), 추론(anumāna), 성언(śabda, 聖言) 등에서 성언이란 곧 성전이기 때문이다. 물론 이러한 반박에 관해 주석가는 지식수단들과 성전들을 따로 분리한 채로 하나씩 답변한다. 즉 지식수단들이 덧놓음의 영역에 속한다는 점을 먼저 논증하고 나서 곧 이어 성전들이 덧놓음의 영역에 속한다는 점을 논증한다. 이 경우에 '지식수단들'은 지식과 관련된 것을 가리키고 '성전들'은 행위와 관련된 것을 가리킨다고 볼 수 있다. 다만 지식수단들에 성전들이 포함되기도 하는 것처럼 이러한 구분이 명확하게 지켜지지는 않는다.

25_ 자기가정(abhimāna)=결코 대상일 수 없는 아뜨만으로서의 자기 자신을 스스로 대상적인 것으로 가정하는 행태, 즉 자기에 대해 만들어진 일종의 거짓된 관념.

모든 것들이 없을 경우에 '결합하지 않는 아뜨만'은 지식주체로서 가능하지 않다.[26] 그리고 지식주체가 없이는 지식수단이 작동하지 않는다. 따라서 지각 등의 지식수단들이나 성전들은 무지에 속하는 영역에 지나지 않는다.

또한 짐승 등과 차이가 없기 때문이다.[27] 실로 짐승 등이, 예컨대 귀가 소리와 접촉하고 있을 때[28] 소리에 관해 거슬리는 인식이 생기면 그로부터 돌아서고 거슬리지 않는 인식이 생기면 나아가듯이, 손에 막대기를 치켜들고 접근하는 사람을 지각하고서 '그는 나를 때리고자 한다'라며 달아나기 시작하고 손에 푸른 풀이 가득한 사람을 지각하고서 그를 향해 다가가게 되듯이, 마찬가지로 교양 있는 사람들도 사악한 외관에다 괴성을 지르며 손에 칼을 치켜든 강한 자들을 지각하고서 그로부터 돌아서고 그와 반대되는 자들을 향해 다가가게 된다.[29] 결국 지식수단 · 지식대상에 대한 사람들의 경험작용은 짐승 등과 유사하다. 게다가 짐승 등에서 지각 등의 경험작용은 무분별을 전제로 한다고 분명 잘 알려져 있다. 이러한 유사성을 보기 때문에, 그동안은[30] 교양을 가진 사람들에서조차 지각 등의 경험작용이 [짐승 등과] 유사하다고 확정된다.

26_ 이러한 모든 것들=아뜨만과 아뜨만이 아닌 것 사이의 상호 덧놓음과 그들의 속성들 사이의 상호 덧놓음. 이러한 상호 덧놓음이 없을 경우에 본질적으로 '결합이 없는'(asaṅga) 아뜨만은 결코 지식주체가 되지 못한다.

27_ 이 문장에서 생략된 주어는 '상호 덧놓음을 전제로 하는 지식수단, 지식대상에 대한 경험작용'이라고 볼 수 있다.

28_ 원문에서는 '귀' 대신에 '귀 등'이라는 표현을, '소리' 대신에 '소리 등'이라는 표현을 사용한다. '귀 등'이란 귀 · 피부 · 눈 · 입 · 코를 말하며, '소리 등'이란 그러한 감관들과 각각 대응하는 소리 · 감촉 · 형태(색깔) · 맛 · 냄새를 말한다.

29_ * Samata에 '다가가게 된다'(abhimukhībhavanti)라는 표현이 등장하는 것과 달리, Nirnaya에는 '나아간다'(pravartante)라는 표현이 등장한다.

30_ 그동안은=상호 덧놓음이 지속되는 동안은.

한편 성전과 관련된 경험작용의 경우, 비록 사려 깊은 자[31]가 아뜨만과 내세(來世)의 관계를 알지 못한 채로는 [그 경험작용에 관한] 자격을 얻지 못한다고 할지라도, 베단따(우빠니샤드)로부터 알려질 수 있고 허기(虛飢) 등을 초월하며 브라흐만 · 끄샤뜨라(끄샤뜨리야) 등의 차별로부터 자유롭고 윤회를 겪지 않는 아뜨만이라는 실재는 자격과 관계하여 필요하지 않다. [아뜨만이라는 실재는] 무용하기 때문이고, 또 자격과 상충되기 때문이다.[32] 그리고 그러한 특성을 가지는 아뜨만에 대한 지식을 [획득하기] 이전에 작용하는 성전은 무지에 속하는 영역이라는 것을 넘어서지 못한다. 그러한 증거로서, "브라흐마나는 제의를 행해야 한다."라는 등의 성전들은 '아뜨만에 특정한 계급(바르나), 인생단계,[33] 나이, 지위 등을 덧놓는 것'에 의존한 채로 작용한다.

'덧놓음'이라고 불리는 것은 '그것이 아닌 것에 대하여 그것으로 인식함'[34]이라고 우리는 말했다. 그러한 예를 들어, 아들 · 아내 등이 불

31_ 사려 깊은 자(buddhipūrvakārin)=생각을 앞세워서(buddhi-pūrva) 행하는 자(kārin). 본문의 맥락에서는, 사후에 천국에 가고자 하는 생각을 앞세운 채로 제의(경험작용)를 실행하는 자.

32_ 제의와 같은 경험작용에서는 아뜨만과 내세의 관계를 아는 것이 제의 실행의 자격(adhikāra)이라고 한다. 즉 제의와 관련해서는 '천상을 획득하려고 제의를 실행하는 자'와 '그 과보를 받는 자'가 동일한 행위주체 또는 동일한 아뜨만이라고 알아야만 한다. 그렇지만 우빠니샤드의 아뜨만은 이와는 다른 것이다. 우빠니샤드에서 '아뜨만이라는 실재'(ātmatattva)는 궁극적인 존재이기 때문에 제의 등의 행위와 절대적으로 무관하다. 따라서 행위를 다루는 성전과 관련된 경험작용에서 '행위주체 등이 아닌 아뜨만'은 무용할 뿐이며, 심지어 행위주체 등을 요구하는 자격 요건과도 모순된다.

33_ 인생단계(āśrama)=힌두교도가 따르는 인생의 4단계로서 ① 학인(學人)이 되는 학습기(brahmacarya), ② 가장이 되는 가정기(gṛhastha), ③ 은퇴자가 되는 은퇴기(vānaprastha), ④ 유랑자가 되는 유랑기(saṃnyāsa)가 있다. 참고로 힌두교도에게는 일반적으로 3종류의 의무(다르마)가 있다. 그것들은 계급의 의무(varṇa-dharma), 인생단계의 의무(āśrama-dharma), 공통의 의무(sādhāraṇa-dharma)이다.

34_ 그것이 아닌 것에 대하여 그것으로 인식함='뱀이 아닌 것'(밧줄)에 대하여 뱀

온전하거나 온전할 때에 '나 자신이 불온전하다'라거나 '나 자신이 온전하다'라며[35] 외부의 속성들을 아뜨만에 덧놓는다. 또한 '나는 뚱뚱하다', '나는 깡마르다', '나는 살이 희다', '나는 서 있다', '나는 간다', '나는 뛰어오른다'라며 육체의 속성들을 아뜨만에 덧놓는다. 그리고 '나는 벙어리이다', '나는 애꾸눈이다', '나는 거세된 자이다', '나는 귀머거리이다', '나는 장님이다'라며 기관의 속성들을 아뜨만에 덧놓는다. 마찬가지로 욕망 · 결의 · 의심 · 결정 등 내부기관(內部器官)[36]의 속성들을 아뜨만에 덧놓는다. 이와 같이 '나'라는 관념을 가지는 [내부기관을][37] 그 자체(내부기관)의 모든 활동에 대한 관찰자인 내재적 아뜨만에 덧놓고,[38] 또 그와 반대로 모든 것에 대한 관찰자인 그 내재적 아뜨만을 내부기관 등에 덧놓는다.[39]

그래서 시작도 없고[40] 끝도 없는[41] 이 자연스러운 덧놓음은, 거짓된

으로 인식함=밧줄을 뱀으로 인식함=그것을 그것이 아닌 것으로 인식함=아뜨만을 아뜨만이 아닌 것으로 인식함.

35_ '불온전함'과 '온전함'은 각각 '사지(신체부위)가 멀쩡하지 않음'과 '사지가 멀쩡함'을 가리킨다.

36_ 내부기관(antaḥkaraṇa)=외적인 기관(감관)이 아닌 내적이고 심리적인 기관으로서, 대개 마음(manas), 자아의식(ahaṅkāra), 지성(buddhi)이라는 3가지가 포함된다. 생각(citta)이 추가로 포함되기도 한다.

37_ '나'라는 관념을 가지는 [내부기관을](ahaṃpratyayinam)='나'라는 관념의 지시대상인 내부기관을. 내부기관은 '나'라는 관념을 가지는 것으로서, 역으로 말하면 '나'라는 관념의 지시대상이다.

38_ '덧놓고'(adhyasya)라는 표현을 '덧놓은 뒤에, 덧놓고 나서'로 읽어도 무방하다.

39_ 베단따에서는 일반적으로 내재적 아뜨만에 내부기관을 덧놓는 것을 가장 강력한 덧놓음으로 간주하고, 그런 만큼 이 양자를 분별하는 것이 매우 힘들다는 점도 강조한다.

40_ '시작도 없고'(anādi)라는 이 수식어는 '시초를 가지지 않는'이라는 의미로서 덧놓음을 수식한다. 이 수식어는 <주석 1.3.30; 2.1.35; 2.1.36; 2.3.42>와 같은 곳에서는 윤회를 수식한다.

41_ 무지 그 자체인 덧놓음은 시작을 가지지 않지만 끝을 가진다. 그럼에도 덧놓음

관념[42]의 형태로서 행위주체와 향유(享有)주체를 촉발하며 모든 세상들에서 명백하다. 이러한 '해악의 원인'을 근절하기 위하여, 즉 아뜨만의 유일성에 대한 지식을 획득하기 위하여 모든 베단따들이 시작된다.[43] 그리고 이것이 모든 베단따들의 목적임을 우리는 이 '샤리라까 미맘사'들에서 밝힐 것이다.[44]

이 인간의 조건이라는 것을 강조하기 위해 시작도 가지지 않고 끝도 가지지 않는다고 말하는 듯하다. 이와 별도로 '끝이 없음'이라는 말은 '실재에 대한 지식이 없이는 근절될 수 없음'을 의미하기도 한다.

42_ '거짓된 관념'(mithyā-pratyaya)은 앞서 언급된 '거짓된 지식'(mithyā-jñāna)의 유의어이자 무지의 유의어이기도 하다.

43_ 해악의 원인(anartha-hetu)=덧놓음으로서의 무지. 모든 베단따들이 시작된다=모든 우빠니샤드들에 대한 학습이 시작되고 <수뜨라>에 대한 고찰이 시작된다.

44_ 샤리라까 미맘사(śārīraka-mīmāṃsā)='육화(肉化)된 영혼'(śārīraka) 즉 개별자아(개별적 아뜨만)에 대해 고찰(mīmāṃsā)하는 경전(sūtra). 이곳에서 주석가는 <수뜨라>가 쓰인 동기 혹은 <주석>을 쓰고자 하는 동기를 알리고 있다. 그 동기란 모든 베단따(우빠니샤드)들이 '무지(덧놓음)의 근절'과 '아뜨만의 유일성에 대한 지식의 획득'이라는 목적을 가진다는 점을 밝히는 것이다.

{ 1. '탐구욕'이라는 주제[45]: 수뜨라 1 }

[우리가] 해명하고자 하는 '베단따(우빠니샤드)를 고찰하는 논서'[46]의 첫 번째 수뜨라는 이러하다.

1. 이제 [즉 4가지 성취수단을 완성하는 것에 연속하여], 이로부터 [즉 계시서에서 행위 등이 무상한 결과를 가진다고 또 브라흐만에 대한 지식으로부터 지고한 '인간의 목표'를 얻는다고 보여주기 때문에], 브라흐만에 대한 탐구욕이 [나아간다].[47]

athāto brahmajijñāsā ‖1‖

[후론]: 이 경우에 '아타'(이제)라는 말은 '연속성'을 뜻한다고 파악된다.[48] '착수'의 뜻이 아니다. 브라흐만에 대한 탐구욕은 착수될 수 있는

45_ 주석가는 555개의 수뜨라를 191개의 주제(adhikaraṇa)로 묶는다. 주제란 주석 전통에서 수뜨라를 유사한 내용에 따라 묶는 분류 단위이다. 이로부터 하나의 주제 아래 하나의 수뜨라가 놓이기도 하고 다수의 수뜨라가 놓이기도 한다. 그래서 주석가가 자의적으로 수뜨라들을 묶음에 따라 <수뜨라>에 대한 다양한 읽기가 가능해진다. 특히 이러한 주제별 묶음을 통해 주석가는 자신의 해석 체계에 유리한 방향으로 <수뜨라> 전체의 취지를 이끌어갈 수도 있다. 각각의 주제는 일반적으로 5단계의 논증 방식을 따르고 있다. 5단계는 ① 논제(viṣaya), ② 의문(saṃśaya, viśaya, saṃdeha), ③ 전론(pūrvapakṣa, 前論), ④ 후론(uttarapakṣa, 後論), ⑤ 정론(siddhānta, rāddhānta)이다. 참고로 <수뜨라>에서 각각의 주제는 대부분 우빠니샤드의 '논제 문장'(viṣaya-vākya)과 관련되어 있다. 달리 말해, 각각의 주제는 우빠니샤드의 어떤 특정한 문장들로부터 논제를 가져오는 방식으로 형성되기 때문에 그 특정한 문장들을 '논제 문장'이라고 부른다. 주석가는 이 '논제 문장'을 '자체 문장'(sva-vākya)이라고 부른다.

46_ 베단따(우빠니샤드)를 고찰하는 논서(vedānta-mīmāṃsā-śāstra)=『베단따 미맘사 샤스뜨라』=우빠니샤드의 가르침을 압축적으로 고찰하는 <수뜨라>.

47_ 이 첫 번째 수뜨라는 베단따 사상의 정체성을 선언하는 의미를 가진다.

것이 아니기 때문이다.[49] 또한 '길상'(吉祥)의 [뜻이 아니다]. 문장의 의미와 [구문론적으로] 조화되지 않기 때문이다.[50] 실로 '아타'라는 말은, 그저 다른 의미로 사용되더라도, [그것을] 들음으로써 길상의 목적이 이루어진다.[51] 또한 '앞의 논제와 관련됨'이라는 [뜻이 아니다]. 결과적으로 '연속성'과 다르지 않기 때문이다.[52]

그리고 '연속성'의 뜻인 경우에, 다르마[53]에 대한 탐구욕이 베다 학습

48_ 가장 널리 사용되는 산스크리트 사전인 *Amarakośa*에서는 '아타'(atha)라는 말이 다음과 같은 여러 의미를 가진다고 전한다: "'아타'는 길상, 연속, 시작(착수), 질문, 전체라는 의미이다."(maṅgalānantarārambhapraśnakārtsnyeṣv artho atha).

49_ '아타'(atha) 즉 '이제'라는 말은 '어떤 것에 잇따라 [이제]'라는 뜻을 가진다. 환언컨대, 이 말은 시간적 간격이 부재하다는 의미로서 연속성(ānantarya)을 지시한다. 그리고 '이제'라는 말은 '[이제] 어떤 것이 착수됨(시작됨)'이라는 뜻을 가지기도 한다. 하지만 수뜨라에서 이 말은 착수(adhikāra)를 뜻하지 않는다. 왜냐하면 '브라흐만에 대한 탐구욕'(brahma-jijñāsā)은 '착수될 수 있는 것'(adhikārya)이 아니기 때문이다. '욕구'라는 것은 어떤 대상에 대한 지식으로부터 수반된다. 그런데 알고자 하는 욕구 즉 탐구하고자 하는 욕구는 그러한 지식을 획득하고자 하는 욕구이기 때문에 결코 착수될 수 있는 성질의 것이 아니다. 따라서 '아타'(이제)라는 말은 착수를 뜻하지 않는다.

50_ '아타'라는 말은 'vṛddhi'(성공, 번영, 고양) 등과 같은 말처럼 길상을 의미한다. 이러한 말들은 어떤 일이나 저작을 시작하는 경우에 일반적으로 '길상의 기원'(maṅgala-ācaraṇa)을 목적으로 사용된다. 그와 같이 이곳에서도 '아타'라는 말이 길상(maṅgala)을 뜻한다고 생각할 수 있지만 결코 길상을 뜻하지 않는다. 왜냐하면 길상을 뜻할 경우에 문장의 의미와 구문론적으로 조화(samanvaya)되지 않기 때문이다. 즉 '아타'가 길상을 의미할 경우에 '이로부터, 브라흐만에 대한 탐구욕이 [나아간다]'라는 문장의 전체 의미와 구문론적인 조화를 이룰 수 없다.

51_ '아타'라는 말이 길상의 뜻이 아니라 연속성 등과 같이 다른 뜻으로 사용되는 경우에도, 단지 '아타'라는 말을 들음으로써 길상이라는 목적은 충분히 달성된다. 즉 수뜨라에서 '아타'라는 말은 의미상 길상이 아니지만 그 소리를 듣는 것만으로도 길상의 효과를 낸다.

52_ '아타'라는 말이 '앞의 논제와 관련됨'(pūrva-prakṛta-apekṣā)의 뜻이라고 할 경우에, 즉 이 수뜨라에 앞서 어떤 논제를 다룬 후에 그 논제와 관련된 또 다른 논제를 이제 이 수뜨라에서 다룬다는 뜻일 경우에, 이는 '연속성'의 뜻과 거의 다르지 않기 때문에 '연속성'의 뜻이라고 간주하는 것에 포함된다.

을 반드시 선행요건으로 요청하듯이, 마찬가지로 브라흐만에 대한 탐구욕의 경우에도 반드시 선행요건으로 요청하는 것을 말해야만 한다. 하지만 성전(베다) 공부에 따르는 연속성은 [양자에서] 공통적이다.[54]

[반박]: 이 경우에 특이점(차별점)이란 '의례에 대한 앎'에 따르는 연속성이지 않는가?[55]

[후론]: 아니다. 베단따를 공부한 자에게는 다르마에 대한 탐구욕 이전에라도 브라흐만에 대한 탐구욕이 합당하기 때문이다.[56] 그리고 [다

53_ 다르마(dharma)=브라흐마나 문헌에서 명시된 종교적 의무나 의례. <미맘사-수>의 첫 번째 수뜨라는 "이제 이로부터, 다르마에 대한 탐구욕이 [나아간다]."(athāto dharmajijñāsā)이다. 종교 윤리와 관련된 개념인 다르마는 율법 · 계율 · 의례 · 의무 · 공덕(功德) · 선행 · 정의 등의 여러 의미를 가진다. 이와 같이 미맘사 학파에서처럼 인도철학에서 다르마란 일반적으로 일종의 행위규범을 지시한다고 볼 수 있다. 하지만 다르마는 근본적으로 '지탱하다, 보존하다'를 뜻하는 √dhṛ에서 기원한 명사로서 '세계나 사회나 공동체를 지탱하고 보존하는 것'을 지시하기도 한다. 이러한 연관에서는 다르마란 법(法), 정법(正法), 교법(敎法), 기준(基準) 등을 의미한다.

54_ '아타'라는 말이 연속성을 의미하는 경우에, 다르마에 대한 탐구욕이 '성전 공부'(svādhyāya) 또는 베다 학습이라는 선행요건과 관계하듯이, 브라흐만에 대한 탐구욕의 경우에도 어떤 선행요건과 관계하는지 언급해야만 한다. 하지만 성전 공부가 후자의 선행요건일 수는 없다. 왜냐하면 성전 공부는 양자에서 공통적으로 선행요건이기 때문이다. 따라서 브라흐만에 대한 탐구욕에서 '아타'(이제)가 의미하는 바는, 다르마에 대한 탐구욕과 달리, 성전 공부가 아닌 다른 선행요건에 따르는 연속성이어야 한다.

55_ 수뜨라에서 브라흐만에 대한 탐구욕과 관계하는 '아타'라는 말의 경우에 그 특이점은 브라흐마나 문헌의 '의례(karma)에 대한 앎'을 선행요건으로 하는 것이 아닌가? 전론자의 주장은 다음과 같다: 다르마에 대한 탐구욕과 브라흐만에 대한 탐구욕은 공통적으로 성전 공부를 선행요건으로 한다. 그래서 후자가 전자로부터 구별된다는 주장은 '아타'라는 말이 '의례에 대한 앎'에 따르는 연속성을 의미할 때에 합당하게 된다. 의례에 대한 앎이란 곧 '다르마에 대한 탐구욕'의 결과인 '다르마에 대한 지식'이다. 그러므로 브라흐만에 대한 탐구욕은 다르마에 대한 지식을 선행요건으로 할 경우에 그 특이점을 가질 수 있게 된다. 요컨대 이 반박에서는 '성전 공부-다르마에 대한 탐구-브라흐만에 대한 탐구'라는 순서를 제시한다.

56_ 주석가는 브라흐만에 대한 탐구욕이 다르마에 대한 탐구욕으로부터 독립적이

르마에 대한 탐구욕에서는], 예컨대, 심장 등을 자르는 것에 연속성의 규칙이 있다. 순서를 말하고자 하기 때문이다.[57] 그와 달리 이 경우에는 순서를 말하고자 하지 않는다. 다르마에 대한 탐구욕과 브라흐만에 대한 탐구욕이 '주종관계'(主從關係)라거나 '자격자(資格者)의 자격'이라는 것에 대한 증거가 없기 때문이다.[58]

게다가 결과와 탐구대상이 상이하기 때문이다.[59] 다르마에 대한 지식은 번영을 결과로 하고, 또 그것은 실행을 필요로 한다. 반면에 브라흐만에 대한 지식은 지고선(至高善)을 결과로 하고, 또 [그것은] 다른 실행을 필요로 하지 않는다.[60] 그리고 탐구대상인 다르마는 '존재할 것'으로서 앎의 시간에 존재하지 않는다. 사람의 활동에 의존하기 때문이

라는 점을 조심스럽게 설파하기 시작한다.

57_ 예컨대, "맨 처음 심장을, 그러고 나서 혀를, 그러고 나서 가슴을 자른다."라는 희생제의(다르마에 대한 탐구욕)와 관계하는 문장에서 '그러고 나서'(atha)라는 말은 분명히 시간적 순서(krama)를 말하고자 함에 틀림없다. 따라서 연속성의 규칙이 살펴진다.

58_ 특별한 경우에 주종관계(śeṣaśeṣitva)의 순서를 가진 제의를 집행하지만 대부분의 제의에서는 그렇지 않기 때문에, 주종관계에 관한 증거(pramāṇa)가 없는 셈이다. 따라서 수뜨라의 '아타'라는 말은 다르마에 대한 탐구를 주요한 것으로 하고 브라흐만에 대한 탐구를 종속적인 것으로 한다는 맥락을 가지지 않는다. 즉 순서를 의도하지 않는다. '자격자의 자격'(adhikṛtādhikāra)이란 한 제의를 수행할 수 있는 자격을 갖춘 사람만이 다른 제의를 수행할 수 있는 자격을 갖추게 된다는 것을 이른다. 하지만 이렇듯 자격의 순서를 가리키는 '자격자의 자격'은, 상이하고 독립적인 자격자를 암시하는 이 수뜨라의 경우에 적용될 수 없다. 따라서 수뜨라의 '아타'라는 말은 다르마에 대한 탐구를 통해 자격을 갖춘 사람만이 브라흐만에 대한 탐구를 할 수 있는 자격을 갖춘다는 맥락을 가지지 않는다. 즉 순서를 의도하지 않는다.

59_ 주종관계나 자격자의 자격이 부재하더라도 결과(phala)와 탐구대상(jijñāsya)이 같음으로 말미암아 순서가 의도되는 경우도 있다. 하지만 다르마에 대한 탐구욕과 브라흐만에 대한 탐구욕 사이에는 결과와 탐구대상이 상이하기 때문에 여전히 순서를 의도하지 않는다.

60_ 성전을 통해 지식을 반복적으로 가르치는 것 이외에 다른 종류의 실행을 필요로 하지 않는다.

다.[61] 그와 달리 이 경우에 탐구대상인 브라흐만은 '존재하는 것'으로서 영원히 현존하기 때문에 사람의 활동에 의존하지 않는다.[62]

더욱이 '신성한 명령'(성전)[63]의 작용이 상이하기 때문이다. 실로 다르마를 지시하는 신성한 명령은 그 자체의 영역에 대해[64] 오직 강제하는 것을 통해 사람으로 하여금 알게끔 한다. 반면에 브라흐만에 대한 신성한 명령은 오로지 사람으로 하여금 알게끔 할 뿐이다. 앎은 신성한 명령으로부터 발생하기 때문에[65] 사람은 앎에 구속되지 않는다.[66]

61_ 존재할 것(bhavya)=현재에 존재하지 않지만 미래의 일정 시간에 행위의 결과로 말미암아 존재하게 되는 것. 앎의 시간(jñāna-kāla)=다르마에 대해 탐구하는 시간 또는 문헌들로부터 다르마에 대해 알게 되는 시간. 사람의 활동(vyāpāra)에 의존한다는 것은 행위에 의존한다는 뜻이다. 행위는 항상 시간이 지난 후에 그 결과를 낳기 때문에 탐구대상인 다르마는 탐구하는 시간 동안에 부재할 수밖에 없다.

62_ 브라흐만에 대한 탐구욕에서 탐구대상인 브라흐만은 '존재하는 것'(bhūta)이다. 브라흐만은 탐구하는 시간뿐만 아니라 모든 시간에 이미 존재하는 것으로서 영원히 현존할 따름이다. 따라서 브라흐만은 사람의 활동에 의존하는 것이 아니다. 여기서 '존재할 것'(bhavya)과 '존재하는 것'(bhūta)을 각각 '[나중에] 이루어질 것'과 '[이미] 이루어진 것'으로 읽을 수 있다. '존재할 것'은 '확립될 것'(sādhya)과 대응하고, '존재하는 것'은 '확립된 것'(siddha)과 대응한다. 또한 전자는 행위(kriyā)와 관련되고, 후자는 사물(dravya)과 관련된다. 이와 같은 대립이항적 범주들은 주석가 이전에 미맘사 학파에서 이미 정립된 바 있다. 미맘사가 전자를 강조하는 것과 달리 주석가는 후자를 강조한다.

63_ 신성한 명령=행위를 촉발시키는 진술(말). 비록 '신성한 명령'(codanā)이라고 구체적으로 지시할지라도 성전 전체를 가리킨다고 볼 수 있다.

64_ 그 자체의 영역에 대해=의례 등과 같이 명령된 사람의 활동에 대해.

65_ '앎은 신성한 명령으로부터 발생하기 때문에'(avabodhasya codanājanyatvān)라는 부분을 '앎은 신성한 명령으로부터 발생하지 않기 때문에'로 잘못 읽을 수도 있다. 'codanājanyatvān'이라는 복합어를 'codanā'와 'ajanyatvān'으로 분절해서 읽을 경우이다.

66_ '아뜨만을 알아야만 한다.'(ātmā jñātavyaḥ)라는 등과 같은 '브라흐만에 대한 신성한 명령'(brahma-codanā)은 다르마에 대한 신성한 명령처럼 명령의 형태를 띠고 있다. 그래서 브라흐만에 대한 신성한 명령 또한 사람을 활동에 구속함으로써 브라흐만을 알게끔 한다고 주장할 수 있다. 하지만 브라흐만에 대한 신성한 명령은 사람을 명령적인 활동에 구속하지 않으면서 단지 앎(avabodha)을

예컨대 눈과 대상의 접촉을 통해 대상에 대한 앎이 있듯이, 그와 마찬가지이다.[67]

따라서 무엇에 연속하여 브라흐만에 대한 탐구욕을 가르치는지, 그 무엇인가를 말해야만 한다.

[이에] 대답한다.

영원한 것과 무상한 것에 대한 분별, 현세와 내세에서 대상을 향유하려는 것에 대한 무욕(無慾), 마음억제(평정) · 감각철회 등 수단의 구현, 해탈에 대한 욕구이다.[68] 실로 이것들이 있을 때에는 다르마에 대한 탐구욕의 이전이라도 또 이후라도 브라흐만을 탐구할 수 있고 알 수 있지만, 반대의 경우에는[69] 그렇지 않다. 따라서 '아타'라는 말은 '언급한 바의 [4가지] 성취수단을 완성하는 것에 따르는 연속성'을 가리킨다.[70]

전달하기만 한다. 다르마에 대한 성전이 사람을 행위에 대한 그 가르침에 얽매이게끔 한다면, 브라흐만에 대한 성전은 그 가르침을 통해 사람이 앎을 얻게끔 한다. 그리고 그렇게 발생한 앎에 사람은 결코 구속되지 않는다. 따라서 활동을 목적으로 하지 않는 '브라흐만에 대한 신성한 명령'은 '다르마에 대한 신성한 명령'과 그 작용(pravṛtti)의 방식에서 상이하다.

67_ 눈과 대상의 접촉을 통해서 대상에 대한 앎이 있는 경우에 그 접촉은 자연스럽게 앎을 즉각적으로 산출할 뿐이다. 구속력이 있는 활동과는 전혀 무관하다. 이와 마찬가지로 성전을 통해서 브라흐만에 대한 앎이 있는 경우에도 '앎의 수단으로서 성전'은 자연스럽게 '그 결과로서 앎'을 즉각적으로 산출할 뿐이다. 구속력이 있는 활동과는 전혀 무관하다.

68_ 브라흐만에 대한 탐구욕의 선행요건으로 제시되는 4가지 성취수단이다. 이것들은 ① 영원한 것과 무상한 것에 대한 분별(nitya-anitya-vastu-viveka), ② 현세와 내세에서 대상을 향유하려는 것에 대한 무욕(iha-amutra-artha-bhoga-virāga), ③ 마음억제(śama), 감각철회(dama), 감관정지 또는 행위폐기(uparati), 인내(titikṣā), 집중(samādhāna), 믿음(śraddhā)이라는 수단의 구현(sādhana-saṃpad), ④ 해탈에 대한 욕구(mumukṣutva)이다.

69_ 반대의 경우에는=이것들이 없을 경우에는.

70_ 이와 같이 '아타'라는 말에 대해 심도 있는 논의를 하는 이유는 '아타'가 지시하는 바에 따라 학파의 정체성이 좌우될 수도 있기 때문이다. 주석가의 경우에는

'이로부터'라는 말은 '이유'[71]를 의미한다.[72] 베다 자체가, 지선(至善)의 성취수단인 아그니호뜨라[73] 등이 무상한 결과를 가진다고 보여주는 까닭에서이다. "그래서 행위를 통해 획득한 것이 이 세상에서 소멸되듯이, 바로 그와 같이 선행을 통해 획득한 것도 저 세상에서 소멸된다."〈찬도 8.1.6〉라는 등에서이다. 그리고 바로 그 브라흐만에 대한 지식으로부터 지고한 '인간의 목표'[74]를 [얻는다고] 보여주는 까닭에서이다. "브라흐만을 아는 자는 지고함을 얻는다."〈따잇 2.1.1〉라는 등에서이다. 따라서 언급한 바의 [4가지] 성취수단을 완성하는 것에 연속해서 브라흐만에 대한 탐구욕이 나아가야만 한다.

[복합어인] '브라흐만-탐구욕'은 브라흐만에 대한 탐구욕이다. 그리고 브라흐만에 대한 정의는 "그 무엇으로부터 이것(세계)의 생성 등이 [초래되는데, 그 무엇이 곧 브라흐만이다]."〈수뜨라 1.1.2〉라고 말할 것이다. 바로 이로부터 '브라흐만'이라는 말이 ['브라흐만'이라는] 카스트(계급) 등의 다른 의미를 가진다고 의심해서는 안 된다.[75]

'아타'에 대한 해석을 통해 베단따를 미맘사로부터 독립적인 학파로 정초하고자 한다.

71_ 이유=브라흐만에 대한 탐구욕이 나아가는 이유.

72_ 수뜨라에서 '이로부터'라는 말은 브라흐만에 대한 탐구욕이 나아가는 이유를 지시한다. 바로 이어지는 문장들에서는 그러한 2가지 이유가 각각의 인용 문장과 함께 등장한다. 2가지 이유는 '행위로부터 얻어지는 무상한(부정적인) 결과'와 '브라흐만에 대한 지식으로부터 얻어지는 지고한(긍정적인) 결과'이다.

73_ 아그니호뜨라(Agnihotra)=다양한 목적을 달성하기 위해 불을 피우고 유지하고 숭배하면서 불에 공물을 바치는 상시적 의례. 이 의례는 일반 가장이 가정에서 피우는 불에게 또는 사제가 제의에서 피우는 불에게 매일 공물을 바치는 형태로 행해진다. 해가 뜨기 전후나 해가 지기 전후에 하루 2회씩 불을 피우고 우유, 죽, 기름 등을 공물로 불 속에 던진다.

74_ 인간의 목표(puruṣa-artha)=힌두교에서 인간이 달성하고자 하는 삶의 목표이다. 욕망(kāma), 실리(artha), 의무(dharma), 해탈(mokṣa)이라는 4가지가 있다.

75_ '브라흐만-탐구욕'(brahmajijñāsā)이라는 복합어에서 브라흐만은 <수뜨라

'브라흐만에 대한'(브라흐만의)은 '대상의 6격'이고 '나머지의 6격'이 아니다. 탐구욕은 탐구대상을 필요로 하기 때문이고, 또 [브라흐만과는] 다른 탐구대상이 지시되지 않기 때문이다.[76]

[반박]: '나머지의 6격'을 수용할 경우에도 브라흐만이 탐구욕의 대상이라는 것과 모순되지 않지 않는가? 일반적인 관계는 특수한 관계에 근거하기 때문이다.[77]

1.1.2>에서 정의되는 '세계의 궁극적 원인'으로서 브라흐만이다. 따라서 브라흐만이 카스트 중의 하나인 브라흐만(브라흐마나, 브라흐민) 등을 의미한다고 오해해서는 안 된다.

76_ 격한정복합어(tatpuruṣa)인 '브라흐만-탐구욕'을 '브라흐만에 대한 탐구욕'(브라흐만의 탐구욕)으로 풀이할 경우에 '브라흐만에 대한'(brahmaṇaḥ)은 6격(소유격)이다. 6격은 일반적으로 소유의 관계(saṃbandha)를 지시하지만, 이와 별도로 다른 격의 의미를 가질 수 있다. 이 때문에 후론자는 '브라흐만에 대한'이 '대상의 6격'(karmaṇi ṣaṣṭhī) 즉 '대상에 관한 6격'일 뿐 '나머지의 6격'(śeṣe ṣaṣṭhī) 즉 '2격(목적격) 등과 같은 특별한 관계의 격으로 지정되지 않은 나머지 관계에 관한 6격'이 아니라고 주장한다. 대상의 6격이란 2격의 의미를 가진 특수한 6격 중의 하나이다. 나머지의 6격이란 특수한 격을 지시하지 않고 일반적인 관계를 나타내는 6격이다(<아슈따 2.3.50>: ṣaṣṭhī śeṣe). '브라흐만에 대한'이 대상의 6격인 까닭은, 탐구욕이 탐구대상을 필요로 하기 때문이다. 탐구욕은 앎(지식)을 욕구하는 것으로서 그 대상(목적)이 되는 2격을 반드시 필요로 한다. 그래서 '브라흐만-탐구욕'은 '브라흐만을 알고자 하는 욕구'라고 풀이된다. 더 나아가 '브라흐만에 대한'은 나머지의 6격이 아니다. 만약 '브라흐만에 대한'이 나머지의 6격이라면, 대상(목적)이 되는 2격을 반드시 필요로 하는 탐구욕이 다른 탐구대상을 가져야만 한다. 하지만 브라흐만 이외에 다른 탐구대상이 지시되지(언급되지) 않기 때문에 '브라흐만에 대한'은 대상의 6격일 뿐 나머지의 6격이 아니다.

77_ 일반적인(sāmānya) 관계는 나머지의 6격을, 특수한(viśeṣa) 관계는 대상의 6격을 각각 가리킨다. '관계'를 지시하는 6격은 일반적인 관계를 제시할지라도 특수한 관계들에 근거하거나 의존해야 한다. 왜냐하면 특수한 관계가 없이는 일반적인 관계도 없기 때문이다. '브라흐만-탐구욕'에서 '브라흐만에 대한'이 나머지의 6격일 경우에, 그 나머지의 6격(일반적인 관계)이 대상의 6격(특수한 관계)에 근거함으로 말미암아 대상의 6격은 자연스럽게 수반된다. 만약 대상의 6격이 그렇게 수반된다면, '나머지의 6격'과 '브라흐만이 탐구욕의 대상이라는 점'은 서로 모순되지 않는다.

[후론]: 그렇다고 할지라도 브라흐만의 직접적 대상성을 버린 뒤에 일반적인 [관계를] 통해 간접적 대상성을 가정하는 것은 쓸데없는 노력일 것이다.[78]

[반박]: 쓸데없지 않다. [브라흐만에 대한 탐구욕에는] 브라흐만에 의존하는 모든 것에 대한 탐구를 전제하는 의미가 있기 때문이다.[79]

[후론]: 아니다. 주된 것을 수용할 경우에 그것에 의존하는 것들마저 추정된 의미이기 때문이다.[80] 실로 브라흐만은 지식을 통해 얻고자 하는 '가장 원하는 것'임으로 말미암아 주된 것이다. 따라서 주된 것을 탐구욕의 대상으로 수용하는 경우, 탐구하고자 하는 그 어떤 것들이 없이는 브라흐만은 탐구하고자 하는 것이 아니게 되고 그 어떤 것들이 바로 추정된 의미이므로, [그것들을] 별도로 수뜨라에서 말해서는 안

78_ 대상의 6격은 브라흐만의 직접적(pratyakṣa) 대상성을 의도하고, 나머지의 6격은 브라흐만의 간접적(parokṣa) 대상성을 의도한다. 후론자는 직접적 대상성을 의도하는 전자가 충분히 합당한데 구태여 후자를 수용하는 것은 쓸데없는 노력의 낭비라고 주장한다.

79_ 나머지의 6격 또는 일반적인 관계를 통해 브라흐만의 간접적 대상성을 가정하는 것이 쓸데없지는 않다. 왜냐하면 브라흐만에 대한 탐구욕은 그 자체로 브라흐만에 의존하는 모든 것에 대한 탐구를 전제로 하므로 브라흐만의 간접적 대상성이 더 적합할 수도 있기 때문이다.

80_ 후론자는 '주된 것'(pradhāna)에 의해 종속적인(의존하는) 것들이 '추정된 의미'(artha-ākṣipta)로 알려지기 때문에 '브라흐만-탐구욕'을 반드시 특수한 대상의 6격으로만 이해해야 한다고 주장한다. 여기서 '추정된 의미'란 베단따에서 수용하는 6가지 지식수단들 가운데 하나인 '추정'과 유사하다. 참고로 6가지 지식수단이란, ① 지각(pratyakṣa), ② 추론(anumāna), ③ 성언(śabda, 聖言), ④ 유비(upamāna, 類比), ⑤ 추정(arthāpatti), ⑥ 비지각(anupalabdhi) 혹은 비존재(abhāva)이다. 이 가운데 지각, 추론, 성언이라는 3가지가 나머지에 비해 상대적으로 더 중요하게 다루어진다. 그리고 추정이란 어떤 사물이나 사태에 대하여 경험적 불일치가 있을 경우에 '그 자체가 경험되지는 않지만 경험되는 다른 사물이나 사태를 통해 반드시 암시되는 것'을 추측해서 판정하는 것을 일컫는다. 예컨대, 뚱뚱한 데바닷따가 낮에 음식을 먹지 않는다면, 그가 반드시 밤에 음식을 먹는다는 추정이 가능하다.

된다.[81] 예컨대 '저 왕이 간다'라고 말하는 경우에 왕이 수행원들과 함께 가는 것을 말하듯이, 그와 마찬가지이다.

게다가 계시서(啓示書)와 일치하기 때문이다.[82] "정녕 그 무엇으로부터 이러한 존재들이 태어난다."〈따잇 3.1.1〉라는 등의 계시들은 "그것을 알고자 욕구하라. 그것이 브라흐만이다."〈따잇 3.1.1〉라며 브라흐만이 바로 직접적으로 탐구욕의 대상이라는 것을 보여준다. 그리고 이는[83] '대상의 6격'을 수용하는 경우에 수뜨라와 일치하게 된다. 따라서 '브라흐만에 대한'은 '대상의 6격'이다.

'탐구욕'은 알고자(탐구하고자) 하는 욕구이다. [브라흐만에 대한] 직접적 앎으로 종결되는 지식은[84] '의욕활용 접미사에 의해 표현되는 욕

81_ 여기서 '주된 것'이란, 탐구대상으로서의 브라흐만이 지식을 통해 얻고자 하는 대상들 가운데 '가장 원하는 것'(iṣṭatama)이라는 의미이다. 바로 이러한 까닭에, 만약 주된 것이 탐구욕의 대상이라면, 다른 여러 탐구욕의 대상들이 없이는 브라흐만이 탐구욕의 대상일 수 없게 된다. 왜냐하면 '가장 원하는 것'이라는 최상급의 대상은 최상급이 아닌 여러 대상들이 없이는 성립 불가능하기 때문이다. 이 경우에 그러한 여러 대상들이 바로 '추정된 의미'이다. '추정된 의미'인 것들로서 종속적이고 의존적인 대상들은 주된 것을 통해 추정될 수 있으므로, 별도로 수뜨라에서 말할 필요가 없다.

82_ 계시서(śruti)=글자 그대로 '들은 것'을 뜻한다. 다른 것에 의존하지 않은 채 그 자체로 권위를 가지는 문헌으로서 베다 또는 우빠니샤드를 가리킨다. 이러한 점에서 지식수단들 가운데 지각에 비견된다. 계시서는 진리에 대한 계시를 담은 문헌이라기보다 진리 그 자체를 계시처럼 드러낸 문헌이라고 이해할 수 있다. <주석>에서는 '계시서(문헌), 계시(문장), 계시된다' 등의 표현들을 살펴볼 수 있다. 계시서와 대척점에 놓인 것이 글자 그대로 '기억한 것'을 뜻하는 전승서(smṛti)이다. 전승서도 계시서에 버금갈 정도로 권위 있는 문헌이지만 특정한 문제에 관해서는 계시서에 의존한 채로 권위를 가진다. 이러한 점에서 지식수단들 가운데 추론에 비견된다. <수뜨라>, <기따> 등이 대표적 전승서이다. <주석>에서는 '전승서(문헌), 전승(문장), 전승된다' 등의 표현들을 살펴볼 수 있다. 주석가는 <주석> 전체에서 계시서나 전승서의 권위를 논거로 삼는 권위 논증을 많이 펼친다. 주석가의 주장과 일치하는 계시서나 전승서를 인용하여 논거로 삼는 권위 논증은 더 이상의 증명이 필요 없는 가장 좋은 논증이 된다.

83_ 이는=바로 앞서 인용한 <따잇 3.1.1>의 계시는.

구'[85]의 대상이다. 욕구는 결과와 관계하기 때문이다.[86] 오직 지식이라는 [타당한] 수단을 통해 직접적으로 알고자 욕구되는 것이 브라흐만이다. 브라흐만에 대한 직접적 앎은 실로 인간의 목표이다. 윤회의 씨앗인 무지 등의 일체 해악을 박멸하기 때문이다. 따라서 브라흐만은 탐구하고자 욕구되어야만 한다.

[반박]: 그렇다면 그 브라흐만은 '잘 알려진 것'이거나 '잘 알려지지 않은 것'이어야 한다. 만약 잘 알려진 것이라면, 탐구하고자 욕구될 필요가 없다. 만약 잘 알려지지 않은 것이라면, 결코 탐구하고자 욕구될 수 없다.[87]

[이에 대하여] 대답한다.

[후론]: 먼저 영원 · 순수 · 자각 · 자유[88]를 본질로 하고, 전지(全知)하며, 전능(全能)함을 갖춘 브라흐만은 존재한다. 실로 '브라흐만'이라는 말의 어원을 좇아서 영원 · 순수 등의 의미들이 알려진다. '브링히'(증

84_ '직접적 앎'(avagati)이란 브라흐만에 대한 지식(jñāna)이 도착하는 지점으로서 직접성을 본질로 하기 때문에 '직각'(anubhava)이라는 말과 다르지 않다는 것을 알 수 있다. '직접적 앎으로 종결되는'이라는 표현은 <주석 1.1.2; 2.1.4>에 등장하는 '직각으로 귀착되는'(anubhava-avasāna)이라는 표현과 같은 뜻이다.

85_ '탐구욕'을 가리키는 'jijñāsā'라는 말은 '의욕활용 접미사'(san)가 결합된 형태이다.

86_ 욕구란 항상 '어떤 것'에 대한 욕구이고 그 욕구의 결과는 바로 그 '어떤 것'이다. 즉 욕구의 대상(karma, viṣaya)과 욕구의 결과(phala)는 결코 다른 것이 아니다.

87_ 전론자는 일종의 딜레마를 제시한다. 탐구욕의 대상으로서 브라흐만은 '잘 알려진 것'(prasiddha)이거나 '잘 알려지지 않은 것'(aprasiddha)이어야 한다. 만약 전자라면, 이미 잘 알려져 있는 브라흐만에 대한 탐구욕은 불필요하다. 만약 후자라면, 전혀 알려져 있지 않은 브라흐만에 대한 탐구욕은 애당초에 가능하지 않다. 결국 두 경우 모두 브라흐만에 대한 탐구욕은 불가능하다.

88_ 영원(nitya) · 순수(śuddha) · 자각(buddha) · 자유(mukta)는 주석가가 브라흐만 또는 아뜨만의 본질로 자주 묘사하는 것들이다. 이 경우에 '영원'을 수식어로 간주함으로써 '영원히 순수 · 자각 · 자유'라는 식으로 읽을 수도 있다.

대하다)라는 동사 어근의 의미와 일치하기 때문이다.[89] 또한 모든 것을 아뜨만으로 함으로 말미암아 브라흐만의 존재성은 잘 알려져 있다. 왜냐하면 만인은 아뜨만의 존재성을 인지할 뿐 '나는 존재하지 않는다'라고 인지하지는 않기 때문이다. 실로 만약 아뜨만의 존재성이 잘 알려져 있지 않다면, 모든 사람들이 '나는 존재하지 않는다'라고 인지할 것이다.[90] 그리고 [이와 같은] 아뜨만은 곧 브라흐만이다.

[반박]: 그 경우, 만약 이 세상에 브라흐만이 아뜨만으로서 잘 알려져 있다면, 그로부터 [브라흐만은] 이미 알려진 것이므로 탐구대상이 아니라는 곤란에 다시 빠진다.[91]

[후론]: 아니다. 그것(아뜨만)의 특성에 관한 이견(異見) 때문이다.[92] 소박한 사람들과 로까야따 학자들은 의식을 소유한 육체만이 아뜨만이라고 인정한다.[93] 다른 자들은 의식으로서의 감관들 자체가 아뜨만이

89_ '브라흐만'이라는 말의 어원을 좇아가면 어근은 성장 · 발달 · 팽창 · 증대 등의 의미를 가진 '브링흐'(bṛṃh)이다. 이것은 '브리흐'(bṛh)라는 어근과 호환된다. 이 어근에 접미사 'man'이 붙어서 무한 · 광대 · 탁월 등의 의미를 파생시킨다. 따라서 브라흐만이 영원 · 순수 · 자각 · 자유를 본질로 하고, 또 전지(sarvajña)하고 전능(sarvaśakti)하다는 것은 어근의 의미와 일치한다.

90_ 그런데 모든 사람들이 '나는 존재하지 않는다'라고 인지하지 않는 것으로 보아서, 아뜨만의 존재성이 실로 잘 알려져 있음에 틀림없다.

91_ 전론자의 주장은 다음과 같다: 브라흐만이 아뜨만으로서 이 세상에 그렇게 잘 알려져 있는 것이라면, 도대체 이미 알려져 있는 브라흐만이 어떻게 탐구대상이 되겠는가. 따라서 앞서 제시한 딜레마는 여전히 해결되지 않는다.

92_ 비록 아뜨만이 이미 알려져 있을지라도 그 아뜨만에 대해 여러 이견(vipratipatti)들이 있기 때문에 아뜨만으로서의 브라흐만이 탐구대상이 아닌 것은 아니다.

93_ 바로 이 문장부터 아뜨만에 관한 9가지의 견해가 나열된다. 첫 번째, 두 번째, 세 번째는 다소간 유물론적 견해이다. 로까야따(Lokāyata)는 유물론의 입장을 견지하는 학파인 짜르바까(Cārvāka)를 가리킨다. 네 번째는 불교의 유식학파, 다섯 번째는 불교의 중관학파, 여섯 번째는 느야야 학파, 일곱 번째는 상크야(Sāṃkhya) 학파, 여덟 번째는 요가(Yoga) 학파의 견해이다. 아홉 번째는 베단따 학파의 입장을 서술한 것처럼 보인다.

라고 인정한다. 다른 자들은 마음이라고 한다. 혹자들은 오로지 찰나적(순간적)인 의식이라고 한다. 다른 자들은 공(空)이라고 한다. 어떤 자들은 육체 등과는 구별되는 것으로 존재하는 윤회주체 · 행위주체 · 향유(享有)주체[94]라고 한다. 혹자들은 오로지 향유주체만일 뿐 행위주체는 아니라고 한다.[95] 어떤 자들은 그것과는[96] 구별되는 것으로 존재하는 전지전능의 신이라고 한다. 다른 자들은 그(신)가 향유주체의 아뜨만이라고 한다.[97] 이와 같이 '[타당한] 추리와 문장'이나 '그럴듯한 추리와 문장'[98]에 의거하는 여러 상반된 [이견들이] 있다. 그 가운데 어떤 것을 검토도 없이 수용하는 자는 지고선으로부터 멀어질 것이고 해악에 이를 것이다.

그러므로 브라흐만에 대한 탐구욕을 제시하는 것을 필두로 하여, 지고선을 목적으로 하는 '베단따(우빠니샤드) 문장에 대한 고찰'이 그것(문장)과 모순되지 않는 추리의 도움으로 시작된다.[99]‖1‖

94_ 윤회주체(saṃsārin) · 행위주체(kartṛ) · 향유주체(bhoktṛ)는 개별자아(개별영혼)의 본질이다.

95_ 상크야 학파의 아뜨만 즉 뿌루샤(Puruṣa)에 대한 견해를 요약한 것이다. 쁘라끄리띠(Prakṛti)가 뿌루샤의 향유(지각 · 인식)와 해방(독존 · 지고선)을 목적으로 세계를 전개하기 때문에 뿌루샤는 향유의 주체가 되는 셈이다. 그리고 뿌루샤는 본질적으로 '동작이 없는 것'(niṣkriya)이기 때문에 행위의 주체가 아니다.

96_ 그것과는=윤회주체 · 행위주체 · 향유주체를 특징으로 하는 '개별적 아뜨만'(jīvātman)과는.

97_ 신이 향유주체 또는 개별자아의 아뜨만이라는 것은 개별자아가 본질적으로 신과 동일하다는 것을 의미한다. 본질적으로 신과 동일할 뿐인 개별자아가 신과 상이하다고 알려지는 것은 전적으로 무지 때문이다.

98_ '[타당한] 추리와 문장'이나 '그럴듯한 추리와 문장'=타당한 추리(yukti)와 타당한 계시서의 문장(vākya), 그리고 그럴듯한 추리와 그럴듯한 계시서의 문장. 여기서 '그럴듯함'(ābhāsa)이라는 것은 사이비(似而非)를 뜻한다. 따라서 그럴듯한 추리와 문장이란 타당한 것처럼 보이지만 실제로는 타당하지 않은 추리와 문장을 가리킨다.

99_ 논리(tarka)라는 것은 그 자체만으로는 한계를 가지지만 계시서 혹은 우빠니샤드와 부합하는 범위 내에서 충분히 의의를 가지기 때문에, 우빠니샤드에 대한

{ 2. '생성 등'이라는 주제: 수뜨라 2 }

브라흐만은 탐구하고자 욕구되어야만 한다고 언급했다. 그렇다면 그 브라흐만은 어떻게 정의되는가? 이로부터 존경스러운 수뜨라 저자는 말한다.[100]

2. 그 무엇으로부터 이것(세계)의 생성 등이 [초래되는데, 그 무엇이 곧 브라흐만이다].[101]
janmādy asya yataḥ ‖2‖

[후론]: [복합어 '생성-등'은], '생성 즉 발생을 첫째로 가지는 것'이라고 [풀이되는], '그 자체의 속성이 알려지는' 소유복합어(所有複合語)이다.[102] [따라서] 복합어의 의미는 생성 · 유지 · 소멸이다. 그리고 생성

고찰을 위해서는 그것과 모순되지 않는 논리의 도움을 받는 것이 반드시 필요하다.

100_ 브라흐만에 대한 탐구욕을 언급한 다음에는 반드시 '브라흐만은 무엇인가?'라는 브라흐만에 대한 정의를 말해야 한다. 왜냐하면 브라흐만이 무엇인지 알지 못한 채로 브라흐만에 대해 탐구하고자 욕구하는 것은 불가능하기 때문이다.

101_ 이 수뜨라가 브라흐만에 대한 정의를 의도하는 이상, 이 수뜨라는 "[브라흐만은] 이것(세계)의 생성 등을 [초래하는] 그 무엇이다."라고 읽을 수 있다. 그리고 이 수뜨라는, 브라흐만의 본질에 따르는 정의가 아니라, 브라흐만이 가지는 우연적 성질에 따르는 정의를 보여준다. 베단따에서는 브라흐만이 "브라흐만은 존재이자 지식이자 무한이다."<따잇 2.1.1>에서처럼 '존재(순수존재), 지식(순수의식), 무한' 또는 '존재(sat), 의식(cit), 환희(ānanda)'로 정의될 때에 이를 본질적 정의라고 부른다. 또 브라흐만이 세계의 생성 · 유지 · 소멸의 원인인 신으로 정의될 때에 이를 우연적 정의라고 부른다. 이 점에서 이 수뜨라를 통해 우연적 정의를 제시하고 있는 <수뜨라>는 유신론적 입장에 보다 가깝다고 하겠다.

102_ 소유복합어(bahuvrīhi)란 일반적으로 복합어의 뒷부분이 앞부분에 의해 결정 ·

이 첫째라는 것은 계시서의 교시에 의거하고, 또 사물의 발달에 의거한다. 먼저 계시서의 교시로는, "정녕 그 무엇으로부터 이러한 존재들이 태어난다."〈따잇 3.1.1〉라는 이러한 문장에서 생성 · 유지 · 소멸의 순서를 보여주기 때문이다. 사물의 발달 또한, 생성에 의해 존재하게 되는 본체에서 유지와 소멸이 가능하기 때문이다.

'이것의'는 지각 등에 의해 제시되는 본체가 '이것'이라는 [대명사로] 지시된 것이다.[103] 6격은 [그 본체와] '생성 등의 속성'이 가지는 관계를 의도한다. '그 무엇으로부터'는 원인이 지시된 것이다.

명칭과 형태로부터 전개되고[104] 무수한 행위주체 · 향유주체를 보유하

한정되면서 그 복합어가 복합어를 구성하는 그 어떤 부분과도 다른 제3의 무언가를 지시하는 형태의 복합어이다. 예컨대, '거대한 팔을 가진'(mahābāhu)이라는 복합어에서 뒷부분인 '팔'(bāhu)은 앞부분인 '거대한'(mahat)에 의해 결정 · 한정되면서, 이 복합어는 그 부분들인 '팔'이나 '거대한'이 아닌 '거대한 팔을 가진 사람'을 지시한다. 수뜨라의 '생성-등'(janma-ādi)에서도 '생성'(janman)이라는 말과 '첫째'(ādi)라는 말이 소유복합어를 이루어 '생성을 첫째로 가지는 것'(생성 등을 가지는 것)을 지시한다. 이러한 소유복합어는 그 복합어의 주체(속성의 소유주)와 관련된 속성들이 주체와 함께 알려지는지 혹은 그렇지 않은지에 따라 2종류로 분류되기도 한다. 2종류란 '그 자체의 속성이 알려지는'(tadguṇasaṃvijñāna) 유형과 '그 자체의 속성이 알려지지 않는'(atadguṇasaṃvijñāna) 유형이다. '노란색의 비단을 입은(가진) 자'(왕자)에서 '노란색의 비단을 입은(가진)'이라는 속성은 그 소유주인 '왕자'와 함께 알려지기 때문에 이는 전자의 예시이고, '악마를 처단한 자'(비슈누)에서 '악마를 처단한'이라는 속성은 그 소유주인 '비슈누'와 함께 알려지지 않기 때문에 이는 후자의 예시이다. 수뜨라의 '생성 등을 가진'에서 '생성 등'이라는 속성은 그 소유주인 '브라흐만'과 함께 알려지기 때문의 전자의 유형이다.

103_ 수뜨라에서 '이것의'(asya)라는 표현은 '이것'(idam)이라는 대명사의 6격 단수이다. '지각 등의 지식수단들에 의해 제시되는 본체(dharmin)'란 현상적 세계를 가리킨다. 따라서 '이것의'라는 것은 '세계의'라는 뜻이다.

104_ 복합현상계인 세계를 구성하는 것은 '명칭과 형태'(nāma-rūpa)이다. 그래서 '명칭과 형태'라는 용어는 세계 자체를 지칭하는 경우가 많다. '명칭과 형태'는 단수가 아닌 양수로 표현되지만 의미상 단수라고 볼 수 있다. 명칭과 형태는 '전개되지 않은'(avyākṛta) 상태로 존재하기도 하고 '전개된'(vyākṛta) 상태로 존재하기도 한다. 전자는 가능의 상태를, 후자는 현실의 상태를 각각 가리킨다

며 '각각에 배정된 공간 · 시간 · 계기를 가지는 행위 결과'의 소재지이고 마음을 통해서도 그 배열의 형태를 짐작할 수 없는 '이것의' 즉 '세계의' 생성 · 유지 · 소멸은, 전지전능한 원인인 '그 무엇으로부터' 초래된다. 그것은 브라흐만이다. 이러한 것이 [수뜨라] 문장의 생략어[105]이다.

존재의 다른 변형들도 바로 이 3가지에 포함되므로 이 경우에는 생성 · 유지 · 소멸이 이해된다.[106] 그리고 야스까[107]에 의해 열거된 '태어나다, 존속하다'라는 등의 [6가지가] 수용될 경우, 그것들은 세계가 유지되는 동안에 가능하기 때문에 '근본원인으로부터 [초래되는] 세계의 발생 · 유지 · 소멸'이 파악되지 않을지도 모른다고 의심할 수 있다. 그렇게 의심하지 않도록 '원인인[108] 브라흐만으로부터의 발생과 바로 그것에서의 유지와 소멸'이 수용된다.[109]

그리고 '언급한 바의 특징을 가지는 신'을 제외한 다른 것으로부터,

고 할 수 있다. 이곳에서는 '전개되지 않은 명칭과 형태로부터 전개되고'라는 의미이다.

105_ '문장의 생략어'(vākya-śeṣa)란 압축적 형태인 수뜨라의 문장에 생략된 채로 숨어 있다고 간주되는 말을 가리킨다. 이 생략어가 보충되어 의미가 밝혀짐으로써 수뜨라의 문장은 온전하게 읽힌다.

106_ 야스까(Yāska)에 따르면 존재의 6가지 변형(vikāra)은 '생성 · 존속 · 변질 · 성장 · 쇠퇴 · 소멸'이다. 이 가운데 존속 · 변질 · 성장 · 쇠퇴는 모두 유지에 포함되므로 생성 · 유지 · 소멸이 대표적인 3가지 변형인 셈이다.

107_ 야스까=어원론, 어의론, 언어학 등을 다루는 고대 인도의 가장 오래된 학술서인 *Nirukta*의 저자. 그의 생존 연대는 기원전 700-500년경으로 추정된다.

108_ * '원인인'(kāraṇāt)이라는 표현은 Samata에만 추가로 등장한다.

109_ 만약 3가지 변형이 아닌 야스까의 6가지 변형 모두를 수용할 경우, 예컨대 씨앗에서 싹이 트고 자라고 열매 맺고 시드는 것처럼 세계가 유지되는 동안에도 생성 · 존속 · 변질 · 성장 · 쇠퇴 · 소멸이 끊임없이 가능하기 때문에, 오직 '근본원인'(mūla-kāraṇa)으로부터만 세계가 생성(발생) · 유지 · 소멸한다는 수뜨라의 취지를 이해시킬 수 없을 것이라는 의심이 생길 수 있다. 왜냐하면 야스까는 근본원인을 의도하지 않은 채 그저 일반적인 존재의 6가지 변형을 언급했기 때문이다. 그러한 의심이 생기지 않도록 오로지 근본원인인 브라흐만과 관계된 생성 · 유지 · 소멸이라는 3가지 변형만을 수용한다.

즉 비의식체(非意識體)인 쁘라다나,[110] 원자들, 비존재 또는 윤회하는 존재[111]로부터, '언급된 바의 특징을 가지는 세계'의 발생 등은 가능할 수 없다. 또한 자발적으로 [세계의 발생 등은] 가능할 수 없다. 그 경우에는 특정한 공간 · 시간 · 계기를 수용하기 때문이다.[112] '신 원인론자'(神 原因論者)들은 바로 이러한 추론이 '윤회하는 자와 구별되는 신'의 존재성 등을 실증하기 위한 수단이라고 생각한다.[113]

[반박]: 이 경우에도 "… 생성 등이 [초래되는데]"라는 수뜨라에 바로 그것(추론)이 제시되었지 않는가?

[후론]: 아니다. 수뜨라들은 베단따 문장이라는 꽃들을 꿰는 것을 의도하기 때문이다.[114] 확실히 베단따 문장들은 수뜨라들을 통해 인용되고 검토된다. 실로 브라흐만에 대한 직접적 앎은 문장의 의미를 검토하고 확정하는 것을 통해 성취될 뿐, 추론 등의 다른 지식수단을 통해 성취되지 않는다. 하지만 '세계의 생성 등'의 원인을 말하는 베단따 문장들이 존재하는 경우에, 그것들의 의미를 더 공고하게 이해하기 위해, 추론마저 베단따 문장들과 모순되지 않는 지식수단이라면 배제하지 않는다. 심지어 추리는 계시서 자체에서도 보조적인 것으로 인정되기 때문이다.[115] 그러한 예시로서, "[아뜨만을] 들어야만 하고 숙고해야

110_ 쁘라다나(Pradhāna)=상크야 학파의 2가지 실재 가운데 하나이자 물질적 원인인 쁘라끄리띠를 일컫는 다른 이름.

111_ 윤회하는 존재(saṃsārin)=히란야가르바(Hiraṇyagarbha, 황금 알 또는 황금 자궁)와 같이 창조의 역할을 하는 신성한 존재.

112_ '세계의 발생 등'은 자발적으로 가능하지 않고, 특정한 공간(deśa) · 시간(kāla) · 계기(nimitta)를 필요로 하기 때문이다.

113_ 신 원인론자(īśvara-kāraṇin)=신을 세계의 원인으로 간주하는 느야야 학자들. 신 원인론자들은 바로 앞에서 제시한 세계 발생에 관한 2가지 추론(anumāna) 등을 실증의 수단으로 하여 신이 세계의 원인이라고 생각한다.

114_ 실제로 수뜨라(sūtra)는 실을 의미한다. 마치 꽃들을 실로 꿰어서 꽃목걸이를 만들 듯이 우빠니샤드 문장들을 수뜨라로 꿰어서 만든 것이 <수뜨라>이다.

115_ 추론은 계시서(성언)와 모순되지 않는 범위 내에서 지식수단으로 받아들여진

만 하고"〈브리 2.4.5〉라는 계시와, 또 "잘 배우고 지적인 자가 실로 간다라 지방에 도달할 수 있다. 바로 그와 같이 이 세상에서 스승을 가진 사람은 지식을 얻는다."[116]〈찬도 6.14.2〉라는 계시는, 인간의 지성이 보조적이라는 것을 자체적으로 보여준다.

브라흐만에 대한 탐구욕에서는 다르마에 대한 탐구욕에서와 달리 단지 '계시서 등'[117]만이 지식수단이지 않다. 그 반면에 이 경우에는 계시서 등과 직각(直覺) 등이 가능한 한[118] 지식수단이다. 브라흐만에 대한 지식은 직각으로 귀착되기 때문이고, 또 존재하는 사물과 관계하기 때문이다. 실로 행해야만 하는 대상의 경우에는 직각을 필요로 하지 않으므로 '계시서 등'만이 진리성(眞理性)[119]을 가질 것이다. 또한 행해야만 하는 것은 사람에 의존하여 성립하기 때문이다. 세속적이고 베다적인 행위는, 예컨대 말을 타고 가거나 두 발로 가거나 가지 않거나 혹은 다른 방식으로 가거나 하듯이, 행할 수도 행하지 않을 수도 혹은 다

다. 게다가 계시서 자체에서도 추리(tarka)는 '보조적인 것'(sahāya)으로 인정된다.

116_ 간다라(Gandhāra) 지방의 한 사람이 강도들에 의해 눈가리개를 한 채 유괴된 이후에 자신의 지방으로부터 멀리 떨어진 밀림에 버려져 고통받는다. 그러던 중에 친절한 한 사람을 만나 간다라(고향 또는 자신의 아뜨만)로 가는 길을 배우고 나서 지혜롭게 길을 찾아 자신의 지방으로 되돌아온다. 이와 마찬가지로 이 세상에서 고통을 받는 사람도 스승(ācārya)으로부터 아뜨만에 대한 지식을 배움으로써 해탈을 얻을 수 있다. 이 예시는 인간의 지성이 어떤 목표를 달성하는 데 중요한 역할을 한다는 점을 시사해준다.

117_ 계시서(śruti)란 계시어(啓示語)와 다르지 않다. '등'이란 표징(liṅga), 문장(vākya, 문장구조) 등을 가리킨다. <미맘사-수 3.3.14> 참조: "계시어, 표징, 문장, 맥락(prakaraṇa), 위치(sthāna), 이름(samākhyā)이 상충할 때에 뒤따르는 것에 힘이 없다; [뒤따르는 것은] 목적(의미)하는 바와 거리가 멀기 때문이다."

118_ 'yathāsaṃbhavam'이라는 말은 '가능한 한' 또는 '경우에 따라'로 읽을 수 있다.

119_ 진리성(prāmāṇya)=타당한 지식이나 진리를 낳을 수 있는 권위 있고 믿을 만한 지식수단의 특성.

른 방식으로 행할 수도 있다. '아띠라뜨라에서 소마 잔을 잡는다,[120] 아띠라뜨라에서 소마 잔을 잡지 않는다', '일출 후에 공물을 바친다, 일출 전에 공물을 바친다'에서도 마찬가지이다. 그리고 명령이든 금지든, 택일(擇一)[121]이든 원칙이나 예외이든, 이 경우에 의의를 가질 것이다.[122] 하지만 사물은 '그러하다, 그러하지 않다'라거나 '존재한다, 존재하지 않는다'라며 선택적이지 않다.[123] 그리고 선택들이란 사람의 지성에 의존한다. 사물의 진정한 본질에 대한 지식은 사람의 지성에 의존하지 않는다.

[반박]: 그렇다면 무엇에 의존하는가?

[후론]: 그것은 오직 사물에 의존한다. 왜냐하면 하나의 기둥에 대해 '기둥이다' 혹은 '사람이다' 혹은 '다른 것이다'라고 하는 것은 사물(실재)에 대한 지식이 아니기 때문이다. 그 경우에 '사람이다' 혹은 '다른 것이다'라고 하는 것은 거짓된 지식이며, 오직 '기둥이다'라고 하는 것

120_ 아띠라뜨라(Atirātra)=소마 제의의 7가지 형태들 가운데 6번째 형태로 소마 제의의 1번째 형태인 아그니슈또마(Agniṣṭoma)가 변형된 제의이다. 조리된 곡물, 동물, 소마 등을 여러 신격들에게 공물로 바치며 밤새도록 행해진다. '소마 잔'(ṣoḍaśin)='쇼다쉬'(ṣoḍaśī)라고 불리는 소마가 담긴 잔. 소마 제의의 7가지 형태들 가운데 4번째 형태를 '쇼다쉰'(ṣoḍaśin, 16)이라고 부르는데, 그 이유는 소마를 추출하는 동안 16개의 만뜨라를 읊고 16개의 찬가를 부르는 제의를 행하기 때문이다. 4번째 형태인 쇼다쉰 제의를 통해 추출된 소마를 6번째 형태인 아띠라뜨라 제의에서 사용한다.

121_ 행위(의례)에서 택일(vikalpa)은 불가피하다. 소마 잔을 잡느냐 잡지 않느냐 하는 경우나 공물을 바치는 것이 일출 후냐 일출 전이냐 하는 경우에, 양자 사이의 분명한 모순으로 말미암아 양자 중에 반드시 하나를 선택해야만 한다.

122_ 명령이나 금지, 택일이나 원칙(utsarga)과 예외(apavāda)는 오로지 행위(의례)의 맥락에서 의의를 가질 것이다.

123_ 행위에서와 달리 사물(vastu)에서는 인간의 선택이 개입하지 않는다. 예컨대, 어떤 사물의 존재와 비존재는 그 사물이 존재하는지 존재하지 않는지에 관한 인간의 선택과는 하등의 상관이 없다. 그 사물은 인간의 지성(buddhi)과 관계없이 그 자체로 존재하거나 존재하지 않을 뿐이기 때문이다.

이 사물(실재)에 대한 지식이다. 사물에 의존하기 때문이다. 이와 같이 '존재하는 사물과 관계하는 것'들의 진리성은 사물에 의존한다. 그래서 이와 같을 경우에 브라흐만에 대한 지식도 오직 사물에 의존한다. 존재하는 사물과 관계하기 때문이다.

[반박]: 브라흐만이 존재하는 사물과 관계하는 경우에 단지 다른 지식수단의 대상이므로, 베단따 문장에 대한 검토가 실로 무의미해지고 말지 않는가?[124]

[후론]: 아니다. [브라흐만은] 감관의 대상이 아닌 것으로서 '관계'가 이해되지 않기 때문이다. 본질적으로 감관들은 대상과 관련될 뿐 브라흐만과 관련되지 않는다. 실로 브라흐만이 감관의 대상인 경우에 이 결과는 브라흐만과 '관계'를 가진다고 이해할 수 있다. 하지만 오직 결과만이 지각됨으로써 [이 결과가] 브라흐만과 '관계'를 가지는지 혹은 다른 그 무엇과 '관계'를 가지는지 확정할 수가 없다.[125] 따라서 "… 생

124_ 만약 브라흐만이 존재하는 사물과 관계한다면, 브라흐만은 성언이 아니라 지각, 추론 등과 같은 다른 지식수단들을 통해 알려지는 대상에 지나지 않는다. 그러면 구태여 성언에 해당하는 베단따 문장을 검토할 필요성이 없지 않는가?

125_ 브라흐만은 감관의 대상이 아니기 때문에 지각이라는 지식수단의 대상이 아니다. 또한 원인으로서 지각 불가능한 브라흐만과 결과로서 지각 가능한 세계 사이에 관계(saṃbandha)가 불가능함으로 말미암아, 인과관계를 통해 세계의 원인을 추론하는 것은 불가능하다. 따라서 브라흐만은 추론이라는 지식수단의 대상이 아니다. 반면에 상크야에서는 베단따와 달리 지각 가능한 결과로부터 그 근본원인을 추론할 수 있다고 주장한다. 그런데 만약 브라흐만이 감관의 대상이라면 즉 지각 가능한 것이라면, 이 결과(kārya)가 원인인 브라흐만과 관계를 가진다는 식으로 추론이 가능하다. 이 추론의 과정은 다음과 같다: '모든 결과는 원인을 가진다. 브라흐만은 모든 결과의 원인이다. 그러므로 이 결과는 브라흐만을 원인으로 한다.' 하지만 결과만이 지각 가능한 것일 뿐 원인인 브라흐만은 지각 가능하지 않다. 따라서 이 결과가 브라흐만을 원인으로 하는지 아니면 다른 그 무엇을 원인으로 하는지 알 수 없다. '지각되지 않는 원인'에 대해서는 추론을 통해 그 존재성을 확정하는 것이 불가능하기 때문이다. 오직 성언(계시서)을 통해서만 그러한 원인의 존재성이 확정된다.

성 등이 [초래되는데]"라는 수뜨라는 추론을 제시하고자 하지 않는다.

[반박]: 그렇다면 무엇인가?

[후론]: 베단따 문장을 보여주고자 한다.

[반박]: 그렇다면 이 경우에 수뜨라가 지시하고자 하는 그 베단따 문장은 무엇인가?

[후론]: "바루나의 아들인 브리구가, 아버지인 바루나에게로 다가갔다: 존경스러운 이여, 브라흐만을 가르쳐 주십시오."〈따잇 3.1.1〉라고 시작한 뒤에 "정녕 그 무엇으로부터 이러한 존재들이 태어난다. 그 무엇에 의해서 태어난 것들이 살아간다. 그 무엇으로 [태어난 것들이] 나아가고 되들어간다. 그것을 알고자 욕구하라. 그것이 브라흐만이다."〈따잇 3.1.1〉라고 말한다. 그리고 이에 대해 결론을 내리는 문장은 "실로, 정녕 환희로부터 이러한 존재들이 태어난다. 환희에 의해서 태어난 것들이 살아간다. 환희로 [태어난 것들이] 나아가고 되들어간다."〈따잇 3.6.1〉라는 것이다. '영원 · 순수 · 자각 · 자유를 본질로 하고 전지함 그 자체인 원인'과 관계하는 이와 같은 종류의 다른 문장들도 예시되어야만 한다.‖2‖

{ 3. '성전의 원천'이라는 주제: 수뜨라 3 }

[브라흐만이] 세계의 원인이라는 것을 밝힘으로써 브라흐만이 전지하다는 것을 암시했고, 바로 이를 강화하기 위해 [수뜨라 저자는] 말한다.

3. [브라흐만은] 성전의 원천이기 때문에, [전지하고 전능하다].[126]

śāstrayonitvāt ‖3‖

[후론]: 브라흐만은 '수많은 분과학문[127]에 의해 보완되고, 등불처럼 모든 대상들을 비추며, 전지함과 거의 다를 바 없는[128] 『리그베다』 등의 위대한 성전'의 '원천' 즉 원인이다. 왜냐하면 전지함이라는 특성을 가지고 『리그베다』 등으로 지시되는 그와 같은 성전이 전지자(全知者)와는 다른 것으로부터 기원하지는 않기 때문이다.[129] 어떤 탁월한 사람으로부터 그 어떤 방대한 내용의 논서가 기원하든지 간에, 예컨대 [빠니니가 쓴] 문법 등이란 다만 빠니니 등으로부터 알려질 수 있는 내용의 한 부분이듯이, 그가 심지어 그것(논서)보다 더 많은 지식을 가진다는 것은 이 세상에서 잘 알려져 있다. 말할 나위조차 없지 않는가![130] [성전이란] 여러 상이한 분파에 따라 나뉘고 신격 · 짐승 · 인간 · 계급 · 인생단계 등을 구분하는 근거이며 『리그베다』 등으로 불리고 모든 지식의 보고(寶庫)로서, 사람의 숨쉬기처럼 그저 노력도 없이 유희의 방식으로,[131] 그 어떤 위대한 존재로부터 즉 원천으로부터 기원한

126_ 이 수뜨라는 "[브라흐만은] 성전을 원천(지식수단)으로 가지기 때문에, [세계의 생성 등의 원인으로 알려진다]."라는 의미이기도 하다. 즉 이 수뜨라는 두 가지 방식으로 읽힌다.

127_ 분과학문(vidyā-sthāna)=6가지 베다보조학(Vedāṅga), 논리학(Nyāya) 등 성전(베다)과 관련된 여러 학문들, 철학적 · 종교학적 · 사회학적 문헌들 등.

128_ 전지함과 거의 다를 바 없는(sarvajña-kalpa)=무지와 관계하기 때문에 온전하게 전지하지는 않지만 거의 전지함에 가까운.

129_ 이 수뜨라가 관계하는 한, 주석가는 성전이 전지자인 신으로부터 유래한다고 밝힘으로써 미맘사와는 다르게 유신론적 입장을 수용한다.

130_ 어떤 '탁월한 사람'(puruṣaviśeṣa) 즉 탁월한 저자가 어떤 방대한 논서(śāstra)를 저술한 경우에, 예컨대 문법의 대가인 빠니니(Pāṇini, 기원전 5-4세기경)가 저술한 문법 논서는 그가 가진 지식 전체 가운데 일부의 내용에 지나지 않듯이, 탁월한 저자가 자신의 논서보다 더 방대한 지식을 가진다는 사실은 잘 알려져 있다. 마찬가지로 성전(śāstra)의 원천(yoni)인 브라흐만이 비할 데 없는 전지성을 가진다는 것은 의심의 여지가 없다.

131_ 유희(līlā)=전지전능한 창조주가 행하는 자연스러운 놀이로서 세계를 창조하고 파괴하는 대우주적 연극의 형태. 위대한 존재의 유희는 그 어떤 노력(prayatna)도 깃들어 있지 않을 만큼 자동적이고 사람의 숨쉬기처럼 자연스럽

다. “『리그베다』 … 라는 것은 이 위대한 존재가 내쉰 숨입니다.”〈브리 2.4.10〉라는 등이 계시되기 때문이다.[132] 그 위대한 존재는 비할 데 없는 전지성과 전능성을 가진다.

또 다른 해설로는,[133] 언급한 바대로인 『리그베다』 등의 성전은 그 브라흐만의 본질을 정확하게 아는 데 원천 · 원인 즉 지식수단이다.[134] 오직 성전이라는 지식수단으로부터 브라흐만이 ‘세계의 생성 등’의 원인으로 알려진다는 의미이다. 앞선 수뜨라에서 “정녕 그 무엇으로부터

다. 베단따에 따르면, 베다(성전)는 새로운 세계 창조의 시기마다 마치 유희와도 같이 이전의 베다와 조금의 다름도 없는 형태로 위대한 존재에 의해 복제되는 방식으로 전해진다.

132_ ‘계시되기 때문이다’(śruteḥ)라는 형태는 모든 논거들 가운데 가장 큰 권위를 가진다. 달리 말해, 계시서의 권위를 논거로 삼는 권위 논증은 다른 유형의 논증들보다 더 큰 권위를 가진다.

133_ 이 수뜨라는 중의적(重義的)이기 때문에 2가지 해설이 가능하다. 첫 번째 해설에서는 복합어인 ‘성전-원천’(śāstrayoni)을 6격(소유격)의 격한정복합어로 풀이한다: ‘[브라흐만은] 성전의 원천이다’(śāstrasya yoniḥ). 이와 달리 두 번째 해설에서는 동일한 복합어를 소유복합어로 풀이한다: ‘[브라흐만은] 성전을 원천(지식수단)으로 가지는 것이다’(śāstraṃ yoniḥ yasya). 첫 번째 해설에서는 브라흐만이 성전을 산출한 원천(원인)이 되고, 두 번째 해설에서는 브라흐만이 ‘성전을 원천으로 해서’ 즉 ‘성전이라는 지식수단을 통해서’ 알려지는 것이 된다. 이는 마치 신이 성경을 설파했다고 성경에 나와 있지만 성경을 통해서만 신의 존재가 알려지는 것과 같은 역설이다. 언어가 가진 ‘중의적 화법’(vakrokti)의 한 실례이다. 그리고 이 수뜨라에 대한 2가지 해설은 신의 존재와 베다의 권위 사이에 충돌과 괴리가 있었다는 점을 시사해준다. 첫 번째 해설을 통해서는 신의 존재를 인정하고 두 번째 해설을 통해서는 베다의 권위를 확보하기 때문이다. 바로 이 점 때문에 두 해설은 서로가 서로의 전제가 되는 순환논증에 해당한다. 즉 브라흐만이 성전의 원천이라는 것은 성전을 통해 뒷받침되고, 브라흐만이 성전으로부터 알려진다는 것은 성전의 원천인 브라흐만을 통해 뒷받침된다. 간단하게 말해, 베다를 통해 신의 존재가 알려지고, 베다의 권위는 신에 의존한다. 이러한 순환논증을 해결하기 위해 후대 베단따 학자들은, 신과 베다가 둘 다 시초를 가지지 않는다고 하거나 신이 베다를 창조했더라도 베다의 진리성은 내재적이라고 하는 식으로 해결책을 내놓는다.

134_ 성전이 브라흐만을 정확하게 알 수 있는 지식수단이라고 선언함으로써 성전 자체를 통해 브라흐만과 관련된 논증을 펼칠 수 있는 가능성을 확보하게 된다.

이러한 존재들이 태어난다."〈따잇 3.1.1〉라는 등의 성전이 인용되었다.[135]

[반박]: 그러면, 바로 앞선 수뜨라에 그와 같은 종류의 성전을 인용함으로써 브라흐만이 성전을 원천으로 가진다고 밝혀진 이상, 이 수뜨라는 무엇을 의도하는가?

[이에 대하여] 대답한다.

[후론]: 그 경우에는 '성전'이라는 말이 수뜨라에 분명하게 언급되지 않음으로 말미암아, "… 생성 등이 [초래되는데]"라는 수뜨라가[136] 전적으로 추론만을 제시한다고 의문시될 수 있다. 그러한 의심을 물리치고자 "[브라흐만은] 성전을 원천(지식수단)으로 가지기 때문에, [세계의 생성 등의 원인으로 알려진다]."라는 이 수뜨라가 착수되었다.[137]‖3‖

135_ <수뜨라 1.1.2>는 성전의 문장인 <따잇 3.1.1>을 축약한 형태이다. 브라흐만이 '세계의 생성 등'의 원인이라는 것은 오직 <따잇 3.1.1>과 같은 성전을 지식수단으로 해서 알려진다. 그러므로 성전은 브라흐만의 본질을 정확하게 아는 데 원천 · 원인 · 지식수단이다.

136_ * '수뜨라가'(-sūtreṇa)라는 표현은 Samata에만 추가로 등장한다.

137_ 이 수뜨라에 대해 두 번째 해설을 적용할 경우에, 앞선 수뜨라인 <수뜨라 1.1.2>에서 이미 브라흐만이 성전을 원천으로 가진다는 점을 <따잇 3.1.1> 등의 성전을 인용함으로써 간접적으로 밝혔기 때문에 이 수뜨라가 무용하다고 의심할 수 있다. 그렇지만 <수뜨라 1.1.2> 자체에서는 브라흐만이 제1원인이라는 사실만 언급될 뿐 그 브라흐만이 '성전으로부터' 알려진다는 사실은 '직접적으로' 언급되지 않는다. 그로 말미암아 <수뜨라 1.1.2>가 단지 추론의 결과라는 의심을 줄 수 있기 때문에, 그러한 의심을 없애기 위해서 브라흐만이 성전으로부터 알려진다는 내용의 <수뜨라 1.1.3>이 다시 착수된 것이다.

{ 4. '조화'라는 주제: 수뜨라 4 }[138]

[전론]: 그렇다면, "성전은 행위를 의도하기 때문에 그것을 의도하지 않는 것들은 무용하다."〈미맘사-수 1.2.1〉라며 성전이 행위를 지향한다고 밝혀진 이상, 어떻게 브라흐만이 성전을 지식수단으로 가진다고 언급한다는 말인가?[139] 따라서 베단따(우빠니샤드)들은 무용하다. 행위를 의도하지 않기 때문이다. 혹은 [베단따들은] 행위주체 · 신격 등에 대한 해명을 의도함으로써 행위의 명령에 부차적이거나, 혹은 계속적 명상[140] 등의 다른 행위들에 대한 명령을 의도한다.[141]

138_ '성전의 원천'이라는 바로 앞의 주제와 '조화'라는 이 주제를 통해서는 주석가가 베다 근본주의, 계시서 절대주의, 성언(성전) 중심주의를 표방하는 극단적 전통주의자라는 것을 짐작할 수 있다.

139_ '존재하는 것'(bhūta)이자 사물 그 자체인 브라흐만은 행위(kriyā)의 영역에 속하지 않는다. 따라서 브라흐만은 행위 지향적인 성전을 지식수단으로 가지지 못한다.

140_ 계속적 명상=upāsana 또는 upāsanā는 글자 그대로 '가까이(upa) 앉음(āsana)'을 뜻한다. 우빠니샤드에서 명상자(upāsaka)는 자신이 원하는 명상대상(upāsya) 즉 근저(ālambana)에 가까워지기 위해 오래 앉아 계속적으로 명상을 실행하는데, 바로 이것이 '우빠사나'라고 불리는 계속적 명상이다. 주석가는 <주석 4.1.7>에서 이를 "동일한 관념의 흐름을 만드는 것"이라고 정의한다. 기본적으로 'A를 B로 계속 명상하다(알다)'라는 형태인 계속적 명상은 명상대상인 A와 B 사이에 대응 · 등치 · 동치의 논리를 통해 A에 대해 B라는 관념(지식, 심상)을 계속적으로 만드는 것이다. 이 때문에 우빠사나는 비드야(vidyā), 비즈냐나(vijñāna), 쁘라뜨야야(pratyaya) 등 (명상적) 지식이나 (명상적) 관념을 가리키는 말들과 유의어로 사용되기도 한다. 그리고 계속적 명상은 크게 외적인 대상이 주가 되는 '상징을 통한 계속적 명상'(pratīka-upāsanā)과 내적인 대상이 주가 되는 '자기파악의 계속적 명상'(ahaṃgraha-upāsanā)으로 나뉜다. 전자는 상징을 명상대상으로 삼고, 후자는 유속성(saguṇa)이나 무속성(nirguṇa)을 명상대상으로 삼는다. 이러한 계속적 명상은 브라흐마나 문헌의 행위(karma)와 우빠니샤드 문헌의 지식(jñāna) 사이에 발달한 개념이기에 행위에서 지식으로 전환되는 과정을 알려주는 중개 개념이라고 할 수 있다. 물론 이

실로 확립된 사물 그 자체가[142] [성전에서] 제시되는 것은 가능하지 않다. 확립된 사물은 지각 등의 대상이기 때문이다. 또한 그것이 제시됨으로써 '거부할 수 있는 것'도 '수용할 수 있는 것'도 없을 때에는 인간의 목표가 없기 때문이다.[143] 바로 이로부터,[144] "그는 울부짖었다." 〈따잇-상 2.5.11〉라고 이렇게 운운하는 것들이 무용하지 않도록, "하

개념은 우빠니샤드 그 자체에서 매우 폭넓게 등장하면서 중요한 수행 수단이 된다. 특히 <찬도>와 <브리>는 여러 가지 계속적 명상들을 그 핵심 가르침으로 제시한다. 계속적 명상들 가운데 직간접적으로 유속성의 브라흐만과 관련되는 것은 특정한 명상체계를 이룸으로써 우빠니샤드의 중요한 '비드야'(지식체계)들로 전해진다. 예를 들어 '샨딜르야 비드야'(샨딜르야의 명상적 지식), '빤짜그니 비드야'(다섯 불의 명상적 지식) 등 수십 가지 비드야들이 존재한다.

141_ 전론자의 주장에 따르면 우빠니샤드들은 무용하거나, 명령에 부차적(śeṣa)이거나, 다른 행위들에 대한 명령이다.

142_ * '그 자체가'(-svarūpa-)라는 표현은 Samata에만 추가로 등장한다.

143_ 브라흐만과 같이 '확립된 사물'(parinișṭhita-vastu) 그 자체는 성전(베다)에서 제시될 수 없다. 즉 브라흐만은 성전을 지식수단으로 할 수 없다. 그 이유는 2가지이다. 첫째, 확립된 사물은 지각 등의 대상이기 때문이다. 지각 등의 대상인 확립된 사물은 지각 등을 지식수단으로 한다. 따라서 확립된 사물은 성전을 지식수단으로 하지 않는다. 왜냐하면 각각의 지식수단은 그 적용 영역이 상이해야만 하므로 지각 등이라는 지식수단의 대상이 되는 것이 동시에 성전이라는 지식수단의 대상이 될 경우에 성전의 의의가 사라지기 때문이다. 물론 전론자의 이러한 논리에 대해 주석가는, 브라흐만이 초감각적인 대상이기 때문에 다른 지식수단과의 충돌 없이 오직 성전을 통해서만 알려진다고 주장함으로써 이러한 문제를 해소한다. 둘째, 확립된 사물이 제시되는 경우에 '인간의 목표'(puruṣārtha)가 없기 때문이다. 확립된 사물은 '거부할 수 있는 것'(heya)도 '수용할 수 있는 것'(upādeya)도 아니다. 바꿔 말해서, 거부하거나 수용할 수 있는 대상은 사물이 아니라 명령과 금지의 형태를 띤 행위이다. 그리고 인간이 그 어떤 것도 거부하거나 수용할 수 없을 때에는 인간의 목표를 달성할 수 없다. 따라서 확립된 사물이 성전을 지식수단으로 하는 경우에는 인간의 목표가 무의미해지고 만다. 물론 전론자의 이러한 논리에 대해 주석가는, 거부할 수도 수용할 수도 없는 브라흐만에 대한 지식을 통해 해탈을 얻을 수 있고 그 해탈이 지고한 인간의 목표라고 주장함으로써 이러한 문제를 해소한다.

144_ 바로 이로부터=확립된 사물 그 자체가 성전에서 제시되는 것은 가능하지 않기 때문에.

지만 [그것들은] 명령과의 문장적 통일성으로 말미암아 명령들에 대한 찬양을 의도함으로써 [권위를] 가질 것이다."〈미맘사-수 1.2.7〉라며 '찬양하는 것'으로서 유용하다고 말한다.[145] 그리고 "이셰 뜨바."[146]〈따잇-상 1.1.1〉라는 등의 만뜨라[147]들은 [그 자체에서] 행위(동작)와 그 수단을 지시함으로써 행위와 밀접한 관계가 있다는 것을 말해준다. 결국[148] 그 어느 곳에서도 명령과의 연관 없이 유용한 베다 문장들은 보이지도 않거니와 합당하지도 않다.

게다가 확립된 사물 그 자체에 대한 명령은 가능하지 않다. 명령은 행위와 관계되기 때문이다. 따라서 베단따들은 행위를 필요로 하는 행위주체 · 신격 등의 본질을 해명함으로써 행위의 명령에 부차적이

145_ 찬양(stuti)=아르타바다(의미진술, arthavāda)의 일종. 베다는 크게 주된 부분인 명령(vidhi)과 보조적인 부분인 아르타바다로 나뉜다. 의미진술로서 아르타바다란, 글자 그대로, 명령이나 만뜨라의 의미(artha)에 대해 진술(vāda)한 것이다. 아르타바다는 독립적인 목적을 가진 문장이 아니라, 명령을 지시하는 문장과 '문장적 통일성'(ekavākyatva)을 가지기 때문에 명령에 보조적이고 명령을 찬양하는 문장이다. 달리 말해, 아르타바다는 어떤 것을 찬양하거나 비난함으로써 그것을 행하거나 행하지 않게끔 하는 역할을 한다. 그래서 명령에 긍정적 명령(명령)과 부정적 명령(금지)이 있듯이, 아르타바다 또한 일반적으로 찬양과 비난(nindā)이 있다. 이곳에서 "그는 울부짖었다."라는 문장은 아르타바다의 한 예시이다. 이 문장은 어떤 사람이 눈물을 흘린 사실(확립된 사물)을 제시한 것이 아니라 무엇인가를 찬양하는 아르타바다로 이해됨으로써 유용하게 된다. 그러므로 확립된 사물에 대해 언급하는 우빠니샤드마저도 아르타바다에 지나지 않는다.

146_ 이셰 뜨바(iṣe tvā)="힘을 위하여 그대를 [나는 자르리라]." 베다 제의의 원형이라고 할 수 있는 다르샤뿌르나마사(Darśapūrṇamāsa) 제의를 시작할 경우에 나뭇가지, 풀 등을 가지고 오는데, 그때에 풀을 자르면서 외는 주문이다. 이 제의는 농경에서 기원한 것으로서 현세의 안녕과 행복, 욕망의 달성을 위해 초승달과 보름달이 뜰 때에 집행된다.

147_ 만뜨라(mantra)=베다 상히따(Saṃhitā)의 시편(詩篇)으로서 찬가 · 기도문 · 진언 · 주문 따위. 만뜨라는 제의 집행과 연관된 특정한 사물들을 상기하기 위한 목적을 가진다. <주석>에서처럼 우빠니샤드의 시편도 만뜨라라고 불린다.

148_ * '결국'(ato)이라는 표현은 Samata에만 추가로 등장한다.

다.[149] 만약 맥락의 차이에 대한 염려로 말미암아 이를 용인하지 않는다면, 여전히 [베단따들은] 자체 문장에 실린 '계속적 명상 등의 행위'를 의도한다.[150]

따라서 브라흐만은 성전을 원천(지식수단)으로 가지지 않는다.

이러한 귀결에서 [수뜨라 저자는] 말한다.

4. 하지만, [만약 브라흐만이 성전을 원천으로 가지지 않는다고 한다면], 그것(브라흐만)은 [오직 베단따 성전으로부터만 알려진다]; [베단따 문장들의] 조화 때문이다.[151]

tat tu samanvayāt ‖4‖

[후론]: '하지만'이라는 말은 전론(前論)을 배제하기 위해서이다. 그것은 즉 전지하고 전능하며 세계의 발생 · 유지 · 소멸에 대한 원인인 브라흐만은, 오직 베단따 성전으로부터만 알려진다.

어떻게? 조화 때문이다. 실로 모든 베단따들에서 문장들은 이 대상을 취지로 제시함으로써 어울리게 된다.[152] [그러한 문장들은] "얘야,

---

149_ 베단따(우빠니샤드)에 관한 밧따 미맘사 학파의 견해이다.

150_ 베다의 우빠니샤드 문헌은 브라흐마나 문헌과는 다른 주제, 다른 맥락을 가진다. 그래서 '맥락의 차이'(prakaraṇa-antara)가 있을 수 있다는 염려로 말미암아 바로 앞에서 제시된 견해를 용인하지 않을 수 있다. 그럼에도 우빠니샤드들은 여전히 그 자체의 문장들에서 계속적 명상 등과 같은 행위를 지향하고 있을 따름이다.

151_ 1장 1절의 1번 수뜨라부터 4번 수뜨라까지는 '4개 수뜨라'(catuḥsūtrī)라고 특별하게 불린다. 서문과 함께 4개의 수뜨라는 <주석>에서 가장 중요한 부분으로 알려져 있다. 샹까라의 제자인 빠드마빠다는 스승의 '서문'과 '4개의 수뜨라들에 대한 주석'에 대해 *Pañcapādikā*라는 복주석을 썼다.

152_ 모든 베단따 문장들은 브라흐만을 취지(tātparya)로 제시함으로써 조화(samanvaya)되기 때문에, 브라흐만은 오직 베단따 성전으로부터만 알려진다. 전통적으로 베단따 성전의 취지를 확정하는 데 필요한 6종류의 표징(liṅga)이

태초에 이것(세계)은 오직 존재였다. 유일무이한 것이었다."〈찬도 6.2.1〉, "실로 태초에 이것(세계)은 오직 하나의 아뜨만이었다."〈아이 1.1.1〉, "그러한 이 브라흐만은 앞선 것도 없고 뒤진 것도 없고, 안도 없고 바깥도 없다. 이 아뜨만은 모든 것을 지각하는 브라흐만이다."〈브리 2.5.19〉, "실로 그것은 불멸인 브라흐만이다. 앞쪽(동쪽)에 브라흐만이며"〈문다 2.2.11〉라는 등이다.

그리고 그것(문장)들에 담긴 말들이 브라흐만의 본질과 관계하여 조화된다고 확정적으로 알려지는 경우에 다른 의미를 가정하는 것은 합리적이지 않다. 계시된 것을 폐기하고 계시되지 않은 것을 가정하는 부조리한 결말이 생기기 때문이다.[153]

게다가 그것(문장)들은 행위주체 · 신격 등의[154] 본질을 제시하고자 하는 것으로 이해되지 않는다. "그러면, 무엇을 통해 무엇을 보아야 하겠습니까?"〈브리 2.4.14〉라는 등에서 행위 · 행위수단 · 행위결과를 부정하는 것이 계시되기 때문이다.[155] 더욱이 브라흐만은 확립된 사물

전해진다. 그것들은 ① 시작과 끝(upakrama-upasaṃhāra), ② 반복(abhyāsa), ③ 참신성(apūrvatā), ④ 결과(phala), ⑤ 아르타바다(arthavāda, 특히 '찬양'), ⑥ 논증(upapatti)이다. 이 모든 표징들을 통해서 우빠니샤드들이 유일무이한 브라흐만을 취지로 하고 있다는 것이 확정된다.

153_ 부조리한 결말(prasaṅga)=바람직하지 못한 엉뚱한 결말(결과). 논증에서 '부조리한 결말'이란, X가 아닌 ~X를 주장할 경우에 ~X라는 주장에 모순적 · 당착적 결론이 수반됨으로써 ~X는 거짓이고 X는 참이라고 간접적으로 증명되는 것을 가리킨다. 본문에서 주석가는 다음과 같이 논증을 펼친다: 만약 조화가 확정된 의미를 받아들이지 않고 다른 의미를 상상한다면, 그에 부수적으로 계시된 것을 폐기하고 계시되지 않은 것을 가정하는 부조리하고 배리적인 결말에 도달한다. 따라서 다른 의미를 상상해서는 안 되고 조화가 확정된 의미를 받아들여야 한다.

154_ * '신격 등의'(-devatādi-)라는 표현은 Samata에만 추가로 등장한다.

155_ 주관과 대상의 이원성이 지속되는 한 모든 행위(kriyā)가 발생하고 행위수단(kāraka)이 작동하고 행위결과(phala)가 산출된다. 하지만 그러한 이원성이 지양된 경우에는 "무엇을 통해 무엇을 보아야 하겠습니까?"라고 반문하는 것처

그 자체일 경우에도 지각 등의 대상이 아니다. 브라흐만이 곧 아뜨만이라는 것은 "그것이 너이다."〈찬도 6.8.7〉라는 성전이 없이는 알려지지 않기 때문이다.

한편, 거부할 수 있는 것도 수용할 수 있는 것도 없음으로 말미암아 가르침이 무용하다고 [주장한] 것에 관해서는, 그러한 결함이 없다. 실로 '거부할 수 있는 것도 수용할 수 있는 것도 없는(아닌) 브라흐만이 곧 아뜨만이라는 것'에 대한 직접적 앎으로부터, 모든 번뇌가 근절됨으로써 인간의 목표가 완성되기 때문이다.

그리고 신격 등을 제시하는 것이[156] 자체 문장에 실린 계속적 명상을 목적으로 하는 경우에도 아무런 문제가 없다.[157] 하지만 브라흐만이 그와 같이 '계속적 명상에 대한 명령'에 부차적이라는 것은 가능하지 않다. 유일성에서는 거부할 수 있는 것도 수용할 수 있는 것도 없음으로 말미암아 행위 · 행위수단 등 이원적 지식의 소멸이 가능하기 때문이다. 브라흐만이 계속적 명상에 대한 명령에 부차적이라고 간주하게끔 하는 이원적 지식은 실로 브라흐만의 유일성에 대한 지식을 통해 박멸되면 다시 발생하지 않는다. 비록 다른 곳에서[158] 베다 문장들이 명령과의 연관 없이 지식수단으로 알려지지 않는다고 할지라도, 아뜨만에 대한 지식은 결과로 종결되기 때문에 그것(지식)과 관계하는 성전의 진리성이 부정될 수는 없다.[159] 그리고 '다른 곳에서 알려지는 예시를 필

럼 행위와 관련된 것들도 완전히 지양된다.

156_ * Samata에 '제시하는 의도가'(-pratipādanaparasya)라는 표현이 등장하지만, Nirnaya에 따라 '의도가'(para)라는 말을 읽지 않는다.

157_ 우빠니샤드들에서 제시되는 신격 등이 계속적 명상을 목적으로 하는 경우에도 아무런 문제가 없다. 계속적 명상 또한 지식이라는 특정한 목적 하에 행해지고, 보다 중요한 것은 계속적 명상이 아니라 브라흐만 · 아뜨만의 유일성(ekatva)에 대한 지식이기 때문이다.

158_ 다른 곳에서=지식편이 아닌 행위편에서 즉 우빠니샤드가 아닌 브라흐마나에서.

요로 하는 추론'을 통해 성전의 진리성은 획득될 수 없다.[160] 따라서 브라흐만이 성전을 지식수단으로 가진다는 것이 정립된다.

이에 대하여 혹자들은 대립한다.

[이론]:[161] 비록 브라흐만이 성전을 지식수단으로 가질지라도, 브라흐만은 오직 '최종적 행위(의례)에 대한 명령'의 대상인 것으로서 성전에 의해 제시된다.[162] 제의의 말뚝, 아하바니야[163] 등이 세속적이지 않음에도[164] 명령에 부차적인 것으로서 성전에 의해 제시되듯이, 그와 마찬

159_ 우빠니샤드에서는 아뜨만에 대한 지식이 결과(phala) 즉 해탈로 종결되기 때문에, 우빠니샤드 자체의 맥락에서는 아뜨만에 대한 지식과 관계하는 성전의 진리성이 결코 부정될 수 없다.

160_ 추론에서 '연기가 있는 곳마다 불이 있다'라는 논거를 사용한다면 이 논거는 '아궁이의 연기와 불'과 같이 여러 예시를 통해 검증되어야 한다. 즉 추론은 다른 지식수단인 지각을 통해 알려지는 예시를 필요로 한다. 하지만 지식수단으로서의 성전은 그 진리성을 얻는 데 지각이든 추론이든 다른 지식수단을 필요로 하지 않는다.

161_ '이론'(異論)은 전론도 아니고 후론도 아닌 또 하나의 논의이다. 후론과 대립되거나 후론과 유사한 논의로서 후론이 정론으로 나아가는 데 중요한 역할을 한다. 전통적으로 우빠니샤드, <기따>, <수뜨라>에 관해 무수한 이론이 존재했다고 알려져 있다. 이론은 대개 매우 짧은 형태의 주석으로 간주된다. 주석가를 'bhāṣyakāra'라고 부르듯이, 이론을 주창하는 자를 'vṛttikāra'라고 부른다.

162_ 최종적 행위(pratipatti)=행위(의례)의 최종적이고 결론적인 부분, 또는 주된 행위에 대한 부차적인 행위. 베다 전체를 행위의 명령으로 간주하는 입장에서는 우빠니샤드 또한 행위의 연장선상에서 이해될 뿐이다. 브라흐마나에서는 주된 행위를 다루고, 우빠니샤드에서는 부차적이고 보조적인 행위를 다룬다. 달리 말해서, 우빠니샤드 즉 베단따(베다의 결론)에서 행위는 행위의 마무리와 관계되기 때문에 최종적이고 결론적이라고 할 수 있다. 계속적 명상은 이와 같이 행위의 최종적인 부분 또는 최종적 행위이다. 따라서 '최종적 행위(의례)에 대한 명령'이란 앞서 언급한 '계속적 명상에 대한 명령'과 다르지 않다. 여기서 주장하는 바는, 비록 브라흐만이 성전을 지식수단으로 가질지라도 '계속적 명상과 같은 행위'의 대상으로서만 제시될 뿐이라는 것이다.

163_ 제의의 말뚝(yūpa)=베다의 동물 희생제의에서 공물·제물을 묶을 때에 사용되는, 대나무 등으로 만들어진 말뚝. 아하바니야(āhavanīya)=베다의 제의에 사용되는 것이자 뜨레따(tretā)라고 통칭되는 3가지 신성한 불 중의 하나.

164_ 세속적이지 않음에도=브라흐만처럼 세속 또는 일상에서 알려지지 않음에도.

가지이다.

어찌하여 그러한가?[165] 성전은 행위 촉구와 행위 억제[166]를 목적으로 하기 때문이다. 그러한 증거로서, 성전의 취지에 정통한 자들[167]은 차례로 언급한다.[168] "실로 그것(베다)의 목적은 행위(의례)에 대한 앎이라고 알려진다."〈미맘사-바 1.1.1〉, "신성한 명령이란 행위를 촉발시키는 진술이다."〈미맘사-바 1.1.2〉, "그것(다르마)에 대한 지식의 [수단은] 교시(명령)이다."〈미맘사-수 1.1.5〉, "[문장에서는] 그러한 존재하는 것들을 [지시하는 말들이] 행위를 의도하는 [말과] 나란히 놓인다."〈미맘사-수 1.1.25〉, "성전은 행위를 의도하기 때문에 그것을 의도하지 않는 것들은 무용하다."〈미맘사-수 1.2.1〉에서이다. 결국 사람에게 어떤 특정한 대상과 관계하여 행위를 촉구하고 다른 특정한 대상으로부터 행위를 억제함으로써 성전은 유용하다. 또한 '다른 것'은[169] 그것(명령)에 부차적인 것으로서 유익하다.

베단따들 역시 그것(다른 것)과의 유사성으로 말미암아 바로 그와 같이 유용(유익)할 수 있다.[170] 그리고 [베단따들이] 명령을 의도하는 경우

165_ 어찌하여 브라흐만은 명령에 부차적인 것인가?

166_ '행위 촉구'(pravṛtti)와 '행위 억제'(nivṛtti)는 각각 '행위를 지향하는 것'과 '행위를 지양하는 것'이다. 이는 각각 세속적인 활동을 추구하는 경향과 탈속적인 관조를 추구하는 경향이다.

167_ <미맘사-수>의 저자인 자이미니(Jaimini)와 <미맘사-바>의 저자인 샤바라스바민(Śabara Svāmin)을 가리킨다.

168_ * Samata에 'śāstratātparyavidām anukramaṇam'(성전의 취지에 정통한 자들은 차례로 언급한다)라는 표현이 등장하는 것과 달리, Nirnaya에는 'śāstratātparyavida āhuḥ'(성전의 취지에 정통한 자들은 말한다)라는 표현이 등장한다.

169_ 다른 것은=아르타바다(의미진술) 등처럼 명령과 직접적으로 관계되지 않는 베다의 다른 모든 문장들은.

170_ 베단따 문장들 역시 '그것' 즉 '명령과 직접적으로 관계되지 않는 베다의 다른 모든 문장들'과 유사하기 때문에, 바로 '그와 같이' 즉 '그것(명령)에 부차적인 것으로서' 의의를 가질 수 있다.

에, 천국 등에 대한 욕망을 가진 자에게 아그니호뜨라 등의 수단이 명령되듯이, 마찬가지로 불멸성에 대한 욕망을 가진 자에게 브라흐만에 대한 지식이 명령된다는 것은 합리적이다.

[반박]: 이 경우에, [베다의] 행위편(行爲篇)에는 '존재할 것'으로서 다르마가 탐구대상인 반면에 이곳에서는[171] '존재하는 것'으로서 영원히 완전한 브라흐만이 탐구대상이라고, 탐구대상의 차이점을 언급했지 않는가? 이러한 사정에서 브라흐만에 대한 지식의 결과는 실행에 의존하는 '다르마에 대한 지식'의 결과와 상이해야만 한다.[172]

[이론]: 그와 같을 수는 없다. 오직 행위에 대한 명령과 결합된 브라흐만이 제시되기 때문이다. "여보 [마이뜨레이여], 실로 아뜨만을 보아야만 하고"〈브리 2.4.5〉, "아뜨만은 죄악으로부터 자유롭고 … 그것을 추구해야만 하고, 그것을 탐구해야만 한다."〈찬도 8.7.1〉, "오직 아뜨만이라고 계속 명상해야 한다."〈브리 1.4.7〉, "오직 아뜨만을 [그 자신의] 세계로 계속 명상해야 한다."〈브리 1.4.15〉, "브라흐만 자체가 되려는 자는 브라흐만을 알아야 한다."〈문다 3.2.9〉[173]라는 등의 명령들이 있는 경우, '이 아뜨만은 무엇인가?', '그 브라흐만은 무엇인가?'라는 질의에 대하여 '브라흐만(아뜨만)은 영원하고 전지하며 편재(遍在)하고 영원히 자족(自足)하며 본질적으로 영원 · 순수 · 자각 · 자유이고 지식

171_ 이곳에서는=지식편인 우빠니샤드에서는.

172_ 후론자의 논박이다. 탐구대상이 상이하면 탐구를 통해 얻는 지식의 결과 또한 상이하다. 베다의 행위편에서 탐구대상은 다르마이고 그 지식의 결과는 실행(anuṣṭhāna)에 의존하는 천국(svarga) 등이다. 베다의 지식편(우빠니샤드)에서 탐구대상은 브라흐만이고 그 지식의 결과는 실행과 전혀 무관한 해탈이다.

173_ <문다 3.2.9>의 원문은 'brahma veda brahmaiva bhavati'이다. 원문을 직역하면 "브라흐만을 아는 자는 브라흐만 자체가 된다."이다. 하지만 이론자는 이 원문을 명령과 결합된 것으로서 인용하므로 "브라흐만 자체가 되려는 자는 브라흐만을 알아야 한다."라며 명령을 의도하는 문장으로 그릇되게 이해할 것이다.

이며 환희이다.'라고 이렇게 운운하는 모든 베단따들은 그것(브라흐만)의 본질을 제시함으로써 유익해진다. 그리고 그것(브라흐만)에 대한 계속적 명상으로부터 '성전을 통해 알려지지만 [다른 지식수단을 통해] 알려지지 않는 해탈'이라는 결과가 가능하다. 반면에 베단따 문장들이 '행해야만 하는 것'에 대한 명령에 해당되지 않는 경우에는 즉 사물 자체에 대한 진술인 경우에는, 거부와 수용이 불가능함으로 말미암아 '지구는 일곱 개의 섬들로 이루어진다.', '그 왕은 간다.'라는 등의 문장처럼 한갓 무용해지고 말 것이다.[174]

[반박]: 비록 사물 자체에 대한 진술일지라도, '이것은 밧줄일 뿐, 이것은 뱀이 아니다.'라는 등의 경우에 착오에 의해 발생한 [뱀에 대한] 두려움이 파기됨으로써 유용함이 알려지고, 마찬가지로 이 경우에도[175] '윤회를 겪지 않는 아뜨만'이라는 사물에 대한 진술을 통해 '윤회하는 자'라는 착오가 파기됨으로써 유용함이 있지 않겠는가?

[이론]: 만약 '뱀이라는 착오'가 단지 '밧줄의 본질에 대한 듣기'를 통해 파기되듯이 '윤회하는 자라는 착오'가 단지 '브라흐만의 본질에 대한 듣기'를 통해 파기된다면, 그건 그럴 수도 있다. 하지만 [단지 듣기를 통해] 파기되지는 않는다. 심지어 브라흐만에 대해 들은 자에게서 즐거움·괴로움 등 윤회하는 자의 특성들을 예전대로 보기 때문이다. 또한 "들어야만 하고 숙고해야만 하고 깊이 명상해야만 합니다."〈브리 2.4.5〉라며 듣기 이후의 시간에 숙고하기와 명상하기(깊게 명상하기)[176]

174_ '거부와 수용'(hānopādāna)이 불가능하다는 것은, '거부할 수 있는 것'(heya)과 '수용할 수 있는 것'(upādeya)이 없음으로써 '해서는 안 되는' 금지(명령)와 '해야만 하는' 명령이 불가능하다는 뜻이다. 이론자에 따르면, 베단따 문장들이 사물에 대한 진술 즉 사실적 진술일 뿐이라고 주장할 경우에는 이와 같이 거부와 수용이 불가능함으로 말미암아 단지 무용할 뿐이다.

175_ 이 경우에도=베단따 문장들의 경우에도.

176_ <브리 2.4.5>에서 명시된 듣기(śravaṇa)·숙고하기(manana)·명상하기

에 대한 명령을 보기 때문이다. 따라서 브라흐만은 오직 '최종적 행위(의례)에 대한 명령'의 대상인 것으로서 성전을 지식수단으로 가진다고 용인되어야만 한다.

이에 대하여 말한다.

[후론]: 아니다. 행위(다르마)에 대한 지식과 브라흐만에 대한 지식의 결과가 상이하기 때문이다.

육체적 · 언어적 · 심리적 행위는 계시서와 전승서(傳承書)에 의해 확립된 것이고, '다르마'라고 불리며, 그것을 대상으로 하는 탐구욕이 "이제 이로부터, 다르마에 대한 탐구욕이 [나아간다]."〈미맘사-수 1.1.1〉라는 수뜨라에서 언급된다. 살생 등의 '다르마가 아닌 것'마저 금지의 신성한 명령을 특징으로 하기 때문에 [그 자체는] 회피하기 위한 탐구 대상이다. 신성한 명령을 특징으로 하는 이러한 선(善)으로서 '다르마'와 악(惡)으로서 '다르마가 아닌 것'의 결과이자 지각 가능한 행복과 불행은, 오직 육체 · 언어 · 마음에 의해 향유되고 대상과 감관의 접촉에 의해 생기며, 브라흐마에서 시작하여 비(非)동물에 이르기까지[177] 잘

(nididhyāsana)는 베단따 수행법의 근간이라고 할 만하다. 첫 번째인 듣기란 '브라흐만 · 아뜨만의 본질'과 '개별자아와 아뜨만의 동일성'에 대한 베단따의 가르침을 성전으로부터 또는 스승으로부터 듣는 것이다. 두 번째인 숙고하기란 이미 들은 것들에 대하여 베단따의 가르침과 어긋나지 않는 범위 내에서 그 타당성을 끊임없이 생각하고 확신에 도달하는 것이다. 세 번째인 명상하기란 듣기와 숙고하기를 통해 성립된 확신을 바탕으로 하여 유일무이한 아뜨만에 지속적으로 몰두하는 것이다. 후대 베단따에서 하위 학파인 비바라나(Vivaraṇa) 학파는 듣기를 통해 직접적 지식을 얻을 수 있다는 입장을 보이고 바마띠(Bhāmatī) 학파는 반드시 명상하기(또는 삼매)에까지 이르러야 직접적 지식을 얻을 수 있다는 입장을 보인다.

177_ 브라흐마에서 시작하여 비(非)동물에 이르기까지=창조주인 브라흐마(Brahmā) 신에서 시작하여 여러 신격들, 인간들, 동물들, 그리고 '비(非)동물'(sthāvara)인 식물과 광물에 이르기까지. 'sthāvara'라는 말은 동물의 반대말이기 때문에 고정된 채로 움직임이 없는 식물과 광물을 모두 포함한다.

알려져 있다. [그리고] 성전에서는 인류로부터 시작하여 브라흐마에 이르는 육화된 자들이 행복의 단계를 가진다고 전한다. 또한 이로부터 '그것(행복의 단계)의 원인인 다르마'마저 단계를 가진다고 알려진다. 다르마의 단계로부터 자격자(資格者)의 단계가 [알려진다]. 그리고 자격자의 단계는 열망 · 능력 · 지성[178] 등에 의해 야기된다고 잘 알려져 있다. 이와 같은 연관에서 오직 제의 등을 실행하는 자들만이 탁월한 '명상적 지식[179]과 삼매'를 통해 북쪽 길로 가고, 단순히 사익(私益) · 공익(公益) · 자선(慈善)[180]이라는 수단들을 통해서는 연기 등의 순서에 따라 남쪽 길로 간다. 이 경우에도 "남은 기간까지 [그곳에서] 머문 다음"〈찬도 5.10.5〉이라는 이러한 성전으로부터 '행복의 단계'와 '그것(행복)의 수단의 단계'가 알려진다.[181] 또한 인간에서 시작하여 지옥인(地獄人)과[182] 비(非)동물에 이르기까지 단계적으로 존재하는 '소량의 행복'은 신성한 명령을 특징으로 하는 다르마의 결과 그 자체라고 알려진다. 마찬가지로 고등하고 저등한 육화된 자들이 불행의 단계를 가진다는

178_ * '지성'(-vidvattā-)이라는 표현은 Samata에만 추가로 등장한다.

179_ 명상적 지식(vidyā)=계속적 명상.

180_ 사익(iṣṭa)=아그니호뜨라 등의 의례나 금욕 등과 같이 개인적인 이익을 위한 행위. 공익(pūrta)=우물, 저수지, 휴게소, 사원 등의 설립과 같이 타인의 이익 즉 공공복지를 위한 행위. 자선(datta)=자애, 보시, 약자 보호 등과 같이 자신의 능력에 따라 남에게 베푸는 행위.

181_ <찬도 5.10.1-6>에 따르면, 북쪽 길은 신의 길이며 남쪽 길은 조상의 길이다. 북쪽 길을 통과한 사자(死者)는 최종적으로 브라흐만 세상에서 거주한다. 반면 남쪽 길로 가는 사자는 연기 등을 거쳐 마지막으로 달에 이르러 그곳에 거주한다. 그리고 달에서 전생의 공덕에 합당한 기간을 보내다가 재생하게 된다. 본문에서 '이 경우'란 '남쪽 길의 경우'이다. '남은 기간까지 [그곳에서] 머문'다는 것은, 전생의 공덕을 소비하는 데 걸리는 시간까지 달에서 머문다는 의미이다. 달에서 머무르는 기간의 차이는 달에서 누리는 행복의 단계(tāratamya)를 암시하고, 그 행복의 단계는 또 전생에서 공덕을 실현하기 위해 노력했던 수단(sādhana)의 단계를 암시한다.

182_ * '지옥인'(nāraka-)이라는 표현은 Nirnaya에만 추가로 등장한다.

것을 보기 때문에, 그것(불행의 단계)의 원인이자 금지의 신성한 명령을 특징으로 하는 '다르마가 아닌 것'의 단계와 또 그것(다르마가 아닌 것)을 실행하는 자들의 단계가 알려진다.

이와 같이 무지 등의 결점[183]을 가진 자들에게는 다르마와 다르마가 아닌 것의 단계에 따라 기인하고 육체를 원인으로 앞세우는[184] '행복과 불행의 단계'가 무상한 윤회의 형태라고, 계시서 · 전승서 · 논리로부터 잘 알려져 있다. 또한 그와 같이 계시서는 [앞서] 묘사된 바대로, "실로 육화된 자로 존재하는 동안에 호감(즐거움)과 반감(괴로움)의 제거가 있을 수 없지만"〈찬도 8.12.1〉이라며 윤회의 형태를 말한다. "호감과 반감은 육화(肉化)를 탈피하여 존재하는 자에게 결코 접촉하지 않는다."〈찬도 8.12.1〉라며 호감과 반감의 접촉을 부정하기 때문에, '해탈'이라고 불리는 탈(脫)육화 상태[185]는 '신성한 명령을 특징으로 하는 다르마의 결과'가 아니라고 알려진다. 왜냐하면 [탈육화 상태가] 다르마의 결과일 경우에 [탈육화 상태와] 호감과 반감의 접촉을 부정하는 것은 부당하기 때문이다.[186]

183_ '무지 등의 결점'(avidyādi-doṣa)이라는 표현은 흔히 주석가가 고전 요가의 영향을 받았다는 증거로 받아들여진다. 인식론적인 무지를 물질적 실체로 간주하기도 하는 후대 학자들은 주석가의 이러한 표현을 이어받지 않는다. 그리고 후대 학자들이 '무지 등'이라고 표현하는 것은 대개 '무지와 그 결과'라는 뜻이다.

184_ 육체를 원인으로 앞세우는='육체를 가지는 탄생' 이후부터 작동하기 시작하는.

185_ 탈육화 상태(aśarīratva)=글자 그대로 육체를 벗어나는 상태를 가리킨다. 베단따에서 해탈의 정의로 사용되는 이 말은 '육체를 가지지 않음'이 아니라 '아뜨만이 육체와 관계를 가지지 않음'이다. 따라서 이것은 '육체와의 관계로부터 벗어난 상태'를 의미한다.

186_ <찬도 8.12.1>에서 탈육화 상태와 호감 · 반감(즐거움 · 괴로움)의 접촉이 부정되기 때문에, 탈육화 상태는 다르마의 결과가 아니라고 알려진다. 그런데 만약 탈육화 상태가 다르마의 결과라면, 탈육화 상태와 호감 · 반감의 접촉을 부정하는 계시서의 문장은 부당하게 된다. 계시서가 부당하게 되는 것은 부조리

[이론]: 실로 탈육화 상태란 다르마의 결과이다.

[후론]: 아니다. 그것은 본유적(本有的)이기 때문이다.[187] "육체들 속에서 탈육화하는 것으로, 지속하지 않는 것들 속에서 지속하는 것으로, 광대(廣大)하고 편재하는 것으로 아뜨만을 숙고한 뒤에 현자는 슬퍼하지 않는다."〈까타 2.22〉, "[뿌루샤는] … 실로 생기가 없고 마음이 없으며 순수하고"〈문다 2.1.2〉, "왜냐하면 이 뿌루샤는 집착이 없기 때문입니다."〈브리 4.3.15〉라는 등이 계시되기 때문이다. 바로 이로부터, 실행해야만 하는 행위의 결과와는 상이한 것으로서 '해탈'이라고 불리는 탈육화 상태는 '영원'이라고 확립된다.

그것(영원) 가운데 어떤 것은, 그것이 변화하는 경우에도 '바로 그것이 이것이다'라는 관념이 사라지지 않는, '전변적(轉變的) 영원'이다.[188] 예컨대, '세계 영원론자'들의 흙 등이다.[189] 또한 예컨대, 상크야 학자들의 구나들이다.[190] 반면에 이것(탈육화 상태)은 실재적인 것인 '불변적 영원'[191]으로서, 대기(大氣)처럼 편재하고 모든 변화를 결여하며 영원히

한 결말이기 때문에 탈육화 상태는 다르마의 결과가 아니다.

187_ 탈육화 상태는 브라흐만 · 아뜨만의 본질 그 자체이기 때문이다.

188_ 영원(nitya) 가운데 '전변적 영원'(pariṇāmi-nitya)이란, 어떤 것이 변화를 겪을지라도 변화를 겪는 '그것'이 바로 동일성을 유지하는 '이것'이라고 알 수 있을 만큼, 동일성의 관념이 사라지지 않고 남는 경우에 '이것'이 가지는 특징이다.

189_ '세계 영원론자'(jagannityatva-vādin)란 바이셰쉬까 학자들을 가리킨다. 그들에 따르면 흙 · 물 · 불 · 공기라는 4원소는 원자로 구성되어 있다. 그래서 흙 등의 원소들은 그 자체적 측면에서는 영원하지 않지만 원자의 측면에서는 영원하다.

190_ 상크야 학파의 3구나(guṇa)인 삿뜨바(sattva), 라자스(rajas), 따마스(tamas)는 물질적 실재인 쁘라끄리띠(Prakṛti)를 구성하는 속성들이다. 쁘라끄리띠로부터 여러 전개물들이 전변되는 경우에 구나들도 전변(변화)을 겪지만 구나는 본질적으로 쁘라끄리띠처럼 영원히 존재한다.

191_ 실재적인 것(pāramārthika)=실재(paramārtha)인 아뜨만과 관련되는 것. 불변적 영원(kūṭastha-nitya)=그 어떤 변화도 겪지 않는 영원. '불변적'(kūṭastha)이

자족하고 부분이 없으며 자기조명(自己照明)[192]을 본질로 한다. 다르마와 다르마가 아닌 것들, 그 각각의 결과, 그리고 3가지 시간들[193]이 들어맞지 않는 경우에, 그것이 이 탈육화 상태로서 '해탈'이라고 불린다. "'다르마'와는 다른 것이라고 '다르마가 아닌 것'과는 다른 것이라고, 이러한 '행한 것'과 '행하지 않은 것'과는 다른 것이라고, 또한 '있었던 것'(과거)과 '있어야 할 것'(미래)과도 다른 것이라고"〈까타 2.14〉라는 등이 계시되기 때문이다. 따라서 이것(해탈)은 이 탐구욕이 시작되게끔 하는 브라흐만이다. 만약 그것(브라흐만)이 '행해야만 하는 것'에 부차적이라고 가르친다면, 또 만약 그 행해야만 하는 것의 결과가 해탈이라고 용인한다면, [해탈은] 한갓 무상할 것이다. 그래서 이와 같을 경우에,[194] 언급한 바대로 '단계에 배치되고 무상한 바로 그 행위의 결과들' 가운데 그 어떤 탁월한 것이 해탈이라는 부조리한 결말이 생길 것이다.[195] 하지만 모든 해탈론자들은 해탈이 영원하다고 용인한다. 따라서 브라흐만에 대한 가르침이 '행해야만 하는 것'에 부차적이라는 것은 합리적이지 않다.

더 나아가 "브라흐만을 아는 자는 브라흐만 자체가 된다."〈문다 3.2.9〉, "지고한 것(원인)이자 지고하지 않은 것(결과)인 그것(아뜨만)이 보일 때, 마음의 매듭이 끊기고 모든 의심들이 풀리며, 또한 그의 행위들이 소멸된다."〈문다 2.2.8〉, "그 브라흐만의 환희를 아는 자는 아무

라는 용어는 쇠망치(kūṭa)로 쇳덩이를 내려칠 때에 쇳덩이는 변화하지만 쇠망치는 변화하지 않는 것에서 기원한다고 전해진다. '쇠망치와 같은 상태인 것은 불변'(kūṭavat tiṣṭhatīti kūṭastha)하는 것에 다름 아니다.

192_ '자기조명'의 원어는 'svayaṃjyotis'이다.

193_ 3가지 시간들(kālatraya)=과거 · 현재 · 미래의 시간.

194_ 이와 같을 경우에=해탈이 한갓 무상할 경우에.

195_ 영원한 해탈을 무상하다고 간주할 경우에, 해탈이 행위의 결과들 가운데 어떤 탁월한 것이라는 '부조리한 결말이 생길 것'(prasajyeta)이기 때문에, 해탈은 무상하지 않고 영원하다.

것도 두려워하지 않으리라."〈따잇 2.9.1〉, "자나까여, 당신은 실로 두려움이 없음에 도달했습니다."〈브리 4.2.4〉, "그(브라흐만)는 '나는 브라흐만이다'라며 오직 자신만을 알고 있었다. 그로부터 그는 모든 것이 되었다."〈브리 1.4.10〉, "그 경우에 [아뜨만의] 유일성을 바라다보는 자에게 무슨 미혹이 있겠고 무슨 슬픔이 있겠는가!"〈이샤 7〉라고 이렇게 운운하는 계시들은 오직 브라흐만에 대한 지식에 연속하는 해탈을 보여줌으로써 [지식과 해탈] 사이에 다른 행위를 부인한다.[196] 마찬가지로 "실로 그러한 그것을 봄으로써(직관함으로써) 성자 바마데바는 '나는 마누[197]였고 또 태양이었다.'라고 알게 되었다."〈브리 1.4.10〉라는 [계시도], '브라흐만을 보는(직관하는) 것'과 '모든 것을 아뜨만으로 하게 되는 것'[198] 사이에 '행해야만 하는 다른 것'을 부인하기 위해 예시되어야만 한다. 예컨대, '그는 서 있으면서 노래한다'에서 '서 있다'와 '노래한다' 사이에는 '그'를 행위주체로 하는 다른 행위가 없다고 알려진다. 또한 "당신은 정녕 무지를 넘어서 피안으로 우리들을 건너게끔 하는 우리들의 아버지이십니다."〈쁘라 6.8〉, "저는 실로 당신과 같은 분들로부터 아뜨만을 아는 자가 슬픔을 건넌다고 들었을 따름입니다. 존경스러운 이여, 제가 슬퍼하는 그 자입니다. 당신께서 이러한 저를 슬픔의 피안으로 건너게 해주십시오."〈찬도 7.1.3〉, "더러움을 닦아낸

196_ 수많은 계시서들은 브라흐만에 대한 지식에 '곧 이어서'(anantaram) 즉 '시간적 간격이 없이' 해탈이 있음을 보여줌으로써, 지식과 해탈의 사이(중간)에 그 어떤 행위가 개입하는 것도 부정한다.

197_ 마누(manu)=대표적 인간 혹은 인류의 아버지. 일 겁(kalpa)은 14명의 마누가 통치하는 14개의 만반따라(manvantara, 마누의 통치 기간)로 이루어진다. 각각의 마누는 자신과 관계하는 신격, 인드라, 성자 등을 가진다. 현재의 만반따라를 통치하는 마누는 7번째 마누인 바이바스바따(Vaivasvata)이다.

198_ '브라흐만을 보는 것 또는 아는 것'(brahma-darśana)은 브라흐만에 대한 지식이다. '모든 것을 아뜨만으로 하게 되는 것'(sarvātma-bhāva)은 곧 해탈이다.

그에게, 존경스러운 사나뜨꾸마라는 무명(無明)의 피안을 보여주었다."〈찬도 7.26.2〉라고 이렇게 운운하는 계시들은 아뜨만에 대한 지식의 결과가 오직 해탈의 장애를 파기하는 것 그 자체임을 보여준다. 또한 마찬가지로 대(大)스승[199]이 저술했고 논리가 뒷받침하는 수뜨라는 "고통, 탄생, 행동, 결점, 거짓된 지식의 [연쇄에서] 각각 뒤의 것이 사라지는 경우에 그 바로 앞의 것이 사라짐으로 말미암아 지고선(해방)이 [있다]."[200]〈느야야-수 1.1.2〉라고 한다. 그리고 거짓된 지식이 사라지는 것은 브라흐만과 아뜨만의 동일성에 대한 지식으로부터 초래된다.[201]

또한 브라흐만과 아뜨만의 동일성에 대한 이 지식은 '결합하기'의 형태가 아니다. 예컨대, "실로 마음은 무한이고, 모든 신격들은 무한입니다. 이를 통해 그는 바로 무한인 세계를 쟁취합니다."〈브리 3.1.9〉에서이다.[202] 그리고 [이 지식은] '덧놓기'의 형태가 아니다. 예컨대, "'마

199_ 대스승(ācārya)이란 〈느야야-수〉를 저술한 가우따마(Gautama)를 가리킨다.

200_ '고통, 탄생, 행동, 결점, 거짓된 지식'이라는 연쇄에서 각각 뒤의 것은 앞의 것의 원인이므로, 각각 '뒤의 것'(원인)이 사라지는 경우에 각각 '앞의 것'(결과)도 사라짐으로 말미암아, 최종적으로 고통이 사라지는 상태 즉 지고선(apavarga)이 가능하게 된다.

201_ 거짓된 지식이 사라지는 것은 느야야 학파에서 '실재에 대한 지식'(tattva-jñāna)을 통해 가능하고, 베단따 학파에서 '브라흐만과 아뜨만의 동일성에 대한 지식'(brahmātmaikatva-vijñāna)을 통해 가능하다.

202_ 결합하기(saṃpad)=열등한 것과 우등한 것 사이의 유사성을 통해 열등한 것에 우등한 것을 상상적으로 결합하는 계속적 명상의 일종으로서 주된 명상의 대상은 우등한 것이다. 인용 문장에서 살펴지듯이 열등한 '마음'과 우등한 '신격들' 사이에는 무한(ananta)이라는 유사성이 존재한다. 즉 마음의 변형이 무한히 확장되는 것은 마치 신격들이 무한한 것과 유사해 보인다. 이러한 유사성을 통해 마음에 신격들을 상상적으로 결합함으로써, 명상(집중)의 주된 대상은 우등한 것인 상상된 신격들이 되고 부차적 대상은 마음이 된다. 이와 마찬가지로 브라흐만과 아뜨만(개별자아)의 경우에도 양자가 '의식'이라는 것을 유사성으로 가짐으로 말미암아, 아뜨만에 브라흐만을 상상적으로 결합함으로써 명상의 주된 대상은 브라흐만이 되고 부차적 대상은 아뜨만이 될 수 있다. 하지만 브라

음은 브라흐만이다'라고 계속 명상해야 한다."〈찬도 3.18.1〉, "'태양은 브라흐만이다'라는 것이 교훈이다."〈찬도 3.19.1〉에서는 마음, 태양 등에 브라흐만에 대한 심상을 덧놓는다.[203] 게다가 [이 지식은], "공기는 실로 '흡수하는 것'입니다."〈찬도 4.3.1〉, "생기는 실로 '흡수하는 것'입니다."〈찬도 4.3.3〉에서와 같이, '특정한 행위와 연계하기'에 의해 기인하지 않는다.[204] 더욱이 [이 지식은] '버터 쳐다보기' 등의 행위(의례)와 같이, 행위에 종속되는 '정화하기'의 형태가 아니다.[205]

흐만과 아뜨만의 동일성에 대한 지식은 결코 이와 같은 결합하기의 형태가 아니다.

203_ 덧놓기(adhyāsa)=열등한 것에 우등한 것을 상상적으로 덧놓는 계속적 명상의 일종으로서 주된 명상의 대상은 열등한 것이다. 인용 문장에서 살펴지듯이 열등한 것인 마음이나 태양에 우등한 것인 브라흐만의 심상을 덧놓는다. 하지만 '결합하기'에서와 달리 명상(집중)의 주된 대상은 열등한 것인 마음이나 태양이고 부차적 대상이 덧놓인(상상된) 브라흐만이다. 이와 마찬가지로 브라흐만과 아뜨만(개별자아)의 경우에도 아뜨만에 브라흐만을 상상적으로 덧놓음으로써 명상의 주된 대상은 아뜨만이 되고 부차적 대상은 브라흐만이 될 수 있다. 하지만 브라흐만과 아뜨만의 동일성에 대한 지식은 결코 이와 같은 덧놓기의 형태가 아니다.

204_ 특정한 행위와 연계하기(viśiṣṭa-kriyā-yoga)=상호 구별되는 대상들이 특정한 행위를 공통적으로 가짐으로 말미암아 동일성의 형태로 연계되는 계속적 명상의 일종이다. 인용 문장에서 살펴지듯이 공기(vāyu)는 신격적인(대우주적인) 측면에서 '흡수하는 것'(saṃvarga)이다. 왜냐하면 공기는 해체의 시간에 불, 물, 흙을 파괴한 다음 그것들을 공기 자체로 만들어버리기 때문이다. 다른 한편, 공기와 구별되는 것인 생기(prāṇa)는 인격적인(소우주적인) 측면에서 '흡수하는 것'이다. 왜냐하면 죽음(잠)의 시간에 여러 감관들이 생기에 합병되기 때문이다. 따라서 신격적인 측면과 인격적인 측면에서 상호 구별되는 공기와 생기는 '흡수'라는 특정한 행위의 공통성으로 말미암아 상징적인 동일성의 형태로 상호 연계되면서 명상된다. 이와 마찬가지로 브라흐만과 아뜨만(개별자아)의 경우에도 '성장'이라는 특정한 행위의 공통성으로 말미암아 상호 연계가 있을 수 있다. 하지만 브라흐만과 아뜨만의 동일성에 대한 지식은 결코 이와 같은 특정한 행위와 연계하기에 의해 기인하지 않는다.

205_ 정화하기(saṃskāra)=특정한 행위(의례)를 통하여 누군가가 불순·오염·죄악으로부터 자유롭게 되는 것. 예를 들어 특정한 제의에서는 버터를 쳐다보는 행위로 말미암아 제의와 관련된 누군가가 정화된다. 이와 마찬가지로 브라흐만

브라흐만과 아뜨만의 동일성에 대한 지식이 실로 '결합하기' 등의 형태라고 용인되는 경우, "그것이 너이다."〈찬도 6.8.7〉, "나는 브라흐만이다."〈브리 1.4.10〉,[206] "이 아뜨만은 … 브라흐만이다."〈브리 2.5.19〉라고 이렇게 운운하는 문장들에서 '브라흐만과 아뜨만의 동일성'이라는 사실을 제시하려고 의도하는 '말의 [의미적] 조화'는 침해당하고 말 것이다. 또한 "마음의 매듭이 끊기고 모든 의심들이 풀리며"〈문다 2.2.8〉라고 이렇게 운운하면서 무지의 파기라는 결과를 계시하는 [문장들이] 교란되고 말 것이다. 그리고 '결합하기' 등의 형태인 경우에는, "브라흐만을 아는 자는 브라흐만 자체가 된다."〈문다 3.2.9〉라며 그(브라흐만) 상태를 획득하는 것에 대해 이렇게 운운하는 글귀들이 틀림없이 합당하지 않을 것이다. 따라서 브라흐만과 아뜨만의 동일성에 대한 지식은 '결합하기' 등의 형태가 아니다.

이로부터 브라흐만에 대한 지식은 사람의 활동에 의존하지 않는다.[207]

[이론]: 그렇다면 무엇에 의존하는가?

과 아뜨만(개별자아)의 경우에도 '브라흐만을 대상으로 명상하는 행위'를 통해 명상의 주체인 아뜨만이 정화될 수 있다. 하지만 브라흐만과 아뜨만의 동일성에 대한 지식은 결코 이와 같은 정화하기의 형태가 아니다.

206_ 이러한 것들은 베단따(우빠니샤드)의 문장들 가운데 개별자아(아뜨만)와 브라흐만의 동일성을 교훈함으로써 특별히 '위대한 문장'(mahāvākya)이라고 불린다. 12가지의 위대한 문장을 말하는 저작들도 있지만, 주로 4가지가 널리 알려져 있다: ① '그것이 너이다.'(tat tvam asi), ② '나는 브라흐만이다.'(ahaṃ brahmāsmi), ③ '이 아뜨만은 브라흐만이다.'(ayam ātmā brahma), ④ '앎(지성)은 브라흐만이다.'(prajñānaṃ brahma). 이러한 4가지의 위대한 문장들은 4종류의 베다에 하나씩 소속된다. ①은 *Sāma-veda*에 소속된 <찬도 6.8.7>, ②는 *Yajur-veda*에 소속된 <브리 1.4.10>, ③은 *Atharva-veda*에 소속된 <만두 2>, ④는 *Ṛg-veda*에 소속된 <아이 3.3>에서 각각 등장하는 문장이다.

207_ 브라흐만에 대한 지식은 계속적 명상, 행위 등 사람의 활동에 의존하지 않는다. 결합하기, 덧놓기, 특정한 행위와 연계하기는 계속적 명상에 속하고, 정화하기는 행위에 속한다.

[후론]: 지각 등의 지식수단과 관계하는 사물에 대한 지식처럼, 사물에 의존할 뿐이다. 그 어떠한 추리로도 이러한 연관을 가지는 브라흐만과 또 그것(브라흐만)에 대한 지식이 행위에 해당된다고 추정할 수는 없다. 또한 브라흐만이 '앎이라는 행위'의 대상으로서 행위에 해당된다고 [추정할 수도] 없다. "그것(브라흐만)은 실로 알려진 것과는 다르고 또 알려지지 않은 것과도 상이하다."[208]〈께나 1.4〉라며, 또 "이 모든 것을 알게끔 하는 [바로] 그것을, 무엇을 통해 알아야 하겠습니까?"〈브리 2.4.14〉라며 [브라흐만이] '앎이라는 행위'의 대상이라는 것을 부정하기 때문이다. 마찬가지로 [브라흐만이] 심지어 '명상이라는 행위'의 대상이라는 것도 부정한다. [계시서는] "그 무엇은 언어에 의해 표현되지 않으리라. 그 무엇에 의해 언어가 표현되리라."〈께나 1.5〉라며 브라흐만이 대상이 아니라는 것을 지적한 뒤에, "바로 그것이 브라흐만임을 그대는 알도록 하라. [사람들이] '이것'이라고 계속 명상하는 것은 [브라흐만이] 아니니라."〈께나 1.5〉라고 한다.

[이론]: 브라흐만이 대상이 아닌 경우에 성전을 원천(지식수단)으로 가지는 것은 부당하다.

[후론]: 아니다. 성전은 무지에 의해 상상된 차이의 파기를 의도하기 때문이다. 실로 성전은 '이것'으로 [지시되는] 대상적 존재로서의 브라흐만을 제시하고자 하지 않는다.[209]

[이론]: 그렇다면 무엇을 제시하고자 하는가?

[후론]: 내재적 아뜨만으로서 대상이 아닌 [브라흐만을] 제시함으로써

208_ '알려진 것'(vidita)은 결과를 가리키고, '알려지지 않은 것'(avidita)은 원인을 가리킨다.

209_ 성전은 '이것(idam)이 브라흐만이다'라고 제시하지 않는다. 그와 달리 성전은, '이러한 것도 아니고 그러한 것도 아니다.'(neti neti)라는 식으로 브라흐만을 제시하고자 한다. '이러한 것도 아니고 그러한 것도 아니다.'라는 진술은 브라흐만에 대한 유일한 진술이라고 한다.

무지에 의해 상상된 지식대상 · 지식주체 · 지식 등의 차이를 제거한다. 이와 같은 연관에서 성전은 "[브라흐만은] 생각하지 않은 자에게 생각되고, 생각한 자는 알지 못한다.[210] 아는 자들에게 알려지지 않고, 알지 않은 자들에게 알려진다."〈께나 2.3〉, "당신은 '봄을 보는 자'를 볼 수 없습니다. 당신은 '들음을 듣는 자'를 들을 수 없습니다. 당신은 '생각함을 생각하는 자'를 생각할 수 없습니다. 당신은 '앎을 아는 자'를 알 수 없습니다."〈브리 3.4.2〉[211]라고 이렇게 운운한다. 따라서 [성전은] 무지에 의해 상상된 '윤회하는 자'라는 [관념을] 파기함으로써 '영원히 자유로운 아뜨만'의 본질을 제시하기 때문에, 해탈이 무상하다는 결함은 없다.

한편, 해탈이 '생성되는 것'이라는 자에게는 [해탈을 위해] 심리적이거나 언어적이거나 육체적인 행위가 필요하다는 것이 합리적이다.[212] 또한 [해탈이] '변형되는 것'일 경우에도 마찬가지이다. 이러한 입장들에서는 해탈이 확실히 무상하다. 왜냐하면 '변형되는 것'인 응고된 우유 등이나 '생성되는 것'인 항아리 등이 영원하다고는 이 세상에서 알려지지 않기 때문이다. 게다가 [해탈이] '획득되는 것'이라는 점으로부터 행위가 필요하다고 [주장하는 것은 합리적이지] 않다.[213] [브라흐만

210_ [브라흐만은] 생각하지 않은 자에게 생각되고, 생각한 자는 알지 못한다=브라흐만은 그것이 '알려지지 않은 자에게 알려지고', 그것이 '알려진 자는' 브라흐만을 '알지 못한다'.

211_ * Nirnaya에는 "당신은 '봄을 보는 자'를 볼 수 없습니다. … 당신은 '앎을 아는 자'를 알 수 없습니다."라는 두 문장만 인용한다.

212_ 만약 해탈이 '생성되는 것'(utpādya)이라면, 그것이 생성되기 위해서는 심리적이거나 언어적이거나 육체적인 행위가 반드시 필요하다.

213_ 해탈은 '생성되는 것'도 아니고 '변형되는 것'(vikārya)도 아니기 때문에 해탈에서 행위가 필요하다고 주장하는 것은 합당하지 않다. 또한 해탈이 '획득(도달)되는 것'(āpya)이라는 입장을 통해 행위의 필요성을 입증하려고 하는 것도 합당하지 않다. 왜냐하면 해탈은 획득되는 것이 아니기 때문이다.

이] 자기 자신의 본질로 존재하는 경우에 '획득되는 것'은 아니기 때문이다. 심지어 [그러한] 본질과는 구별(분리)되는 경우에도[214] 브라흐만은 '획득되는 것'이 아니다. 에테르(허공)[215]처럼 편재하는 것으로서 브라흐만은 '모든 것에 의해 영원히 획득된 본질'을 가지기 때문이다. 더욱이 해탈은 활동(행위)을 필요로 해야 하는 '정화되는 것'도 아니다. 실로 '정화'라고 불리는 것은 '정화되는 것(대상)'에 장점을 추가함으로써 혹은 결점을 제거함으로써 가능하다. 먼저 장점의 추가를 통해서 가능하지 않다. 해탈은 추가되어야만 하는 것이 없는 탁월한 브라흐만 그 자체이기 때문이다. 또한 결점의 제거를 통해서도 [가능하지] 않다. 해탈은 영원히 순수한 브라흐만 그 자체이기 때문이다.

[이론]: 행위를 통해 아뜨만이 정화될 때에 자신의 아뜨만이 가진 속성 그 자체인 해탈은 숨겨져 있다가 드러난다. 예컨대, 문지르는 행위를 통해 거울이 정화될 때에 [거울이 가진] 광택이라는 속성이 [드러난다].

[후론]: 아니다. 아뜨만이 행위의 소재지라는 것은 부당하기 때문이다. 행위란 그 소재지인 것을 변형하지 않은 채 결코 성립하지 않는다.[216] 만약 아뜨만이 그 자체를 소재지로 하는 행위에 의해 변형된다면,[217] 아뜨만이 무상하다는 부조리한 결말이 생길 것이다. 또한 "그것

214_ [그러한] 본질과는 구별되는 경우에도=브라흐만이 자기 자신의 본질과는 다른 것으로 존재하는 경우에도, 즉 브라흐만이 자기 자신의 본질로 존재하지 않는 경우에도.

215_ 베단따에서는 텅 빈 공간으로서의 '허공'과 그 허공을 채우고 있는 미세한 원소인 '에테르'를 거의 구분하지 않는다. 'ākāśa'라는 말은 허공과 에테르를 동시에 가리킨다.

216_ 행위가 성립하기 위해서는 그 행위의 소재지(āśraya)인 것이 반드시 변형을 겪어야 한다.

217_ * '그 자체를 소재지로 하는'(svāśraya-)이라는 표현은 Samata에만 추가로 등장한다.

은 불변하는 것이라고 말합니다."〈기따 2.25〉라고 이렇게 운운하는 문장들이 훼손될 것이다. 게다가 이는 바람직하지 못하다.[218] 따라서 아뜨만의 경우에 그 자체를 소재지로 하는 행위는 가능하지 않다. 그리고 아뜨만은 '다른 것을 소재지로 하는 행위'의 대상이 아니기 때문에 그것(행위)을 통해 정화되지 않는다.[219]

[이론]: 목욕하기, 입 헹구기, 신성한 실 걸치기[220] 등 육체를 소재지로 하는 행위를 통해 육화된 자가 정화된다고 알려지지 않는가?

[후론]: 아니다. 정화되는 것은 '단지 육체 등과 연계된 것이자 무지에 의해 붙잡힌 아뜨만'이기 때문이다. 실로 목욕하기, 입 헹구기 등과 육체와의 밀접한 관계는 지각 가능하다.[221] 육체를 소재지로 하는 그것(행위)을 통해 '단지 그것(육체)과 연계된 것이자 무지에 의해 아뜨만으로 이해된 그 무엇'이 정화된다는 것은 합리적이다. 예컨대, '육체를 소재지로 하는 치료'에 기인하는 건강을 통해 '그것(육체)과 연계되고 자기를 그것(육체)으로 가정하는 자'에게 무병(無病)이라는 결과로서 '나는 병이 없다'라는 관념이 발생하는 경우나, 마찬가지로 목욕하기, 입

218_ 아뜨만이 무상하다는 부조리한 결말은 '바람직하지 못하다'(aniṣṭa).

219_ 행위는 아뜨만 그 자체를 소재지로 하거나 아뜨만과는 다른 것을 소재지로 한다. 만약 전자라면, 아뜨만은 본질적으로 불변이므로 정화와 같은 행위가 불가능하다. 만약 후자라면, 아뜨만은 '다른 것을 소재지로 하는 행위'의 대상이 아니므로 그러한 행위를 통해 아뜨만이 정화될 리가 없다. 따라서 어느 경우이든지 아뜨만에서 정화란 불가능하다.

220_ 신성한 실 걸치기(yajñopavīta)=브라흐만, 끄샤뜨리야, 바이샤라는 상위 세 계급에 속한 아이들이 학습기로 접어드는 입문식(upanayana)에서 몸에 걸치는 실. 3가닥을 꼰 이 실을 왼쪽 어깨에서 오른쪽 팔 아래 몸통으로 걸치면서 아이는 자신의 삶이 마치 제의와 같을 것이라고 또 자기 스스로를 세상의 복리를 위해 바치겠다고 맹세한다. * Samata에는 'yajñopavīta-dhāraṇa'라는 표현이 등장하지만 그 뜻은 동일하게 '신성한 실 걸치기'이다.

221_ 목욕하기 등의 행위가 육체라는 소재지와 밀접하게 관계를 가지는 것은 직접적으로 지각 가능하다.

헹구기, 신성한 실 걸치기 등을 통해 '나는 순수해지고 정화되었다'라는 관념이 발생하는 경우에, ['나'에 의해 지시되는 바로] '그'가 정화된다. 그리고 단지 육체와 연계된 것이 '그'이다. 바로 '그'에 의해서, 즉 '나'라는 관념의 대상이자 인식하는 자인 '나'라는 행위주체에 의해서, 모든 행위들이 성취된다. 그것(행위)의 결과 또한 바로 '그'가 향유한다. "둘 중에 하나는 달콤한 과육을 먹고, 다른 하나는 먹지 않은 채 구경한다."〈문다 3.1.1〉[222]라는 만뜨라의 전언 때문이다. 또한 "몸, 기관, 마음과 연계된 것을 식자들은 '향유주체'라고 이른다."〈까타 3.4〉라고 한다. 마찬가지로 "하나의 신은 모든 존재들에 숨겨져 있다. 그는 편재하는 자이고, 모든 존재들의 내재적(안에 있는) 아뜨만이다. 행위의 주시자이고, 모든 존재들에 체재한다. 관찰자이고, 의식체이며, 독존이고, 무속성이다."〈슈베 6.11〉, "그것은 편재함이고 광휘이며, 육신이 없고 손상이 없으며, 근육이 없고[223] 순수하며, 죄악에 의해 손상되지 않는다."〈이샤 8〉라는 이러한 두 만뜨라는, 브라흐만이 '추가되어야만 하는 것이 없는 탁월성'과 '영원한 순수성'을 가진다는 것을 보여준다. 그리고 해탈은 브라흐만 상태이다.[224] 따라서 '정화되는 것'마저 해탈이 아니다.

해탈과 관련하여 '행위에 해당되면서 이것들 [4가지와는] 다른 수단(방식)'을 그 누구도 보여줄 수는 없다.[225] 따라서 이 경우에 지식 하나

222_ <슈베 4.6>에도 이와 동일한 문장이 등장한다.

223_ '육신이 없고'라는 것은 미시적(微視的) 신체가 없음을 가리키고, '손상이 없으며, 근육이 없고'라는 것은 가시적(可視的) 신체가 없음을 가리킨다.

224_ 브라흐만 상태(brahmabhāva)=브라흐만이 되는 것.

225_ 앞서 언급한 내용은 해탈과 관련된 4가지 행위들이다. 그것들은 '생성되는 것', '변형되는 것', '획득되는 것', '정화되는 것'이다. 그리고 이러한 4가지 행위들은 해탈이 아니다. 그렇다면 이러한 4가지 이외에 즉 이러한 4가지와는 다른, 해탈과 관련되면서 행위에 해당되는 또 다른 수단(방식)이 존재하는가? 더 이상 존재하지 않는다. 결국 이러한 4가지와는 다른 수단을 그 누구도 보여줄(제

만을 제외하고 '털끝만큼이라도 행위에 해당되는 것'은 합당하지 않다.[226]

[이론]: '지식'이라고 불리는 것은 마음에 속하는 행위이지 않는가?

[후론]: 아니다. 상이하기 때문이다. 실로 어떤 것이 사물의 본질과 전혀 무관하게 명령되고 또 사람의 마음 활동에 의존하는 경우에 '행위'라고 불린다. 예컨대, "[호뜨리 사제가] '바샤뜨'[227]를 발화하려고 할 때에, 그는 [아드바르유 사제가] 제공할 공물을 [받는] 신격을 마음으로 명상해야 한다."〈아이-브 3.8.1〉, "'산드야'[228]를 마음으로 명상해야 한다."〈아이-브 3.8.1〉라고 이렇게 운운하는 것들에서이다. 비록 생각으로서의 명상이 마음에 속할지라도, 그 또한 사람이 행할 수도 행하지 않을 수도 혹은 다른 방식으로 행할 수도 있다. 사람에 의존하기 때문이다. 반면에 지식은 지식수단으로부터 발생한다. 그리고 지식수단은 존재하는 바대로의 사물과 관계한다. 이로부터 지식은 행할 수도 행하지 않을 수도 혹은 다른 방식으로 행할 수도 없다. 전적으로 그것은 오직 사물에 의존한다. [지식은] 신성한 명령에 의존하지 않는다. 또한 사람에 의존하지도 않는다. 따라서 지식은 비록 마음에 속할지라도 [행위 등과] 지극히 상이하다.

또한 예컨대, "가우따마여, 남자는 실로 불입니다."〈찬도 5.7.1〉, "가우따마여, 여자는 실로 불입니다."〈찬도 5.8.1〉라는 곳에서, 남자와 여

시할) 수는 없다.

226_ 이 경우에=해탈의 경우에. 털끝만큼이라도 행위에 해당되는 것=행위가 털끝만큼이라도 개입하는(들어가는) 것.

227_ 바샤뜨(vaṣaṭ)=특정한 신격에게 공물을 바칠 때에 사제가 그 신격의 이름을 4격으로 외치는 소리. 예를 들어 '인드라' 신에게 공물을 바치는 경우에 '인드라를 위하여!'(indrāya vaṣaṭ)라는 외침이다.

228_ 산드야(saṃdhyā)=빛과 어둠의 교차점인 여명이나 황혼, 또는 하루를 세 시기로 나눌 때 그 교차점이 되는 여명, 정오, 황혼을 가리킨다. 이곳에서는 '황혼에 대응하는 신격'이다.

자와 관계하는 '불'이라는 관념은 마음에 속하는 것이다. 실로 이것(관념)은 오로지 신성한 명령으로부터 발생하기 때문에 행위 그 자체이고, 또 사람에 의존한다. 반면에 잘 알려진 불과 관계하는 '불'이라는 관념은 신성한 명령에 의존하지 않는다. 또한 사람에 의존하지도 않는다.

[이론]: 그렇다면 [그 관념은] 무엇인가?

[후론]: 오직 지각의 대상인 사물에 의존하므로 그것은 단지 지식일 뿐 행위가 아니다. [그리고] 지식수단의 대상인 모든 사물들에 관해서도 이러하다고 알아야만 한다. 그래서 이와 같을 경우에, 존재하는 바대로의 브라흐만 즉 아뜨만과 관계하는 지식마저 신성한 명령에 의존하지 않는다. 그것(지식)과 관계하여 듣게 되는 '링'(명령의 접사) 등도 '명령될 수 없는 것'을 대상으로 하기 때문에, 돌에 사용된 면도칼의 날카로움과 같이 아무 소용이 없다.[229] [그러한 지식은] 거부할 수도 없고 수용할 수도 없는 사물을 대상으로 하기 때문이다.

[이론]: 그러면 "여보 [마이뜨레이여], 실로 아뜨만을 보아야만 하고 들어야만 하고"〈브리 2.4.5〉라는 등의 명령과 비슷한 글귀들은 무엇을 의도하는가?

[후론]: '자연스러운 행위'의 영역으로부터 외면하도록 하는 것을 의도한다고 우리는 말한다. 왜냐하면 "여보 [마이뜨레이여], 실로 아뜨만을 보아야만 하고"라는 등은, '나에게 좋은 일만 있고 나쁜 일은 없게

229_ 링(liṅ)=산스크리트 문법에서 원망(명령)법과 조건법의 접사들을 부르는 일반적인 용어. 특히 원망법의 접사를 '명령의 접사'(vidhiliṅ)라고 부른다. 브라흐만 즉 아뜨만에 대한 지식과 관계하여 비록 명령의 의미를 가지는 링 등을 성전의 문장에서 듣게 될지라도, 그러한 링 등은 '명령될 수 없는 것'(aniyojya)인 브라흐만 · 아뜨만을 대상으로 할 뿐이다. 이 때문에 '돌에 사용된 면도칼의 날카로움'과 같이 아무 소용이 없다. 다시 말해, 면도칼의 날카로움이 돌을 자르는 데 아무 소용이 없듯이, 링 등은 명령될 수 없는 브라흐만 · 아뜨만을 대상으로 하기 때문에 아무 소용이 없다.

하소서'라며 외적인 것에 몰두하여 행위하고 또 그 경우에 지대한 인간의 목표를 얻지 못했지만 지대한 인간의 목표를 바라는 사람으로 하여금, 신체와 기관의 집합체인 '자연스러운 행위의 영역'으로부터 외면하도록 한 뒤에 내재적 아뜨만의 흐름을 따라 움직이게끔 하기 때문이다. [이로부터 계시서는] 아뜨만을 추구하기 위해 여념이 없는 그에게 거부할 수도 없고 수용할 수도 없는 아뜨만이라는 실재를 가르친다. "이러한 모든 것이 [바로] 그 아뜨만입니다."〈브리 2.4.6〉, "하지만 모든 것이 오직 '그의 아뜨만'이 될 경우에, 그러면, 무엇을 통해 무엇을 보아야 하겠습니까? … 무엇을 통해 무엇을 알아야 하겠습니까? … 여보, 무엇을 통해 아는 자를 알아야 하겠습니까?"〈브리 4.5.15〉, "이 아뜨만은 … 브라흐만이다."〈브리 2.5.19〉라는 등을 통해서이다.

그리고 '행해야만 하는 것'이 주(主)가 되지 않는 '아뜨만에 대한 지식'이 거부를 위해서나 수용을 위해서 존재하지 않는다는 것은,[230] 바로 그와 같다고 용인된다. 브라흐만 즉 아뜨만에 대한 직접적 앎이 있는 경우에 '행해야만 하는 모든 것'이 폐기되고 '이루어져야만 하는 것'이 이루어지는 것은[231] 실로 우리의 장신구[232]이다. 이와 같은 연관에서 계시서는, "만약 어떤 사람이 아뜨만을 '나는 이것이다'라고 안다면, 무엇을 욕망하면서 무엇의 욕망을 위해 육체에서 괴로워할 것이리오."〈브리 4.4.12〉라고 한다. 또한 전승서는 "바라따의 후손이여, 이것을 알고 나면 지혜롭게 되고 또 이루어져야만 하는 것이 이루어지게 될 것입니다."〈기따 15.20〉라고 한다. 따라서 브라흐만은 '최종적 행

230_ 아뜨만에 대한 지식은 행위와 무관하므로 '행해야만 하는 것'(kartavya)이 주(主)가 되지 않는다. 그래서 이 지식은 무엇인가를 거부(hāna)하기 위해서 혹은 무엇인가를 수용(upādāna)하기 위해서 존재하지 않는다.

231_ '이루어져야만 하는 것'이 이루어지는 것(kṛtakṛtya)=이루어져야만 하는 것의 달성 또는 목표의 달성.

232_ 장신구(alaṃkāra)=신뢰를 높여주는 것 또는 영광스러운 표징이 되는 것.

위(의례)에 대한 명령'의 대상인 것으로[233] 제시되지 않는다.[234]

그리고 혹자들은[235] 말한다.

[전론]: '행위 촉구와 행위 억제에 대한 명령', '그것(명령)에 부차적인 것'과는 별도로, 오로지 사물만 다루는 베다의 부분은 존재하지 않는다.

[후론]: 그렇지 않다. 우빠니샤드에 속하는 뿌루샤는 다른 것에 부차적이지 않기 때문이다. 오직 우빠니샤드들에서만 알려지는 이 뿌루샤는, 윤회를 하지 않는 브라흐만 그 자체이고, '생성되는 것' 등의 4종류와 [관계하는] 물체와는 상이하며, 그 자체의 주제로 존재하는 것으로서 다른 것에 부차적이지 않다.[236] 그것이 존재하지 않는다거나 알려지지 않는다고 말할 수는 없다. "그러한 이 아뜨만은 이러한 것도 아니고 그러한 것도 아닙니다."〈브리 3.9.26〉에서 '아뜨만'이라는 말 때문이고, 또 '부정의 주체' 자체가 바로 그 아뜨만임으로 말미암아 아뜨만을 부정할 수는 없기 때문이다.[237]

[전론]: 아뜨만은 '나'라는 관념의 대상이기 때문에, [그것이] 오직 우빠니샤드들에서만 알려진다는 것은 부당하지 않는가?

233_ * Nirnaya에 '대상인 것으로'라는 표현이 등장하는 것과 달리, Samata에는 '[… 명령에] 부차적인 것으로'(-śeṣatayā)라는 표현이 등장한다.

234_ 이로써 이론에 대한 검토가 끝나고 전론에 대한 논의가 시작된다.

235_ 혹자들은=쁘라바까라 미맘사 학자들은.

236_ '생성되는 것' 등='생성되는 것', '변형되는 것', '획득되는 것', '정화되는 것'. 뿌루샤는 우빠니샤드 '그 자체의 주제로 존재하는'(svaprakaraṇastha) 것이다. 다시 말해, 우빠니샤드는 뿌루샤를 제시하고자 의도함으로써 뿌루샤는 오직 우빠니샤드 그 자체의 주된 주제로 존재할 뿐이다. 그렇기 때문에 뿌루샤는 '다른 것에 부차적이지 않은'(ananyaśeṣa) 것이다.

237_ 아뜨만이 존재하지 않는다고 말할 수 없는 이유는 계시서 문장에서 '아뜨만'이라는 말이 계시되기 때문이다. 아뜨만이 알려지지 않는다고 말할 수 없는 이유는 아뜨만에 대한 부정이 불가능하기 때문이다. 왜 불가능한가? 아뜨만의 존재를 부정하는 주체 자체가 바로 아뜨만인 까닭에서이다.

[후론]: 아니다. [아뜨만은] 그것의 관찰자임으로 말미암아 논박되기 때문이다.[238] 실로, '나'라는 관념의 대상인 행위주체와는 별도로, 그것의 관찰자이고 모든 존재에 체재하며 균일하고 유일하며 불변적 영원인 뿌루샤는, 명령편(命令篇)에서나 논리적 교의(教義)에서[239] 그 누구도 알지 못하는 '모든 것을 아뜨만으로 하는 것'이다. 결국 그 누구도 그것을 부정할 수 없고, 혹은 명령에 부차적인 것으로 그것을 취할 수 없다. 그리고 [뿌루샤는] 실로 모든 것을 아뜨만으로 함으로 말미암아 거부할 수도 없고 또 수용할 수도 없다. 왜냐하면 소멸을 겪는 모든 변형의 총체는 뿌루샤를 종점으로 하여 소멸하기 때문이다.[240] 실로 뿌루샤는 소멸의 원인을 가지지 않기 때문에 소멸하는 것이 아니며, 또 변화의 원인을 가지지 않기 때문에 불변적 영원이다. 바로 이로부터 [뿌루샤는] 영원 · 순수 · 자각 · 자유를 본질로 한다. 따라서 "그 어떤 것도 뿌루샤보다 더 지고하지 않다. 그것은 정점이다. 그것은 궁극적 목적지이다."〈까타 3.11〉, "우빠니샤드에 속하는 그러한 뿌루샤에 관해, 나는 당신에게 묻습니다."〈브리 3.9.26〉라며 뿌루샤가 우빠니샤드들에서 주된 것으로 드러나는 경우에 '우빠니샤드에 속하는'이라는 한정어는 합당하다. 결국 존재하는 사물을 목적으로 하는 베다의 부분이 존재하지 않는다는 것은 허세 섞인 말에 불과하다.

그리고 성전의 취지에 정통한 자들이 차례로 언급한 것, 곧 "실로 그

238_ 아뜨만은 '그것의' 즉 '나라는 관념의' 대상이 아니라 관찰자임으로 말미암아, 아뜨만은 '나'라는 관념의 대상이라고 주장하는 것이 논박되기 때문이다.

239_ 명령편(vidhikāṇḍa)=베다의 행위편(karmakāṇḍa). 논리적 교의(tarkasamaya)=느야야 학파의 교리.

240_ 브라흐만 · 아뜨만으로서의 뿌루샤를 제외한 모든 사물은 변화하기 때문에 소멸을 겪는다. 소멸을 겪는 것들은 소멸을 겪지 않는 실재인 '뿌루샤를 종점으로 한다'(puruṣānta). 즉 소멸의 시기에 실재가 아닌 것들은 실재에 융합된다. 따라서 뿌루샤는 모든 것을 아뜨만으로 한다.

것(베다)의 목적은 행위(의례)에 대한 앎이라고 알려진다."〈미맘사-바 1.1.1〉라고 이렇게 운운한 것은, 다르마에 대한 탐구욕과 관계하기 때문에 명령과 금지의 성전을 의도한다고 이해해야만 한다.[241] 더 나아가 "성전은 행위를 의도하기 때문에 그것을 의도하지 않는 것들은 무용하다."〈미맘사-수 1.2.1〉라는 것을 절대적으로 용인하는 자들에게는 '존재하는 것'에 대한 가르침들이 무용하다는 부조리한 결말이 생긴다. 만약 '행위 촉구와 행위 억제에 대한 명령', '그것(명령)에 부차적인 것'[242]과는 별도로 '존재하는 것'인 사물이 '존재할 것'을 의도한다고 [성전에서] 가르친다면, 불변적 영원으로서 '존재하는 것'을 가르치지 않는다고 [말하는] 것은 무슨 이유에서인가![243] 실로 [성전에서] 가르치는 '존재하는 것'이란 행위가 아니다.

[전론]: 비록 '존재하는 것'은 행위가 아닐지라도 행위의 수단이기 때문에 '존재하는 것'에 대한 가르침은 행위를 의도할 뿐이다.

[후론]: 그러한 결함은 없다. 행위를 의도하는 경우에도 행위를 성취시키는 힘을 가진 사물을 이미 가르쳤다.[244] 물론 그것(사물)의 유용함

241_ '오로지 사물만 다루는 베다의 부분은 존재하지 않는다'라는 전론자의 주장은 인용 문장인 <미맘사-바 1.1.1> 등을 근거로 삼는다. 하지만 인용 문장은 실제로 다르마에 대한 탐구욕과 관계하기 때문에 단지 '명령과 금지를 다루는 성전'에 관한 내용일 뿐이다. 이러한 점에서 그것과는 별도로 존재하는 '사물을 다루는 성전'은 유효하다.

242_ * '그것(명령)에 부차적인 것'이라는 표현은 Nirnaya에만 추가로 등장한다.

243_ 전론자 즉 쁘라바까라 미맘사 학자들의 주장은 다음과 같다: 첫째, 성전은 행위(명령)를 의도한다. 둘째, 성전은 행위와는 별도로 '존재하는 것'(bhūta)인 사물을 가르친다. 하지만 이 경우에 '존재하는 것으로서 사물'은 '존재할 것'(bhavya)을 목적으로 할 뿐이다. 다시 말해, 존재하는 것(브라흐만)은 단지 존재할 것 즉 행해야만 하는 것(다르마)을 의도함으로써 의의를 가진다. 그런데 만약 전론자의 주장이 이와 같다면, 성전이 불변적 영원으로서 존재하는 것을 가르치지 않는다고 말할 이유가 없다. 성전이 존재하는 사물을 가르친다고 스스로 용인하고 있는 꼴이기 때문이다.

244_ 사물(존재하는 것)에 대한 가르침이 행위를 의도하는 경우에도 행위를 성취시

이란 행위를 의도하는 것이다. 하지만 그러하다고 해서 사물을 가르치지 않은 것은 아니다.

[전론]: 혹시라도 만약 [사물을] 가르친다면, 그로부터 당신은 무엇을 얻을 것인가?

[이에 대하여] 대답한다.

[후론]: '아뜨만'이라는 알려지지 않은 사물에 대한 가르침 또한 바로 그와 같다고 할 만하다.[245] 그것(아뜨만)을 알고 나면 윤회의 원인인 거짓된 지식이 파기되는 유용함이 생기므로, 행위의 수단인 사물에 대한 가르침과 [비교해서] 그 유용함에 차이가 없다.

더 나아가 [성전은] '브라흐마나를 죽여서는 안 된다.'라고 이렇게 운운하는 것을 통해서 [행위의] 파기를 가르친다. 그리고 그것(파기)은 행위가 아니다. 또한 행위의 수단도 아니다. 만약 행위를 의도하지 않는 것들을 가르치는 것이 무용하다면, '브라흐마나를 죽여서는 안 된다.'라는 등에서 [행위의] 파기를 가르치는 것도 무용해지고 만다. 하지만 이는 바람직하지 못하다.[246] 게다가 본유적으로 확립된 '죽이다'라는 동사의 의미와 [부정어 사이의] 관계로 말미암아, 부정어(否定語)가 '죽임'이라는 행위의 파기인 부동성(不動性)과는 별도로 확립되지 않은 행위를 의도한다고 추정할 수는 없다.[247] 또한 부정어의 본질은 '그 자체

키는 힘을 가진 '행위의 수단'(kriyā-sādhana)으로서 사물을 가르쳤으므로, 여전히 사물 그 자체를 이미 가르쳤지 않는가!

245_ 아뜨만이라는 '알려지지 않은'(anavagata) 사물에 대한 가르침은 '알려져 있고 또 행위의 수단인' 사물들에 대한 가르침과 별 다를 바 없이 유용하다고 할 수 있다.

246_ 성전에서 '브라흐마나를 죽여서는 안 된다.'라는 등의 금지 명령은 행위의 파기를 의미한다. 그래서 만약 전론자가 행위를 의도하지 않는 것들에 대한 가르침이 무용하다고 주장한다면, 행위의 파기를 의미하는 금지 명령 또한 무용하다는 '바람직하지 못한'(aniṣṭa) 결론에 도달하고 말 것이다.

247_ '브라흐마나를 죽여서는 안 된다.'(brāhmaṇo na hantavyaḥ)에서 동사 어근

와 관계되는 것의 부재'를 알리는 것이다. 그리고 부재의 관념은 부동성을 야기한다. 또한 그것(부재의 관념)은 땔감을 소모한 불처럼 그저 자동적으로 멈춘다.[248] 따라서 '쁘라자빠띠 서약' 등을 제외한 채 '브라흐마나를 죽여서는 안 된다.'라는 등에서 금지(부정)의 의미는 단지 행위의 파기에 수반되는 부동성이라고 우리는 간주한다.[249] 이로부터 무

은 '죽이다'(√han)이다. 그리고 이 동사는 부정어(nañ)에 의해 부정된다. 이 경우에 부정어는 '죽이다'라는 동사 어근에서 본유적으로 확립된 의미와 관계(anurāga)를 이룬다. 즉 '죽이지 않음'은 명령과 상관없이 '죽이다'라는 말에 본유적으로 확립되어 있는 행위 자체를 부정하는 것이다. 따라서 이 부정어는 오직 죽임(hanana)이라는 행위의 파기를 의도하고 그에 따르는 부동성(audāsīnya)을 의도할 뿐이다. 이 부정어는 죽임과는 별도로 괴롭힘 등의 다른 행위를 의도하지 않는다. 따라서 이 부정어가 죽임이라는 행위의 파기 또는 부동성과는 별도로 확립되지 않은 다른 행위를 의도한다고 추정해서는 안 된다. 예컨대, '브라흐마나를 죽여서는 안 되지만, 괴롭힐 수 있다.'라는 식으로 해석해서는 안 된다.

248_ '브라흐마나를 죽여서는 안 된다.'에서 부정어는 죽이고자 하는 행위를 부정하므로 죽음에 대한 '부재의 관념'(abhāva-buddhi)을 가진다. 그리고 이 부재의 관념은 행위에 대한 부정 즉 부동성을 낳는다. 결국 이 부재의 관념은 죽이고자 하는 행위가 완전히 멈출 때에 즉 그 행위가 부동성에 머물 때에 자동적으로 멈춘다. 예컨대 땔감을 완전히 소모한 불이 자동적으로 꺼지는(멈추는) 것과 같다.

249_ 쁘라자빠띠 서약(prajāpati-vrata)=학습기를 마치고 그 다음 인생단계인 가정기로 접어드는 젊은 브라흐마나 즉 스나따까(snātaka)가 '송아지를 맨 밧줄을 타넘어서는 안 된다.'라는 등 여러 가지 금지에 대해 서약하는 것. 일반적으로 금지(부정어)의 의미는 행위의 파기와 그에 수반되는 부동성이다. '브라흐마나를 죽여서는 안 된다.'라는 금지 문장이 의도하는 바는, 단순히 '브라흐마나를 죽이는 행위'에 대한 금지가 아니라 '브라흐마나를 죽이는 행위의 없음(부재)'에 대한 명령이다. 이는 곧 '브라흐마나를 죽이는 행위'의 파기에 대한 명령이요 부동성에 대한 명령이다. 왜냐하면 부정어의 본질은 '그 자체와 관계되는 것'(브라흐마나를 죽이는 행위)의 부재(파기)를 알리는 것이기 때문이다. 하지만 '쁘라자빠띠 서약' 등은 예외이다. 예컨대 '송아지를 맨 밧줄을 타넘어서는 안 된다.'라는 금지 문장에서 '부정'으로서의 금지는 여전히 행해야만 하는 서약이다. 서약에서는 그 행위가 결코 파기되어서는 안 된다. 따라서 '송아지를 맨 밧줄을 타넘어서는 안 된다.'라는 문장에서 금지(부정어)의 의미는 행위의 파기나 그에 수반되는 부동성이 아니다.

용성에 대한 언급은 인간의 목표에 소용되지 않는 설화 등의 '사실담 진술'[250]과 관계한다고 이해해야만 한다.

그리고 '행해야만 하는 것'에 대한 명령에 해당되지 않고 사물 자체에 대해 말하는 [베단따 문장은] '지구는 일곱 개의 섬들로 이루어진다.'라는 등과 같이 무용할 것이라고 주장한 것은 논박되었다. '이것은 밧줄일 뿐, 이것은 뱀이 아니다.'라는 사물 자체에 대한 진술인 경우에도 유용함이 알려지기 때문이다.[251]

[전론]: 심지어 브라흐만에 대해 들은 자에게서 윤회하는 자의 [특성들을] 예전대로 보기 때문에, 밧줄의 본질에 대한 진술과 같은 유용성이 없다고 언급했지 않는가?

이에 대하여 말한다.

[후론]: 브라흐만이 곧 아뜨만이라는 것을 아는 자가 예전대로 윤회하는 자라고 증명할 수는 없다. '베다'라는 지식수단으로부터 발생한 '브라흐만이 곧 아뜨만이라는 것'과 모순되기 때문이다. 실로 육체 등에 대해 아뜨만이라며 자기가정을 하는 자가 괴로움·두려움 등을 가지는 것을 보았다고 해서, '베다'라는 지식수단으로부터 발생한 브라흐만 즉 아뜨만에 대한 직접적 앎을 통해 그 자기가정이 파기된 때에, 바

250_ 사실담진술(bhūtārthavāda)=아르타바다(의미진술)를 사실담진술, 비유진술(guṇavāda), 반복진술(anuvāda)로 분류할 때의 한 가지. 오로지 성전 등으로부터만 알려지는 사실담(bhūtārtha, 과거의 일)에 대한 진술(vāda)로서, '인드라는 브리뜨라를 향해 무기를 치켜들었다.'와 같이 성전이 아닌 다른 지식수단과 모순되지도 않고 다른 지식수단을 통해 알려지지도 않는다. 한편, 비유진술은 '제의의 말뚝은 태양이다.'와 같이 다른 지식수단을 통해 알려지는 바와 모순되지만 비유(gauṇa)를 통해 알려지는 진술이고, 반복진술은 '불은 추위에 대한 치료제이다.'와 같이 다른 지식수단을 통해 이미 알려진 바를 되풀이하여(anu) 반복하는 진술이다. 비유진술과 반복진술에 관한 보다 자세한 논의는 <주석 1.3.33> 참조.

251_ 밧줄의 본질에 대한 진술을 통해 착오에 의해 발생한 뱀에 대한 두려움이 파기됨으로써 유용함이 알려진다.

로 그가 거짓된 지식에 기인한 바로 그러한 괴로움·두려움 등을 가진다고 추정할 수는 없다. 예를 들어, 부귀에 자부심을 가진 부자 가장(家長)에게서 부귀의 상실에 기인한 괴로움을 보았다고 해서, 출가자(出家者)가 되어 부귀에 대한 자부심이 없는 바로 그에게, 부귀의 상실에 기인한 바로 그러한 괴로움이 있지는 않다. 또한 귀걸이를 한 자에게서 귀걸이를 한 것에 대한 자부심에 기인한 즐거움을 보았다고 해서, 귀걸이를 벗어 귀걸이를 한 것에 대한 자부심이 없는 바로 그에게, 귀걸이를 한 것에 대한 자부심에 기인한 바로 그러한 즐거움이 있지는 않다.[252] 이는 "호감과 반감은 육화(肉化)를 탈피하여 존재하는 자에게 결코 접촉하지 않는다."〈찬도 8.12.1〉라는 계시를 통해 언급된다.

[전론]: 탈육화 상태는 육체가 쓰러진 뒤에 가능할 뿐 살아 있으면서 가능하지 않다.[253]

[후론]: 아니다. 육화 상태는 거짓된 지식에 기인하기 때문이다. 거짓된 지식은 '육체에 대해 아뜨만이라고 자기가정을 하는 것'이라는 특징을 가지는데, 실로 이를 제외한 채 다른 것으로부터 아뜨만의 육화 상태가 기인한다고는 생각할 수 없다. 탈육화 상태는 행위에 기인하지 않기 때문에 영원하다고 우리는 말했다.

[전론]: 육화 상태란 '그것(아뜨만)에 의해 행해진 다르마나 다르마가 아닌 것'에 기인한다.

252_ 주석가의 화려한 문장력을 엿볼 수 있는 유사한 형식의 3문장에서 핵심적인 말은 'abhimāna'(abhimānin)이다. 중의적인 이 말은 첫 번째 문장에서 '자기가정'을 뜻하고, 두 번째와 세 번째 문장에서 '자부심'을 뜻한다. 그런데 '자부심'으로 사용된 부분을 '자기가정'으로 대체하더라도 충분히 그 뜻이 통한다. 왜냐하면 부귀나 귀걸이에 대해 자부심을 가지는 것은 부귀나 귀걸이를 자기 자신으로 가정함으로써 가능하기 때문이다.

253_ 탈육화한다는 것은 오직 육체가 사멸할 경우에만 가능하다. 그렇지 않고 버젓이 육체를 가진 채로 살아 있으면서 탈육화하는 것은 가능하지 않다.

[후론]: 아니다. [아뜨만과] 육체와의 관계가 확립되지 않음으로 말미암아 아뜨만에 의해 다르마와 다르마가 아닌 것이 행해진다고 확립되지 않기 때문이다. '[아뜨만과] 육체와의 관계'와 '그것(아뜨만)에 의해 다르마와 다르마가 아닌 것이 행해지는 것' 사이에 상호의존성이라는 부조리한 결말로 말미암아, 이는 장님들의 행렬과도 [같이] '시초가 없는 가정'이다.[254]

또한 [아뜨만이] 행위와 밀접한 관계를 가지지 않음으로 말미암아 아뜨만이 행위주체라는 것은 부당하기 때문이다.[255]

[전론]: 단순한 근접에 의해 왕(王) 등은 행위주체라고 알려진다.[256]

[후론]: 아니다. 그들(왕 등)이 행위주체라는 것은 보수의 지불 등을 통해 얻어진 신하(종자)와의 관계로 말미암아 합당하기 때문이다. 반면에 아뜨만의 경우에는 보수의 지불 등과 같이 '육체 등에 대해 그 자체가 주인이 되는 관계'[257]를 [야기하는] 그 어떤 원인도 생각할 수 없다.

254_ 전론자가 육화 상태의 원인으로 아뜨만에 의해 행해진 다르마 등을 제시하자, 후론자는 '아뜨만과 육체와의 관계'가 확립되지 않기 때문에 '아뜨만에 의해 다르마와 다르마가 아닌 것이 행해지는 것' 역시 확립되지 않는다고 대답한다. 그런데 사실 이 2가지 가정은 '상호의존성'(itaretarāśrayatva)을 가진다. 이 경우에 상호의존성이란, 아뜨만이 육체와 관계를 가져야만 아뜨만에 의해 다르마와 다르마가 아닌 것이 행해질 수 있고, 또 그 반대로, 아뜨만에 의해 다르마와 다르마가 아닌 것이 행해져야만 아뜨만이 육체와 관계를 가질 수 있다는 순환논리이다. 그래서 상호의존성은 '장님들의 행렬'(andhaparampara)에서 장님들이 서로가 서로에게 의존하는 것과 같이 '시초가 없는 가정'(anāditvakalpanā)에 해당된다. 2가지 가정이 무한하게 상호의존한다면 그 순환에는 시초가 없을 수밖에 없다. '장님들의 행렬'이라는 금언의 원형은 <까타 2.5>에서 찾아볼 수 있다.

255_ 아뜨만이 행위와 '밀접한 관계'(samavāya)를 가지지 않기 때문에, 아뜨만이 다르마와 다르마가 아닌 것에 대한 행위주체라는 것은 논리적으로 부당하다.

256_ 왕이 근접(saṃnidhāna)하는 것만으로도, 즉 왕이 직접 행위를 하지 않고 신하(종자) 등이 대신 행위를 하더라도, 그 왕은 행위주체라고 간주될 수 있다. 마찬가지로 아뜨만의 근접으로 말미암아 아뜨만 대신에 육체 등이 행위를 한다면 아뜨만이 행위주체라고 할 수 있지 않겠는가?

반면에 [아뜨만의 경우에는] 거짓된 자기가정이 지각 가능한 '관계의 원인'이다. 이로써 아뜨만이 제의 집행자라는 것이 설명된다.[258]

이에 대하여 [혹자들은][259] 말한다.

[전론]: 육체 등과는 구별되는 아뜨만의 경우에 '그 자체에 속하는 육체 등'에 대해 '나'라고[260] 자기가정을 하는 것은 이차적 의미일 뿐 거짓이 아니다.

[후론]: 아니다. 사물의 차이를 잘 아는 자에게는 이차적 의미와 일차적 의미가 잘 알려져 있기 때문이다.[261] 실로 사물의 차이를 잘 아는 자에게, 예컨대 연속과 불연속을 통해 '갈기 등을 가지고 출중한 형체를 가진 것'이 '사자'라는 말과 관념을 구성하는 일차적 의미로서 한쪽에 잘 알려져 있고, 더 나아가서 다른 한쪽에 어떤 사람이 잔인성 · 용맹성 등 통상적인 사자의 특성들을 갖춘 것으로 잘 알려져 있다면, 그 사람에 대해 [적용되는] '사자'라는 말과 관념은 그에게 이차적 의미가 된다.[262] 사물의 차이를 잘 알지 못하는 자에게는 그렇지 않다. 실로 그에

257_ 육체 등에 대해 그 자체가 주인이 되는 관계=육체 등을 종자로 하고 아뜨만 자체가 주인이 되는 관계.

258_ 행위주체가 아닌 아뜨만이 예를 들어 다르마를 위한 '제의 집행자'(yajamāna)로 간주되는 까닭은 육체 등을 아뜨만으로 잘못 간주하는 '거짓된 자기가정'(mithyābhimāna)에 있다.

259_ [혹자들은]=쁘라바까라 미맘사 학자들은.

260_ * '나라고'(aham-)라는 표현은 Samata에만 추가로 등장한다.

261_ '일차적 의미'(mukhya)는 명시적 의미를, '이차적 의미'(gauṇa)는 비유적 의미를 각각 가리킨다. 예컨대, '코끼리는 거대하다. 그는 코끼리이다.'라는 문장에서 첫 번째 '코끼리'는 일차적 의미이고, 두 번째 '코끼리'는 이차적 의미이다.

262_ 연속과 불연속(anvaya-vyatireka)='연속적으로 존재'(anvaya)하는 것과 '불연속적으로 존재'(vyatireka)하는 것을 통해 사물이나 의미 사이의 관계를 규명하는 방법 또는 논리(nyāya)이다. 이곳에서 연속과 불연속의 방법은 '속성과 본체의 관계'(dharmadharmisaṃbandha)를 적용한 경우이다. '갈기가 있으면 사자가 있다.'(갈기가 있으면 사자이다)라는 연속의 방법과 '갈기가 없으면 사

게, 다른 곳에 [적용되는] 어떤 말과 관념은 단지 착오에 기인하는 것일 뿐 이차적 의미가 아니다.[263] 예컨대 어스름에서 '이것은 기둥이다.'라며 [기둥의] 특수성이 파악되지 않은 경우에 '기둥'과 관계하는 '사람'이라는 말과 관념이, 혹은 예컨대 '자개'에 대해여 까닭 없이 '이것은[264] 은이다'라고 확정된 말과 관념이, 그와 마찬가지로 육체 등의 집합체에 대하여 비유적 의미 없이 '아뜨만과 아뜨만이 아닌 것에 대한 무분별'에 의해 발생한 '나'라는 말과 관념이, 어떻게 이차적 의미라고 불릴 수 있다는 말인가?[265] 심지어 아뜨만과 아뜨만이 아닌 것을 분별하는 학자들에게서도 염소지기·양치기들에서처럼 분별없는 말과 관념이 생

자가 없다.'(갈기가 없으면 사자가 아니다)라는 불연속의 방법을 통해 '갈기'라는 속성을 가진 것이 '사자'라는 본체라고 알려진다. 또한 '뿔이 있으면 사자가 없다.', '뿔이 없으면 사자가 있다.'라는 변형을 통해서도 '사자의 속성'과 '사자의 본체' 사이의 관계가 규명된다. 여기서 주장하는 바는 다음과 같다: '사자'와 '사람'과 같이 사물의 차이(bheda)를 잘 아는 경우에는 일차적 의미와 이차적 의미도 잘 알려져 있다. 예컨대, '이 사람은 사자이다.'라고 말하는 경우에, 한쪽에서는 일차적 의미의 '사자'가 잘 알려져 있고 다른 한쪽에서는 이차적 의미의 '사자'(잔인성·용맹성)가 잘 알려져 있다. 그래서 '이 사람'이 '일차적 의미의 사자'의 특성을 가지는 '이차적 의미의 사자'라는 취지에서 '이 사람은 사자이다.'라고 말하는 것이다. 이와 달리 육체 등을 '나'라고 잘못 간주하는 자기가정이란 '육체 등'과 '나'(아뜨만) 사이의 차이를 잘 알지 못하는 경우이다. 따라서 자기가정은 거짓일 뿐 이차적 의미가 아니다.

263_ 사물의 차이를 잘 알지 못하는 자에게, '나'라는 것이 '육체 등'에 적용되는 것처럼 어떤 말과 관념이 다른 곳에 적용되는 경우에는, 그 말과 관념은 이차적 의미가 아니라 착오(bhrānti)에 기인하는 것에 지나지 않는다.

264_ * '이것은'(idam)이라는 표현은 Samata에만 추가로 등장한다.

265_ 비유적 의미 없이(nirupacāreṇa)=일차적 의미에서. 무분별(aviveka)은 착오, 거짓된 지식, 거짓된 자기가정, 무지 등과 유의어이다. 이곳에서는 3가지 예시를 들고 있다: ① 어스름에서 기둥을 '이것은 사람이다.'라고 파악할 경우에 '사람'이라는 말과 관념, ② 먼 거리에서 자개를 '이것은 은이다.'라고 확정할 경우에 '은'이라는 말과 관념, ③ 아뜨만과 아뜨만이 아닌 것에 대한 무분별로 말미암아 육체를 '이것은 나이다.'라고 간주할 경우에 '나'라는 말과 관념. 이러한 말과 관념들은 거짓이나 착오일 뿐 결코 이차적 의미라고 할 수 없다.

긴다. 따라서 육체 등과는 구별되는 아뜨만의 존재를 주창하는 자들이 육체 등에 대해 가지는 '나'라는 관념은 단지 거짓일 뿐 이차적 의미가 아니다.

따라서 육화 상태가 거짓된 관념에 기인함으로 말미암아 지식이 있는 자는 살아 있으면서도 탈육화한다는 것이 정립된다. 이와 같은 연관에서 계시서는 브라흐만을 아는 자와 관계하여, "그래서 마치 뱀의 허물이 개밋둑에 죽은 채로 내버려져 놓이듯이 이 육신도 바로 그와 같이 놓입니다. 그러면 탈육화이고 불멸인 이 생기는, 브라흐만일 뿐이고 빛(광휘)일 뿐입니다."〈브리 4.4.7〉라고 한다. 또한 "눈이 있지만 눈이 없는 듯이, 귀가 있지만 귀가 없는 듯이, 말이 있지만 말이 없는 듯이, 마음이 있지만 마음이 없는 듯이, 생기가 있지만 생기가 없는 듯이"라고 한다. 또한 전승서는 "지혜가 확고한 자에 대해 어떠하다고 말합니까?"〈기따 2.54〉라는 등을 통해 지혜가 확고한 자의 특징들을 전하면서 지식이 있는 자가 모든 행위와 무관하다는 것을 보여준다.

따라서 브라흐만이 곧 아뜨만이라는 것을 아는 자는 예전대로 윤회하는 자이지 않다. 반면에 예전대로 윤회하는 자는 브라흐만이 곧 아뜨만이라는 것을 아는 자가 아니다. 이로써 결함은 없다.

한편, 듣기 이후에 숙고하기와 명상하기를 보기 때문에 브라흐만은 명령에 부차적일 뿐 그 자체로 완결되는 것이 아니라고 주장한 것에 관해서는,[266] 그렇지 않다. 듣기처럼[267] 숙고하기와 명상하기는 직접적 앎을 의도하기 때문이다. 실로 만약 알려진 브라흐만이 다른 곳에서

266_ 듣기 이후에 숙고하기, 명상하기가 이어지기 때문에 브라흐만은 '그 자체로 완결되는 것'(svarūpa-paryavasāyitva)이 아니다. 즉 듣기를 통해 알려진 브라흐만에 대해 숙고하기, 명상하기가 명령되기 때문에 브라흐만에 대한 지식은 자체적으로 완결되는 것이 아니다. 따라서 브라흐만은 명령에 부차적이다.

267_ * '듣기처럼'(śravaṇavat)이라는 표현은 Samata에만 추가로 등장한다.

사용된다면,[268] 그 경우에는 명령에 부차적이게 될 것이다. 하지만 그렇지는 않다. 숙고하기와 명상하기마저 듣기처럼 직접적 앎을 의도하기 때문이다.

따라서 브라흐만이 성전을 지식수단으로 가지는 것은 최종적 행위에 대한 명령과 관계해서 가능하지 않으므로, 그로부터 베단따 문장들의 조화를 통해 오직 독자적으로 브라흐만이 성전을 지식수단으로 가진다는 것이 정립된다. 또한 그와 같을 경우에 "이제, 이로부터, 브라흐만에 대한 탐구욕이 [나아간다]."〈수뜨라 1.1.1〉라며 그것(브라흐만)과 관계하는 논서가 별개로 시작되는 것은 합당하다. 실로 [브라흐만이] 최종적 행위에 대한 명령을 의도하는 경우에는, "이제 이로부터, 다르마에 대한 탐구욕이 [나아간다]."〈미맘사-수 1.1.1〉라는 것 자체가 [이미] 시작되었기 때문에, 별개의 논서가 시작되지 않아야 한다.[269] 또한 [그러한 경우에 별개의 논서가] 시작된다면, "이제 이로부터, 제의의 목적과 인간의 목적에 [보조적인 것에] 대한 탐구욕이 [나아간다]."〈미맘사-수 4.1.1〉에서처럼, "이제, 이로부터, 남겨진 다르마에 대한 탐구욕이 [나아간다]."라며 그와 같이 시작되어야 한다.[270] 하지만 [기존의

268_ 만약 듣기를 통해 알려진 브라흐만이 숙고하기와 명상하기에서 다른 용도로 즉 의례나 계속적 명상과 같은 것을 위한 용도로 사용된다면.

269_ 만약 브라흐만에 대한 가르침이 최종적 행위 즉 계속적 명상에 대한 명령을 의도한다면, 그러한 명령과 관계하는 논서 즉 <미맘사-수>에서 이미 탐구욕이 시작되었기 때문에, 명령에 부차적인 브라흐만을 다루는 별개의 논서 즉 <수뜨라>가 새로 시작되어서는 안 된다. 간단하게 말해서, 브라흐만이 명령에 부차적이라면, <수뜨라> 또한 <미맘사-수>에 부차적이기 때문에 독자적으로 <수뜨라>가 시작되어서는 안 된다.

270_ 만약 어쩔 수 없이 '명령에 부차적인 브라흐만'에 관해 별개의 논서가 시작되어야 한다면, <미맘사-수 4.1.1>이 제의의 목적과 인간의 목적에 보조적인 것에 대한 탐구욕으로 시작되는 것처럼, <수뜨라>는 '남겨진 다르마'(pariśiṣṭa-dharma)인 브라흐만에 대한 탐구욕으로 시작되어야 한다. 'pariśiṣṭa'라는 말은 '남겨진'이라는 의미와 연관된 '보조적인'이라는 의미도 가진다. 이에 따라 <수

논서에] 브라흐만과 아뜨만의 동일성에 대한 직접적 앎이 전제(확인)되지 않았으므로, "이제, 이로부터, 브라흐만에 대한 탐구욕이 [나아간다]."라며 그것을 위해 논서가 시작되는 것은 합리적이다.[271]

그러므로 '모든 명령들'과 '다른 모든 지식수단들'은 '나는 브라흐만이다.'라는 것으로 귀착될 뿐이다.[272] 실로 거부할 수도 없고 수용할 수도 없는 비이원적 아뜨만을 직접적으로 아는 경우에, 대상이 없고 지식주체가 없는 지식수단들은 [더 이상] 존재할 수가 없다.[273] 더 나아가 그들은[274] "아들·육체 등이 지양됨으로 말미암아 이차적이고 거짓된 아뜨만이 존재하지 않을 때, '나는 존재로서의 브라흐만을 본질로 한다'는 그와 같은 깨달음에서 어떻게 행위가 존재할 것이란 말인가? '추구해야만 하는 아뜨만에 대한 지식' 이전에는 아뜨만이 지식주체이지만, 추구된 것은[275] 죄악과 결점 등이 없는 바로 그 지식주체(아뜨만)일 것이다. 육체를 아뜨만으로 [간주하는] 관념이 일상적으로 타당하다고 가정되듯이, 바로 그와 마찬가지로 실로 아뜨만이 확정될 때까지는 이것(지식수단)도 일상적으로 타당하다."라고 말한다.‖4‖

뜨라 1.1.1>은 "이제, 이로부터, 남겨진(보조적인) 다르마에 대한 [즉 브라흐만에 대한] 탐구욕이 [나아간다]."라는 식으로 시작되어야 한다. 하지만 <수뜨라 1.1.1>은 결코 그렇게 시작되지 않는다.

271_ <수뜨라>의 목적이 분명하게 밝혀진다. 그것은 '브라흐만과 아뜨만의 동일성에 대한 직접적 앎'이다.

272_ "나는 브라흐만이다."(ahaṃ brahmāsmi)라는 문장은 브라흐만과 아뜨만의 동일성에 대한 직접적 앎이 낳는 결과물이다. 그리고 "그것이 너이다."(tat tvam asi)라는 위대한 문장보다는 "나는 브라흐만이다."라는 위대한 문장이 실제로 직접적 앎을 드러낸다고 알려져 있다. '너'는 간접적이고 '나'는 직접적이기 때문이다.

273_ 브라흐만에 대한 직접적 앎이 생기기 이전까지만 지식수단들은 효력을 가질 수 있을 뿐, 그 직접적 앎이 생긴 이후에는 지식의 대상도 주체도 없이 비이원성만 있기 때문에 지식수단들은 그 존립조차 불가능하다.

274_ 그들은=브라흐만에 대한 직접적 앎을 가진 자들은.

275_ 추구된 것은=아뜨만에 대한 지식을 통해 얻은 결과는.

{ 5. '마음으로 바라보기'라는 주제:[276] 수뜨라 5-11 }[277]

이상에서, 브라흐만 즉 아뜨만에 대한 직접적 앎을 목적으로 하는 베단따 문장들이 [또] 브라흐만 즉 아뜨만을 취지로 함으로써 조화되는 베단따 문장들이, 심지어 행위에 해당되지 않고서도 브라흐만으로 귀착된다는 것에 관하여 언급했다. 또한 전지전능한 브라흐만은 세계의 생성 · 유지 · 소멸의 원인이라고 언급했다.

이와 달리 확립된 사물이 다른 지식수단으로부터[278] 알려질 수 있을 뿐이라고 생각하는 상크야 학자 등은, 쁘라다나 등 다른 원인들을 추론하면서 베단따 문장들이 오직 그것(다른 원인)을 의도한다고 해석한다. [그들에 따르면], 실로 창조와 관계하는 모든 베단따 문장들은 오직 '결과를 통한 추론'으로써 원인을 지시하고자 한다.[279] 상크야 학자들은 쁘라다나와 뿌루샤의 연계가 항상 추론될 수 있다고 생각한다.[280] 한편 까나다의 추종자들은[281] 바로 그러한 문장들로부터 동작적 원인인 신과 물질적 원인인 원자들을 추론한다. 마찬가지로 그럴듯한(사이비) 문장과 그럴듯한(사이비) 추리에 의지하는 다른 추리학자들도 전론

276_ 여기서 '마음으로 바라보기'(īkṣati)란 '보는 것'과 '생각하는 것'을 포괄하는 말이다.

277_ 이 '주제'에서는 상크야 학파를 비판한다. <수뜨라>에서 상크야 비판은 1.1.5-11; 1.1.18; 1.4.1-13; 2.1.1-11; 2.2.1-10 등을 통해 이루어진다.

278_ 다른 지식수단으로부터=우빠니샤드 즉 성언이 아닌 추론으로부터.

279_ 예컨대 <찬도 6.8.4>에서 찾아볼 수 있다: "얘야, 싹인 음식(흙)을 통해 뿌리인 물을 찾도록 해라. 얘야, 싹인 물을 통해 뿌리인 불을 찾도록 해라. 얘야, 싹인 불을 통해 뿌리인 존재를 찾도록 해라."

280_ 일상에서 '의식체가 없이는 물체가 작동하지 않는' 많은 예시들이 있기 때문이다.

281_ 까나다(Kaṇāda)의 추종자들은=바이셰쉬까 학자들은.

(前論)의 주창자로서 이 경우와 대립해 있다.[282]

이러한 사정에서 말 · 문장 · 지식수단에 능통한 대(大)스승은, 베단따 문장들이 브라흐만 즉 아뜨만에 대한[283] 직접적 앎을 의도한다는 것을 보여주기 위해, 그럴듯한 문장과 그럴듯한 추리에 [의지하는] 견해들을 전론으로 설정하고 논박한다.

그 가운데 상크야 학자들은 비의식체로서 3가지 구나를 가지는 쁘라다나가 독자적으로[284] 세계의 원인이라고 생각하면서 말한다.

[상크야]: 베단따 문장들은 전지전능한 브라흐만이 세계의 원인이라는 것을 밝힌다고 당신이 언급했는데, 그 [문장들은] 쁘라다나가 원인이라는 입장에도 적용될 수 있다.

먼저 전능성은 쁘라다나에 경우에도 그 자체의 변형과 관계해서 합당하다.[285]

마찬가지로 전지성 또한 합당하다. 어떻게? 당신이 지식이라고 간주하는 것은 삿뜨바의 특성이다. "삿뜨바로부터 지식이 산출되고"〈기따 14.17〉라고 전승되기 때문이다. 그리고 삿뜨바의 특성인 그 지식으로 말미암아 신체와 기관을 가진 요가 수행자들은 전지한 사람들이라고 잘 알려져 있다.[286] 왜냐하면 삿뜨바의 비할 데 없는 극치에서 전지

282_ '그럴듯한 문장'(vākya-ābhāsa)에 의지한다는 것은, 자신들의 논증에 유리하게끔 문장의 본래 의미를 왜곡하면서까지 그 문장을 논거로 사용한다는 것을 가리킨다. 다른 추리학자(tārkika)들=불교 학자들, 자이나교 학자들 등. 이 경우와 대립해 있다=논의의 주체인 우리 즉 후론(後論)의 주창자인 우리와 대립해 있다.

283_ * '아뜨만'(-ātma-)이라는 표현은 Samata에만 추가로 등장한다.

284_ * '독자적으로'(svatantraṃ)라는 표현은 Samata에만 추가로 등장한다.

285_ 쁘라다나는 그 자체의 변형(vikāra)인 모든 전개물들의 물질적 원인이므로, 쁘라다나의 전능성은 합당하다.

286_ 쁘라다나의 전지성에 대한 논거로 '요가 수행자'(yogin)를 제시한다. 요가 수행자들은 쁘라다나의 산물인 신체와 기관을 가지고 있지만, 또한 '쁘라다나를 구성하는 삿뜨바'의 특성인 지식으로 말미암아 전지하다고 잘 알려져 있다. 요

성이 잘 알려지기 때문이다. 독존(獨存)이고 신체와 기관이 없으며 의식 자체인 뿌루샤가 전지함 혹은 미미한 지식을 가진다고는 생각할 수 없다.[287] 반면에 쁘라다나가 3가지 구나를 가짐으로 말미암아 '전지함의 원인인 삿뜨바'는 심지어 쁘라다나 상태에서도 존재하므로, 베단따 문장들에서는 실로 쁘라다나가 비의식체로 존재함에도 [그것에 대해] 전지성을 비유적으로 적용한다.[288] 그리고 브라흐만의 전지성을 가정하고 있는 당신조차도 전지성이란 그저 '전지한 힘을 가지는 것'[289]이라고 반드시 용인해야만 한다. 왜냐하면 브라흐만은 단지 '모든 시간에 모든 것을 대상으로 하는 인식(지식)을 행하고 있는 것'이 아니기 때문이다. 이를 풀이한다: [브라흐만의] 인식이 영원할 경우에 '인식 행위'에 관해서 브라흐만의 독립성이 손상될 것이다.[290] 만약 그것(인식)이 영원하지 않다고 한다면, '인식 행위'가 중지될 때에[291] 브라흐만이

가 수행자의 전지성은 쁘라다나의 전지성을 뒷받침해준다.

287_ 뿌루샤의 특성인 독존(kevala) 즉 순수하고 뒤섞이지 않음, 신체와 기관이 없음, '의식 자체'(upalabdhimātra)는 무속성(nirguṇa) 브라흐만의 특성과 조금도 다르지 않다. 무속성 브라흐만에는 전지함이나 '미미한 지식'(kiṃcijjñatva)이 모두 합당하지 않다. 마찬가지로 뿌루샤가 전지함이나 미미한 지식을 가진다는 것은 생각할 수 없다.

288_ 쁘라다나 상태(pradhānāvasthā)=3구나가 균형을 이루고 있는 상태, 곧 세계의 전개가 시작되지 않은 상태. 비록 쁘라다나가 비의식체일지라도 그 자체를 구성하는 3구나 가운데 하나인 삿뜨바가 전지성의 원인이므로, 베단따 문장들에서는 비의식체인 쁘라다나에 대해 비유적으로 전지하다고 말한다.

289_ 전지한 힘을 가지는 것(sarvajñānaśaktimattva)=모든 것을 알 수 있는 힘을 가지는 것. 상크야의 주장에 따르면, 브라흐만의 전지성이란 '전지한 힘을 가지는 것' 즉 '전지함의 내재력(內在力)을 가지는 것'을 의미한다. 그렇다면 내재력(창조력)을 가진 쁘라다나의 경우에 전지성을 적용하는 것은 당연히 합당하다.

290_ 만약 브라흐만의 인식(jñāna)이 영원하다면, 브라흐만이 '인식 행위'(jñāna-kriyā)를 자의대로 그만둘(멈출) 수가 없기 때문에 그 행위에 관한 브라흐만의 독립성(svātantrya)이 손상될 것이다.

291_ * '중지될 때에'(uparame)라는 표현은 Samata에만 추가로 등장한다. Nirnaya에서는 "'인식 행위'가 중지될 때에"라는 부분을 "인식 행위로부터"라고 읽는다.

심지어 중지될 것이다.[292] 이 경우에 전지성이란 그저 '전지한 힘을 가지는 것'이라고 간주된다.

더 나아가 당신은 창조(생성) 이전에 모든 행위수단을 결여하는 브라흐만을 원한다. 그러나 인식의 수단들인 육체 · 감관 등이 없는 경우에 그 누구에게도 인식의 생성(발생)은 가능하지 않다.[293]

더 나아가 복합성을 본질로 하는 쁘라다나에서는 전변이 가능하기 때문에 찰흙 등처럼 물질적 원인이 되는 것이 합당하지만, 비(非)합성적이고 단일성을 본질로 하는 브라흐만에서는 합당하지 않다.

이와 같은 귀결에서 이 수뜨라가 시작된다.

5. [상크야 학자들이 제안하는 세계의 원인인 쁘라다나는 베단따들에서 견지될 수] 없다; [그것은] 성언을 벗어나기 [때문이다]; '마음으로 바라보기' 때문에 [성언을 벗어난다].

īkṣater nāśabdam ‖5‖

[후론]: 상크야 학자들이 제안하는 세계의 원인으로서 비의식체인 쁘라다나는 베단따들에서 견지될 수 없다. 왜냐하면 그것(쁘라다나)은 성언을 벗어나기 때문이다.[294]

[상크야]: 어떻게 성언을 벗어난다는 말인가?

292_ 만약 브라흐만의 인식이 영원하지 않다면, '인식 행위'가 중지될 때에 그 행위를 하는 브라흐만 또한 존재가 중단될 것이다.

293_ 세계의 창조(생성) 이전에 모든 행위수단(kāraka)을 결여하는 브라흐만이 존재한다고 당신이 주장한다면, 육체 등 인식의 수단들이 없이는 인식이 생성되지 않는 이상, 도대체 브라흐만의 인식(지식)이 어떻게 가능하다는 말인가. 따라서 브라흐만은 세계의 원인이 아니다.

294_ '성언을 벗어나는 것'(aśabda)이란 '성언에서 세계의 원인으로 제시되지 않는 것'을 의미한다.

[후론]: '마음으로 바라보기' 때문이다. 즉 원인이 '마음으로 바라보는 자'라고 계시되기 때문이다.

어떻게? 실로 그와 같이 계시된다. "얘야, 태초에 이것(세계)은 오직 존재였다. 유일무이한 것이었다."〈찬도 6.2.1〉이라고 시작한 뒤에 "그는 '나는 다수가 될 것이리라. 나는 태어날 것이리라.'라고 마음으로 바라보았다. 그는 불을 창조했다."〈찬도 6.2.3〉라고 한다. 이곳에서는, '이것'이라는 말로 지시되는 '명칭과 형태에 의해 전개되는 세계'가 창조 이전에 '존재'를 본질로 한다고 확정한 다음, 논제이자 '존재'라는 말로 지시되는 바로 그것이 '마음으로 바라보기를 앞세운 채로 불 등을 창조하는 자'라는 것을 보여준다. 마찬가지로 다른 곳에서도 "실로 태초에 이것(세계)은 오직 하나의 아뜨만이었다. 다른 그 어떤 것도 눈을 깜박이지 않았다. 그는 '나는 세상들을 창조하리라'라고 마음으로 바라보았다. 그는 이러한 세상들을 창조했다."〈아이 1.1.1-2〉라며 오직 마음으로 바라보기를 앞세우는 창조를 전한다. 또한 어떤 곳에서는 16요소[295]를 가지는 뿌루샤를 제시하면서 "그는 마음으로 바라보았다 … 그는 생기를 창조했다."〈쁘라 6.3-4〉라고 말한다.

그리고 '마음으로 바라보기 때문에'라는 것은 '제의 때문에'에서와 같이, '동사 어근의 의미'를 지시하고자 한다. '동사 어근'을 지시하고자 하지 않는다.[296] 이로 말미암아 "모든 것을 [넓게] 알고 모든 것을 [깊게]

295_ 〈쁘라 6.4〉에서 열거되는 뿌루샤의 16요소는 생기(prāṇa), 믿음, 허공(에테르), 공기, 불, 물, 흙, 기관, 마음, 음식, 활기(힘), 고행(제어), 만뜨라들, 의례, 세상들, 이름이다.

296_ 수뜨라의 '마음으로 바라보기 때문에'(īkṣateḥ)는 '마음으로 바라보기'(īkṣati)라는 명사의 5격(탈격)이다. 동사 어근은 √īkṣ로서 '보다, 사유하다, 마음으로 바라보다' 등을 뜻한다. 이 경우에 명사 '마음으로 바라보기'(īkṣati)는, 동사 어근의 '(어떤 특정한 것을) 마음으로 바라보다'라는 의미가 아니라, 그렇게 마음으로 바라보는 것의 총체로서 '마음으로 바라보기' 일반을 의미한다. 따라서 '마음으로 바라보기 때문에'(īkṣateḥ)라는 것은 '동사 어근'(특정한 것에 대한

알며 지식으로 이루어진 고행을 하는 그것으로부터, 이 브라흐만과 명칭, 형태(색깔), 음식이 태어납니다."〈문다 1.1.9〉라고 이렇게 운운하는 것들도 전지한 신이 원인이라는 것을 의도하는 문장들로 예시되어야만 한다.[297]

한편, 삿뜨바의 특성인 지식을 통해 쁘라다나가 전지할 수 있다고 주장한 것은 합당하지 않다. 왜냐하면 쁘라다나 상태에서는 구나들의 균형으로 말미암아 삿뜨바의 특성인 지식이 가능하지 않기 때문이다.[298]

[상크야]: '전지한 힘을 가지는 것'으로서는 전지할 수 있다고 언급했지 않는가?

[후론]: 그 또한 합당하지 않다. 만약 구나들의 균형이 있을 때에 삿

마음으로 바라보기)을 지시하지 않고 '동사 어근의 의미'(마음으로 바라보기 일반)를 지시한다. 이와 유사한 논리는 <미맘사-수 7.4.1>에서도 찾아볼 수 있다. 그곳에서 '제의 때문에'(yajateḥ)는 '제의'(yajati)라는 명사의 5격이다. 동사 어근은 √yaj로서 '제의를 행하다' 등을 뜻한다. 이 경우에 명사 '제의'(yajati)는, 동사 어근의 '(어떤 특정한 신격에게) 제의를 행하다'라는 의미가 아니라, 그러한 각각의 제의의 총체로서 '제의' 일반을 의미한다. 동사 'juhoti' (3인칭 단수 현재)가 적용되는 경우에 그 동사가 적용되는 모든 제의를 가리키는 이름이 명사 'juhoti'이듯이, 동사 'yajati'(3인칭 단수 현재)가 적용되는 경우에 그 동사가 적용되는 모든 제의를 가리키는 이름은 명사 'yajati'이기 때문이다.

297_ '모든 것을 [넓게] 알고 모든 것을 [깊게] 알며 지식으로 이루어진 고행을 하는 그것으로부터'라는 표현은 마음으로 바라보는 자 또는 전지한 신이 세계의 원인이라는 점을 알려주기 때문에, <문다 1.1.9>도 수뜨라와 관련 있는 계시서 문장으로 인용되어야만 한다. 혹은 다음과 같이 풀이될 수도 있다: '모든 것을 [넓게] 알고 모든 것을 [깊게] 알며'라는 표현은 '[일반적으로] 전지하고 [구체적으로] 전지하며'라는 표현으로 바꿔도 무방하다. 수뜨라에서 '마음으로 바라보기 때문에'가 마음으로 바라보기 일반을 의미한다면, 일반적인 전지성을 의도하는 <문다 1.1.9>도 수뜨라와 관련 있는 계시서 문장으로 인용되어야만 한다.

298_ 전개가 시작되지 않은 '쁘라다나 상태'에서는 3구나가 균형(sāmya)을 이루고 있기 때문에 삿뜨바 구나의 우세가 불가능하다. 따라서 삿뜨바 구나의 특성인 지식도 생성되지 않을 것이므로 쁘라다나는 전지할 수 없다.

뜨바에 주재(駐在)하는 '지식의 힘'과 관련하여 쁘라다나가 전지함을 가진다고 말한다면, 기꺼이 라자스와 따마스에 주재하는 '지식을 방해하는 힘'과 관련해서도 쁘라다나가 미미한 지식을 가진다고 말해야 한다. 더 나아가 관찰하는 것과 무관한 '삿뜨바의 변용'은 지식이라고 지시되지 않는다.[299] 그리고 비의식체인 쁘라다나는 관찰하는 것이 아니다. 따라서 쁘라다나가 전지하다는 것은 부당하다. 그리고 요가 수행자들은 의식체이기 때문에, 삿뜨바의 극치에 기인하는 전지성이 합당하다는 것은 잘못된 예시이다. 또 다시 만약, 예컨대 불에 기인하는 '쇠구슬 등의 연소'처럼 심지어 관찰자에 기인하는 '쁘라다나의 마음으로 바라보기'를 추정한다면, 그와 같을 경우에 쁘라다나의 마음으로 바라보기를 야기하는 바로 그것은 세계의 원인으로서 '일차적 의미에서 전지한 브라흐만'이라는 것이 합리적이다.[300]

한편, [브라흐만의] 인식 행위가 영원할 경우에 인식 행위에 관해서 [브라흐만의] 독립성이 불가능하기 때문에 브라흐만마저 일차적 의미에서 전지하다는 것은 합당하지 않다고 주장한 것에 대하여 말한다.

당장 당신이 '인식 행위가 영원할 경우에 어떻게 전지성이 폐기된다는 말인가?'라고 이렇게 질문당해야만 한다. 왜냐하면 모든 대상을 조명할 수 있는 영원한 지식을 가지는 것에 대해 전지하지 않다고 하는 것은 이율배반적이기 때문이다.[301] 실로 지식이 영원하지 않은 경우에

299_ 뿌루샤의 특성인 '관찰하는 것'(sākṣika)이 없이는 삿뜨바 구나의 변용(vṛtti)은 결코 지식이라고 불리지 않는다.

300_ 상크야에서 제기할 수 있는 또 다른 주장은 다음과 같다: 불에 달궈진 쇠구슬 등이 다른 사물을 연소할 수 있는 것은 불에 그 원인이 있다. 마찬가지로 쁘라다나가 마음으로 바라보기와 같이 의식체의 특성을 가지는 것은 관찰자에 그 원인이 있다. 따라서 쁘라다나는 관찰자에 힘입어 마음으로 바라보기를 할 수 있다. 하지만 이러한 주장은 도리어 세계의 원인이 브라흐만이라는 점을 강화시킬 뿐이다. 왜냐하면 그 관찰자란 다름 아닌 '일차적 의미에서 전지한 브라흐만'이라는 것이 더 합리적이기 때문이다.

는, 어느 때에는 알고 다른 때에는 알지 못하므로 바로 그 전지성이 없을지도 모른다. 지식이 영원한 경우에는 그러한 결함이 없다.

[상크야]: 지식이 영원한 경우에 지식과 관계하는 독립성을 언급하는 것은 합당하지 않다.

[후론]: 아니다. 비록 태양이 지속적인 열기와 빛을 가지고 있을지라도, '태운다', '비춘다'라며 독립성을 언급하는 것을 보기 때문이다.[302]

[상크야]: 태워지는 것이나 비춰지는 것과 태양의 접촉이 있는 경우에 '태운다', '비춘다'라는 언급이 가능하지만, 브라흐만의 경우에는 창조(생성) 이전에 지식(인식) 대상과의 접촉이 없으므로, 예시가 어긋나지 않는가?[303]

[후론]: 아니다. 비록 대상이 없을지라도, '태양은 빛난다'라며 행위주체를 언급하는 것을 보기 때문이다. 마찬가지로 브라흐만의 경우에 비록 지식의 대상이 없을지라도, "그는 … 마음으로 바라보았다."〈찬도 6.2.3〉라며 행위주체를 언급하는 것이 합당하기 때문에, [예시는] 어긋나지 않는다. 그리고 대상이 필요한 경우에는, '마음으로 바라보기'에 대한 계시들이 브라흐만과 관계한다는 것이 훨씬 합당하다.[304]

301_ '브라흐만은 영원한 지식을 가진 것이다.'라는 진술과 '브라흐만은 전지하지 않다.'라는 진술은 이율배반적이다. 영원한 지식과 전지성은 유사 개념이기 때문이다.

302_ 따라서 브라흐만의 경우에 영원한 지식을 가짐에도 특정한 것에 대하여 '마음으로 바라본다'라며 독립성을 언급하는 것은 합당하다.

303_ 세계의 창조 이전에는 브라흐만이 유일무이하게 존재하는 까닭에 브라흐만과 지식 대상과의 접촉(saṃyoga)이 불가능하다. 따라서 후론자가 태양에 관해 언급한 유비(類比)적인 내용은 어긋난 예시이다.

304_ 태양에서도 브라흐만에서도 대상이 없이 행위주체에 대해 언표하는 것이 가능하다. 하지만 태양은 '빛난다'(prakāśate)에서 '빛나다'라는 것은 자동사이다. 반면에 브라흐만이 '마음으로 바라본다'에서 '마음으로 바라보다'라는 것은 타동사이다. 바로 이 때문에 이의를 제기한다면, 비록 마음으로 바라보는 것에 어떤 대상이 필요하다고 하더라도, 여전히 마음으로 바라보기와 관련되는 것은

[상크야]: 그렇다면 창조 이전에 '신의 지식'과 관계하게 되는 그 대상은 무엇인가?[305]

[후론]: 실재라고도 다른 것이라고도 말할 수 없는, 전개되지 않았지만 막 전개되려고 하는, 명칭과 형태라고 우리는 말한다.[306]

실로 그 '무언가'의 은총을 통해 요가 수행자들마저 과거나 미래와 관계하는 직각적(直覺的) 지식을 얻는다고 요가 교서에 정통한 자들은 간주한다. 그 ['무언가'로서] 영원히 확립된 신이 창조 · 유지 · 파괴와 관계하는 영원한 지식을 가진다는 것은 말할 나위조차 없지 않는가!

그리고 창조 이전에 육체 등과의 관계가 없이는 브라흐만에서 마음으로 바라보기가[307] 합당하지 않다고 주장한 것에 관해서는, 그러한 반론은 생기지 않는다. 태양의 빛처럼 브라흐만의 지식이 본질적으로 영원한 경우에, 지식의 수단이 필요하다는 것은 합당하지 않기 때문이다. 더 나아가 무지 등을 가진 윤회하는 자에게는 지식의 생성(발생)을 위해 육체 등이 필요할 것이지만, 지식을 방해하는 원인이 없는 신에게는 그렇지 않다. 또한 "그에게는 신체도 감관도 없다. 그와 동등한 것도 그를 능가하는 것도 보이지 않는다. 그의 지고한 권능은 실로 다양하다고 들린다. 또한 그가 지식을 행하는 것과 권위를 행하는 것은 자발적이다."〈슈베 6.8〉, "그는 손도 없이 붙잡고 발도 없이 날쌔며, 눈도 없이 보고 귀도 없이 듣는다. 그는 알려질 수 있는 [모든] 것을 알지만, 그에 대해 아는 자는 없다. 그들은 그를 '시초', '뿌루샤', '광대'(廣

쁘라다나가 아닌 브라흐만이라고 해석하는 것이 훨씬 합당하다.

305_ 그렇다면 창조 이전에 '브라흐만의 지식'의 대상은 무엇인가?

306_ 실재라고도 다른 것이라고도 말할 수 없는(tattvānyatvābhyām anirvacanīye)=브라흐만과 같은 것이라고도 브라흐만과 다른 것이라고도 말할 수 없는. 유사한 표현이 <주석 1.4.3; 2.1.14; 2.1.17>에서 등장한다.

307_ 브라흐만에서 마음으로 바라보기가=브라흐만에서 지식(인식)이 생성되는 것이.

大)라고 부른다."〈슈베 3.19〉라는 이러한 만뜨라는, 신에게서 육체 등이 필요하지 않다는 것과 [신이] 장애(방해) 없는 지식을 가진다는 것을 보여준다.

[상크야]: 당신의 경우에는, '지식을 방해하는 원인이 없는 신'과는 다른, 윤회하는 자가 존재하지 않지 않는가?[308] "그것과는 다른, 보는 자는 없습니다. … 그것과는 다른, 인식하는 자는 없습니다."〈브리 3.7.23〉라는 등이 계시되기 때문이다. 이 경우, 윤회하는 자에게는 지식의 생성을 위해 육체 등이 필요하지만 신에게는 그렇지 않다고, 이렇게 말하는 바는 무엇이란 말인가!

이에 대하여 대답한다.

[후론]: 사실이다. 신과는 다른 윤회하는 자는 없다. 그럼에도 '항아리 · 물병 · 산정동굴 등의 한정자'와 공간의 연계처럼, '육체 등의 집합인 한정자'와 [신의] 연계가 가정될 뿐이다.[309] 그리고 그것(연계)은, '항아리 속의 공간', '물병 속의 공간' 등이 공간과는 구별되지 않음에도, 말과 관념에 대한 사람들의 경험작용을 야기한다고 알려진다. 또한 그

308_ * Nirnaya에서는 이 부분을 "먼저, 지식을 방해하는 원인을 가진 것이자 신과는 다른, 윤회하는 자가 존재하지 않지 않는가?"라고 읽는다. '지식을 방해하는 원인이 없는 신'이라는 표현이 몇 문장 앞에 등장하므로 Samata가 더 적합할 것이다.

309_ 한정자(upādhi)=어떤 사물이 그 사물의 본질 · 본성과는 다른 것으로 나타나게끔 영향을 끼치는 외래적이고 우연적인 대상. 예컨대, 붉은 장미의 붉은색이 투명한 수정에 비추어져 수정의 색깔이 붉게 보이는 경우에 그 붉은 장미는 투명한 수정의 한정자가 된다. 베단따에서는 소우주의 측면에서 아뜨만이 육체 등의 여러 한정자들로 말미암아 아뜨만이 아닌 것으로 나타난다. 본문에서 항아리 · 물병 · 산정동굴은 모두 한정자들이다. 왜냐하면 그것들은 한정되지 않은 공간(허공)과 연계되어 항아리 속의 공간, 물병 속의 공간, 산정동굴 속의 공간을 만들기 때문이다. 마찬가지로 신은 육체 등과 같은 한정자들과 연계되어 윤회하는 자로 나타난다. 따라서 신과는 다른 윤회하는 자가 존재하지 않음에도, 신과 한정자의 연계로 말미암아 윤회하는 자는 존재하는 것처럼 가정된다.

것(연계)은 공간에 대하여 '항아리 속의 공간 등의 차이를 [만드는] 거짓된 생각'을 야기한다고 알려진다.[310] 마찬가지로 이 경우에도, '육체 등의 집합인 한정자와 [신의] 연계'라는 무분별이 신에 대하여 '윤회하는 자들의 차이를 [만드는] 거짓된 생각'을 야기한다고 [알려진다]. 그리고 오직 아뜨만만이 존재함에도, 거짓된 생각 자체가 앞서고 앞섬으로 말미암아 '육체 등의 집합인 아뜨만이 아닌 것'에 아뜨만을 고착시키는 것이 알려진다.[311] 결국 이와 같다면, 윤회하는 자가 윤회하는 경우에는 '마음으로 바라보기'를 위해 육체 등이 필요하다는 것이 합당하다.

그리고 쁘라다나에서는 복합성을 본질로 하기 때문에 찰흙 등처럼 물질적 원인이 되는 것이 합당하지만 비(非)합성적인 브라흐만에서는 그렇지 않다고 주장한 것은, 쁘라다나가 실로 성언을 벗어남으로써 논박된다.

한편 '쁘라다나 등이 아닌 오직 브라흐만만이 [세계의] 원인이라는 것'이 추리를 통해서도 완수될 수 있다는 점은,[312] "[브라흐만은 세계의 물질적 원인이] 아니다; 이것(세계)과 상이하기 때문이다 …"〈수뜨라 2.1.4〉라고 이렇게 운운하는 [수뜨라들을] 통해 상술할 것이다.‖5‖

이에 대하여 말한다.

[상크야]: '마음으로 바라보는 자'라고 계시되기 때문에 비의식체인 쁘

310_ 하나의 공간에 대하여 항아리 속의 공간, 물병 속의 공간 등과 같이 여러 차이(bheda)가 만들어지는데, 이 차이는 '거짓된 생각'(mithyābuddhi)이 그 원인이다. 그리고 거짓된 생각은 공간과 한정자 사이의 연계에 의해 야기된다. 베단따에서 '항아리 속의 공간'(ghaṭākāśa)은 개별자아(jīva)를, 공간(ākāśa)은 아뜨만을 각각 가리킨다.

311_ 아뜨만만이 유일한 실재임에도, 거짓된 생각의 연쇄 때문에 아뜨만이 아닌 것에 아뜨만을 고착시키는 것이 알려진다.

312_ 쁘라다나 등이 아닌 오직 브라흐만만이 세계의 원인이라는 것이, 성언을 통해서 확립될 뿐만 아니라 추리(tarka)를 통해서도 확립될 수 있다는 점은.

라다나가 세계의 원인이 아니라고 주장한 것은, 다만 다른 방식으로 [설명될] 수 있다. 비록 비의식체일지라도 의식체인 듯이 비유적으로 적용하는 것을 보기 때문이다. 예컨대, 붕괴가 가까워진 강둑을 주시하고서 '둑이 무너지려고 한다.'라며 심지어 비의식체인 둑에 대해 의식체인 듯이 비유적으로 적용하는 것이 알려지듯이, 그와 마찬가지로 창조가 가까워진 비의식체인 쁘라다나에 대해서도 "그는 … 마음으로 바라보았다."〈찬도 6.2.3〉라며 의식체인 듯이 비유적으로 적용하는 것이 가능하다. 예컨대 이 세상에서 의식체인 누군가가 '나는 목욕 후에 먹고 나서, 오후에 마차로 마을에 갈 것이다.'라고 마음으로 바라본 뒤에 곧 이어서 바로 그와 같이 규칙적으로 나아가듯이, 마찬가지로 쁘라다나도 '마하뜨' 등의 양상들을 따라 규칙적으로 나아간다.[313] 따라서 의식체인 듯이 비유적으로 적용한다.

[반박]: 그렇다면 무슨 이유에서 일차적 의미인 '마음으로 바라보기'가 배제된 채로 비유적 의미가 가정되는가?

[상크야]: "그 불은 … 마음으로 바라보았다."〈찬도 6.2.3〉, "그 물은 … 마음으로 바라보았다."〈찬도 6.2.4〉라며 비의식체인 불과 물에 대해서조차 의식체인 듯이 비유적으로 적용하는 것을 보기 때문이다. 따라서 행위주체인 '존재'(쁘라다나)가 마음으로 바라보는 것마저, '대부분이 비유적 의미인 글귀 때문에' 비유적 의미라고 이해된다.[314]

313_ 상크야 학파의 전개 이론에 따르면, 쁘라다나(쁘라끄리띠)로부터 전개되는 첫 번째 전개물은 붓디(buddhi, 지성)이다. 이 붓디는 쁘라다나의 첫 번째 전개물이기에 '마하뜨'(mahat, 위대한 것)라고 불린다. 그리고 붓디로부터 아항까라(ahaṅkāra, 자아의식)가 전개된다. 아항까라로부터 11개의 기관, 즉 마나스(manas, 내부기관으로서 마음), 5인식기관(귀 · 피부 · 눈 · 혀 · 코), 5행위기관(발성기관 · 손 · 발 · 배설기관 · 생식기관), 그리고 5유(五唯, 소리 · 감촉 · 색깔 · 맛 · 냄새)가 전개된다. 마지막으로 5유로부터 5대(五大, 에테르 · 공기 · 불 · 물 · 흙)가 전개된다. 이와 같은 전개물 23개에 뿌루샤와 쁘라다나를 더하여 상크야에서는 총 25개의 원리를 제시한다.

이와 같은 귀결에서 이 수뜨라는 시작된다.

6. 만약 [마음으로 바라보는 것이] 비유적 의미라고 [한다면], 아니다; '아뜨만'이라는 말 때문이다.

gauṇaś cen nātmaśabdāt ‖6‖

[후론]: 비의식체인 쁘라다나가 '존재'라는 말로 지시되고, 그 경우에 마음으로 바라보기는 불과 물에서처럼 비유적 의미라고 주장한 것은 사실이 아니다.

무엇 때문에? '아뜨만'이라는 말 때문이다. "얘야, 태초에 이것(세계)은 오직 존재였다."〈찬도 6.2.1〉라고 시작한 뒤에 "그는 … 마음으로 바라보았다. 그는 불을 창조했다."〈찬도 6.2.3〉라며 불 · 물 · 흙의 창조를 언급한 다음, 논제인 바로 그 '마음으로 바라보는 존재'와 불 · 물 · 흙이라는 그것들을 '신격'(神格)이라는 말을 통해 지시하면서 "그러한 이 신은 '자, 나는, 그러한 개별자아로써 즉 [나의] 아뜨만으로써 이러한 세 신격들에 들어가, 명칭과 형태를 전개하리라.'라고 마음으로 바라보았다."〈찬도 6.3.2〉라고 말한다. 이곳에서, 만약 비의식체인

314_ 행위주체인 존재(sat)란, <찬도 6.2.3>에서 '마음으로 바라보기'라는 행위를 한 주체인 '그'이며, 동시에 <찬도 6.2.1>에서 태초에 유일무이하게 있는 '존재'이다. '대부분이 비유적 의미인 글귀 때문에'라는 것의 의미는 다음과 같다: <찬도 6.2>에서 마음으로 바라보기의 주체로 등장하는 것은 <찬도 6.2.3>의 '그', <찬도 6.2.3>의 '불', <찬도 6.2.4>의 '물'이다. 이 가운데 <찬도 6.2.3>의 불과 <찬도 6.2.4>의 물이 마음으로 바라본다는 것은 비유적 의미임에 틀림없다. 그래서 <찬도 6.2> 전체에서 마음으로 바라보기와 관계된 문장들은 '대부분이'(일반적으로) 비유적 의미라고 추정할 수 있다. 이러한 까닭에 <찬도 6.2.3>의 "그는 …마음으로 바라보았다."에서도 비유적 의미가 적용될 것이다. 따라서 마음으로 바라보는 '그' 혹은 '존재'는 비의식체인 쁘라다나라고 할 수 있다.

쁘라다나가 '말의 비유적인 힘'[315]에 따라 마음으로 바라보는 것이라고 가정된다면, 바로 그것(쁘라다나)이 논제임으로 말미암아 '그러한 이 신'이라고 간주되어야 한다.[316] 그 경우에 신은 개별자아(개별영혼)를 '아뜨만'이라는 말로써 지시하지 않아야 한다.[317] 왜냐하면 '개별자아'라고 불리는 것은, 그것에 대해 주지하는 바로부터 또 어원으로부터, 의식체이고 육체의 지배자(주시자)이며 생기들의 지지자이기 때문이다. 어떻게 그것(개별자아)이 비의식체인 쁘라다나의 아뜨만이 될 수 있다는 말인가! 실로 '아뜨만'이라고 불리는 것은 본질이다. 의식체인 개별자아는 비의식체인 쁘라다나의 본질이 될 수 없다.[318]

하지만 만약 의식체인 브라흐만을 일차적 의미에서 마음으로 바라보는 것이라고 받아들인다면, 개별자아와 관계하는 '아뜨만'이라는 말을 그것(브라흐만)에 대해 사용하는 것은 합당하다. 마찬가지로 "그렇게 그 미세한 것. 이 모든 것은 그것을 아뜨만(본질)으로 한다. 그것은 존재이다. 그것은 아뜨만이다. 슈베따께뚜여, 그것이 너이다."〈찬도 6.8.7〉라는 곳에서는, '그것은 아뜨만이다.'라며 논제이자 '미세함을 본질로 가지는 존재'를 '아뜨만'이라는 말을 통해 지시한 뒤, '슈베따께

315_ 말의 비유적인 힘(guṇa-vṛtti)=언어가 가진 힘 중의 하나로서 일차적·축어적인 의미가 아니라 이차적·비유적인 의미를 낳는 힘.

316_ <찬도 6.2>의 논제(prakṛta)가 <찬도 6.3>으로 이어지므로, <찬도 6.3.2>의 주어인 '그러한 이 신'은 <찬도 6.2>에서 '마음으로 바라보기'를 행한 바로 그 주체여야만 하기 때문이다.

317_ <찬도 6.3.2>에서 개별자아와 아뜨만이 동격(3격)이므로, 신은 개별자아를 아뜨만(본질)으로 간주하는 셈이다.

318_ <찬도 6.3.2>에서 신은 자신을 '개별자아'라고 지시하는 동시에 그 개별자아를 '[나의] 아뜨만'이라고 지시한다. 그런데 만약 신이 쁘라다나라면, 어떻게 비의식체인 쁘라다나의 아뜨만(본질)이 의식체인 개별자아일 수 있다는 말인가? 이러한 연관에서 <찬도 6.3.2>의 '그러한 개별자아로써 즉 [나의] 아뜨만으로써'(anena jīvenātmanā)라는 구절을 '그러한 개별자아를 아뜨만(본질)으로 가진 것으로써'라고 읽어도 무방하다.

뚜여, 그것이 너이다.'라며 [그것을] 의식체인 슈베따께뚜의 아뜨만이라고 지시한다.

반면에 불과 물은 대상이기 때문에 비의식체이다. 또 단지 명칭과 형태의 전개 등에 사용되는 것으로 지시되기 때문이다.[319] 그리고 [불과 물의 경우에는] '아뜨만'이라는 말처럼 '일차적 의미에 대한 그 어떤 근거'도 없으므로, 마음으로 바라보기란 '둑'처럼 비유적 의미라는 것이 합리적이다.[320] 다만 그것들의 경우에도, 실로 존재에 의해 지배되는 것이라는 견지에서는[321] [일차적 의미에서] 마음으로 바라보기가 [가능하다]. 반면 존재의 경우에는 '아뜨만'이라는 말 때문에 마음으로 바라보기가 비유적 의미라고 말하지 못한다.‖6‖

그러면 [이에 대하여] 말할 것이다.

[상크야]: [쁘라다나는 뿌루샤] 자신의(아뜨만의) 모든 일을 행하는 것이기 때문에[322] 심지어 비의식체인 쁘라다나에 대해 '아뜨만'이라는 말이 적용된다. 예컨대, '바드라세나는 나의 아뜨만이다.'라며 왕의 모든 일을 행하는 신하에 대해 '아뜨만'이라는 말이 적용된다.[323] 실로 동맹

319_ 불과 물은 '명칭과 형태'의 전개(vyākaraṇa)에서 한갓 전개된 것들 중의 하나로 언급되기 때문에, 전개와 관련하여 사용되는 그것들은 비의식체에 지나지 않는다.

320_ 불과 물의 마음으로 바라보기에서는 그것들이 일차적 의미로 사용되었다는 그 어떤 근거(kāraṇa)도 없다. 다시 말해, 존재의 경우에 '아뜨만'이라는 말이 있는 것과 달리, 이 경우에는 일차적 의미의 표징이 될 만한 근거가 없다. 따라서 불과 물의 마음으로 바라보기란 강둑의 비유에서처럼 단지 비유적 의미에 지나지 않는다는 것이 합리적이다.

321_ <찬도 6.2>에서 존재(sat)는 지배자(adhiṣṭhātṛ) 또는 주재자(駐在者)이고, 불과 물은 지배되는 것(adhiṣṭhita) 또는 주재되는 것이라는 견지에서는.

322_ 쁘라다나는 '뿌루샤 자신의(ātmanaḥ)' 즉 '아뜨만의' 모든 일을 행하는 것이기 때문에.

323_ 왕에게서 신하란 자신의 모든 일을 대행하는 자이므로, 신하는 왕의 아뜨만

과 전쟁 등에 종사하는 왕의 신하와 같이, 쁘라다나는 뿌루샤 자신의 향유와 해방을 행함으로써 도움을 준다.

또 다른 해설로는, '아뜨만'(자체)이라는 단 하나의 말이 의식체와 비의식체와 관계하여 적용될 것이다. '원소 자체'와 '기관 자체'에서 사용되는 것을 보기 때문이다.[324] 예컨대, '즈요띠스'라는 단 하나의 말은 '제의'와 '불'과 관계한다.[325] 이 경우에 '아뜨만'이라는 말 때문에 마음으로 바라보기가 비유적 의미가 아니라는 것은, 어찌하여 그러한가?

이로부터 답변을 한다.

7. [만약 비의식체인 쁘라다나에 대해 '아뜨만'이라는 말이 적용된다고 한다면, 쁘라다나는 '아뜨만'이라는 말의 지시대상이 될 수 없다]; 그것(아뜨만)에 몰두하는 자에게 해탈을 가르치기 때문이다; [따라서 쁘라다나는 '존재'라는 말로 지시되는 것이 아니다].

tanniṣṭhasya mokṣopadeśāt ‖7‖

[후론]: 비의식체인 쁘라다나는 '아뜨만'이라는 말의 지시대상이 될 수 없다. "그것은 아뜨만이다."〈찬도 6.8.7〉라며 논제인 미세한 '존재'를 말한 뒤에, "슈베따께뚜여, 그것이 너이다."〈찬도 6.8.7〉라며 해탈해야만 하는 의식체인 슈베따께뚜에게 '그것'에 대한 몰두를 가르치고 나서, "스승을 가진 사람은 지식을 얻는다. 그는 자유로워지지 않는 바로 그러한 만큼 오래 있다가, 그러고 나서 융합된다."〈찬도 6.14.2〉라

즉 왕의 또 다른 자신이나 마찬가지이다. 따라서 신하에 대해서 '아뜨만'이라는 말이 적용되듯이, 쁘라다나에 대해서도 '아뜨만'이라는 말이 적용될 수 있다.

324_ '원소 자체'(bhūtātman), '기관 자체'(indriyātman)에서 원소와 기관이 비의식체임에도 '아뜨만'이라는 말이 사용되는 것을 보기 때문이다.

325_ '즈요띠스'(jyotis)라는 말은 일반적으로 불을 뜻하지만 '즈요띠슈또마'(Jyotiṣṭoma)라는 제의를 가리키기도 한다.

며 해탈을 가르치기 때문이다. 실로, 만약 "그것이 너이다."에서 비의식체인 쁘라다나가 '존재'(그것)라는 말로 지시되고 해탈을 욕구하는 의식체인 그에게 '비의식체가 너이다'라는 것을 [가르친다고] 이해한다면,[326] 그 경우에 성전은 사람들에게 해악을 주기 위해 그릇되게 말하므로 지식수단이 아니게 될 것이다. 하지만 결함이 없는 그 성전을 지식수단이 아니라고 간주하는 것은 합리적이지 않다. 그리고 만약 지식수단으로서의 성전이 '무지한 채로 해탈을 욕구하는 자'에게 비의식체인 '아뜨만이 아닌 것'을 아뜨만이라고 가르친다면, 믿음이 있는 그는 '장님과 소의 꼬리'라는 금언(金言)에 따라[327] 아뜨만에 대한 그러한 견해를 버리지 않을 것이고, 또 그것(아뜨만이 아닌 것)과는 구별되는 아뜨만을 알지 못할 것이며, 그와 같을 경우에 인간의 목표로부터[328] 빗나가게 되고 또 해악을 좇을 것이다. 따라서 [성전이] 천국 등을 열망하는 자에게 그러한 바대로 아그니호뜨라 등의 수단을 가르치듯이, 마찬가지로 해탈을 욕구하는 자에게도 "그것은 아뜨만이다. 슈베따께뚜여, 그것이 너이다."라며 바로 그러한 바대로 아뜨만을 가르친다는 것은 합리적이다. 또한 이와 같을 경우에, '달구어진 도끼를 잡음으로써 자유로워지는 것'이라는 예시로 말미암아[329] 진리(실재)에 몰입하는 자에

326_ '그것이 너이다.'라는 문장을 '비의식체인 쁘라다나가 너이다.'라는 뜻으로 이해한다면.

327_ '장님과 소의 꼬리'(andha-golāṅgūla)라는 금언(nyāya)은 다음과 같은 배경 이야기를 가진다: 사악한 심성을 가진 사람이 숲속에서 길을 잃고 헤매는 장님을 만난다. 그는 친절하고 예의바르게 행동함으로써 장님으로부터 큰 신뢰를 얻는다. 그렇지만 장님으로 하여금 젊고 경망스러운 소의 꼬리를 잡도록 만든다. 결과적으로 맹신에 빠져 있던 장님은 가시덤불 등과 같이 더욱 험한 고난을 겪게 된다. 이러한 점에서 '장님과 소의 꼬리'는 잘못된 맹신을 경계하고자 하는 금언이다.

328_ 인간의 목표로부터=해탈로부터.

329_ <찬도 6.16.1-3>에 나오는 예시이다. 도둑질을 하지 않았다고 주장하는 사람이 도둑인지 그렇지 않은지 불에 달구어진 도끼로 판단한다. 만약 그가 도둑질

게 해탈을 가르치는 것은 합당하다.

이와 다르게, 존재 즉 아뜨만이라는 실재에 대한 가르침이 실로 일차적 의미가 아닐 경우, "'나는 욱타(생기)이다.'라고 알아야 한다."〈아이-아 2.1.2.6〉에서처럼 단순히 '결합하기'인 그것(가르침)은 무상한 결과를 낳을 것이다. 그 경우에 해탈에 대한 가르침은 합당하지 않을 것이다.[330] 따라서 미세한 '존재'와 관계하는 '아뜨만'이라는 말은 비유적 의미가 아니다. 반면에 신하의 경우에는, 주인과 종자의 차이가 명백하기 때문에, '바드라세나는 나의 아뜨만이다.'에서 '아뜨만'이라는 말이 비유적 의미인 것은 합당하다.[331] 더 나아가 비유적 의미인 말을 가끔 본다고 해서, 그로부터 성언을 지식수단으로 하는 대상에 대해 비유적 의미를 추정하는 것은 정당하지 않다. 모든 경우에서 신뢰의 상실이라는 부조리한 결말이 생기기 때문이다.[332]

한편, '즈요띠스'라는 말이 '제의'와 '불'에 대해 공통적인 것처럼, '아뜨만'이라는 말이 의식체와 비의식체에 대해 공통적이라고 주장한 것에 관해서는, 그렇지 않다. [하나의 말이 일차적으로] 여러 의미를 가지

을 했다면 허위를 말한 것에 의해 손이 타고 그 결과 벌을 받게 된다. 만약 그가 도둑질을 하지 않았다면 진실(진리)을 말한 것에 의해 손이 타지 않고 그 결과 자유로워진다. 이 예시는 오직 진리에 몰입하는 자가 해탈(자유)을 얻을 수 있다는 교훈을 담고 있다.

330_ 존재 또는 아뜨만에 대한 가르침이 비유적 의미일 경우에는 계속적 명상의 일종인 결합하기(saṃpad)에서와 유사한 결과가 나온다. 그 결과는 무상하다. 따라서 그 경우는 해탈에 대한 가르침이 될 수 없다.

331_ 사물의 차이가 잘 알려진 경우에 비유적(이차적) 의미가 적용될 수 있다. 왕(주인)으로서의 '나'와 신하(종자)로서의 바드라세나 사이에는 그 차이가 잘 알려져 있기 때문에 비유적 의미가 적용되는 것은 합당하다.

332_ 비유적 의미인 말이 가끔 눈에 띈다는 단지 그 정도 사례로써 심지어 성언을 지식수단으로 하는 초감각적 대상에 대해서도 비유적 의미를 추정하는 것은 옳지 않다. 그렇게 되면 모든 경우에서 '신뢰의 상실'(anāśvāsa)이라는 부조리한 결말이 생기기 때문이다.

는 것은 정당하지 않기 때문이다. 따라서 일차적 의미에서 오직 의식체와 관계하는 '아뜨만'(자체)이라는 말은, '의식체'인 듯한 비유적 적용을 통해 '원소 자체'와 '기관 자체'라며 원소 등에 대하여 사용된다.[333] 심지어 공통적인 경우에는, 맥락 혹은 인접어(隣接語)라는 그 어떤 확정인자가 없이는 '아뜨만'이라는 말이 둘 중에 어느 어법(語法)인지 확정할 수 없다.[334] 그러나 이곳에는 비의식체를 위한 확정인자 즉 그 어떤 근거도 없다. 반면에 논제는 '마음으로 바라보는 존재'이고 또 의식체인 슈베따께뚜는 근접해 있다.[335] 실로 의식체인 슈베따께뚜가 비의식체를 아뜨만(본질)으로 가지는 것은 가능하지 않다고 우리는 말했다. 따라서 이곳에서 '아뜨만'이라는 말은 의식체와 관계한다는 것이 확정된다. 심지어 '즈요띠스'라는 말은 그 일상적인 사용을 통해 단지 '불'로서 널리 알려져 있고, 실로 아르타바다(의미진술)를 통해 형성된 '불과의 유사성'으로 말미암아 '제의'의 [의미로] 나아갔으므로,[336] 부적절한

333_ 동일한 맥락에서 하나의 말은 일차적으로 하나의 의미를 가진다. 그리고 그 말은 '일차적 의미와 관계된 것'에 대해 이차적으로 사용됨으로써 비유적 의미를 가진다.

334_ 심지어 '아뜨만'이라는 말이 의식체와 비의식체에 대해 공통적인 경우, 맥락(prakaraṇa) 혹은 인접어(upapada)와 같은 확정인자(niścāyaka)가 반드시 있어야만 그 말이 의식체를 가리키는지 비의식체를 가리키는지 그 어법(vṛtti)을 확정할 수 있다. 맥락이란 어떤 말이 놓여 있는 일반적 연관을, 인접어란 어떤 말에 가까이 놓인 다른 말을 각각 가리킨다.

335_ 먼저 맥락이라는 확정인자를 따져보면, 논제가 '마음으로 바라보는 존재'이기 때문에 맥락은 오직 의식체를 지시한다. 그 다음에 인접어라는 확정인자를 따져보면, <찬도 6.8.7>에서 '슈베따께뚜'라는 말이 '아뜨만'이라는 말의 바로 근처에 놓여 있기 때문에 인접어도 의식체를 지시한다. '마음으로 바라보는 존재'와 '슈베따께뚜'는 모두 의식체일 뿐이다.

336_ 아르타바다(의미진술)를 통해 형성된 '불과의 유사성'으로 말미암아 '제의'의 [의미로] 나아갔으므로=불(즈요띠스)의 '빛남'과 제의의 '빛남'에 대한 찬양(아르타바다)을 통해 양자 사이의 유사성이 만들어졌고, 그 유사성으로 말미암아 '즈요띠스'라는 말이 '제의'라는 의미로 파생되었으므로.

예시이다.

[수뜨라에 대한] 또 다른 해설이다. 바로 앞선 수뜨라에서 비유적 의미이거나 공통적 의미라는 모든 의심을 제거하는 것을 통해 '아뜨만'이라는 말을 설명함으로써, 그로부터 "그것(아뜨만)에 몰두하는 자에게 해탈을 가르치기 때문이다; [따라서 쁘라다나는 '존재'라는 말로 지시되는 것이 아니다]."라는 [이 수뜨라는] 오직 독립적으로 쁘라다나가 원인이라는 것을 부인하는 논거라고 설명해야만 한다.

그러므로 비의식체인 쁘라다나는 '존재'라는 말로 지시되는 것이 아니다.‖7‖

또 어떤 근거에서 쁘라다나는 '존재'라는 말로 지시되는 것이 아닌가?

8. [성전은 쁘라다나를 '거부해야만 하는 것'이라고 말해야 하지만] '거부해야만 하는 것'이라고 말하지 않기 때문에, 또 [확언과의 모순 때문에, 쁘라다나는 '존재'라는 말로 지시되는 것이 아니다].

heyatvāvacanāc ca ‖8‖

만약 아뜨만이 아닌 것에 불과한 쁘라다나가 '존재'라는 말로 지시되는 것이고, "그것은 아뜨만이다. … 그것이 너이다."〈찬도 6.8.7〉라는 곳에서 가르쳐지는 것이라면, 그(슈베따께뚜)는 그 가르침을 듣는 것으로부터 아뜨만을 알지 못함으로 말미암아 그것(쁘라다나)에 몰두하지 말아야 하므로, 일차적인 아뜨만을 가르치고자 하는 성전은[337] 그것(쁘라다나)을 '거부해야만 하는 것'이라고 말해야 한다.[338] 예컨대, 아룬다

337_ * '성전은'(śāstraṃ)이라는 표현은 Samata에만 추가로 등장한다.

띠를 보여주고자 하는 자가 우선 그것의 근처에 있는 이차적인[339] 큰 별을 아룬다띠라고 지각하게 한 뒤에, 그것(큰 별)을 부정하고서 나중에 아룬다띠 자체를 지각하게 하듯이,[340] 그와 마찬가지로 [나중에] 그것(쁘라다나)을 아뜨만이 아니라고 말해야 한다. 하지만 그와 같이 말하지 않았다. 왜냐하면 오직 존재인 아뜨만에 대한 직접적 앎에 몰두하는 것 자체가 6장의[341] 결말로서 알려지기 때문이다.

'또'라는 말은 '확언과의 모순'이라는 추가적 [논거를] 밝히기 위해서이다.[342] 심지어 [쁘라다나에 대해] '거부해야만 하는 것'이라고 말하는

338_ 만약 <찬도 6.8.7>이 쁘라다나에 대한 가르침이라면, 그 가르침을 듣는 것으로부터 슈베따께뚜는 결코 아뜨만을 알지 못하기 때문에 아뜨만으로 잘못 알고 있는 그 쁘라다나에 몰두하지 말아야 한다. 따라서 일차적인 아뜨만을 가르치고자 하는 성전은 반드시 쁘라다나를 '거부해야만 하는 것'(heya)이라고 나중에라도 말해야 한다.

339_ 이차적인(amukhyāṃ)=본래의 것이 아닌.

340_ 아룬다띠(Arundhatī)=일곱 성자 중의 한 명인 바시슈타(Vasiṣṭha)의 아내 혹은 일곱 성자 모두의 아내로 알려져 있다. 또는 큰곰자리에 속해 있는 아주 작은 별인 '알코르'(Alcor, 워낙 어두운 별이라서 로마시대에 군인들의 시력을 측정하는 별이었다고 함)를 지시한다. 이 아룬다띠 별은 새벽녘에 북두칠성(일곱 성자를 상징함)의 사이에서 간헐적으로 보인다. 아룬다띠 별을 보여주는 방식은 다음과 같다: 결혼식에서 신부가 신랑에 대한 경외와 헌신을 서약하는 형태로 사제가 신랑 신부에게 이 별을 보여주고자 한다. 지극히 작고 희미한 이 별을 지시하기 위해서는 그 주위의 북두칠성을 이용해야 한다. 사제는 기준이 되는 큰 별을 먼저 아룬다띠라고 허구로 귀속시킨 다음에 그것은 실제로 아룬다띠가 아니라고 나중에 철회시킨다. 이러한 과정을 반복하여 최종적으로 아룬다띠를 지각하게끔 한다. 이와 같은 교훈의 방법은 '아룬다띠 보여주기 방법'(arundhatī-darśana-nyāya) 또는 '아룬다띠 방법'이라고 불리는데, 이는 베단따의 '덧놓기와 걷어내기'(adhyāropa-apavāda)라는 방법과 유사하다.

341_ 6장의=<찬도> 6장 전체의.

342_ 수뜨라에서 "[성전은 쁘라다나를 '거부해야만 하는 것'이라고 말해야 하지만] '거부해야만 하는 것'이라고 말하지 않기 때문에"가 하나의 논거이고, "또"라는 말은 또 하나의 논거가 추가된다는 것을 알려준다. 또 하나의 논거가 바로 '확언과의 모순'(pratijñā-virodha)이다. '확언과의 모순'이란 '<찬도> 6장의 도입부에서 제시된 어떤 확언(주장)'과 '쁘라다나를 세계의 원인으로 간주하는 입

경우에도, 확언과의 모순이라는 부조리한 결말이 생길 것이다. 실로 [6장의 도입부에서는] 원인에 대한 지식을 통해 모든 것이 알려진다고 확언한다. "듣지 못한 것을 듣게끔 하고 생각하지 못한 것을 생각하게끔 하고 인식하지 못한 것을 인식하게끔 하는, 그 교훈을 여쭌 적이 있었느냐? [슈베따께뚜가 되물었다:] 존경스러운 이여, 그 교훈은 과연 무엇이란 말입니까? 얘야, 마치 하나의 찰흙덩이를 [아는 것을] 통해 찰흙으로 이루어진 모든 것을 알 수 있듯이, [찰흙의] 변형이란 언어에 근거(기원)하고 있으며 명칭 자체이고 오직 찰흙이라는 것만이 실재이다."〈찬도 6.1.3-4〉, "얘야, 이상이 그 교훈이다."〈찬도 6.1.6〉라고 시작하는 [6장의] 문장들에서 계시되기 때문이다. 그리고 '존재'라는 말로 지시되는 것이자 향유대상의 측면에서 그 원인인 쁘라다나가 '거부해야만 하는 것'으로서 혹은 '거부하지 않아야만 하는 것'으로서 알려지는 경우, 향유주체의 측면은 알려지지 않게 된다. 향유주체의 측면은 쁘라다나의 변형이 아니기 때문이다.[343]

장' 사이에서 발생하는 모순을 말한다. 사실 <수뜨라 1.1.8>에서 "또"(ca)라는 말은, <주석 1.1.8>의 도입부에 '또(ca) 어떤 근거에서'라고 시작하는 질문이 있듯이, "[성전은 쁘라다나를 '거부해야만 하는 것'이라고 말해야 하지만] '거부해야만 하는 것'이라고 말하지 않기 때문에"라는 근거(논거)를 보여주기 위한 접속사일 뿐이다. 하지만 주석가는 "또"라는 말이 "또 ['거부해야만 하는 것'이라고 말하는 경우에도 확언과의 모순 때문에]"를 의미한다고 해설한다. 따라서 주석가의 해설에 따르면 <수뜨라 1.1.8>은 하나의 수뜨라에 쁘라다나가 세계의 원인이 아닌 2가지의 논거를 포함하는 셈이다.

343_ '확언과의 모순'은 다음과 같다: <찬도> 6장의 도입부에서 제시되는 확언은 인용 문장들에서 살펴지듯이 '원인에 대한 지식을 통해 모든 것이 알려진다.'라는 것이다. 그런데 '존재'라는 말로 지시되는 것이 쁘라다나라면, <찬도> 6장에서 그것에 대해 '거부해야만 하는 것'이라는 말이 있는 경우이든지 혹은 그것에 대해 '거부하지 않아야만 하는 것'이라는 말이 있는 경우이든지, 결코 쁘라다나에 대한 지식을 통해 모든 것이 알려지지는 않는다. 바로 이것이 모순이다. 모든 것이 알려져야만 함에도 향유주체(bhoktṛ)의 측면은 알려지지 않는다. 왜냐하면 물질적 실재인 쁘라다나는 향유대상(bhogya)의 측면과 관계하는 원인일

그러므로 쁘라다나는 '존재'라는 말로 지시되는 것이 아니다.‖8‖

또 어떤 근거에서 쁘라다나는 '존재'라는 말로 지시되는 것이 아닌가?

9. [의식체인 개별자아가] 자신에 되들어가기 때문에, [쁘라다나는 '존재'라는 말로 지시되는 것이 아니고 세계의 원인이 아니다].
svāpyayāt ‖9‖

'존재'라는 말로 지시되는 것이자 [세계의] 원인인 바로 그것을 주제로 삼은 후, "얘야, 이 사람이 '잠잔다'라고 말할 때, 그 경우에 존재와 융합하게 된다. 자신에 되들어가게 된다. 따라서 그에 대해 '잠잔다'라고 그들은 말한다. 왜냐하면 자신에 되들어가게 되기 때문이다."〈찬도 6.8.1〉라고 계시된다. 이 계시는, 어떤 사람이 '잠잔다'라는, 세상에 잘 알려진 말의 어원을 찾는다. 이곳에서는 '자신'이라는 말에 의해 아뜨만이 지시된다. 논제이자 '존재'라는 말로 지시되는 그것에, 그가 '되들어가게 된다' 즉 '되돌아가게 된다'라는 의미이다. '아삐'를 앞세우는 어근 '이'(가다)가 소멸을 의미한다는 것은 잘 알려져 있다. '나타남'과 '되들어감'이라는 것이 생성과 소멸에 대해 사용되는 것을 보기 때문이다.[344]

뿐이고, 향유주체의 측면은 쁘라다나의 변형(vikāra)이 아니기 때문이다. 결국 쁘라다나가 알려지더라도 향유주체의 측면은 알려지지 않기 때문에 모든 것이 알려진다는 확언과의 모순이 발생한다.

344_ 인용 문장에서 '되들어가게'라는 표현의 원어인 'apīta'는 동사 'apī'(되들어가다)의 과거분사이다. 동사 'apī'는 접두사 'api'와 어근 √i(가다)의 결합이다. '들어가다', '되들어가다' 등의 뜻을 가진 'apī'의 명사형은 'apyaya'(되들어감)이다.

'마음의 활동이라는 한정자'의 특수성과 연계되는 것을 통해 감관의 대상들을 지각함으로써 그 특수성을 취하는 개별자아는 깨어 있다.[345] 그것들(대상들)의 인상을 가지는 [개별자아는] 꿈을 봄으로써 '마음'이라는 말로 지시된다.[346] 2가지 한정자가[347] 숙면 상태에서 중지되는 경우,[348] 한정자에 의해 야기된 특수성이 없음으로 말미암아 그(개별자아)는 자신의 아뜨만에 소멸되는(되들어가는) 듯하므로, [계시서는] '왜냐하면 자신에 되들어가게 되기 때문이다.'라고 말한다.

예컨대, 계시서는 '심장'(흐리다얌)이라는 말의 어원을, "그러한 이 아뜨만은 실로 심장에 있다. 그 어원은 바로 이러하다: '심장(흐리드)에서의 이것(아얌)'. 따라서 '심장'(흐리다얌)이다."〈찬도 8.3.3〉라고 설명한다.[349] 또한 예컨대, 계시서는 '허기'(아샤나야)와 '갈증'(우단야)이라는 말의 의미론적 기원을, "'먹은 것'(아쉬따)을 '이끄는'(나얀떼) 것은 실로 물이다."〈찬도 6.8.3〉, "'마신 것'(삐따, 우다까)을 '이끄는'(나야떼) 것은 실로 불이다."〈찬도 6.8.5〉라고 보여준다.[350] 마찬가지로 [이곳에서는]

345_ '마음의 활동'(manaḥpracāra)이란 '의식의 변형'이다. 개별자아(아뜨만)는 마음의 활동이라는 이 한정자의 특수성과 연계되는 것을 통해 대상들과 접촉하고 대상들을 지각한다. 그래서 이와 같은 종류의 특수성을 경험하는 개별자아의 상태를 '깨어 있는 상태' 즉 '생시 상태'라고 한다.

346_ '꿈 상태'에서 개별자아는 생시 상태에서 지각된 대상들이 남긴 인상을 통해 꿈을 꾼다. 꿈을 꾸는 개별자아는 <찬도 6.8.2>에서 '마음'(manas)이라고 불린다: "얘야, 왜냐하면 생기에 묶인(속박된) 것이 마음이기 때문이다."

347_ 2가지 한정자가=깨어 있는 상태와 꿈을 보는 상태의, 즉 생시 상태와 꿈 상태의 2가지 한정자가.

348_ 베단따에서는 '생시 상태, 꿈 상태, 숙면 상태'라는 인간이 경험하는 3가지 상태를 검토함으로써 그 3가지 상태 모두에 존재하는 '관찰자로서의 아뜨만'을 알고자 하는 탐구 방법을 사용한다. 이를 '3상태를 통한 방법'(avasthātraya-prakriyā) 또는 '3상태를 통한 탐구(-vicāra)'라고 부른다.

349_ '심장'의 어원을 설명함으로써 아뜨만이 심장에 존재한다는 것을 밝힌다. '흐리다얌'(hṛdayam, 심장)이란, '흐리드'(hṛd, 심장)에 존재하는 '아얌'(ayam, 이것), 즉 '심장에 존재하는 아뜨만'이다.

'잠잔다'라는 말의 어원을 통해, '존재라는 말로 지시되는 자신의 아뜨만에 되들어가게 된다'라는 그러한 의미를 보여준다.

게다가 의식체인 아뜨만은 그 자체로 비의식체인 쁘라다나에 들어갈 수 없다.[351] 그리고 만약, 바로 그 쁘라다나가 [아뜨만] 그 자체에 속하기 때문에 바로 그 '자신'이라는 말로 지시된다면,[352] 그렇다고 할지라도 의식체가 비의식체에 되들어간다는 모순에 빠지게 될 것이다. 더욱이 다른 계시서는, "최상의 지성인 아뜨만에 껴안겨서 바깥도 전혀 모르고 안도 전혀 모릅니다."〈브리 4.3.21〉라며 숙면 상태에서 의식체에 되들어가는 것을 보여준다.

그러므로 모든 의식체들이 되들어가는 그것은, '존재'라는 말로 지시되는 것이자 세계의 원인인 의식체여야 하고, 비의식체인[353] 쁘라다나가 아니다.‖9‖

또 어떤 근거에서 쁘라다나는 세계의 원인이 아닌가?

350_ '아샤나야'(aśanāyā, 허기)라는 말의 의미론적 기원은 '아쉬따'(aśita, 먹은 것)와 '나얀떼'(nayante, 이끈다)이다. 허기는 '먹은 것을 이끄는 물'이다. 왜냐하면 물이 먹은 것을 소화시킴으로써 허기가 생기기 때문이다. '우단야'(udanyā, 갈증)라는 말의 의미론적 기원은 '우다까'(udaka, 물)와 '나야떼'(nayate, 이끈다)이다. 본문의 '삐따'(pīta, 마신 것)는 유의어인 '우다까'(udaka, 물)로 대체된다. 갈증은 '마신 것 즉 물을 이끄는 불'이다. 왜냐하면 불이 마신 것(물)을 마르게 함으로써 갈증이 생기기 때문이다.

351_ 만약 논제인 '존재'라는 말로 지시되는 것이 쁘라다나라면, <찬도 6.8.1>에서 의식체인 사람(개별자아)이 어떻게 비의식체인 쁘라다나에 그 자체로 되들어갈 수 있다는 말인가?

352_ 쁘라다나가 아뜨만에 속하기 때문에, '자신'이라는 말이 '아뜨만에 속하는 쁘라다나'를 지시한다고 주장한다면.

353_ * '비의식체인'(acetanam̱)이라는 표현은 Samata에만 추가로 등장한다.

10. [모든 베단따들에서 '세계의 원인이 의식체라는] 지식'이 일관적이기 때문에, [쁘라다나는 세계의 원인이 아니고 전지한 브라흐만이 세계의 원인이다].[354]

gatisāmānyāt ‖10‖

만약 추리학자들의 교의처럼 베단따들에서조차 세계의 원인으로 어떤 곳에서는 의식체인 브라흐만을, 어떤 곳에서는 비의식체인 쁘라다나를, 어떤 곳에서는 한갓 다른 것을 [제시함으로써 세계의] 원인에 대해 상이한 지식이 존재했다면, 그 경우에 가끔씩은 심지어 쁘라다나 원인론에 호응하여 '마음으로 바라보기' 등의 계시가 고려되었을 것이다. 하지만 그렇지는 않다. 왜냐하면 모든 베단따들에서 '[세계의] 원인이 의식체라는 지식'은 실로 일관적이기 때문이다. "타오르는 불로부터 불꽃들이 사방팔방으로 흩날리듯이, 바로 그와 같이 이 아뜨만으로부터 [모든] 생기들이 처소를 향해 움직인다. 생기들로부터 신격들이, 신격들로부터 세상들이 움직인다."〈까우 3.3〉, "그러한 이 아뜨만으로부터 실로 허공(에테르)이 산출되었다."〈따잇 2.1.1〉, "실로 아뜨만으로부터 이 모든 것이 [비롯됩니다]."〈찬도 7.26.1〉, "아뜨만으로부터 이 생기가 태어난다."〈쁘라 3.3〉라며 모든 베단따들은 아뜨만이 원인이라는 것을 보여준다. 그리고 '아뜨만'이라는 말이 의식체를 의미한다고 우리는 말했다. 게다가 베단따 문장들이 의식체가 원인이라는 데 일관적인 지식을 가진다는 점은 [그것들의] 진리성에 대한 중요한 근거이다. 눈 등이 색깔(형태) 등에 대하여 [그러한 바와] 같다.[355]

354_ 'gati'라는 말을 주석가는 'avagati'로 이해한다. 후자가 지식을 뜻한다고 잘 알려져 있으므로 전자도 지식을 뜻한다.

355_ 만약 눈 등의 감관들이 색깔(형태) 등에 대하여 일관적인 지식을 제공한다면, 이로부터 지각적 지식과 관계하여 눈 등을 권위 있는 수단 또는 진리성을 가진

그러므로 지식의 일관성 때문에 전지한 브라흐만이 세계의 원인이다.‖10‖

또 어떤 근거에서 전지한 브라흐만이 세계의 원인인가?

11. 또한 [전지한 신이 세계의 원인이라고] 계시되기 때문에, [전지한 브라흐만이 세계의 원인이다].

śrutatvāc ca ‖11‖

또한 슈베따슈바따라들의 만뜨라 우빠니샤드에서는[356] 전지한 신을 주제로 삼은 후, "그는 [세계의] 원인이고, 감관의 지배자에 대한 지배자이며, 또 그를 창조하는 그 어떤 자도 없고 지배하는 자 역시 없다."〈슈베 6.9〉라며 실로 [계시서] 자체의 말을 통해 전지한 신이 세계의 원인이라고 계시된다.

그러므로 전지한 브라흐만이 세계의 원인이고, 비의식체인 쁘라다나나 다른 것은 아니라고 정립된다.‖11‖

{ 6. '환희로 이루어진 것'이라는 주제: 수뜨라 12-19 }

"그 무엇으로부터 이것(세계)의 생성 등이 [초래되는데, 그 무엇이 곧 브라흐만이다]."〈수뜨라 1.1.2〉에서 시작한 뒤에 "또한 [전지한 신이

수단이라고 받아들일 수 있다.

356_ 슈베따슈바따라들의 만뜨라 우빠니샤드=<슈베>. <슈베>는 만뜨라(시편)로 쓰인 우빠니샤드이다.

세계의 원인이라고] 계시되기 때문에, [전지한 브라흐만이 세계의 원인이다]."〈수뜨라 1.1.11〉라는 것으로 끝나는 수뜨라들을 통해 예시된 베단따 문장들이, '전지전능한 신이 세계의 생성 · 유지 · 소멸의 원인'이라는 그러한 주제를 제시한다는 것을, [지금까지] 논리를 앞세워서 확립했다. 그리고 지식의 일관성을 제시함으로써 모든 베단따들은 의식체로서의 원인을 주장한다고 설명했다.

[반박]: 이로부터 저작의 나머지는 무슨 소용이란 말인가?[357]

[이에 대하여] 대답한다.

[후론]: 실로 두 형태의 브라흐만이 즉 '명칭과 형태의 변형인 차이로 이루어진 한정자를 가지는 것'과 그 반대로 '모든 한정자를 결여하는 것'이 알려진다. "실로, 소위 이원성이 있을 경우에, 그러면 하나가 다른 하나를 보고 … 하지만 모든 것이 오직 '그의 아뜨만'이 될 경우에, 그러면, 무엇을 통해 무엇을 보아야 하겠습니까?"〈브리 4.5.15〉, "다른 것을 보지 않고 다른 것을 듣지 않고 다른 것을 알지 않는 경우에, 그것이 극대(極大)입니다. 그리고 다른 것을 보고 다른 것을 듣고 다른 것을 아는 경우에, 그것이 극소(極小)입니다. 실로 극대인 것은 불멸입니다. 그리고 극소인 것은 사멸입니다."〈찬도 7.24.1〉, "모든 형태들을 현현시킨 뒤에 명칭들을 붙인 다음, 지성체(뿌루샤)는 그것들을 계속해서 부른다."[358]〈따잇-아 3.12.7〉, "부분이 없고 동작이 없으며 평온이고 과실이 없으며 오점이 없는 그를! 불멸에 이르는 지고의 다리이며, 땔감을 연소한 불과도 같은 그를!"〈슈베 6.19〉, "이러한 것도 아니고 그러한 것도 아니다(네띠 네띠)."〈브리 2.3.6〉, "[그것은] 광대하지도 않

357_ 〈수뜨라 1.1.2-11〉에서 그와 같이 확립했고 설명했다면, 그 이후의 수뜨라들을 향해 나아가는 것은 도대체 무슨 의미를 가진다는 말인가?

358_ 뿌루샤가 신격, 인간, 동물 등의 형태들을 창조한 후, 그것들에 대한 명칭들을 붙인 다음, 그러한 '형태에 따르는 명칭'들을 지속적으로 부른다.

고 미세하지도 않으며, 짧지도 않고 길지도 않으며"〈브리 3.8.8〉, "하나는 결핍 상태이고 다른 하나는 충만하다."에서와 같이, 베단따[359] 문장들은 '지식'과 '무지'라는 영역의 차이에 따라 브라흐만이 두 형태를 가진다는 것을 수많은 방식으로 보여준다.

이 가운데 무지의 상태에서는 브라흐만이 명상대상, 명상주체 등으로 지시되는 모든 경험작용을 가진다. 그 경우 브라흐만에 대한 계속적 명상들 중에 어떤 것들은 번영을 목적으로 하고, 어떤 것들은 점진적 해탈[360]을 목적으로 하며, 어떤 것들은 행위(의례)의 극대화를 목적으로 한다. 그것들은 '속성의 차이'와 '한정자의 차이'에 따라 나눠진다.[361]

한편, 비록 지고한 아뜨만이자 오직 하나뿐인 신이 그러그러한 속성들의 차이를 가지는 명상대상이 될지라도, 명상되는 바로 그 속성에 따라 결과들은 차이를 가진다.[362] "무엇을 명상하느냐에 따라, 바로 그 무엇이 된다.", "사람은 이 세상에서 결의하게 된 바대로, 이 세상을 떠난 후에 그와 같이 된다."〈찬도 3.14.1〉라고 계시되기 때문이다. 또한

359_ * '베단따'(vedānta-)라는 표현은 Samata에만 추가로 등장한다.

360_ 점진적 해탈(kramamukti)=즉각적 해탈(sadyomukti)에 대비되는 개념으로서 점차적으로 획득되는 해탈.

361_ 계속적 명상들의 목적이 다양한 것은 '속성의 차이'(guṇaviśeṣa)와 '한정자의 차이'(upādhibheda) 때문이다. 먼저 브라흐만을 '진실한 결의를 가지는 것' 등으로 명상하는 것은 속성의 차이를 보여준다. 예를 들어 <찬도 3.14.2>에서와 같다: "'마음으로 이루어진 것'은 생기를 육체로 하고, 빛의 형태이며, 진실한 결의를 가지고, 허공을 본질로 하며, 모든 행위를 하고, 모든 욕망을 가지며, 모든 냄새를 가지고, 모든 맛을 가지며 … 언어를 가지지 않으며, 갈망이 없다." 그리고 브라흐만을 '심장의 안에 있는 것' 등으로 명상하는 것은 한정자의 차이를 보여준다. 예를 들어 <브리 4.4.22>에서와 같다: "'인식으로 이루어진 것'이고, 생기(기관)들의 [한가운데에] 있는 그것은, 실로 위대하고 생성되지 않은 이 아뜨만입니다. 그것은 심장의 안에 있는 그 허공에 놓여 있습니다."

362_ 실제로 '신'이라는 명상대상은 단일하더라도 그 신이 가지는 어떤 속성을 명상하느냐에 따라 그 명상의 결과는 달라진다.

"최후에 어떠어떠한 존재를 기억하면서 육신을 떠나든지 간에, 바로 그러그러한 것에 도달합니다. 꾼띠의 아들이여, 언제나 그것에 대한 생각으로 가득한 자는!"〈기따 8.6〉이라고 전승되기 때문이다.

비록 유일한 아뜨만이 비(非)동물과 동물이라는 모든 존재들에 숨겨진 것일지라도, "그에게서 더 탁월한 현현인 아뜨만을 아는 자는"〈아이-아 2.3.2.1〉이라는 곳에서는, 의식에서 [생기는] 한정자의 차이라는 단계로 말미암아, 심지어 불변적 영원이고 동질적인 아뜨만이 더 높이 더 높이 현현하는 동안에 신성과 권능의 차이에 따라 단계를 가진다고 계시된다.[363] 또한 전승서에서는, "실로 위력적이거나 영예롭거나 강대한 그러그러한 존재들. 그대는 알도록 하시오. 바로 그것들이 내 영광의 일부로부터 발생했다는 것을!"〈기따 10.41〉이라며, 위력 등의 탁월성이 있는 곳곳마다 [존재하는] 바로 그 '신'이 명상대상으로 규정된다. 마찬가지로 이곳에서도,[364] '태양의 구체에서 황금으로 이루어진 뿌루샤(사람)'는 모든 죄악을 초월하는 것에 대한 표징이기 때문에 오직 '지고한 자'라고 말할 것이다. "허공은 [지고한 브라흐만이다]; 그것(브라흐만)에 대한 표징 때문이다."〈수뜨라 1.1.22〉라는 등에서도 이와 같이 이해할 수 있다.

그래서 바로 그 '즉각적 해탈의 원인'인 '아뜨만에 대한 지식'은, 한정자와 연계되는 차이를 말하고자 하지 않음에도 심지어 한정자의 차이를 통해 가르쳐짐으로써 상위(上位) 또는 하위(下位)의 [어느 아뜨만과] 관계하는지 혼동되기 때문에, 문장의 동향(動向)을 고려함으로써 확립

363_ 여기서는 계속적 명상의 차이를 야기하는 원인 가운데 하나인 '한정자의 차이'를 설명한다. 아뜨만을 한정하는 특수한 조건을 가지는 의식(citta)의 단계 때문에, 유일한 아뜨만은 신성과 권능의 차이를 가진 채로 즉 단계를 가진 채로 다양하게 현현한다.

364_ 이곳에서도=<수뜨라 1.1.20>에서도.

되어야만 한다.[365] 예컨대 당장 바로 이 경우에 "'환희로 이루어진 것'은 [지고한 아뜨만이다]; ['환희'라는 말이 지고한 아뜨만과 관계하여] 반복되기 때문이다."〈수뜨라 1.1.12〉라고 한다.

이와 같이, 다만 하나인 브라흐만을 [모든] 베단따들에서 '한정자와의 연계를 필요로 하는 명상대상'이거나 '한정자와의 연계를 배제하는 지식대상'으로 가르친다는 것을 밝히기 위해, 저작의 나머지가 시작된다.

게다가 "[모든 베단따들에서 '세계의 원인이 의식체라는] 지식'이 일관적이기 때문에, [쁘라다나는 세계의 원인이 아니고 전지한 브라흐만이 세계의 원인이다]."〈수뜨라 1.1.10〉라며 비의식체로서의 원인을 부인한다고 진술한 것마저, 브라흐만과 관계하는 다른 문장들을 설명하는 와중에 '브라흐만과는 상반되는 원인'을 부정함으로써 [저작의 나머지에서] 상술된다.[366]

365_ 여기서 주장하는 바는 다음과 같다: 첫째, 아뜨만에 대한 지식은 '즉각적 해탈'의 원인 즉 수단이다. 즉각적 해탈이란 앞서 언급한 점진적 해탈과 상반되는 개념이다. 둘째, 그 지식은 차이(viśeṣa)와 전혀 무관함에도 차이를 통해 가르쳐지기 때문에 상위(para) 브라흐만 · 아뜨만과 관계하는지 하위(apara) 브라흐만 · 아뜨만과 관계하는지 혼동된다. 달리 말해서, 상위 브라흐만 즉 순수한 브라흐만이 한정자의 차이를 통해 하위 브라흐만으로 가르쳐지기 때문에 전자를 가르치지 않는다고 오해될 여지가 있다. 왜냐하면 상위 브라흐만이 '무지가 야기하는 한정자'의 차이와 연계된 것이 하위 브라흐만이기 때문이다. 셋째, 그러한 혼동은 문장의 '동향'(gatiparya)을 고려함으로써 해결될 수 있다. 즉 우빠니샤드 문장의 동향 즉 취지(tātparya)를 고려함으로써 실제로 '브라흐만에 대한 명상과 관계하는 문장'(무지)이 배제되고 '브라흐만에 대한 지식과 관계하는 문장'(지식)이 확립될 수 있다.

366_ 저작의 나머지 부분이 목적하고 있는 바를 한 가지 더 추가한다. 그것은 브라흐만과 관계하는 우빠니샤드의 수많은 문장들을 설명하는 와중에 브라흐만 이외의 다른 모든 원인을 부정하는 것이다. 그에 따라 앞선 수뜨라들에서 비의식체인 원인을 부인한 내용이 뒤에서 자연스럽게 더욱더 상술될 것이다.

12. '환희로 이루어진 것'은 [지고한 아뜨만이다]; ['환희'라는 말이 지고한 아뜨만과 관계하여] 반복되기 때문이다.

ānandamayo 'bhyāsāt ‖12‖

따잇띠리야까(따잇띠리야 문헌)에서는 '음식으로 이루어진 것', '생기로 이루어진 것', '마음으로 이루어진 것', '인식으로 이루어진 것'을 열거한 뒤에, "실로 그러한 이 '인식으로 이루어진 것'과는 또 다른 내부의 아뜨만이 '환희로 이루어진 것'이다."〈따잇 2.5.1〉라고 전한다.[367]

이 경우에 의문이 생긴다. 이곳에서 '환희로 이루어진 것'이라는 말은, "브라흐만은 존재이자 지식이자 무한이다."〈따잇 2.1.1〉의 논제인 바로 그 '지고한 브라흐만'을 지시하는가, 혹은 '음식으로 이루어진 것' 등처럼 '브라흐만과는 상이한 어떤 것'을 지시하는가?

실로 무엇으로 귀결되는가?

[전론]: '환희로 이루어진 것'은 브라흐만과는 상이한 어떤 것으로서 일차적 아뜨만이 아닐 것이다.

무엇 때문에? '음식으로 이루어진 것' 등 일차적 아뜨만이 아닌 것의 연쇄에 포함되기 때문이다.

[반박]: 그렇다고 할지라도 '환희로 이루어진 것'은 모든 것의 내부에 있기 때문에 실로 일차적인 아뜨만일 수 있다.

367_ <따잇 2.1.1-2.5.1>에서는 5가지의 아뜨만을 제시한다. 먼저 <따잇 2.1.1>에서 ① '음식으로 이루어진 것'(annamaya)으로서 아뜨만을 전한 다음, <따잇 2.2.1>에서 그것과는 또 다른 내부의 아뜨만이 ② '생기로 이루어진 것'(prāṇamaya)이라고 한다. <따잇 2.3.1>에서는 '생기로 이루어진 것'과는 또 다른 내부의 아뜨만이 ③ '마음으로 이루어진 것'(manomaya)이라고 하고, <따잇 2.4.1>에서는 '마음으로 이루어진 것'과는 또 다른 내부의 아뜨만이 ④ '인식으로 이루어진 것'(vijñānamaya)이라고 한다. 그리고 마지막으로 <따잇 2.5.1>에서 '인식으로 이루어진 것'과는 또 다른 내부의 아뜨만이 ⑤ '환희로 이루어진 것'(ānandamaya)이라고 한다.

[전론]: 그럴 수 없다. 기쁨 등의 부위와 연계되기 때문이고, 또 육화 상태가 계시되기 때문이다. 만약 '환희로 이루어진 것'이[368] 일차적 아뜨만이라면, 기쁨 등과의 접촉이 가능하지 않다. 반면에 이곳에서는 "그것(환희로 이루어진 것)에서는 실로 기쁨이 머리이다."〈따잇 2.5.1〉라는 등이 계시된다.[369] 또한 육화 상태가 "바로 이것(환희로 이루어진 것)이, 앞서는 그것(인식으로 이루어진 것)의 육화된 아뜨만이다."〈따잇 2.6.1〉[370]라고 계시된다. 바로 이것이 즉 이 '환희로 이루어진 것'이, 앞서는 그것의 즉 '인식으로 이루어진 것'의, '육화된 아뜨만'이라는 의미이다. 그리고 육화된 자로 존재하는 동안에는 기쁨이나 슬픔과 접촉하는 것이 부인될 수 없다. 따라서 '환희로 이루어진 아뜨만'은 단지 윤회하는 자이다.

이와 같은 귀결에서 이렇게 말한다. "'환희로 이루어진 것'은 … 반복되기 때문이다."

[후론]: 오직 지고한 아뜨만만이 환희로 이루어진 것이 될 수 있다.

어떤 근거에서? 반복되기 때문이다. 실로 '환희'라는 말은 바로 그

368_ * '환희로 이루어진 것이'(ānandamayaḥ)라는 표현은 Nirnaya에만 추가로 등장한다.

369_ "그것(환희로 이루어진 것)에서는 실로 기쁨이 머리이다."라는 문장에 이어지는 "즐거움은 오른쪽 부위이다. 더한 즐거움은 왼쪽 부위이다. 환희는 몸통이다. 브라흐만은 지지대로서 꼬리이다."라는 문장들은, '환희로 이루어진 것'이 머리 등의 부위와 연계되는 것을 즉 기쁨 등과 접촉하는 것을 보여주기 때문에, '환희로 이루어진 것'이 일차적 아뜨만이 아니라는 사실을 뒷받침한다.

370_ "바로 이것이, 앞서는 그것의 육화된 아뜨만이다."라는 문장은 <따잇 2.3.1-2.6.1>에서 4회 등장한다. 각각 차례로, '생기로 이루어진 것'이 '음식으로 이루어진 것'의 육화된 아뜨만이고(2.3.1), '마음으로 이루어진 것'이 '생기로 이루어진 것'의 육화된 아뜨만이며(2.4.1), '인식으로 이루어진 것'이 '마음으로 이루어진 것'의 육화된 아뜨만이고(2.5.1), '환희로 이루어진 것'이 '인식으로 이루어진 것'의 육화된 아뜨만이다(2.6.1). 따라서 이곳 본문의 인용 문장은 반드시 <따잇 2.6.1>이어야 한다.

지고한 아뜨만과 관계하여 여러 차례 반복된다. '환희로 이루어진 것'을 제시한 뒤에, "그것은 실로 정수(맛)[371]이다."〈따잇 2.7.1〉라며 바로 그것이 정수라고 말한 다음, "왜냐하면 실로 정수를 획득한 후에는 누구든지 환희에 차기 때문이다."〈따잇 2.7.1〉, "만약 [가슴 속] 공동(空洞)에 이 환희가 없다면, 실로 누가 들이쉬고 누가 내쉴 것인가? 참으로 오직 그것만이 환희를 띠게 한다."〈따잇 2.7.1〉, "그리하여 다음은 환희에 대한 고찰이다."〈따잇 2.8.1〉, "이 '환희로 이루어진 아뜨만'을 획득한다."〈따잇 2.8.5〉, "그 브라흐만의 환희를 아는 자는 아무것도 두려워하지 않으리라."〈따잇 2.9.1〉, "환희가 브라흐만이라는 것을 그는 알았다."〈따잇 3.6.1〉라고 말한다. 또한 다른 계시서에서도 "지식이자 환희인 브라흐만"〈브리 3.9.28〉이라며, 바로 그 브라흐만과 관계하여 '환희'라는 말을 알려준다. 이와 같이 '환희'라는 말이 브라흐만과 관계하여 여러 차례 반복되기 때문에 '환희로 이루어진 아뜨만'은 브라흐만이라고 이해된다.

한편, '음식으로 이루어진 것' 등 일차적 아뜨만이 아닌 것의 연쇄에 포함되기 때문에 '환희로 이루어진 것'마저 일차적 아뜨만이 아니라고 주장한 것에 관해서는, 그러한 결함이 없다. '환희로 이루어진 것'은 모든 것의 내부에 있기 때문이다. 실로 바로 그 일차적 아뜨만을 가르치고자 하는 성전은, 일상적 관념을 좇아서 지극히 무지한 자들에게 아뜨만이라고 잘 알려진 '음식으로 이루어진 육체 즉 아뜨만이 아닌 것'을 [먼저] 말한 뒤에, 용이하게 이해시키려는 견지에서, 용해된 구리 등을 금형(金型)에 부어 [만든] 동상(銅像)처럼 '그것보다 내부이고, 그것보다 내부이고'(…와는 또 다른 내부의)라며 그와 같이 각각 '앞의 것과 유사한 뒤의 것이자 아뜨만이 아닌 것'을 아뜨만이라고 받아들이게 함으

371_ 정수(rasa)=만족의 원인인 것, 환희를 만드는 것.

로써, [마침내] 모든 것의 내부에 있는 '환희로 이루어진 일차적 아뜨만'을 가르치고자 한다.[372] 이러한 것이 더 온당한 [해석이다]. 예컨대, 아룬다띠를 지시하는 경우에 비록 일차적 아룬다띠가 아닌 수많은 별들이 제시될지라도 최종적으로 밝혀진 것은 바로 그 일차적 아룬다띠이듯이, 마찬가지로 이 경우에도 '환희로 이루어진 것'은 모든 것의 내부에 있기 때문에 일차적 아뜨만이다.

한편, '기쁨 등이 [그것의] 머리 등이라고 상상하는 것'은 일차적 아뜨만에 대해 합당하지 않다고 당신이 주장한 것에 관해서는, 그것(상상하는 것)은 '지나간 바로 이전의 한정자'에 의해 발생할 뿐 [일차적 아뜨만에] 본유적이지 않으므로, 결함이 없다.[373] 또한 '환희로 이루어진 것'의 육화 상태는, '음식으로 이루어진 것' 등이라는 육체의 연쇄에 따라 나타나기 때문에, 또 다시 윤회하는 자와는 달리 바로 직접적으로 육화 상태는 아니다.[374]

372_ 성전은 궁극적으로 오직 일차적 아뜨만만을 가르친다. 하지만 무지한 자를 위해, 일상적 관념을 좇아서 또 용이하게 이해시키려는 견지에서, 아뜨만이 아닌 것을 아뜨만이라고 의도적으로 가르친다. 이것이 '덧놓기와 걷어내기'라는 방법이다. <따잇 2.1.1-2.5.1>에서 적용되는 이 방법은, 앞의 것과 유사한 뒤의 것을 일단 긍정한 뒤에 다시 그 긍정한 것을 부정한다. 이러한 반복을 통해서 최종적으로 가장 내부에 있는 '환희로 이루어진 것'을 아뜨만이라고 알게끔 한다.

373_ "그것(환희로 이루어진 것)에서는 실로 기쁨이 머리이다."<따잇 2.5.1>라고 시작하는 문장들에서 기쁨 등과 머리 등을 대응시켜 상상하는 것은, '지나간 바로 이전의 한정자'(atīta-anantara-upādhi)인 '인식으로 이루어진 것'에 의해 발생했을 뿐, '환희로 이루어진 것'(일차적 아뜨만)에 본유적(svābhāvikī)이라고 말할 수는 없다. 따라서 그렇게 상상하는 것에는 결함이 없다.

374_ "바로 이것(환희로 이루어진 것)이, 앞서는 그것(인식으로 이루어진 것)의 육화된 아뜨만이다."<따잇 2.6.1>에 근거하여, 전론자는 '환희로 이루어진 것'이 '인식으로 이루어진 것'의 육화된 아뜨만이라고 주장했다. 하지만 '환희로 이루어진 것'의 육화 상태는, '음식으로 이루어진 것'에서부터 시작하는 육체의 연쇄(paramparā)라는 맥락에 따라 언급된 것이기 때문에, 간접적인 의미에서 육화 상태일 뿐 직접적인 의미에서 육화 상태는 아니다.

그러므로 '환희로 이루어진 것'은 오직 지고한 아뜨만이다.‖12‖

13. 만약 '변형'(이루어진)이라는 말 때문에 [지고한 아뜨만이] 아니라고 한다면, 아니다; '풍부함'(이루어진) 때문이다; [따라서 '이루어진'은 '풍부함'이라는 의미이다].

vikāraśabdān neti cen na prācuryāt ‖13‖

이에 대하여 말한다.

[전론]: '환희로 이루어진 것'은 지고한 아뜨만이 될 수 없다.

무엇 때문에? '변형'이라는 말 때문이다. 어근(원형인 말)과 달리 이 말은 변형을 의미한다고 이해된다. '환희로 이루어진 것'에서 '이루어진'(마야뜨)이 변형을 뜻하기 때문이다.[375] 따라서 '음식으로 이루어진 것' 등의 말처럼, '환희로 이루어진 것'이라는 이 말은 변형과 관계할 뿐이다.

[후론]: 아니다. '이루어진'이라는 [접미사는] '풍부함'이라는 의미로도 전승되기 때문이다.[376] 실로 "어떤 것으로 '이루어짐'을 의미하는 경우에 '마야뜨'가 [첨가된다]."〈아슈따 5.4.21〉라며, '이루어진'은 심지어 '풍부성'이라는 [의미로도] 전승된다. 예컨대, '음식으로 이루어진 제의이다.'에서 '풍부한' 음식이 지시되듯이, 마찬가지로 '환희로 이루어진

375_ '환희로 이루어진 것'(ānandamaya)은 '환희'(ānanda)라는 어근 즉 '원형인 말'(prakṛti-vacana)에 '이루어진'(mayaṭ)이라는 접미사가 붙은 형태이다. 그리고 '이루어진'(만들어진)이라는 접미사는 변형(vikāra)을 의미하기 때문에 '환희로 이루어진 것'은 어근인 '환희'와는 다른 것이다. 예컨대, '쌀을 먹었다.'와 '쌀로 이루어진 것을 먹었다.'에서 '쌀로 이루어진(만들어진) 것'이 '밥'이라면, 그 밥은 쌀의 변형으로서 쌀과는 다른 것에 지나지 않는다. 따라서 변형인 '환희로 이루어진 것'은 원형인 지고한 아뜨만이 될 수 없다.

376_ '이루어진'이라는 접미사는 '변형'이라는 의미뿐만 아니라, '충만'(prācurya)이라는 의미로도 전승되기 때문이다.

것'에서는 환희가 '풍부한' 브라흐만이 지시된다. 그리고 [〈따잇 2.8.1〉에서는] 인간부터 시작하여 더 위의 더 위의 상태(대상)들에 백배의 환희가 있다고 말한 뒤에 브라흐만의 환희는 비할 데 없는 것이라고 확정하기 때문에, 브라흐만은 환희로 충만하다.

그러므로 '이루어진'은 '풍부함'이라는 의미와 관계한다.‖13‖

14. 또한 [계시서는 브라흐만이] 그것(환희)의 근거라고 언급하기 때문에, ['이루어진'은 풍부함이라는 의미이고 '환희로 이루어진 것'은 지고한 아뜨만이다].

taddhetuvyapadeśāc ca ‖14‖

이로 말미암아 또한, '이루어진'은 '풍부함'이라는 의미와 관계한다. 계시서가 "참으로 오직 그것만이 환희를 띠게 한다."〈따잇 2.7.1〉라며 브라흐만이 환희의 근거라고 언급하는 까닭에서이다. ['아난다야띠'는] '환희를 띠게 한다'를 의미한다.[377] 왜냐하면 다른 것들로 하여금 환희를 띠게 하는 것은 풍부한 환희를 가진다고 잘 알려져 있기 때문이다. 예컨대 이 세상에서 다른 자들의 부유함을 야기하는 자가 풍부한 부귀를 가진다고 알려지듯이, 그와 마찬가지이다.

그러므로 '이루어진'은 '풍부함'이라는 의미로도 적합하기 때문에 '환희로 이루어진 것'은 오직 지고한 아뜨만이다.‖14‖

15. 또한 만뜨라에서 묘사된 바로 그것(브라흐만)을 [브라흐마나에서] 말하기 [때문에, '환희로 이루어진 것'은 지고한 아뜨만이다].

377_ <따잇 2.7.1>에서 동사 'ānandayāti'는 명사기원동사(Denominative)인 'ānandayati'(환희를 띠게 한다)를 의미하는 것이라고 읽을 수 있다.

māntravarṇikam eva ca gīyate ‖15‖

이로 말미암아 또한, '환희로 이루어진 것'은 오직 지고한 아뜨만이다. "브라흐만을 아는 자는 지고함을 얻는다."〈따잇 2.1.1〉라고 시작한 뒤에, "브라흐만은 존재이자 지식이자 무한이다."〈따잇 2.1.1〉라는 이 만뜨라에서 논제인 브라흐만은 '존재, 지식, 무한'이라는 한정어들에 의해 확정된 것이고, 허공(에테르) 등 비(非)동물과 동물이라는 존재들을 차례로 산출한 것이고, 또 존재들을 창조한 다음 그것들에 들어가 [심장의] 공동(空洞)에 모든 것들의 내부로서 머무르는 것이고, 그 자체에 대한 지식을 위해 '또 다른 내부의 아뜨만, 또 다른 내부의 아뜨만'이라며 논의되는 것인데, 만뜨라에서 묘사된 바로 그것을 즉 브라흐만을, "또 다른 내부의 아뜨만이 '환희로 이루어진 것'이다."〈따잇 2.5.1〉라며 이곳(브라흐마나)에서 말하는 까닭에서이다.[378] 그리고 만뜨라와 브라흐마나가 의미의 일관성을 가지는 것은 합리적이다. 모순되지 않기 때문이다.[379] 그렇지 않은 경우, 실로 논제를 폐기하고 논제가 아닌 것을 소개하는 [부조리한 결말이] 생길 것이다.[380]

게다가 '음식으로 이루어진 것' 등과는 달리, '환희로 이루어진 것'과는 또 다른 내부의 아뜨만을 언급하지는 않는다. 더욱이 실로 이와 관

378_ 만뜨라=운문(시편). 브라흐마나=산문. <따잇 2.1.1>에서 <따잇 2.9.1>까지는 모두 각각이 운문(만뜨라)과 산문(브라흐마나)으로 구성되어 있는 독특한 양상을 보인다.

379_ 의미의 일관성(ekārthatva)=논의되는 장절(章節)에서 하나의 논제가 일관된 의미로 제시되는 것. 논의되는 장절에서 만뜨라 문장과 브라흐마나 문장은 결코 상호 모순되지 않기 때문에, 양자에서 하나의 논제를 일관되게 다룬다고 주장하는 것은 합리적이다.

380_ 만뜨라와 브라흐마나에서 의미의 일관성이 없는 경우에, 만뜨라의 논제를 폐기하고 브라흐마나에서 '새로운 논제'(논제가 아닌 것)를 소개(시작)하는 부조리한 결말이 생기고 말 것이다.

련하여 “이러한 이것은 … 브리구와 바루나의 지식이다.”〈따잇 3.6.1〉라고 한다.[381]

그러므로 ‘환희로 이루어진 것’은 오직 지고한 아뜨만이다.‖15‖

16. 다른 것(개별자아)은 [‘환희로 이루어진 것’이] 아니다; 부당하기 때문이다.

netaro 'nupapatteḥ ‖16‖

이로 말미암아 또한, ‘환희로 이루어진 것’은 오직 지고한 아뜨만이다. 다른 것은 아니다. 다른 것이란 ‘신’과는 상이한 ‘윤회하는 자’로서 개별자아를 뜻한다. ‘환희로 이루어진 것’이라는 말은 개별자아를 지시하지 않는다.

무엇 때문에? 부당하기 때문이다. 실로 ‘환희로 이루어진 것’을 주제로 삼은 후 “그는 ‘나는 다수가 될 것이리라. 나는 태어날 것이리라.’라고 욕망했다. 그는 숙고(고행)했다. 숙고하고 나서 그는, 그렇게 있는 그 무엇이든, 이 모든 것을 창조했다.”〈따잇 2.6.1〉라고 계시된다. 이 경우에 육체 등을 생성하기 이전에 숙고하는 것,[382] 또 창조되는 변형

381_ <따잇 3.6.1>은 “환희가 브라흐만이라는 것을 그는 알았다. 실로, 정녕 환희로부터 이러한 존재들이 태어난다. 환희에 의해서 태어난 것들이 살아간다. 환희로 [태어난 것들이] 나아가고 되들어간다.”라고 시작한다. 그리고 바로 이어서, 이와 같은 지식(vidyā)은 브리구(Bhṛgu)와 바루나(Varuṇa)에 속한다고 언급한다. 따라서 <따잇 2.5.1>의 ‘환희로 이루어진 것’이 반드시 지고한 아뜨만이어야만, 그 점과 관련하여 <따잇 3.6.1>의 문장들은 합당하게 된다. 사실 <수뜨라 1.1.15>와 <주석 1.1.15>에서 말하는 만뜨라와 브라흐마나 사이의 ‘의미의 일관성’이란 ‘맥락(prakaraṇa, 주제)을 통한 논증’에 의해 뒷받침된다고 볼 수 있다. 그렇기 때문에 <따잇 2>와 <따잇 3> 사이의 일관성도 넓은 의미에서 ‘맥락을 통한 논증’에 의해 뒷받침된다고 볼 수 있다. * Samata에서는 이 문장을 다음과 같이 읽는다: 더욱이 실로 이와 관련하여 “환희가 브라흐만이라는 것을 그는 알았다.”<따잇 3.6.1>라는 것이 브리구와 바루나의 지식이다.

물들이 창조주와 분리(구별)되지 않는 것, 그리고 모든 변형물들을 창조하는 것은,[383] 지고한 아뜨만을 배제한 채로 합당하지 않다.‖16‖

17. 또한 [개별자아와 '환희로 이루어진 것'을] 차별하여 언급하기 때문에, ['환희로 이루어진 것'은 개별자아가 아니다].

bhedavyapadeśāc ca ‖17‖

이로 말미암아 또한, '환희로 이루어진 것'은 윤회하는 자가 아니다. '환희로 이루어진 것'에 대한 장절(章節)에서, "그것은 실로 정수(맛)이다. 왜냐하면 실로 정수를 획득한 후에는 누구든지 환희에 차기 때문이다."〈따잇 2.7.1〉라며 개별자아와 '환희로 이루어진 것'을 차별하여 언급하는 까닭에서이다. 실로 획득주체 그 자체는 획득대상이 되지 못한다.[384]

[전론]: 그러면, 획득주체 그 자체가 획득대상이 되지 못한다고 주장하는 만큼, "아뜨만을 추구해야만 한다.", "아뜨만의 획득보다 지고한 것은 없다."라는 계시서와 전승서는 무엇이란 말인가?

[후론]: 좋다. 그렇지만 실로 아뜨만이 자기 존재성을 상실하지 않고 있음에도,[385] 실재에 대한 깨우침(앎)의 부재에 기인하여 육체 등의 아뜨만이 아닌 것들에 대해 그저 거짓으로 아뜨만이라고 확정하는 것이 일상적으로 살펴진다. 이로 말미암아 신체 등으로 존재하는(간주되는)

382_ 숙고하는 것(abhidhyāna)=깊은 명상 또는 깊게 명상하는 것.

383_ 이러한 3가지는 <따잇 2.6.1>로부터 알려지는 사실들이다.

384_ <따잇 2.7.1>의 '획득한 후에는'이라는 언급과 관련하여, 획득주체(labdhṛ, 지각주체)는 개별자아이고 획득대상(labdhavya, 지각대상)은 '환희로 이루어진 것' 즉 브라흐만·아뜨만이다.

385_ 아뜨만이 자기 존재성을 상실하지 않고 있음에도=아뜨만이 아뜨만으로서 '자기 존재성'(ātmabhāva)을 상실하지 않은 채 본질대로 존재함에도.

아뜨만에 대해서도, 아뜨만을 추구하지 못했지만 추구해야만 하고 획득하지 못했지만 획득해야만 하고 듣지 못했지만 들어야만 하고 숙고(생각)하지 못했지만 숙고해야만 하고 알지 못했지만 알아야만 한다는 등, 차별하여 언급하는 것은 합당하다.[386] 하지만 실재적으로는, "그것과는 다른, 보는 자는 없습니다."〈브리 3.7.23〉라는 등에 따라, 전지한 '지고한 신'과는 상이한 '보는 자'도 '듣는 자'도 부정될 따름이다. 그리고 무지에 의해 상상된 육체, 행위주체, 향유주체, '인식적 아뜨만으로 불리는 것'과 '지고한 신'은 상이하다.[387] 예컨대, '방패와 칼을 잡은 채 밧줄을 통해 공중으로 올라가는 환술사'와 바로 그 [사람으로서] '지면에 존재하는 실재적 형태의 환술사'는 상이하다. 혹은 예컨대, 한정자에 의해 제한된 '항아리 속의 공간'과 한정자에 의해 제한되지 않은 '공간'은 상이하다.

그리고 인식적 아뜨만과 지고한 아뜨만 사이의 이와 같은 차이(차별)와 관련하여 "다른 것(개별자아)은 ['환희로 이루어진 것'이] 아니다; 부당하기 때문이다."〈수뜨라 1.1.16〉, "또한 [개별자아와 '환희로 이루어진 것'을] 차별하여 언급하기 때문에, ['환희로 이루어진 것'은 개별자아가 아니다]."〈수뜨라 1.1.17〉라고 말했다.‖17‖

386_ 차별하여 언급하는 것은='추구하지 못했음'(추구되지 않은 아뜨만) 등등과 '추구해야만 함'(추구되어야만 하는 아뜨만) 등등을 차별하여 언급하는 것은. 계시서와 전승서에서 아뜨만이 아닌 것과 아뜨만을 차별하여 언급하는 까닭은 그 차이에 대한 분별을 통해 실재에 대한 앎을 얻게끔 하기 위함이므로, 그와 같이 차별하여 언급하는 것은 합당하다.

387_ '인식적 아뜨만'(vijñānātman)이란 곧 인식의 주체이다. 이는 인식기관으로 이루어진 아뜨만을 가리키기 때문에 개별자아(개별적 아뜨만), 윤회하는 자와 다르지 않다 이곳에서는, 만약 개별자아(아뜨만이 아닌 것)가 부정된다면 '지고한 신'(parameśvara)의 존재도 부정되고 말 것이라는 논박에 대비하여, 개별자아와 지고한 신은 확실히 상이하다는 점을 강조한다.

18. 또한 욕망이 [지시되기] 때문에, 추론된 것인 [쁘라다나는 '환희로 이루어진 것'으로] 간주되지 않는다.[388]

kāmāc ca nānumānāpekṣā ‖18‖

또한 '환희로 이루어진 것'에 대한 장절에서 "그는 '나는 다수가 될 것이리라. 나는 태어날 것이리라.'라고 욕망했다."〈따잇 2.6.1〉라며 욕망하는 것이 지시되기 때문에, 추론된 것 즉 상크야 학자들이 추정하는 비의식체인 쁘라다나마저, '환희로 이루어진 것'으로나 '원인'으로나 간주되지 않아야만 한다.

비록 쁘라다나가 "[상크야 학자들이 제안하는 세계의 원인인 쁘라다나는 베단따들에서 견지될 수] 없다; [그것은] 성언을 벗어나기 [때문이다]; '마음으로 바라보기' 때문에 [성언을 벗어난다]."〈수뜨라 1.1.5〉에서 부인되었을지라도, 지식의 일관성을 표명하기 위하여 '욕망하는 것에 대해 앞선 수뜨라에서 예시된 계시'와 관련하여 다시 우발적으로 [쁘라다나가] 부인된다.[389]‖18‖

388_ 상크야는 추론을 통해 형이상학적 실재를 알 수 있다고 주장하는데, 이런 점에서 <수뜨라>는 상크야의 쁘라다나를 '추론된 것'으로 간주하면서 지속적으로 평가절하한다. 이 수뜨라 이외에도, "추론된 것인 [쁘라다나는 천상, 지상 등의 처소가] 아니다; 그러한 말이 [즉 쁘라다나를 증명하는 말이] 없기 때문이다."<수뜨라 1.3.3>, "만약 추론된 것조차 [즉 추론에 의해 확정된 쁘라다나조차] 어떤 자들에게 [성언에서 주어지는 것으로 알려진다고] 한다면, 아니다; [까타까의 문장에서 '쁘라다나'라는 말은] 육체에 대한 은유에서 등장하는 것이라고 파악되기 때문이다; 또한 [그 이전의 글은 '아뜨만, 육체 등'에 대해 은유적 고안을] 보여준다."<수뜨라 1.4.1>, "[상크야의 비의식체가 세계의 원인으로] 추론되어서는 안 [된다]; 설계가 부당하기 때문이고, 또 [연속 등이 부당하기 때문이다]."<수뜨라 2.2.1>라며 '추론된 것'을 언급한다.

389_ 앞선 수뜨라에서 예시된 계시=<수뜨라 1.1.16>에서 예시된 <따잇 2.6.1>. <수뜨라 1.1.5>에서 쁘라다나가 이미 부인된 바 있음에도 또 다시 쁘라다나는 이 수뜨라에서 부인된다. 그 이유는 다음과 같다: <수뜨라 1.1.16>과 관련된 계시는 <주석 1.1.16>에서 인용된 "그는 '나는 다수가 될 것이리라. 나는 태어

19. 또한 그것(아뜨만)에서 이것(개별자아)이 그것과 합일함을 가르치기 [때문에, '환희로 이루어진 것'은 쁘라다나 혹은 개별자아가 아니다]; [하지만 '환희로 이루어진 것'은 브라흐만이 아니고, 환희가 브라흐만이다].

asminn asya ca tadyogaṃ śāsti ‖19‖

이로 말미암아 또한, '환희로 이루어진 것'이라는 말은 쁘라다나 혹은 개별자아와 관계하지 않는다. 그것에서 즉 논제이자 '환희로 이루어진 것'인 아뜨만에서, 이것이 즉 깨달은 개별자아가, 그것과 합일함을 가르치는 까닭에서이다. '그것과 합일함'이란 그 아뜨만과 합일함이며, 그 상태의 획득이다. 해탈이라는 의미이다. 성전은 그것과 합일함을 "왜냐하면 누구든지 가시적이지 않고, 육화되지 않고, 설명되지 않고, 지지물이 없는[390] 그것(브라흐만)에서 두려움이 없는 상태를 얻는 바로 그때, 그러면 두려움이 없음에 그가 도달하게 되기 때문이다. 왜냐하면 누구든지 그것에서 조금이라도 간극(차이)을 만드는 바로 그때, 그러면 두려움이 그에게 생기기 때문이다."〈따잇 2.7.1〉라고 가르친다.

말한 바는 이러하다: 그 '환희로 이루어진 것'에서 본질의 동일성[391]

날 것이리라.'라고 욕망했다."<따잇 2.6.1>이다. 이 계시에는 '욕망하는 것'이 등장한다. 이로부터 혹시 상크야에서 '환희로 이루어진 것'이 쁘라다나일지도 모른다고 주장한다면 그 주장을 반박할 수 있다. 왜냐하면 비의식체인 쁘라다나의 경우에는 욕망하는 것이 불가능하기 때문이다. 이와 같이 앞서 쁘라다나가 부인되었음에도 또 다시 그것이 우발적으로(prasaṅgāt) 부인되는 이유는 <수뜨라>에서 지식의 일관성을 견지하고 있다는 점을 표방하기 위해서이다.

390_ 지지물이 없는(anilayana)=다른 것에 의해 지지될 필요가 없는.

391_ 본질의 동일성(tādātmya)=글자 그대로 '그것(tat)을 스스로의 아뜨만(ātman)으로 가짐'을 뜻한다. 어떤 것(결과나 성질)이 다른 것(원인이나 실체)을 스스로의 아뜨만(본질)으로 삼는다는 것은 양자가 현상적으로 차이의 관계를 가지

이라는 형태가 아닌 간극(차이)을 조금이나마 보는 경우, 윤회에 대한 두려움으로부터 자유롭지 못하다. 반면에 그 '환희로 이루어진 것'에서 본질의 동일성으로 항상 확고히 서는 경우, 윤회에 대한 두려움으로부터 자유롭다. 그리고 이는 지고한 아뜨만을 수용할 때에 가능할 뿐, 쁘라다나를 수용하거나 개별자아를 수용할 때에는 그렇지 않다. 따라서 '환희로 이루어진 것'은 지고한 아뜨만이라고 정립된다.

하지만 이 경우에 이렇게 말해야만 한다.[392]

[정론]: "실로 그러한 이 '사람'은 '음식의 정수로 이루어진 것'이다."〈따잇 2.1.1〉, "실로 그러한 이 '음식의 정수로 이루어진 것'과는 또 다른 내부의 아뜨만이 '생기로 이루어진 것'이다."〈따잇 2.2.1〉, 그것(생기로 이루어진 것)과는 "또 다른 내부의 아뜨만이 '마음으로 이루어진 것'이다."〈따잇 2.3.1〉, 그것(마음으로 이루어진 것)과는 "또 다른 내부의 아뜨만이 '인식으로 이루어진 것'이다."〈따잇 2.4.1〉라며 변형을 뜻하는 '이루어진'(마야뜨)의 연쇄가 있는 경우, 과연 어떻게 '반만 늙은 여자'라는 금언에 따라 오직 '환희로 이루어진 것'에서만 까닭 없이 '이루어진'이 '풍부함'이라는 의미이고 또 [그것이] 브라흐만과 관계한다고 받아

지만 그 본질에서 완전한 동일성을 가진다는 의미이다. 그래서 이를 '차이를 감내하는 무차이'(bhedasahiṣṇuḥ abhedaḥ) 즉 '현상적으로는 차이가 있지만 실재적으로는 무차이인 동일성'이라고 표현할 수 있다. 본질의 동일성은 베단따에서 실재(원인)와 현상(결과), 현상과 현상 사이의 관계를 설명하는 핵심 개념이다. 이 가운데 현상이 실재를 그 본질로 하는 것은 매우 당연하다. 그리고 현상들조차도 실재인 브라흐만을 그 본질로 하는 이상 현상들끼리 본질의 동일성이라는 관계를 가진다. 예를 들어 금목걸이와 금조각상은 금을 본질로 함으로써 본질의 동일성을 가진다.

392_ 지금까지 '환희로 이루어진 것'이라는 주제 아래 펼쳐진 후론은 여기서부터 이론(異論)이 된다. 즉 지금까지 후론자가 논의한 것을 주석가는 정론으로 받아들이지 않는다. 따라서 여기서부터 '후론'이란 '환희로 이루어진 것은 지고한 아뜨만이다'라는 견해이고, '정론'이란 주석가의 최종결론으로서 '환희로 이루어진 것은 지고한 아뜨만이 아니다'라는 견해이다.

들인다는 말인가?[393]

[후론]: '만뜨라에서 묘사된 브라흐만'에 대한 장절이기 때문이다.[394]

[정론]: 아니다. 그 경우에 '음식으로 이루어진 것' 등마저 브라흐만이라는 부조리한 결말이 생긴다.

이에 대하여 말한다.

[후론]: '그것과는 또 다른 내부의, 그것과는 또 다른 내부의 아뜨만'을 말하기 때문에 '음식으로 이루어진 것' 등이 브라흐만이 아니라는 것은 합리적이지만, '환희로 이루어진 것'과는 또 다른 것으로서 가장 내부에 있는 그 어떤 아뜨만도 말하지 않는다. 이로 말미암아 '환희로 이루어진 것'은 브라흐만이다. 그렇지 않은 경우, 논제를 폐기하고 논제가 아닌 것을 소개하는 부조리한 결말이 생기기 때문이다.

이에 대하여 대답한다.

[정론]: 비록 '음식으로 이루어진 것' 등과는 달리 '환희로 이루어진 것'과는 또 다른 내부의 아뜨만이 계시되지 않을지라도, 여전히 '환희로 이루어진 것'은 브라흐만이 아니다. '환희로 이루어진 것'을 주제로 삼은 후 "그것(환희로 이루어진 것)에서는 실로 기쁨이 머리이다. 즐거움은 오른쪽 부위이다. 더한 즐거움은 왼쪽 부위이다. 환희는 몸통이다. 브라흐만은 지지대로서 꼬리이다."〈따잇 2.5.1〉라고 계시되는 까닭에서이다. 이 경우에 "브라흐만은 존재이자 지식이자 무한이다."〈따잇

393_ '반만 늙은 여자'(ardha-jaratīya)라는 금언=얼굴이 늙은 여자가 신체의 다른 부위가 늙은 것을 받아들이지 않는 경우를 빗대는 금언이다. 여기서는 두 가지 이상의 경우에 대해 일관적인 원칙을 적용하지 않는 상황을 빗대는 것처럼 보인다. 이 정론에서 주석가는, '음식으로 이루어진 것'부터 '인식으로 이루어진 것'까지 '이루어진'(마야뜨)이라는 접미사가 '변형'을 뜻하지만 '환희로 이루어진 것'에서는 동일한 접미사가 '풍부함'을 뜻한다는 전론자의 논의를 비판한다.

394_ "브라흐만은 존재이자 지식이자 무한이다."<따잇 2.1.1>라는 만뜨라에서 묘사된 브라흐만이 장절 전체의 논제이기 때문에, '환희로 이루어진 것은 지고한 아뜨만이다'라는 주장에 대해 당신이 의심하는 것은 합당하지 않다.

2.1.1〉라는 만뜨라의 전언에서 논제인 그 브라흐만이, 이곳에서 "브라흐만은 지지대로서 꼬리이다."라고 언급된다. 단지 그것(브라흐만)을 알려주고자 함으로써 '음식으로 이루어진 것'에서 시작하여 '환희로 이루어진 것'으로 끝나는 5덮개[395]들이 가정된다. 이러한 사정에서, 어찌하여 논제를 폐기하고 논제가 아닌 것을 소개하는 부조리한 결말이 생기겠는가!

[후론]: '음식으로 이루어진 것' 등에 대하여 "이것은 지지대로서 꼬리이다."〈따잇 2.1.1〉라는 등이 [언급되는 바와] 같이, '환희로 이루어진 것'의 부위로서 "브라흐만은 지지대로서 꼬리이다."〈따잇 2.5.1〉라고 언급되지 않는가? 이 경우에 어떻게 브라흐만이 독립적인 것으로 알려질 수 있다는 말인가?[396]

[정론]: [브라흐만이] 논제이기 때문이라고 우리는 말한다.

[후론]: 비록 브라흐만이 '환희로 이루어진 것'의 부위로서 알려질지라도 [브라흐만이] 논제라는 것은 폐기되지 않지 않는가? '환희로 이루어진 것'이 브라흐만이기 때문이다.

이에 대하여 대답한다.

[정론]: 그와 같을 경우에, '환희로 이루어진 아뜨만이자 부위를 가지는 바로 그 브라흐만'(전체)이 또 '지지대로서 꼬리라는 부위인 바로 그 브라흐만'(부분)이라는 것은 이치에 맞지 않을 수 있다.[397] 하지만 둘 중

395_ 5덮개(pañcakośa)=칼을 덮고 있는 칼집(kośa)처럼 아뜨만을 덮고 있는 5가지 덮개. 아뜨만의 본질을 덮어서 감추는 그것들은 ① 음식으로 이루어진 덮개, ② 생기로 이루어진 덮개, ③ 마음으로 이루어진 덮개, ④ 인식으로 이루어진 덮개, ⑤ 환희로 이루어진 덮개이다.

396_ '음식으로 이루어진 것' 등은 하부(하체) 등을 각각의 지지대(pratiṣṭhā) 즉 꼬리(puccha)로 가진다. 마찬가지로 '환희로 이루어진 것'은 브라흐만을 지지대 즉 꼬리로 가진다. 이러할 경우에 브라흐만은 '환희로 이루어진 것'의 부위(avayava)로서 언급되기 때문에, 곧 다른 무언가에 의존하는 것으로 언급되기 때문에, 그 브라흐만은 결코 '독립적인 것'(svapradhāna)이 될 수 없다.

의 하나를 수용할 경우에, "브라흐만은 지지대로서 꼬리이다."라는 곳에서만 브라흐만에 대한 교시가 고수된다는 것이 합리적이다. '브라흐만'이라는 말이 주어져 있기 때문이다. '환희로 이루어진 것'에 대한 문장에서는 '브라흐만'이라는 말이 주어져 있지 않기 때문에 그렇지 않다.[398]

더 나아가 "브라흐만은 지지대로서 꼬리이다."라고 말한 뒤에 이렇게 말한다. "그에 대해서 또한 이러한 시구가 있다."〈따잇 2.5.1〉, "만약 브라흐만이 비(非)존재라고 안다면, 그는 비존재 자체가 되리라. 만약 브라흐만이 존재한다고 안다면, 그로부터 [사람들은] 그가 존재한다는 것을 알리라."[399]〈따잇 2.6.1〉. 결국 이 시구에서 '환희로 이루어진 것'을 끌어내지 않은 채로 '브라흐만 자체의 존재와 비존재에 대한 지식'이 가지는 장점과 단점을 언급하기 때문에, "브라흐만은 지지대로서 꼬리이다."라는 곳에서 브라흐만 자체는 독립적인 것이라고 이해된다. 또한 '환희로 이루어진 아뜨만'의 존재와 비존재에 대해 의심하는 것은 합리적이지 않다. '환희로 이루어진 것'은 기쁨·즐거움 등의 특징을 가진다고 이 모든 세상에서 잘 알려져 있기 때문이다.[400]

397_ '부위를 가지는'(avayavin)이란 '부분을 가진 전체'라는 의미이다. "그것(환희로 이루어진 것)에서는 실로 기쁨이 머리이다. … 브라흐만은 지지대로서 꼬리이다."라고 계시되기 때문에, '환희로 이루어진 것'은 '부위를 가지는 것'이라고 말할 수 있다. 주석가는 동일한 브라흐만이 부위를 가지는 전체인 동시에 부위 또는 부분일 수는 없다는 점을 지적한다.

398_ <따잇 2.5.1>의 브라흐마나(산문)에서 "브라흐만은 지지대로서 꼬리이다."라는 문장의 앞에 등장하는 여러 문장들은 '환희로 이루어진 것'과 관계한다. 그런데 그 문장들에서는 '브라흐만'이라는 말이 주어지지 않는다. 따라서 '부위를 가지는 것'(환희로 이루어진 것)에 대한 문장들에서는 브라흐만을 교시하지 않고, '부위인 것'에 대한 문장에서만 즉 "브라흐만은 지지대로서 꼬리이다."라는 문장에서만 브라흐만을 교시한다고 하는 편이 합리적이다.

399_ 만약 누군가가 브라흐만의 '존재'를 안다면, 그가 그것에 대한 지식을 가지고 있다는 사실로부터 사람들은 그의 '존재'를 또한 알게 된다.

[후론]: 그렇다면 어떻게 독립적인 것으로 존재하는 브라흐만이 "브라흐만은 지지대로서 꼬리이다."라며 '환희로 이루어진 것'의 꼬리로서 교시된다는 말인가?

[정론]: 그러한 결함은 없다. '꼬리와 같은' '꼬리'이다.[401] 이를 통해 '브라흐만의 환희'가 일상적인 모든 환희의 '지지대' 즉 궁극적 목적지, 유일한 거처라는 점을 말하고자 할 뿐, ['환희로 이루어진 것'의] 부위라는 점을 말하고자 하지는 않는다. "바로 이러한 환희의 편린에서 다른 존재들이 살아갑니다."[402] 〈브리 4.3.32〉라고 다른 곳에서 계시되기 때문이다.

더 나아가 '환희로 이루어진 것'이 브라흐만인 경우에는 기쁨 등의 부위를 가짐으로 말미암아 유(有)특성 브라흐만이 용인되어야만 하지만, 나머지 문장에서는 무(無)특성 브라흐만이 계시된다.[403] "언어가 마음과 함께 도달하지 못하여 그것으로부터 돌아서고 말리라. 그 브라흐만의 환희를 아는 자는 아무것도 두려워하지 않으리라."〈따잇 2.9.1〉라며 [브라흐만이] 언어와 마음의 영역 밖에 있다는 것을 언급하기 때

400_ '브라흐만'을 논제로 삼는 <따잇 2.6.1>의 시구를 통해, "브라흐만은 지지대로서 꼬리이다."라는 문장에서 브라흐만이 '환희로 이루어진 것'의 부위로서가 아니라 '독립적인 것'으로서 알려진다고 밝혀진다. 그럼에도 또 다시, <따잇 2.6.1>의 시구에서는 브라흐만이 아닌 '환희로 이루어진 것'이 언급된다고 주장할 수 있다. 그렇지만 세상의 상식으로 볼 때에, 브라흐만의 존재와 비존재를 의심하는 것은 가능할지라도, 기쁨 · 즐거움 등의 특징을 가지는 '환희로 이루어진 것'의 존재와 비존재를 의심하는 것은 가능하지 않다. 결국 의심을 내용으로 하는 <따잇 2.6.1>에서 다루어지는 것은 '환희로 이루어진 것'이 아니다.

401_ '꼬리'라는 표현은 '꼬리와 같은(vat)'이라는 뜻을 함축한다. 그래서 그 문장은 "브라흐만은 지지대로서 꼬리와 같다."라는 뜻이다.

402_ 살아갑니다=지지됩니다.

403_ 유특성 브라흐만(saviśeṣa-brahman)='무특성 브라흐만'(nirviśeṣa-brahman)과 달리 특성을 가진 브라흐만을 가리키며, '유속성 브라흐만'(saguṇa-brahman), '하위 브라흐만'(apara-brahman)과 유의어이다.

문이다.

더 나아가 '환희의 풍부함'이라고 말하는 경우에도[404] 심지어 '미미한 고통'[405]이 알려진다. 이 세상에서 풍부함이란 그 반대인 미미함(결핍)에 의존하기 때문이다.[406] 또한 이와 같을 경우에, "다른 것을 보지 않고 다른 것을 듣지 않고 다른 것을 알지 않는 경우에, 그것이 극대(極大)입니다."〈찬도 7.24.1〉라며 '극대로서의 브라흐만'에 '그것(그 자체)과는 구별되는 것'이 없다고 [말하는] 계시서가 교란될 것이다.[407]

게다가 '환희로 이루어진 것'은 각각의 육체에서 기쁨 등의 차이로 말미암아 차이를 가지지만, 브라흐만은 각각의 육체에서 차이를 가지지 않는다.[408] "브라흐만은 존재이자 지식이자 무한이다."〈따잇 2.1.1〉라며 무한성이 계시되기 때문이고, 또 "하나의 신은 모든 존재들에 숨겨져 있다. 그는 편재하는 자이고, 모든 존재들의 내재적(안에 있는) 아뜨만이다."〈슈베 6.11〉라며 다른 곳에서 계시되기 때문이다.

더욱이 '환희로 이루어진 것'의 반복이 계시되지 않는다.[409] 왜냐하

404_ '환희로 이루어진 것'이 '환희의 풍부함'을 뜻하기 때문에 브라흐만을 교시한다고 말하는 경우에도.

405_ * Samata에 '미미한 고통'(duḥkha-alpīyastva)이라는 표현이 등장하는 것과 달리, Nirnaya에는 '고통의 존재'(duḥkha-astitva)라는 표현이 등장한다.

406_ 주석가는 정론의 입장에서 <주석 1.1.13>의 '풍부함'에 대한 설명을 반박하고자 한다. 풍부함이 미미함(alpatva)에 의존하기 때문에 '환희의 풍부함'은 미미하게나마 고통을 포함하고 있다. 그렇다면 미미한 고통을 가진 채로 상대적인 것에 불과한 '환희로 이루어진 것'이 도대체 어떻게 브라흐만일 수 있겠는가.

407_ '환희의 풍부함'이 '미미한 고통'에 의존하는 경우에, 즉 그에 따라 상대적인 것에 불과한 '환희로 이루어진 것'이 브라흐만인 경우에, <찬도 7.24.1>에서와 같이 브라흐만(극대)에서 차이(구별)가 부재하다는 것을 말하는 계시서는 교란되고 말 것이다.

408_ <따잇 2.5.1>에서 살펴지듯이 '환희로 이루어진 것'은 머리, 오른쪽 부위, 왼쪽 부위, 몸통과 같은 '각각의 육체에서'(pratiśarīraṃ) 기쁨, 즐거움, 더한 즐거움, 환희 등의 차이를 경험한다. 그와 달리 브라흐만(무특성 브라흐만)은 차이를 가지지 않는다.

면 단지 '명사 어근인 것'(환희)만이 모든 곳에서 반복되기 때문이다.[410] "그것은 실로 정수(맛)이다. 왜냐하면 실로 정수를 획득한 후에는 누구든지 환희에 차기 때문이다. 만약 [가슴 속] 공동(空洞)에 이 환희가 없다면, 실로 누가 들이쉬고 누가 내쉴 것인가?"〈따잇 2.7.1〉, "그리하여 다음은 환희에 대한 고찰이다."〈따잇 2.8.1〉, "그 브라흐만의 환희를 아는 자는 아무것도 두려워하지 않으리라."〈따잇 2.9.1〉, "환희가 브라흐만이라는 것을 그는 알았다."〈따잇 3.6.1〉에서이다. 그리고 만약 '환희로 이루어진 것'이라는 말이 브라흐만과 관계한다고 확정되어 있다면, 그 경우에 '환희'만이 사용되는 그 이후에서도 '환희로 이루어진 것'이라는 [말이] 반복된다고 [우리는] 가정할 수 있다. 하지만 '환희로 이루어진 것'은 브라흐만이 아니다.[411] '기쁨이 머리라는 것' 등의 이유들 때문이라고 우리는 말했다. 따라서 "지식이자 환희인 브라흐만"〈브리 3.9.28〉이라는 다른 계시서에서 '환희'라는 말의 명사 어근이[412] 브라흐만에 대해 사용되는 것을 보기 때문에, "만약 [가슴 속] 공동(空洞)에 이 환희가 없다면"〈따잇 2.7.1〉이라는 등에서 ['환희'라는 말이] 사용되는 것은 브라흐만과 관계할 뿐 '환희로 이루어진 것'의 반복은 아니라고 이해해야만 한다.

그리고 "이 '환희로 이루어진 아뜨만'을 획득한다."〈따잇 2.8.5〉에

409_ 주석가는 정론의 입장에서 <주석 1.1.12>를 반박하고자 한다.

410_ 이 점은 <주석 1.1.12>에서 이미 지적되었다. 그리고 이어지는 여러 예문들도 <주석 1.1.12>에서 이미 예시되었다.

411_ 만약 '환희로 이루어진 것'이 브라흐만이라면, '환희'라는 말만이 사용되는 <따잇 2.7.1> 이후의 문장들에서도 '환희로 이루어진 것'이라는 말이 반복된다고 우리는 가정할 수 있다. 즉 '환희'라는 말이 '환희로 이루어진 것'을 의미한다고 가정할 수 있다. 하지만 여전히 '환희로 이루어진 것'은 결코 브라흐만이 아니다.

412_ * '말의'(-pada-)라는 표현은 Samata에만 추가로 등장한다. Nirnaya에서는 이 부분을 "'환희'라는 명사 어근이"라고 읽는다.

서, 실로 '이루어진'이라는 어미와 함께 '환희로 이루어진'이라는 말이[413] 그렇게 반복되는 경우에는 브라흐만과 관계하지 않는다. '음식으로 이루어진 것' 등은 단지 변형을 본질로 하는 것이자 획득해야만 하는 것인데, 그 아뜨만이 아닌 것들의 연쇄에 ['환희로 이루어진 것'도] 포함되기 때문이다.

[후론]: 획득해야만 하는 '환희로 이루어진 것'이 '음식으로 이루어진 것' 등처럼 브라흐만이 아닌 경우, 지식이 있는 자가 브라흐만의 획득이라는 결과를 가진다고 결코 교시되지 않아야 하지 않는가?[414]

[정론]: 그러한 결함은 없다. 단지 '환희로 이루어진 것'의 획득이 교시됨으로써 지식이 있는 자가[415] '지지대인 꼬리로서 존재하는 브라흐만'의 획득이라는 결과를 가진다고 교시되기 때문이다.[416] 또한 "그에 대해서 또한 이러한 시구가 있다."〈따잇 2.8.5〉, "언어가 … 그것으로부터 돌아서고 말리라."〈따잇 2.9.1〉라는 등을 통해 [그 결과가] 상술되기 때문이다.[417]

413_ * Nirnaya에서는 이 부분을 "실로 '이루어진'이라는 어미와 함께 '환희'라는 말이"라고 읽는다.

414_ "이 '환희로 이루어진 아뜨만'을 획득한다."<따잇 2.8.5>에서 '환희로 이루어진 것'은 분명 '획득해야만 하는 것'으로 제시된다. 그럼에도 그것이 브라흐만이 아니라고 한다면, <따잇 2>에서는 브라흐만을 아는 자가 브라흐만을 획득한다고 결코 가르치지 말아야 했을 것이 아닌가! 그런데 <따잇 2>는 "브라흐만을 아는 자는 지고함을 얻는다."라고 시작된다. 한편, <따잇 2.8.5>에 대한 주석가의 주석에 따르면, '획득한다'(upasaṃkrāmati)에서 '획득'(saṃkramaṇa)이란 지식(jñāna, vijñāna)을 의미하기 때문에, '환희로 이루어진 아뜨만을 획득한다'라는 것은 '아뜨만에 대한 지식을 통해, 무지에 의한 착오를, 곧 아뜨만이 아닌 것(환희로 이루어진 것 등)이 야기하는 차이를 제거한다'라는 의미라고 해석할 수 있다.

415_ * '지식이 있는 자가'(viduṣaḥ)라는 표현은 Samata에만 추가로 등장한다.

416_ '유특성 브라흐만의 획득'을 가르치는 것을 통해 그 결과로서 '무특성 브라흐만의 획득'을 가르치기 때문이다.

417_ 언어를 초월하는 무특성 브라흐만의 획득이라는 결과가 상술되기 때문이다.

한편, '환희로 이루어진 것'이라는 [말에] 근접한 채로 언급된 "그는 '나는 다수가 될 것이리라. 나는 태어날 것이리라.'라고 욕망했다."〈따잇 2.6.1〉라는 이 계시는, "브라흐만은 지지대로서 꼬리이다."〈따잇 2.5.1〉라는 더 근처에 놓여 있는 것(계시)으로 말미암아 브라흐만과 관계하기 때문에, '환희로 이루어진 것'이 브라흐만이라는 것을 알려주지 않는다.[418] 또한 뒤따르는 글인 "그것은 실로 정수(맛)이다."〈따잇 2.7.1〉라는 등도 그것과[419] 관련되기 때문에 '환희로 이루어진 것'과 관계하지 않는다.

[후론]: [그 경우에] "그는 … 욕망했다."에서 브라흐만을 남성('그')으로 지시한 것은 합당하지 않지 않는가?[420]

[정론]: 그러한 결함은 없다. "그러한 이 아뜨만으로부터 실로 허공(에테르)이 산출되었다."〈따잇 2.1.1〉라는 곳에서는 심지어 '아뜨만'이라는 말이 남성임에도 브라흐만이 논제이기 때문이다.[421]

418_ '환희로 이루어진 것'이라는 말은 <따잇 2.5.1>의 중간 부분에 등장하고, '브라흐만'이라는 말이 들어 있는 "브라흐만은 지지대로서 꼬리이다."라는 문장은 <따잇 2.5.1>의 끝 부분에 등장한다. 따라서 <따잇 2.6.1>의 "그는 '나는 다수가 될 것이리라. 나는 태어날 것이리라.'라고 욕망했다."라는 계시 문장은 보다 더 근접해 있는 '브라흐만'과 관계할 뿐이다. 따라서 이 계시 문장은 '환희로 이루어진 것'이 브라흐만이라는 것을 알려주지 않는다.

419_ 그것과="그는 '나는 다수가 될 것이리라. 나는 태어날 것이리라.'라고 욕망했다."<따잇 2.6.1>라는 계시와. 이 계시가 브라흐만과 관계한다고 확정된다면, 내용적으로 이 계시와 관련되는 <따잇 2.7.1>의 "그것은 실로 정수(맛)이다."라는 계시마저 브라흐만과 관계할 뿐이다.

420_ '브라흐만'은 남성(puṃliṅga)이 아니라 중성(napuṃsakaliṅga)이다.

421_ "그러한 이 아뜨만으로부터 실로 허공(에테르)이 산출되었다."에서 5격(탈격)인 '그러한 이'(tasmād va etasmād)는 중성인 '브라흐만'을 가리킨다. 그리고 동일한 5격인 '아뜨만으로부터'(ātmanaḥ)는 남성이다. 결국 브라흐만이 곧 아뜨만이므로 중성인 브라흐만이 남성인 아뜨만으로 지시된 셈이다. '아뜨만'이라는 말은 <따잇 2.2-5>에서도 '또 다른 내부의 아뜨만이'(anyo 'ntara ātmā)라고 반복되면서 남성(ātmā)으로 지시된다.

한편, "환희가 브라흐만이라는 것을 그는 알았다."〈따잇 3.6.1〉라는 '브리구와 바루나의 지식'[422]에서 '이루어진'이라는 [말이] 계시되지 않기 때문에 또 '기쁨이 머리라는 것' 등이 계시되지 않기 때문에, 환희가 브라흐만이라는 것은 합리적이다. 따라서 최소한도에서라도 특수성에 의지하지 않은 채, 브라흐만이 단지 그 자체로 '기쁨이 머리라는 것' 등을 가진다는 것은 합당하지 않다.[423] 게다가 이곳에서는 유(有)특성 브라흐만을 제시하려고 하지 않는다. 언어와 마음의 영역 밖에 있는 초월적 [브라흐만이] 계시되기 때문이다.[424]

그러므로 '음식으로 이루어진 것' 등에서처럼 '환희로 이루어진 것'에서도 '이루어진'은 단지 '변형'이라는 의미일 뿐 '풍부함'이라는 의미는 아니라고 이해해야만 한다.

한편, 다음과 같이 [앞의] 수뜨라들을 설명해야만 한다.[425]

"브라흐만은 지지대로서 꼬리이다."〈따잇 2.5.1〉라는 곳에서는 브라흐만을 '환희로 이루어진 것'의 부위로서 말하고자 하는가, 아니면 독립적인 것으로서 말하고자 하는가? '꼬리'라는 말로 말미암아 부위로서 [말하고자 한다].

이러한 귀결에서 대답한다.

422_ 아버지인 바루나가 아들인 브리구에게 전달한 지식. 이 지식은 '환희가 곧 브라흐만이라는 것'을 내용으로 한다.

423_ '특수성'(viśeṣa)을 '한정자'로 읽어도 무방하다. 특수성에 대한 최소한의 의존 없이 브라흐만이 그 자체로 '기쁨 등'을 '머리 등'으로 가진다는 것은 불가능하다.

424_ "언어가 마음과 함께 도달하지 못하여 그것으로부터 돌아서고 말리라."<따잇 2.9.1>

425_ '환희로 이루어진 것'이 아닌 '환희'가 브라흐만이라는 사실에 근거하여 <수뜨라 1.1.12-19>를 다시 설명해야만 한다.

12. '환희로 이루어진 것'에 [관한 곳에서는 독립적인 브라흐만을 가르친다]; [브라흐만이 단독으로] 반복되기 때문이다.

'환희로 이루어진 아뜨만'에 관한 곳에서는 "브라흐만은 지지대로서 꼬리이다."라며 오직 독립적인 브라흐만을 가르친다. 반복되기 때문이다. "[만약 브라흐만이 비(非)존재라고 안다면], 그는 비존재 자체가 되리라."〈따잇 2.6.1〉라는 '성전으로부터 인용된 이러한 시구'에서[426] 오직 브라흐만이 단독으로 반복되기 때문이다.

13. 만약 [부위를 의도하는] '변형'이라는 말 때문에 [브라흐만이] 아니라고 한다면, 아니다; '풍부함' 때문이다.

'변형'이라는 말은 '부위'라는 말을 의도한다. [이로부터] '꼬리'라는 부위에 대한 말 때문에 브라흐만은 독립적인 것이 아니라고 [당신이] 주장한 것에 관해서, [우리는] 반박해야만 한다.

이에 대하여 대답한다.[427]

그러한 결함은 없다. 심지어 '풍부함'으로 말미암아 '부위'에 대한 말이 합당하기 때문이다.[428] 풍부함 즉 풍성하게 되는 것이란 '부위들의 풍성함에 관한 말'이라는 것을 의도한다. 실로 머리에서 시작하여 꼬리로 끝나는 '음식으로 이루어진 것' 등의 부위들이 언급되는 경우에, '환희로 이루어진 것'에 대해서도 머리에서 시작하는 여러 부위들을 언급함으로써, "브라흐만은 지지대로서 꼬리이다."라는 [문장은] 부위들

426_ '성전으로부터 인용된 시구'(nigamana-śloka)라고 말하는 까닭은, <따잇 2.5.1>의 마지막 부분에서 "그에 대해서 또한 이러한 시구가 있다."라고 알린 뒤에 <따잇 2.6.1>에서 "만약 브라흐만이 비(非)존재라고 안다면, …"이라는 성전의 시구(만뜨라)가 인용되기 때문이다.

427_ 우리의 반박 즉 후론자의 반박이다.

428_ '부위'라는 말은 '변형'이 아니라 '풍부함'을 의미하기 때문에 브라흐만이 부위를 가진다고 말하는 것은 합당하다. 따라서 브라흐만은 독립적인 것이다.

이 풍성하게 되는 것을 말할 뿐 부위를 말하고자 하지 않는다.[429] '반복되기 때문이다'라며 [앞선 수뜨라에서] 브라흐만이 독립적인 것이라고 실증된 까닭에서이다.

14. 또한 [브라흐만이] 그것(모든 것)의 근거라고 언급하기 때문이다.

실로 "그렇게 있는 그 무엇이든, 이 모든 것을 창조했다."〈따잇 2.6.1〉라며 '환희로 이루어진 것'을 포함하는 모든 '변형의 총체'가 브라흐만을 원인(근거)으로 한다고 언급한다. 게다가 원인으로 존재하는 브라흐만이 자기 변형인 '환희로 이루어진 것'의 부위라는 것은 일차적인 어법에서 합당하지 않다.

다른 수뜨라들도 바로 그 '꼬리'에 대한 문장에서 교시되는 브라흐만에 대해 진술하는 것들이라고 가능한 한 이해해야만 한다.[430] ‖19‖

429_ 수뜨라의 '풍부함'(prācurya)이라는 말을 '부위들의 풍성함에 관한 말'(avayavaprāye vacanam)이라고 풀이한다. 이에 따라 브라흐만에 대해 '꼬리'라는 말을 사용하는 까닭은 머리, 오른쪽 부위, 왼쪽 부위, 몸통, 꼬리와 같은 부위들이 풍성하다는 것을 말하고자 하기 때문이다. 브라흐만이 꼬리 즉 부위임을 말하고자 하는 것은 아니다.

430_ 다른 수뜨라들도=<수뜨라 1.1.15-19>도. 남은 수뜨라들은 다음과 같이 풀이될 수 있다: 15. 또한 만뜨라에서 묘사된 바로 그것을 ['꼬리'에 대한 문장에서] 말한다. 16. 다른 것(환희로 이루어진 것)은 아니다; 부당하기 때문이다. 17. 또한 ['환희로 이루어진 것'과 '환희'를] 차별하여 언급하기 때문이다. 18. 또한 [브라흐만으로서의] 욕망(환희) 때문에, 추론된 것('환희로 이루어진 것')은 [브라흐만으로] 간주되지 않는다. 19. 또한 그것(환희)에서 이것(환희로 이루어진 것)이 그것과 합일함을 가르친다.

{ 7. '안에 있는 것'이라는 주제: 수뜨라 20-21 }

20. '안에 있는 것'은 [지고한 신이다]; 그것(신)의 특징들이 지시되기 때문이다.

antas taddharmopadeśāt ‖20‖

이렇게 전한다. "이제, 태양 안에서 황금으로 이루어진 그 뿌루샤(사람)가 보인다. 황금의 수염을 가지고 황금의 머리카락을 가지며, 손톱 끝까지 실로 모조리 황금이다."〈찬도 1.6.6〉, "그의 두 눈은, 원숭이의 엉덩이와 같은 [색깔인] 연꽃과 유사하다. 그의 이름은 '우뜨'라고 한다. 그러한 그는 모든 죄악들로부터 초월해 있다.[431] 정녕 이와 같음을 아는 자는, 모든 죄악들로부터 초월한다."〈찬도 1.6.7〉라는 것은 신격적(神格的)인 것에 대해서이다. 그러고 나서 "이제, 눈 안에서 그 뿌루샤가 보인다."〈찬도 1.7.5〉라는 등은 인격적(人格的)인 것에 대해서이다.[432]

이 경우에 의문이 생긴다. 태양의 구체(球體)에서 또 눈에서 명상대상으로서 계시되는 것은, '명상적 지식'과 '행위'의 탁월성에 힘입어 극치에 도달한 그 어떤 윤회하는 자인가, 또는 영원히 완전한 지고한 신인가?

실로 무엇으로 귀결되는가?

431_ 뿌루샤는 모든 죄악들로부터 '초월해 있기'(udita, 우디따) 때문에 '우뜨'(Ut)가 그의 간접적인 이름이다.

432_ 원문에서 'ity adhidaivatam'과 'athādhyātmam'이라는 부분을 각각 <찬도 1.6.8>과 <찬도 1.7.1>에 속하는 인용문으로 간주해도 무방하다. 그 경우에는 원문을 각각 "이상은 신격적인 것이다."<찬도 1.6.8>와 "이제 인격적인 것이다."<찬도 1.7.1>로 읽는다.

[전론]: 윤회하는 자이다.

어떤 근거에서? 형태를 가진다고 계시되기 때문이다. 먼저 태양의 뿌루샤에 대해 '황금의 수염을 가지고'라는 등의 형태가 언급된다. 눈의 뿌루샤에 대해서도 "이러한 이 [뿌루샤의] 형태는 그 [뿌루샤의] 바로 그 형태이다."〈찬도 1.7.5〉라는 '연장 적용'(확대적용)을 통해 바로 그것이[433] 수반된다.

게다가 지고한 신이 형태를 가진다는 것은 합리적이지 않다. "소리가 없고, 감촉이 없으며, 형태(색깔)가 없고, 소실이 없으며"〈까타 3.15〉라고 계시되기 때문이다. 또한 '태양 안에 있는 그것', '눈 안에 있는 그것'이라고 거처가 계시되기 때문이다. 실로 '거처가 없이 스스로의 영광에 머무르며 편재하는 지고한 신'이 거처를 가진다고 가르칠 수는 없다. "존경스러운 이여, 그것은 어디에서 확립됩니까? 스스로의 영광(위대성)에서!"〈찬도 7.24.1〉, "허공(에테르)처럼 편재하고 영원한" 이라고 계시된다.

더욱이 권능의 한계가 계시되기 때문이다. "이러한 그는 그것(태양)보다 위에 있는 그러한 세상들을 지배하고, 또 신격들의 욕망들을 지배한다."〈찬도 1.6.8〉라는 것은 태양의 뿌루샤가 가지는 권능의 한계이고, "이러한 그는 그것(눈)보다 아래에 있는 그러한 세상들을 지배하고, 또 인간들의 욕망들을 지배한다."〈찬도 1.7.6〉라는 것은 눈의 뿌루샤가 가지는 권능의 한계이다.[434] 그리고 지고한 신의 권능이 한계를 가지는 것은 합리적이지 않다. "그것은 모든 것의 신이고, 그것은 존재들의 지배자이며, 그것은 존재들의 보호자이고, 그것은 이 세상들이 뒤섞이지 않도록 지지하는 다리(둑)[435]입니다."〈브리 4.4.22〉라며 한결

433_ 바로 그것이=태양의 뿌루샤가 가진 형태(rūpa)가.

434_ 태양의 뿌루샤도 눈의 뿌루샤도 모든 세상들과 모든 존재들을 지배하지는 못하므로 '권능의 한계'(aiśvarya-maryādā)를 가진다.

같이 계시되기 때문이다. 따라서 눈과 태양의 안에 있는 것은 지고한 신이 아니다.

이와 같은 귀결에서 우리는 말한다. "'안에 있는 것'은 … 그것의 특징들이 지시되기 때문이다."

[후론]: '태양 안에 있는 그것', '눈 안에 있는 그것'이라고 계시되는 뿌루샤는 오직 지고한 신일 뿐, 윤회하는 자가 아니다.

어떤 근거에서? 그것의 특징들이 지시되기 때문이다. 실로 이곳에서는 그 지고한 신의 특징들이 지시된다. 이 경우의 예를 들어, 그 태양의 뿌루샤가 가진 이름을 "그의 이름은 '우뜨'라고 한다."라고 알려준 뒤에 "그러한 그는 모든 죄악들로부터 초월해 있다."에서 '모든 죄악들로부터 이탈하는 것'이라는 어원을 추적한다.[436] 또한 어원 추적이 이루어진 바로 그 이름을, "이 [뿌루샤의] 이름은 그 [뿌루샤의] 이름이다."〈찬도 1.7.5〉라며 눈의 뿌루샤에 대해서도 연장 적용한다. 그리고 모든 죄악들로부터 이탈하는 것은, "아뜨만은 죄악으로부터 자유롭고"〈찬도 8.7.1〉라는 등에서, 오직 지고한 아뜨만에 대해서만 계시된다. 마찬가지로 눈의 뿌루샤에 대해, "실로 그는 리끄이다. 그는 사마이다. 그는 욱타이다. 그는 야주스이다. 그는 브라흐마이다."[437]〈찬도

435_ 이 세상들이 뒤섞이지 않도록 지지하는 다리(둑)=계급(바르나), 인생단계 등으로 질서 지어진 세상들이 뒤섞이지(saṃbheda) 않도록 경계를 유지하고 있는 다리 또는 둑(setu).

436_ '우뜨'(위에 있음, 솟구쳐 있음)라는 이름의 어원은 '모든 죄악들로부터 초월하는 것' 또는 '모든 죄악들로부터 이탈하는 것'이다. 달리 말해 "그러한 그는 모든 죄악들로부터 초월해 있다."라는 문장은 '우뜨'의 어원을 추적하는 것이다.

437_ '리그 만뜨라'(ṛg-mantra)를 통해 설명된 모든 것들은 바로 뿌루샤이다. 마찬가지로 '사마 만뜨라'(sāma-mantra), '야주르 만뜨라'(yajur-mantra)를 통해 설명된 모든 것들은 바로 뿌루샤이다. 문맥이 3가지 베다와 관계하므로 브라흐마(Brahmā) 신은 3가지 베다를 가리킨다. 이에 따라 3가지 베다를 통해 설명된 모든 것들은 바로 브라흐마 즉 뿌루샤이다. '리끄'는 찬가의 시구 자체, '사

1.7.5〉라며, 리끄, 사마 등을 본질로 한다고 확정한다. 그리고 이는 지고한 신에 대해서 합당하다.[438] '모든 것의 원인임'으로 말미암아 '모든 것을 아뜨만으로 함'[439]이 합당하기 때문이다. 게다가 리끄와 사마가 신격적으로 흙과 불 등을 본질로 하고, 인격적으로 언어와 생기 등을 본질로 한다는 것을 열거하면서, 신격적으로 "리끄와 사마는 그의 두 노래(노래하는 이)이다."〈찬도 1.6.8〉라고 말한다. 마찬가지로 인격적으로도 "이 [뿌루샤의] 두 노래는 그 [뿌루샤의] 두 노래이다."〈찬도 1.7.5〉라고 [말한다].[440] 그리고 이는 오직 '모든 것을 아뜨만으로 하는 [존재'가] 있는 경우에 합당하다.[441] 더욱이 "그래서 '비나'에 맞추어 노래하는 그러한 자들은 그(뿌루샤)를 노래한다. 따라서 그들은 부귀를 얻는다."〈찬도 1.7.6〉라며 세속적인 노래들에서조차 바로 그가 노래된다는 것을 보여준다. 그리고 이는 오직 지고한 신을 수용하는 경우에 적합하다. "실로 위력적이거나 영예롭거나 강대한 그러그러한 존재들. 그대는 알도록 하시오. 바로 그것들이 내 영광의 일부로부터 발생했다는 것을!"〈기따 10.41〉이라며 『바가바드 기따』에서 보기 때문이

마'(사만)는 찬가의 노래, '야주스'(야주르)는 공물과 관계된 산문이다. 참고로 '욱타'(uktha)는 사마의 변종이다.

438_ 눈의 뿌루샤가 가진 이러한 특징들은 지고한 신에 대해서도 합당하다.

439_ '모든 것을 아뜨만으로 함'(sarvātmakatva)이라는 표현은 '모든 존재들을 자신의 신체로 가짐'이라는 뜻이다. 결과로서의 모든 것은 순수의식 또는 지고한 신인 원인의 연장(延長)으로서 일종의 신체에 지나지 않는다.

440_ <찬도 1.6.8>에 대한 주석에서 주석가는 1격 양수인 'geṣṇau'(두 노래)가 'parvan'(관절, 이음매)이라는 의미라고 풀이한다. 이에 따라 <찬도 1.7.5>를 "이 [뿌루샤의] 두 관절은 그 [뿌루샤의] 두 관절이다."라고 읽을 수도 있다. 하지만 <찬도 1.7.5>에서 이 뿌루샤의 형태가 그 뿌루샤의 형태이고, 이 뿌루샤의 이름이 그 뿌루샤의 이름이라고 언급하는 문맥의 흐름상, 이 뿌루샤의 두 노래가 그 뿌루샤의 두 노래라고 하는 편이 더 잘 어울린다.

441_ * Nirnaya에서는 이 문장을 "그리고 이는 오직 '모든 것을 아뜨만으로 하는 것'에 대해서 합당하다."라고 읽는다.

다. 세상의 욕망에 대한 지배자(주재자)라는 것마저[442] 제한이 없다고 계시되는 지고한 신을 지시한다.

한편, '황금의 수염을 가지는 것' 등 형태를 가지는 것에 대한 계시는 지고한 신에 대해서 합당하지 않다고 주장한 것에 관해서, 우리는 말한다. 심지어 지고한 신에게도 [자신의] 의지에 힘입어 구도자에 대한 은총을 목적으로 하는 '환영으로 이루어진 형태'가 가능하다. "나라다여, 그대가 보는 '나'라는 것은, 실로 내가 창조한 환영이다. 내가 모든 존재의 특성들을 가진다고, 그대는 그와 같이 나를 알려고 해서는 안 된다."라고 전승되기 때문이다. 더 나아가, 다만 모든 특징이 배제된 '지고한 신의 형태'를 가르치는 경우에는, "소리가 없고, 감촉이 없으며, 형태(색깔)가 없고, 소실이 없으며"라는 등의 성전이 적용된다. 하지만 [신은] 모든 것의 원인이기 때문에, "모든 행위를 하고, 모든 욕망을 가지며, 모든 냄새를 가지고, 모든 맛을 가지며"〈찬도 3.14.2〉라는 등을 통해, 심지어 변형물의 어떤 특성들을 가지는 지고한 신이 명상 대상으로 지시된다. 마찬가지로 '황금의 수염을 가지는 것' 등을 지시하는 것도 가능하다.

한편, 거처가 계시되기 때문에 지고한 신이 아니라는 것에 대하여 대답한다. 비록 [신이] 스스로의 영광에 머무를지라도 계속적 명상을 위하여 특정한 거처를 가르치는 것은 가능하다. 브라흐만이 천공(天空)처럼 편재하기 때문에 모든 것의 안에 있다는 것은 합당하기 때문이다. 권능의 한계에 대한 계시마저, 오직 계속적 명상을 위하여 인격적인 것과 신격적인 것을 구분하려는 견지에서이다.[443]

442_ 앞서 인용한 "따라서 그들은 부귀를 얻는다."<찬도 1.7.6>에 따르면 뿌루샤는 '부귀를 주는 자'이다. 그래서 뿌루샤는 세상의 욕망에 대한 지배자 · 주재자(īśitṛ)로 묘사된 것이나 마찬가지이다.

443_ 전론자가 인용한 <찬도 1.6.8>과 <찬도 1.7.6>에서는 계속적 명상을 위하여

그러므로 오직 지고한 신만이 눈과 태양의 안에 있는 것이라고 가르친다.‖20‖

21. 또한 [개별자아들과는] 다른 ['내부의 지배자'로서 신이 존재한다]; [다른 계시서에서 양자의] 차이를 언급하기 때문이다; [따라서 '안에 있는 것'은 지고한 신이다].

bhedavyapadeśāc cānyaḥ ‖21‖

또한 '태양 등의 신체를 자기로 가정하는 개별자아들'과는 다른(상이한) '내부의 지배자'로서 신이 존재한다. "태양에서 살지만 태양 안에 있는 것이고, 태양이 알지 못하는 것이며, 태양을 육신으로 가지는 것이고, 태양을 안으로부터 지배하는 것. 그것은 내부의 지배자, 당신의 불멸하는 아뜨만입니다."〈브리 3.7.9〉라며 다른 계시서에서 차이를 언급하기 때문이다. 실로 이 경우에, '태양 안에 있는 것이고, 태양이 알지 못하는 것이며'에서는 '태양 즉 지식주체나 인식적 아뜨만'과는[444] 다른 '내부의 지배자'가 명백하게 지시된다. 계시서의 일관성으로 말미암아, 바로 그것이[445] 바로 이곳의 '태양 안에 있는 뿌루샤'여야만 한다.

그러므로 이곳에서는 오직 지고한 신만을 가르친다고 정립된다.‖21‖

각각 신격적인 측면과 인격적인 측면을 구분해서 말한다. 이러한 구분 때문에 권능의 한계가 없는 지고한 신이 마치 권능의 한계를 가지는 것처럼 묘사될 뿐이다.

444_ "태양이 알지 못하는 것이며"라는 표현에서는 태양이 앎의 주체 즉 지식주체(veditṛ) 또는 인식적 아뜨만으로 알려진다.

445_ 그것이=<브리 3.7.9>에서 알려지는 '내부의 지배자'(antaryāmin) 즉 지고한 신이.

{ 8. '허공'이라는 주제: 수뜨라 22 }

22. 허공은 [지고한 브라흐만이다]; 그것(브라흐만)에 대한 표징 때문이다.

ākāśas talliṅgāt ‖22‖

이렇게 전한다. "이 세상의 목적지(目的地)는 어디입니까? [자이발리가] 대답했다: 허공입니다. 정녕 이 모든 존재들이 오직 허공으로부터 생성되고 허공을 향해 소멸됩니다. 이것들보다 허공 자체가 더 위대하기 때문에, 허공은 궁극적 목적지입니다."〈찬도 1.9.1〉에서이다.

이 경우에 의문이 생긴다. '허공'이라는 말은 지고한 브라흐만을 지시하는가, 아니면 원소로서의 에테르를 지시하는가?[446]

의문의 근거는? ['허공'이라는 말이] 두 가지 경우에 사용되는 것을 보기 때문이다. '허공'(에테르)이라는 말은 먼저 특정한 원소와 관계하여 일상(세속)과 베다에서 매우 잘 알려져 있고, 또한 브라흐만과도 관계하여 가끔 사용된다고 알려진다. 보조적 문장에 힘입어, 혹은 특별한 속성이 계시되기 때문에 브라흐만이라고 확정하게 되는 경우이다.[447] 예컨대, "만약 [가슴 속] 공동(空洞)에 이 환희가 없다면"〈따잇 2.7.1〉이라고, "'허공'이라고 불리는 것은 명칭과 형태의 산출자이다. 안에 그것들을 가지는 것은 브라흐만이다."〈찬도 8.14.1〉라고 이렇게 운운하는 것들에서이다.[448] 이로부터 의문이 생긴다.

446_ 'ākāśa'는 허공, 에테르, 하늘, 공간 등을 뜻한다.

447_ '허공'이라는 말이 브라흐만과 관계하여 가끔 사용된다고 알려지는 경우는 2가지이다. 첫째는 '보조적 문장'(vākyaśeṣa)으로부터 알려지고, 둘째는 특별한 속성에 대한 계시로부터 알려진다.

448_ 우선 인용된 <따잇 2.7.1>의 온전한 문장들은 "만약 [가슴 속] 공동(空洞)에 이 환희가 없다면, 실로 누가 들이쉬고 누가 내쉴 것인가? 참으로 오직 그것만

그렇다면 이 경우에 어느 것이 합리적인가?

[전론]: 원소로서의 허공(에테르)이다.

어떤 근거에서? 왜냐하면 [그렇게] 사용하는 것이 더 잘 알려져 있음으로 말미암아 즉시적으로 그러한 생각이 떠오르기 때문이다. 게다가 '허공'이라는 이 말은 두 경우에 공용(共用)된다고 알려질 수 없다. [하나의 말이] 여러 의미를 가지는 부조리한 결말이 생기기 때문이다. 따라서 '허공'이라는 말은 브라흐만과 관계하여 단지 이차적 의미여야만 한다. 왜냐하면 편재 등의 수많은 속성들로 말미암아 브라흐만은 허공과 유사한 것이 되기 때문이다.[449] 그리고 일차적 의미가 적합한 경우에 이차적인(비유적인) 의미는 수용될 수 없다. 결국 이 경우에는 오직 일차적 의미의 허공을 수용하는 것이 적합하다.

[반박]: 원소로서의 허공(에테르)을 수용하는 경우에 "정녕 이 모든 존재들이 오직 허공으로부터 생성되고"라는 등의 보조적 문장은 합당하지 않지 않는가?[450]

[전론]: 그러한 결함은 없다. 공기 등의 순서에 따라 심지어 원소로서

이 환희를 띠게 한다."이다. 이 문장들은 바로 앞선 문장인 "그것은 실로 정수(맛)이다."라는 문장에 대한 보조적 문장이다. 그런데 이 보조적 문장에서 '공동'(ākāśa) 즉 허공이 원소로서의 에테르라면, 원소가 환희를 가질 수 있게끔 한다는 것은 합당하지 않다. 따라서 '공동'(허공)이라는 말이 지시하는 것은 브라흐만이다. 그 다음에 인용된 <찬도 8.14.1>에서는 '명칭과 형태의 산출자'라며 특별한 속성이 분명하게 전해진다. 그런데 그러한 속성을 가지는 것은 오직 브라흐만이다. 따라서 '허공'이라는 말이 지시하는 것은 브라흐만이다.

449_ 허공과 브라흐만은 편재(vibhutva) 등의 수많은 속성들을 공유하기 때문에 '허공'이라는 말은 단지 이차적으로 브라흐만을 지시한다.

450_ 인용된 <찬도 1.9.1>에서 "정녕 이 모든 존재들이 오직 허공으로부터 생성되고 허공을 향해 소멸됩니다."라는 문장은 보조적 문장이다. 그런데 이 보조적 문장에서 허공은 '모든 존재들의 생성에 대한 원인' 등으로 지시된다. 따라서 원소로서의 허공을 수용하는 경우에는, 그 원소가 모든 존재들의 생성에 대한 원인일 수 없기 때문에, 보조적 문장이 논리적으로 합당하지 않게 된다.

의 에테르도 원인이라는 것은 합당하기 때문이다. 실로 "그러한 이 아뜨만으로부터 실로 허공(에테르)이 산출되었다. 허공(에테르)으로부터 공기, 공기로부터 불"〈따잇 2.1.1〉이라는 등이 알려진다. '더 위대한 것', '궁극적 목적지인 것'마저, 다른 원소들과 비교해서 바로 그 원소로서의 에테르에 대해 합당하다.[451] 따라서 '허공'이라는 말에 의해 원소로서의 에테르가 파악된다.

이와 같은 귀결에서 우리는 말한다. "허공은 … 그것에 대한 표징 때문이다."

[후론]: 이곳에서는 '허공'이라는 말에 의해 브라흐만이 파악된다는 것이 합리적이다.

어떤 근거에서? 그것(브라흐만)에 대한 표징 때문이다. 실로 "정녕 이 모든 존재들이 오직 허공으로부터 생성되고"라는 것은 지고한 브라흐만에 대한 표징이다. 왜냐하면 지고한 브라흐만으로부터 존재들이 생성된다는 것은 베단따들에서 공리(公理)이기 때문이다.[452]

[전론]: 공기 등의 순서에 따라 원소로서의 에테르마저 원인이라고 제시되었지 않는가?

[후론]: 제시된 것은 사실이다. 그렇다고 할지라도 근본원인인 브라흐만을 수용하지 않기 때문에, '오직 허공으로부터'라는 강조(한정)와 또 존재들에 대하여 '모든'이라는 한정어는 거슬릴 수밖에 없다.[453] 마

451_ 왜냐하면 원소로서의 에테르는 공기, 불, 물, 흙보다 상대적으로 더 위대하고 상대적으로 더 궁극적인 목적지에 가깝기 때문이다.

452_ 공리(maryādā)=글자 그대로 '경계를 가르는 표지'를 뜻한다. 이에 따라 이론과 관련하여 더 이상의 증명이 필요 없는 공식적인 진리 또는 근본적인 명제를 지시한다. 브라흐만이 모든 존재들의 원인이라는 것은 모든 우빠니샤드들에서 확립되어 있는 진리이자 근본 명제이다.

453_ '오직'(eva)이라는 강조·한정(avadhāraṇa)은 상대적인 원인이 아니라 유일무이한 원인을 지시한다. 그리고 '모든 존재들'에서 '모든'이라는 한정어(viśeṣaṇa)는 제한된 존재들이 아닌 모든 존재들에 대한 원인을 지시한다. 따라

찬가지로 "허공을 향해 소멸됩니다."에서 [알려지는] 브라흐만에 대한 표징과, "이것들보다 허공 자체가 더 위대하기 때문에, 허공은 궁극적 목적지입니다."에서 [알려지는] '더 위대한 것', '궁극적 목적지인 것'도 [거슬릴 수밖에 없다]. 왜냐하면 자존적(自存的)인 것으로서 '더 위대한 것'은 "[나의 이 아뜨만은] 지상보다 더 크고(위대하고), 중간대보다 더 크며, 천상보다 더 크고, 이러한 세상들보다 더 크다."〈찬도 3.14.3〉라며 바로 그 유일한 '지고한 아뜨만'과 관계하여 전해지기 때문이다.[454] 마찬가지로 '궁극적 목적지인 것'도, '지고한 아뜨만'이 궁극적 원인임으로 말미암아, 바로 그것과 관계하여 더 합당하다. 또한 계시서는 "지식이자 환희인 브라흐만, 재물을 주는 자의 궁극적 목적지."〈브리 3.9.28〉라고 한다. 더 나아가 [사마가] '유한한 것'이라는 결함을 [말함으로써] 샬라바뜨야의 입장을 나무란 뒤에, 자이발리는 무언가 '무한한 것'을 말하고 싶어서 허공을 받아들인다. 그리고 "그러한 그것(허공)은 지고한 것보다 더 지고한 우드기타[455]입니다. 그러한 그것은 무한입니다."〈찬도 1.9.2〉라며 그 허공을 우드기타와 '결합되어야만 하는 것'이라고 결론 내린다.[456] 결국 그 무한성은 브라흐만에 대한 표징이다.

서 브라흐만을 수용해야만 그러한 강조와 한정어가 잘 어우러질 것이다.

454_ 자존적인 것(anāpekṣika)=다른 것에 의존하지 않고 그 자체로 존재하는 것. 가장 위대한 것으로서 실재(실체)에 다름 아닌 지고한 브라흐만 또는 지고한 아뜨만은 자존성을 가진다.

455_ 우드기타(udgītha)='사만'(sāman)이라고 불리는 『사마베다』의 만뜨라는 5가지 기본 음정을 가지는데 그 가운데 가장 중요한 부분인 두 번째 음정. 우드기타는 우드가뜨리에 의해 불리며 언제나 '옴'(Om)으로 시작된다.

456_ 지고한 것보다 더 지고한 우드기타=『사마베다』 계열에 속하는 <찬도>에서는 찬송에서 중요한 것인 '옴'을 경배하고 브라흐만과 동일시하는데, 우드기타(찬송)의 부분인 '옴'은 모든 글자들 중에서 가장 지고한 글자이다. 허공을 우드기타와 '결합되어야만 하는 것'이라고=열등한 우드기타가 우등한 허공과 유사성(무한)을 가지는 것을 통해 양자를 상상적으로 결합한다고. 여기서 주장하는 바는 다음과 같다: 샬라바뜨야(Śālāvatya)가 사만 즉 우드기타를 이 세상으로 한

한편, 원소로서의 허공(에테르)이 잘 알려져 있음으로 말미암아 더 먼저 알려진다고 주장한 것에 관해서, 우리는 말한다. 비록 더 먼저 알려질지라도, 그 보조적 문장에 담겨 있는 브라흐만의 속성들을 보고 나서는 [원소로서의 허공이] 수용되지 않는다. 또한 '허공'이라는 말은 "'허공'이라고 불리는 것은 명칭과 형태의 산출자이다."〈찬도 8.14.1〉라는 등에서 다만 브라흐만과 관계하여 제시된다. 마찬가지로 "불사이고 궁극인 '천공'에 베다들. 그(천공) 위에 모든 신격들이 거주하리라."〈리그 1.164.39〉, "이러한 이것은 [가슴 속] 궁극의 천공에서 확립된 브리구와 바루나의 지식이다."〈따잇 3.6.1〉, "옴, 환희('까')가 브라흐만이다. 하늘('카')이 브라흐만이다."〈찬도 4.10.4〉, "'하늘'은 태고의 것이다."〈브리 5.1.1〉라고 이렇게 운운하는 것들에서는 '허공'과 같은 뜻을 가진 말조차[457] 브라흐만과 관계하여 사용되는 것이 살펴진다. 또한 시작되는 문장에 나오는 '허공'이라는 말도 보조적 문장에 힘입어 브라흐만과 관계한다고 확정하는 것이 합리적이다.[458] 예를 들어 '불이 한 장

정한 것에 관하여, 쁘라바하나 자이발리(Jaivali)는 먼저 <찬도 1.8.8>에서 그렇게 한정된 샬라바뜨야의 사만(우드기타)이 '유한한 것'(antavattva)이라고 나무란다. 그런 다음에 자이발리는 <찬도 1.9.1>에서 허공이 세상의 목적지라고 천명하고 나서, <찬도 1.9.2>에서 허공은 우드기타이고 또 무한이라고 설명한다. 따라서 '무한'이라는 유사성을 통해 허공과 우드기타는 결합된다(동일시된다). 그 무한한 것은 바로 브라흐만이다. 참고로, '찬송'을 뜻하는 사만이나 우드기타는 세계의 근본적 원리나 신을 그 대상으로 하기 때문에, 사만이나 우드기타에 대해 묻고 답하는 것은 세계의 근본적 원리나 신에 대해 묻고 답하는 것과 조금도 다르지 않다.

457_ '허공'과 같은 뜻을 가진 말조차='천공'(vyoman), '하늘'(kha)과 같은 '허공'의 유의어들마저.

458_ <찬도 1.9.1>이 시작되면서 자이발리의 첫마디는 "허공입니다."이다. 그리고 보조적 문장인 "정녕 이 모든 존재들이 오직 허공으로부터 생성되고 허공을 향해 소멸됩니다." 등등이 이어진다. 이 경우에 앞선 문장에서 '허공'은 뒤따르는 보조적 문장으로 말미암아 브라흐만과 관계한다고 확정되어야 한다. 왜냐하면 새로운 장절의 시작(서두)에서 불분명한 어떤 말은 뒤따르는 보조적 문장을 통

절을 공부한다.'에서는 '불'이라는 말이 시작되는 문장에 담겨 있을지라도 '소년'과 관계한다고 간주된다.[459]

그러므로 '허공'이라는 말은 브라흐만이라고 정립된다.‖22‖

{ 9. '생기'라는 주제: 수뜨라 23 }

23. 바로 이로부터 [즉 브라흐만에 대한 표징 때문에], 생기는 [지고한 브라흐만이다].

ata eva prāṇaḥ ‖23‖

우드기타에 대해 "쁘라스또뜨리여, [만약 당신이] '쁘라스따바'와 일치하는 그 신격을 [모른 채로 쁘라스따바를 노래한다면]"〈찬도 1.10.9〉이라고 시작한 뒤에 "그 신격은 무엇입니까? 그(우샤스띠)가 말했다: 생기입니다. 정녕 이 모든 존재들이 오직 생기에 되들어가고 생기로부터 솟아납니다. 이러한 이 신격이 쁘라스따바와 일치합니다."〈찬도 1.11.4-5〉[460]라고 계시된다.

해 결정될 수 있기 때문이다. 물론 일반적으로는 뒤따르는 문장에서 불분명한 어떤 말이 앞선 문장을 통해 결정된다.

459_ '불이 [베다의] 한 장절을 공부한다.'라는 것이 시작되는 문장일 경우에, '불'(agni)이 '명민한 학생인 소년'을 가리킨다고 뒤따르는 보조적 문장을 통해 확정된다.

460_ <찬도 1.10>에서 <찬도 1.11>까지는 가난한 브라흐마나인 우샤스띠(Uṣasti)가 왕의 제의를 총괄하는 사제가 되는 과정에서 벌어지는 이야기이다. 우샤스띠는 『사마베다』에 대한 찬양을 담당하는 왕궁의 3사제들이 찬양의 대상인 신격에 관해 모른다는 것을 나무람으로써 왕의 관심을 끌어 찬양의 총괄자로 임명된다. <찬도 1.10.9>는 바로 우샤스띠가 3사제들 중의 하나인 쁘라스또뜨리

이 경우에 의문과 결론은 바로 앞에서처럼[461] 알려져야만 한다. '생기'라는 말은 "얘야, 왜냐하면 생기에 묶인(속박된) 것이 마음이기 때문이다."〈찬도 6.8.2〉, "생기의 생기를"〈브리 4.4.18〉이라고 이렇게 운운하는 것들에서 브라흐만과 관계한다고 알려지고, 일상과 베다에서 '공기의 변형'으로 더 잘 알려져 있다. 이로부터 이곳에서 '생기'라는 말을 통해 어느 하나를 수용하는 것이 합리적인가 하는 의문이 생긴다.

그렇다면 이 경우에 어느 것이 합리적인가?

[전론]: 공기의 변형이자 5가지 양상을 가지는 생기(숨)를[462] 수용하는 것이 합리적이다. 왜냐하면 '생기'라는 말이 그 경우에[463] 더 잘 알려져 있다고 우리가 말했기 때문이다.

[반박]: 앞에서처럼 이곳에서도 '그것에 대한 표징 때문'에 오직 브라흐만이 파악된다는 것이 합리적이지 않는가? 왜냐하면 이곳에서도 보조적 문장에서 '존재들의 들어감과 솟아남'이 지고한 신의 행위라고 알려지기 때문이다.

[전론]: 아니다. 심지어 으뜸인 생기(숨)[464]에서도 존재들이 들어가고

(Prastotṛ)를 나무라는 부분이다. 그리고 <찬도 1.11.4-5>는 그 쁘라스또뜨리가 우샤스띠에게 그 신격이 무엇이냐고 묻고, 우샤스띠가 '생기'(prāṇa)라고 답하는 부분이다. 『사마베다』의 찬송은 3명의 사제로 구성되며, 이들은 쁘라스또뜨리, 우드가뜨리(Udgātṛ), 쁘라띠하르뜨리(Pratihartṛ)라고 불린다. 쁘라스또뜨리는 1번째의 시작하는 찬송인 '쁘라스따바'(prastāva)를, 우드가뜨리는 2번째의 본격적인 찬송인 '우드기타'(udgītha)를, 쁘라띠하르뜨리는 3번째의 끝내는 찬송인 '쁘라띠하라'(pratihāra)를 각각 담당한다. 물론 일반적으로는 4명의 사제가 있어서, 쁘라띠하르뜨리가 3번째 찬송을 담당하고 수브라흐만야(Subrahmaṇya)가 4번째 찬송을 담당한다. 우드가뜨리는 주요 사제이고 나머지는 보조 사제들이다.

461_ 바로 앞에서처럼=바로 앞의 '허공'이라는 주제에서와 같이.

462_ 5가지 양상을 가지는(pañcavṛtti) 생기를=쁘라나(prāṇa), 브야나(vyāna), 아빠나(apāna), 사마나(samāna), 우다나(udāna)라는 5가지 양상을 가지는 생기를 또는 숨을. 이것들은 차례대로 <찬도 5.19-23>에서 등장한다.

463_ 그 경우에=숨으로서의 생기인 경우에.

솟아나는 것을 보기 때문이다. 실로 그와 같이 "실로 사람이 잠잘 때에, 그 경우에는 언어가 생기(숨)에 되들어간다. 눈이 생기에 귀가 생기에 마음이 생기에 되들어간다. 그가 깨어날 때에는 바로 그 생기로부터 그것들이 다시 나온다."〈샤따-브 10.3.3.6〉라고 전한다. 또한 이는[465] 지각 가능하다. 잠자는 시간에는 기관의 기능들이 '멈추지 않는 생기(숨)의 기능'에서 멈추고, 또 깨어나는 시간에는 다시 나타난다. 게다가 기관은 존재들의 정수(精髓)임으로 말미암아 심지어 으뜸인 생기에서 [모든] 존재들이 들어가고 솟아나는 것을 말하는 보조적 문장은 모순되지 않는다.[466]

더 나아가 우드기타와 쁘라띠하라의 신격들인 '태양'과 '음식'이, 쁘라스따바의 신격인 '생기'에 곧 이어서 언급된다.[467] 그리고 그것들(태양과 음식)은 브라흐만이 아니며, 또 그것들과의 유사성으로 말미암아 생기도 브라흐만이 아니다.

이와 같은 귀결에서 수뜨라 저자는 말한다. "바로 이로부터, 생기는 …."

[후론]: "그것에 대한 표징 때문이다."라고 앞선 수뜨라에서 언급했다. 바로 이로부터 즉 그것(브라흐만)에 대한 표징 때문에, '생기'라는

464_ 으뜸인 생기(mukhya-prāṇa)='생기의 생기'에서처럼 모든 생기(숨)들 중에서 주된 생기(숨), 또는 모든 기관들을 작동하게끔 하는 원초적 생명력.

465_ 이는=생기와 관계하여 존재들이 들어가고 솟아나는 것은.

466_ 미시적 존재들인 기관(indriya)들은 모든 존재들의 정수(sāra)라고 불릴 만하다. 이러한 기관들이 으뜸인 생기에 들어가고 으뜸인 생기로부터 솟아난다는(나온다는) 것은 '모든' 존재들이 그러하다는 것을 말하는 바와 다르지 않다.

467_ <찬도 1.11.6>에서는 우샤스띠에게 우드가뜨리가 '우드기타'와 일치하는 신격을 묻고, <찬도 1.11.7>에서는 우샤스띠가 그것은 태양(āditya)이라고 대답한다. 그리고 <찬도 1.11.8>에서는 우샤스띠에게 쁘라띠하르뜨리가 '쁘라띠하라'와 일치하는 신격을 묻고, <찬도 1.11.9>에서는 우샤스띠가 그것은 음식(anna)이라고 대답한다.

말마저 지고한 브라흐만이어야만 한다. 왜냐하면 "정녕 이 모든 존재들이 오직 생기에 되들어가고 생기로부터 솟아납니다."라며 심지어 '생기'와 '브라흐만에 대한 표징'의 연계가 계시되기 때문이다. 모든 존재들의 생성과 소멸이 생기에 기인한다고 언급하는 것은 생기가 브라흐만이라는 것을 수반한다.

[전론]: 심지어 으뜸인 생기를 수용하는 경우에도 [존재들이] 들어가고 솟아나는 것에 대한 언급은 모순되지 않는다. 잠자고 깨어날 때에 [들어가고 솟아나는 것을] 보기 때문이라고 말했지 않는가?

이에 대하여 대답한다.

[후론]: 잠자고 깨어날 때에는, 모든 존재들이 아니라 오직 기관들만 단독으로 생기를 소재지로 하여 들어가고 솟아나는 것이 지각된다. 반면에 이곳에서는, 기관들과 육체들과 함께, 개별자아가 점유한 [모든] 존재들이 [그러하다].[468] '정녕 이 모든 존재들이'라고 계시되기 때문이다. '존재들'이라는 계시어가 대원소(大元素)와 관계한다고 받아들이는 경우에도, ['모든 존재들'이] 브라흐만에 대한 표징이라는 것과 상충되지 않는다.[469]

[전론]: 잠자고 깨어날 때에 기관들이 심지어 대상들과 함께 생기에 되들어가고 또 생기로부터 나타나는 것을, "잠자는 자가 그 어떤 꿈도 꾸지 않고서 오직 그 생기와 하나인 것이 되는 경우에, 발성기관이 모

468_ 개별자아가 점유한(jīva-āviṣṭa)=글자 그대로는 '개별자아(개별영혼)가 들어간'이라는 뜻이다. '보편자아인 아뜨만이 개별자아로 분화된 채 들어간'이라고 풀이될 수 있다. 이곳에서는 즉 <찬도 1.11.4-5>에서는, 실제적인 의미에서 '모든' 존재들이 생기를 소재지로 하여 들어가고 솟아날 뿐이다.

469_ 비록 '[모든] 존재들'이라는 계시어가 대원소(mahābhūta) 즉 가시적인 에테르, 공기, 불, 물, 흙을 가리킨다고 할지라도, 그 대원소들이 브라흐만 자체인 생기를 소재지로 하여 들어가고 솟아나는 것은 합당하다. 따라서 그 경우조차 여전히 '[모든] 존재들'이라는 계시어는 브라흐만에 대한 표징일 수 있다.

든 명칭들과 함께 그것(생기)에 되들어간다."〈까우 3.3〉에서 우리는 듣지 않는가?

[후론]: 그곳에서도 그것(브라흐만)에 대한 표징 때문에 '생기'라는 말은 오직 브라흐만이다.[470]

한편, 태양, 음식과 병렬됨으로 말미암아 생기가 브라흐만이 아니라고 주장한 것은 합리적이지 않다. 보조적 문장에 힘입어 '생기'라는 말이 브라흐만과 관계한다고 증명된 경우에 병렬은 아무런 쓸모가 없기 때문이다. 또 다시, '생기'라는 말이 '5가지 양상을 가지는 것'(숨)과 관계하여 더 잘 알려져 있다는 것은, '허공'이라는 말에서처럼 반박할 수 있다.[471]

그러므로 '쁘라스따바'의 신격인 생기는 브라흐만이라고 정립된다.

이에 대하여 혹자들은 [이 수뜨라와 관계하여] "생기의 생기를", "얘야, 왜냐하면 생기에 묶인(속박된) 것이 마음이기 때문이다."라는 것을 예시한다.[472] 이는 합리적이지 않다. [전자는] 말의 차이로 말미암아, 또 [후자는] 장절로 말미암아 '의문'이 부당하기 때문이다.[473] 예컨대,

---

470_ 만약 <까우 3.3>에서 '생기'가 으뜸인 생기 혹은 공기의 변형으로서 숨인 경우에, 모든 명칭들을 포함한 발성기관(vāc)이 그 생기에 혹은 숨에 들어간다는 것은 합당하지 않다. 따라서 <까우 3.3>에서도 브라흐만에 대한 표징이 있으므로 브라흐만을 알려줄 뿐이다.

471_ 비록 더 잘 알려져 있을지라도, 보조적 문장에 담겨 있는 브라흐만의 속성들을 보고 나서는 공기의 변형으로서 생기(숨)가 수용되지 않는다. 또한 '생기'라는 말이 브라흐만과 관계한다는 것은 <찬도 6.8.2>, <브리 4.4.18> 등에서 제시된다.

472_ 이론자들은 <수뜨라 1.1.23>을 해석하기 위해, 수뜨라와 연관되는 일차적인 계시로 <찬도 1.11.4-5>를 예시하지 않고 <브리 4.4.18>이나 <찬도 6.8.2>를 예시한다.

473_ <브리 4.4.18>에서는 '말의 차이'(śabda-bheda)로 말미암아, <찬도 6.8.2>에서는 '장절'(prakaraṇa)로 말미암아, 논증에서 필수적인 요소인 '의심'(saṃśaya) 즉 '논점의 여지'가 성립될 수 없기 때문이다.

'아버지의 아버지가'라는 용법에서 하나는 6격에 의해 지시되는 '아버지'이고 다른 하나는 1격에 의해 지시되는 '아버지의 아버지가'(할아버지가)라고 알려지듯이, 그와 마찬가지로 '생기의 생기'에서도 말의 차이로 말미암아 '잘 알려져 있는 생기'와는 상이한 '생기의 생기'(브라흐만)라는 것이 확정된다. 왜냐하면 '그것' 자체를 '그것의 [그것]'이라며 별도로 지시하는 것은 가능하지 않기 때문이다.[474] 또한 비록 무언가가 그 자체의 장절에서 다른 명칭으로 지시될지라도, 바로 그 무언가가 그곳에서 지시되는 주제라고 알려진다. 예컨대, '즈요띠슈또마'[475]에 대한 장절에서, '봄이면 봄마다 즈요띠스 제의를 행해야 한다.'라는 곳의 '즈요띠스'라는 말은 '즈요띠슈또마'와 관계하게 된다. 지고한 브라흐만에 대한 장절에서 "얘야, 왜냐하면 생기에 묶인(속박된) 것이 마음이기 때문이다."라고 계시되는 '생기'라는 말도 마찬가지이다. 어떻게 [생기가] 단순한 공기의 변형이라고 가르칠 수 있다는 말인가![476]

그러므로 이러한 예시들은 의문의 여지가 없기 때문에 합리적이지 않다. 반면에 '쁘라스따바'의 신격인 생기의 경우에는[477] 의문, 전론, 결

474_ '생기'와 '생기의 생기' 사이에는 말의 차이가 분명하기 때문에 '생기의 생기'가 브라흐만이라는 것은 의심의 여지없이 확정된다. 왜냐하면 A를 'A'인 동시에 'A의 것'(A의 A)이라고 별도로 지시하는 것은, 예컨대 코끼리를 '코끼리'인 동시에 '코끼리의 것'(코끼리의 코끼리)이라고 별도로 지시하는 것은 불가능하기 때문이다. 따라서 '생기' 자체를 '생기의 생기'로 다르게 지시하는 것이 불가능하기 때문에, 의심의 여지가 없는 <브리 4.4.18>이 예시되어서는 안 된다.

475_ 즈요띠슈또마(Jyotiṣṭoma)=불 또는 빛(jyotis)을 찬양(stoma)하는 제의로서, 이 제의의 가장 전형적인 형태가 아그니슈또마(Agniṣṭoma)이다. '즈요띠슈또마'라는 이름은, 이 제의에서 부르는 4개의 찬송가(stoma)를 '4개의 빛(jyotis)'이라고 부르는 데서 유래한다. '소마(soma) 제의'의 본보기로서 기능하는 이 제의를 통해 천국에 가고자 하는 것 등을 기원한다.

476_ 장절의 조화(일관성)로 말미암아 <찬도 6.8.2>의 '생기'는 브라흐만의 다른 명칭에 지나지 않기 때문에, 의심의 여지가 없는 <찬도 6.8.2>가 예시되어서는 안 된다.

477_ '쁘라스따바'의 신격인 생기의 경우에는=주석가(후론자)가 수뜨라와 관계하

론(정론)이 주어진다.‖23‖

{ 10. '빛, 발'이라는 주제: 수뜨라 24-27 }

24. 빛은 [브라흐만이다]; 발을 언급하기 때문이다.

jyotiś caraṇābhidhānāt ‖24‖

이렇게 전한다. "이제, 만상(萬象)보다 위쪽에서 만물보다 위쪽에서, 이 천상(天上)보다 더 위에서, 더 이상의 위가 없는 최상의 세상들에서 그 빛이 비춘다. 실로 그것이 이 뿌루샤의 안에 있는 이 빛이다."〈찬도 3.13.7〉에서이다.

이 경우에 의문이 생긴다. 이곳에서 '빛'이라는 말은 태양 등의 빛을 지시하는가, 또는 지고한 아뜨만을 지시하는가? [앞서] 비록 '생기'라는[478] 말이 다른 의미와 관계할지라도 그것(브라흐만)에 대한 표징 때문에 브라흐만과 관계한다고 언급했다. 하지만 이곳에서는 그것에 대한 표징 자체가 있는지 없는지 의문스럽다.

실로 무엇으로 귀결되는가?

[전론]: '빛'이라는 말로부터 단지 태양 등이 이해된다.

어떤 근거에서? 잘 알려져 있기 때문이다. 실로 '어둠'과 '빛'이라는 이 두 말은 서로 대립이항적(對立二項的)인 대상이라고 잘 알려져 있다. 시각 기능을 저해하는 암흑 등이 '어둠'이라고 불린다. 바로 그것(시각

여 예시한 <찬도 1.11.4-5>와 관련해서는.

478_ * '생기라는'(prāṇa-)이라는 표현은 Samata에만 추가로 등장한다.

기능)을 증진하는 태양 등이 '빛'이다. 마찬가지로 '비춘다'라는 그 계시어도 태양 등과 관계하여 잘 알려져 있다. 실로 형태(색깔) 등이 없는 브라흐만의 경우에 '비춘다'라는 계시어는 일차적 의미에서 적합하지 않다. 또한 '천상'이라는 경계가 계시되기 때문이다. 실로 움직이는 것과 움직이지 않는 것의 원천이고 모든 것을 아뜨만으로 하는 브라흐만이 천상이라는 경계를 가지는 것은 합리적이지 않다. 반면에 결과물이고 제한적인 빛이 천상이라는 경계를 가지는 것은 가능하다. 실로 브라흐마나에서는 "천상보다 더 위에서 … 그 빛이"라고 한다.

[반박]: 비록 빛이 결과물일지라도 모든 곳에서 알려짐으로 말미암아 천상이라는 경계를 가진다는 것은 이치에 맞지 않지 않는가?

[전론]: 그러면 3합(三合)으로 이루어지지 않은 본래의 빛이라고 하자.[479]

[반박]: 안 된다. 3합으로 이루어지지 않은 빛에는 유용함이 없기 때문이다.[480]

[전론]: 명상대상이라는 바로 그 점이 유용함이다.

[반박]: 아니다. 단지 다른 유용함을 가지는 태양 등이 명상대상인 것을 보기 때문이다.[481] 게다가 "그것들의 하나하나를 3합으로 3합으로

479_ <찬도 6.3.3>에서는 태초의 신이 불(빛), 물, 흙이라는 3신격들 각각을 3합으로 3합으로 창조하는 내용이 등장한다. 따라서 불(빛), 물, 흙은, 3합으로 이루어지기 이전의 '미시적'인 형태와, 3합으로 이루어진 이후의 '가시적'인 형태로 구분된다. 전론자의 주장은 다음과 같다: 만약 가시적인 빛이 즉 3합으로 이루어진 빛이 모든 곳에서 알려짐으로 말미암아 경계를 가지지 못한다면, '빛'이라는 말은 미시적인 빛 즉 3합으로 이루어지지 않은 본래의(prathamaja, '첫 번째로 산출된') 빛이라고 간주될 수 있을 것이다. 왜냐하면 본래의 빛은 천상이라는 경계를 가질 수 있기 때문이다.

480_ 만약 '빛'이라는 말이 미시적인 본래의 빛(불)을 지시한다면, 그 빛은 유용함(prayojana)을 가져야 한다. 왜냐하면 '유용함 또는 결과(phala)를 가지는 것'은 문장의 취지를 결정하는 6종류의 표징(liṅga) 가운데 하나이기 때문이다. 그런데 미시적인 본래의 빛은 그러한 유용함을 가지지 못한다.

만들리라."〈찬도 6.3.3〉라며 한결같이 계시되기 때문이다. 더욱이 3합으로 이루어지지 않은 빛의 경우에도 천상이라는 경계를 가진다는 것은 잘 알려져 있지 않다.[482]

[전론]: 그러면 '빛'이라는 말은 오직 3합으로 이루어진 그 빛이라고 하자.

[반박]: 천상보다 더 아래에서도 불 등의 빛이 알려진다고 말했지 않는가?[483]

[전론]: 그러한 결함은 없다. 비록 빛이 모든 곳에서 알려질지라도, 계속적 명상을 위해 "천상보다 더 위에서"라며 특정한 장소를 수용하는 것은 모순되지 않는다. 반면에 심지어 장소를 가지지 않는 브라흐만이 특정한 장소를 가진다고 상상하는 것은 전혀 쓸모가 없다. 또한 "만물보다 위쪽에서 … 더 이상의 위가 없는 최상의 세상들에서"라며 다수의 거처를 [지시하는] 계시어는 결과물인 빛과 관계하여 더 합당하다.

게다가 "실로 그것이 이 뿌루샤의 안에 있는 이 빛이다."에서는 '복부(위장)에 있는 불(빛)'에 덧놓인 '지고한 불(빛)'이 알려진다. 그리고 덧놓음은 유사성에 기인하여 생긴다. 예컨대, "그에게서 '부르'(지상)라는

481_ 명상대상이란 '그 자체가 명상대상이라는 자체적 유용함'과는 별도로 다른 유용함을 가져야 한다. 예컨대, 태양은 '어둠을 물리치는 것', '만물을 성장시키는 것' 등과 같은 다른 유용함을 가지기 때문에 명상대상일 수 있다. 반면에 미시적인 본래의 빛(불)은 별도의 다른 유용함을 가지지 않기 때문에 명상대상조차 될 수 없다.

482_ '빛'이라는 말이 '3합으로 이루어지지 않은 빛'을 지시하지 않는 까닭은 다음과 같다: ① 3합으로 이루어지지 않은 빛은 명상대상이 아니므로 유용함이 없기 때문이다. ② 계시서에서 한결같이 3합으로 이루어지는 것을 전하기 때문이다. ③ 3합으로 이루어지지 않은 빛이 천상이라는 경계를 가진다는 것도 사람들에게 잘 알려져 있지 않기 때문이다.

483_ 빛은 천상의 위아래 모든 곳에서 알려진다고 이미 논박했다.

것은 머리이다. 머리도 하나이고 이 음절도 하나이다."[484] 〈브리 5.5.3〉에서이다. 실로 복부에 있는 불(빛)이 브라흐만이 아니라는 것은 잘 알려져 있다. "그렇게 그것(빛)에 대해 본다."〈찬도 3.13.8〉, "그렇게 그것(빛)에 대해 듣는다."〈찬도 3.13.8〉라며 '열기와 소리를 소유한 것'이 계시되기 때문이다.[485] 또한 "그러한 그것을, 보인 것으로 또 들린 것으로 계속 명상해야 한다."〈찬도 3.13.8〉라고 계시되기 때문이다. 그리고 "이와 같음을 아는 자는 주목받게 되고 유명하게 된다."〈찬도 3.13.8〉에서 미미한 결과가 계시됨으로 말미암아 [빛은] 브라흐만이 아니다. 왜냐하면 브라흐만에 대한 계속적 명상은 지대한 결과를 위해 의도되기 때문이다.[486]

더욱이 허공이나 생기와는 달리, 자체 문장에는[487] 빛이 브라흐만이라는 그 어떤 표징조차도 전혀 없다. 또한 앞선 문장에서도 브라흐만을 지시하지 않는다. "실로 가야뜨리는 … 이 모든 존재들이다."〈찬도 3.12.1〉라며 '[가야뜨리] 운율'[488]을 지시하기 때문이다. 비록 앞선 문장에 어쨌든 브라흐만을 지시하는 것이 있을지라도, 여전히 이곳에서는 그것을 인지하게끔 하는 것이 없다.[489] 예를 들어, 그곳에서는 "천상에서 불멸인 그의 세 발."〈찬도 3.12.6〉이라며 천상이 거처로서 계시

484_ 모음이 하나뿐인 '부르'(bhūr)는 단음절이다.

485_ <찬도 3.13.7>에 바로 이어지는 <찬도 3.13.8>에서는 열기와 소리를 통해 빛을 보고 또 듣는다고 계시된다. 그런데 빛은 열기와 소리를 소유할 수 있지만, 브라흐만은 열기와 소리를 소유할 수 없다. 따라서 뿌루샤의 안에 있는 빛 즉 복부에 있는 불(빛)이 브라흐만이 아니라고 알려진다면, 유사성에 기인하여 그것에 덧놓인 지고한 불(빛)마저 브라흐만이 아니라고 알려지게 된다.

486_ 어떤 대상에 대한 계속적 명상의 결과가 미미하다면, 그 대상은 결코 브라흐만일 수 없다.

487_ 자체 문장에는(svavākye)='주제'와 관련되고 논제를 지시하는 우빠니샤드 문장에는, 즉 <찬도 3.13.7>에는.

488_ [가야뜨리] 운율(chandas)=4행 6음절의 총 24음절로 구성된 베다의 운율.

489_ <찬도 3.13.7>에는 브라흐만을 '인지하게끔 하는 것'이 없다.

되지만, 또 다시 이곳에서는 "천상보다 더 위에서 … 그 빛이"라며 천상이 경계로서 계시된다. 따라서 이곳에서는 본래적인 빛이라고 이해해야만 한다.

이와 같은 귀결에서 우리는 대답한다.

[후론]: 이곳에서 빛은 브라흐만이라고 이해해야만 한다.

어떤 근거에서? '발'을 언급하기 때문이다. '발'(빠다)을 언급하기 때문이라는 뜻이다.[490] 왜냐하면 앞선 문장에서 "그러한 만큼이 그(가야뜨리)의 위대성이지만, 그보다 더 위대한 것이 또 뿌루샤이도다. 모든 존재들은 그의 한 발이고, 천상에서 불멸인 그의 세 발."〈찬도 3.12.6〉이라는 그 만뜨라에 의해 네 발을 가지는 브라흐만이 지시되기 때문이다. 그곳에서 '네 발을 가지는 브라흐만'의 불멸인 세 발이고 천상과 연계된 형태로 지시되는 바로 그것이, 이곳에서 천상과의 연계로 말미암아 지시된다고 알려진다.[491] 이를 도외시한 채 본래적인 빛이라고 추정하는 자에게는 논제를 폐기하고 논제가 아닌 것을 소개하는 부조리한 결말이 생길 것이다. 실로 빛에 대한 문장에서 브라흐만이 [논제로] 이어질 뿐만 아니라, 예를 들어 '샨딜르야의 명상적 지식'[492]이라는 뒤따르는 곳에서도 브라흐만은 [논제로] 이어질 것이다. 그러므로 이곳에서 '빛'이라는 것은 브라흐만이라고 이해해야만 한다.

한편, '빛'과 '비춘다'라는 이 말들이 '결과물로서의 빛'과 관계하여

490_ 수뜨라의 'caraṇa'라는 말은 √car(움직이다, 행하다)에서 파생한 명사로서 '행동'이라는 의미로도 사용되기 때문에, 주석가는 이 말이 오로지 'pāda' 즉 '발'을 뜻한다고 다시 한 번 밝힌다.

491_ <찬도 3.12.6>에서 지시되는 어떤 유특성 브라흐만이 <찬도 3.13.7>에서도 지시된다. 왜냐하면 그 브라흐만은 두 곳에서 공통적으로 '천상'과 연계되어 있기 때문이다.

492_ '샨딜르야의 명상적 지식'(Śāṇḍilya-vidyā)이란 성자 샨딜르야로부터 전해지는 명상적 지식을 다루는 <찬도 3.14>를 일컫는다.

잘 알려져 있다고 주장한 것에 관해서는, 그러한 결함이 없다. 맥락을 통해 브라흐만이라고 이해되는 경우에 이 말들은 '구별해주는 것'[493]이 아니기 때문이다. [이 말들은] '결과물로서 비추고 있는 빛'에 의해 함의된 브라흐만과 관계해서도 적용이 가능하기 때문이다. 또한 "태양은 그 무언가의 광휘에 의해 불붙은 채로 비춘다."〈따잇-브 3.12.9.7〉라는 만뜨라의 전언 때문이다.

그 밖에도, '빛'이라는 이 말은 시각 기능 자체를 증진하는 빛을 [의미하는] 데 얽매이지 않는다. 심지어 다른 경우에 사용되는 것을 보기 때문이다. "실로 소리(언어)라는 빛을 통해, 그는 앉고"〈브리 4.3.5〉, "[버터기름을] 나눠 마신 자들의 마음은 빛."〈따잇-상 1.6.3.3〉에서이다. 따라서 어떤 것을 조명하는 것은 그 무엇이든지 '빛'이라는 말로 지시된다. 이와 같을 경우에, 순수의식으로 이루어진 브라흐만에 대해서도, [그것이] 전 세계를 조명하는 근거임으로 말미암아 '빛'이라는 말은 합당하다. "빛나는 바로 그것을 따라 모든 것은 빛나고, 그것의 빛에 의해 이 모든 것이 빛난다."〈문다 2.2.10〉, "그것을 신격들은 빛들의 빛으로, 불멸의 삶으로 계속 명상하리라."〈브리 4.4.16〉라는 등이 계시되기 때문이다.

그리고 편재하는 브라흐만이 천상이라는 경계를 가지는 것은 합당하지 않다고 주장한 것에 관해서 대답한다. 비록 브라흐만이 편재할지라도, 계속적 명상을 위해 특정한 장소를 수용하는 것은 모순되지 않는다.[494]

493_ 이곳에서 '구별해주는 것'(viśeṣaka)이란, 일반적 의미에 따르면 '브라흐만인지 빛인지 구별해주는 징표'를 가리키지만, 보다 구체적 의미에 따르면 '빛일 뿐이고 브라흐만이 아니라는 징표'를 가리킨다.

494_ 앞서 전론자가 '빛'에 대해 적용한 논리를 후론자는 '브라흐만'에 대해 그대로 적용한다.

[전론]: 장소를 가지지 않는 브라흐만이 특정한 장소를 가진다고 상상하는 것은 합당하지 않다고 언급했지 않는가?

[후론]: 그러한 결함은 없다. 특정한 한정자와 연계됨으로 말미암아, 심지어 장소를 가지지 않는 브라흐만이 특정한 장소를 가진다고 상상하는 것은 합당하기 때문이다. 그러한 예시로서, '태양 안에서', '눈 안에서', '심장에'[495]라며 브라흐만에 대한 계속적 명상들이 특정한 장소와 연계된 채로 계시된다. 이로 말미암아 '만상보다 위쪽에서'라며 다수의 거처가 제시된다.

그리고 '천상보다 더 위의 것(빛)'마저 열기와 소리로부터 추론된 결과물인 '복부에 있는 빛'에 덧놓임으로 말미암아 결과물인 빛에 지나지 않는다고 그렇게 주장한 것에 관해서는, 이 또한 합리적이지 않다. '명칭' 등이 상징인 것처럼, 지고한 브라흐만에 대해서도 복부에 있는 빛이 그 상징이라는 것은 합당하기 때문이다.[496] 결국 "보인 것으로 또 들린 것으로 계속 명상해야 한다."에서 [브라흐만에 대해] '보인 것'과 '들린 것'이라고 [계시되는 것은] 상징의 방식으로 가능하다.[497]

그리고 미미한 결과가 계시됨으로 말미암아 [빛은] 브라흐만이 아니라고 주장한 것은, 합당하지 않다. 왜냐하면 '결과가 어느 만큼이면 브라흐만에 의지해야만 하고, 어느 만큼이면 의지하지 않아야만 한다는 원칙'은 근거가 없기 때문이다. 실로 모든 특수성과의 연계가 배제된 지고한 브라흐만을 아뜨만으로 가르치는 경우에는 '해탈이라고 하는 오직 한 종류의 결과'가 알려지지만, 특정한 속성과 연계되는 혹은 특

495_ 3가지 예시는 각각 <찬도 1.6.6>, <찬도 1.7.5>, <찬도 8.3.3>에서 찾아볼 수 있다.

496_ 어떤 사물의 명칭은 그 사물에 대한 상징(pratīka)이다. 예컨대 수많은 신의 이름들 즉 명칭들은 신에 대한 상징에 지나지 않는다. 이와 같이 '복부에 있는 빛'이라는 것도 브라흐만에 대한 상징에 지나지 않는다.

497_ 여기서 주석가는 '상징을 통한 계속적 명상'을 암시한다.

정한 상징과 연계되는 브라흐만을 가르치는 경우에는 '윤회의 영역에 속할 뿐인 다양한 종류의 결과들'이 알려진다. "[아뜨만은] 음식을 먹는 자요, 부유함을 주는 자이다. 이와 같음을 아는 자는 부유함을 얻는다."〈브리 4.4.24〉라는 등의 계시들에서이다.

비록 자체 문장에 빛이 브라흐만이라는 표징이 전혀 없을지라도, 앞선 문장에서 살펴지는 [표징을] 수용해야만 한다. 그래서 수뜨라 저자는 "빛은 … 발을 언급하기 때문이다."라고 말했다.

[전론]: 그렇다면 다른 문장(앞선 문장)에 존재하는 '브라흐만에 대한 [표징'이] 근접한다고 해서, 어떻게 [자체 문장에 존재하는] '빛'이라는 계시어가 자기 영역을 박탈당할 수 있다는 말인가?[498]

[후론]: 그러한 결함은 없다. "이제, … 이 천상보다 더 위에서 … 그 빛이"라는 [문장에서] 가장 먼저 읽히는 대명사인 '어떤 것'이라는 말 자체가 가지는 의미의 지배력에 의해, '천상과의 연계로 말미암아 인지되고 앞선 문장에서 지시되는 브라흐만'이 파악되는 경우, '빛'이라는 말마저 암시적으로 브라흐만과 관계하는 것은 합당하기 때문이다.[499]

그러므로 이곳에서 '빛'이라는 것은 브라흐만이라고 이해해야만 한다.‖24‖

498_ 어떻게 자체 문장인 <찬도 3.13.7>에서 직접적으로 계시되는 '빛'이라는 말이 '자기 영역'(svaviṣaya) 또는 '자체의 의미(대상)'를 박탈당하고 도리어 앞선 문장인 <찬도 3.12.6>의 표징에 의해 지배당하게 되는가? 표징보다 계시어가 더 권위 있기 때문에 계시어가 지배당해서는 안 된다.

499_ 자체 문장의 원문은 '어떤 것'(yad)이라는 대명사로 시작한다. 이 대명사는 문장에서 가장 먼저 읽히면서 그 자체가 가지는 '의미의 지배력'(sāmarthya) 즉 '이전에 언급된 명사(사물)를 대행하는 힘'을 통해 앞선 문장과 자체 문장을 연결하는 역할을 한다.

25. 만약 ['가야뜨리'라는] 운율을 언급함으로 말미암아 [브라흐만이] 아니라고 한다면, 아니다; 그와 같이 [즉 '가야뜨리'라는 운율을 통해, 운율에 내재된 브라흐만에] 마음을 고정하는 것이 언명되기 때문이다; [다른 곳에서도] 실로 그와 같음을 [즉 변형물을 통한 '브라흐만에 대한 계속적 명상'을] 보여준다; [따라서 논제는 브라흐만이다].

chandobhidhānān neti cen na tathā ceto 'rpaṇanigadāt tathā hi darśanam ‖25‖

이제 "실로 가야뜨리는, 그렇게 있는 그 무엇이든, 이 모든 존재들이다."〈찬도 3.12.1〉에서 '가야뜨리'라고 불리는 운율을 지시하기 때문에, 앞선 문장에서도 브라흐만을 지시하지 않는다고 주장한 것은 논박되어야만 한다.

그렇다면 "그러한 만큼이 그(가야뜨리)의 위대성이지만"〈찬도 3.12.6〉이라는 이 『리그베다』의 시구에서[500] 네 발을 가지는 브라흐만이 제시되는 이상, 어떻게 운율을 지시하기 때문에 브라흐만을 지시하지 않는다고 말할 수 있다는 말인가!

[전론]: 그건 아니다. "실로 가야뜨리는 … 이 모든"〈찬도 3.12.1〉이라며 가야뜨리를 소개한 뒤에, 바로 그것을 존재(생명체), 흙, 몸, 심장, 언어, 생기로 구분해서 설명한 다음, "그러한 이 가야뜨리는 네 발을 가지며 여섯 종류이다. 이러한 점은 『리그베다』의 시구를 통해 말해진다."〈찬도 3.12.5〉,[501] "그러한 만큼이 그(가야뜨리)의 위대성이지만"이라며 '[앞서] 설명된 바와 같은 바로 그 가야뜨리'에 대해 예시된 만

500_ <찬도 3.12.6>은 <리그 10.90.3>으로부터 직접 인용된 시구이다.

501_ <찬도 3.12.1-4>에서는 가야뜨리를 존재(생명체), 언어, 흙, 몸, 생기, 심장으로 구분한 채 설명한다. 이러한 것들이 6종류의 가야뜨리이다.

뜨라가, 어떻게 까닭 없이 네 발을 가지는 브라흐만을 지시할 수 있다는 말인가! 심지어 "정녕 이 브라흐만인 것은"〈찬도 3.12.7〉이라는 곳에서 [계시되는] '브라흐만'이라는 말도, 운율(가야뜨리)이 논제임으로 말미암아 운율과 관계할 뿐이다. 왜냐하면 "이와 같이 이 '브라흐만 우빠니샤드'(브라흐만에 대한 비밀스러운 가르침)를 아는 자에게는"〈찬도 3.11.3〉이라는 곳에서 '베다 우빠니샤드'라고 설명하기 때문이다.[502] 따라서 운율을 언급함으로 말미암아 브라흐만은 논제가 아니다.

[후론]: 그러한 결함은 없다. 그와 같이 마음을 고정(固定)하는 것이 언명되기 때문이다. 그와 같이 즉 '가야뜨리'라고 불리는 운율을 통해, 그것(운율)에 내재된 브라흐만에 마음을 고정하는 것이 즉 의식을 집중하는 것이, "실로 가야뜨리는 … 이 모든"이라는 이 브라흐마나 문장을 통해 언명된다. 왜냐하면 음절의 모임일 뿐인 가야뜨리는 모든 것을 아뜨만으로 할 수 없기 때문이다.[503] 따라서 '가야뜨리'라고 불리는 변형물(결과)에 내재된 '세계의 원인으로서의 브라흐만'이, 그곳에서[504] '모든 [존재들]'이라고 말해진다. 예컨대, "이 모든 것은 실로 브라흐만

502_ 비록 <찬도 3.12.7>에서 '브라흐만'이라는 말이 언급될지라도, 브라흐만이 아닌 운율이 논제이기 때문에 그 브라흐만은 오직 운율과 관계할 뿐이다. 운율이 논제라는 사실은 <찬도 3.11.3>에서 '브라흐만'에 대한 지식이 아니라 '브라흐만 우빠니샤드'(Brahma-upaniṣad)에 대한 지식을 말한다는 것으로부터 알려진다. 이에 따라 브라흐만이 논제가 아니라 '베다(브라흐만) 우빠니샤드' 즉 베다의 비밀스러운 운율 자체가 논제이다. 참고로 <찬도 3.11.3>에 대한 주석가의 주석에 따르면, '브라흐만 우빠니샤드'란 '베다의 비밀'(vedaguhya)이라는 뜻이다.

503_ 비록 <찬도 3.12.1>에서 가야뜨리 운율이 언급될지라도, 단지 그 운율을 통해 브라흐만에 대해 '의식을 집중하는 것'(citta-samādhāna)이 의도될 따름이다. 왜냐하면 음절의 모임인 가야뜨리 운율은 결코 모든 것을 아뜨만으로 할 수 없기 때문이다. "실로 가야뜨리는, 그렇게 있는 그 무엇이든, 이 모든 존재들이다."라는 <찬도 3.12.1>에서는 가야뜨리가 모든 존재들을 아뜨만으로 한다고 알려주는데, 운율로서의 가야뜨리는 결코 그렇게 할 수가 없다.

504_ 그곳에서=<찬도 3.12.1>에서.

이다."〈찬도 3.14.1〉라고 한다. 또한 "[하지만 실재적으로는 향유주체와 향유대상으로 지시되는 구분이 존재하지 않는다]; 그것들의 [즉 원인인 브라흐만과 결과인 세계 사이의] 동일성이 [알려진다]; 기원 등의 성언들 때문이다."〈수뜨라 2.1.14〉라는 곳에서 우리는 결과가 원인과 구별되지 않는다고 말할 것이다.

다른 곳에서도 그와 같음을 즉 변형물을 통한 '브라흐만에 대한 계속적 명상'을 보여준다. "왜냐하면 실로 『리그베다』의 추종자들은 그것을 '위대한 욱타'에서, 『야주르베다』의 추종자들은 그것을 '불'에서, 『사마베다』의 추종자들은 그것을 '마하브라따'[505]에서 숙고(명상)하기 때문이다."〈아이-아 3.2.3.12〉에서이다. 따라서 앞선 문장에서는 운율에 대한 언급이 있더라도 네 발을 가지는 브라흐만을 지시한다. '빛'에 대한 문장에서도 다른(새로운) 계속적 명상을 명령하기 위해 바로 그것(브라흐만)을 지시한다.

혹자는 말한다.[506]

[이론]: '가야뜨리'라는 말에 의해 브라흐만이 바로 직접적으로 이해된다. 수(數)가 공통적이기 때문이다. [각각이] 여섯 음절인 발들을 통해 가야뜨리가 네 발을 가지듯이, 마찬가지로 브라흐만도 네 발을 가진다. 다른 곳에서도 그와 같음을 즉 수가 공통적임으로 말미암아 운율을 지시하는 말이 다른 대상에 대해 사용되는 것을 보여준다. 이 경

505_ 마하브라따(Mahāvrata)=가바마야나(Gavāmayana) 제의의 와중에 『사마베다』의 만뜨라인 '마하브라따-사만'(mahāvrata-sāman)을 읊으면서 소마를 제공하고 쁘라자빠띠에게 동물을 희생 제물로 바치는 의례. 슈드라를 포함한 모든 계급의 사람들이 참가하여 가무 즐기기, 가짜 싸움하기, 서로 모욕하기 등의 다양한 놀이를 행한다. 원시 공동체 생활의 단면을 보여주는 제전·축전의 형태이기도 하다.

506_ 주석가가 이론을 추가한다. 하지만 이 부분은 후대에 가필자에 의해 개찬된 것일 가능성이 높다.

우의 예를 들어, "실로 한편으로 다섯이고 다른 한편으로 다섯인 그러한 그것들은 열이 된다. 이것이 '끄리따'이다."〈찬도 4.3.8〉라고 시작한 뒤에, "그러한 이것이 '비라뜨' 즉 음식을 먹는 자이다."〈찬도 4.3.8〉라고 말한다.[507] 이러한 입장에서는 오직 브라흐만만을 지시하므로 운율을 지시하지 않는다.

어느 경우이든지 간에 앞선 문장에서 논제는 브라흐만이다.‖25‖

26. 또한 존재 등을 '발'이라고 언급하는 것은 [브라흐만의 경우에] 합당하기 때문에, 그러하다 [즉 논제는 브라흐만이다]; [바로 그 브라흐만이 천상과의 연계로 말미암아 인지됨으로써 '빛'에 대한 문장에서 파악된다].

bhūtādipādavyapadeśopapatteś caivam ‖26‖

[후론]: 이로 말미암아 또한, 그러하다고 즉 앞선 문장에서 논제가 브라흐만이라고 용인해야만 한다. 계시서가[508] 존재 등을 '발'이라고 언급하는 까닭에서이다. 실로 존재, 흙, 몸, 심장을 교시한 뒤에, "그러한 이 가야뜨리는 네 발을 가지며 여섯 종류이다."〈찬도 3.12.5〉라고 말

507_ 수뜨라에 대한 이론자의 이러한 해설을 따를 경우에 표면적으로 수뜨라 자체가 다른 뜻을 가지게 되지는 않는다. 그럼에도 이론자는 수뜨라를 결합하기(saṃpad)와 연관시켜 해설한다. 즉 운율과 브라흐만 사이에 수의 공통성이 있기 때문에 양자를 결합하는 계속적 명상(마음을 고정하고 의식을 집중하는 것)이 의도된다고 해설한다. 결국 이론자에 따르면, 수뜨라의 마지막 부분은 공통적인 수와 관련되는 예시를 그 내용으로 하기 때문에, '실로 그와 같음을 <찬도 4.3.8> 등에서 보여준다; [따라서 논제는 브라흐만이다]'라는 식으로 풀이되어야 한다. 한편, 4점짜리 주사위 놀이에서 4점을 상징하는 '끄리따'(kṛta)는 하위 숫자인 3, 2, 1을 모두 포함하여 10이 된다. 그리고 '비라뜨'(Virāṭ)라고 불리는 운율은 10음절을 가진다. 그래서 운율을 지시하는 말인 '비라뜨'는 수가 공통적임으로 말미암아 '끄리따'에 대해서 사용된다.

508_ * '계시서가'(śrutiḥ)라는 표현은 Samata에만 추가로 등장한다.

한다. 왜냐하면 브라흐만에 의지하지 않는 경우에 운율이 단독으로 존재 등을 발로 가지는 것은 합당하지 않기 때문이다. 더 나아가 브라흐만에 의지하지 않는 경우에 "그러한 만큼이 그(가야뜨리)의 위대성이지만"〈찬도 3.12.6〉이라는 『리그베다』의 이 시구와 합치되지 않을 것이다. 실로 『리그베다』의 이 시구는 오직 브라흐만을 핵심으로 지시한다. "모든 존재들은 그의 한 발이고, 천상에서 불멸인 그의 세 발."〈찬도 3.12.6〉에서 [오직 브라흐만이] 모든 것을 아뜨만으로 하는 것은 합당하기 때문이다. '뿌루샤 찬가'에서도 이 『리그베다』의 시구는 오직 브라흐만을 목적으로 한다고 전한다.[509] 또한 전승서는 브라흐만의 그와 같은 특성을 "나는 이 모든 세계를 [단지 나의] 일부분으로써 지탱하고 있습니다."〈기따 10.42〉라고 보여준다. 게다가 "정녕 이 브라흐만인 것은"〈찬도 3.12.7〉이라고 교시된다. 이와 같을 경우에 ['브라흐만'이라는 말의] 일차적 의미가 가능하다.[510] 더욱이 "실로 그러한 이 브라흐만의 다섯 뿌루샤들(신하들)은"〈찬도 3.13.6〉에서 '심장의 출구(구멍)들'에 대해 [사용되는] '브라흐만의 뿌루샤'라는 계시어는, [앞선 문장이] 브라흐만과 관계한다는 것을 말하고자 하는 경우에 적합하다.[511]

그러므로 앞선 문장에서 논제는 브라흐만이다. 바로 그 브라흐만이

509_ <찬도 3.12.6>의 시구는 <리그 10.90.3>과 동일하다. <리그 10.90>을 특별히 '뿌루샤 찬가'(Puruṣa-sūkta)라고 부른다.

510_ 앞선 문장에서 논제가 브라흐만일 경우에 "정녕 이 브라흐만인 것은"이라는 문장에서 '브라흐만'이라는 말을 일차적 의미로 이해하는 것이 가능하다.

511_ <찬도 3.13.1-5>에서는 심장 안의 '브라흐만 세상'(brahma-loka)에 있는 5개의 출구(suṣi, '구멍')와 그곳들에서 문지기(dvārapa)로 있는 5숨들에 관해 말한다. 브라흐만의 다섯 뿌루샤(신하)란 바로 그 5숨을 가리킨다. 문장의 조화라는 견지에서는, 앞선 문장인 <찬도 3.12>에서 가야뜨리(운율)가 브라흐만과 관계해야만, 뒤따르는 문장인 <찬도 3.13>에서 '브라흐만의 뿌루샤' 등과 같은 계시어들이 적합하게 된다. '가야뜨리'라고 불리는 것이 브라흐만일 경우에 그것은 심장 안에서 다섯 뿌루샤(숨)를 거느린 것으로 명상될 수 있기 때문이다.

천상과의 연계로 말미암아 인지됨으로써 '빛'에 대한 문장에서 파악된다고, [이와 같이] 확립된다.‖26‖

27. 만약 [7격과 5격이라는] 지시의 차이로 말미암아 ['빛'에 대한 문장에서 브라흐만이 인지되지] 않는다고 한다면, 아니다; 두 경우 모두에서 [즉 7격으로 종결되고 5격으로 종결되는 지시에서, 브라흐만이 인지되는 것에는] 모순이 없기 때문이다.

upadeśabhedān neti cen nobhayasminn apy avirodhāt ‖27‖

한편 앞선 곳에서는 "천상에서 불멸인 그의 세 발."〈찬도 3.12.6〉이라며 천상은 7격에 의해 거처로서 지시되고, 다시 이곳에서는 "이제 … 이 천상보다 더 위에서"〈찬도 3.13.7〉라며 천상은 5격에 의해 경계로서 지시된다.[512] 따라서 지시(어형)[513]의 차이로 말미암아 [앞선 문장의] 그것(브라흐만)이 이곳에서 인지되지 않는다고 그렇게 주장하는 것은, 논박되어야만 한다.

이에 대하여 말한다.

그러한 결함은 없다. 두 경우 모두에서 모순이 없기 때문이다. 두 경우 모두에서 즉 7격으로 종결되고 5격으로 종결되는 지시(어형)에서, [브라흐만이] 인지되는 것에는 모순이 없다. 예컨대, 이 세상에서는 '나무 꼭대기'와 연계된 '매'에 대해서도 '나무 꼭대기에 있는 매', '나무 꼭

512_ <찬도 3.12.6>의 '천상에서'(divi)는 7격(처격)이고, <찬도 3.13.7>의 '천상보다'(divaḥ)는 5격(탈격)이다. 이로부터 전자는 '거처'의 의미를 가지고, 후자는 '경계'의 의미를 가진다.

513_ '지시'라는 말은 'upadeśa'를 번역한 것이다. '지시' 대신에 문법과 관련된 용어인 '어형'(語形)이 더 적합한 번역이다. 그럼에도 '지시된다'라는 술어(동사) 형태가 앞 문장에 2회 등장하기 때문에 문맥의 조화를 위해서 '지시'라는 말을 선택한다.

대기보다 더 위에 있는 매'라는 2가지 방식으로 지시되는 것이 알려진다.[514] 마찬가지로 그저 천상에 있는 브라흐만이 천상보다 더 위에 있다고 지시된다.

혹자는 말한다.

[이론]: 예컨대, 이 세상에서는 '나무 꼭대기'와 연계되지 않은 '매'에 대해서도 '나무 꼭대기에 있는 매', '나무 꼭대기보다 더 위에 있는 매'라는 2가지 방식으로 지시되는 것이 알려진다. 마찬가지로 천상보다 더 위에 있는 브라흐만임에도 천상에 있다고 지시된다.

[후론]: 그러므로 앞선 [문장에서] 지시된 브라흐만이 이곳에서 인지된다. 결국 '빛'이라는 말은 오직 지고한 브라흐만이라고 정립된다. ‖27‖

{ 11. '쁘라따르다나'라는 주제: 수뜨라 28-31 }

28. 생기는 [브라흐만이다]; 그와 같이 이해되기 때문이다.

prāṇas tathā 'nugamāt ‖28‖

『까우쉬따끼 브라흐마나 우빠니샤드』에서는 인드라와 쁘라따르다나에 대한 이야기를 "한때 디보다사의 아들인 쁘라따르다나가 투지와 용맹을 통해 인드라의 소중한 거처에 도착했다."〈까우 3.1〉라고 시작하면서 전한다.

514_ '나무 꼭대기의 매'는 나무 꼭대기와 연계(접촉)되어 있는 매를 가리킬 가능성이 크다. 그럼에도 '나무 꼭대기에 있는 매'라며 7격(꼭대기에)으로도 지시할 수 있고, '나무 꼭대기보다 더 위에 있는 매'라며 5격(꼭대기보다)으로도 지시할 수 있다.

그곳에서는 "그(인드라)가 말했다: 나는 생기로서 지성적 아뜨만[515]이다. 이러한 나를 삶과 불멸로 계속 명상하도록 하라."〈까우 3.2〉라고 계시된다. 그리고 그 다음에도 "이제, 실로 생기 그 자체인 지성적 아뜨만이 이 육신을 붙잡고서 들어올린다."〈까우 3.3〉라고 한다. 그리고서 "발성기관(말)을 알고자 하지 말아야 한다. 말하는 자를 알아야 한다."〈까우 3.8〉라고 한다. 또한 마지막에 "생기 그 자체인 그러한 이 지성적 아뜨만은 환희이고 불로(不老)이고 불멸이다."〈까우 3.8〉라는 등이 [계시된다].

이 경우에 의문이 생긴다. 이곳에서 '생기'라는 말은 단순한 공기를 지시하는가, 아니면 신격적 아뜨만[516]을, 아니면 개별자아를, 아니면 지고한 브라흐만을 지시하는가?

[반박]: "바로 이로부터 [즉 브라흐만에 대한 표징 때문에], 생기는 [지고한 브라흐만이다]."〈수뜨라 1.1.23〉라는 곳에서 '생기'라는 말이 브라흐만을 의도한다고 설명했지 않는가? 또한 이곳에서도 "환희이고 불로이고 불멸이다."라는 등의 브라흐만에 대한 표징이 있다. 그렇다면 이 경우에 어떻게 의문이 가능하다는 말인가?

[후론]: 여러 표징을 보기 때문이라고 우리는 말한다. 이곳에서는 단지 브라흐만에 대한 표징이 보일 뿐만 아니라, 실로 다른 것에 대한 표징들도 존재한다. "오직 '나'만을 알도록 하라."〈까우 3.1〉라는 인드라의 말은 신격적 아뜨만에 대한 표징이다. "이 육신을 붙잡고서 들어올린다."라는 것은 생기에 대한 표징이다. "발성기관(말)을 알고자 하지 말아야 한다. 말하는 자를 알아야 한다."라는 등은 개별자아에 대한 표징이다. 따라서 의문은 합당하다.

515_ 지성적 아뜨만(prajñātman)=장애가 없는 지식을 가지는 의식체.

516_ 신격적 아뜨만(devatātman)=인드라 등 신격으로서의 아뜨만 혹은 신격 그 자체.

[전론]: 이 경우에, 주지하는 바로부터, 생기는 공기이다.

이러한 귀결에서 이렇게 말한다.

[후론]: '생기'라는 말은 브라흐만이라고 알려져야만 한다.

어떤 근거에서? 그와 같이 이해되기 때문이다. 그러한 증거로서, 전후관계에 따라 문장을 정밀하게 검토할 경우, 말들의 의미적인 조화가 브라흐만을 제시하고자 한다고 이해된다. 먼저 서두에서 "그대는 은혜를 선택하도록 하라."〈까우 3.1〉라고 인드라로부터 들은 쁘라따르다나는, "저에게 바로 당신께서, 인간에게 가장 유익하다고 당신이 생각하는 것을 선택해 주십시오."〈까우 3.1〉라며 궁극적인 '인간의 목표'를 [그가 받을] 은혜로 넌지시 알렸다. 그(쁘라따르다나)에게 가장 유익한 것으로 가르쳐지는 생기가 어떻게 지고한 아뜨만이 아닐 수 있다는 말인가? 실로 지고한 아뜨만에 대한 지식을 배제한 채 가장 유익한 것을 획득하지는 못한다. "오직 그를 앎으로써 죽음을 넘어선다. 가야 할 다른 길은 없다."〈슈베 3.8〉라는 등이 계시되기 때문이다. 마찬가지로 "이러한 나를 아는 자의 세상은, 실로 그 어떤 행위에 의해서도 다치지 않는다. … 도둑질에 의해서도 낙태에 의해서도 [다치지] 않는다."〈까우 3.1〉라는 등도 브라흐만을 수용하는 경우에 적합하다. 왜냐하면 브라흐만에 대한 지식을 통해 모든 행위가 근절되는 것은, "지고한 것(원인)이자 지고하지 않은 것(결과)인 그것(아뜨만)이 보일 때 … 또한 그의 행위들이 소멸된다."〈문다 2.2.8〉라는 등의 계시들에서 잘 알려져 있기 때문이다. 게다가 [생기가] 지성적 아뜨만이라는 것도 [생기가] 오직 브라흐만이라는 입장에서 합당하다. 왜냐하면 비의식체인 공기가 지성적 아뜨만이라는 것은 가능하지 않기 때문이다. 마찬가지로 "환희이고 불로이고 불멸이다."라는 결말에서도 [생기가] 환희 등이라는 것은 브라흐만을 배제한 채로 잘 어울리지 않는다. "[그것은] 선행에 의해 더 위대하게 되지 않고, 악행에 의해 결코 더 왜소하게 되지 않는다.

바로 그것은, 실로 '이 세상들로부터 끌어올리고자 하는 자'로 하여금 선행을 행하게끔 한다. 바로 그것은, 실로 '이 세상들로부터 끌어내리고자 하는 자'로 하여금 악행을 행하게끔 한다."[517] 〈까우 3.8〉, "그것은 세상의 지배자이다. 그것은 세상의 보호자이다. 그것은 세상의 주인이다."〈까우 3.8〉라는 이 모든 것들은 지고한 브라흐만을 받아들이는 경우에 이해될 수 있지만, 으뜸인 생기인 경우에는 이해될 수 없다.

그러므로 생기는 브라흐만이다.‖28‖

29. 만약 ['인드라'라는 이름의] 화자(話者)가 자신을 지시하기 때문에 [생기는 브라흐만이] 아니라고 한다면, [아니다]; 왜냐하면 이곳에 '인격적인 것'과 연계된 것이 많기 때문이다; [따라서 생기는 브라흐만을 지시할 뿐이고 신격적 아뜨만을 지시하지 않는다].

na vaktur ātmopadeśād iti ced adhyātmasaṃbandhabhūmā hy asmin ‖29‖

생기는 브라흐만이라고 주장한 것을 반박한다.

[전론]: '생기'라는 말은 지고한 브라흐만이 아니다.

무엇 때문에? 화자가 자신을 지시하기 때문이다. 실로 육화된 어떤 특정한 신격으로서 '인드라'라는 이름의 화자(말하는 자)는, "오직 '나'만을 알도록 하라."〈까우 3.1〉라고 시작한 뒤에 "나는 생기로서 지성적 아뜨만이다."〈까우 3.2〉라고 자기를 명명(命名)함으로써 쁘라따르다나에게 자기 자신을 소개했다. 화자 자신으로 지시되는 바로 그 생기가 어떻게 브라흐만일 수 있다는 말인가?[518] 실로 브라흐만이 화자일 수

517_ 그것(생기, 지성적 아뜨만)으로서의 신은 자신이 복을 주고자 하는 사람으로 하여금 선행을 행하게 하고, 벌을 주고자 하는 사람으로 하여금 악행을 행하게 한다.

는 없다. "발성기관도 없고 마음도 없으며"〈브리 3.8.8〉라는 등이 계시되기 때문이다. 그리고 인드라는[519] 육신과 연계될 뿐이고 브라흐만과 관계하여 적합하지 않은 특징들을 통해, 즉 "나는 머리 셋 달린 '뜨바슈뜨리의 아들'을 죽였고, 베다를 잘 모르는 고행자들을 늑대들에게 내주었다."〈까우 3.1〉라고 이렇게 운운하는 것을 통해 자신을 찬양했다. 게다가 인드라가 생기라는 것은 [그가] 힘을 가짐으로 말미암아 합당하다. 왜냐하면 "생기는 실로 힘이다."〈브리 5.14.4〉라고 알려지기 때문이다. 인드라는 또한 '힘의 신격'이라고 잘 알려져 있다. 실로 "또한 힘으로 행해진 것이라면[520] 그 무엇이든지 오직 인드라가 한 일이다."라고 [사람들은] 말한다. 더욱이 지성적 아뜨만이라는 것도 장애가 없는 지식임으로 말미암아 신격적 아뜨만에 대해 적합하다. 실로 신격은 장애가 없는 지식을 가진다고 [사람들은] 말한다. 그리고 이와 같이 신격적 아뜨만을 지시한다고 확정되는 경우에, '가장 유익한 것' 등의 말은 가능한 한 그것(신격적 아뜨만)과 관계할 따름이라고 해석해야만 한다. 따라서 화자인 인드라가 자신을 지시함으로 말미암아 생기는 브라흐만이 아니다.

이렇게 반박하는 것을 [다음과 같이] 바로잡는다.[521]

[후론]: 왜냐하면 이곳에 '인격적인 것'과 연계된 것이 많기 때문이다. '인격적인 것'과 연계된 것이란 내재적 아뜨만과 연계된 것이고, 그것(연계된 것)의 많음 즉 다수성이, 이곳에서 즉 [논제가 다루어지는] 장

518_ 전론자는 '생기'라는 말이 신격적 아뜨만 즉 인드라를 지시한다고 주장한다.

519_ * '인드라는'(indra)이라는 표현은 Samata에만 추가로 등장한다.

520_ * Samata에 '힘의 자연적인 형태라면'(balaprakṛtiḥ)이라는 표현이 등장하지만, Nirnaya에 따라 '힘으로 행해진 것이라면'(balakṛtir)이라고 읽는다.

521_ 이 문장은 후론자가 전론자를 부정한다는 것을 암시한다. 수뜨라에 '아니다'(na)라는 말이 생략되어 있기 때문에 주석가도 '아니다'라는 말을 사용하지 않는다.

(章)에서[522] 관찰된다. "왜냐하면 이 육체에 생기가 있는 한, 그런 만큼 삶이 있기 때문이다."〈까우 3.2〉라며, 지성적 아뜨만이자 내재적 존재인 생기 자체가 독자적으로 삶(생명)을 제공하고 박탈하는 것을 보여준다. 외재적인 특정한 신격이 아니다. 그리고 "하지만 [생기가] 있는 경우에 생기(기관)들 가운데 가장 우월한 것이 있다."〈까우 3.2〉[523]라며, 바로 그 '인격적인 것'인 생기에 기관들이 의존한다는 것을 보여준다. 마찬가지로 "생기 그 자체인 지성적 아뜨만이 이 육신을 붙잡고서 들어올린다."〈까우 3.3〉라고 한다. 또한 "발성기관(말)을 알고자 하지 말아야 한다. 말하는 자를 알아야 한다."〈까우 3.8〉라고 시작한 뒤에 "그래서 마치 마차에서 바퀴테(외륜)가 바퀴살들에 고정되고 바퀴살들이 바퀴통(내륜)에 고정되듯이, 바로 그와 같이 이러한 존재적인 것들은 지성적인 것들에 고정되고 지성적인 것들은 생기에 고정된다. 생기 그 자체인 그러한 이 지성적 아뜨만은 환희이고 불로이고 불멸이다."〈까우 3.8〉라며 대상들과 기관들의 경험작용에 의해 영향 받지 않는 내재적 아뜨만 자체에서 끝맺는다.[524] 게다가 "'그것(생기)은 나의 아뜨만이

522_ [논제가 다루어지는] 장(章)에서=<까우> 3장에서.

523_ * "하지만 [생기가] 있는 경우에 생기(기관)들 가운데 가장 우월한 것이 있다."라는 문장에 대한 <주석>의 원문은 'astitve ca prāṇānāṃ niḥśreyasam'이다. 이와 달리 Olivelle은 'asti tv eva prāṇānāṃ niḥśreyasam'(하지만 실로 생기들 가운데 우월한 것이 있다)이라고 읽는다.

524_ '존재적인 것들'(bhūtamātra)이란, <까우 3.8>에 따르면, 말(명칭), 냄새, 형태, 소리, 음식의 맛, 행위, 즐거움과 괴로움, 희열과 기쁨과 생식(生殖), 움직임, 마음이라는 10가지이다. '지성적인 것들'(prajñāmātra)이란, 이러한 10가지 존재적인 것(외부적인 것)들과 대응하는 내부적인 기관들을 가리킨다. 이것들은 후대 인도철학에서 인식, 행위와 관계하여 정형화된 요소들인 '5가지 인식기관(귀, 피부, 눈, 혀, 코), 5가지 행위기관(발성기관, 손, 발, 배설기관, 생식기관), 마음'과 매우 흡사하다. 본문에서 '대상들'이란 존재적인 것들을, '기관들'이란 지성적인 것들을 각각 가리킨다. 대상들보다 기관들이 더 내재적이고, 기관들보다 생기(아뜨만)가 더 내재적이다.

다.'라고 알아야 한다."〈까우 3.8〉라는 결론도 내재적 아뜨만을 수용하는 경우에 온당하며 외재적인 것을 수용하는 경우에는 온당하지 않다. 더욱이 다른 계시서도 "이 아뜨만은 모든 것을 지각하는 브라흐만이다."〈브리 2.5.19〉라고 한다.

그러므로 '인격적인 것'과 연계된 것이 다수이기 때문에 그것(생기)은 브라흐만을 지시할 뿐이고 신격적 아뜨만을 지시하지 않는다.‖29‖

그러면 화자는 어떤 식으로 자신에 대해 가르치는가?

30. [화자인 인드라는] 실로 성전에 [따르는 성자의] 직관을 통해 [자신을 지고한 아뜨만으로 직관함으로써] 바마데바에서처럼 [쁘라따르다나를] 가르쳤다; [따라서 이것은 브라흐만에 대한 문장이다].

śāstradṛṣṭyā tūpadeśo vāmadevavat ‖30‖

'인드라'라는 이름의 신격적 아뜨만은 자기 자신(아뜨만)을, '나 자신이 지고한 브라흐만이다.'라며 성전에 따르는 성자의 직관을 통해 지고한 아뜨만으로 직관함으로써 [자신에 대해] "오직 '나'만을 알도록 하라."〈까우 3.1〉라며 [쁘라따르다나를] 가르쳤다. 예컨대 "실로 그러한 그것을 직관함으로써(봄으로써) 성자 바마데바는 '나는 마누였고 또 태양이었다.'라고 알게 되었다."〈브리 1.4.10〉라고 하듯이, 그와 마찬가지이다. "그것을 깨달은 신격들 가운데 그 누구이든지, 바로 그가 그것이 되었다."〈브리 1.4.10〉라고 계시되기 때문이다.[525]

한편, 인드라가 "오직 '나'만을 알도록 하라."라고 말한 뒤에 '뜨바슈

525_ 〈브리 1.4.10〉으로부터 인용된 2문장 가운데 '뒤에 인용된 문장'이 '앞에 인용된 문장'보다 실제로는 앞서 등장한다.

뜨리의 아들을 죽인 것' 등과 [같은] 육신의 특징들을 통해 자기 자신을 찬양했다고 주장한 것은 논박되어야만 한다.

이에 대하여 말한다. 먼저 '뜨바슈뜨리의 아들을 죽인 것' 등은 '나는 이와 같은 행위를 했기 때문에 나를 알도록 하라.'라는 [식으로] 지식대상인[526] 인드라를 찬양하기 위해 제시되지 않는다.

[전론]: 그러면 무엇이란 말인가?

[후론]: 지식을 찬양하기 위해 [제시된다]. '뜨바슈뜨리의 아들을 죽인 것' 등의 대담한 행위들을 제시하고, 그 후에 "또한 그러한 그 와중에 나는 털끝 하나도 다치지 않았다. 이러한 나를 아는 자의 세상은, 실로 그 어떤 행위에 의해서도 다치지 않는다."〈까우 3.1〉라는 등을 통해 지식에 대한 찬양을 계속하는 까닭에서이다.

말한 바는 이러하다: 브라흐만으로서 존재하는 나는, 비록 그와 같이 잔인한 행위들을 저지른 자일지라도 털끝조차 다치지 않은 까닭에, 그 누구라도 나를 아는 자의 세상은 그 어떤 행위에 의해서도 다치지 않는다. 결국 지식대상은 "나는 생기로서 지성적 아뜨만이다."〈까우 3.2〉에서 지시될 예정인 브라흐만 그 자체이다.

그러므로 이것은 브라흐만에 대한 문장이다.[527] ‖30‖

31. 만약 개별자아와 으뜸인 생기에 대한 표징 때문에 [브라흐만이] 아니라고 한다면, 아니다; 3종류의 계속적 명상 때문이고, [다른 곳

526_ 지식대상인=알려져야만 하는 것인.

527_ "오직 '나'만을 알도록 하라."〈까우 3.1〉라는 문장은 인드라나 인드라의 행위를 찬양(stuti)하지 않고 브라흐만에 대한 지식을 찬양한다. 〈까우 3.1〉의 뒷부분에서 '행위에 의해 다치지(영향받지) 않는 인드라'를 묘사하기 때문이다. 실제로 인드라는 행위와 무관한 브라흐만으로 존재한다. 그래서 그는 자신의 행위들에 의해 조금도 영향받지 않는 것이다. 따라서 '이것' 즉 〈까우 3.1〉은 브라흐만에 대한 지식을 찬양하는 문장이다.

에서도 생기가 브라흐만에 대해] 수용되기 때문이며, 이곳에서도 ['가장 유익한 것' 등이] 그것(브라흐만에 대한 표징)**과 연관되기 때문이다; [따라서 이것은 브라흐만에 대한 문장이다].**

jīvamukhyaprāṇaliṅgān neti cen nopāsātraividhyād āśritatvād iha tadyogāt ‖31‖

[전론]: 비록 '인격적인 것'과 연계된 것이 많음을 보기 때문에 외재적인 신격적 아뜨만을 지시하지 않을지라도, 여전히 브라흐만에 대한 문장일 수는 없다.

어떤 근거에서? 개별자아에 대한 표징 때문이고, 또 으뜸인 생기에 대한 표징 때문이다. 먼저 "발성기관(말)을 알고자 하지 말아야 한다. 말하는 자를 알아야 한다."〈까우 3.8〉라는 등, 이러한 문장에서는 개별자아에 대한 명백한 표징이 알려진다. 왜냐하면 이곳에서는 발성기관 등의 기관들을 통해 작동하고 신체와 기관을 지배하는 개별자아가 지식대상으로 언급되기 때문이다.[528] 마찬가지로 "이제, 실로 생기 그 자체인 지성적 아뜨만이 이 육신을 붙잡고서 들어올린다."〈까우 3.3〉라는, 으뜸인 생기에 대한 표징도 있다. 그리고 육체를 지지하는 것은 으뜸인 생기의 특징이다. '생기들의 대화'에서 발성기관 등의 생기(기관)들을 주제로 삼은 후, "그들에게 제일의 생기가 말했다: 미혹에 빠지지 말라. 바로 내가 이 자신을 5가지로 나눈 뒤에 이 육신을 지지하면서 붙잡고 있다."〈쁘라 2.3〉라고 계시되기 때문이다.[529]

528_ <까우 3.8>에서 '말하는 자'란 발성기관 등을 통해 작동하면서 그러한 기관과 신체를 지배하는 개별자아를 가리킨다고 볼 수 있다.

529_ <쁘라 2.2>에서 에테르, 공기, 불 등의 여러 신격들은 그들 자신이 육신을 지지하면서 붙잡고 있다고 주장한다. 그러자 <쁘라 2.3>에서 으뜸인 생기가 다른 누구도 아닌 바로 자신이 그런 역할을 한다고 반박한다. 이러한 점에서 주석가는 이 부분을 '생기들의 대화'(prāṇa-saṃvāda)라고 부르는 것이다. 5가지란

한편, ["이 육신을 붙잡고서"라는 구절을] "이것을 붙잡고서 육신을" 이라고 읽는 자들은 '이것을 즉 개별자아를 혹은 기관의 집합체를 붙잡고서, 육신을 들어올린다'라고 설명할 수 있다.[530]

게다가 지성적 아뜨만이라는 것은 먼저, [개별자아가] 의식체임으로 말미암아, 개별자아에 대해서 합당하다. [그것은 또한, 으뜸인 생기에] '지성의 수단들인 다른 기관들(생기들)'이 의존함으로 말미암아, 으뜸인 생기에 대해서도 합당할 따름이다. 또한 이와 같이 개별자아와 으뜸인 생기가 [동시에] 이해되는 경우, 생기와 '지성적 아뜨만'(의식체)은 동시작용으로 말미암아 차이가 없다고 교시되고 또 [각각의] 고유성으로 말미암아 차이가 있다고 교시되므로, 2가지 방식의 교시 모두 합당하다.[531] "실로 생기인 것은 지성이고, 실로 지성인 것은 생기이다. 왜냐하면 이 둘은 이 육체에서 함께 살고 함께 떠나기 때문이다."〈까우 3.3〉에서 [교시된다].[532] 반면에 ['생기'라는 말로부터] 브라흐만이 이해

쁘라나, 아빠나, 브야나, 우다나, 사마나라는 5가지 생기(숨)를 가리킨다.

530_ "이제, 실로 생기 그 자체인 지성적 아뜨만이 이 육신을 붙잡고서 들어올린다."<까우 3.3>에서 '이 육신을 붙잡고서'(idaṃ śarīraṃ parigṛhya)라는 표현을 '이것을 붙잡고서 육신을'(imaṃ śarīraṃ parigṛhya)이라고 읽을 경우에는 '이것'이 개별자아를 지시하므로 개별자아에 대한 표징을 찾을 수 있다. 전자에서는 지시대명사인 'idaṃ'(이)이 중성 2격(목적격)으로서 'śarīraṃ'(육신을)을 수식한다. 그래서 '붙잡다'라는 술어의 목적어는 '이 육신'이다. 그와 달리 후자에서는 지시대명사인 'imaṃ'(이)이 남성 2격으로서 독립적이다. 그래서 '붙잡다'라는 술어의 목적어는 '이것' 즉 개별자아(기관의 집합체)이고, '육신'은 '들어올린다'라는 술어의 목적어가 된다. 따라서 후자의 방식으로 읽음으로써, 으뜸인 생기에 대한 표징을 담고 있는 <까우 3.3> 그 자체에 개별자아('이것')에 대한 표징도 존재한다고 주장할 수 있다.

531_ 지성적 아뜨만이라는 것은 '개별자아'와 '으뜸인 생기' 둘 모두를 지시한다. 이처럼 두 가지를 지시한다고 해서 모순이 생기지는 않는다. 왜냐하면 계시서에서 '의식체인 지성적 아뜨만'(개별자아)과 '비의식체인 생기'(으뜸인 생기)가 차이 없는 것으로도 교시되고 차이 있는 것으로도 교시되므로 두 교시가 모두 합당하기 때문이다. 양자가 차이 없는 것은 동시작용 때문이고, 양자가 차이 있는 것은 각각의 고유성 때문이다.

되는 경우에는 무엇이 무엇과 차이를 가질 것인가?[533] 따라서 이곳에서는 개별자아와 으뜸인 생기 가운데 어느 하나 혹은 둘 다가 알려져야 할 뿐, 브라흐만은 아니다.

[후론]: 그건 그렇지 않다.

3종류의 계속적 명상 때문이다. 그와 같을 경우에, '개별자아에 대한 계속적 명상', '으뜸인 생기에 대한 계속적 명상', '브라흐만에 대한 계속적 명상'이라는 3종류의 계속적 명상이 수반될 것이다. 그러나 하나의 문장에서 이를 용인하는 것은 합리적이지 않다. 왜냐하면 [문장들의] 시작과 끝으로부터 문장적 통일성이 알려지기 때문이다. "오직 '나'만을 알도록 하라."〈까우 3.1〉라고 시작한 뒤에 "나는 생기로서 지성적 아뜨만이다. 이러한 나를 삶과 불멸로 계속 명상하도록 하라."〈까우 3.2〉라고 말한 다음, 마지막에 "생기 그 자체인 그러한 이 지성적 아뜨만은 환희이고 불로이고 불멸이다."〈까우 3.8〉라고 [말함으로써] 한결같은 시작과 끝이 살펴진다. 이러한 사정에서 의미의 일관성[534]을 견지하는 것이 합리적이다. 또한 브라흐만에 대한 표징이 다른 것을 의도한다고 이끌어낼 수는 없다. [각각] 10개인 존재적인 것들과 지성적인 것들이 브라흐만과는 다른 [무언가에] 고정되는 것은 합당하지 않기 때문이다.

게다가 수용되기 때문이다. 다른 곳에서도[535] 브라흐만에 대한 표징에 힘입어 '생기'라는 말이 브라흐만에 대해 사용되기 때문이다.

532_ 두 문장 중에서 앞의 것은 '차이 없음'에 대한 교시이고, 뒤의 것은 '차이 있음'에 대한 교시이다.

533_ '생기'라는 말로부터 오직 브라흐만만이 이해되는 경우에는 차이에 대해 교시하는 문장들이 무의미해지고 만다.

534_ 의미의 일관성(arthaikatva)=취지의 일관성.

535_ <수뜨라 1.1.23>의 "바로 이로부터 [즉 브라흐만에 대한 표징 때문에], 생기는 [지고한 브라흐만이다]."에서.

더욱이 이곳에서도 '가장 유익한 것'을 제시하는 것 등이 브라흐만에 대한 표징과 연관되기 때문에 이것(생기)은 오직 브라흐만을 지시한다고 알려진다.

한편, "이 육신을 붙잡고서 들어올린다."에서 으뜸인 생기에 대한 표징이 제시된다는 것은 사실이 아니다. 생기의 작용마저, [생기가] 지고한 아뜨만에 의존함으로 말미암아, 지고한 아뜨만에 대해 비유적으로 적용될 수 있기 때문이다.[536] "죽어야 하는 그 누구도 날숨에 의해 살지 못하고 들숨에 의해 살지 못한다. 하지만 이 둘이 의존하는 다른 무언가에 의해 사람들은 산다."〈까타 5.5〉라고 계시되기 때문이다.

그리고 "발성기관(말)을 알고자 하지 말아야 한다. 말하는 자를 알아야 한다."라는 등에서 개별자아에 대한 표징이 제시된다는 것조차 [생기가] 브라흐만이라는 입장을 배제하지 못한다. 왜냐하면 '개별자아'라고 불리는 것이 브라흐만과 완전하게 차이 있지는 않기 때문이다. "그것이 너이다."〈찬도 6.8.7〉, "나는 브라흐만이다."〈브리 1.4.10〉라는 등이 계시되기 때문이다. 실로 브라흐만 그 자체로 존재하는 개별자아가 지성 등의 한정자에 의해 야기된 특수성과 관련하여 '행위주체', '향유주체'라고 불린다. [따라서] 한정자에 의해 야기된 특수성을 버림으로써 그것(개별자아)의 본질인 브라흐만을 보여주기 위해 "발성기관(말)을 알고자 하지 말아야 한다. 말하는 자를 알아야 한다."라는 등을 통해 내재적 아뜨만에 관심을 돌리게끔 하고자 하는 가르침은 모순되지 않는다. 또한 "그 무엇은 언어에 의해 표현되지 않으리라. 그 무엇에 의해 언어가 표현되리라. 바로 그것이 브라흐만임을 그대는 알도록 하

536_ "이 육신을 붙잡고서 들어올린다."라는 문장은 브라흐만에 대한 표징이다. 비록 육신을 붙잡고서 들어올리는 작용을 하는 것이 생기일지라도, 바로 그 생기가 지고한 아뜨만에 의존하기 때문에 생기의 작용은 지고한 아뜨만에 대해 비유적으로 적용될 수 있다.

라. [사람들이] '이것'이라고 계속 명상하는 것은 [브라흐만이] 아니니라."〈께나 1.5〉라는 등의 다른 계시서도, 실로 말하는 것 등의 행위를 통해 작동하는 아뜨만이 브라흐만이라는 것을 보여준다.

한편, "왜냐하면 이 둘은 이 육체에서 함께 살고 함께 떠나기 때문이다."라며 생기와 지성적 아뜨만 사이에 차이가 있다고 보여주는 것은 브라흐만주의자의 경우에[537] 합당하지 않다고 그렇게 주장한 것에 관해서는,[538] 그러한 결함이 없다. '내재적 아뜨만의 [2가지] 한정자로 존재하는 것'이자 '지식력(知識力)과 행위력(行爲力)이라는 2가지의 소재지(근거)'인 지성과 생기 사이에 차이가 있다고 교시되는 것은 합당하기 때문이다.[539] 그와 달리 2가지 한정자에 의해 한정된 내재적 아뜨만은 본질적으로 차이를 가지지 않는다. 그래서 결국 '생기 그 자체인 지성적 아뜨만'이라고 동일시하는 것은 모순되지 않는다.[540]

또 다른 해설로서, [수뜨라에서] "아니다; 3종류의 계속적 명상 때문

537_ * Samata에 '브라흐만주의자의 경우에'(brahmavādino)라는 표현이 등장하는 것과 달리, Nirnaya에는 '브라흐만주의의 경우에'(brahmavāde)라는 표현이 등장한다. 브라흐만주의(Brahmavāda)란 '브라흐만'을 궁극적 원리, 실재, 혹은 절대자로 간주하는 모든 이론 체계들을 가리키는 말로서, 흔히 알려져 있는 베단따 학파들은 모두 브라흐만주의에 포함된다. 하지만 여기서는 베단따 학파들 중에서도 아드바이따 베단따 학파만을 지칭한다. 주석가가 활동하던 시기에는 다른 베단따 학파들이 온전하게 성립되지 않았기 때문이다. 따라서 '브라흐만주의'라는 것은 주석가의 체계를 지칭하는 가장 적합한 명칭이다. 하지만 후대 여러 베단따 학파들과의 차별성을 드러내기 위해서는 '무속성 브라흐만주의'가 더 정확한 명칭일 것이다. 물론 주석가는 이 명칭을 사용하지 않는다.

538_ 전론자가 "반면에 ['생기'라는 말로부터] 브라흐만이 이해되는 경우에는 무엇이 무엇과 차이를 가질 것인가?"라고 주장한 것. 이는 '브라흐만 유일주의에서 어떻게 차이가 가능하다는 말인가?'라는 주장에 다름 아니다. 이에 대해 후론자는, 브라흐만주의에서도 한정자를 통한 차이는 가능하다고 설명한다.

539_ 지성은 지식력(jñāna-śakti)의 소재지이고 생기는 행위력(kriyā-śakti)의 소재지이다.

540_ <까우 3.3>의 "실로 생기 그 자체인 지성적 아뜨만이"에서, 또 <까우 3.8>의 "생기 그 자체인 그러한 이 지성적 아뜨만은"에서 살펴볼 수 있다.

이고 … 수용되기 때문이며, 이곳에서도 … 그것과 연관되기 때문이다."라는 것의 다른 의미는 이러하다: 브라흐만에 대한 문장인 경우에도 개별자아와 으뜸인 생기에 대한 표징은 모순되지 않는다. 어떻게? 3종류의 계속적 명상 때문이다. 이곳에서는 '생기의 특성을 통한', '지성의 특성을 통한', '[브라흐만] 자체의 특성을 통한' 브라흐만에 대한 3종류의 계속적 명상을 말하고자 한다. 그 가운데 "삶과 불멸로 계속 명상하도록 하라. 삶은 생기이고"〈까우 3.2〉, "이 육신을 붙잡고서 들어올린다."〈까우 3.3〉, "따라서 바로 이것(생기)을 '욱타'로 계속 명상해야 한다."[541]〈까우 3.3〉라는 것은 생기의 특성이다. "이제, 어떻게 모든 존재들이 이 지성과 하나가 되는지, 우리는 설명할 것이다."〈까우 3.4〉라고 시작한 뒤에 "실로 발성기관은 그것(지성)에서 끌어낸 한 부분이다. 명칭은 그것(발성기관)과 외부적으로 대응하는 존재적인 것이다."[542]〈까우 3.5〉, "지성을 통해 발성기관에 오른 뒤에, 발성기관을 통해 모든 명칭들을 획득한다."〈까우 3.6〉라는 것 등은 지성의 특성이다. "실로 단지 10개인 이러한 이 존재적인 것들은 지성과 관련된다. 10개의 지성적인 것들은 존재와 관련된다. 왜냐하면 만약 존재적인 것들이 없으면 지성적인 것들이 없을 것이기 때문이다. 왜냐하면 만약 지성적인 것들이 없으면 존재적인 것들이 없을 것이기 때문이다. 둘 중 하나로부터는 실로 그 어떤 현상도 이루어질 수 없다. [하지만] 이러한 다양함이란 없다.[543] 그래서 마치 마차에서 바퀴테(외륜)가 바퀴살들에 고

541_ 앞서 인용된 <까우 3.3>의 문장인 "이제, 실로 생기 그 자체인 지성적 아뜨만이 이 육신을 붙잡고서 들어올린다."에 곧 이어서 "따라서 바로 이것(생기)을 '욱타'로 계속 명상해야 한다."라는 문장이 등장한다. 육신을 '들어올리는'(utthāpayati, 웃타빠야띠) 것이 생기이므로, 생기를 '욱타'(uktha)로 명상해야 한다.

542_ '존재적인 것' 또는 대상적인 것으로서 명칭은 곧 말이다.

543_ '이러한 다양함이란 없다.'(no etannānā)라는 것은, '존재적인 것들과 지성적

정되고 바퀴살들이 바퀴통(내륜)에 고정되듯이, 바로 그와 같이 이러한 존재적인 것들은 지성적인 것들에 고정되고 지성적인 것들은 생기에 고정된다. 생기 그 자체인 그러한 이 지성적 아뜨만은 …"〈까우 3.8〉이라는 것 등은 브라흐만의 특성이다. 따라서 이러한 2가지 한정자의 특성을 통하고 또 [브라흐만] 자체의 특성을 통해, 브라흐만 자체에 대한 하나의 계속적 명상을 3종류로 말하고자 한다. 다른 곳에서도 즉 "'마음으로 이루어진 것'은 생기를 육체로 하고"〈찬도 3.14.2〉라는 등에서도, 한정자의 특성을 통한 '브라흐만에 대한 계속적 명상'이 수용된다. 이곳에서도 그것이 적용된다. 문장들의 시작과 끝으로부터 의미의 일관성이 알려지기 때문이고, 또 생기, 지성, 브라흐만에 대한 표징이 알려지기 때문이다.

그러므로 이것은 오직 브라흐만에 대한 문장이라고 정립된다.‖31‖

인 것들이 만들어내는 현상의 다양함(차이)이란 실제로 존재하지 않는다.'라는 의미로도, '지성적 아뜨만(생기)의 본질에서 다양함이란 실제로 존재하지 않는다.'라는 의미로도 읽을 수 있다.

제2절

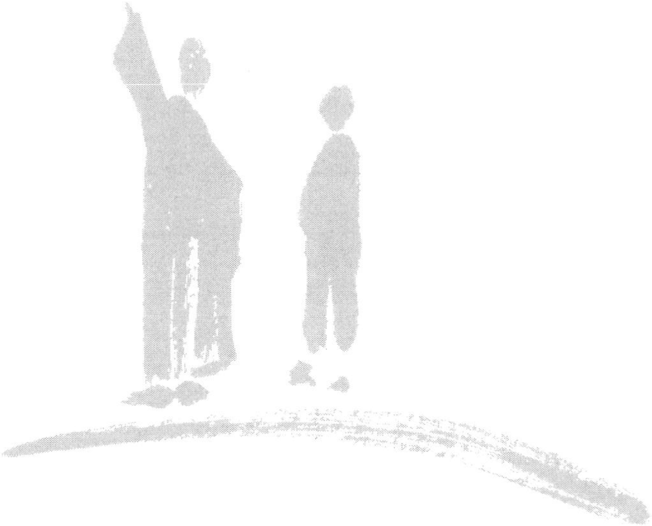

{ 1. '모든 곳에서 잘 알려져 있음'이라는 주제: 수뜨라 1-8 }

제1절에서는 "그 무엇으로부터 이것(세계)의 생성 등이 [초래되는데, 그 무엇이 곧 브라흐만이다]."〈수뜨라 1.1.2〉라며 브라흐만이 에테르 등 모든 세계의 생성 등을 [초래하는] 원인이라고 언급했다. [이로부터] 모든 세계의 원인인 그 브라흐만이 '편재성, 영원성, 전지성, 전능성, 모든 것을 아뜨만으로 함'이라는 이러한 유형의 속성들을 가진다고 분명 언급했다. 그리고 [우빠니샤드에서] 다른 의미를 가진다고 잘 알려져 있는 어떤 말들이 브라흐만과 관계한다는 근거를 제시함으로써, 브라흐만에 대한 표징이 분명하지만 [여전히] 의문스러운 어떤 문장들이 브라흐만을 의도한다고 결론을 내렸다.

한층 나아가, 브라흐만에 대한 표징이 불분명한 어떤 문장들이 지고한 브라흐만을 제시하는지, 그렇지 않으면 다른 그 어떤 대상을 제시하는지 의문스러워진다. 이를 확립하기 위해 제2절과 제3절이 시작된다.

1. ['마음으로 이루어진 것' 등의 특성들은 명상대상으로 지고한 브라흐만을 지시한다]; 모든 곳에서 잘 알려져 있는 [브라흐만을 이곳에서] 지시하기 때문이다.

sarvatra prasiddhopadeśāt ‖1‖

이렇게 전한다. "이 모든 것은 실로 브라흐만이다. [브라흐만을] '땃잘란'[1]이라고 평온으로 계속 명상해야 한다. 이제 여기, '결의로 이루어

1_ <찬도 3.14.1>에 대한 주석가의 주석에 따르면, 우빠니샤드의 신비적 복합어인 '땃잘란'(tajjalān)은 '그것으로부터 태어나고 그것에서 소멸되고 그것에서 숨쉰다'라는 뜻이다. 이 복합어는 ① 'tajja', ② 'talla', ③ 'tadana'로 나눠진다. 그

진 것'은 사람이다. 사람은 이 세상에서 결의하게 된 바대로, 이 세상을 떠난 후에 그와 같이 된다. 그는 결의를 만들어야 한다."〈찬도 3.14.1〉, "'마음으로 이루어진 것'은 생기를 육체로 하고"〈찬도 3.14.2〉라는 등에서이다.

이 경우에 의문이 생긴다. 이곳에서 '마음으로 이루어진 것' 등의 특성(세부사항)들은 그 명상대상으로 육화된 아뜨만을 지시하는가, 그렇지 않으면 지고한 브라흐만을 지시하는가?

실로 무엇으로 귀결되는가?

[전론]: 육화된 자이다.

어떤 근거에서? 왜냐하면 신체와 기관의 지배자인 그것이 마음 등과 관계를 가진다고 잘 알려져 있지만 지고한 브라흐만은 아니기 때문이다. "[뿌루샤는 …] 실로 생기가 없고 마음이 없으며 순수하고"〈문다 2.1.2〉라는 등이 계시되기 때문이다.

[반박]: "이 모든 것은 실로 브라흐만이다."라는 바로 그 [계시서] 자체의 말에서 브라흐만을 언급했지 않는가? 이 경우에 어떻게 육화된 아뜨만이 명상대상이라고 의문시된다는 말인가?

[전론]: 그러한 결함은 없다. 이 문장은 브라흐만에 대한 계속적 명상을 명령하고자 하지 않는다. 그러면 무엇인가? 평온을 명령하고자 한다.[2] "이 모든 것은 실로 브라흐만이다. [브라흐만을] '땃잘란'이라고 평온으로 계속 명상해야 한다."라고 말하는 까닭에서이다.

말한 바는 이러하다: 그것(브라흐만)으로부터 태어나고 그것에서 소

리고 이것들은 각각 ① 'tasmāt-jāyate(jātam)' 즉 '그것으로부터 태어남', ② 'tasmin-līyate' 즉 '그것에서 소멸됨', ③ 'tasmin-aniti' 즉 '그것에서 숨 쉼(살아 있음)'으로 풀이된다. 결국 'tajjalān'은 브라흐만이 세계의 생성, 소멸, 유지의 원인이라는 것을 집약적으로 표현한 용어이다.

2_ 평온을 명령하고자 한다=평온한 마음으로 계속적 명상을 실행할 것을 명령한다.

멸되고 그것에서 숨 쉼으로 말미암아[3] 이 모든 '변형의 총체'가 바로 그 브라흐만이기 때문에, 또 [그것이] 모든 것의 유일한 아뜨만임으로 말미암아 애욕 등이 가능하지 않기 때문에, 평온으로 계속 명상해야 한다. 그리고 평온에 대한 명령이 의도되는 경우에, 이 문장으로부터 브라흐만에 대한 계속적 명상을 수용할 수는 없다.[4]

한편 "그는 결의를 만들어야 한다."라는 것에서는 계속적 명상이 명령된다. 결의 즉 의지는 '명상'을 뜻한다.[5] 또한 그것(명상)의 대상으로 "'마음으로 이루어진 것'은 생기를 육체로 하고"라는 것이 계시된다. [바로 이것은] 개별자아에 대한 표징이다. 따라서 이 계속적 명상은 개별자아와 관계한다고 우리는 말한다.[6]

계속적으로 계시되는 "모든 행위를 하고, 모든 욕망을 가지며"〈찬도 3.14.2〉[7]라는 등마저 개별자아와 관계해서 합당하다. 게다가 "심장의 안에 있는 나의 이 아뜨만은 쌀알보다 혹은 보리알보다, 혹은 … 더 작다."〈찬도 3.14.3〉에서 '심장을 처소로 함'과 '매우 작음'은 몰이 막대기 끄트머리의 크기인 개별자아에 대해서 적절하며, 제한이 없는 브라흐만에 대해서는 적절하지 않다.

[반박]: 다만 "[나의 이 아뜨만은] 지상보다 더 크고"〈찬도 3.14.3〉라

3_ 주석가가 직접 이곳에서 'tajjalān'을 ① 'tajja', ② 'talla', ③ 'tadana'로 나눠서 풀이한다.

4_ 하나의 문장이 2가지 이상의 의미 또는 취지를 가질 수 없기 때문이다.

5_ 'kratu'라는 말이 결의와는 별도로 제의를 뜻하기도 하기 때문에 주석가는 '의지 · 결의'를 뜻하는 유의어 'saṃkalpa'를 덧붙인다. 그리고 결의라는 것은 우빠니샤드의 맥락에서 명상(dhyāna)과 다르지 않다.

6_ 결의를 만들어야 한다면, 즉 명상(dhyāna)을 행해야 한다면, 명상의 대상은 '마음으로 이루어진 것' 등이다. 그리고 '마음으로 이루어진 것' 등은 개별자아에 대한 표징이기 때문에, 명상대상은 오직 개별자아 즉 육화된 아뜨만이다.

7_ <찬도 3.14.2>에서는 "'마음으로 이루어진 것'은 생기를 육체로 하고"라는 것에 이어 "모든 행위를 하고, 모든 욕망을 가지며"라는 등등, '마음으로 이루어진 것'이 가지는 여러 특성들이 계속적으로 계시된다.

는 등은 제한이 있는 [개별자아에] 대해서 부적절하지 않는가?[8]

이에 대하여 우리는 대답한다.

[전론]: 먼저 '매우 작음'과 '매우 큼'이라는 양자가 하나의 [대상에] 관련될 수는 없다. 모순되기 때문이다. 그러나 둘 중의 하나를 선택할 경우에는, 더 먼저 계시됨으로 말미암아 '매우 작음'을 받아들이는 것이 합리적이다. 다만 '매우 큼'도 [개별자아의] 브라흐만 상태라는 견지에서 가능하다.[9] 그리고 개별자아와 관계한다고 확정되는 경우, 마지막에 "그것은 브라흐만이다."〈찬도 3.14.4〉라고 브라흐만을 언급하는 것마저도 논제를 상기하고자 하기 때문에 개별자아와 관계할 따름이다. 따라서 '마음으로 이루어진 것' 등의 특성들은 명상대상으로 개별자아를 [지시한다].

이와 같은 귀결에서 우리는 말한다.

[후론]: 이곳에서 '마음으로 이루어진 것' 등의 특성들은 명상대상으로 오직 지고한 브라흐만을 [지시한다].

어떤 근거에서? 모든 곳에서 잘 알려져 있는 [브라흐만을 이곳에서] 지시하기 때문이다. 모든 베단따들에서 잘 알려져 있고 '브라흐만'이라는 말의 지시대상이며 세계의 원인이고 또 이곳의 "이 모든 것은 실로 브라흐만이다."라며 '시작되는 문장'에서 계시되는 바로 그것을, '마음으로 이루어진 것' 등의 특성들에 의해 제한된 [개별자아로][10] 지시한다

8_ 아뜨만이 쌀알 등보다 더 작다고 말하는 <찬도 3.14.3>의 일부가 브라흐만이 아닌 개별자아에 대해 적절하다고 하더라도, 동일한 곳에서 그 아뜨만이 지상 등보다 더 크다고 말하는 부분은 결코 제한적인 개별자아에 대해 적절하다고 할 수 없다. 개별자아가 지상 등보다 더 큰 것일 수는 없기 때문이다.

9_ 계시서에서 '매우 작음'이 먼저 언급되었기 때문에 '매우 작음'을 개별자아의 특성으로 받아들이는 것이 적절하다. 그럼에도 개별자아가 궁극적으로 브라흐만이라는 견지에서는, 곧 개별자아의 '브라흐만 상태'(brahmabhāva)라는 견지에서는 '매우 큼' 또한 개별자아에 대해 적절하다.

10_ '제한된(viśiṣṭa) [개별자아]'라는 표현은 앞의 '반박'에서 등장한 '제한이 있는

는 것이 합리적이다. 또한 이와 같을 경우에 논제를 폐기하고 논제가 아닌 것을 소개하는 [부조리한 결말은] 생기지 않을 것이다.

[전론]: 시작되는 문장에서 브라흐만은 그 자체를 명령하기 위해서가 아니라 평온을 명령하기 위해서 지시된다고 언급했지 않는가?

이에 대하여 대답한다.

[후론]: 비록 브라흐만이 평온을 명령하기 위해서 지시될지라도, 여전히 '마음으로 이루어진 것' 등을 가르칠 때에 바로 그 브라흐만은 '근접해 있는 것'이 된다.[11] 반면에 개별자아는 '근접해 있는 것'도 아니고 또 [계시서] 자체의 말에서 언급된 것도 아니므로, [두 경우는] 상이하다.[12]‖1‖

2. 또한 [명상대상으로] 말하고자 하는 속성들이 [브라흐만에 대해서] 합당하기 때문에, [지고한 브라흐만을 명상대상으로 지시한다].

vivakṣitaguṇopapatteś ca ‖2‖

'말하려고 욕구된 것들'이 '말하고자 하는 것들'이다. 비록 인간의 저작이 아닌 베다에[13] '말하는 자'(저자)가 없기 때문에 '욕구'라는 의미가

(paricchinna) [개별자아]'라는 표현과 다르지 않다.

11_ <찬도 3.14.2>에서 '마음으로 이루어진 것' 등의 특성들을 가르칠 때에 그 특성들은 브라흐만과 관계한다고 간주되어야 한다. 왜냐하면 시작되는 문장인 <찬도 3.14.1>의 브라흐만은 그 특성들에 '근접해 있는 것'(saṃnihita) 즉 그 특성들에 가까이 놓여 있는 대상이기 때문이다.

12_ [두 경우는] 상이하다=개별자아를 지시한다고 주장하는 경우와 브라흐만을 지시한다고 주장하는 경우는 상이하다.

13_ 베다가 '인간의 저작이 아닌 것'(apauruṣeya)이라는 논리는 본디 미맘사 학파의 것이다. 베다에 저자가 언급된 곳이 없고, 베다 자체가 영원성을 언급하며, 베다를 학습하는 전통에 시작이 없고, 의미를 가진 소리는 그것의 현현과 상관없이 영원히 존재하기 때문에, 베다의 저자가 인간일 수는 없다고 한다. 이와 같이 베다의 저자가 인간이 아니라는 것은 베다가 '계시서'로서 절대적인 권위

가능하지 않을지라도, '수용함'이라는 결과로 말미암아 비유적으로 적용된다. 심지어 이 세상에서도 말로 지시된 것이 수용될 수 있으면 그것은 '말하고자 하는 것'이라고 불리고, 수용될 수 없으면 그것은 '말하고자 하지 않은 것'이라고 불린다.[14] 그와 마찬가지로 베다에서도 수용될 수 있다고 지시된 것은 '말하고자 하는 것'이 되고, 그 반대는[15] '말하고자 하지 않은 것'이 된다. 그리고 '수용함'과 '수용하지 않음'은 베다 문장의 '취지'와 '취지가 아닌 것'으로부터 [각각] 알려진다.

결과적으로 이곳에서 '진실한 결의' 등과 [같이] 계속적 명상에서 수용될 수 있다고 지시된 '말하고자 하는 속성들'은 지고한 브라흐만에 대해서 합당하다.[16] 왜냐하면 [브라흐만이] 창조 · 유지 · 파괴에 대한

를 가진다는 것과 밀접하게 관련된다.

14_ 주석가는 수뜨라의 '말하고자 하는'(vivakṣita) 또는 '말하려고 욕구된'이라는 표현에 아무런 문제가 없다는 점을 설명한다. 만약 베다가 인간의 저작이 아니라면 베다에서 '말하는 자'(vaktṛ) 즉 저자는 부재하고, 저자(인간)의 부재는 다시 '욕구'(의도)의 불가능함을 수반한다. 이 경우에 '[베다에서 즉 우빠니샤드에서] 말하고자 하는'이라는 수뜨라의 표현은 적합하지 않다. 그럼에도 수뜨라의 표현은 수용함(upādāna)이라는 결과로 말미암아 욕구(의도)가 비유적으로 적용된 경우라고 볼 수 있다. 왜냐하면 일상에서는 '어떤 말로 지시된 것'이 수용될 수 있는지 없는지의 여부에 따라 그것이 말하고자 하는 것인지 아닌지가 알려지기 때문이다. 결국 수용된 이후의 결과적 관점에서는, 마치 말하는 자가 있고 그 말하는 자가 그렇게 욕구(의도)한 것이라고, 비유적으로 적용하기도 하는 것이다.

15_ 그 반대는=수용될 수 없다고 지시된 것은.

16_ 계속적 명상에서 수용될 수 있고 그로부터 말하고자 하는 것으로 간주되는 속성들은 <찬도 3.14.2>에서 다음과 같다: "'마음으로 이루어진 것'은 생기를 육체로 하고, 빛의 형태이며, 진실한 결의를 가지고, 허공을 본질로 하며, 모든 행위를 하고, 모든 욕망을 가지며 …" '진실한 결의'(satya-saṃkalpa)는 그 속성들 가운데 하나이다. 바로 이 문장을 앞서 제시된 논리를 바탕으로 풀이하자면 다음과 같다: 먼저 '진실한 결의' 등의 '말하고자 하는 속성들'은 계속적 명상에서 '수용될 수 있는 것들'이었다. 그리고 그렇게 수용되었다는 점은 우빠니샤드 문장들의 취지(브라흐만을 취지로 함)로부터 알려진다. 따라서 <찬도 3.14>의 취지는 브라흐만이므로, '말하고자 하는 속성들'은 지고한 브라흐만에 대해서

무제한의 힘을 가짐으로 말미암아 '진실한 결의를 가지는 것'은 오직 지고한 아뜨만에 대해서 적절하기 때문이다. 게다가 "아뜨만은 죄악으로부터 자유롭고"〈찬도 8.7.1〉라는 곳에서 지고한 아뜨만의 속성이 "진실한 욕망과 진실한 결의를 가진다."〈찬도 8.7.1〉라고 계시된다. 더욱이 '허공을 본질로 하며'[17]라는 것은 '그 본질이 허공과 같으며'(허공과 같은 본질을 가지는 것)라는 뜻이다. 편재성 등의 특성들로 말미암아 브라흐만은 허공과 유사할 수 있다. 또한 바로 이 점을 "[나의 이 아뜨만(본질)은] 지상보다 더 크고"〈찬도 3.14.3〉라는 등을 통해 보여준다.[18] 비록 ['허공을 본질로 하며'라는 구절을] '허공을 본질로 가지는 어떤 것'이라고 설명할지라도, 모든 세계의 원인이고 모든 것을 아뜨만으로 하는 브라흐만이 허공을 본질로 하는 것은 적합하다. 바로 이로부터 "모든 행위를 하고"〈찬도 3.14.2〉라는 등은 [브라흐만에 대해 적합하다]. 이렇게 하여 이곳에서 '명상대상으로 말하고자 하는 속성들'은 브라흐만과 관계하여 합당하다.

한편, "'마음으로 이루어진 것'은 생기를 육체로 하고"〈찬도 3.14.2〉라는 것이 개별자아에 대한 표징이고 그것이 브라흐만에 대해 합당하지 않다고 주장한 것에 관해서는, 이 또한 브라흐만에 대해 합당하다고 우리는 말한다. 왜냐하면 브라흐만이 모든 것을 아뜨만으로 하는 이상 '마음으로 이루어진 것' 등 개별자아에 속하는 것들은 브라흐만에 속하는 것들이 되기 때문이다. 또한 마찬가지로, 브라흐만과 관계하는 계시서와 전승서에서도 그러하다. "당신은 여자이고 당신은 남자이며,

---

합당하다.

17_ '허공을 본질로 하며'라는 것은 <찬도 3.14.2>에서 '말하고자 하는 속성들' 가운데 하나로 등장한다.

18_ <찬도 3.14.3>에서는 아뜨만(브라흐만)의 미세한 속성과 무한한(거대한) 속성에 관해서 말한다. 아뜨만의 무한한 속성은 편재성 그 자체이다.

당신은 소년이고 또한 소녀. 당신은 지팡이로 비틀거리는 노인. 당신은 태어나면서 사방으로 향한 얼굴을 가지게 된 자이다."〈슈베 4.3〉에서이고, 또 "그것은 모든 곳에 손과 발이 있고, 모든 곳에 눈과 머리와 입이 있으며, 모든 곳에 귀가 있습니다. 그것은 만물로 충만한 채 이 세상에 존재합니다."〈기따 13.13〉에서이다. "[뿌루샤는] 실로 생기가 없고 마음이 없으며 순수하고"〈문다 2.1.2〉라는 계시는 순수한 브라흐만과 관계하지만, "'마음으로 이루어진 것'은 생기를 육체로 하고"라는 이 계시는 유(有)속성 브라흐만과 관계한다.[19] 이러한 것이 차별점이다.

그러므로 말하고자 하는 속성들이 [브라흐만에 대해서] 합당하기 때문에, 이곳에서는 오직 지고한 브라흐만을 명상대상으로 지시한다고 알려진다.‖2‖

3. 육화된 자(개별자아)는 결코 [그러한 속성들을 가지지] 않는다; 합당하지 않기 때문이다.

anupapattes tu na śārīraḥ ‖3‖

앞선 수뜨라에서는 말하고자 하는 속성들이 브라흐만에 대해서 합당하다고 언급했다. 이 [수뜨라에서는] 그것들이 육화된 자에 대해서 합당하지 않다고 언급한다.

'결코'라는 말은[20] 강조의 의미이다. 오직 브라흐만만이 언급된 논리

19_ '순수한 브라흐만'(śuddha-brahman)은 한정자에 의해 한정되지 않은 브라흐만으로서 '무(無)속성 브라흐만'(nirguṇa-brahman), '무특성 브라흐만'(nirviśeṣa-brahman)이다. '유속성 브라흐만'(saguṇa-brahman) 또는 '유특성 브라흐만'(saviśeṣa-brahman)은 '순수한 브라흐만'에 대립되는 개념이다.

20_ 수뜨라에서 불변화사인 'tu'(결코)라는 말은.

(방법론)에 따라 '마음으로 이루어진 것' 등의 속성들을 가지고, 육화된 자 즉 개별자아는 결코 '마음으로 이루어진 것' 등의 속성들을 가지지 않는다. "진실한 결의를 가지고, 허공을 본질로 하며 … 언어를 가지지 않으며, 갈망이 없다."〈찬도 3.14.2〉, "[나의 이 아뜨만은] 지상보다 더 크고"〈찬도 3.14.3〉라는 이러한 유형의 속성들이 육화된 자에 대해서 직접적으로 합당하지 않은 까닭에서이다. '육화된 자'라는 것은 '육체에 존재하는 자'라는 의미이다.

[전론]: 신마저 육체에 존재하지 않는가?

[후론]: 사실이다. 육체에 존재한다. 하지만 단지 육체에만 존재하지 않는다. "지상보다 더 크고, 중간대보다 더 크며"〈찬도 3.14.3〉, "에테르(허공)처럼 편재하고 영원한"이라며 편재성이 계시되기 때문이다. 반면에 개별자아는 단지 육체에만 존재한다. 향유(경험)의 소재지인 육체가 없이는 그것(개별자아)이 기능하지 못하기 때문이다.[21] ‖3‖

4. 또한 행위대상과 행위주체를 지시하기 때문에, [육화된 자는 그러한 속성들을 가지지 않는다].

karmakartṛvyapadeśāc ca ‖4‖

이로 말미암아 또한, 육화된 자는 '마음으로 이루어진 것' 등의 속성들을 가지지 않는다. "이 세상을 떠난 후에 나는 그것에 도달할 것이다."〈찬도 3.14.4〉라며 행위대상과 행위주체를 지시하는 까닭에서이다. '그것'이라는 [말에 의해], 논제이자 '마음으로 이루어진 것' 등의 속성들을 가지는 명상대상인 아뜨만이 '획득(도달)되어야만 하는 행위대상'으로 지시된다. '나는 도달할 것이다'라는 [말에 의해], 명상주체인

21_ 기능하지 못하기 때문이다(vṛtti-abhāvāt)=존재하지 못하기 때문이다.

육화된 자가 '획득(도달)하는 행위주체'로 지시된다.[22] '나는 [그것에] 도달할 것이다'란, '나는 [그것을] 획득할 것이다'라는 뜻이다.

그리고 여지가 있다면 동일한 것에 대해 [동시에] 행위대상이고 행위주체라고 지시하는 것은 합리적이지 않다. 마찬가지로 명상대상과 명상주체의 관계마저 차이를 토대로 할 뿐이다.[23]

그러므로 또한, 육화된 자는 '마음으로 이루어진 것' 등을 가지지 않는다.[24]‖4‖

5. [유사한 맥락의 다른 계시에] 말(격어미)의 차이가 [있기] 때문에, [아뜨만이 그러한 속성들을 가진다].

śabdaviśeṣāt ‖5‖

이로 말미암아 또한, 육화된 자와는 다른 것이 '마음으로 이루어진 것' 등의 속성들을 가진다. "쌀알이나 보리알, 혹은 조의 씨앗이나 조의 알곡과 같이, 그 '황금으로 이루어진 뿌루샤'는 그와 같이 영혼의 안에 있다."〈샤따-브 10.6.3.2〉라는 유사한 맥락의 다른 계시에 말(격어

22_ 이러한 점에서 수뜨라에 등장하는 '행위대상'(karma)과 '행위주체'(kartṛ)라는 말을 각각 '명상대상'과 '명상주체'로 바꿔 불러도 무방하다.

23_ 차이를 토대로 할 뿐이다=각각 상이한 사물에 의존한 채로 성립될 뿐이다.

24_ 하나의 사물을 동시에 행위대상(아뜨만)이고 행위주체(육화된 자)라고 지시하는 것은 불합리하다. 그러나 유일무이한 존재만을 인정하는 베단따의 입장에서는 차이(bheda)에 근거한 경험적 관점에서 그렇게 지시할 수 있다. 경험적 관점에서 아뜨만은 육화된 자로 지시될 수 있는 것이다. 마찬가지로 명상대상과 명상주체로 분리해서 지시하는 것도 차이에 근거한 경험적 관점에서 가능하다. 따라서 차이를 토대로 하여 〈찬도 3.14.4〉에서 그렇게 분리한 채 지시하는 것은, 오직 브라흐만·아뜨만이 '마음으로 이루어진 것' 등의 속성들을 가진다는 점을 간접적으로 알려준다. 육화된 자가 그러한 속성들을 가지는 경우에는 차이를 토대로 하여 그렇게 분리한 채 지시하는 것 자체가 아예 불가능하기 때문이다.

미)의 차이가 있는 까닭에서이다. '영혼의 안에'라는 7격으로 종결되는 말은 육화된 영혼을 지시하고,[25] 그것과는 구별되면서 '뿌루샤는'이라는 1격으로 종결되는 다른 말은 '마음으로 이루어진 것' 등을 가지는 아뜨만을 지시한다. 따라서 그 둘의 차이가 알려진다.‖5‖

6. 또한 전승되기 때문에, [육화된 자와 지고한 아뜨만의 차이가 알려진다].

smṛteś ca ‖6‖

또한 전승서는 "아르주나여, 신은 모든 존재들의 심장부에 거주합니다. 기계에 올라앉은 [듯한] 모든 존재들을, 환술을 통해 회전시키면서!"〈기따 18.61〉라는 등을 통해 육화된 자(영혼)와 지고한 아뜨만의 차이를 보여준다.

이에 대하여 말한다.

[전론]: 그렇다면 "육화된 자(개별자아)는 결코 [그러한 속성들을 가지지] 않는다; 합당하지 않기 때문이다."〈수뜨라 1.2.3〉라는 등을 통해 부정되고 지고한 아뜨만과는 상이하며 '육화된 자'라고 불리는 그것은 무엇인가? 실로 "그것과는 다른, 보는 자는 없습니다. 그것과는 다른, 듣는 자는 없습니다."〈브리 3.7.23〉라는 이러한 유형의 계시는, 지고한 아뜨만과는 다른(상이한) 아뜨만을 부인한다. "더 나아가, 바라따의 자손이여, '나'라는 [존재가] 모든 몸들과 관계하여 '몸을 아는 자'임을 알도록 하시오."[26]〈기따 13.2〉라는 이러한 유형의 전승도 마찬가지이다.

25_ <샤따-브 10.6.3.2>의 원문에서 '영혼의 안에'는, 7격(처격)인 'antarātmani'로 표기되지 않고 7격의 파격인 'antarātman'으로 표기된다. 이는 베다에서 가끔 살펴지는 파격이다.

26_ 'kṣetrajña'라는 말은 글자 그대로 '들판을 아는 자'를 뜻한다. 그런데 <기따

이에 대하여 대답한다.

[후론]: 그것은 분명히 사실이다. 지고할 뿐인 아뜨만이 신체, 기관, 마음, 지성이라는 한정자들에 의해 제한된 것을 우매한 자들은 '육화된 자'라고 비유적으로 사용한다. 예컨대, 다만 제한되지 않은 하늘(공간)이 항아리, 물병 등의 한정자들로 말미암아 제한된 것처럼 보이듯이, 그와 마찬가지이다.

그리고 이러한 견지에서, '그것이 너이다'라며 아뜨만의 유일성에 대한 가르침을 이해하기 이전까지는 행위대상, 행위주체 등의 차이에 관한 경험작용이 모순되지 않는다. 반면에 아뜨만의 유일성이 이해된 경우에는 속박, 해탈 등의 모든 경험작용이 분명 종결될 것이다.‖6‖

7. 작은 거처로 말미암아, 또 그러함(매우 작음)에 대해 언급함으로 말미암아, 만약 [지고한 아뜨만을 지시하지] 않는다고 한다면, 아니다; [신이] 주시되어야만 하기 때문에 그와 같다; 또한 [이는] 천공처럼 [이해된다].

arbhakaukastvāt tadvyapadeśāc ca neti cen na nicāyyatvād evaṃ vyomavac ca ‖7‖

'작은'은 '미미한'이고, '거처'는 처소이다. "심장의 안에 있는 나의 이 아뜨만은"〈찬도 3.14.3〉에서 [알려지는] 제한된 처소로 말미암아, 또 [계시서가] 자체의 말을 통해 "쌀알보다 혹은 보리알보다, 혹은 … 더

13.1>에 따르면, 'kṣetra'란 몸을 가리키고 'kṣetrajña'란 '몸을 아는 자'를 가리킨다. <기따 13.1>에 대한 주석가의 주석에 따르면, '몸'이라는 것은 ① '상해(kṣata)로부터 보호하는(trāṇa) 것'이기 때문에, 혹은 ② '소멸되는(kṣaya) 것'이기 때문에, 혹은 ③ '쓸모없게 되는(kṣaraṇa) 것'이기 때문에, 혹은 ④ '들판처럼'(kṣetravat) 그것에서 행위의 결과를 생산(혹은 완료)하기 때문에, 그것은 '끄셰뜨라'(kṣetra)라고 불린다.

작다."〈찬도 3.14.3〉에서 '매우 작음'에 대해 언급함으로 말미암아, 이곳에서는 몰이 막대기 끄트머리의 크기이자 육화된 자 그 자체인 개별자아를 지시할 뿐 편재하는 지고한 아뜨만을 지시하지 않는다고 주장한 것은, 논박되어야만 한다.

이에 대하여 말한다.

그러한 결함은 없다. 먼저 제한된 장소에 대해서는 편재성을 언급하는 것이 아무래도 합당하지 않지만, 편재하는 것에 대해서는 [그것이] 모든 장소들에서 존재함으로 말미암아 제한된 장소를 언급하는 것조차도 어떤 견지에서는 가능하다. 왜냐하면, 예컨대 온 세상의 지배자로 존재할지라도 '아요드야의 지배자'라고 언급하기 때문이다.[27]

[전론]: 그렇다면 어떤 견지에서 편재하는 신이 작은 거처를 가지고 또 매우 작다고 언급되는가?

[후론]: [신이] 주시되어야만 하기 때문에 그와 같다고 우리는 말한다. 그와 같이 '매우 작음' 등 일단의 속성들을 가지는 신이 그곳에서 즉 심장의 연꽃에서 '주시되어야만 하는' 즉 '보여야만 하는' 것으로 지시된다. 예컨대 '샬라그라마'에서 [주시되어야만 하는] '하리'와 같다.[28] 지성의 인식은 그곳(심장의 연꽃)에서 그(신)를 이해하게끔 한다.[29] 비록 신

27_ '아요드야'(Ayodhyā)는 서사시 『라마야나』의 배경이 되는 꼬살라(Kosala) 왕국의 수도이다. 그래서 서사시의 주인공 라마(Rāma)왕은 사람들에게 '아요드야의 왕'이라고도 불린다.

28_ 샬라그라마(śālagrāma)=비슈누 신을 상징하는 신성한 돌로서 실제로는 암모나이트 즉 멸종된 연체동물의 화석. 쉬바 신을 상징하는 것이 대개 쉬바링가(Śivaliṅga)라면, 비슈누 신을 상징하는 것이 대개 샬라그라마이다. 하리(Hari)=비슈누 신. 비슈누 숭배자들은 샬라그라마가 신성하고 주술적인 힘을 가진다고 믿는다. 특히 신상 숭배가 불가능한 경우에 신의 화현과 현존의 상징으로서 이 돌은 가정에서 숭배할 수 있는 대체물이 된다.

29_ '지성의 인식'(buddhi-vijñāna)은 심장의 연꽃에서 신을 이해하기 위한 수단이다. 즉 심장의 연꽃에서 신을 이해하기 위한 수단은 '주시(명상)를 통해 지성이 만들어내는 인식·관념의 변형'이다.

은 편재할지라도, 그곳에서 명상됨으로써 기뻐하게 된다.

또한 이는 천공처럼 이해되어야만 한다. 예컨대, 비록 천공이 편재할지라도 바늘귀 등의 견지에서는 작은 거처를 가지고 또 매우 작다고 언급되듯이, 브라흐만도 마찬가지이다. 따라서 그와 같이 주시되어야만 하는 견지에서 브라흐만이 작은 거처를 가지고 또 매우 작을 뿐, 실재적으로는 아니다. 이 경우에, '브라흐만이 심장을 처소로 가지기 때문에, 또 심장이라는 처소들은[30] 각각의 육체마다 상이하기 때문에, 또 상이한 처소들을 가지는 앵무새 등에서 다수성(多數性), 유(有)부분성, 무상성 등의 결점을 보기 때문에, 브라흐만의 경우에도 그와 같은 부조리한 결말이 생긴다'라고 의문시되는 것마저 논박되고 만다.‖7‖

8. 만약 [브라흐만이 모든 생명체의 심장과 연계되고 '의식으로 이루어진 것'이고 유일하기 때문에, 육화된 자처럼 윤회세계에서] 향유를 겪는다고 한다면, 아니다; [양자의] 차이 때문이다.

saṃbhogaprāptir iti cen na vaiśeṣyāt ‖8‖

[전론]: 천공처럼 편재하는 브라흐만은, 모든 생명체의 심장과 연계되기 때문에, 또 '의식으로 이루어진 것'임으로 말미암아 육화된 자와 구별되지 않기 때문에, 심지어 [브라흐만도] 동등하게 행복, 불행 등을 향유한다는 부조리한 결말이 생길 것이다. 또한 유일하기 때문에 [그러할 것이다].[31] 왜냐하면 지고한 아뜨만을 제외하고 그 어떤 아뜨만도

30_ * '처소들은'(-āyatanānāṃ)이라는 표현은 Nirnaya에만 추가로 등장한다.

31_ 만약 <찬도 3.14>에서 지시되는 것이 브라흐만이라면, 브라흐만이 향유주체가 되는 부조리한 결말이 생길 것이다. 그 3가지 이유는, ① 브라흐만이 모든 생명체의 심장과 연계되기 때문이고, ② 브라흐만이 의식(cit)을 본질로 함으로써 의식을 가지는 육화된 자와 구별되지 않기 때문이며, ③ 브라흐만이 유일하기(eka) 때문이다. 특히 브라흐만이 유일하다면, 즉 브라흐만 이외에 다른 존재

윤회하는 자로서 존재하지 않기 때문이다. "그것과는 다른, 인식하는 자는 없습니다."〈브리 3.7.23〉라는 등이 계시되기 때문이다. 따라서 바로 그 지고한 브라흐만이 윤회세계에서[32] 향유를 겪는다.

[후론]: 아니다. 차이 때문이다. 먼저 모든 생명체의 심장과 연계되기 때문에 또 '의식으로 이루어진 것'이기 때문에 육화된 자처럼 브라흐만도 향유한다는 부조리한 결말은 생기지 않는다. 차이 때문이다. 실로 육화된 자와 지고한 신 사이에는 차이가 있다. 하나는 행위주체 · 향유주체이고, 다르마와 다르마가 아닌 것 등을 낳는 원인일뿐더러 행복과 불행 등의 소유자이다. 그것과 상반되는 다른 하나는 '죄악으로부터 자유로움'[33] 등의 속성들을 가진다. 그 둘의 이러한 차이로 말미암아 하나는 향유하고 다른 하나는 향유하지 않는다. 그리고 만약 사물의 내재력(內在力)에 의지하지 않은 채 단지 근접만으로[34] 인과관계를 용인한다면, 심지어 허공마저 연소되는 부조리한 결말이 생긴다.[35] 편재하는 다수의 아뜨만을 주창하는 자들을 향해서도 이러한 반론과 논박은 동일하다.

그리고 브라흐만이 유일함으로 말미암아 다른 아뜨만은 부재하기 때문에 육화된 자가 향유함으로써 브라흐만도 향유하게 되는 부조리한 결말이 생긴다는 것에 관해서,[36] 우리는 말한다. 이 경우에는 당장

가 없다면, 브라흐만이 향유주체라는 것은 자명한 사실이다.

32_ * '브라흐만이'(brahmaṇaḥ)라는 표현은 Samata에만 추가로 등장한다. '윤회세계에서'(saṃsāra-)라는 표현은 Nirnaya에만 추가로 등장한다.

33_ <찬도 8.7.1> 참조: "아뜨만은 죄악으로부터 자유롭고 …".

34_ 근접(saṃnidhāna)만으로=근사성 · 유사성만으로.

35_ 육화된 자와 지고한 신(브라흐만)은 각각의 내재력(śakti) 즉 잠재적 · 본질적 힘을 가진다. 그럼에도 단지 양자 사이의 근사성 · 유사성을 통해 육화된 자처럼 브라흐만이 결과를 향유한다고 즉 브라흐만이 인과관계를 가진다고 용인한다면 부조리한 결말이 생기고 만다. 이는 마치 땔감만이 연소됨에도 땔감에 근접해 있는 허공마저 연소된다고 주장하는 것과 다를 바 없다.

'신들의 총아'(바보)인 [당신이] 질문을 받아야만 한다. 어떤 식으로 당신은 다른 아뜨만이 부재하다는 그 점을 확정하는가?

[전론]: "그것이 너이다."〈찬도 6.8.7〉, "나는 브라흐만이다."〈브리 1.4.10〉, "그것과는 다른, 인식하는 자는 없습니다."라는 등의 성전들로부터이다.

[후론]: 그 경우에는 성전에 따라 성전의 의미를 이해해야만 할 뿐, 그곳에서 '반만 늙은 여자'를 찾아서는 안 된다.[37]

게다가 "그것이 너이다."라는 성전은, '죄악으로부터 자유로움' 등의 특징을 가지는 브라흐만을 육화된 자의 아뜨만이라고 가르침으로써, 바로 그 육화된 자가 향유주체라는 것을 부인한다. 어찌하여 그것(육화된 자)이 향유함으로써 브라흐만이 향유하게 되는 부조리한 결말이 생기겠는가! 만약 육화된 자가 브라흐만과 동일하다고 이해하지 못하면, 그 경우에 거짓된 지식에 기인하여 육화된 자가 향유하게 된다. 그것(향유)에 의해 실재의 형태인 브라흐만은 영향을 받지 않는다. 실로 우매한 자들이 천공에 [하늘이라는] 표면 · 오염 따위를 가정할 때, 한갓 표면 · 오염 따위의 특징을 가지는 것은 실재적으로 천공이 아니다.

그래서 [수뜨라 저자는] 말한다. "아니다; 차이 때문이다."[38] [육화된 자가 브라흐만과] 동일할지라도 육화된 자가 향유함으로써 브라흐만도 향유하게 되는 부조리한 결말은 생기지 않는다. 차이 때문이다. 실

36_ 브라흐만이라는 하나의 아뜨만만 존재하는 경우에는 육화된 아뜨만이 향유함으로써 그것과 동일한 브라흐만도 필연적으로 향유하게 되는 부조리한 결말이 생긴다.

37_ '반만 늙은 여자'(ardha-jaratīya)라는 금언은 양립불가능한 속성이 공존하는 경우를 가리킨다. 이 금언이 여기서 의미하는 바는, 필요에 따라 동일한 성전의 일부를 수용하고 나머지를 거부하는 식으로 양립불가능한 태도를 취해서는 안 된다는 것이다.

38_ 수뜨라의 뒷부분에 대한 다른 해설이다.

로 거짓된 지식과 참된 지식 사이에는 차이가 있다. 거짓된 지식을 통해 상상된 것이 향유이고, 참된 지식을 통해 보이는 것이 동일성이다. 그리고 '거짓된 지식을 통해 상상된 향유'에 의해 '참된 지식을 통해 보이는 실재(사물)'는 영향을 받지 않는다.

그러므로 신의 향유는 추호도 생각할 수 없다.‖8‖

{ 2. '먹는 자'라는 주제: 수뜨라 9-10 }

9. 먹는 자는 [지고한 아뜨만이다]; 움직이는 것과 움직이지 않는 것을 언급하기 때문이다.

attā carācaragrahaṇāt ‖9‖

까타발리에서 언급한다. "그 무엇에게 브라흐만과 끄샤뜨리야 양자는 밥이 된다. 그 무엇에게 죽음은 반찬[39]이 된다. 그것이 어디에 있는지, 누가 그런 식으로 알리오!"〈까타 2.25〉에서이다.

이곳에서는 밥과 반찬에 의해 암시되는 어떤 '먹는 자'가 알려진다. 이 경우에 먹는 자가 불인지, 아니면 개별자아인지, 아니면 지고한 아뜨만인지 의문이 생긴다. 확정적인 징표가 없기 때문이고, 또 이 저작에서 불, 개별자아, 지고한 아뜨만이라는 3가지를 논점(질문)으로 제시하는 것이 관찰되기 때문이다.[40]

39_ 반찬(upasecana)=카레 등 밥 위에 얹어 먹는 물기 있는 반찬.

40_ 잘 알려져 있다시피 <까타 1-3>은 나찌께따스(Naciketas, 또는 나찌께따)와 야마(죽음의 신) 사이의 대화를 내용으로 한다. <까타 1.13>에서는 불이, <까타 1.20>에서는 개별자아가, <까타 2.14>에서는 지고한 아뜨만이 각각 논점

실로 무엇으로 귀결되는가?

[전론]: 불이 먹는 자이다.

어떤 근거에서? "불이 음식을 먹는 자이다."〈브리 1.4.6〉라며 계시되고 또 잘 알려져 있기 때문이다. 또는 개별자아가 먹는 자일 것이다. "둘 중에 하나는 달콤한 과육을 먹고"〈문다 3.1.1〉라고 보여주기 때문이다. 지고한 아뜨만은 아니다. "다른 하나는 먹지 않은 채 구경한다."〈문다 3.1.1〉라고 보여주기 때문이다.

이와 같은 귀결에서 우리는 말한다.

[후론]: 이곳에서 먹는 자는 지고한 아뜨만이어야만 한다.

어떤 근거에서? 움직이는 것과 움직이지 않는 것을 언급하기 때문이다. 실로 움직이는 것과 움직이지 않는 것 즉 동물과 비(非)동물은 이곳에서 '죽음이라는 반찬'을 가지는 음식이라고 알려지고, 또 지고한 아뜨만 이외에 전적으로 그와 같은 음식을 먹는 자란 가능하지 않다. 결국 지고한 아뜨만이 변형의 총체를 소멸시킴으로써 만물을 먹는다고 하는 것은 합당하다.[41]

[전론]: 이곳에서는 움직이는 것과 움직이지 않는 것에 대한 언급을 찾지 못하지 않는가? 어떻게 움직이는 것과 움직이지 않는 것에 대한 언급을 '주어져 있는 논거'로 수용한다는 말인가?

[후론]: 그러한 결함은 없다. 이곳에서는 '죽음이라는 반찬'을 통해 모든 '생명체의 무리'가 음식이라고[42] 알려지기 때문이고, 또 브라흐만과

(질문)으로 제시된다.

41_ 〈까타 2.25〉에서 밥과 반찬이라는 음식(ādya)을 먹는 자는 누구인가? 죽음이 반찬이기 때문에 그곳에서 말하는 음식이란 필연적으로 소멸하는 존재들인 동물과 비동물(식물 · 광물)에 다름 아니다. 그리고 그 존재들은 즉 변형의 총체는 오직 지고한 아뜨만에서만 소멸된다. 따라서 음식을 먹는 자는 지고한 아뜨만이다.

42_ * '이곳에서는 … 음식이라고'(ihādyatvena)라는 표현은 Samata에만 추가로

끄샤뜨리야가 [그 가운데] 최상임으로 말미암아 예시의 대상으로 합당하기 때문이다.[43]

한편, "다른 하나는 먹지 않은 채 구경한다."라고 보여주기 때문에 지고한 아뜨만조차 먹는 자일 수 없다는 것에 관해서 대답한다. 그 언급은 행위 결과를 향유하는 것에 대한 금지이다. 그러한 [금지가] 근처에 놓여 있기 때문이다.[44] 변형물의 소멸에 대한 금지(부정)는 아니다. 브라흐만이 창조 · 유지 · 소멸(파괴)의 원인으로 모든 베단따들에서 잘 알려져 있기 때문이다.[45]

그러므로 이곳에서는 오직 지고한 아뜨만이 먹는 자여야만 한다. ‖9‖

10. 또한 [지고한 아뜨만에 대한] 맥락 때문에, [또 표징 때문에, 먹는 자는 지고한 아뜨만이다].

prakaraṇāc ca ‖10‖

이로 말미암아 또한, 이곳에서는 오직 지고한 아뜨만이 먹는 자여야

등장한다.

43_ 브라흐만과 끄샤뜨리야는 모든 생명체(존재)들 가운데 최상의 존재인 까닭에 <까타 2.25>에서 움직이는 것과 움직이지 않는 것들을 대표하는 것으로 예시된다.

44_ <문다 3.1.1>의 언급이 '행위 결과를 향유하는 것에 대한 금지'를 의도한다는 것은, 근처에 놓여 있는 문장인 <문다 3.1.2>에서 확인된다. <문다 3.1.2>에서는 "같은 나무에서 어떤 사람은, 가라앉은 채, 무기력에 의해 당혹해 하면서 슬퍼한다. 그가 다른 하나인 '만족하는 신'과 그의 영광을 볼 때에, [그의] 슬픔은 사라진다."라고 한다.

45_ '과육을 먹는다'라는 것이 '브라흐만에 존재들이 소멸된다'라는 뜻으로서 변형물의 소멸을 긍정하는 의도이고, '과육을 먹지 않는다'라는 것이 '브라흐만에 존재들이 소멸되지 않는다'라는 뜻으로서 변형물의 소멸을 부정(금지)하는 의도라고 풀이해서는 안 된다. 브라흐만이 모든 존재들에 대한 창조 · 유지 · 소멸의 원인이라고 모든 우빠니샤드들에서 잘 알려져 있기 때문이다.

만 한다. "현명한 지성은 태어나지도 죽지도 않는다."〈까타 2.18〉라는 등, 지고한 아뜨만에 대한 이러한 맥락이 있는 까닭에서이다. 그리고 논제를 수용하는 것은 정당하다.

또한 "그것이 어디에 있는지, 누가 그런 식으로 알리오!"〈까타 2.25〉에서 '알기 어려움'이란 지고한 아뜨만에 대한 표징이다.[46]‖10‖

{ 3. '공동에 들어간 것'이라는 주제: 수뜨라 11-12 }

11. 공동에 들어간 것은 두 아뜨만들이다 [즉 인식적 아뜨만과 지고한 아뜨만이다]; 왜냐하면 [계시서와 전승서는 지고한 아뜨만이 공동에 놓이는 것을] 그렇게 보여주기 때문이다.

guhāṃ praviṣṭāv ātmānau hi taddarśanāt ‖11‖

까타발리 자체에서 언급한다. "선행의 세상에서(육체에서) 행위결과를 마시는 그 둘은 궁극적으로 지고한 거처인 [심장의] 공동에 들어갔다. 브라흐만을 아는 자들은, 즉 5가지의 불을 숭배하고 '나찌께따스'를 3번 행하는 자들은,[47] [이 둘을] '그늘과 빛'이라고 말한다."〈까타

46_ <까타 2.25>의 이 문장은 '그것'에 대해 '알기 어려움'(durvijñānatva)을 토로하는 것이나 마찬가지이다. '알 수는 있지만 알기는 어려운 것'이란 대개 실재가 가지는 특징이므로, '알기 어려움'은 지고한 아뜨만에 대한 표징이고 '그것'은 지고한 아뜨만을 지시한다고 볼 수 있다.

47_ 5가지의 불을 숭배하는 자(pañcāgni)='5가지의 신성한 불' 즉 '가르하빠뜨야(gārhapatya), 아하바니야(āhavanīya), 닥쉬나그니(dakṣiṇāgni) 즉 안바하르야 빠짜나(anvāhārya pacana), 사브야(sabhya, 집회를 위한 불), 아바사트야(āvasathya, 가사를 위한 불)'를 숭배하는 자. 나찌께따스를 3번 행하는 자(triṇāciketa)='나찌께따스'라고 불리는 불을 3번 쌓아올리면서 제의를 행하는

3.1〉에서이다.

이 경우에 의문이 생긴다. 이곳에서 지시하는 것은[48] '지성과 개별자아'인가, 아니면 '개별자아와 지고한 아뜨만'인가? 만약 '지성과 개별자아'라면, 그 경우에 개별자아란 지성이 주(主)가 되는 '신체와 기관의 집합체'와는 상이한 것으로 제시되게 마련이다. 그것(개별자아)마저 이곳에서 제시되어야만 한다. "인간이 죽은 경우에 어떤 자들은 그가 존재한다고 하고 또 어떤 자들은 그가 존재하지 않는다고 하는 이러한 의문을, 당신의 가르침을 통해 저는 알고 싶습니다. 이것이 [제가 받을] 은혜들 중에서 세 번째의 은혜입니다."〈까타 1.20〉라고 [앞선 문장에서] 질문했기 때문이다. 이제 만약 '개별자아와 지고한 아뜨만'이라면, 그 경우에 지고한 아뜨만이란 개별자아와는 상이한 것으로 제시되게 마련이다. 그것(지고한 아뜨만)마저 이곳에서 제시되어야만 한다. "'다르마'와는 다른 것이라고 '다르마가 아닌 것'과는 다른 것이라고, 이러한 '행한 것'과 '행하지 않은 것'과는 다른 것이라고, 또한 '있었던 것'(과거)과 '있어야 할 것'(미래)과도 다른 것이라고 당신이 보는, 그것을 [제게] 말씀해 주십시오."〈까타 2.14〉라고 [앞선 문장에서] 질문했기 때문이다.

이에 대하여 반론하는 자가 말한다.

[반박]: 그러한 2가지 입장 모두가 적합하지 않다.

무엇 때문에? '행위결과를 마시는 것'이란 행위의 결과를 향유하는 것이다. '선행의 세상에서'(육체에서)라는 표징 때문이다. 그리고 이는[49] 의식체인 '몸을 아는 자'(개별자아)의 경우에 가능할 뿐, 비의식체인 지

자.

48_ '선행의 세상에서(육체에서) 행위결과를 마시는 그 둘'이라는 표현에서 '그 둘'이 지시하는 것은.

49_ 이는=행위의 결과를 향유하는 것은.

성의 경우에는 가능하지 않다. [하지만] 계시서는 '마시는 그 둘은'이라는 양수(兩數)를 통해 '그 둘이 마시는 것'을 보여준다. 따라서 먼저 '지성과 개별자아'라는 입장은 적합하지 않다. 바로 이로부터 '개별자아와 지고한 아뜨만'이라는 입장도 적합하지 않다. 비록 지고한 아뜨만이 의식체일지라도 '행위결과를 마시는 것'은 가능하지 않기 때문이다. "다른 하나는 먹지 않은 채 구경한다."〈문다 3.1.1〉라는 만뜨라의 전언 때문이다.

이에 대하여 대답한다.

[후론]: 그러한 결함은 없다. [예컨대] '양산을 쓴 자들이 간다'에서는 양산을 쓴 단 한 사람을 통해 여러 사람들이 양산을 쓴다고 비유적으로 적용하는 것을 보기 때문이다.[50] 마찬가지로 단 하나가 마시는 것을 통해 둘이 마신다고 말할 수 있다. 그렇지 않으면, 개별자아 그 자체가 마실 뿐이고 신은 마시게끔 한다. 마시게끔 하는 것마저 마시는 것이라고 말할 [수 있다]. '요리하게끔 하는 자'마저 '요리하는 자'라고 잘 알려져 있는 것을 보기 때문이다. '지성과 개별자아'를 수용하는 것조차 적합하다. 동작수단에 대해 동작주체인 듯이 비유적으로 적용하기 때문이다. [예컨대] '땔감들이 요리한다'라는 용법을 보기 때문이다.[51] 게다가 아뜨만과 관련되는 장절에서는 행위결과를 마시는 다른 그 어떤 쌍도 가능하지 않다.[52] 따라서 '지성과 개별자아'인지 혹은 '개별자아와

50_ '양산을 쓴 자'(chatrin)란 왕을 가리킨다. 비록 왕만이 혼자 양산을 쓴 채 여러 수행원들과 가고 있을지라도, 수행원들도 함께 양산을 쓴 채 가고 있다는 식으로 사람들은 말한다.

51_ 몸을 아는 자 즉 개별자아 · 개별영혼은 동작주체(kartṛ)이고, 지성은 동작수단(karaṇa)이다. '땔감들이 요리한다'라는 용법은 실제로 사람(동작주체)이 요리하지만 땔감(동작수단)이 요리한다고 비유적으로 적용한 경우이다. 마찬가지로 실제로 개별자아가 행위의 결과를 마시지만 비의식체인 지성도 마신다고 말할 수 있다.

52_ 아뜨만을 논제로 다루는 장절에서는, '지성과 개별자아', '개별자아와 지고한

지고한 아뜨만'인지 의문이 생긴다.

실로 무엇으로 귀결되는가?

[전론]: '지성과 개별자아'이다.

어떤 근거에서? '공동에 들어갔다'라는 한정어 때문이다. 만약 공동이 육체이거나 심장이라면, 2가지 경우 모두에서 '지성과 개별자아'가 공동에 들어갔다는 것은 합당하다. 또한, 다른 설명이 가능하다면, 편재하는 브라흐만이 특정한 장소를 가진다고 추정하는 것은 합리적이지 않다. 게다가 '선행의 세상에서'라는 것은 [그 둘이] 행위의 영역을 초월하지 않는다는 것을 보여준다. 반면에 지고한 아뜨만은 선행이나 악행의 영역에 매여 있지 않다.[53] "그것은 행위에 의해 증가하지도 않고 감소하지도 않으리라."〈브리 4.4.23〉라고 계시되기 때문이다. 더욱이 '그늘과 빛'이라는 것은 비의식체와 의식체에 대한 지시로서 합당하다. [그 둘은] 그늘과 빛처럼 서로 상이하기 때문이다. 따라서 이곳에서는 '지성과 개별자아'을 지시해야 한다.

이와 같은 귀결에서 우리는 말한다.

[후론]: 이곳에서는 '인식적 아뜨만과 지고한 아뜨만'을 지시해야 한다.

무엇 때문에? 왜냐하면 그 둘 모두는 의식체이고 유사한 본성을 가지는 두 아뜨만들이기 때문이다. 실로 이 세상에서는, 숫자를 듣는 경우에 오직 유사한 본성을 가지는 것들 중에서 확정한다고 알려진다. '이 황소의 제2자를 찾아야만 한다.'라고 말할 때에 '제2의 황소' 자체를 찾을 뿐 '말이나 사람'을 찾지는 않는다.[54] 결과적으로 이곳에서 '행

아뜨만'이라는 두 쌍 이외에, 행위의 결과를 마시는 다른 그 어떤 쌍도 가능하지 않다.

53_ 선행이나 악행의 영역에 매여 있지 않다=선행이나 악행의 영역을 초월한다. 즉 행위의 영역을 초월한다.

위결과를 마시는 것'이라는 표징을 통해 인식적 아뜨만이 확정된다면, 제2자를 찾는 와중에 유사한 본성을 가지는 의식체인 바로 그 지고한 아뜨만이 이해된다.

[전론]: '공동에 놓이는 것'을 보기 때문에[55] 지고한 아뜨만이 이해되어서는 안 된다고 말했지 않는가?

[후론]: 실로 '공동에 놓이는 것'을 보여주기 때문에 지고한 아뜨만이 이해되어야만 한다고 우리는 말한다. 그리고 지고한 아뜨만 자체가 '공동에 놓이는 것'은 계시서와 전승서에서 종종 관찰된다. "공동에 놓여 있고, 심연에 존재하는 그 태고의 것을"〈까타 2.12〉, "[심장의] 공동에, 궁극적인 천공에 놓여 있는 [그것을] 아는 자는"〈따잇 2.1.1〉, "공동에 들어간 아뜨만을 찾도록 하라."라는 등에서이다. 브라흐만이 편재함에도 [그것을] 이해(획득)하기 위해 특정한 장소를 가르치는 것은 모순되지 않는다는 점도 이미 언급한 바 있다.

한편, 비록 '선행의 세상'(육체)에 머무는 것이 하나일지라도, '양산을 쓴 자'에서처럼 둘이 머무는 것은 모순되지 않는다.[56] '그늘과 빛'이라는 것마저 모순되지 않는다. 윤회와 윤회로부터 벗어나는 것은 그늘과 빛처럼 서로 상이하기 때문이다. 무지에 의해 야기되는 것을 통해 윤회하고, 또 실재적인 것을 통해 윤회로부터 벗어난다.

그러므로 공동에 들어간 것은 '인식적 아뜨만과 지고한 아뜨만'이라고 이해된다.‖11‖

54_ 황소의 '제2자'(dvitīya)란 그 황소와 유사한 다른 황소를 지시한다. 즉 '2'라는 숫자는 오직 황소들 가운데 그 황소와 유사한 본성을 가진 다른 황소를 지시할 뿐이다.

55_ '공동에 놓이는 것'을 보기 때문에=그 둘이 '공동에 들어가는 것'을 보기 때문에.

56_ 하나=개별자아(인식적 아뜨만). 둘=개별자아와 지고한 아뜨만.

또 어떤 근거에서 '인식적 아뜨만과 지고한 아뜨만'이 이해되는가?

12. 또한 한정어 때문에, [인식적 아뜨만과 지고한 아뜨만이 이해된다].

viśeṣaṇāc ca ‖12‖

또한 '인식적 아뜨만과 지고한 아뜨만' 그 자체에 대한 한정어가 있다. "아뜨만을 마차를 탄 자라고, 또 육체를 한갓 마차라고 알도록 하라."〈까타 3.3〉라는 등의 뒤따르는 글을 통해 '마차를 탄 자, 마차' 등의 형태를 고안함으로써, 인식적 아뜨만을 마차를 탄 자 즉 윤회와 해탈로 나아가는 자로 간주한다. 게다가 "그는 여로의 끝에 도달한다. 그곳은 비슈누의 궁극적 거처이다."〈까타 3.9〉라며 지고한 아뜨만을 '도달될 수 있는 것'으로 간주한다. 마찬가지로 "보기 어렵고, 비밀스러운 곳에 들어가 있으며, 공동에 놓여 있고, 심연에 존재하는 그 태고의 것을, 현자는 아뜨만에 관한 요가를 달성함으로써 신으로 숙고한 뒤에 기쁨과 슬픔을 떠난다."〈까타 2.12〉라며 앞서는 글에서도 바로 그 둘은 사유주체와 사유대상으로 한정된다.[57] 이는 또한 지고한 아뜨만에 대한 장절이다. 더욱이 "브라흐만을 아는 자들은 … 말한다."〈까타 3.1〉에서 특정한 '말하는 자'를 언급하는 것은 지고한 아뜨만을 수용하는 경우에 적합하다. 따라서 이곳에서는 '개별자와 지고한 아뜨만'을 지시해야 한다.

바로 이러한 논리는 "함께하는 동료인 두 마리의 새가"〈문다 3.1.1〉라고 이렇게 운운하는 것들에도 [적용된다]. 왜냐하면 그 경우에도 아

57_ 〈까타 3.1〉의 바로 '그 둘'은, 앞서는 글인 〈까타 2.12〉에서 '숙고한 뒤에'라는 한정어를 통해 숙고의 주체(사유주체)와 숙고의 대상(사유대상)으로 한정된다.

뜨만과 관련되는 장절임으로 말미암아 본래적인(자연적인) 두 새가 지시되지 않기 때문이다. "둘 중에 하나는 달콤한 과육을 먹고"〈문다 3.1.1〉에서는 '먹음'이라는 표징으로 말미암아 인식적 아뜨만이 적용된다. "다른 하나는 먹지 않은 채 구경한다."〈문다 3.1.1〉에서는 '먹지 않음'과 '의식체'[58]라는 [표징으로] 말미암아 지고한 아뜨만이 [적용된다]. 또한 곧 이어지는 만뜨라에서는 '보는 자'와 '보이는 자'의 관계를 통해 바로 그 둘을 구별한다. "같은 나무에서 어떤 사람은, 가라앉은 채, 무기력에 의해 당혹해 하면서 슬퍼한다. 그가 다른 하나인 '만족하는 신'과 그의 영광을 볼 때에, [그의] 슬픔은 사라진다."〈문다 3.1.2〉에서이다.

혹자는 말한다.

[이론]: '두 마리의 새'라는 그 시구는 이 '주제'에 대한[59] 정론과 부합하지 않는다. 『빠잉기라하스야 브라흐마나』에서는 [이를] 다른 방식으로 설명하기 때문이다. "'둘 중에 하나는 달콤한 과육을 먹고'라는 것은 삿뜨바와 [관계하고], '다른 하나는 먹지 않은 채 구경한다.' 즉 '다른 하나는 먹지 않은 채 본다'라는 것은 아는 자와 [관계한다]. 이러한 이 둘은 '삿뜨바와 몸을 아는 자'이다."라고 한다.

'삿뜨바'라는 말은 개별자아이고, '몸을 아는 자'라는 말은 지고한 아뜨만이라고 주장한 것에 관해서는, 그렇지 않다.[60] '삿뜨바와 몸을 아는

58_ '구경한다'라는 것은 구경하는 주체로서의 의식체를 암시한다.

59_ 이 '주제'에 대한='공동에 들어간 것'이라는 주제에 대한.

60_ <까타 3.1>을 다루는 이 '주제'에서 '그 둘'이 '개별자아와 지고한 아뜨만'이라고 주장하는 후론자의 정론(siddhānta)과 달리, 혹자(이론자)는 다음과 같은 논리를 편다: 후론자는 <까타 3.1>을 뒷받침하는 논거로 <문다 3.1.1>의 '두 마리의 새'에 관한 시구를 가져온다. 하지만 그 시구에 관하여 『빠잉기라하스야 브라흐마나』(Paiṅgirahasya-brāhmaṇa)에서는 다르게 설명한다. 즉 '그 둘'은 '삿뜨바(sattva)와 몸을 아는 자'라는 것이다. 그렇다면 '그 둘'이 '개별자아와 지고한 아뜨만'이라고 주장하는 후론자는, 만약 『빠잉기라하스야 브라흐마나』

자'라는 말은 [각각] 내부기관과 육화된 자를 의도한다고 잘 알려져 있기 때문이다.[61] 또한 바로 그곳에서[62] 설명하기 때문이다. "그 삿뜨바란 꿈을 보게끔 하는 것이고, 그 몸을 아는 자란 저 육화된 자 또는 관찰하는 자이다. 이러한 이 둘이 '삿뜨바와 몸을 아는 자'이다."에서이다.

게다가 [그 시구는] 이 주제에 대한 전론과도 부합하지 않는다.[63] 왜냐하면 육화된 자로서 몸을 아는 자가 행위주체 · 향유주체 등 윤회의 특징들을 가진다고는 그곳에서[64] 말하고자 하지 않기 때문이다.

[반박]: 그러면 무엇이란 말인가?

[이론]: 윤회의 모든 특징들을 초월하고 오직 순수의식 그 자체인 브라흐만의 본질을 [말하고자 한다]. "'다른 하나는 먹지 않은 채 구경한다' 즉 '다른 하나는 먹지 않은 채 본다'라는 것은 아는 자와 [관계한다]."라는 글귀 때문이다.[65] 또한 "그것이 너이다."〈찬도 6.8.7〉, "더 나아가 … '나'라는 [존재가 모든 몸들과 관계하여] '몸을 아는 자'임을 알도록 하시오."〈기따 13.2〉라는 등이 계시되고 전승되기 때문이다.

그리고 그로부터 (『빠잉기라하스야 브라흐마나』에서) 명상적 지식의 결론을 바로 다음과 같이 언급하는 것은 적절하다.[66] "이러한 이 둘이 '삿

의 권위를 받아들인다면, 삿뜨바가 개별자아이고 몸을 아는 자가 지고한 아뜨만이라고 주장하는 셈이다. 하지만 그러한 주장은 옳지 않다.

61_ 지식을 본질로 하는 삿뜨바는 대표적인 내부기관(antaḥkaraṇa)인 지성(buddhi)을 의미한다고 볼 수 있다.

62_ 그곳에서=『빠잉기라하스야 브라흐마나』에서.

63_ '두 마리의 새'라는 그 시구는, 심지어 '그 둘'이 '지성과 개별자아'라고 주장하는 이 '주제'의 전론(pūrvapakṣa)과도 부합하지 않는다.

64_ 그곳에서=<문다 3.1.1>에서.

65_ 『빠잉기라하스야 브라흐마나』의 이러한 글귀 때문에 <문다 3.1.1>에서는 브라흐만의 본질을 말하고자 한다. 따라서 '두 마리의 새'라는 <문다 3.1.1>의 시구는 브라흐만 즉 지고한 아뜨만을 배제한 채로 '지성과 개별자아'를 주장하는 전론자의 입장에 대입해도 적합하지 않다.

66_ 그로부터='두 마리의 새'라는 그 시구에 관한 『빠잉기라하스야 브라흐마나』의

뜨바와 몸을 아는 자'이며, 정녕 이와 같이 아는 자에게는 그 어떤 무지도 들러붙지 못한다."라는 등에서이다.

[반박]: 그렇다면 그러한 입장에서는, 어떻게 "'둘 중에 하나는 달콤한 과육을 먹고'라는 것은 삿뜨바와 [관계하고]"라며 비의식체인 삿뜨바를 향유주체라고 말한다는 말인가?

[이에 대하여] 대답한다.

[이론]: 이 계시는[67] 비의식체인 삿뜨바가 향유주체라는 것을 말하기 위해 나아가지 않는다.

[반박]: 그러면 무엇인가?

[이론]: 의식체인 몸을 아는 자는 향유주체가 아니고 또 브라흐만을 본질로 한다는 것을 말하기 위해 [나아간다].[68] 이를 위하여 '즐거움, 괴로움[69] 등에 의해 변형을 겪는 삿뜨바'에 향유주체라는 것을 덧얹는다. 왜냐하면 '삿뜨바와 몸을 아는 자' 사이의 상호 본질에 대한 무분별이 이러한 행위주체와 향유주체라는 것을 야기한다고 간주되기 때문이다. 반면에 [행위주체와 향유주체라는 것은] 실재적으로 어느 하나에서도 가능하지 않다. 삿뜨바는 비의식체이기 때문이고, 또 몸을 아는 자는 불변적이기 때문이다.[70] 게다가 삿뜨바의 경우는 무지에 의해 가공(架空)된[71] 본질을 가짐으로 말미암아 더더욱 가능하지 않다. 또한

그러한 설명으로부터. <문다 3.1.1>은, <문다 3.1.2>의 '볼 때에'라는 표현을 통해 알 수 있듯이, 명상적 지식(vidyā) 또는 계속적 명상을 주요 내용으로 한다.

67_ 이 계시는='두 마리의 새'에 관한 <문다 3.1.1>은.

68_ 이론자는 후론자가 추가적인 논거로서 인용한 <문다 3.1.1>의 올바른 취지를 알려주고자 한다.

69_ * '괴로움'(-duḥkha-)이라는 표현은 Samata에만 추가로 등장한다.

70_ 행위주체와 향유주체라는 것은, 실재적 관점에서는, 삿뜨바의 경우에도 가능하지 않고 몸을 아는 자의 경우에도 가능하지 않다.

71_ '무지에 의해 가공된'(avidyā-pratyupasthāpita)이라는 표현은 글자 그대로 풀

마찬가지로 계시서는 "실로, 소위 다른 것이 있을 경우에, 그러면 하나가 다른 것을 보아야 하고"〈브리 4.5.15〉[72]라는 등을 통해, '꿈에서 본 코끼리' 등의 경험작용과도 같이 '무지를 영역으로 삼을 뿐인 행위주체' 등의 경험작용을 보여준다. 그리고 "하지만 모든 것이 오직 '그의 아뜨만'이 될 경우에, 그러면, 무엇을 통해 무엇을 보아야 하겠습니까?"〈브리 4.5.15〉라는 등을 통해, 분별이 있는 자가 행위주체 등의 경험작용을 가진다는 것을 배제한다.[73]‖12‖

{ 4. '안에 있음'이라는 주제: 수뜨라 13-17 }

13. [눈] 안에 있는 [뿌루샤는 지고한 신이다]; [신인 경우에 언급되는 모든 속성들이] 합당하기 때문이다.

antara upapatteḥ ‖13‖

"그는 말했다: 눈에서 보이는 그 뿌루샤, 그것은 아뜨만이다. 그것은

이하면 '무지에 의해 다르지만(prati) 근사하게(upa) 놓인(sthāpita)'이라는 뜻이다.

72_ * 마드얀디나(Mādhyandina) 이본(異本)에 따라 주석가가 인용한 <브리 4.5.15>의 첫 문장이다. 보다 오래된 깐바(Kāṇva) 이본은 "실로, 소위 이원성이 있을 경우에, 그러면 하나가 다른 하나를 보고"라고 읽는다. *Śukla-Yajurveda*는 성자 야즈냐발끄야(Yājñavalkya)가 *Yajurveda*를 다르게 받아들임으로써 그 전통이 시작되는데, 그의 가르침마저도 그의 뛰어난 두 제자인 깐바(Kaṇva)와 마드얀디나(Madhyandina)에 의해 재편집됨으로써 두 분파로 나뉘게 된다. 두 편집본(이본)은 내용상 큰 차이점이 없다. 그리고 깐바 이본은 남인도에서 마드얀디나 이본은 북인도에서 더 널리 보급되는 편이다.

73_ * Nirnaya에서는 마지막 구절을 "분별이 있는 자에게 행위주체 등의 경험작용이 부재하다는 것을 보여준다."라고 읽는다.

불멸이고, 두려움이 없음이다. 그것은 브라흐만이다. 그래서 심지어 그곳(눈)에 버터기름이나 물을 붓더라도, 그것은 단지 눈꺼풀로 흘러가 버린다."〈찬도 4.15.1〉라는 등이 계시된다.

이 경우에 의문이 생긴다. 이것은[74] 눈을 거처로 가지는 반사된 아뜨만을 지시하는가, 아니면 인식적 아뜨만을, 아니면 기관의 지배자인 신격적 아뜨만을, 아니면 신을 지시하는가?

실로 무엇으로 귀결되는가?

[전론]: 반사된 아뜨만 즉 뿌루샤(사람)의 영상이다.

어떤 근거에서? 그것이 [그렇게] 보이는 것은 잘 알려져 있기 때문이다. 또한 '눈에서 보이는 그 뿌루샤'라며 잘 알려진 대상으로 언급되기 때문이다. 혹은 이것은 인식적 아뜨만을 지시한다고 하는 것이 합리적이다. 왜냐하면 그것(인식적 아뜨만)은 눈을 통해 형태(색깔)를 봄으로써[75] 눈의 근처에 놓여 있기 때문이다. 그리고 '아뜨만'이라는 말은 이러한 입장에 호응한다. 혹은 시각을 증진하는 '태양 안의 뿌루샤'가 알려진다.[76] "광선들을 통해 전자는 후자에 머문다."[77]〈브리 5.5.2〉라고 계시되기 때문이다. 또한 신격적 아뜨만의 경우에도 '불멸' 등이 여하튼 가능하기 때문이다. 신은 아니다. 특정한 장소를 지시하기 때문이다.

이와 같은 귀결에서 우리는 말한다.

[후론]: 이곳에서 눈 안에 있는 뿌루샤는 오직 지고한 신을 지시한다.

무엇 때문에? 합당하기 때문이다. 실로 지고한 신인 경우에 이곳에서 언급되는 모든 속성(세부사항)들이 합당하다.

먼저 '아뜨만'이라는 것은 일차적인 어법에서 지고한 신에 대해 합당

74_ 이것은=눈에서 보이는 그 뿌루샤는.

75_ 봄으로써=지각함으로써.

76_ '태양 안의 뿌루샤'란 신격적 아뜨만을 가리킨다.

77_ 전자=태양 안의 뿌루샤. 후자=오른쪽 눈 안의 뿌루샤.

하다. "그것은 아뜨만이다. … 그것이 너이다."〈찬도 6.8.7〉라고 계시되기 때문이다. 그리고 '불멸과 두려움이 없음'이라는 것은 그것(지고한 신)에 대해 수차례 계시된다. 게다가 이 '눈'이라는 장소는 지고한 신에게 적합하다. 실로 예컨대, '죄악으로부터 자유로움' 등이 계시됨으로 말미암아 지고한 신이 모든 결점들에 의해 더럽혀지지 않듯이, 마찬가지로 '눈'이라는 장소는 모든 더럽힘을 결여한다고 언급된다. "그래서 심지어 그곳(눈)에 버터기름이나 물을 붓더라도, 그것은 단지 눈꺼풀로 흘러가 버린다."〈찬도 4.15.1〉"라고 계시되기 때문이다. 더욱이 [뒤따르는 문장들에서] '근사한 것들의 목적지' 등의 속성을 언급하는 것도 그것(지고한 신)에 대해서 적절하다. "그들은 그것을 '근사한 것들의 목적지'라고 부른다. 왜냐하면 그것으로 모든 '근사한 것'들이 '함께 나아가기' 때문이다."[78]〈찬도 4.15.2〉, "또한 그것은 실로 '근사한 것들을 가져오는 자'이다. 왜냐하면 그것은 모든 '근사한 것'들을 '가져오기' 때문이다."[79]〈찬도 4.15.3〉, "또한 그것은 실로 '빛을 가져오는 자'이다. 왜냐하면 그것은 모든 세상들에서 '빛나기' 때문이다."[80]〈찬도 4.15.4〉에서이다.

그러므로 합당하기 때문에 안에 있는 자는 지고한 신이다.‖13‖

14. 또한, [만약 편재하는 브라흐만에 대해 눈이라는 장소가 어떻게 합당하냐고 한다면, 브라흐만에 대해 다른] 장소 등을 지시하기 때문에, [이는 합당하다].

78_ 근사한 것들의 목적지(saṃyadvāma)=그것으로 모든 '근사한 것'(vāma)들이 '함께 나아감'(abhisaṃyanti).

79_ 근사한 것들을 가져오는 자(vāmanī)=모든 '근사한 것'(vāma)들을 '가져옴'(nayati, √nī).

80_ 빛을 가져오는 자(bhāmanī)=모든 세상들에서 '빛남'(bhāti, √bhā), 즉 모든 세상들에 '빛'(bhāma)을 '가져옴'(√nī).

sthānādivyapadeśāc ca ‖14‖

[전론]: 그렇다면 어떻게 허공처럼 편재하는 브라흐만에 대해 눈이라는 미미한 장소가 합당하다는 말인가?

이에 대하여 대답한다.

[후론]: 만약 바로 그것(눈)이 그것(브라흐만)에 대해 지시되는 유일한 장소라면, 그러한 부적절함이 있을 것이다. [하지만 그러한 부적절함은 없다.] 왜냐하면 그것(브라흐만)에 대해 지시되는 '흙' 등의 다른 장소들마저 존재하기 때문이다. "흙에서 살지만 [흙 안에 있는] 것이고"〈브리 3.7.3〉라는 등에서이다. 실로 그것들 가운데[81] "눈에서 살지만 [눈 안에 있는] 것이고"〈브리 3.7.18〉라며 바로 그 눈이 지시된다.

[수뜨라에서] "장소 등을 지시하기 때문에"라며 '등'을 언급하는 것을 통해 제시하는 바는 이러하다: 하나의 장소 자체가 브라흐만에 대해 지시되는 것만 단지 부적절하게 보이지는 않는다.[82] 그렇다면 무엇이 [또] 부적절하게 보이는가? 또한 명칭과 형태라는 이러한 유형인 것들도 '명칭과 형태가 없는 브라흐만'에 대해 지시되는 것은 부적절하게 보인다. "그의 이름은 '우뜨'라고 한다."〈찬도 1.6.7〉, "황금의 수염을 가지고"〈찬도 1.6.6〉라는 등에서이다. 비록 브라흐만이 무(無)속성으로 존재할지라도, 계속적 명상을 위해 '명칭과 형태에 관한 속성들을 가지는 유(有)속성'으로 여기저기에서 가르친다는 점까지 이미 언급한 바 있다.[83] 비슈누에 대한 '샬라그라마'처럼, 심지어 편재하는 브라흐만

81_ 그것들 가운데=브라흐만에 대해 지시되는 다수의 장소들 가운데.

82_ * '보인다'(dṛśyate)라는 표현은 Nirnaya에만 추가로 등장한다.

83_ 수뜨라의 '장소 등'에서 '등'(ādi)은 명칭(nāma), 형태(rūpa)를 가리킨다. 브라흐만이 장소를 가지는 것 이외에도 명칭과 형태를 가지는 것은 부적절하게 보일 수 있다. 하지만 브라흐만에 대해 그와 같은 속성 · 특징(장소, 명칭, 형태)들이 지시되는 데에 특별한 목적(계속적 명상)이 있기 때문에 명칭과 형태가 지시

을 이해(획득)하기 위해 특정한 장소를 [지시하는 것이] 모순되지 않는다는 점도 이미 언급한 바 있다.[84] ‖14‖

15. 또한 실로 즐거움을 가진다고 언급하기 때문에, [눈 안에 있는 뿌루샤는 브라흐만을 지시한다].

sukhaviśiṣṭābhidhānād eva ca ‖15‖

더 나아가 이 경우에, 그 문장에서 브라흐만을 지시하는지 혹은 지시하지 않는지, 결코 논쟁해서는 안 된다. 실로 즐거움을 가진다고 언급하기 때문에 브라흐만이라고 정립된다. 장절의 서두에서[85] 실로 "생기가 브라흐만이다. 환희('까')가 브라흐만이다. 하늘('카')이 브라흐만이다."〈찬도 4.10.4〉라고 논의된 '즐거움(환희)을 가지는 것'으로서 바로 그 브라흐만을 이곳에서[86] 언급한다. 논제를 수용하는 것은 정당하기 때문이다. 또한 "하지만 대(大)스승이 그대에게 길(여로)에 대해서 말해줄 것이다."〈찬도 4.14.1〉라며 길 자체에 대한 언급을 약조하기 때문이다.[87]

되는 것도 결코 부적절하지는 않다.

84_ <주석 1.2.7> 참조.

85_ <찬도 4.10-15>는, 스승인 자발라(Jābāla)로부터 가르침을 받지 못한 제자 우빠꼬살라(Upakosala)에게 '아그니'(Agni, 불의 신격)들이 먼저 가르침을 내리고, 나중에는 스승이 결국 제자에게 가르침을 내리는 내용으로서, 이 전체 이야기가 하나의 '장절'이라고 볼 수 있다. 곧 이어 인용되는 <찬도 4.10.4>는 아그니들이 가르침을 시작하는 부분이고, 그 다음으로 인용되는 <찬도 4.14.1>은 아그니들이 가르침을 끝내고 나서 나머지는 스승이 가르쳐줄 것이라고 말하는 부분이다. 자체 문장인 <찬도 4.15.1>은 스승의 가르침이다.

86_ <찬도 4.15.1>에서.

87_ <찬도 4.14.1>은 아그니들의 가르침이 끝나고 스승의 새로운 가르침이 시작된다는 것을 의도하지 않는다. 논제는 지속되면서 그 논제와 관계되는 길(gati, 여로)에 대해 스승의 가르침이 시작될 것이라는, 아그니들의 약조(pratijñāna)가

[전론]: 그렇다면 어떻게 장절의 서두에서 '즐거움을 가지는 것'으로서의 브라흐만이 알려진다는 말인가?

[이에 대하여] 대답한다.

[후론]: "생기가 브라흐만이다. 환희('까')가 브라흐만이다. 하늘('카')이 브라흐만이다."라는 아그니(불의 신격)들의 이 말을 들은 뒤에, 우빠꼬살라는 "생기가 브라흐만이라는 것을 저는 압니다. 하지만 환희와 하늘이 [브라흐만이라는 것을] 알지 못합니다."〈찬도 4.10.5〉라고 말했다. 이에 대해 [아그니들은] "정녕 환희인 바로 그것이 하늘이고, 정녕 하늘인 바로 그것이 환희이다."〈찬도 4.10.5〉라고 이렇게 대답한다. 이 가운데 이 세상에서 '하늘'이라는 말은 관습적으로 원소로서의 에테르와 관계한다. 만약 그것('하늘')의 한정어로서 즐거움을 의미하는 '환희'라는 말이 사용되지 않는다면, 그 경우에 '브라흐만'이라는 말은 오로지 원소로서의 에테르를 [의미한 채로] 명칭 등처럼 상징을 의도하는 데 사용된다고 확정할지도 모른다.[88] 마찬가지로 '환희'라는 말은 대상과 감관의 접촉에 의해 발생하는 불완전한 즐거움과 관계한다고 잘 알려져 있기 때문에, 만약 그것('환희')의 한정어로서 '하늘'이라는 말이 사용되지 않는다면, 세속적인(일상적인) 즐거움이 브라흐만이라고 확정할지도 모른다. 그와 달리 서로 한정하는 '환희'와 '하늘'이라는 말은 즐거움을 본질로 하는[89] 브라흐만을 지시한다. 그곳에서 두 번째의

그곳에서 알려지기 때문이다. '길'이란 사후에 영혼들이 가게 되는 여로를 가리킨다.

88_ 주석가에 따르면, <찬도 4.10.5>에서 '환희'가 곧 '하늘'이고 '하늘'이 곧 '환희'라는 아그니들의 대답은, 두 말 사이의 '서로 한정하는'(itaretara-viśeṣita) 관계를 표현한 것에 지나지 않는다. 그래서 먼저 '환희'라는 말이 '하늘'이라는 말을 한정하지 않으면, "하늘이 브라흐만이다."에서 '브라흐만'이라는 말은 단지 '관습적으로 사용되는 원소로서의 에테르'를 지시할 뿐이다. 그 경우에 '브라흐만'이라는 말은 그러한 에테르를 '상징'(pratīka)하는 것에 지나지 않게 된다.

89_ 즐거움(sukha)을 본질로 하는=세속적인 즐거움이 아니라 환희 자체로서의 즐

'브라흐만'이라는 말을 사용하지 않으면서 한갓 '환희로서 하늘이 브라흐만이다.'라고 말하는 경우,[90] '환희'라는 말이 단지 ['하늘'에 대한] 한정어로 사용되기 때문에 '즐거움'(환희)이라는 속성은 명상대상이 될 수 없다.[91] 그렇게 되지 않도록 '환희'와 '하늘'이라는 2가지 말은 "환희가 브라흐만이다. 하늘이 브라흐만이다."라며 [각각] '브라흐만'이라는 말의 앞에 놓인다. 왜냐하면 심지어 '즐거움'(환희)이라는 속성이 '속성의 소유자'처럼 명상대상이라는 것은 바람직하기 때문이다.[92] 이러한 연관에서 장절의 서두에는 '즐거움을 가지는 것'으로서의 브라흐만을 가르친다. 그리고 가르하빠뜨야 등의 아그니(불)들은 제각각 자기 자신의 영광을 가르친 뒤에,[93] "그대 [우빠꼬살라여], 이러한 '우리들에 대한 지식'이고 또 '아뜨만에 대한 지식'이 그대에게 [전해졌다]."〈찬도 4.14.1〉라고 끝맺으면서, 앞선 곳에서 브라흐만(아뜨만)이 교시되었다는 것을 알려준다.

게다가 "하지만 대(大)스승이 그대에게 길(여로)에 대해서 말해줄 것이다."〈찬도 4.14.1〉라는 것은 길 자체에 대한 언급을 약조하기 위해서이다. [따라서] 다른 것(논제)을 말하고자 하지 않는다. 더욱이 [스승

거움을 본질로 하는.

90_ 만약 브라흐만이 유일함으로 말미암아 "환희가 브라흐만이다. 하늘이 브라흐만이다."(kaṃ brahma khaṃ brahma)라며 '브라흐만'이라는 말을 2회 반복해서는 안 된다고 논박한다면, 그 논박에 따라 "환희로서 하늘이 브라흐만이다."(kaṃ khaṃ brahma)라고 이해하는 경우.

91_ '환희로서 하늘'에서 '환희'라는 말은 '하늘'에 대한 한정어에 지나지 않기 때문에, 속성에 불과한 환희는 독립적인 명상대상이 될 수 없다.

92_ "환희가 브라흐만이다. 하늘이 브라흐만이다."인 경우에는, 비록 즐거움 또는 환희가 그저 속성에 불과할지라도, 속성을 소유한 사물(본체)이 명상대상이 되는 것처럼 환희는 독립적인 명상대상이 될 수 있다.

93_ 가르하빠뜨야(gārhapatya), 안바하르야 빠짜나(anvāhārya pacana), 아하바니야(āhavanīya)가 불의 신격들로서 3아그니들이다. 이 3아그니들은 <찬도 4.11-13>에서 차례대로 우빠꼬살라를 가르치기도 한다.

은] "연꽃 이파리에 물이 들러붙지 않듯이, 마찬가지로 그와 같음을 아는 자에게 죄스러운 행위가 들러붙지 않게끔 하는"〈찬도 4.14.3〉이라며, '눈을 장소로 가지는 뿌루샤'를 아는 자가 죄악에 의해 손상되지 않는다는 것을 말함으로써 '눈을 장소로 가지는 뿌루샤'가 브라흐만이라는 것을 보여준다. 따라서 논제 자체인 브라흐만이 눈을 장소로 가지고 또 '근사한 것들의 목적지' 등의 속성을 가진다고 말한 뒤에 [뒤따르는 곳에서] 이를 아는 자의 길(여로)인 '빛' 등을 말할 예정이므로,[94] "그는 말했다: 눈에서 보이는 그 뿌루샤, 그것은 아뜨만이다."〈찬도 4.15.1〉라고 시작한다.‖15‖

16. 또한 우빠니샤드를 들은 자의 길을 [즉 비밀스러운 지식을 듣고 브라흐만을 아는 자의 '신의 길'을, 눈 안의 뿌루샤를 아는 자를 위해] 언급하기 때문에, [눈을 장소로 가지는 뿌루샤는 지고한 신이다].

śrutopaniṣatkagatyabhidhānāc ca ‖16‖

이로 말미암아 또한, 눈을 장소로 가지는 뿌루샤는 지고한 신이다. 우빠니샤드를 들은 자의 즉 비밀스러운 지식을 듣고 브라흐만을 아는 자의, '신의 길'이라고 불리는 길이, 계시서에서 잘 알려져 있는 까닭에서이다. "이제, 고행을 통해 금욕(학습)을 통해, 믿음을 통해 명상적 지식을 통해 아뜨만을 추구함으로써 북쪽을 따라 태양을 정복한다. 실로 그곳은 생기들의 거주지이다. 그곳은 불멸이고 두려움이 없음이다. 그곳은 궁극적 목적지이다. 그곳으로부터, '그들은 되돌아오지 않는다'라

94_ 자체 문장인 <찬도 4.15.1>에서 브라흐만이 눈을 장소로 가진다고 언급된다. 브라흐만이 가지는 '근사한 것들의 목적지' 등의 속성은 <찬도 4.15.2-4>에서, '빛' 등의 길은 <찬도 4.15.5>에서 각각 언급된다.

고 한다."〈쁘라 1.10〉에서이다. 전승서에서도 "불과 빛과 낮과, 달이 차오르는 보름과, 태양이 북진하는 여섯 달. 그곳에서(그 길에서) 망자들은 브라흐만에 도달합니다. 브라흐만을 아는 사람들은!"〈기따 8.24〉이라고 한다. 바로 이것(이 길)을, 이곳에서 '눈 안의 뿌루샤를 아는 자'를 위해 언급한다고 알려진다. "이제, 그저 그리고 만약, 이 경우에 장례식을 행하든지 혹은 또 행하지 않든지, 실로 그들은 빛에 도달한다."〈찬도 4.15.5〉라고 시작한 뒤에, "태양으로부터 달에, 달로부터 번개에 [그들은 도달한다]. 그때에 그 초인간적인 뿌루샤가 그들을 브라흐만으로 이끈다. 이것이 '신의 길' 즉 '브라흐만의 길'이다. 이를 통해 도달한 자들은 이 '인간의 순환'[95]으로 되돌아오지 않는다."〈찬도 4.15.5〉라고 한다.

그러므로 이곳에서 눈을 장소로 가지는 것은, 브라흐만을 아는 자와 관계하여 잘 알려져 있는 길 때문에, 브라흐만이라고 확정된다.‖16‖

17. [반사된 아뜨만 등의] 다른 것은 [수용되지] 않는다; 지속적이지 않기 때문이고, 또 불가능하기 때문이다.

anavasthiter asaṃbhavāc ca netaraḥ ‖17‖

한편, 눈을 장소로 가지는 것이 반사된 아뜨만, 인식적 아뜨만, 혹은 신격적 아뜨만일지도 모른다고 주장한 것에 관해서 말한다.

이 경우에 반사된 아뜨만 등의 다른 것은 수용되지 않아야만 한다.

무엇 때문에? 지속적이지 않기 때문이다. 먼저 반사된 아뜨만은 눈에 영원히 남아 있을 수 없다. 왜냐하면 어떤 사람이 눈에 접근하는 바로 그 때에 그 사람의 반사가 눈에 보일 뿐, 그가 가버릴 때에는 보이

95_ 인간의 순환=인간이 끝없는 생사의 윤회를 반복하는 것.

지 않기 때문이다. 또한 "눈에서 [보이는] 그 뿌루샤"〈찬도 4.15.1〉라는 계시는 근접으로 말미암아 자기 눈에서 보이는 뿌루샤(사람)를 명상 대상으로 가르친다. 게다가 계속적 명상의 시간에, 반사를 일으키는 어떤 사람을 눈 근처에 [지속적으로] 세워둔 뒤에 계속 명상한다고 추정하는 것은 합리적이지 않다.[96] "정녕 이 육체의 소멸을 좇아 그것이 소멸한다."〈찬도 8.9.1〉라는 계시는 바로 그 반사된 아뜨만이 지속적이지 않다는 것을 보여준다. 또한 불가능하기 때문이다. '불멸' 등의 속성들은 그 반사된 아뜨만과 관계하여 알려지지 않는다.

마찬가지로 인식적 아뜨만에 대해서도, [그것과] '모든 육체, 기관'과의 일반적인 연계가 있는 경우, [그것이] 오직 눈에서만 지속한다고 말할 수는 없다.[97] 반면에 브라흐만에 대해서는, [그것이] 편재함에도 [그것을] 이해(획득)하기 위해 심장 등의 특정한 장소와 연계되는 것이 알려진다. 그리고 인식적 아뜨만의 경우에도 '불멸' 등의 속성들이 불가능한 것은 [반사된 아뜨만의 경우와] 공통적이다. 비록 인식적 아뜨만이 지고한 아뜨만과 결코 다르지 않을지라도, 무지 · 욕망 · 행위에 의해 야기된 '사멸과 두려움'이 그것(인식적 아뜨만)에 덧얹혀 있으므로, [인식적 아뜨만의 경우에] '불멸과 두려움이 없음'은 합당하지 않다. 또한 그것(인식적 아뜨만)에는 권능(신성)이 없기 때문에 '근사한 것들의 목적지' 등은 부당할 따름이다.

한편, "광선들을 통해 전자는 후자에 머문다."〈브리 5.5.2〉라며 계시되기 때문에 비록 신격적 아뜨만이 눈에 거주하고 있을지라도, 먼저

96_ 계속적 명상을 하는 동안에 어떤 사람(뿌루샤)을 눈앞에 계속 세워둔 채로 눈에 지속적으로 반사되는 그 사람을 계속 명상한다고 추정하는 것은 합당하지 않다.

97_ 인식의 주체인 인식적 아뜨만이 '모든' 육체 · 기관과 연계되어 있는 경우에, 그것이 '하나의' 기관인 눈에서만 지속한다고 말할 수는 없다.

[그것이] '아뜨만'이라는 것은 가능하지 않다. 외형성(外形性) 때문이다.[98] 또한 '불멸' 등도 가능하지 않다. [신격적 아뜨만의] 태어남과 죽음이 계시되기 때문이다. 심지어 신격들의 불사(不死)란 [그들이 상대적으로] 오랜 동안 산다는 견지에서이다. [그들의] 권능마저도 지고한 신에 의존할 뿐 본유적이지 않다. "그것을 두려워함으로써 바람(공기)이 불리라. 두려워함으로써 태양이 떠오르리라. 그것을 두려워함으로써 불과 인드라가, 그리고 제5인 죽음이 달리리라."[99] 〈따잇 2.8.1〉라는 만뜨라의 전언 때문이다.

그러므로 눈을 장소로 가지는 그것은 오직 지고한 신이라고 이해해야만 한다. 그리고 이러한 입장에서는, [자체 문장에서] '보이는'('보인다')이라며 [뿌루샤가] 잘 알려진 대상으로 언급되는 것이, 지식을 가진 자와 관계하여 성전 등의 견지에서 [계속적 명상에 대해] 흥미를 유발하기 위해서라고 설명해야만 한다.[100] ‖17‖

98_ 기관의 지배자인 신격적 아뜨만은, '신격'이라는 외적인(parāc) 형상(rūpa, 형태) 즉 외형성(parāgrūpatva)을 가지기 때문에, 내재성을 본질로 하는 아뜨만이 될 수 없다.

99_ 그것=지고한 신 즉 브라흐만. 바람(공기), 태양, 불(아그니), 인드라, 죽음은 모두 신격들이다. 유사한 시구를 <까타 6.3>에서 찾아볼 수 있다: "그것을 두려워함으로써 불이 타오른다. 두려워함으로써 태양이 타오른다. 두려워함으로써 인드라와 공기가, 그리고 제5인 죽음이 달린다."

100_ 주석가는 자체 문장인 <찬도 4.15.1>에서 뿌루샤가 마치 직접 눈에서 '보이는' 것처럼 잘 알려진 대상으로 언급되는 이유를 설명한다. 그 이유는 바로 계속적 명상에 대한 '흥미 유발'(prarocana)을 위해서이다. 지식을 가진 자의 전망에서는 또 지식 전달을 목적으로 하는 성전의 견지에서는 구도자의 흥미 유발을 위해 그처럼 잘 알려진 것인 양 표현할 수 있다.

{ 5. '내부의 지배자'라는 주제: 수뜨라 18-20 }

18. 신격적인 것 등과 관계하여 [계시되는] 내부의 지배자는 [지고한 아뜨만이다]; 그것의 특성을 언급하기 때문이다.

antaryāmy adhidaivādiṣu taddharmavyapadeśāt ‖18‖

"이 세상과 또 저 세상, 그리고 모든 존재들을 안으로부터 지배하는 [그 내부의 지배자를 …]"〈브리 3.7.1〉이라고 시작한 뒤에, "흙에서 살지만 흙 안에 있는 것이고, 흙이 알지 못하는 것이며, 흙을 육신으로 가지는 것이고, 흙을 안으로부터 지배하는 것. 그것은 내부의 지배자, 당신의 불멸하는 아뜨만입니다."〈브리 3.7.3〉라는 등이 계시된다. 이곳에서는 신격과 관련되고 세상과 관련되며, 베다와 관련되고 제의와 관련되며, 존재와 관련되고 인격과 관련되는, 안에 거주하는 그 어떤 지배자 즉 '내부의 지배자'라는 것이 계시된다.

이것은 신격적인 것 등을 자기로 가정하는 어떤 신격적 아뜨만인가, 또는 '미세한 존재가 되는 것'[101] 등의 초능력을 얻은 어떤 요가 수행자인가, 또는 지고한 아뜨만인가, 또는 다른 어떤 존재인가? 낯선(새로운) 술어가 언급됨으로 말미암아 의문이 생긴다.

실로 우리는 무엇이라고 생각하는가?

[전론]: ['내부의 지배자'라는] 술어가 잘 알려져 있지 않음으로 말미암아 [그와 같이] '명명된 것'도 잘 알려져 있지 않은 다른 어떤 존재여야만 한다.[102]

101_ 미세한 존재가 되는 것(aṇiman)=수행을 완성한 요가 수행자가 가지는 여덟 가지 초능력 가운데 하나로서 원자(aṇu)만큼 미세한 크기로 자신을 변신시키는 신통력. <요가-수 3.45> 참조.

또 다른 해설로서, 다만 불확정적인 형태의 다른 어떤 존재가 있다고 용인할 수는 없다. 그리고 '내부의 지배자'라는 말은 '안에서 지배함'이라는 어원을 가지는 것으로서 극단적으로 잘 알려져 있지 않지는 않다. 따라서[103] 흙 등을 자기로 가정하는 어떤 신격이 내부의 지배자일 것이다. 또한 그와 같이 "실로 흙을 거주지로 하고, 불을 시선으로 하며, 빛을 마음으로 하는"〈브리 3.9.10〉라는 등이 계시된다. 게다가 신체와 기관을 가짐으로 말미암아 그것은 흙 등을 그 안에서 살면서 지배하므로, 신격적 아뜨만이 지배자라는 것은 합리적이다. 혹은 초능력자로서 어떤 요가 수행자는 모든 것들로 들어가기 때문에 지배자일지도 모른다. 반면에 지고한 아뜨만은 신체와 기관을 가지지 않음으로 말미암아 [이곳에서] 알려지지 않는다.

이와 같은 귀결에서 이렇게 말한다.

[후론]: 신격적인 것 등과 관계하여 계시되는 내부의 지배자는 오직 지고한 아뜨만이어야 할 뿐 다른 것은 아니다.

어떤 근거에서? 그것의 특성을 언급하기 때문이다. 실로 그 지고한 아뜨만에 대해 지시되는 특성들이 이곳에서 알려진다. 먼저 신격 등과 관련되는 차이에 따라[104] 나눠지는 흙 등의 모든 '변형의 총체'를 그 안에서 살면서 지배하므로, 지배자라는 특성은 지고한 아뜨만에 대해 합당하다. 모든 변형의 원인으로 존재하는 경우에 [그것의] 전능함이란 합당하기 때문이다. 게다가 "그것은 내부의 지배자, 당신의 불멸하는 아뜨만입니다."에서 '불멸'과 '아뜨만'이라는 것은 일차적으로 지고한

102_ <브리 3.7.3>의 '내부의 지배자'라는 술어가 잘 알려져 있지 않기 때문에 그 술어에 의해 지시되는 대상도 잘 알려져 있지 않은 것이어야 한다.

103_ 바로 앞의 2문장에서 언급한 2가지 이유로 말미암아.

104_ 신격 등과 관련되는 차이에 따라=신격, 대상(존재물), 인격, 세상, 베다, 제의 등과 관련되는 차이(bheda)에 따라.

아뜨만에 대해 합당하다. 더욱이 "흙이 알지 못하는 것이며"에서는, 흙의 신격에 의해 알려질 수 없는 내부의 지배자를 언급함으로써 신격적 아뜨만과는 상이한 내부의 지배자를 보여준다. 왜냐하면 흙의 신격은 '나는 흙이다.'라고 자신을 알 것이기 때문이다.[105] 마찬가지로 "[그것은] 보이지 않는 [보는 자], 들리지 않는 [듣는 자]"〈브리 3.7.23〉라는 등을 언급하는 것은, '형태(색깔) 등을 결여함'이라는 [특성으로] 말미암아 지고한 아뜨만에 대해 합당하다.

한편, 신체와 기관을 가지지 않는 지고한 아뜨만이 지배자일 수 없다는 것에 관해서는, 그러한 결함이 없다. 실로 지배되는 것들의 신체와 기관을 통해 [지배하므로], 그것이 신체와 기관을 가진다는 것은 합당하기 때문이다.

또한 심지어 그것을 [지배하는] 다른 지배자가 있다는 무한소급(무한역행)의 결함은 발생하지 않는다. 차이가 없기 때문이다. 실로 차이가 있는 경우에 무한소급의 결함이 발생한다.[106]

그러므로 오직 지고한 아뜨만이 내부의 지배자이다.‖18‖

19. 또한, [만약 '보이지 않음' 등의 특성들 때문에 내부의 지배자가 쁘라다나일 것이라고 한다면, 내부의 지배자는] 전승서에 근거한 [쁘라다나일 수] 없다; '그것(쁘라다나)의 특성이 아닌 것'을 언급하기

105_ 흙의 신격 자신이 내부의 지배자라면 자신이 내부의 지배자라는 그 사실을 스스로 알고 있을 것이다. 그런데 <브리 3.7.3>에서는 흙의 신격이 내부의 지배자에 대해 알지 못한다고 전한다.

106_ 만약 내부의 지배자가 지고한 아뜨만이 아닌 다른 것이라면, 그 지배자를 지배하는 또 다른 지배자가 있다는 무한소급(anavasthā)의 결함(doṣa)에 빠진다. 그와 달리 만약 내부의 지배자가 차이를 가지지 않는 지고한 아뜨만이라면, 그 아뜨만을 지배하는 또 다른 지배자가 있을 수 없으므로 무한소급의 결함에 빠지지 않는다.

때문이다.

na ca smārtam ataddharmābhilāpāt ‖19‖

[전론]: 이러할 수도 있다. '보이지 않음' 등의 특성들은 상크야 전승서에서 형성된 쁘라다나에 대해서도 합당하다. 그것은 형태 등이 없는 것이라고 그들이 용인하기 때문이다. 실로 "추리될 수 없고 알려질 수 없는 것으로서, 전적으로 숙면처럼 [존재했다]."〈마누 1.5〉라고 전승한다. [또한 쁘라다나는] 모든 변형의 원인이기 때문에 심지어 그것이 지배자라는 것도 합당하다. 따라서 '내부의 지배자'라는 말은 쁘라다나일 것이다.

비록 쁘라다나가 "[상크야 학자들이 제안하는 세계의 원인인 쁘라다나는 베단따들에서 견지될 수] 없다; [그것은] 성언을 벗어나기 [때문이다]; '마음으로 바라보기' 때문에 [성언을 벗어난다]."〈수뜨라 1.1.5〉라는 곳에서 부인되었을지라도, 이곳에서[107] '보이지 않음' 등의 [특성들을] 언급하는 것이 [쁘라다나에 대해] 가능하기 때문에, 또 다시 의문이 제기된다.

이로부터 답변을 한다.

[후론]: 또한 '내부의 지배자'라는 말은 전승서에 근거한 쁘라다나일 수 없다.

무엇 때문에? '그것(쁘라다나)의 특성이 아닌 것'을 언급하기 때문이다. 비록 '보이지 않음' 등을 언급하는 것이 쁘라다나에 대해 가능할지라도, 여전히 '보는 자' 등을 언급하는 것은 가능하지 않다. 쁘라다나는 비의식체라고 그들이 용인하기 때문이다. 실로 이 경우에 "그것은 보

107_ 이곳에서=<수뜨라 1.2.18>의 '특성'을 여러 가지 제시하는 와중에 <브리 3.7.23>에서.

이지 않는 보는 자, 들리지 않는 듣는 자, 생각되지 않는 생각하는 자, 인식되지 않는 인식하는 자입니다."〈브리 3.7.23〉라는 보조적 문장이 적용된다. '아뜨만'이라는 것마저 쁘라다나에 대해 합당하지 않다.‖19‖

[전론]: 만약 '아뜨만', '보는 자' 등이 불가능하기 때문에 쁘라다나가 내부의 지배자라고 용인되지 않는다면, 그 경우 육화된 자가 내부의 지배자일지도 모른다. 왜냐하면 육화된 자는 의식체임으로 말미암아 보는 자, 듣는 자, 생각하는 자, 인식하는 자이기 때문이다. 그리고 [육화된 자는] 내재성(內在性)으로 말미암아 아뜨만이다. 또한 불멸하는 것이다. 다르마와 다르마가 아닌 것의 결과를 향유하는 것이 합당하기 때문이다.[108] 게다가 '보이지 않음' 등의 특성들은 육화된 자와 관계하여 매우 잘 알려져 있다. '보기(봄)' 등의 행위들이 행위주체에서 작동하는 것은 모순이기 때문이다.[109] 또한 "당신은 '봄을 보는 자'를 볼 수 없습니다."〈브리 3.4.2〉라는 등이 계시되기 때문이다. 더욱이 그것(육화된 자)은 신체와 기관의 집합체를 안에서 지배하는 성향을 가진다. 향유주체이기 때문이다. 따라서 육화된 자가 내부의 지배자이다.

이로부터 답변을 한다.

20. [만약 여러 가지 이유 때문에 육화된 자가 내부의 지배자라고 한다면], 육화된 자 또한 [내부의 지배자일 수 없다]; 실로 양측 모두가 [즉 '깐바'와 '마드얀디나' 분파의 추종자들이] 그것(육화된 자)을 [내

108_ 다르마와 다르마가 아닌 것의 결과를 향유하는 것=행위의 결과를 통해 다른 육체를 가지는 것. 소멸하는 것은 다른 육체를 가지지 못한다. 반면에 육화된 자(영혼)는 다른 육체를 가진다는 측면에서 불멸한다고 말할 수 있다.

109_ '보기(봄)'라는 행위 자체가 그렇게 보고 있는 행위주체를 대상으로 삼을 수는 없다. 따라서 육화된 자로서의 행위주체는 '보기'의 영역 밖에 있으므로 '보이지 않음'이라는 특성을 가진다.

부의 지배자와는] 상이한 것으로 읽는다.

śārīraś cobhaye 'pi hi bhedenainam adhīyate ‖20‖

[후론]: '아니다'라는 [말이] 앞선 수뜨라로부터 보완된다. 육화된 자 또한 내부의 지배자일 수 없다.

무엇 때문에? 비록 '보는 자' 등의 특성들이 그것(육화된 자)에 대해 가능할지라도, 여전히 [그것은] 항아리 속의 공간처럼 한정자에 의해 제한된 것이기 때문에 전적으로 흙 등의 안에서 거주하거나 지배할 수 없다.

더 나아가, 실로 양측 모두가 즉 '깐바'와 '마드얀디나' 분파의 추종자들이,[110] 그것을 즉 육화된 자를, 내부의 지배자와는 상이한 것으로, 즉 흙 등처럼 거주지인 것이나 지배대상인 것으로 읽는다(간주한다). 깐바의 추종자들은 "인식기관(지성)에서 살지만"〈브리 3.7.22〉이라고 [읽는다]. 마드얀디나의 추종자들은 "아뜨만에서 살지만"〈브리 3.7.22〉이라고 [읽는다].[111] 먼저 "아뜨만에서 살지만"이라고 그렇게 읽는 경우에 '아뜨만'이라는 말은 육화된 자를 의미하게 된다. "인식기관(지성)에서 살지만"이라고 그렇게 읽는 경우에도 '인식기관'이라는 말에 의해 육화된 자가 지시된다. 왜냐하면 '인식으로 이루어진 것'은 육화된 자이기 때문이다. 따라서 육화된 자와는 상이한 신이 내부의 지배자라고 정립된다.

110_ 깐바(Kāṇva) 분파와 마드얀디나(Mādhyandina) 분파는 *Śukla-Yajurveda*, <샤따-브>, <브리>에 대한 두 분파(śākhā)이다. 두 분파는 <브리>와 관계하여 그 내용에서 약간의 차이를 보이는 각각의 이본을 전한다. 깐바 분파가 마드얀디나 분파보다 앞서 성립되었다고 추정하기 때문에 전자의 이본을 더 권위 있는 것으로 인정하는 편이다.

111_ 두 분파는 <브리 3.7.22>의 일부를 이상과 같이 다른 방식으로 읽는다. '인식기관'이란 'vijñāna'에 대한 번역으로서 지성(buddhi)과 다르지 않다.

[전론]: 그렇다면 어떻게 하나의 육체에 [존재하는] 두 '보는 자'가, 즉 내부의 지배자인 그 '신'과 또 다른 것으로서 그 '육화된 자'가 합당하다는 말인가?

[반박]: 그렇다면 이 경우에 무엇이 부당한가?

[전론]: "그것과는 다른, 보는 자는 없습니다."〈브리 3.7.23〉라는 등의 계시서 글귀와 상충될 것이다. 왜냐하면 그곳에서는[112] '논제로서 내부의 지배자'와는 다른(상이한) 보는 자, 듣는 자, 생각하는 자, 인식하는 자 그 자체를 부정하기 때문이다.

[반박]: 그 글귀는 다른 지배자를 부정하기 위해서이다.[113]

[전론]: 아니다. 다른 지배자와는 무관하기 때문이고, 또 특정하지 않은 채로 계시되기 때문이다.[114]

이에 대하여 말한다.

[후론]: 육화된 자와 내부의 지배자 사이의 차이를 그렇게 언급하는 것은 '무지에 의해 가공된 신체와 기관이라는 한정자'에 기인할 뿐, 실재적으로는 [차이가] 없다. 왜냐하면 하나의 내재적 아뜨만이 존재하고 두 내재적 아뜨만이란 가능하지 않기 때문이다. 다만 오직 하나인 [내재적 아뜨만에] 대해 한정자가 '차이에 관한 경험작용'을 야기한다.[115] 예컨대, '항아리 속의 공간'과 '우주적 공간'이다. 또한 이로부터

112_ 그곳에서는=<브리 3.7.23>에서는.

113_ <브리 3.7.23>에서는 비록 두 '보는 자'(지배자)를 암시할지라도 오직 내부의 지배자와는 상이한 다른 지배자를 부정하고자 하는 것이 취지일 뿐이다.

114_ 전론자의 결론은 <브리 3.7.23>에 다른 지배자를 부정하는 취지가 없다는 것이다. <브리 3.7.23>에서는 오직 하나의 지배자만을 취지로 하기에 다른 지배자를 부정하는 것은 취지가 아니기 때문이다. 또한 그 글귀는 특정한 '보는 자'가 아니라 일반적인 '보는 자'를 부정하기에 특정한 다른 지배자를 부정하지는 않기 때문이다.

115_ 한정자는 오직 하나인 '내재적 아뜨만'(pratyagātman)에 대해 마치 두 개의 내재적 아뜨만이 존재하는 듯이 그러한 차이에 관한 경험작용을 만들어낸다.

'지식주체, 지식대상 등의 차이에 대한 계시들, 지각 등의 지식수단들, 윤회의 경험, 그리고 명령과 금지에 대한 성전'이라는 이 모든 것이 합당하다.

이와 같은 연관에서, 계시서는 "실로, 소위 이원성이 있을 경우에, 그러면 하나가 다른 하나를 보고"〈브리 4.5.15〉라며 무지의 영역에서 모든 경험작용을 보여준다. "하지만 모든 것이 오직 '그의 아뜨만'이 될 경우에, 그러면, 무엇을 통해 무엇을 보아야 하겠습니까?"〈브리 4.5.15〉라며 지식의 영역에서 모든 경험작용을 부인한다.‖20‖

{ 6. '보일 수 없음'이라는 주제: 수뜨라 21-23 }

21. '보일 수 없음' 등의 속성들을 가지는 [존재의 원천은 지고한 신이다]; [지고한 신의] 특성을 언급하기 때문이다.

adṛśyatvādiguṇako dharmokteḥ ‖21‖

"이제 상위의 [지식인] 그것을 통해 그 불멸체(不滅體)를 획득합니다."〈문다 1.1.5〉, "[불멸체는] 보일 수 없고 파악될 수 없는 것이며, 근원이 없고 특색이 없는 것이며, 눈과 귀가 없고 손과 발이 없는 것이며, 영원하고 편만하고 편재하는 것이며, 매우 미시적이고 소실되지 않는 것으로서, 현자들이 존재의 원천으로 간주하는 것입니다."〈문다 1.1.6〉라고 계시된다.

이 경우에 의문이 생긴다. '보일 수 없음' 등의 속성들을 가지는 이 '존재의 원천'은 쁘라다나일 것인가, 아니면 육화된 자일 것인가, 그렇지 않으면 지고한 신일 것인가?

[전론]: 이곳에서는 비의식체인 쁘라다나가 존재의 원천이라는 것이 합리적이다. 그 예시로 단지 비의식체들만이 사용되기 때문이다. "마치 거미가 [줄을] 뿜어내고 붙들듯이, 땅에서 식물들이 자라나듯이, 살아 있는 사람에게서 머리카락과 털이 자라나듯이, 마찬가지로 불멸체로부터 여기 온 세상이 태어납니다."〈문다 1.1.7〉에서이다.

[반박]: 거미와 사람이라는 의식체가 이곳에서 예시로 사용되었지 않는가?

[전론]: 아니라고 우리는 말한다. 왜냐하면 이 경우에 의식체만이 단독으로 줄의 원천이거나 머리카락과 털의 원천이지는 않기 때문이다. 실로 의식체에 의해 지배되는 비의식체로서 '거미의 육체'가 줄의 원천이고, 또 '사람의 육체'가 머리카락과 털의 원천이라고 잘 알려져 있다.

더 나아가 앞선 곳에서는,[116] '보이지 않음' 등을 언급하는 것이 [쁘라다나에 대해] 가능하더라도 '보는 자' 등을 언급하는 것이 [쁘라다나에 대해] 가능하지 않음으로 말미암아, 쁘라다나가 용인되지 않았다. 반면에 이 경우에는 '보일 수 없음' 등의 특성들이 쁘라다나와 관계하여 적합하다. 그리고 이곳에서는 [쁘라다나와] 상충되는 특성이 전혀 언급되지 않는다.

[반박]: "모든 것을 [넓게] 알고 모든 것을 [깊게] 알며"〈문다 1.1.9〉[117] 라는 이러한 보조적 문장은 비의식체인 쁘라다나와 관계하여 적합하지 않지 않는가? 어떻게 쁘라다나가 존재의 원천이라고 주장한다는 말인가?

이에 대하여 말한다.

116_ <수뜨라 1.2.19>에서는, 특히 <주석 1.2.19>에서는.

117_ <문다 1.1.9> 참조: "모든 것을 [넓게] 알고 모든 것을 [깊게] 알며 지식으로 이루어진 고행을 하는 그것으로부터, 이 브라흐만과 명칭, 형태(색깔), 음식이 태어납니다."

[전론]: "그것을 통해 그 불멸체를 획득합니다.", "[불멸체는] 보일 수 없고"에서 '불멸체'라는 말을 통해 '보일 수 없음' 등의 속성들을 가지는 존재의 원천을 들려준 뒤에, 또 다시 마지막에 "[실로] 지고한 불멸체보다 더 지고하다."〈문다 2.1.2〉라고 들려줄 것이다. 이 경우에 불멸체보다 더 지고하다고 계시되는 것은 '모든 것을 [넓게] 알고 모든 것을 [깊게] 아는' 데 적합할 것이다. 반면에 '불멸체'라는 말로 지시되는 것은 존재의 원천인 쁘라다나 그 자체이다.

한편 '원천'이라는 말이 동작적 원인을 의미하는 경우에는 육화된 자마저 존재의 원천일 수 있다. [육화된 자는 스스로의] 다르마와 다르마가 아닌 것을 통해 존재의 총체를 획득하기 때문이다.

이와 같은 귀결에서 말한다.

[후론]: '보일 수 없음' 등의 속성들을 가지는 이 존재의 원천은 오직 지고한 신이어야 할 뿐 다른 것은 아니다. 이는 어떻게 해서 알려지는가? [지고한 신의] 특성을 언급하기 때문이다. 실로 이곳에서 "모든 것을 [넓게] 알고 모든 것을 [깊게] 알며"라고 언급하는 것은 지고한 신의 특성이라고 알려진다. 왜냐하면 '비의식체인 쁘라다나'는 혹은 '한정자에 의해 제한된 직관(지식)을 가지는 육화된 자'는 모든 것을 [넓게] 알고 모든 것을 [깊게] 아는 데 적합하지 않기 때문이다.

[전론]: 그러한 '모든 것을 [넓게] 아는 것'과 '모든 것을 [깊게] 아는 것'은, 단지 '불멸체라는 말로 지시되는 존재의 원천'보다 더 지고한 것에 대해서일 뿐, 존재의 원천 [그 자체와] 관계하지는 않는다고 언급했지 않는가?

이에 대하여 대답한다.

[후론]: 그러할 수는 없다. "불멸체로부터 여기 온 세상이 태어납니다."라며 이곳의 논제인 존재의 원천을 '생성되는 것의 물질적 원인'으로 지시한 뒤에, 바로 곧 이어서 "모든 것을 [넓게] 알고 모든 것을 [깊

게] 알며 지식으로 이루어진 고행을 하는 그것으로부터, 이 브라흐만과 명칭, 형태(색깔), 음식이 태어납니다."〈문다 1.1.9〉라며 바로 그 '생성되는 것의 물질적 원인'이 '모든 것을 [넓게] 아는 것'(전지한 것)이라고 지시하는 까닭에서이다. 따라서 지시의 일치를 통해 바로 그 논제이자 불멸체인 존재의 원천이 [뒤따르는 곳에서도] 인지되기 때문에, '모든 것을 [넓게] 아는 것'과 '모든 것을 [깊게] 아는 것'이라는 특성이 [존재의 원천을] 지시한다고 이해된다.[118]

게다가 "[실로] 지고한 불멸체보다 더 지고하다."라는 곳에서도, 논제이자 존재의 원천인 불멸체보다 더 지고한 것은 전혀 언급되지 않는다. 이는 어떻게 해서 알려지는가? "진리이자 불멸체인 뿌루샤를 알게끔 하는, 그 브라흐만에 대한 지식을 충실히 가르쳐야 한다."〈문다 1.2.13〉에서 바로 그 논제이자 존재의 원천이고 '보일 수 없음' 등의 속성들을 가지는 불멸체가 '말해야만 하는 것'으로서 약조되기 때문이다.[119] 그러면 왜 "지고한 불멸체보다 더 지고하다."라고 언급한다는

118_ <문다 1.1.7>에서 논제인 불멸체(akṣara) 즉 존재의 원천은 '생성되는 것의 물질적 원인'(jāyamāna-prakṛti)으로 지시된다. 그리고 다시 <문다 1.1.9>에서는 '모든 것을 [넓게] 아는 것'(전지한 것)이 '생성되는 것의 물질적 원인'으로 지시된다. 따라서 이 경우에는 '지시의 일치'(nirdeśa-sāmya)가 있다. 즉 존재의 원천도 전지한 것도 '생성되는 것의 물질적 원인'으로 동일하게 지시된다. A가 C로 지시되고, B가 C로 지시될 경우에, A와 B는 지시의 일치를 가진다고 말할 수 있다. 결국 <문다 1.1.9>의 '모든 것을 [넓게] 아는 것'과 '모든 것을 [깊게] 아는 것'이라는 특징은 존재의 원천을 지시한다고 이해되어야 한다. 따라서 존재의 원천은 전지한 것으로서 지고한 신이다.

119_ 불멸체보다 더 지고한 것이 전혀 언급되지 않는다고 어떻게 알려지는가? 왜냐하면 <문다 1>의 마지막인 <문다 1.2.13>에서 바로 그 불멸체를 여전히 <문다 2>에서도 언급할 것이라고 약조되기 때문이다. 따라서 불멸체보다 더 지고한 것은 어디에서도 언급되지 않는다. <문다 1.2.13>에서 '가르쳐야 한다'라는 말의 원어는 '가르쳤다'(provāca)이다. 그런데 <문다 1.2.13>에 대한 주석가의 주석에 따르면, '가르쳤다'라는 말은 '가르쳐야 한다'(혹은 '가르칠 것이다')라는 의미이다.

말인가? 그것에 대해서는 뒤따르는 수뜨라에서 우리가 말할 것이다.

더 나아가 "상위의 [지식]과 하위의 [지식]이라고"〈문다 1.1.4〉라는 곳에서는 2가지의 지식을 알아야만 하는 것으로 언급한다. 그 가운데 『리그베다』 등으로 지시되는 하위의 지식을 언급한 뒤에, "이제 상위의 [지식인] 그것을 통해 그 불멸체를 획득합니다."라는 등을 말한다. 이 경우에 불멸체는 '상위의 지식'의 대상으로 계시된다. 이제 만약 '보일 수 없음' 등의 속성들을 가지는 불멸체가 지고한 신과는 다르다고 추정한다면, 이는 상위의 지식이 아닐 것이다. 왜냐하면 지식을 이렇게 상위와 하위로 구분하는 것은 지고선(해탈)과 번영이라는 결과에 따라 이루어지기 때문이다. 그리고 쁘라다나에 대한 지식이 지고선이라는 결과를 낳는다고는 아무도 용인하지 않는다. 또한 3가지의 지식을 전제해야 한다. 당신의 입장에서는 불멸체인 존재의 원천보다 더 지고한 '지고한 아뜨만'이 제시되기 때문이다.[120] 하지만 이곳에서는 오직 2가지의 지식을 알아야만 하는 것으로 교시한다.

더욱이 "존경스러운 이여, 과연 무엇을 알 때 이 모든 것을 알게 됩니까?"〈문다 1.1.3〉라며 '하나에 대한 지식을 통한 모든 것에 대한 지식'을 기대하는 것은, 말하고자 하는 것이 '모든 것을 아뜨만으로 하는 브라흐만'인 경우에 가능하지만, '비의식체들 자체의 유일한 처소인 쁘라다나'인 경우에나 '향유대상과는 구별되는 향유주체'인 경우에는[121] 가능하지 않다.

더 나아가 "그는 맏아들인 아타르반에게 모든 지식의 근간인 '브라

120_ 당신의 입장에서는=불멸체 즉 존재의 원천이 쁘라다나이고, 또 불멸체보다 더 지고한 것이 존재한다는 입장에서는. 이러한 당신의 입장에서는 3가지의 지식을 전제해야만 한다. 그것들은 ① 『리그베다』 등으로 지시되는 하위의 지식, ② 불멸체를 대상으로 하는 상위의 지식, ③ 지고한 아뜨만을 대상으로 하는 또 어떤 최상위의 지식이다.

121_ 향유주체인 경우에는=육화된 자인 경우에는.

흐만에 대한 지식'을 알렸다."〈문다 1.1.1〉에서 브라흐만에 대한 지식을 주된(최상의) 것으로 소개한 뒤에, 상위와 하위의 구분을 통해 불멸체의 획득으로 이끄는 상위의 지식을 제시함으로써 그것이 브라흐만에 대한 지식임을 보여준다. '브라흐만에 대한 지식'이라는 그 이름 또한, 그것(지식)을 통해 획득할 수 있는 불멸체가 브라흐만이 아닌 경우에는, 부정되고 말 것이다.

『리그베다』 등으로 지시되는 하위의 [지식] 즉 행위에 대한 지식은 브라흐만에 대한 지식을 시작할 때 브라흐만에 대한 지식을 찬양하기 위해 제시된다. "열등하다고 말해지는 행위를 담은 이러한 제의의 열여덟 형태들은,[122] 실로 연약한 일엽편주(一葉片舟)이다. 이것을 지선(至善)이라고 우쭐대는 무지한 자들은, 늙음과 죽음을 다시 또다시 겪는다."〈문다 1.2.7〉라고 이렇게 운운하는 '비난의 글귀' 때문이다.[123] 또한 하위의 지식을 비난한 뒤에, 그로부터 무심한 자에게 상위 지식을 위한 자격이 있다는 것을 보여준다. "행위를 통해 얻은 세상들을 검토한 뒤에 브라흐마나는 무심에 도달해야 한다. '행하지 않은 것'은 '행한 것'에 의해 생기지 않는다.[124] 그것에 대한 지식을 위하여 그는 장작

122_ 제의의 열여덟 형태들=큰 제의에 참가하는 16명의 사제(ṛtvij, ṛtvik)들, 제의 고용주, 그의 아내를 합하여 총 18명. 제의의 복합한 형식에 빠진 '제의 지상주의'를 비판하는 상징적 표현이다. 제의를 실행하는 16명의 사제들은 다음과 같다: ① *Ṛg-veda*를 주관하는 호뜨리(Hotṛ)와 3명의 보조사제들(maitrāvaruṇa, acchāvāka, grāvastut), ② *Yajur-veda*를 주관하는 아드바르유(Adhvaryu)와 3명의 보조사제들(pratiprasthātṛ, neṣṭṛ, unnetṛ), ③ *Sāma-veda*를 주관하는 우드가뜨리(Udgātṛ)와 3명의 보조사제들(prastotṛ, pratihartṛ, subrahmaṇya), ④ *Atharva-veda*를 주관하는 브라흐만(Brahman)과 3명의 보조사제들(brāhmaṇācchaṃsī, āgnīdhra, potṛ).

123_ 하위의 지식인 '행위에 대한 지식'을 비난(nindā)하는 글귀가 있기 때문에, 하위의 지식은 상위의 지식인 '브라흐만에 대한 지식'을 찬양하기 위해 제시된다고 말할 수 있다.

124_ 원문은 'nāsty akṛtaḥ kṛtena'이다. '행하지 않은 것'(akṛta) 즉 '행위에 의해

을 손에 든 채, 오직 '베다에 정통하고 브라흐만에 몰두해 있는 스승'을 찾아가야 한다."〈문다 1.2.12〉에서이다.

한편, 비의식체들인 땅 등이 예시로서 사용되기 때문에 예시되는 것인 존재의 원천마저 단지 비의식체여야만 한다고 주장한 것은 합리적이지 않다. 왜냐하면 '예시'와 '예시되는 것'(예시의 대상) 사이에 지대한 유사성이 있어야만 한다는 원칙은 없기 때문이다. 더 나아가 예시로 사용되는 땅 등이 가시적(可視的)이라고 해서, 예시되는 것인 존재의 원천이 가시적인 것에 불과하다고 용인되지는 않는다.

그러므로 '보일 수 없음' 등의 속성들을 가지는 존재의 원천은 오직 지고한 신이다.‖21‖

22. 또한 한정어 때문이고, [쁘라다나와는] 다른 것으로 언급하기 때문에, [오직 지고한 신만이 존재의 원천이고] 다른 둘은 [즉 육화된 자나 쁘라다나는] 아니다.

viśeṣaṇabhedavyapadeśābhyāṃ ca netarau ‖22‖

이로 말미암아 또한, 오직 지고한 신만이 존재의 원천이고, 다른 둘 즉 육화된 자나 쁘라다나는 아니다.

무엇 때문에? 한정어 때문이고, [쁘라다나와는] 다른 것으로 언급하기 때문이다.

산출되지 않은 것'은 '행한 것'(kṛta) 즉 '행위에 의해 산출된 것'에 의해 '생기지(얻어지지) 않는다'(na asti). 이는 '행하지 않은 것'인 브라흐만이 행위나 행위결과에 의해 얻어지지 않는다는 의미이다. 혹은 <문다 1.2.12>에 대한 주석가의 주석을 따르자면, 동일한 원문은 "행하지 않은 것이란(akṛtaḥ) 없다(na asti). 행위가 무슨 소용이 있는가(kṛtena)!"라고 해석된다. 이는 '모든 것이 행위의 결과에 지나지 않고 무상한 이상, 행위라는 것이 무슨 소용이 있겠는가!'라는 의미이다.

실로 “뿌루샤는 실로 신성하고 형상이 없으며, 실로 안과 밖 모두이고 생성되지 않은 것이며, 실로 생기가 없고 마음이 없으며 순수하고”〈문다 2.1.2〉라며 논제인 존재의 원천을 육화된 자와는 상이한 것으로 한정한다. 자기를 ‘무지에 의해 가공된 명칭과 형태’에 의해 제한된 것으로 가정하고 [또] 자기 자신에 ‘신성함’ 등의 특성들을 상상하는 육화된 자에 대해서, 확실히 ‘신성함’ 등의 이러한 한정어들은 합당하지 않다. 따라서 이곳에서는 우빠니샤드에 속하는 뿌루샤가 직접적으로 언급된다.

마찬가지로 “[실로] 지고한 불멸체보다 더 지고하다.”〈문다 2.1.2〉라며, 논제인 존재의 원천을 바로 그 쁘라다나와는 다른 것으로 언급한다. 불멸체는 전개되지 않은 것이고, 명칭과 형태의 원천적 내재력으로 이루어지며,[125] 원소들의 미시성(微視性)이고, 신을 소재지로 하며, 바로 그(신)의 한정자로 존재하고, 모든 변형물보다 더 지고한 불변자이지만, 그 지고한 [불멸체보다] 더 지고하다.’라며 [논제를 쁘라다나와는] 다른 것으로 언급하기 때문에, 이곳에서는 말하고자 하는 것으로 지고한 아뜨만을 제시한다.[126] 이곳에서는 ‘쁘라다나’라는 이름의 그

125_ 여기서 명칭과 형태는 ‘전개된(vyākṛta) 명칭과 형태’이다. ‘전개된 명칭과 형태의 원천적 내재력(bīja-śakti)’이란 곧 ‘전개되지 않은(avyākṛta) 명칭과 형태’이기도 하다.

126_ 주석가는, “[실로] 지고한 불멸체보다 더 지고하다.”<문다 2.1.2>라는 문장에서, 쁘라다나와는 다른 것으로서 지고한 아뜨만을 언급한다는 점을 설명한다. 사실 주석가는 세계의 전개 · 창조에서 무속성 브라흐만과는 별도로 물질적 원인의 역할을 하는 어떤 물질적인 것을 상정한다. 그 물질적인 것은 본문에서 제시되듯이 ‘전개되지 않은 것’(avyākṛta), ‘원천적 내재력’(bījaśakti), ‘원소들의 미시성’(bhūtasūkṣma), ‘불변자’(avikāra), ‘불멸체’로 불리고, 또 본문에서 제시된 바의 특성들을 가진다. 그것을 비의식체인 ‘쁘라다나’라고 불러도 무방하다. 결국 이 지고한 불멸체보다 더 지고한 것이 존재하므로, ‘세계가 전개(현현)되지 않은 상태를 가리키는 불멸체 혹은 쁘라다나’와는 다른 것을, 즉 세계의 전개와 아무런 관련 없이 자립적으로 존재하는 지고한 아뜨만을 <문다

어떤 자립적인 실재도 용인하지 않음으로 말미암아 [수뜨라에서] '다른 것으로 언급함'이라고 말한다. 그렇다면 무엇을 용인하는가? 만약 가정하고 있는 바로 그 쁘라다나가 계시서와의 모순 없이 '전개되지 않은 것' 등의 말로 지시되는 것이자 '원소들의 미시성'이라고 간주된다면, [그렇게] 가정할 수 있다.[127]

그러므로 [쁘라다나와는] 다른 것으로 언급하기 때문에, 이곳에서는 지고한 신이 존재의 원천이라는 점을 제시한다.‖22‖

또 어떤 근거에서 지고한 신이 존재의 원천인가?

23. 또한 [존재의 원천이 '모든 변형물로 이루어진] 양상'이라고 제시되기 때문에, [지고한 신이 존재의 원천이다].

rūpopanyāsāc ca ‖23‖

더 나아가 "[실로] 지고한 불멸체보다 더 지고하다."〈문다 2.1.2〉라는 것에 곧 이어서 "그것(뿌루샤)으로부터 생기, [마음, 모든 기관들, 에테르, 공기, 불, 물, 그리고 모든 것을 지지하는 흙이] 태어난다."〈문다 2.1.3〉라며 생기에서 시작하여 흙으로 끝나는 존재들의 창조를 말한 뒤에, 바로 그 존재의 원천이 '모든 변형물로 이루어진 양상'이라고 제시되는 것을 우리는 본다. "머리는 불이고, 두 눈은 달과 해이며, 두 귀는 방향이고, 말은 계시된 베다들이며, 숨은 공기이고, 심장은 온 세상

2.1.2>에서는 제시한다.

127_ 주석가가 용인하지 않는 것은 자립적인(svatantra) 실재(tattva)로서의 쁘라다나이다. 만약 쁘라다나가 상크야의 전문어가 아니라 한갓 '전개되지 않은 것', '원소들의 미시성'으로 지시되는 그 어떤 것을 의미하는 일반적 용어라면, 그에 따라 또 만약 계시서와 모순되지 않는다면, 전론자가 가정하는 쁘라다나마저 충분히 용인할 수 있다.

이며, 그것의 두 발로부터 흙. 실로 그것은 모든 존재들의 내부 아뜨만이다."〈문다 2.1.4〉에서이다. 그리고 이는 오직 지고한 신에 대해 적합하다. 모든 변형물의 원인이기 때문이다. 육화된 자에 대해서는 [적합하지] 않다. 미약한 권능 때문이다. 또한 양상을 이렇게 제시하는 것은 쁘라다나에 대해서도 적합하지 않다. '모든 존재들의 내부 아뜨만'이라는 것이 불가능하기 때문이다. 따라서 오직 지고한 신만이 존재의 원천이고, 다른 둘은 아니라고 이해된다.

[반박]: 그렇다면 어떻게 양상을 이렇게 제시하는 것이 존재의 원천에 대해서라고 이해된다는 말인가?

[후론]: 맥락 때문이다. 또한 '그것은'이라며[128] 논제를 환기하기 때문이다. 실로 존재의 원천을 주제로 삼은 후에, "그것(뿌루샤)으로부터 생기 … 태어난다.", "그것은 모든 존재들의 내부 아뜨만이다."라고 말하는 것은 오직 존재의 원천과 관계한다. 예컨대, 교사를 주제로 삼은 후에 "그로부터 배우도록 하라. 그는 베다와 베다보조학에 통달한 자이다."라고 말하는 것이 교사와 관계하듯이, 그와 마찬가지이다.

[반박]: 그렇다면 어떻게 '보일 수 없음' 등의 속성들을 가지는 존재의 원천에서 육화된 양상이 가능하다는 말인가?[129]

[후론]: 그것(양상)을 언급하는 것은, [존재의 원천이] '모든 것을 아뜨만으로 함'을 말하고자 할 뿐이고 '육화된 자임'을 말하고자 하지 않으므로, 결함은 없다. "나는 음식이리라. 나는 음식이리라. 나는 음식이리라. 나는 음식을 먹는 자이도다."〈따잇 3.10.6〉라는 등에서와 같다.

한편, 혹자들은 생각한다.

[이론]: 양상을 이렇게 제시하는 것은 존재의 원천에 대해서가 아니

128_ <문다 2.1.4>의 '그것은'이라는 말을 가리킨다.

129_ 육화된 양상이란 <문다 2.1.4>의 머리, 두 눈 등을 가리킨다.

다. '태어나고 있는 것'으로서 제시하기 때문이다. 실로 "그것(뿌루샤)으로부터 생기, 마음, 모든 기관들, 에테르, 공기, 불, 물, 그리고 모든 것을 지지하는 흙이 태어난다."〈문다 2.1.3〉라는 앞선 곳에서는, 생기에서 시작하여 흙으로 끝나는 존재의 총체를 '태어나고 있는 것'으로 교시했다. 또한 "그것(뿌루샤)으로부터 해를 땔감으로 하는 불이"〈문다 2.1.5〉라며 이와 같이 시작하여 "그것으로부터 또한 모든 풀(곡물)들과 액즙(맛)들이 [태어난다]."[130]〈문다 2.1.9〉라며 이와 같이 끝나는 뒤따르는 곳에서도 한갓 '태어나고 있는 것'으로 교시할 것이다. 바로 이 경우에, 어떻게 중간지점에서[131] 느닷없이 존재의 원천이 가지는 양상을 제시할 수 있다는 말인가?[132] '모든 것을 아뜨만으로 함'마저 "오직 뿌루샤만이 이 모든 것이다. 의례이고"〈문다 2.1.10〉라는 등을 통해 창조에 [대한 언급을] 끝마친 뒤에 가르칠 것이다.

게다가 계시서와 전승서에서도 '3개의 세상을 육체로 가지는 쁘라자빠띠'[133]의 탄생 등이 교시되는 것을 우리는 본다.[134] "태초에 히란야가

130_ 액즙(rasa)이란 6가지의 맛을 가진 즉 단맛, 신맛, 쓴맛, 매운맛, 떫은맛, 짠맛을 가진 액 또는 즙을 가리킨다.

131_ 중간지점에서=앞선 곳인 <문다 2.1.3>과 뒤따르는 곳들인 <문다 2.1.5-9>의 사이인 <문다 2.1.4>에서.

132_ <문다 2.1.4>의 앞선 곳과 뒤따르는 곳에서 모든 존재(변형물)들을 '태어나고 있는 것'(jāyamāna)으로 교시하는 이상, 어떻게 그 존재들을 <문다 2.1.4>에서 느닷없이 존재의 원천에 대한 양상으로 제시할 수 있다는 말인가? 존재들이 실제로 창조되고(태어나고) 있는 과정에 대해 말하는 와중에, 존재의 원천이 이미 창조된(태어난) 존재들로 이루어진 양상이라고 말하는 것은 합당하지 않기 때문이다.

133_ 쁘라자빠띠(Prajāpati)는 '창조물들의 주인'이라는 뜻으로 대개 히란야가르바(Hiraṇyagarbha), 브라흐마(Brahmā) 신과 함께 창조주(ādikartṛ)를 지시한다. 베다, 우빠니샤드, 이띠하사(서사집), 뿌라나(전설집) 등에 광범위하게 등장한다.

134_ 주석가는 <문다 2.1.4>가 '태어나고 있는' 쁘라자빠띠를 제시한다는 것을 증명하려고 한다.

르바[135]가 출생했도다. 태어나서 그것은 존재의 유일한 주인이 되었도다. 그는 지상과 또 이 천상을 지탱했도다. 우리는 어느 신에게 공물로 숭배할 것인가?"〈리그 10.121.1〉에서이다. '출생했도다'라는 것은 '태어났도다'라는 의미이다. 마찬가지로 "실로 그는 첫 번째로 육화된 존재이도다. 그는 '뿌루샤'라고 불리도다. 그는 존재들의 창조주이리라. 태초에 브라흐마가 출생했도다."에서이다. 심지어 변형물인 뿌루샤(브라흐마)도 모든 존재들의 내부 아뜨만일 수 있다. 소우주적으로(인격적으로) 모든 존재들에 '생기(숨)의 아뜨만'으로 거주하기 때문이다.

이러한 [이론의] 입장에서는, "오직 뿌루샤만이 이 모든 것이다. 의례이고"〈문다 2.1.10〉라는 등에서 모든 양상을 제시하는 것이 지고한 신을 수용하는 근거라고 설명해야만 한다.[136]‖23‖

{ 7. '바이슈바나라'라는 주제: 수뜨라 24-32 }

24. 바이슈바나라는 [지고한 아뜨만이다]; ['바이슈바나라'와 '아뜨만'

135_ 히란야가르바는 창조주로서 '첫 번째 개별자아'(prathamo jīvaḥ)이다. 후대 베단따 철학에서는 순수의식인 브라흐만이 무지에 의해 한정되면서 나타나는 첫 번째 양상을 '이슈바라'(Īśvara)로 간주하고 두 번째 양상을 히란야가르바로 간주한다.

136_ 이론자의 이와 같은 해설을 따를 경우에는, <문다 2.1.4>가 아닌 <문다 2.1.10>이 <수뜨라 1.2.23>과 관계하고 지고한 신을 수용하는 근거가 되는 우빠니샤드 문장이라고 설명해야만 한다. 왜냐하면 <문다 2.1.3-9>에서는 창조의 과정을 언급하므로 <문다 2.1.4>는 단지 창조주인 '내부 아뜨만'의 창조를 전할 뿐이기 때문이다. 결국 창조에 대한 언급을 끝마친 뒤에 등장하는 <문다 2.1.10>에 이르러, 모든 존재(변형물)들로 이루어진 양상이 지고한 신(존재의 원천)과 관계하여 제시된다. 본문의 '모든 양상을 제시하는 것'에서 '모든'이 의미하는 바는 <문다 2.1.3-9>에서 언급되는 '모든 존재(변형물)들'이다.

이라는 두] 다의어가 [지고한 신을 의도한다고 용인하게끔 하는] 징표 때문이다.

vaiśvānaraḥ sādhāraṇaśabdaviśeṣāt ‖24‖

"무엇이 우리의 아뜨만인가? 무엇이 브라흐만인가?"〈찬도 5.11.1〉라고, 또 "지금 당신은 바로 이 아뜨만을 바이슈바나라로 알고 있습니다. 바로 그것을 우리에게 말해 주십시오."〈찬도 5.11.6〉라고 시작한 뒤에, 천상, 태양, 공기, 에테르, 물, 흙에 대해 '밝은 빛' 등의 속성을 가지는 것으로 계속 명상하는 것을 하나씩 비난하고 나서, 그것들 각각을[137] '머리' 등으로 삼는 바이슈바나라를 가르친 다음, "하지만 그와 같은 이 바이슈바나라로서의 아뜨만을, 한 뼘의 척도인 아비비마나로[138] 계속 명상하는 자는, 모든 세상들에서 모든 존재들에서 모든 아뜨만들에서 음식을 먹습니다."〈찬도 5.18.1〉,[139] "그러한 이 아뜨만으로서의 바이슈바나라에서, 바로 그 머리는 '밝은 빛'(천상)이고, 눈은 '무수한 형태'[140](태양)이며, 숨은 '다양한 경로로 이루어진 것'(공기)이고, 몸통은 '광대함'(에테르)이며, 바로 그 배는 '부유함'(물)이고, 두 발은 흙 자체이며, 바로 그 가슴은 제단(祭壇)이고, 털들은 꾸샤 풀이며, 심장은 가르하빠뜨야 불이고, 마음은 안바하르야 빠짜나 불이며, 입은 아하바니야 불입니다."[141]〈찬도 5.18.2〉라는 등을 전한다.

137_ 그것들 각각을=천상, 태양, 공기, 에테르, 물, 흙을.

138_ '한 뼘의 척도'와 '아비비마나'(abhivimāna)에 대해서는 주석가가 직접 설명할 것이다.

139_ 주석가는 <찬도 5.18.1>에 대한 주석에서 바이슈바나라(Vaiśvānara)를, 어원적으로 '모든'(viśva)과 '사람'(nara, 또는 '존재')으로 분리하면서, 3가지로 풀이한다: ① 공덕과 악덕에 따라 모든 사람들을 목적지로 이끄는 '모든 것을 아뜨만으로 하는 신', ② 모든 것을 아뜨만으로 함으로 말미암아 모든 사람들 그 자체인 것, ③ 내재적 아뜨만이라고 모든 사람들에 의해 각각 확정되는 것.

140_ 무수한 형태(viśvarūpa)=무수한 색깔.

이 경우에 의문이 생긴다. '바이슈바나라'라는 말은 위장에 있는 불을 지시하는가, 아니면 원소로서의 불을, 아니면 그것(불)을 자기로 가정하는 신격을, 혹은 육화된 자를, 그렇지 않으면 지고한 신을 지시하는가?

그렇다면 이 경우에 의문의 근거는 무엇인가? '바이슈바나라'라는 것은 위장에 있는 불, 원소로서의 불, 신격을 [뜻하는] 다의어(多義語)[142]로 사용되고, 또 '아뜨만'이라는 것은 육화된 자와 지고한 신을 [뜻하는] 다의어로 사용되기 때문이다. 이 경우에 무엇을 수용하는 것이 정당한지 무엇을 거부하는 것이 정당한지 의문이 생긴다.

실로 무엇으로 귀결되는가?

[전론]: 위장에 있는 불이다.

어떤 근거에서? 왜냐하면 특별히 그 경우에 사용되는 것을 가끔 보기 때문이다. "사람의 안에 있는 것이고, 먹은 음식을 소화시키는 것인 이 불은 바이슈바나라이다."〈브리 5.9.1〉라는 등에서이다. 혹은 단순한 불일 것이다.[143] 그저 일반적으로 그렇게 사용되는 것을 보기 때문이다. "신들은 모든 세상을 위하여 낮들의 표징인 바이슈바나라 불을 만들었으리."〈리그 10.88.12〉라는 등에서이다. 혹은 불을 육체로 하

141_ 꾸샤 풀(barhis, kuśa)=여러 가지 제의·의례에서 필수적인 성스러운 풀로서 일명 '길상초'이다. 가르하빠뜨야(gārhapatya) 불=일반 가정에서 자손 대대로 전해지는 불로서, 제의를 실행할 때에 이 불로부터 다른 불들을 밝힌다. 제의의 장소에서 제의 고용주와 함께 서쪽에 위치한다. 안바하르야 빠짜나(anvāhārya pacana) 불=다르샤뿌르나마사 제의에서 제의 고용주가 사제에게 제공하는 밥을 '안바하르야'라고 부르는 데서 기원한다. 이 밥을 닥쉬나그니 불을 통해 만들기 때문에 '안바하르야 빠짜나'와 '닥쉬나그니'는 유의어이다. 일반적으로 제의의 장소에서 남쪽에 위치한다. 아하바니야 불=제의를 실행할 때에 공물을 제공하기 위한 불이다. 제의의 장소에서 제의 집행의 방향인 동쪽에 위치한다.

142_ 다의어(sādhāraṇa-śabda)=2가지 이상의 의미를 가지는 하나의 말.

143_ 바이슈바나라는 일반적인 단순한 불 즉 원소로서의 불일 것이다.

는 신격일 것이다. 바로 그것에 대해 사용되는 것을 보기 때문이다. "우리가 바이슈바나라의 은총 안에 있게 하소서! 왜냐하면 그는 세상들의 왕이고 행복이며 영광이기 때문이리니."〈리그 1.98.1〉라고 이렇게 운운하는 계시서로 말미암아 [그 말이] 권능 등을 가지는 신격에 대해 적합하기 때문이다.

이제 만약, ['바이슈바나라'라는 말이] '아뜨만'이라는 말과 동격 관계를 가지기 때문에,[144] 또 서두에서 "무엇이 우리의 아뜨만인가? 무엇이 브라흐만인가?"라며 '아뜨만'이라는 말이 단독으로 사용되기 때문에, '아뜨만'이라는 말의 영향 아래 '바이슈바나라'라는 말이 검토되어야만 한다고 말한다면, 그럼에도 [바이슈바나라는] 육화된 자로서의 아뜨만일 것이다. 그것(육화된 자)이 향유주체임으로 말미암아 바이슈바나라에 가깝기 때문이다. 또한 '한 뼘의 척도'라는 특징은, 한정자에 의해 제한된 그것(육화된 자)에 대해 적합하기 때문이다. 따라서 바이슈바나라는 신이 아니다.

이와 같은 귀결되는 경우에 이렇게 말한다.

[후론]: 바이슈바나라는 지고한 아뜨만이어야만 한다.

어떤 근거에서? 다의어가 가지는 징표 때문이다. [복합어인] '다의어-징표'란 두 다의어가 가지는 징표이다.[145] '바이슈바나라'라는 말이 3가지 [의미에] 대해 공통적이고 '아뜨만'이라는 말이 2가지 [의미에] 대해 공통적이기 [때문에] 비록 '바이슈바나라'와 '아뜨만'이라는 이러한

144_ <찬도 5.11.6>의 "바로 이 아뜨만을 바이슈바나라로"에서와, <찬도 5.18.1>의 "이 바이슈바나라로서의 아뜨만을"에서 '바이슈바나라'와 '아뜨만'은 다 같이 2격(목적격)이기 때문에 '동격 관계'(sāmānādhikaraṇya)를 가진다. '동격 관계'라는 용어는 자주 그 글자 뜻 그대로 '공통적인 근저를 가진다'는 의미로 사용된다. 동격 관계의 말들은 격이 같더라도 성과 수가 다를 수 있다.

145_ 징표(viśeṣa)란 두 다의어가 무엇을 지시하는지 알게끔 해주는 표징을 가리킨다.

2가지 말 모두가 다의어일지라도, 여전히 "그러한 이 아뜨만으로서의 바이슈바나라에서, 바로 그 머리는 '밝은 빛'(천상)이고"라는 등과 [같이] 그 둘이 지고한 신을 의도한다고 용인하게끔 하는 징표가 보인다.

실로 이곳에서는 '천상을 머리로 가짐' 등을 특징으로 하면서 다른 상태로 존재하는[146] 지고한 신 그 자체가 명상을 위해 내재적 아뜨만으로 제시된다고 알려진다. [지고한 신은] 원인이기 때문이다. 실로 원인이란 '결과로서 존재하는 모든 상태들'을 통해 '상태를 가지는 것'임으로 말미암아, [지고한 신이] 천상의 세상 등을 부위로 가지는 것은 합당하다. 게다가 "[명상하는] 자는, 모든 세상들에서 모든 존재들에서 모든 아뜨만들에서 음식을 먹습니다."라며 모든 세상들 등을 소재지로 한다는 결과가 계시되는 것은, 궁극적 원인을 수용하는 경우에 적합하다. 또한 "마찬가지로 그의 모든 죄악들도 타버립니다."〈찬도 5.24.3〉에서는 이와 같음을 아는 자의 모든 죄악이 소멸된다고 계시된다. 더욱이 "무엇이 우리의 아뜨만인가? 무엇이 브라흐만인가?"라는 서두에 '아뜨만'과 '브라흐만'이라는 말이 [사용되기] 때문이다. 그래서 이러한 표징들은[147] 오직 지고한 신을 알려준다.

그러므로 바이슈바나라는 오직 지고한 신이다.‖24‖

25. '전승되는 것'은, [계시서가 그 출처라고 추론하게끔 함으로써, 바이슈바나라가 지고한 신이라는] 증거일 수 있기 때문에, [바이슈바나라는 오직 지고한 신이다].

smaryamāṇam anumānaṃ syād iti ‖25‖

146_ 다른 상태로 존재하는=신격적인 상태(천상)로부터 인격적인 상태(머리)로 존재하는, 즉 초월적인 상태로부터 내재적인 상태로 존재하는.

147_ * Nirnaya에 '표징들은'(liṅgāni)이라는 표현이 등장하는 것과 달리, Samata에는 '브라흐만에 대한 표징들은'(brahmaliṅgāni)이라는 표현이 등장한다.

이로 말미암아 또한, 바이슈바나라는 오직 지고한 신이다. "불을 입으로, 천상을 머리로, 에테르를 배꼽으로, 흙을 두 발로, 태양을 눈으로, 방향을 귀로 가진, 그 '세상의 아뜨만'에게 경배합니다."〈마하 12.47.68〉에서, 오직 지고한 신만이 '불을 입으로, 천상을 머리로'라는 그와 같은 3개의 세상으로 이루어진 형태라고 전승되는 까닭에서이다. '전승되는 그 형태는 계시서가 그 근거(출처)라고 추론하게끔 함으로써, 바이슈바나라라는 이 말이 지고한 신을 의도하는 데 증거, 표징, 증표일 수 있다.'[148]라는 것이 [수뜨라의] 의미이다.

'때문'이라는 말은[149] 이유(근거)를 뜻한다. '이 증표 때문에 또한 바이슈바나라는 오직 지고한 아뜨만이다.'라는 의미이다.

비록 "그 '세상의 아뜨만'에게 경배합니다."라는 것이 찬양일지라도, 그와 같은 형태를 통해 찬양하는 것마저, 근거(출처)가 되는 베다 문장이 없는 경우에는 완전히 불가능하다.

그리고 "알도록 하라. 천상을 머리로, 에테르를 배꼽으로, 달과 해를 두 눈으로, 방향을 두 귀로, 흙을 두 발로 가진다고 현인들이 말하는 그것은, 불가해(不可解)한 아뜨만, 모든 존재의 창조자이다."라는 이러한 유형의 전승도 이곳에서 예시되어야만 한다.‖25‖

26. 만약 ['바이슈바나라'라는] 말 등 때문에 또 안에 머무름 때문에 [바이슈바나라는 지고한 신일 수] 없다고 한다면, 아니다; 그 방식으로 [즉 위장에 있는 불을 폐기하지 않은 채로 지고한 신을] 보는(명

148_ 〈마하 12.47.68〉에서는 '세상의 아뜨만' 즉 지고한 신이 3개의 세상으로 이루어진 형태(rūpa)라고 전승된다. 전승서의 그러한 언급은 그 근거(출처)를 계시서에 두고 있다고 추론할 수 있다. 따라서 전승서의 그 형태는 바이슈바나라가 지고한 신이라는 것에 대한 증거(표징, 증표)일 수 있다.

149_ 수뜨라에서 'iti'(때문에)라는 말은.

상하는) 것을 가르치기 때문이고, [유일하게 위장에 있는 불을 말하고자 한다면 징표가] 부적합하기 때문이다; 또한, [만약 유일하게 위장에 있는 불을 말하고자 한다면, 그것은 '뿌루샤의 안에 머무는 것'이어야 할 뿐 '뿌루샤'는 아닌데, 바자사네야의 추종자들은] 그것(바이슈바나라)을 뿌루샤로도 읽는다.

śabdādibhyo 'ntaḥ pratiṣṭhānāc ca neti cen na tathā dṛṣṭyupadeśād asaṃbhavāt puruṣam api cainam adhīyate ‖26‖

이에 대하여 말한다.

[전론]: 바이슈바나라는 지고한 신일 수 없다.

어떤 근거에서? 말 등 때문이고, 또 안에 머무름 때문이다. 먼저 말은 즉 '바이슈바나라'라는 말은 지고한 신과 관계하여 적합하지 않다. 다른 의미와 관계하여 널리 알려져 있기 때문이다. "그러한 이 바이슈바나라 불은"〈샤따-브 10.6.1.11〉에서 '불'이라는 말도 마찬가지이다.[150] [수뜨라의] '등'이라는 말로부터, "심장은 가르하빠뜨야 불이고"〈찬도 5.18.2〉라는 등에서의 세 가지 성화(聖火)가 가정된다.[151] 또한 [불은] "그래서 첫 번째로 올 것인 그 음식을 공물로 제공해야만 합니다."〈찬도 5.19.1〉라는 등을 통해, 쁘라나[152]에게 공물을 제공하는 자리로 언급된다.[153] 이러한 이유들로부터 바이슈바나라는 위장에 있는

150_ '바이슈바나라'라는 말이 지고한 신과 관계하여 적합하지 않은 것처럼, '불'이라는 말도 지고한 신과 관계하여 적합하지 않다. <샤따-브 10.6.1.11>에서와 같이 '바이슈바나라'와 '불'은 동일시되기도 하므로, 주석가는 '불'이라는 말도 마찬가지라고 덧붙인다.

151_ 수뜨라의 '말 등 때문에'에서 '등'(ādi)이라는 말은, <찬도 5.18.2>에 등장하는 3가지 성스러운 불 즉 바이슈바나라 아뜨만의 '세 가지 성화'(agni-tretā)를 지시한다.

152_ 5가지 숨 가운데 하나인 쁘라나(prāṇa)를 지시한다.

153_ '공물을 제공하는 자리(adhikaraṇa)'란 음식을 먹는 자리를 뜻하므로, 바이슈

[불이라고] 알려져야만 한다. 게다가 "뿌루샤의 안에 머무는 것으로 아는"⟨샤따-브 10.6.1.11⟩이라며 바로 그 '안에 머무름'이 계시된다. 이 또한 위장에 있는 [불에] 대해 적합하다.

그리고 "바로 그 머리는 '밝은 빛'(천상)이고"⟨찬도 5.18.2⟩라는 등의 징표를 근거로 하여 바이슈바나라는 지고한 아뜨만이라고 주장한 것에 관해서, 우리는 말한다. 실로 어떤 근거에서, 2가지 경우 모두에 대해 징표가 명료함에도 오직 지고한 신과 관계하는 징표는 받아들여야만 하고 위장에 있는 [불과] 관계하는 징표는 받아들여서는 안 된다고, 그렇게 결론을 내리는가?

혹은, 그것(바이슈바나라)은 안에도 밖에도 머무르는 원소로서의 불에 대한 지시일 것이다. 왜냐하면 바로 그것(원소로서의 불)이 천상의 세상 등과 연계된다고 만뜨라의 전언에서 알려지기 때문이다. "그것(불)은 [그 자체의] 광채와 함께 이 지상과 천상, 또 지상과 천상의 중간대로 널리 퍼지리라."⟨리그 10.88.3⟩라는 등에서이다. 혹은, 그것(불)을 육체로 하는 신격이 권능을 가짐으로 말미암아 천상의 세상 등을 부위로 가지는 것이 가능하다. 따라서 바이슈바나라는 지고한 신이 아니다.

이에 대하여 대답한다.

[후론]: 아니다. 그 방식으로 [지고한 신을] 보는(명상하는) 것을 가르치기 때문이다. 말 등의 이유들로부터 지고한 신을 부인하는 것은 합리적이지 않다.

어떤 근거에서? 그 방식으로 즉 위장에 있는 [불을] 폐기하지 않은 채로, [지고한 신을] 보는 것을 가르치기 때문이다. 실로 이곳에서는 위장에 있는 바이슈바나라(불)에서 지고한 신을 보는 것을 가르친다. "'마

바나라는 위장에 있는 불이라고 이해해야만 한다.

음은 브라흐만이다'라고 계속 명상해야 한다."〈찬도 3.18.1〉라는 등에서와 같다.[154] 혹은, 이곳에서는 '위장에 있는 바이슈바나라(불)라는 한 정자'를 가지는 지고한 신을 보아야만(명상해야만) 하는 것으로 가르친다. "'마음으로 이루어진 것'은 생기를 육체로 하고, 빛의 형태이며"〈찬도 3.14.2〉라는 등에서와 같다. 그리고 만약 이곳에서 지고한 신을 말하고자 하지 않고 오직 유일하게 위장에 있는 불을 말하고자 한다면, 그 경우에 "바로 그 머리는 '밝은 빛'(천상)이고"라는 등의 징표는 실로 부적합할 것이다.

한편, 심지어 신격이나 원소로서의 불에 의지하는 경우에 어떻게 이러한 징표가[155] 합당할 수 없는지, 우리는 뒤따르는 수뜨라에서[156] 말할 것이다.

그리고 만약 오직 유일하게 위장에 있는 [불을] 말하고자 한다면, 그것은 오로지 '뿌루샤의 안에 머무는 것'이어야 할 뿐 '뿌루샤'는 아니다. 또한 바자사네야의 추종자들은[157] 그것(바이슈바나라)을 뿌루샤로도 읽는다. "그러한 이 바이슈바나라 불은 뿌루샤이다. 이와 같은 이 바이슈바나라 불을 일종의 뿌루샤로, 뿌루샤의 안에 머무는 것으로 아는 그는"〈샤따-브 10.6.1.11〉에서이다. 하지만 지고한 신의 경우에는 모든

154_ 마음을 브라흐만으로 명상하듯이 위장에 있는 불을 지고한 신으로 명상하는 것을 가르친다. 따라서 위장에 있는 불을 폐기하지 않은 채로 지고한 신을 '보는 것'(dṛṣṭi)을 가르칠 수 있다.

155_ 이러한 징표가="바로 그 머리는 '밝은 빛'(천상)이고"라는 등의 징표가.

156_ 뒤따르는 수뜨라에서=<수뜨라 1.2.27>에서.

157_ 바자사네야(Vājasaneya)는 야즈냐발끄야(Yājñavalkya)의 다른 이름이다. 그는 *Śukla-Yajurveda* 즉 *Vājasaneyi-saṃhitā*의 저자로 알려져 있다. 야즈냐발끄야는 태양신으로부터 *Śukla-Yajurveda*를 계시받는데, 그때 태양신이 말(vājin)의 형태였기 때문에 그는 '바자사네야'라고도 불리게 된다. 바자사네야의 추종자들이란 <샤따-브>를 포함하는 *Śukla-Yajurveda* 계열의 문헌들을 추종하는 자들을 가리킨다.

것을 아뜨만으로 함으로 말미암아, '뿌루샤'이자 '뿌루샤의 안에 머무는 것'이라는 양자가 합당하다.[158]

한편, "또한, 그것(바이슈바나라)을 '일종의 뿌루샤'로도 읽는다."라며 수뜨라의 한 부분을 [다르게] 읽는 자들의 경우에, 그 의미는 이러하다.[159]

[이론]: 위장에 있는 [불을] 유일하게 수용하는 경우에, 오로지 '뿌루샤의 안에 머무는 것'이어야 할 뿐 '일종의 뿌루샤'는 아니다. 또한 바자사네야의 추종자들은 그것(바이슈바나라)을 '일종의 뿌루샤'로도 읽는다. "일종의 뿌루샤로, 뿌루샤의 안에 머무는 것으로 아는"에서이다. 그리고 '일종의 뿌루샤'란, 신격적으로(대우주적으로) '천상을 머리로 가짐'에서 시작하여 '흙(지상)에 머묾'에 이르는 것이고, 또 인격적으로(소우주적으로) 잘 알려져 있듯이 '머리(정수리)를 가짐'에서 시작하여 '턱에 머묾'에 이르는 것이라고, 맥락을 통해 파악된다.[160]‖26‖

27. 바로 이로부터 [즉 언급된 근거들로부터, 바이슈바나라는] 신격이 아니고 또 원소로서의 [불도] 아니다.

ata eva na devatā bhūtaṃ ca ‖27‖

158_ 만약 바이슈바나라가 오직 위장에 있는 불이라면, '뿌루샤의 안에 머무는 것'으로서만 합당하고 '뿌루샤' 그 자체로서는 합당하지 않다. 그런데 <샤따-브 10.6.1.11>에서는 그 양자 모두인 것으로서 바이슈바나라를 묘사한다. 이 경우에 만약 바이슈바나라가 지고한 신이라면 그 양자가 분명 합당하다. 지고한 신은 모든 것을 아뜨만으로 하기 때문이다.

159_ <샤따-브 10.6.1.11>의 '일종의 뿌루샤'(puruṣavidha)라는 표현을 수뜨라에 적극 반영하는 이론자의 경우에는 수뜨라의 뒷부분을 다음과 같이 다르게 해설한다. '일종의 뿌루샤'란 '뿌루샤와 유사한 것'을 가리킨다.

160_ 흙(지상)에 머묾=흙을 두 발로 가짐. 일종의 뿌루샤란, 신격적 측면에서는 천상부터 흙(지상)까지 모든 물질적인 세상들을 자신의 육체로 가지고, 인격적 측면에서는 머리(정수리)부터 턱까지 신체의 부위들을 자신의 육체로 가진다.

[후론]: 한편, "바로 그 머리는 '밝은 빛'(천상)이고"〈찬도 5.18.2〉라는 등의 부위들을 가정하는 것은, 만뜨라의 전언에서[161] 바로 그 원소로서의 불이 천상의 세상 등과 연계되는 것을 보기 때문에 바로 그것(원소로서의 불)에 대해 가능하다고, 혹은 권능을 가지기 때문에 그것(불)을 육체로 하는 신격에 대해 가능하다고 주장한 것은 논박되어야만 한다.

이에 대하여 말한다.

바로 이로부터 즉 언급된 근거들로부터, 바이슈바나라는 신격이 아니다. 또한 바이슈바나라는 원소로서의 불도 아니다. 왜냐하면 단지 열과 빛을 본질로 하는 원소로서의 불에 대해 '천상을 머리로 가짐' 등을 가정하는 것은 합당하지 않기 때문이다. 변형물이 다른 변형물의 아뜨만이 되는 것은 불가능하기 때문이다. 마찬가지로 비록 [신격이] 권능을 가질지라도, 신격에 대해 '천상을 머리로 가짐' 등을 가정하는 것은 적합하지 않다. [신격은] 원인이 아니기 때문이고, 또 지고한 신에 의존하는 권능을 가지기 때문이다.

그리고 이 모든 입장들에서[162] '아뜨만'이라는 말이 적합하지 않다는 것은 분명 확고하다.‖27‖

28. [상징과 한정자를 가정하지 않은 채] 심지어 직접적으로 [지고한 신에 대한 계속적 명상을 수용하는 경우에 그 어떤] 모순도 없다고 자이미니는 [생각한다].

sākṣād apy avirodhaṃ jaiminiḥ ‖28‖

161_ <리그 10.88.3> 참조: "그것(불)은 [그 자체의] 광채와 함께 이 지상과 천상, 또 지상과 천상의 중간대로 널리 퍼지리라."

162_ 이 모든 입장들에서=바이슈바나라가 '원소로서의 불'이라는 입장과 '신격'이라는 입장에서.

'안에 머무름' 등과 호응하여, 위장에 있는 불을 상징으로 하는 혹은 위장에 있는 불을 한정자로 가지는 지고한 신을 명상해야만 한다고 앞서[163] 언급했다. 반면에 이제, 상징과 한정자를 전혀 가정하지 않은 채 심지어 직접적으로 지고한 신에 대한 계속적 명상을 수용하는 경우에 그 어떤 모순도 없다고 대(大)스승 자이미니는 생각한다.

[전론]: 위장에 있는 불이 수용되지 않는 경우에 '안에 머무름'에 대한 [계시서의] 글귀와 [수뜨라에서 언급한] '말 등'의 이유들은 모순되지 않겠는가?

이에 대하여 대답한다.

[후론]: 먼저 '안에 머무름'에 대한 글귀는 모순되지 않는다. 실로 "일종의 뿌루샤로, 뿌루샤의 안에 머무는 것으로 아는"〈샤따-브 10.6.1.11〉이라는 그곳에서는 위장에 있는 불을 의도하기 위해 이것(안에 머무름)을 말하지 않는다. 그것(위장에 있는 불)은 논제가 아니기 때문이고, 또 [글귀에서] 지시되지 않기 때문이다.

[전론]: 그러면 무엇이란 말인가?

[후론]: '머리에서 시작하여 턱에 이르는 뿌루샤의 부위들'과 관계하여 가상된 '일종의 뿌루샤'라는 논제를 의도하기 위해 이것(안에 머무름)을 말한다. "일종의 뿌루샤로, 뿌루샤의 안에 머무는 것으로 아는"에서이다. 예컨대, '나무에 고정된(머무는) 가지를 본다'에서처럼, 그와 마찬가지이다.[164] 혹은 인격적으로 또 신격적으로 '일종의 뿌루샤'를 한정자로

163_ 앞서=<주석 1.2.26>에서.

164_ '나무에(나무의 안에) 고정된(머무는) 가지를 본다'에서, 가지가 나무의 안에 머문다는 것이란, 가지가 실제로 나무의 안에 머무는 것을 의도하지 않는다. 단지 가지가 나무를 구성하는 것으로서 '일종의 나무' 그 자체임을 의도한다. 마찬가지로 '뿌루샤의 안에 머무는 것'에서 '안에 머무름'이란, 부위가 실제로 뿌루샤의 안에 머무는 것을 의도하지 않는다. 단지 부위가 뿌루샤를 구성하는 것으로서 '일종의 뿌루샤' 그 자체임을 의도한다. 따라서 '안에 머무름'이라는 글

가진 것이자 전적으로 그것(일종의 뿌루샤)에 대한 관찰자의 형태인 지고한 아뜨만이라는 논제를 의도하기 위해 이것(안에 머무름)을 말한다. "일종의 뿌루샤로, 뿌루샤의 안에 머무는 것으로 아는"에서이다.[165]

그리고 전후사정을 고려함으로써 지고한 아뜨만을 수용하는 것이 확정되는 경우, 오직 그것과 관계한 채로 '바이슈바나라'라는 말은 특정한 어원을 통해 의미를 가질 것이다. '비슈바나라'는 '모든 것(비슈바)이고 또 사람(나라)인 그것'이므로 지고한 아뜨만이고, 혹은 '모든 것(비슈바)들에 대한 사람(나라)인 그것'이므로 지고한 아뜨만이고, 혹은 '모든(비슈바) 사람(나라)들이 속하는 그것'이므로 지고한 아뜨만이다. 모든 것을 아뜨만으로 하기 때문이다. 바로 이 '비슈바나라'가 바이슈바나라이다. 파생접사는 다른 의미를 만들지 않는다.[166] '악마', '까마귀' 등에서와 같다.[167]

'불'이라는 말조차 '앞에서 이끄는 것' 등의 어원에 의존함으로써 오직 지고한 아뜨만과 관계할 것이다.[168] 모든 것을 아뜨만으로 함으로 말미암아, 가르하빠뜨야 불 등으로 가정되는 것과 쁘라나에게 공물을 제공하는 자리로 [언급되는] 것은,[169] 지고한 아뜨만에 대해서도 합당

귀로부터 위장에 있는 불을 수용할 필요는 없다.

165_ 계시서에서 '안에 머무름'이란, 일종의 뿌루샤를 한정자로 가지고 또 그 뿌루샤의 관찰자로 존재하는 지고한 아뜨만을 의도한다. 다시 말해, 부위를 한정자로 가지고 또 그 부위의 관찰자로 존재하는 내재적 아뜨만을 의도한다.

166_ 파생접사(taddhita)=명사 어간, 정형(定形)인 동사 형태, 불변화사에 첨가됨으로써 명사 어간, 불변화사를 만드는 접사. '비슈바나라'(Viśvānara)에 파생접사가 첨가된 형태가 '바이슈바나라'(Vaiśvānara)이지만, 이 경우에 파생접사는 다른 의미를 만들지 않으므로 전자가 가진 의미는 그대로 유지된다.

167_ 'rakṣas'와 그것에 파생접사가 첨가된 형태인 'rākṣasa'는 모두 악마를 뜻한다. 'vayas'와 그것에 파생접사가 첨가된 형태인 'vāyasa'는 모두 까마귀를 뜻한다.

168_ '불'을 뜻하는 'agni'는 '앞에서(agra) 이끄는(√nī) 것' 즉 'agraṇītva'라고 풀이된다. 앞에서 이끄는 것은 지고한 아뜨만이라고 간주할 수 있다.

하다.‖28‖

[전론]: 그렇다면 지고한 신을 수용하는 경우에 어떻게 '한 뼘의 척도' 라는 계시어가[170] 합당하다는 말인가?

이를 설명하기 위해 [다음 수뜨라를] 시작한다.

29. [만약 지고한 신을 수용하는 경우에 어떻게 '한 뼘의 척도'라는 계시어가 합당하냐고 한다면, 그 자체의] 현시로 말미암아 ['한 뼘의 척도'가 지고한 신과 관계해서도 합당하다고] 아슈마라트야는 [생각한다].

abhivyakter ity āśmarathyaḥ ‖29‖

[후론]: 지고한 신이 척도를 초월함에도 '한 뼘의 척도'를 가지는 것은 [그 자체의] 현시 때문일 수 있다. 지고한 신은 명상자들을 위하여, '한 뼘의 척도'라는 부피를 가진 것으로, 실로 현시한다. 혹은 지각 가능한 장소들인 심장 등의 특정한[171] 부위들에 특별히 현시한다.

그러므로 [그 자체의] 현시로 말미암아 '한 뼘의 척도'라는 계시어는 지고한 신과 관계해서도 합당하다고 대스승 아슈마라트야는 생각한다.‖29‖

30. 지속적 상기[172] 때문에 [즉 마음에 의해 지속적으로 상기되는 지고

169_ <주석 1.2.26>의 전론 참조.

170_ '한 뼘의 척도'라는 계시어가=<찬도 5.18.1>에 등장하는 '한 뼘의 척도'(prādeśamātra)라는 계시서의 말이.

171_ * '특정한'(-viśeṣeṣu)이라는 표현은 Samata에만 추가로 등장한다.

172_ '지속적 상기'(anusmṛti)는 계속적 명상에서 필수적이다. 계속적 명상이란 외부의 관념을 배제한 채 집중의 대상을 지속적으로 상기하는(떠올리는) 것이기

한 신이 '한 뼘의 척도'라고 불리기 때문에 '한 뼘의 척도'는 지고한 신과 관계한다고] 바다리는 [생각한다].

anusmṛter bādariḥ ‖30‖

혹은 '한 뼘의 척도'인 심장에 머무르는 마음에 의해[173] 지속적으로 상기되는 그것(지고한 신)은 '한 뼘의 척도'라고 불린다. 예컨대 쁘라스타[174]에 의해 재어진 보리들이 '쁘라스타'라고 불리듯이, 그와 마찬가지이다.[175] 그리고 비록 보리들의 경우에는 바로 그 자체에 존재하는 부피가 쁘라스타와의 연계를 통해 드러나게 되지만 이 경우에는 심장과의 연계를 통해 드러나게 되는 '지고한 신 [그 자체에] 존재하는 그 어떤 부피'도 없을지라도, 어쨌든 [마음의] '지속적 상기'에 근거하는 방식으로 '한 뼘의 척도'라는 계시어를 거론하는 것은 가능하다고 말해진다. 혹은 '한 뼘의 척도'라는 계시어의 유용성을 위하여, 그것(지고한 신)은 '한 뼘의 척도'를 가지지 않음에도 '한 뼘의 척도'를 가지는 것으로 지속적으로 상기되어야만 한다.

그래서 지속적 상기 때문에 '한 뼘의 척도'라는 계시어는 지고한 신과 관계한다고 대스승 바다리는 생각한다.‖30‖

때문이다.

173_ 마음(manas)은 자기 주먹 정도 크기인 심장에 머무른다고 알려져 있다. 따라서 심장이 '한 뼘의 척도'라는 것은 마음이 '한 뼘의 척도'라는 의미와 통한다. 이러한 연관에서 '한 뼘의 척도'(prādeśamātra)는 '한 뼘인(prādeśena) 마음에 의해(manasā) 재어진 것(mita)'이라고 풀이될 수 있다.

174_ 쁘라스타(prastha)=곡물의 양을 재는 단위 중의 하나.

175_ '보리를 재는 척도'와 '그 척도에 의해 재어진 보리'를 똑같이 '쁘라스타'라고 부른다. 예를 들어, '보리 한 되'를 그저 '한 되'라고 부르는 것과 같다. 마찬가지로 '지고한 신을 상기하는 마음(심장)'과 '그 마음(심장)에 의해 상기된 지고한 신'을 똑같이 '한 뼘의 척도'라고 부른다.

31. [바이슈바나라의 부위들과 육체의 부위들 사이의] 결합 때문에 ['한 뼘의 척도'는 지고한 신과 관계한다고] 자이미니는 [생각한다]; 왜냐하면 [계시서가] 그렇게 보여주기 때문이다.

saṃpatter iti jaiminis tathā hi darśayati ‖31‖

혹은 '한 뼘의 척도'라는 계시어는 결합 때문일 수 있다.

어떤 근거에서? 왜냐하면 유사한 맥락의 '바자사네이 브라흐마나'[176]는, [신격적으로] 천상에서 시작하여 흙(지상)으로 끝나는 '3개의 세상들의 아뜨만인 바이슈바나라의 부위들'을, 인격적으로 머리(정수리)에서 시작하여 턱으로 끝나는 '육체의 부위들'에 결합시킴으로써, 지고한 신이 '한 뼘의 척도'와 결합되는 것을, 그렇게 보여주기 때문이다. "소위 한 뼘의 척도인 [그를] 잘 알게 된 신격들은 실로 [그에게] 결합되었다. 내가 한 뼘의 척도 자체를 [그에게] 결합시키는 바대로, 그와 같이 나는 그것들(부위들)을 그대들에게 말할 것이다. 이렇게 그(왕)가 말했다. 머리(정수리)를 가리키면서 '이것이 최고인 것(천상)으로서 바이슈바나라이다.'라고 말했다. 두 눈을 가리키면서 '이것이 밝은 빛(태양)으로서 바이슈바나라이다.'라고 말했다. 두 콧구멍을 가리키면서 '이것이 다양한 경로로 이루어진 것(공기)으로서 바이슈바나라이다.'라고 말했다. 입의 공동을 가리키면서 '이것이 광대함(에테르)으로서 바이슈바나라이다.'라고 말했다. 입의 침을 가리키면서 '이것이 부유함(물)으로서 바이슈바나라이다.'라고 말했다. 턱을 가리키면서 '이것이 지지대(흙)로서 바이슈바나라이다.'라고 말했다."에서이다. '턱'이라는 것은 얼굴의 아래쪽 넓적뼈를 지시한다.

비록 바자사네야까(바자사네이 브라흐마나)에서 천상은 '최고인 것'이

176_ '바자사네이 브라흐마나'=<샤따-브>의 산문.

라는 속성으로 또 태양은 '밝은 빛'이라는 속성으로 전해지고, 또 다시 찬도그야에서 천상이 '밝은 빛'이라는 속성으로 또 태양이 '무수한 형태'라는 속성으로 전해질지라도, 이러한 만큼의 차이에 의해 [우리의 결론은] 전혀 해를 입지 않는다. '한 뼘의 척도'라는 계시어는 한결같기 때문이다. 또 모든 분파들이 확신하기 때문이다.[177]

결합 때문에 '한 뼘의 척도'라는 계시어가 [지고한 신과 관계한다는 것이] 더 합리적이라고 대스승 자이미니는 생각한다.‖31‖

32. 또한 [자발라의 추종자들은] 그것(지고한 신)이 그곳에서 [즉 '한 뼘의 척도'인 머리와 턱의 한가운데서 머문다고] 언급한다; [따라서 바이슈바나라는 지고한 신이다].

āmananti cainam asmin ‖32‖

또한 자발라의 추종자들은, 그것이 즉 지고한 신이, 그곳에서 즉 머리(정수리)와 턱의 한가운데에서 [머문다고] 언급한다. "무한하고 불가사의한 이 아뜨만은 '아비묵따'(해탈되지 않은 개별자아)에 머뭅니다. 그 '아비묵따'는 어디에 머뭅니까? 바라나와 나시의 중간에 머뭅니다. 바라나는 무엇이고, 또 나시는 무엇입니까?"〈자발 2〉에서이다. 또한 그곳에서는 바로 '이것'(눈썹)과 '코'에 대해, [각각] 기관에 의해 야기되는 모든 죄악들을 '막으므로' 그것은 '바라나'이고 기관에 의해 야기되는 모든 죄악들을 '파괴하므로' 그것은 '나시'라고 하면서 바라나와 나시라는 어원을 추적한 뒤에,[178] 한층 나아가 "어느 것이 또 이것(아비묵따)의

177_ 비록 베다의 각 분파에 따라 바이슈바나라의 속성(세부사항)들이 약간씩 상이하게 전해질지라도, '한 뼘의 척도'는 오직 지고한 신과 관계할 뿐이다. 왜냐하면 '한 뼘의 척도'라는 계시어가 모든 베다에서 한결같고 또 모든 분파에서 바이슈바나라에 대한 계속적 명상이 동일하다는 것을 확신하기 때문이다.

자리가 됩니까? 두 눈썹과 코의 연결부(連結部)인 그것이 천상 세계와 다른 것(지상)의 연결부가 됩니다." 〈자발 2〉라고 언급한다. 따라서 '한 뼘의 척도'라는 계시어는 지고한 신에 대해 합당하다.[179]

'아비비마나'라는 계시어는[180] 내재적 아뜨만을 의도한다. 모든 생명체들에 의해 내재적 아뜨만인 것으로 '직접 재어지므로' 아비비마나이다.[181] 혹은 내재적 아뜨만임으로 말미암아 '가까이 있는 그것'이고 또 '재는 것'(측정)으로부터 배제됨으로 말미암아 '재는 것(측정)을 벗어나는 그것'이므로 아비비마나이다.[182] 혹은 세계의 원인임으로 말미암아 모든 것을 '재므로' 아비비마나이다.[183]

그러므로 바이슈바나라는 지고한 신이라고 정립된다.‖32‖

178_ 눈썹으로서의 바라나(varaṇā)는 기관에 의해 야기되는 모든 죄악들을 '막는다'(vārayati, √vṛ). 코로서의 나시(nāsī)는 기관에 의해 야기되는 모든 죄악들을 '파괴한다'(nāśayati, √naś). 이러한 것이 각각 바라나와 나시의 어원이다.

179_ 바라나로서 눈썹과 나시로서 코의 중간인 그 연결부(saṃdhi)가 개별자아의 자리이다. 그 자리는 천상(정수리)과 지상(턱)의 한가운데이다. 그래서 그 연결부는 정수리에서부터 또 턱에서부터 '한 뼘의 척도'이다. 무한하고 불가사의한 아뜨만이 그 자리에 머문다고 계시되므로, 한 뼘의 척도는 지고한 신에 대해서 합당할 뿐이다.

180_ <찬도 5.18.1> 참조.

181_ 아비비마나(abhivimāna)란, 모든 생명체들을 통해 내재적 아뜨만이라고 '직접(abhivi) 재어지는(mīyate)' 즉 '직접 알려지는' 것이다.

182_ 아비비마나란, 내재적 아뜨만으로서 '가까이 있는'(abhigata) 것이자, 잴 수 없는 것으로서 '재는 것(측정)을 벗어나는'(vimāna) 것이다.

183_ 아비비마나란, 세계의 원인으로서 모든 것을 '재는'(abhivimimīte) 즉 '창조하는' 것이다.

제3절

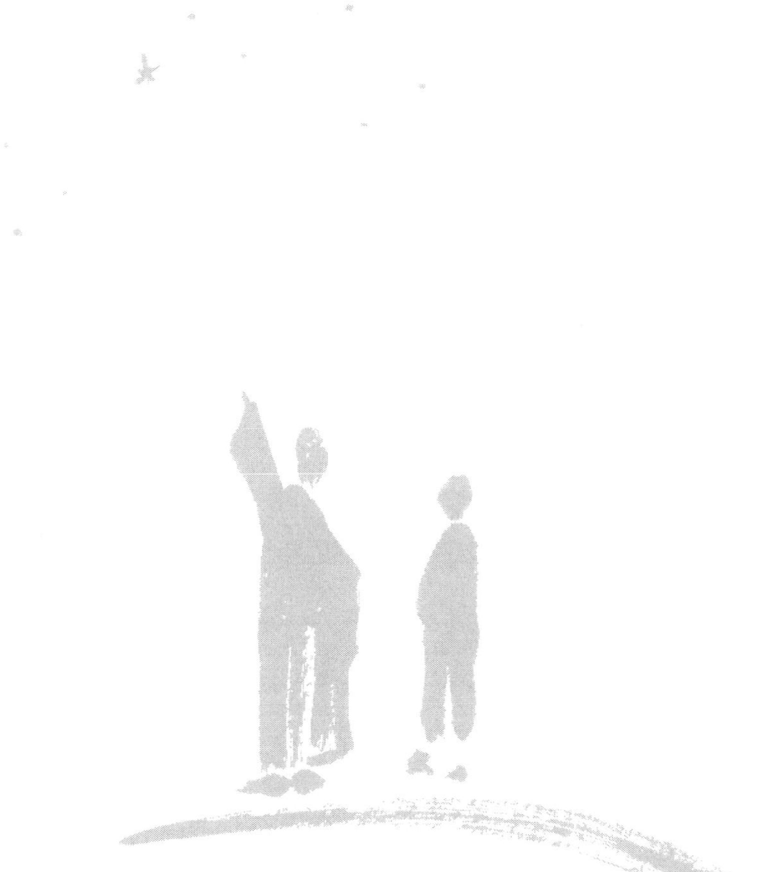

{ 1. '천상, 지상 등'이라는 주제: 수뜨라 1-7 }

1. 천상, 지상 등의 처소는 [지고한 브라흐만이다]; 자체에 대한 말 때문이다.

dyubhvādyāyatanaṃ svaśabdāt ‖1‖

이렇게 계시된다. "그 무엇에서 천상과 지상과 중간대가, 그리고 모든 생기(기관)들과 함께 마음이 엮인다. 바로 그것을 단일한(유일한) 아뜨만으로 알도록 하라. 다른 이야기(말)들은 그만두도록 하라. 그것이 불멸의 다리일지니!"〈문다 2.2.5〉에서이다.

이곳에서는 '천상을 비롯한 것들의 엮임'이라는 글귀로부터 알려지는 그 어떤 처소가 지고한 브라흐만일 것인지, 그렇지 않으면 [브라흐만과는] 다른 대상일 것인지 의문스럽다.

[전론]: 이 경우에 단연 다른 대상이 처소일 것이라고 귀결된다.

무엇 때문에? "그것이 불멸의 다리일지니!"라고 계시되기 때문이다. 실로 다리는 '건너편을 가지는 것'이라고 이 세상에 널리 알려져 있다. 그러나 지고한 브라흐만이 건너편을 가진다고는 용인될 수 없다. "무한이고 무한정이며"[1]〈브리 2.4.12〉라고 계시되기 때문이다.

그리고 [브라흐만과는] 다른 대상인 처소를 수용하는 경우에, 전승서에서 잘 알려져 있는 쁘라다나를 수용해야만 한다. 그것(쁘라다나)이 원인임으로 말미암아 처소가 되는 것은 합당하기 때문이다. 혹은 계시서에 잘 알려져 있는 공기일 것이다. "가우따마여, 실로 공기가 그 '실'입니다. 가우따마여, '실'인 공기에 의해 이 세상과 저 세상, 그리고 모

1_ '무한정'(apāram)이란 글자 그대로는 '건너편(pāra)이 없음(a)'이라는 뜻이다.

든 존재들이 함께 엮이게 됩니다."〈브리 3.7.2〉라며 공기마저 지지하는 것이라고 계시되기 때문이다.[2] 혹은 육화된 자일 것이다. 그것마저 향유주체임으로 말미암아 향유대상인 복합현상계와 관계하여 처소가 되는 것은 합당하기 때문이다.

이와 같은 귀결에서 이렇게 말한다.

[후론]: 천상, 지상 등의 처소는 [지고한 브라흐만이다]. '천상, 지상'이란 천상과 또 지상이고, 그 '천상, 지상 등'이란 천상과 지상을 시작으로 하는 것이다. 이 문장에서 '천상, 지상, 중간대, 마음, 생기들과 같은 것들로 이루어진 그 세계'는 '엮이는 것'으로 지시되는데, 그것(세계)의 처소는 지고한 브라흐만이어야만 한다.

어떤 근거에서? 자체에 대한 말 때문이다. '아뜨만'이라는 말 때문이라는 뜻이다. 실로 이곳에는 "바로 그것을 단일한 아뜨만으로 알도록 하라."라며 '아뜨만'이라는 말이 있다. 그리고 '아뜨만'이라는 말은 지고한 아뜨만을 수용하는 경우에 참으로 적절할 뿐, 다른 대상을 수용하는 경우에는 적절하지 않다. 또한 어떤 곳에서는 "얘야, 이 모든 창조물들은 존재를 근원으로 하고, 존재를 처소로 하며, 존재를 지지대(귀의처)로 한다."〈찬도 6.8.4〉라며 오직 자체에 대한 말을 통해 브라흐만이 처소라고 계시된다.[3] 게다가 이곳에서는 앞과 뒤에서 오직 자체에 대한 말을 통해 브라흐만이 언급된다. "오직 뿌루샤만이 이 모든 것이다. 의례이고 고행이며 브라흐만이고 지고의 불멸이다."〈문다 2.1.10〉에서

2_ 공기는 마치 실(sūtra)처럼 모든 세상들과 모든 존재들을 함께 엮기 때문에, 그것은 모든 것을 지지한다고 말할 수 있다. 다른 한편, <문다 2.2.5>에서 '다리'를 뜻하는 'setu'라는 말은 '둑'이나 '댐'을 뜻하기도 한다. 둑이나 댐은 물을 가두는 '처소'이고 물이 흐르지 않도록 '지지하는 것'이다.

3_ <찬도 6.8.4>에서 '존재'(sat)라는 말은 브라흐만을 가리킨다. 따라서 '존재'라는 말은 브라흐만 '자체에 대한 말'(svaśabda)이다. 결국 '존재를 처소로 하며'란 '브라흐만을 처소로 하며'와 같은 뜻이다.

이다. 또한 "실로 그것은 불멸인 브라흐만이다. 앞쪽(동쪽)에 브라흐만이며 뒤쪽(서쪽)에 브라흐만이다. 또한 오른쪽(남쪽)에도 왼쪽(북쪽)에도"〈문다 2.2.11〉에서이다.

한편 이 경우, 처소(브라흐만)와 처소를 가지는 것(세계)의 관계가 계시되기 때문에, 또 '모든 것은 브라흐만이다.'라는 동격 관계 때문에, 실로 예컨대 가지 · 줄기 · 뿌리라는 다수(多數)로 이루어진 나무처럼 아뜨만도 그와 같이 혼성적이고 혼합적이라는 의문이 발생한다.[4] 이를 물리치기 위해 "바로 그것을 단일한 아뜨만으로 알도록 하라."라며 한정적(확정적)으로 말한다.

말한 바는 이러하다: 아뜨만을 '결과로서의 복합현상계를 특징으로 하는 혼합적인 것'이라고 알아서는 안 된다. 그렇다면 무엇이라고 알아야만 하는가? 무지에 의해 야기된 결과로서의 복합현상계를 지식을 통해 완전하게 소멸함으로써, '바로 그것을' 즉 처소로 존재하는 것을, '단일한 아뜨만으로' 즉 동질적인 것으로, '알도록 하라'. 예컨대, '데바닷따가 앉아 있는 그것을 가져오라.'라고 말하는 경우에는 데바닷따가 아니라 오직 자리[5]만을 가져온다. 그와 마찬가지로 [이곳에서는] 오직 처소로만 존재하는 동질적인 아뜨만을 알아야만 하는 것으로 가르친다. 게다가 "이곳에 마치 다양함이 있는 듯이 보는 자는, 죽음으로부터 죽음으로 향한다."〈까타 4.11〉라며 변형인 비실재에 몰입하는 자를 힐난하는 것이 계시된다. 그리고 '모든 것은 브라흐만이다.'라는 동격 관계는 복합현상계의 해소를 의도할 뿐 비(非)동질성의 확립을 의도하

4_ '모든 것은 브라흐만이다'라는 문장에서 '모든 것'과 '브라흐만'은 동격이다. 즉 이 문장은 다양성을 본질로 하는 세계와 단일성을 본질로 하는 브라흐만이 동일하다는 것을 의미한다. 이런 점에서 이 문장으로부터 아뜨만조차도 세계처럼 다양성을 가진다는 의문이 발생할 수 있다. 하지만 이 문장의 본래 취지는 세계의 다양성을 해소하고 브라흐만의 단일성(유일성)을 강조하는 데 있다.

5_ 자리(āsana)=방석, 의자 등의 앉는 도구.

지는 않는다. "이는 마치 안이 없고 밖이 없으며 전적으로 맛 덩어리일 뿐인 소금 덩어리와 같습니다. 여보, 마찬가지로 이 아뜨만은 안이 없고 밖이 없으며 전적으로 지식 덩어리일 뿐입니다."〈브리 4.5.13〉라며 [아뜨만의] 동질성이 계시되기 때문이다. 따라서 천상, 지상 등의 처소는 지고한 브라흐만이다.

한편, '다리'에 대한 계시 때문에, 또 다리가 '건너편을 가지는 것'은 합당하기 때문에, 브라흐만과는 다른 대상이 천상, 지상 등의 처소여야만 한다고 주장한 것에 관해서 대답한다. 이곳에서[6] '다리'에 대한 계시는 [다리가] '단지 지지하는 것'임을 말하고자 할 뿐, '건너편을 가지는 것'임 등을 말하고자 하지 않는다. 왜냐하면 이 세상에서 흙과 나무로 만들어진 다리가 관찰된다고 해서 이곳에서조차 한갓 흙과 나무로 만들어진 다리가 용인되지는 않기 때문이다. 심지어 '다리'라는 말의 의미도, 그저 '단지 지지하는 것'일 뿐 '건너편을 가지는 것' 등은 아니다. 묶는 행위를 [뜻하는] 어근 '시'가 '다리'라는 말의 어원이기 때문이다.[7]

혹자는 말한다.

[이론]: "바로 그것을 단일한 아뜨만으로 알도록 하라."에서 언급된 그 '아뜨만에 대한 지식'과 또 "다른 이야기(말)들은 그만두도록 하라." 에서 언급된 그 '말의 중지'가, 이곳에서 불멸성의 성취수단임으로 말미암아 "그것이 불멸의 다리일지니!"라는 '다리'에 대한 계시를 통해 언급될 뿐, 천상, 지상 등의 처소가 언급되지는 않는다.[8]

6_ * Samata에는 '이곳에서'(atra)라는 표현 대신에 '오직'(eva)이라는 표현이 등장한다.

7_ '묶음'(bandhana)을 뜻하는 √si(ṣiñ)가 다리, 둑, 댐의 어원이다.

8_ "그것이 불멸의 다리일지니!"라는 계시에서 '다리'라는 말은 성취수단(sādhana)을 뜻한다. 이 경우에 '그것'이라는 말은 불멸을 이루는 구체적인 성취수단을 가리킨다. 그리고 '그것'이란 앞서 제시된 두 가지이다. 즉 '아뜨만에 대한 지

[후론]: 이 경우에, '다리'에 대한 계시 때문에 브라흐만과는 다른 대상이 천상, 지상 등의 처소여야만 한다고 주장한 것은 합리적이지 않다.[9]‖1‖

2. 해탈한 자들이 [그것(처소)에] 도달할 수 있다고 언급하기 때문에, [천상, 지상 등의 처소는 지고한 브라흐만이다].
muktopasṛpyavyapadeśāt ‖2‖

이로 말미암아 또한, 오직 지고한 브라흐만이 천상, 지상 등의 처소이다. 해탈한 자들이 그것(처소)에 도달할 수 있다고 언급하는 것이 알려지는 까닭에서이다. [복합어인] '해탈한 자-도달할 수 있음'이란 '해탈한 자들이 도달할 수 있음'을 [뜻한다].

'나는 육체 등의 아뜨만이 아닌 것들에서 존재한다'라는 [식의] 자기에 대한 관념인 무지, 그로부터 그것들(아뜨만이 아닌 것들)을 중시하는 것 등과 관계하는 애욕, 그것들을 무시하는 것 등과 관계하는 혐오, 그것들의 절멸을 봄으로써 [생기는] 공포와 미혹 등, 이와 같이 무한히 분기되고 지속되는 이 '해악의 무더기'는 우리 모두들에게서 명백하다. 그와 반대로, 무지 · 애욕 · 혐오 등의 결점으로부터 자유로운 자들이 '그것'에 도달할 수 있다고 즉 ['그것'을] 획득할 수 있다고, 천상, 지상 등의 처소를 주제로 삼은 후 언급한다. 어떻게? "지고한 것(원인)이자 지고하지 않은 것(결과)인 그것(아뜨만)이 보일 때, 마음의 매듭이 끊기

식'과 '말의 중지'이다. 따라서 '다리'에 대한 이 계시에서는 불멸의 성취수단이 언급될 뿐 천상, 지상 등의 처소가 아예 언급되지 않는다.

9_ 이론자는, <문다 2.2.5>에서 천상, 지상 등의 처소가 언급되기는 하지만 '다리'에 대한 계시에서만큼은 그 처소가 언급되지 않는다고 해설한다. 따라서 '다리'에 대한 계시 때문에 브라흐만과는 다른 대상이 처소여야만 한다고 전론자가 주장한 것은 여전히 합당하지 않다.

고 모든 의심들이 풀리며, 또한 그의 행위들이 소멸된다."〈문다 2.2.8〉라고 말한 뒤에, "마찬가지로 지식을 가진 자는 명칭과 형태로부터 자유로워지고, 지고한 것보다 더 지고한 신성의 뿌루샤에 도달한다."〈문다 3.2.8〉라고 언급한다.

게다가 해탈한 자가 브라흐만에 도달할 수 있다는 것은 "그의 가슴에 머무는 모든 욕망들이 멈출 때, 그러면 [그의] 사멸은 불멸이 되고, 그는 그곳에서 브라흐만을 획득하리라."〈브리 4.4.7〉라고 이렇게 운운하는 성전에서 잘 알려져 있다. 반면에 해탈한 자가 쁘라다나 등에 도달할 수 있다고는 그 어디에서도 잘 알려져 있지 않다.

더 나아가 "바로 그것을 단일한 아뜨만으로 알도록 하라. 다른 이야기(말)들은 그만두도록 하라. 그것이 불멸의 다리일지니!"〈문다 2.2.5〉라며 이곳에서는 천상, 지상 등의 처소가 '말의 중지를 앞세운 채로 알아야만 하는 것'이라고 언급된다. 그리고 그것은[10] 다른 계시서에서 브라흐만이라고 알려진다. "바로 그것을 알고 나서 현명한 브라흐마나는 앎을 행해야 하리라. 많은 말들을 묵상하지 말아야 하리라. 왜냐하면 그것은 언어의 피폐이기 때문이리라."〈브리 4.4.21〉에서이다.

또한 그러므로 천상, 지상 등의 처소는 지고한 브라흐만이다.‖2‖

3. 추론된 것인 [쁘라다나는 천상, 지상 등의 처소가] 아니다; 그러한 말이 [즉 쁘라다나를 증명하는 말이] 없기 때문이다.

nānumānam atacchabdāt ‖3‖

[계시서에서] '브라흐만'을 증명하는 특별한 근거를 언급하는 것과는 달리 '다른 대상'을 증명하는 특별한 근거를 언급하지 않으므로, [수뜨

10_ 그것은=말의 중지를 앞세운 채로 알아야만 하는 것은.

라 저자는] 말한다. 추론된 것으로서 상크야 전승서에서 형성된 쁘라다나가 이곳에서 천상, 지상 등의 처소로 수용되어서는 안 된다.

무엇 때문에? 그러한 말이 없기 때문이다. [복합어인] '그러한-말'은 비의식체인 그 쁘라다나를 증명하는 말이고, [복합어인] '그러한-말-없음'은 그러한 말이 없음이다. 왜냐하면 이곳에서는 비의식체인 쁘라다나를 증명하는, 즉 비의식체인 쁘라다나가 원인이라거나 처소라고 알 수 있게끔 하는, 그 어떤 말도 없기 때문이다. '그것과는 상반되는 의식체'를 증명하는 말은 이곳에 있다. "모든 것을 [넓게] 알고 모든 것을 [깊게] 알며"〈문다 1.1.9〉라는 등이다. 바로 이로부터 공기마저 이곳에서 천상, 지상 등의 처소로 받아들여지지 않는다.‖3‖

4. 또한 생명체(개별자아)는 [천상, 지상 등의 처소가 아니다; 그러한 말이 없기 때문이다].

prāṇabhṛc ca ‖4‖

비록 생명체 즉 인식적 아뜨만(개별자아)이 아뜨만이자 의식체일 수 있을지라도, 여전히 '한정자에 의해 제한된 지식'에서 전지성 등이 불가능한 경우에,[11] 바로 그 때문에 즉 '그러한 말이 없기 때문에'[12] 생명체 또한 천상, 지상 등의 처소로 받아들여져서는 안 된다. 게다가 '한정자에 의해 제한되고 편재하지 않는 생명체'가 천상, 지상 등의 처소라는 것조차 온전히 가능하지 않다.

[이 수뜨라를] 별도로 적용시키는 것은 뒤의 [수뜨라를] 위해서이

11_ 생명체인 인식적 아뜨만(개별자아)이 가지는 '한정자에 의해 제한된 (미미한) 지식'에서 전지성 등이 불가능하다고 잘 알려져 있는 경우에.

12_ 그러한 말이 없기 때문에=추론된 것인 쁘라다나를 증명하는 말이 없듯이 생명체 즉 개별자아를 증명하는 말이 없기 때문에.

다.[13]‖4‖

또 어떤 근거에서 생명체가 천상, 지상 등의 처소로 받아들여져서는 안 되는가?

5. [지식주체와 지식대상의 즉 생명체와 브라흐만의] 차이를 언급하기 때문에, [생명체는 천상, 지상 등의 처소가 아니다].

bhedavyapadeśāt ‖5‖

또한 이곳에는, "바로 그것을 단일한 아뜨만으로 알도록 하라."〈문다 2.2.5〉라며 '지식대상과 지식주체의 관계'에 따르는 차이를 언급한다. 이 경우에 당장 생명체(개별자아)가 해탈에 대한 욕구로 말미암아 지식주체이다.[14] 결과적으로 '아뜨만'이라는 말로 지시되는 브라흐만이 지식대상이자 천상, 지상 등의 처소라고 이해될 뿐 생명체는 아니다.‖5‖

또 어떤 근거에서 생명체가 천상, 지상 등의 처소로 받아들여져서는 안 되는가?

13_ 생명체(개별자아)가 천상, 지상 등의 처소일 수 없다는 것은 <수뜨라 1.3.3>에서와 '동일한 이유'(그러한 말이 없기 때문이다)로부터 알려진다. 그래서 이 수뜨라는 앞선 수뜨라에 포함될 수 있다. 그럼에도 이 수뜨라는 '별도의 수뜨라'로 적용된다. 이는 <수뜨라 1.3.5-7>에서 오직 개별자아에 관해 논의할 예정이기 때문에 뒤따르는 수뜨라들과 자연스럽게 연결시키기 위해서이다. 이 문장에 등장하는 '요가'(yoga)라는 말은 '적용'이라는 뜻이다.

14_ <문다 2.2.5>에는 앎의 주체와 대상이 구분된 채로 등장한다. 이 경우에 해탈에 대한 욕구를 가지는 개별자아가 널리 알려져 있듯이 그 앎의 주체 또는 지식주체일 수밖에 없다.

6. [지고한 아뜨만에 대한] 맥락 때문에, [생명체는 천상, 지상 등의 처소가 아니다].

prakaraṇāt ‖6‖

또한 이는 지고한 아뜨만에 대한 맥락이다. "존경스러운 이여, 과연 무엇을 알 때 이 모든 것을 알게 됩니까?"〈문다 1.1.3〉에서 '모든 것에 대한 지식'이 '하나에 대한 지식'에 의존하기 때문이다. 실로 모든 것을 아뜨만으로 하는 '지고한 아뜨만'이 알려질 때에 이 모든 것이 알려질 수 있다. 단지 생명체가 알려질 때에는 알려질 수 없다.‖6‖

또 어떤 근거에서 생명체가 천상, 지상 등의 처소로 받아들여져서는 안 되는가?

7. 또한 남아 있음과 먹음 때문에 [즉 양자로부터 신과 개별자아가 이해되고, 천상, 지상 등의 처소로 신을 말하고자 한다면 개별자아로부터 신을 구별한 채 말하는 것이 적절하기 때문에, 생명체는 천상, 지상 등의 처소가 아니다]; [따라서 오직 지고한 브라흐만이 천상, 지상 등의 처소이다].

sthityadanābhyāṃ ca ‖7‖

또한 천상, 지상 등의 처소를 주제로 삼은 후, "함께하는 동료인 두 마리의 새가"〈문다 3.1.1〉라는 곳에서 남아 있음과 먹음을 교시한다. "둘 중에 하나는 달콤한 과육을 먹고"〈문다 3.1.1〉에서는 행위의 결과를 먹는 것을, 또 "다른 하나는 먹지 않은 채 구경한다."〈문다 3.1.1〉에서는 부동심(不動心)으로 남아 있는 것을 [교시한다]. 결국 그곳에서는 그 남아 있음과 먹음 때문에 '신'과 '몸을 아는 자'(개별자아)가 이해된다. 그리고 만약 천상, 지상 등의 처소로서 신을 말하고자 한다면, 그 경우에 몸을 아는 자로부터 논제인 그 신을 구별한 채 말하는 것은 적절하다. 왜냐하면 그렇지 않은 경우에 논제가 아닌 것에 대한 말은 근거도 없고 조리도 없을 것이기 때문이다.[15]

[전론]: 당신에게도 '신으로부터 몸을 아는 자를 구별한 채 말하는 것은 한갓 근거 없다'는 부조리한 결말이 생기지 않겠는가?[16]

[후론]: 아니다. 그것(몸을 아는 자)을 말하고자 하지 않기 때문이다. 실로 오직 일상으로부터 몸을 아는 자가 각각의 육체마다 행위주체로서 또 향유주체로서 지성 등의 한정자와 연계된다고 잘 알려져 있을 뿐, 계시서는 그것을 취지로서 말하고자 하지 않는다. 반면에 일상으로부터 신은 잘 알려져 있지 않음으로 말미암아 계시서는 [신을] 취지로서 말하고자 하므로, 그것(신)에 대한 말이 근거 없다는 것은 합리적이지 않다.[17]

'두 마리의 새'라는 그 시구에서 신과 몸을 아는 자가 지시된다는 점은 "공동에 들어간 것은 두 아뜨만들이다 [즉 인식적 아뜨만과 지고한 아뜨만이다]; 왜냐하면 [계시서와 전승서는 지고한 아뜨만이 공동에

15_ 천상, 지상 등의 처소로서 신을 말하고자 하지 않은 경우에 신은 논제가 아닌 것이 된다. 이로부터 논제가 아닌 것과 관계하는 <문다 3.1.1>은 근거도 없고 조리도 없는 말에 지나지 않게 된다.

16_ 후론자는 <문다 3.1.1>에서 "둘 중에 하나는 달콤한 과육을 먹고, 다른 하나는 먹지 않은 채 구경한다."라는 문장이 '개별자아로부터 신을 구별한 채 말하는 것'이라고 이해한다. 하지만 이 문장은 그 반대로 '신으로부터 개별자아를 구별한 채 말하는 것'이라고도 이해할 수 있다. 따라서 만약 신이 논제라면, 신으로부터 개별자아를 구별한 채 말하는 이 문장의 취지는 한갓 근거 없는 것이 되고 만다.

17_ 신이 일상에서 잘 알려져 있지 않다는 것은 곧 신이 초감각적인 대상이라는 의미이다. 계시서는 초감각적인 대상에 대한 지식을 들려주므로 신이 계시서의 취지라는 것은 합당하다. 따라서 신에 대한 계시서의 말이 근거 없다고 해서는 안 된다.

놓이는 것을 그렇게 보여주기] 때문이다."〈수뜨라 1.2.11〉라는 곳에서도 밝혔다. 비록 『빠잉기 우빠니샤드』에서 제시한 설명을 좇아 그 시구에서 삿뜨바(내부기관)와 몸을 아는 자(개별자아)가 지시될지라도,[18] 여전히 조금의 모순도 없다. 어떻게? 왜냐하면 항아리 등에 의해 [제한된] 공간처럼 생명체(개별자아)는 '각각의 육체에서 삿뜨바 등의 한정자를 자기로 가정하는 것'이라고 파악됨으로써 이곳에서 천상, 지상 등의 처소는 아니라고 부정되기 때문이다. 반면에 '모든 육체들에서 한정자들이 없는 것'이라고 간주되는 것은 바로 그 지고한 아뜨만이다.[19] 예컨대 '항아리 등에 의해 [제한된] 공간들'이 '항아리 등의 한정자들이 없는 것이라고 간주되는 우주적 공간' 그 자체이듯이, 그와 마찬가지로 생명체가 지고한 [아뜨만과] 다르다는 것은 합당하지 않기 때문에 [생명체가 처소라는 점을] 부정하는 것은 합당하지 못하다. 따라서 단지 삿뜨바 등의 한정자를 자기로 가정하는 것만이 천상, 지상 등의 처소로서 부정된다.[20] 그러므로 오직 지고한 브라흐만이 천상, 지상 등의 처소이다.

결과적으로 이는 "'보일 수 없음' 등의 속성들을 가지는 [존재의 원천

18_ <주석 1.2.12>의 이론 참조.

19_ * '아뜨만'이라는 표현은 Nirnaya에만 추가로 등장한다.

20_ 여기서 주장하는 바는 다음과 같다: 『빠잉기 우빠니샤드』를 좇아, '두 마리의 새'라는 그 시구에서 '몸을 아는 자(개별자아)와 신'이 지시되지 않고 '삿뜨바(내부기관)와 몸을 아는 자'가 지시된다고 해도 모순이 없다. '두 마리의 새'가 무엇을 지시하든지 간에, 그곳에서 부정되는 것은 단지 '삿뜨바 등의 한정자를 자기로 가정하는 것'만이기 때문이다. 마치 항아리 등에 의해 제한된 공간이 우주적 공간 그 자체에 다름 아니듯이, 마찬가지로 생명체(개별자아)도 지고한 아뜨만에 다름 아니다. 따라서 『빠잉기 우빠니샤드』를 좇아 '과육을 먹지 않은 채 구경하는 자'가 신이 아니라 몸을 아는 자인 개별자아라고 간주되는 경우에 후자 즉 개별자아가 천상, 지상 등의 처소라고 주장하는 것을 받아들여도 무방하다. 그 경우에 개별자아란 한정자들(삿뜨바 등)에 의해 제한되지 않은 지고한 아뜨만일 것이기 때문이다.

은 지고한 신이다]; [지고한 신의] 특성을 언급하기 때문이다."〈수뜨라 1.2.21〉라는 바로 그 [수뜨라에서] 정립되었다. 왜냐하면 바로 그 '존재의 원천에 대한 문장'의 안에서[21] "그 무엇에서 천상과 지상과 중간대가"〈문다 2.2.5〉라는 것이 읽히기 때문이다. 결국 부연설명을 위하여 다시 제시되었다.[22]‖7‖

{ 2. '극대'라는 주제: 수뜨라 8-9 }

8. 극대는 [지고한 아뜨만이다]; [극대가] 적정(생기)보다 우월하다고 가르치기 때문이다.

bhūmā saṃprasādād adhy upadeśāt ‖8‖

이렇게 전한다. "결국 실로 극대(極大)를 알고자 해야만 합니다. 존경스러운 이여, 저는 극대를 알고자 합니다."〈찬도 7.23.1〉, "다른 것을 보지 않고 다른 것을 듣지 않고 다른 것을 알지 않는 경우에, 그것이 극대입니다. 그리고 다른 것을 보고 다른 것을 듣고 다른 것을 아는

21_ 안에서=논의의 범위 내에서, 즉 논의와 관련해서.

22_ "그 무엇에서 천상과 지상과 중간대가"라고 시작하는 <문다 2.2.5>는 <수뜨라 1.2.21>의 자체 문장인 <문다 1.1.6>의 연장선상에서 이해된다. <문다 1.1.6>은 "[불멸체는] 보일 수 없고 파악될 수 없는 것이며, 근원이 없고 특색이 없는 것이며, 눈과 귀가 없고 손과 발이 없는 것이며, 영원하고 편만하고 편재하는 것이며, 매우 미시적이고 소실되지 않는 것으로서, 현자들이 존재의 원천으로 간주하는 것입니다."라며 존재의 원천에 대해 논의하는데, 바로 그곳의 논제인 지고한 신이 <문다 2.2.5>의 논제로 이어진다. 따라서 <문다 1.1.6>의 논제에 대한 부연설명(prapañca)을 위해 <수뜨라 1.3.1-7>에서 그 논제가 <문다 2.2.5>를 통해 다시 제시되었다.

경우에, 그것이 극소입니다."〈찬도 7.24.1〉라는 등에서이다.

이 경우에 의문이 생긴다. 극대는 생기일 것인가, 그렇지 않으면 지고한 아뜨만일 것인가? 의문의 근거는? 먼저 극대라는 것은 '풍부'라고 지시된다. "'바후'(많은)에 [접미사 '이만'이 첨가된 후 '이'가] 탈락되고, '바후'가 '부'로 [대체된 것이다]."[23]〈아슈따 6.4.158〉라며 '부만'(극대)이라는 말이 추상화 접사로 종결되는 것이라고 전승되기 때문이다. '그렇다면 그 풍부는 무엇을 본질로 하는가?'라며 극대(풍부)의 특징을 기대하는 것과 관계하여, "실로 생기가 희망보다 더 위대합니다."〈찬도 7.15.1〉라는 근접한 [문장] 때문에 생기가 극대라고 여겨진다.[24] 마찬가지로 "저는 실로 당신과 같은 분들로부터 아뜨만을 아는 자가 슬픔을 건넌다고 들었을 따름입니다. 존경스러운 이여, 제가 슬퍼하는 그 자입니다. 당신께서 이러한 저를 슬픔의 피안으로 건너게 해주십시오."〈찬도 7.1.3〉라는 주제가 등장하는 [문장] 때문에 지고한 아뜨만이 극대라고도 여겨진다. 이 경우에 무엇을 수용하는 것이 정당한지 무엇을 거부하는 것이 정당한지 의문이 생긴다.

실로 무엇으로 귀결되는가?

[전론]: 생기가 극대이다.

무엇 때문에? '더 위대한 것'에 대한 질문과 대답의 연쇄를 보기 때문이다. 실로 예컨대, "존경스러운 이여, 명칭보다 더 위대한 것이 있습니까?"〈찬도 7.1.5〉라고 하자 "실로 언어가 명칭보다 더 위대합니다."

23_ 먼저 'bahu'(많은)에 'iman'이라는 추상화 접사(접미사)가 첨가되면서 'i'가 탈락되면 'bahuman'이 된다. 그리고 그렇게 바뀐 'bahuman'에서 'bahu'가 'bhū'로 대체되면 'bhūman'(풍부, 극대)이 된다.

24_ <찬도 7.1-15>에서는 '더 위대한(bhūyas) 것'에 대한 질문과 대답의 연쇄가 있다. 생기는 그 연쇄의 끝인 <찬도 7.15>에서 '더 위대한 것'으로 언급된다. 이 경우에 <찬도 7.15>의 '생기'는 <찬도 7.23> 이후에 등장하는 '극대'와 문장의 거리상으로 근접해 있다. 따라서 생기가 곧 극대라는 생각이 먼저 떠오른다.

〈찬도 7.2.1〉라고, 마찬가지로 또 "존경스러운 이여, 언어보다 더 위대한 것이 있습니까?"〈찬도 7.2.2〉라고 하자 "실로 마음이 언어보다 더 위대합니다."〈찬도 7.3.1〉라며, 명칭에서 시작하여 생기에 이르기까지 '더 위대한 것'에 대한 질문과 대답의 연쇄가 나아간다. 그와 달리 생기 이후에는 '더 위대한 것'에 대한 질문과 대답이, '존경스러운 이여, 생기보다 더 위대한 것이 있습니까? 실로 그 무엇이 생기보다 더 위대합니다.'라는 [식으로] 나타나지 않는다. 반면에 바로 그 생기가 '명칭에서 시작하여 희망으로 끝나는 것'보다 더 위대하다는 것을 "실로 생기가 희망보다 더 위대합니다."〈찬도 7.15.1〉라는 등을 통해 상세하게 말한 뒤에, 또 생기를 아는(보는) 자가 [그것들을] 초월해서 말한다는 것을[25] "'그대는 초월해서 말하는 자이다.'라고 하면, '나는 초월해서 말하는 자이다.'라고 그는 말해야 합니다. 그는 부인하지 말아야 합니다."〈찬도 7.15.4〉에서 승인하고 나서, "하지만 진리를 통해 초월해서 말하는 자가, 실로 초월해서 말합니다."〈찬도 7.16.1〉라며 생기의 서약이 '초월해서 말하는 것'임을 환기한 다음,[26] 결코 생기를 도외시하지 않은 채로 진리 등의 연쇄를 통해 극대를 소개함으로써[27] 생기 자체를 극대로 간주한다고 이해된다.

[반박]: 그렇다면 생기를 극대라고 설명하는 경우에, 어떻게 "다른 것을 보지 않고 … 경우에"라며 극대가 가지는 특징을 의도하는 이 글귀

25_ 생기를 아는(보는) 자가 [그것들을] 초월해서 말한다는 것을=생기를 아는 자가 '명칭에서 시작하여 희망으로 끝나는 그 모든 것들'보다 더 위대한 것에 관해 말한다는 것을.

26_ '생기를 아는 자'가 곧 '초월해서 말하는 자'이다. 따라서 생기에 대한 명상적 지식을 얻고자 하는 '생기의 서약'(prāṇa-vrata)이란 곧 '초월해서 말하는 것'(ativāditva)과 다를 바 없다.

27_ 진리 등의 연쇄는 <찬도 7.16>에서 시작하여 <찬도 7.23>에서 끝난다. 그 연쇄의 시작은 '진리'이고 그 끝은 '극대'이다. 극대는 <찬도 7.23.1>에서 소개된다.

를 설명할 수 있다는 말인가?

[이에 대하여] 대답한다.

[전론]: 숙면 상태에서 기관들이 생기(숨)에 융합될 때에 '봄(보는 것)' 등의 경험작용이 중지되는 것을 관찰하기 때문에, 생기에 대해서도 "다른 것을 보지 않고 … 경우에"라는 그러한 특징이 가능하다. 또한 그와 같이 계시서는, "듣지 못하고 보지 못하며"〈쁘라 4.2〉라는 등을 통해 모든 기관의 작용이 중지하는 현상인 숙면 상태를 말한 뒤에, "오직 생기의 불들만이 이 [몸의] 마을에서 깨어 있다."〈쁘라 4.3〉라며 바로 그 상태에서 '5가지 양상을 가지는 숨'이 깨어 있음을 언급함으로써 숨이 주(主)가 되는 숙면 상태를 보여준다. 게다가 "실로 극대인 것은 즐거움입니다."〈찬도 7.23.1〉라며 극대가 즐거움을 가진다고 그렇게 계시되는 것마저 [생기인 경우와] 상충되지 않는다. "그러면 그 신격(마음)은 꿈들을 보지 않는다. 그러면 그 경우에, 이 육체에 그 즐거움이 생긴다."〈쁘라 4.6〉[28]라며 바로 그 숙면 상태의 즐거움이 계시되기 때문이다. 더욱이 "실로 극대인 것은 불멸입니다."〈찬도 7.24.1〉라는 것조차 생기인 경우와 상충되지 않는다. "또 생기는 불멸이다."〈까우 3.2〉라고 계시되기 때문이다.

[반박]: 그렇다면 생기를 극대로 간주하는 [당신의 경우에], 어떻게 "아뜨만을 아는 자가 슬픔을 건넌다고"라는 아뜨만을 알고자 하는 [문장이자] 주제가 등장하는 [문장이] 합당하다는 말인가?

[전론]: 아뜨만인 생기 그 자체를 이곳에서 말하고자 한다고 우리는 대답한다. 그러한 예시로서, "실로 생기는 아버지이고, 생기는 어머니

28_ * <쁘라 4.6>의 두 번째 문장에 대한 <주석>의 원문은 'atha yad etasmiñ śarīre sukhaṃ bhavati'이다. 이와 달리 Olivelle은 'atha tadaitasmiñ charīra etat sukhaṃ bhavati'라고 읽는다. 전자가 불투명한 문장이므로, 여기서는 후자를 따른다.

이며, 생기는 형제이고, 생기는 자매이며, 생기는 스승이고, 생기는 브라흐마나입니다."〈찬도 7.15.1〉에서는 모든 것을 아뜨만으로 하는 생기 그 자체를 내세운다. 또한 "바퀴살들이 실로 바퀴통에 고정되듯이, 마찬가지로 모든 것이 이 생기에 고정됩니다."〈찬도 7.15.1〉에서이다. 결국 '모든 것을 아뜨만으로 함'과 바퀴살 · 바퀴통의 예시 때문에, 생기가 풍부를 본질로 하는 것 즉 극대의 형태라는 것은 가능하다. 따라서 생기가 극대라고 이와 같이 귀결된다.

이로부터 이렇게 말한다.

[후론]: 이곳에서 극대는 오직 지고한 아뜨만이어야만 할 뿐, 생기는 아니다.

무엇 때문에? 적정(생기)보다 우월하다고[29] 가르치기 때문이다. 적정(寂靜)이라는 것은 '숙면 상태'라고 불린다. '그곳(숙면)에서 완전히 고요하게 됨'이라는 어원 때문이다.[30] 또한 브리하다란야까에서[31] 꿈 상태, 생시 상태와 함께 읽히기 때문이다. 그리고 그 '적정의 상태'에서 생기는 깨어 있으므로, 이 경우에[32] '적정'이라는 [말은] 생기를 의도한다. [따라서 수뜨라는] '생기보다 우월한 극대를 가르치기 때문이다'라는 의미이다.

만약 생기 그 자체가 극대라면, 바로 그것(극대)이 그것(생기)보다 우월하다고 가르쳐야 하므로 이는 온당하지 못할 것이다.[33] 예를 들어,

---

29_ 수뜨라에서 'adhi'는 5격(탈격)과 함께 사용되면서 '보다 위에 있음', '보다 많음' 등을 뜻하므로 '우월'(ūrdhva)의 의미를 가진다고 할 수 있다.

30_ 수뜨라에서 '적정'을 뜻하는 'saṃprasāda'는 <브리 4.3.15>에서 깊이 잠든 상태를 가리키는 용어로 등장하며, 주석가는 이를 '그곳에서(asmin) 완전히(samyak) 고요하게 됨(prasīdati)'으로 풀이한다.

31_ <브리 4.3.15-17>에서.

32_ 이 경우에=이 수뜨라에서.

33_ 생기보다 우월한 극대를 가르치고 있음에도, 만약 전론자처럼 생기 자체가 극대라고 주장한다면, '생기로서의 극대'보다 더 우월한 '극대'를 가르치게 되는,

명칭 자체가 명칭보다 더 위대하다며, 명칭보다 우월한 것을 가르치지는 않는다. 그러면 무엇을 [가르치는가]? "실로 언어가 명칭보다 더 위대합니다."라며, 명칭과는 상이하며 '언어'라고 불리는 '다른 것'을 가르친다. 마찬가지로 바로 그 언어에서 시작하여 생기에 이르기까지, 모든 경우에 오직 [앞서는 것과는 상이한] '다른 것'을 우월하다고 가르친다. 그와 마찬가지로 극대가 생기보다 우월하다고 가르치므로 [극대는] 생기와는 다른 존재여야만 한다.

[전론]: 이곳에서는 '존경스러운 이여, 생기보다 더 위대한 것이 있습니까?'라는 질문이 없고, '실로 생기보다 더 위대한 것이 있습니다'라는 대답마저 없지 않는가? 어떻게 생기보다 우월한 극대를 가르친다고 말한다는 말인가? 게다가 "하지만 진리를 통해 초월해서 말하는 자가, 실로 초월해서 말합니다."라는 뒤따르는 곳에서 오직 생기와 관계하여 '초월해서 말하는 것(자)'이 환기되는 것을 우리는 본다. 따라서 [극대가] 생기보다 우월하다고 가르치지 않는다.

이에 대하여 대답한다.

[후론]: 먼저 '초월해서 말하는 것(자)'을 그렇게 환기하는 것이 오직 생기와 관계한다고 말할 수는 없다. '진리를 통해 초월해서 말하는 자'라고 특별히 언급하기 때문이다.

[전론]: 그 특별한 언급마저 오직 생기와 관계할 수 있지 않는가? 어떻게? 예컨대, '진리를 말하는 자가 아그니호뜨라 집행자이다.'라고 언급한 경우, '진리를 말하는 것'을 통해 '아그니호뜨라 집행자'가 되지는 않는다. 그렇다면 무엇을 통해? 아그니호뜨라 자체를 통해 [아그니호뜨라 집행자가 된다]. 반면에 그 '진리를 말하는 것'이란 [그 어떤] 아그

곧 그 자체보다 더 우월한 그 자체를 가르치게 되는 부조리한 결말이 생길 것이다.

니호뜨라 집행자가 가지는 특별함으로 언급된다.[34] 마찬가지로 "하지만 진리를 통해 초월해서 말하는 자가, 실로 초월해서 말합니다."라고 언급한 경우, '진리를 말하는 것'을 통해 '초월해서 말하는 자'가 되지는 않는다. 그렇다면 무엇을 통해? 논제인 '생기에 대한 지식' 자체를 통해 ['초월해서 말하는 자'가 된다]. 반면에 '진리를 말하는 것'이란 [그 어떤] '생기를 아는 자'가 가지는 특별함을 언급하려는 의도이다.

[후론]: 아니라고 우리는 말한다. 계시서의 의미를 폐기하는 부조리한 결말이 생기기 때문이다. 실로 이곳에서는, '진리를 통해 초월해서 말하는 자가 초월해서 말합니다'라는 계시어에 의해, '진리를 말하는 것을 통해 초월해서 말하는 자가 되는 것'이 증명된다. 이곳에서는 생기에 대한 지식이 언급되지 않는다. 하지만 맥락을 통해서[35] 생기에 대한 지식이 관계될 수는 있다. 그 경우에는 맥락과 호응하여 계시어가 폐기될 것이다.[36]

게다가 "하지만 … 자가, 실로 초월해서 말합니다."에서 논제의 분리를 의도하는 '하지만'이라는 말은 [생기인 경우와] 부합할 수 없다. 또한 "하지만 실로 진리를 알고자 해야만 합니다."〈찬도 7.16.1〉에서 다른(추가적인) 노력을 행하라는 것도 [생기가 아닌] 다른 대상을 말하고자 하는 것을 암시한다.[37] 따라서, 예컨대 논제가 '1개의 베다를 [공부

34_ '아그니호뜨라 집행자'(agnihotrin)는 단지 '아그니호뜨라'라는 제의 자체로 말미암아 아그니호뜨라 집행자가 될 뿐이다. 그리고 '진리를 말하는 것'은 무수한 아그니호뜨라 집행자들 가운데 어떤 집행자들이 가지는 특별함(viśeṣa)에 지나지 않는다.

35_ "하지만 진리를 통해 초월해서 말하는 자가, 실로 초월해서 말합니다."라는 <찬도 7.16.1>의 문장이, 장절의 앞부분에서 다루어진 주제와 연속선상에 있다는 맥락을 통해서.

36_ 문장의 의미를 결정하는 경우에 계시어(śruti, 직접적으로 계시된 말)는 맥락(prakaraṇa)에 우선한다. 따라서 양자가 대립되는 경우에, 맥락 때문에 계시어가 폐기되어서는 안 된다.

한] 자들에 대한 찬양'인 경우에 '하지만 4개의 베다를 공부한 자가 위대한 브라흐마나이다.'에서 1개의 베다를 [공부한] 자들과는 다른 대상인 4개의 베다를 [공부한] 자가 찬양되듯이, 이는 그와 같이 이해해야만 한다.

더욱이 오직 질문과 대답의 형태를 통해 다른 대상을 말하고자 해야만 한다는 원칙은 없다. 논제를 연계하는 것이 불가능해짐으로 말미암아 다른 대상을 말하고자 하기 때문이다.[38] 이곳에서는 생기에서 끝나는 교시(教示)를 들은 뒤 침묵 속에 있는 나라다를, [스승인] 사나뜨꾸마라는 그저 자발적으로[39] 고양시킨다. 변형물이나 비실재와 관계하는 '생기에 대한 지식'을 통해 '초월해서 말하는 자'가 되는 것은 실로 '초월해서 말하는 자'가 아니라는 것을, "하지만 진리를 통해 초월해서 말하는 자가, 실로 초월해서 말합니다."라는 [말로써 고양시킨다]. 이곳에서 '진리'라는 것은 지고한 브라흐만을 지시한다. [브라흐만은] 진리(실재)로 이루어진 것이기 때문이다. 또한 "브라흐만은 존재(진리)이자 지식이자 무한이다."〈따잇 2.1.1〉라는 다른 계시 때문이다. 그리고 고양된 채로 "존경스러운 이여, 그러한 제가 진리를 통해 초월해서 말하려고 합니다."〈찬도 7.16.1〉라며 그렇게 나아가는 나라다에게, [사나뜨꾸마라는] '이해' 등이라는 성취수단의 연쇄로써 극대를 가르친다.

37_ <찬도 7.16.1>의 '알고자 해야만 합니다'라는 표현은 어떤 대상을 탐구하기 위해 추가적으로 노력하라는 의미를 내포한다. 그 대상은 '진리'라는 말로 제시된다. 따라서 <찬도 7.16.1>에서는 앞서 제시된 생기가 아니라 다른 대상을 말하고자 하는 것임에 틀림없다.

38_ <찬도 7.15>에서는 생기가 희망보다 더 위대하다고 스승이 대답한 것을 끝으로 질문과 대답의 연쇄도 끝난다. 그리고 제자가 더 이상의 질문을 하지 않고 즉 침묵하고, 스승은 <찬도 7.15.4>에서 '초월해서 말하는 자'에 관해 자발적으로 말하기 시작한다. 결국 스승이 그렇게 말하는 것은 이전의 논제와 새로운 논제의 연계가 불가능하기 때문이다.

39_ 자발적으로=질문을 받지 않고도 자발적으로.

이 경우에, 생기보다 우월한 것이자 [앞으로] 말할 예정이라고 약조된 것인 바로 그 진리가 이곳에서 '극대'로 지시된다고 알려진다.

따라서 극대가 생기보다 우월하다는 가르침이 있으므로, 이로부터 극대는 생기와는 다른 지고한 아뜨만이어야만 한다. 결국 이렇게 하여, 이곳에서 아뜨만을 알고자 하는 [문장이자] 주제가 등장하는 [문장은][40] 합당하게 될 것이다.

아뜨만인 생기 그 자체를 이곳에서 말하고자 한다는 것마저 합당하지 않다. 왜냐하면 생기는 일차적인 어법에서 아뜨만이 아니기 때문이다. 게다가 지고한 아뜨만에 대한 지식이 없이는 슬픔(괴로움)이 파기되지 않는다. "가야 할 다른 길은 없다."〈슈베 6.15〉라는 다른 계시 때문이다. 또한 "당신께서 이러한 저를 슬픔의 피안으로 건너게 해주십시오."〈찬도 7.1.3〉라고 시작한 뒤에, "더러움을 닦아낸 그에게, 존경스러운 사나뜨꾸마라는 무명(無明)의 피안을 보여주었다."〈찬도 7.26.2〉라고 끝맺는다. 무명[41]이라는 것은 슬픔 등의 원인인 무지를 이른다. 더욱이 교시가 생기에서 끝나는 경우에는 생기가 다른 것에 의존한다고 말할 수 없다. 하지만 "아뜨만으로부터 생기가"〈찬도 7.26.1〉라는 브라흐마나가 [계시된다].[42]

[전론]: 지고한 아뜨만을 말하고자 하는 것은 장절의 마지막에서 가능할 뿐이고, 이곳에서는 극대가 오직 생기이다.

40_ 아뜨만을 알고자 하는 [문장이자] 주제가 등장하는 [문장은]="저는 실로 당신과 같은 분들로부터 아뜨만을 아는 자가 슬픔을 건넌다고 들었을 따름입니다. 존경스러운 이여, 제가 슬퍼하는 그 자입니다. 당신께서 이러한 저를 슬픔의 피안으로 건너게 해주십시오."<찬도 7.1.3>라는 문장은.

41_ 무명(tamas)=어둠, 암흑, 무지.

42_ 만약 장절의 교시가 생기에서 끝난다고 하면, 그 장절에서 생기가 궁극적 원인으로 간주되는 것에 다름 아니다. 그러할 경우 생기가 다른 것에 의존한다고 결코 말할 수 없다. 하지만 "아뜨만으로부터 생기가"라는 브라흐마나는 생기가 아뜨만에 의존한다는 것을 보여준다.

[후론]: 아니다. "존경스러운 이여, 그것(극대)은 어디에서 확립됩니까? 스스로의 영광(위대성)에서!"〈찬도 7.24.1〉라는 등을 통해, 장절의 결말에 이르기까지 오직 극대가 환기되기 때문이다. 그리고 풍부를 본질로 하는 것 즉 극대의 형태라는 것은, [지고한 아뜨만이] 모든 것의 원인임으로 말미암아 [생기보다는] 지고한 아뜨만에 대해 훨씬 합당하다.‖8‖

9. 또한 [극대에 대해 계시되는] 특성들이 [지고한 아뜨만인 경우에] 합당하기 때문에, [극대는 지고한 아뜨만이다].

dharmopapatteś ca ‖9‖

더 나아가 극대에 대해 계시되는 특성들은 지고한 아뜨만인 경우에 합당하다. "다른 것을 보지 않고 다른 것을 듣지 않고 다른 것을 알지 않는 경우에, 그것이 극대입니다."〈찬도 7.24.1〉에서는 극대에서 '봄'(보는 것) 등의 경험작용이 부재하다는 것을 알려준다. 또한 지고한 아뜨만에서도 '봄' 등의 경험작용이 그렇게 부재하다는 것은, "하지만 모든 것이 오직 '그의 아뜨만'이 될 경우에, 그러면, 무엇을 통해 무엇을 보아야 하겠습니까?"〈브리 4.5.15〉라는 등의 다른 계시로부터 알려진다. 숙면 상태에서 '봄' 등의 경험작용이 부재하다고 [앞서] 그렇게 주장한 것마저 아뜨만 자체가 '접촉이 없는 것'임을 말하려는 의도일 뿐,[43] 생기의 본질을 말하려는 의도는 아니다. 지고한 아뜨만에 대한 맥락 때문이다.[44]

비록 그 상태에[45] 즐거움이 [있다고] 언급할지라도, 그 또한 아뜨만

43_ 숙면 상태에서는 기관들이 생기(숨)에 융합됨으로써 더 이상 대상과 접촉(관계)하지 않는다. 그리고 아뜨만 또한 그와 같이 '접촉이 없는 것'(asaṅga)이다.

44_ 생기가 아닌 지고한 아뜨만이 주제로서 제시되는 맥락 때문이다.

자체가 '즐거움(환희)으로 이루어진 것'임을 말하려는 의도이다. "이것이 그것의 궁극적 환희입니다. 바로 이러한 환희의 편린에서 다른 존재들이 살아갑니다."〈브리 4.3.32〉라고 말하는 까닭에서이다. 이곳에서도 "실로 극대인 것은 즐거움입니다. 극소에는 즐거움이 없습니다. 오직 극대만이 즐거움입니다."〈찬도 7.23.1〉라며, '불완전한 즐거움'[46]을 부인함으로써 극대가 [완전한] 즐거움인 브라흐만 그 자체라는 것을 보여준다. "실로 극대인 것은 불멸입니다."〈찬도 7.24.1〉라며 이곳에서 계시되는 불멸성마저 궁극적 원인을 지시한다. 변형물들은 불멸성에 의존적이기 때문이다.[47] 또한 "이것과는 다른 것은 소멸을 향합니다."〈브리 3.4.2〉라는 다른 계시 때문이다.

이와 같은 연관에서, 진리라고, 스스로의 영광에서 확립된다고, 편재한다고, 모든 것을 아뜨만으로 한다고 계시되는 그러한 특성들은 오직 지고한 아뜨만인 경우에 합당할 뿐, 다른 경우에는 합당하지 않다.

그러므로 극대는 지고한 아뜨만이라고 정립된다.‖9‖

{ 3. '불멸체'라는 주제: 수뜨라 10-12 }

10. 불멸체는 [지고한 아뜨만이다]; 에테르에 이르기까지 [즉 흙에서 시작하여 에테르에 이르는 변형물의 총체를] 지지하기 때문이다.

akṣaram ambarāntadhṛteḥ ‖10‖

45_ 그 상태에=숙면 상태에.

46_ 불완전한 즐거움(sāmaya-sukha)=질병(āmaya)과 같은 괴로움(duḥkha)을 동반하는(sa) 즐거움.

47_ 변화를 겪는 변형물들은 불변하고 불멸하는 것에 의존하기 때문에, 불멸로서의 극대는 궁극적 원인이자 지고한 아뜨만이다.

"과연 무엇에서, 이제 에테르(허공)가 엮이고 또 풀립니까?"〈브리 3.8.7〉, "그가 말했다: 가르기여, 그것은 이 불멸체라고 브라흐마나들은 전합니다. 그것은 광대하지도 않고 미세하지도 않으며"〈브리 3.8.8〉라는 등이 계시된다.

이 경우에 의문이 생긴다. '불멸체'라는 말은 글자를 지시하는가, 또는 지고한 신을 지시하는가?

[전론]: 이곳에서는, '글자들의 모음' 등에서 '불멸체'라는 말이 글자와 관계하여 잘 알려져 있기 때문에,[48] 또 주지(周知)하는 바를 무시하는 것은 합리적이지 않기 때문에, 또 "실로 음절(글자) '옴'은 이 모든 것이다."〈찬도 2.23.3〉라는 등의 다른 계시에서 심지어 명상대상인 글자가 모든 것을 아뜨만으로 한다고 확정되기 때문에, '불멸체'라는 말은 오직 글자이다.

이와 같은 귀결에서 말한다.

[후론]: '불멸체'라는 말이 지시하는 것은 오직 지고한 아뜨만이다.

무엇 때문에? 에테르에 이르기까지 지지하기 때문이다. 즉 흙에서 시작하여 에테르에 이르는 변형물의 총체를 지지하기 때문이다. 실로 이곳에서는, 3가지 시간들에 따라 구분되는 흙 등의 모든 변형물의 총체가, "실로 에테르(허공)에서 그것이 엮이고 또 풀립니다."〈브리 3.8.7〉라며 에테르에서 머문다는 것을 말한 뒤에, "과연 무엇에서, 이제 에테르가 엮이고 또 풀립니까?"라는 그러한 질문을 통해 이 불멸체가 소개된다. 또한 마찬가지로, "과연 가르기여, 정녕 이 불멸체에서 에테르가 엮이고 또 풀립니다."〈브리 3.8.11〉라고 끝맺는다. 게다가

48_ 글자들의 모음(akṣara-samāmnāya)=빠니니가 쉬바 신으로부터 계시받은 14개 수뜨라들의 모음. 불멸체(akṣara)=글자 그대로는 '소멸하지(kṣara) 않는(a) 것'을 뜻하며, 주로 형이상학적 실재를 가리킨다. 소멸되는 음성 언어에 대비하여 소멸되지 않는 문자 언어를 가리키기도 한다.

이렇게 '에테르에 이르기까지 지지하는 것'은 브라흐만을 배제한 채로 가능하지 않다.

비록 "실로 음절(글자) '옴'은 이 모든 것이다."라고 할지라도, 그 또한 [음절 '옴'이] 브라흐만에 대한 이해의 수단임으로 말미암아 [그 음절에 대한] 찬양을 목적으로 한다고 이해해야만 한다.

그러므로 불멸체는 '소멸하지 않는다'와 '널리 퍼진다'라는[49] [어원을 가지는 것으로서] 영원성과 편재성으로 말미암아 오직 지고한 브라흐만이다.‖10‖

[전론]: 이러할 수도 있다. 만약 '에테르에 이르기까지 지지하는 것'이 '결과가 원인에 의존하는 것'이라고 용인된다면, 이는 심지어 쁘라다나 원인론자에게도 합당하다. [그렇다면] 어떻게 '에테르에 이르기까지 지지하는 것'을 통해 [불멸체가] 브라흐만이라고 수용한다는 말인가?

이로부터 답변을 한다.

11. 또한, [만약 '에테르에 이르기까지 지지하는 것'이 쁘라다나 원인론자에게도 합당하다고 한다면], 그것(지지하는 것)은 [오직 지고한 신의 행위이다]; 통치가 [계시되기] 때문이다.

sā ca praśāsanāt ‖11‖

[후론]: 또한 그것은 즉 '에테르에 이르기까지 지지하는 것'은, 오직 지고한 신의 행위이다.

무엇 때문에? 통치가 [계시되기] 때문이다. 실로 이곳에서는 통치하는 것이 계시된다. "가르기여, 정녕 이 불멸체의 통치 하에서 해와 달

49_ 각각의 원어는 'na kṣarati'와 'aśnute'이다.

이 제어된(지지된) 채로 존재합니다."[50]〈브리 3.8.9〉라는 등에서이다. 그리고 통치는 지고한 신의 행위이다. 통치는 비의식체인 쁘라다나의[51] [행위가] 아니다. 예를 들어, 비의식체인 찰흙 등은 항아리 등의 물질적 원인임에도 항아리 등과 관계하여 통치하지 않는다.‖11‖

12. 또한 '[브라흐만과는] 다른 존재'로부터 [불멸체를] 분리하기 때문에, [불멸체는 오직 지고한 브라흐만이다].

anyabhāvavyāvṛtteś ca ‖12‖

또한 '[브라흐만과는] 다른 존재로부터 [불멸체를] 분리하기 때문이다'라는 근거로 말미암아, '불멸체'라는 말이 지시하는 것은 오직 브라흐만이다. '에테르에 이르기까지 지지하는 것'은 바로 그것(브라흐만)의 행위일 뿐, 다른 그 어떤 것의 행위가 아니다.

[전론]: '[브라흐만과는] 다른 존재'로부터 [불멸체를] 분리하기 때문이다'라는 것은 무슨 [뜻인가]?

[후론]: [복합어인] '다른-존재'란 다른 것의 존재함이고,[52] [복합어인] '다른-존재-분리'란 그것(다른 존재)으로부터 분리함이다.

말한 바는 이러하다: 이곳에서 '불멸체'라는 말로 지시되는지 의문시될 뿐더러 브라흐만과는 다른 그 존재로부터, 계시서는 에테르에 이르기까지 지지하는 그 불멸체를 분리한다. "가르기여, 정녕 그러한 이 불멸체는 보이지 않는 보는 자이고, 들리지 않는 듣는 자이며, 생각되지 않는 생각하는 자이고, 인식되지 않는 인식하는 자입니다."〈브리 3.8.11〉에

50_ 제어된 채로 존재합니다=각각의 위치, 상태, 역할에 걸맞게 존재합니다.

51_ * '쁘라다나의'(pradhānasya)라는 표현은 Nirnaya에만 추가로 등장한다.

52_ 복합어인 '다른-존재'(anyabhāva)란 '[브라흐만과는] 다른 것의(anyasya) 존재함(bhāva)' 즉 '[브라흐만과는] 다른 존재'이다.

서이다. 이 경우에 '보이지 않음' 등에 대한 언급은 쁘라다나에 대해서도 적합하다. 반면에 '보는 자' 등에 대한 언급은 그것(쁘라다나)에 대해서 적합하지 않다. [쁘라다나는] 비의식체이기 때문이다. 마찬가지로 "그것과는 다른, 보는 자는 없습니다. 그것과는 다른, 듣는 자는 없습니다. 그것과는 다른, 생각하는 자는 없습니다. 그것과는 다른, 인식하는 자는 없습니다."〈브리 3.8.11〉라며 아뜨만에서의 차이[53]를 부정하기 때문에, 한정자를 가지는 육화된 자마저 '불멸체'라는 말로 지시되지는 않는다. 또한 "눈도 없고 귀도 없으며, 발성기관도 없고 마음도 없으며"〈브리 3.8.8〉라며 한정자를 가지는 것을 부정하기 때문이다. 실로 한정자가 없는 것이 '육화된 자'라고 불리지는 않는다.[54]

그러므로 불멸체는 오직 지고한 브라흐만이라고 확정된다.‖12‖

{ 4. '마음으로 바라보기의 대상이라고 언급됨'이라는 주제: 수뜨라 13 }

13. [명상대상은] 그것(지고한 브라흐만)이다; [명상대상인 뿌루샤가] 마음으로 바라보기의 대상이라고 언급되기 때문이다.

īkṣatikarmavyapadeśāt saḥ ‖13‖

53_ '아뜨만에서의 차이'(ātmabheda)를 '아뜨만과의 차이'로도 읽을 수 있다. 전자인 경우에는 아뜨만 그 자체에서의 차이이고, 후자인 경우에는 육화된 자가 가지는 '아뜨만과의 차이'이다.

54_ 한정자가 없는 것은 육화된 자가 아니기에, 모든 육화된 자는 한정자를 가진다. 결국 <브리 3.8.8>에서 한정자를 가지는 것에 대한 부정은 곧 육화된 자에 대한 부정이다.

"사뜨야까마여, 실로 음절 '옴'은 상위이고 또 하위인 브라흐만이다. 따라서 현자는 바로 그 의지처를 통해 둘 중 하나에 도달한다."〈쁘라 5.2〉라고 시작한 뒤에, "또 다시, 3개의 요소로 이루어진 '옴'이라는 바로 이 음절을 통해[55] 그 지고한 뿌루샤를 깊게 명상한다면"〈쁘라 5.5〉이라고 계시된다.

이 문장에서는 명상대상으로 상위 브라흐만(지고한 브라흐만)을 지시하는가, 그렇지 않으면 하위 브라흐만을 지시하는가? '바로 그 의지처를 통해 상위와 하위 둘 중 하나에 도달한다'라는 논제로 말미암아 의문이 생긴다.

[전론]: 이곳에서 그것(명상대상)은 하위 브라흐만이라고 귀결된다.

무엇 때문에? "그는 빛의 태양에 결합된다."〈쁘라 5.5〉, "그는 사마 만뜨라들에 의해[56] 브라흐만 세상으로 들어 올려진다."〈쁘라 5.5〉라며 그것을 아는 자가 '장소에 제한된 결과'를 가진다고 말하기 때문이다.[57] 실로 상위 브라흐만을 아는 자가 장소에 제한된 결과를 얻을 수 있다고 하는 것은 합리적이지 않다. 상위 브라흐만은 편재하기 때문이다.

[반박]: 하위 브라흐만을 수용하는 경우에 '지고한 뿌루샤'라는 한정어가 합당하지 않지 않는가?

[전론]: 그러한 결함은 없다. 육신과 비교하여 생기가 더 지고하다는 것은 합당하기 때문이다.[58]

55_ 음절 '옴'은 3개의 자모 즉 'a+ u+ m'으로 이루어져 있다.

56_ 음절 '옴'을 구성하는 3개의 요소 가운데 'a'는 리그 만뜨라들을, 'u'는 야주르 만뜨라들을, 'm'은 사마 만뜨라들을 각각 상징한다.

57_ <쁘라 5.5>의 두 문장들 가운데 앞의 것은, 맨 처음 인용한 <쁘라 5.5>에 바로 연결되는 문장이다. 따라서 온전한 문장은 "또다시, 3개의 요소로 이루어진 '옴'이라는 바로 이 음절을 통해 그 지고한 뿌루샤를 깊게 명상한다면, 그는 빛의 태양에 결합된다."이다. 한편 '장소에 제한된 결과'란, 태양이라는 제한된 장소에 결합되는 것이나 '브라흐만 세상'(brahmaloka)이라는 제한된 장소로 들어 올려지는 것을 가리킨다.

이와 같은 귀결에서 말한다.

[후론]: 이곳에서는 명상대상으로 오직 지고한(상위) 브라흐만을 지시한다.

무엇 때문에? [뿌루샤가] 마음으로 바라보기의 대상이라고 언급되기 때문이다. '마음으로 바라보기'란 '보는 것'이다. 마음으로 바라보기의 대상이란 '보는 것'을 통해 충만되는(채워지는) 대상이다. 보조적 문장에서는 명상대상인 그 뿌루샤가 마음으로 바라보기의 대상이라고 언급되고 있다. "그는, 그 개별자아의 덩어리보다 더 지고하고도 지고하고 [몸의] 마을에서 쉬는(거주하는) 뿌루샤를, 마음으로 바라본다."[59] 〈쁘라 5.5〉에서이다. 이 경우에 심지어 실제로 존재하지 않는 사물도 깊은 명상의 대상이 된다. 소망에 의해 상상된 것마저 깊은 명상의 대상이기 때문이다. 반면에 마음으로 바라보기는 오직 실제로 존재하는 사물만이 그 대상이라고 이 세상에서 알려지므로, 그로부터 '참된 보기'[60]의 대상으로 존재하는 그 지고한 아뜨만 자체가 마음으로 바라보기의 대상으로 언급된다고 알려진다. 결국 '지고함'과 '뿌루샤'라는 말들로부터 이곳에서는 바로 그것이 명상대상으로 인지된다.

[전론]: 깊은 명상과 관계하여 '지고한 뿌루샤'를 말하지만, 마음으로 바라보기와 관계하여 '더 지고하고도 지고하고'라는 것을 말하지 않는

58_ 가시적(可視的) 신체와 비교해서 '모든 창조물의 생기인 것'인 하위 브라흐만은 더 지고하다. 따라서 <쁘라 5.5>의 '지고한 뿌루샤'라는 표현은 가시적 신체와 비교하여 하위 브라흐만이 더 지고하다는 견지에서 이해될 수 있다. 후대 베단따의 어법을 빌자면, '가시적 신체에 의해 한정된 순수의식'인 바이슈바나라(Vaiśvānara) 혹은 비라뜨(Virāṭ)와 비교해서, '미시적(微視的) 신체에 의해 한정된 순수의식'인 수뜨라뜨만(Sūtrātman) 혹은 히란야가르바(Hiraṇyagarbha)가 더 지고한 셈이다.

59_ '개별자아의 덩어리'(jīva-ghana)에 관해서는 곧 이어 후론자가 설명할 것이다. [몸의] 마을에서 쉬는(puriśaya)=모든 육신에 들어가서 존재하는.

60_ 참된 보기(samyag-darśana)=참된 직관, 참된 지식, 직접적 앎, 직각.

가? 어떻게 어느 하나가 다른 곳에서 [동일한 것으로] 인지된다는 말인가?[61]

이에 대하여 대답한다.

[후론]: 먼저 '지고함'과 '뿌루샤'라는 말들은 2가지 경우에서 공통적이다.[62] 그리고 이곳에서는 '개별자아의 덩어리'라는 말에 의해 논제이자 명상대상인 지고한 뿌루샤가 지시되지 않는다. [만약 그렇게 지시된다면], 그것보다 더 지고하고도 지고한 '마음으로 바라보기의 대상인 그 뿌루샤'는 ['명상대상인 뿌루샤'와는] 다른 것일 수도 있다.[63]

[전론]: 그러면 '개별자아의 덩어리'라는 것은 무엇인가?

[이에 대하여] 대답한다.

[후론]: '덩어리'란 형상이다. '개별자아의 덩어리'란 개별자아를 특징으로 하는 덩어리(형상)이다. 소금의 조각처럼 지고한 아뜨만이 개별자아의 형태로 분화된 것이고, 한정자에 의해 야기된 것이며, 대상들과

61_ "그 지고한 뿌루샤를 깊게 명상한다면"<쁘라 5.5>에서 알 수 있듯이 '지고한 뿌루샤'는 깊은 명상과 관계한다. 반면에 "그는, 그 개별자아의 덩어리보다 더 지고하고도 지고하고 [몸의] 마을에서 쉬는(거주하는) 뿌루샤를, 마음으로 바라본다."<쁘라 5.5>에서는 '더 지고하고도 지고한 뿌루샤'가 마음으로 바라보기와 관계한다. 이와 같이 뿌루샤가 각각 상이한 맥락에서 '지고한 것'과 '더 지고한 것'으로 언급되는데, 어떻게 양자가 동일한 것으로 인지될 수 있다는 말인가?

62_ 2가지 경우에서='깊은 명상과 관계하는 문장'과 '마음으로 바라보기와 관계하는 문장'에서. '지고함'과 '뿌루샤'라는 말들은 바로 이 2가지 경우 모두에서 공통적으로 등장한다.

63_ 여기서 주장하는 바는 다음과 같다: 만약 '개별자아의 덩어리'라는 말에 의해 명상대상인 뿌루샤가 지시된다면, 그 뿌루샤는 마음으로 바라보기의 대상인 뿌루샤와는 다른 것이 되고 만다. 왜냐하면 마음으로 바라보기의 대상인 뿌루샤는 '개별자아의 덩어리'보다 더 지고하다고 말하기 때문이다. 하지만 실제로는 '개별자아의 덩어리'라는 말에 의해 명상대상인 뿌루샤가 지시되지 않는다. 따라서 명상대상인 뿌루샤와 마음으로 바라보기의 대상인 뿌루샤는 다른 것이 아니고 동일한 것이다.

기관들보다 더 지고한 것이, 이곳에서 '개별자아의 덩어리'이다.

혹자는 말한다.

[이론]: "그는 사마 만뜨라들에 의해 브라흐만 세상으로 들어 올려진다."라는 바로 이전의 지나간 문장에서 다른 세상들보다 더 지고하다고 지시된 '브라흐만 세상'이, 이곳에서 '개별자아의 덩어리'라고 불린다. 실로 기관들에 둘러싸인 모든 개별자아들이 '모든 기관들의[64] 아뜨만이자 브라흐만 세상에 거주하는 히란야가르바'에서 모이는 것은[65] 합당하기 때문에, 브라흐만 세상은 개별자아의 덩어리이다. 따라서 [개별자아의 덩어리보다 더] 지고하고 마음으로 바라보기의 대상으로 존재하는 바로 그 뿌루샤가[66] 지고한 아뜨만으로서 심지어 깊은 명상의 대상으로도 존재한다고 이해된다.

게다가 '지고한 뿌루샤'라는 한정어는 오직 지고한 아뜨만을 수용하는 경우에 적절하다. 왜냐하면 '지고한 뿌루샤'는 그 자체보다 더 지고한 '다른 그 어떤 것'도 없는 지고한 아뜨만 자체이기 때문이다. 또한 "그 어떤 것도 뿌루샤보다 더 지고하지 않다. 그것은 정점이다. 그것은 궁극적 목적지이다."〈까타 3.11〉라는 다른 계시 때문이다. 더욱이 "음절 '옴'은 상위이고 또 하위인 브라흐만이다."라고 구분한 뒤에, 곧 이어서 음절 '옴'을 통해 '지고한 뿌루샤'를 깊게 명상해야만 한다고 말함으로써 지고한 뿌루샤를 오직 지고한(상위) 브라흐만으로 이해하게끔 한다. "뱀이 허물로부터 자유로워지듯이, 실로 마찬가지로, 그는 죄악으로부터 자유로워진다."〈쁘라 5.5〉라며 죄악으로부터 자유로워지는 결과를 [보여주는] 글귀는, 이곳에서 명상대상이 지고한 아뜨만이라는 것을 암시한다.

64_ 모든 기관들의=모든 미시적 신체들의.

65_ 모이는 것은=덩어리가 되는 것은.

66_ * '뿌루샤가'(puruṣaḥ)라는 표현은 Samata에만 추가로 등장한다.

그리고 지고한 아뜨만을 깊게 명상하는 자가 장소에 제한된 결과를 가지는 것은 합리적이지 않다고 주장한 것에 관해서 대답한다. 3개의 요소로 이루어진 음절 '옴'을 근거로 하여 지고한 아뜨만을 깊게 명상하는 자가 가지는 결과란 '브라흐만 세상에 도달하는 것'과 '점차적으로 참된 직관이 발생하는 것'이므로, 이는 점진적 해탈을 의도하는 것으로서 가능하다. 이로써 결함은 없다.‖13‖

{ 5. '작음'이라는 주제: 수뜨라 14-21 }

14. 작은 [허공은 지고한 신이다]; 뒤따르는 ['보조적 문장에 담긴 이유들'] 때문이다.

dahara uttarebhyaḥ ‖14‖

"이제, 여기에는 그 '브라흐만의 마을'에 연꽃인 작은 거처. 그 안에는 작은 허공이 있다. 그 '안에 있는 것'을 추구해야만 한다. 실로 그것을 탐구해야만 한다."〈찬도 8.1.1〉라는 등의 문장이 전해진다.

이곳에서는, 연꽃인 작은 심장에 [있는] 그 작은 허공이라고 계시되는 것이, 원소로서의 에테르인지, 아니면 인식적 아뜨만인지, 아니면 지고한 아뜨만인지 의문시된다.

의문의 근거는? '허공'과 '브라흐만의 마을'이라는 말들 때문이다. 실로 이 '허공'이라는 말은 원소로서의 에테르와 관계하여 또 지고한 브라흐만과 관계하여[67] 사용된다고 알려진다. 이 경우에 '작은 [허공]'이

67_ * '브라흐만과 관계하여'(brahmaṇi)라는 표현은 Samata에만 추가로 등장한다.

란 원소로서의 에테르 자체여야 하는지, 혹은 지고한 것이어야 하는지 의문이 생긴다. 마찬가지로 이곳에서 '브라흐만의 마을'에 관해서는, 개별자아가 '브라흐만'이라고 불리고 '그것(개별자아)의 마을인 저 육체'가 '브라흐만의 마을'이거나, 아니면 지고한 브라흐만 자체의 마을이 '브라흐만의 마을'이다. 이 경우에 작은 허공과 관계하여 개별자아와 지고한 것 [가운데] 어느 하나가 마을의 주인인지 의문이 생긴다.

[전론]: 이 경우에 '허공'이라는 말은 원소로서의 에테르와 관계하여 널리 알려져 있기 때문에, '작은 [허공]'이라는 말은 오직 원소로서의 에테르라고 귀결된다. 또한 그것은 작은 처소를 가진다는 견지에서 작다.[68] 게다가 "정녕 이 허공만한, 그런 만큼이 심장의 안에 있는 그 허공이다."〈찬도 8.1.3〉에서 '외부의 [허공과] 내부의 [허공] 사이의 관계'에 따라 야기되는 구분은 '비교어(比較語)와 비교대상의 관계'이다.[69] 더욱이 천상과 지상 등이 그것의 안에 놓여 있다.[70] 공간 그 자체인 허공은 단일하기 때문이다.[71]

68_ 원소로서의 에테르는 원소인 그것이 심장과 같은 작은 처소를 가진다는 견지에서 '작은 [허공]'이라고 지시될 수 있다.

69_ <찬도 8.1.3>에서는 '외부의 허공' 만큼의 크기인 것이 심장의 안에 있는 '내부의 허공'이라고 비교한다. 이 경우에 두 허공이 구분된 채로 언급되는 이상, 그 관계는 '비교어와 비교대상의 관계'(upamāna-upameya-bhāva)가 된다. 외부의 허공은 비교어(비교의 기준)이고, 내부의 허공은 비교대상이다. 그런데 만약 외부의 허공과 내부의 허공이 구분되지 않은 채로 비교가 이루어진다면, 그 결과 허공이 허공 자체와 비교되는 모순에 빠진다. 하지만 양자가 구분된 채로 비교가 이루어지기 때문에 비교의 조건이 충족된다. 따라서 <찬도 8.1.1>의 '작은 허공'은 내부의 허공이자 오직 원소로서의 허공(에테르)이어야 한다.

70_ 이 문장은 "바로 그것의 안에 천상과 지상 양자가 놓여 있다."<찬도 8.1.3>라는 문장을 변형시킨 표현이다. 그것=심장의 안에 있는 작은 허공 즉 내부의 허공. 놓여 있다=포함되어 있다.

71_ 허공은 '공간 그 자체로서'(avakāśātmanā) 단일하기 때문에 심장의 안에 있는 작은 허공에도 천상과 지상 등이 놓여 있을 수 있다. 따라서 '작은 허공'은 오직 원소로서의 허공(에테르)이다.

혹은 '작은 [허공]'은 개별자아라고 귀결된다. '브라흐만의 마을'이라는 말 때문이다. 실로 개별자아의 마을로 존재하는 저 육체는 '브라흐만의 마을'이라고 불린다. 그것(육체)은 [개별자아] 자신의 행위(업)로부터 얻어지기 때문이다. 또한 그것(개별자아)은 비유적으로 '브라흐만'이라는 말로 지시된다. 왜냐하면 지고한 브라흐만과 육체는 '소유주와 소유물로 존재하는 관계'를 가지지 않기 때문이다.[72] 이 경우에 마을의 주인(소유주)은 마치 왕처럼 마을의 한 장소에서 거주한다고 알려진다. 결국 개별자아는 마음을 한정자로 하고 또 마음은 주로 심장에 머무르므로, 그로부터 오직 개별자아가 심장의 안에 거주하는 그것이어야 한다.[73] '작은 [허공]'이라는 것마저, 바로 그것(개별자아)이 몰이 막대기의 끄트머리에 비교되기 때문에 적절하다.[74] 허공 등과 비교되는 것마저[75] 브라흐만과의 차이 없음을 말하려는 의도에서 가능하다. 게다가 이곳에서는 작은 허공이 추구대상으로도 탐구대상으로도 계시되지 않는다. "그 '안에 있는 것'을"에서 ['작은 허공'은] 다른 것에 대한 한정어로 언급되기 때문이다.[76]

72_ 브라흐만은 육체를 가지지 않기 때문에 '육체를 소유물(sva)로 하는 소유주(svāmin)'로서 존재하지 않는다. 따라서 '브라흐만의 마을'에서 마을이 육체를 의미한다면 그것의 소유주인 '브라흐만'이라는 말은 지고한 브라흐만을 지시하지 않고 비유적으로 개별자아를 지시한다.

73_ 왕이 왕국의 수도인 마을에서 어느 특정한 한 장소 즉 왕궁에만 거주하듯이, '브라흐만의 마을'(육체)에서 그 주인(소유주)인 개별자아도 육체의 어느 특정한 한 장소 즉 심장에만 거주한다는 논리이다. 그리고 개별자아의 한정자인 마음(manas)이 심장 안에 머무른다면, 그것을 한정자로 가지는 개별자아도 심장 안에 머무른다고 말할 수 있다.

74_ <슈베 5.8> 참조: "지성의 성질을 가지는 것으로서 또 몸의 성질을 가지는 것으로서, 몰이 막대기 끄트머리의 크기인 것으로서 열등한 듯이 관찰된다."

75_ <찬도 8.1.3>에서 외부의 허공과 비교되는 것마저.

76_ <찬도 8.1.1>의 "그 '안에 있는 것'을"(tasmin yad antaḥ)에서 '그'(tasmin)가 가리키는 것은 '작은 거처'인가, 아니면 '작은 거처의 안에 있는 작은 허공'인가? 전론자는 후자라고 주장한다. '작은 허공'을 가리키는 '그'는, 그 자체의 안

이로부터 우리는 답변을 말한다.

[후론]: 이곳에서 '작은 허공'은 오직 지고한 신이어야만 할 뿐, 원소로서의 에테르나 개별자아는 아니다.

무엇 때문에? 뒤따르는 '보조적 문장에 담긴 이유들' 때문이다. 그러한 예시로서, 추구대상으로 규정된 작은 허공에 관해 "그들은 그(스승)에게 물을지도 모른다."〈찬도 8.1.2〉라고 시작한 뒤에, "추구해야만 하는 것으로, 또 탐구해야만 하는 것으로 그곳에서 존재하는, 그것은 무엇입니까?"〈찬도 8.1.2〉라는 것과 같은 반박을 앞세운 채로 [다음과 같이] 바로잡는 글귀가 있다. "그는 말해야 한다: 정녕 이 허공만한, 그런 만큼이 심장의 안에 있는 그 허공이다. 바로 그것의 안에 천상과 지상 양자가 놓여 있다."〈찬도 8.1.2-3〉라는 등이다. 이 경우에 [스승이] '연꽃인 작은 것'(심장)을 통해 확립된 작은 허공을 '잘 알려져 있는 허공'과 비교함으로써 '작음'을 거부하기 때문에, 작은 허공이 원소로서의 에테르라는 것을 거부한다고 이해된다. 비록 '허공'이라는 말이 원소로서의 에테르와 관계하여 널리 알려져 있을지라도, 바로 그 자체를 그 자체와 비교하는 것은[77] 합당하지 않으므로, 원소로서의 에테르라는 의심은 파기되고 만다.

[전론]: 비록 허공이 단일할지라도 외부와 내부의 가상적인 구분을 통해 '비교어와 비교대상의 관계'가 가능하다고 언급했지 않는가?

[후론]: 그러할 수는 없다. 왜냐하면 가상적인 구분에 의지하는 그 방안은 최후의 변통(變通)이기 때문이다.[78] 더 나아가 구분을 가정하더라

에 있는 다른 어떤 것을 지시하기 위한 한정어이기 때문이다. 그래서 작은 거처(심장)의 안에 작은 허공이 있고, 그 작은 허공의 안에 있는 '다른 어떤 것'을 추구해야만 하고 탐구해야만 한다. '작은 허공 자체'가 추구대상이고 탐구대상이지는 않다.

77_ 바로 그 자체를 그 자체와 비교하는 것은=바로 그 허공(원소로서의 에테르)을 동일한 허공(원소로서의 에테르)과 비교하는 것은.

도,[79] '비교어와 비교대상의 관계'를 말하는 자에게는 '내부의 허공'이 제한적임으로 말미암아 [그것이] '외부의 허공'의 부피(크기)를 가진다는 것은 합당할 수 없다.

[전론]: "허공보다 더 큰(위대한)"〈샤따-브 10.6.3.2〉이라는 다른 계시 때문에 지고한 신조차도 허공의 부피를 가진다는 것은 전혀 합당하지 않지 않는가?

[후론]: 그러한 결함은 없다. 문장은 '연꽃으로 둘러싸인 것'(심장)을 통해 확립된 '작음'을 파기하고자 함으로 말미암아 '크기'를 제시하고자 하지 않는다. 왜냐하면 양자를 제시하는 경우에 문장이 분열될 것이기 때문이다.[80] 게다가 구분을 가정하는 경우에, 연꽃으로 둘러싸인 '허공의 한 장소' 안에 천상과 지상 등이 놓여 있다는 것은 합당하지 않다.[81] 더욱이 "그것은 죄악으로부터 자유롭고, 늙지 않으며, 죽지 않고, 슬픔이 없으며, 허기가 없고, 갈증이 없으며, 진실한 욕망을 가지고, 진실한 결의를 가지는 아뜨만이다."〈찬도 8.1.5〉에서 '아뜨만임'과 '죄악으로부터 자유로움' 등의 속성들은, 원소로서의 에테르인 경우에 적합하지 않다. 비록 개별자아와 관계하여 '아뜨만'이라는 말이 가능할지라도,[82] 여전히 다른 이유들 때문에 개별자아라는 의심마저 파기되고 만

78_ 가상적인 구분에 의지하는 방안(gati)은 '최후의 변통'(agatika)에 지나지 않는다. 즉 다른 방안을 결코 찾을 수 없는 경우에 가상적인 구분에 의지하는 방안이 최후의 방안(변통)으로 고려되어야 한다.

79_ 구분을 가정하더라도=외부의 허공과 내부의 허공이라는 가상적인 구분을 용인하더라도.

80_ 하나의 문장이 2가지 이상의 의미를 가지는 경우에는 문장적 분열이 발생한다. <찬도 8.1.3>에서 비교와 관련되는 그 문장은 작은 허공의 '작음'을 파기하려는 의도이거나, 작은 허공의 '크기'를 제시하려는 의도여야 한다. 후론자에 따르면 그 문장은 오직 전자에 속한다.

81_ 외부의 허공과 내부의 허공이라는 구분을 가정하는 경우에 천상과 지상 등은 결코 내부의 허공에 놓일 수 없다.

82_ 개별자아와 관계하여 '죄악으로부터 자유로움' 등의 속성들은 가능하지 않다.

다. 왜냐하면 몰이 막대기의 끄트머리에 비교되고 한정자에 의해 제한된 개별자아가 '연꽃으로 둘러싸인 것'에 의해 야기된 '작음'을 가진다는 점은 거부될 수가 없기 때문이다.[83]

[전론]: 브라흐만과의 차이 없음을 말하려는 의도에서 개별자아의 편재성[84] 등을 말하고자 할 수 있다.

[후론]: [개별자아가] 브라흐만을 본질로 하기 때문에 개별자아의 편재성 등을 말하고자 할 수 있다면, 직접적으로 바로 그 브라흐만의 편재성 등을 말하고자 한다는 것이 합리적이다.[85]

그리고 '브라흐만의 마을'에서 마을은 개별자아에 의해 특징을 가지기 때문에[86] 마을의 주인인 개별자아 자체가 마치 왕처럼 마을의 한 장소에 머무는 그것이어야 한다고 주장한 것에 관해서, 우리는 말한다. 지고한 브라흐만 자체의 마을로 존재하는 저 육체가 '브라흐만의 마을'이라고 불린다. '브라흐만'이라는 말이 그것(지고한 브라흐만)에 대해 일차적이기 때문이다. 게다가 그것(지고한 브라흐만)은 그 마을(육체)과 관계를 가진다. 이해(획득)의 토대이기 때문이다.[87] "그는, 그 개별자아의 덩어리보다 더 지고하고도 지고하고 [몸의] 마을에서 쉬는(거주하는) 뿌

83_ 개별자아는 결코 그 '작음'을 벗어나지 못한다. 따라서 작은 허공이 개별자아인 경우에는 그 '작음'이 거부되거나 파기되어야 함에도 결코 거부되거나 파기될 수 없다.

84_ 개별자아의 편재성=작은 허공인 개별자아가 '작음'을 벗어나 외부의 허공과 같이 편재할 수 있다는 것.

85_ 만약 <찬도 8.1.3>에서 비교와 관련되는 그 문장의 취지가 '개별자아의 편재성'이라면, 그 편재성은 오로지 개별자아가 브라흐만을 본질로 하기 때문에 가능하다. 따라서 개별자아의 편재성이 문장의 취지라고 하기보다는, 직접적으로 그 브라흐만의 편재성이 문장의 취지라고 하는 편이 더 합리적이다.

86_ 마을은 개별자아에 의해 특징을 가지기 때문에=육체(마을)는 개별자아의 업에 의해 얻어지기 때문에.

87_ 육체는 브라흐만을 이해(upalabdhi)하기 위한 토대(adhiṣṭhāna) 즉 '수단이 되는 것'이다.

루샤를, 마음으로 바라본다."〈쁘라 5.5〉, "실로 그러한 그것이, 모든 마을들에서, 마을에 거주하는 뿌루샤이리라."〈브리 2.5.18〉라는 등이 계시되기 때문이다.

또 다른 해설로는, 오직 그 '개별자아의 마을'에서 브라흐만이 근처에 놓여 있다고 간주된다. 예컨대, 샬라그라마에서 비슈누가 근처에 놓여 있다고 하듯이, 그와 마찬가지이다.[88]

그리고 "그래서 행위를 통해 획득한 것이 이 세상에서 소멸되듯이, 바로 그와 같이 선행을 통해 획득한 것도 저 세상에서 소멸된다."〈찬도 8.1.6〉라며 행위들이 유한한 결과를 낳는다고 말한 뒤에, "한편, 이 세상에서 아뜨만과 또 그러한 진실한 욕망들을 찾은 뒤에 떠나는 자들은, 모든 세상들에서 자유자재하게 된다."〈찬도 8.1.6〉라며 논제인 작은 허공에 대한 지식이 무한한 결과를 낳는다고 말함으로써, 그것(작은 허공)이 지고한 아뜨만이라는 것을 암시한다.

그리고 작은 허공은, 다른 것에 대한 한정어로 언급되기 때문에, 추구대상으로도 탐구대상으로도 계시되지 않는다고 그렇게 주장한 것에 관해서,[89] 우리는 말한다. 만약 [작은] 허공이 추구대상으로 언급되지 않는다면, "정녕 이 허공만한, 그런 만큼이 심장의 안에 있는 그 허공이다."라는 등에서 허공의 본질을 제시하는 것은 합당하지 않을 수 있다.[90]

88_ 비슈누 신을 상징하는 돌인 샬라그라마를 통해 그 숭배자들은 비슈누 신이 돌의 근처에 놓여 있다고 생각한다. 마찬가지로 '브라흐만의 마을'이 개별자아의 마을이라고 하더라도, 브라흐만을 명상(숭배)하는 자들은 브라흐만이 육체(개별자아의 마을)의 근처에 놓여 있다고 생각한다.

89_ 전론자는 '작은 허공'이 아니라 '작은 허공의 안에 있는 다른 어떤 것'이 추구대상이자 탐구대상이라고 주장한 바 있다.

90_ * Samata에 '합당하지 않을 수 있다'(nopapadyeta)라는 표현이 등장하는 것과 달리, Nirnaya에는 '소용에 닿지 않는다'(nopayujyate)라는 표현이 등장한다.

[전론]: 그[91] 또한, 실로 [작은 허공의] 안에 머무는 어떤 것이 존재한다는 것을 보여주기 위해 제시되지 않는가? "그들은 그(스승)에게 물을지도 모른다: 여기에는 그 '브라흐만의 마을'에 연꽃인 작은 거처. 그 안에는 작은 허공이 있습니다. 추구해야만 하는 것으로, 또 탐구해야만 하는 것으로 그곳에서 존재하는, 그것은 무엇입니까?"〈찬도 8.1.2〉라고 반박함으로써, [스승이 그 반박을] 물리치는 와중에 [잘 알려져 있는] 허공과 비교하는 것을 시작으로 하여 천상과 지상 등이 [작은 허공의] 안에 놓여 있다는 것을 제시하기 때문이다.

[후론]: 그건 그렇지 않다. 실로 그와 같을 경우에, [작은 허공의] 안에 놓여 있는 천상과 지상 등이 추구대상이고 탐구대상이라고 말해야 한다.[92] 그 경우에 보조적 문장은 합당하지 않을 것이다. 왜냐하면 보조적 문장은, "그곳에 욕망들이 놓여 있다. 그것은 죄악으로부터 자유롭고 … 아뜨만이다."〈찬도 8.1.5〉라며 논제이자 '천상과 지상 등이 놓여 있는 거처'인 허공을 내세운 뒤에, "한편, 이 세상에서 아뜨만과 또 그러한 진실한 욕망들을 찾은 뒤에 떠나는 자들은"이라며 연결의 의미인 '또'라는 말을 통해 '욕망들의 거처인 아뜨만'과 '[그 안에] 머무르는 욕망들'을 지식대상들로 보여주기 때문이다. 따라서 심지어 시작되는 문장에서도 연꽃인 심장을 거주지로 하는 작은 허공 자체는, [그] 안에 머물거나 놓여 있는 '지상 등'과 '진실한 욕망들'과 함께, 지식대상으로 언급된다고 알려진다.

결국 말한 바의 이유들 때문에, 그것(작은 허공)은 지고한 신이라고 확립된다.[93]‖14‖

91_ 그="정녕 이 허공만한 …"이라는 문장.

92_ 만약 작은 허공의 안에 머무는 어떤 것이 추구대상이고 탐구대상이라면, 그 안에 놓여 있는 천상과 지상 등이 자연스럽게 추구대상이고 탐구대상이다.

93_ * '확립된다'(sthitam)라는 표현은 Samata에만 추가로 등장한다.

15. '가는 [행위]'와 ['브라흐만 세상이라는] 말' 때문에, [작은 허공은 지고한 신이다]; 왜냐하면 [다른 계시에서] 그렇게 [매일 개별자아들이 숙면상태에서 브라흐만으로 가는 것이] 알려지기 때문이다; 그리고 [매일 브라흐만 세상으로 가는 것은, '브라흐만 세상'이라는 말이 동격 관계라고 수용하는 데] 표징이다.

gatiśabdābhyāṃ tathā hi dṛṣṭaṃ liṅgaṃ ca ‖15‖

뒤따르는 이유들 때문에 작은 [허공은] 지고한 신이라고 말했다. 이제는 바로 그 뒤따르는 이유들을 상술한다.

이로 말미암아 또한, 작은 [허공은] 오직 지고한 신이다. 작은 [허공에] 대한 보조적 문장에서 오직 지고한 신이라는 것을 확립하는 '가는 [행위]'와 ['브라흐만 세상이라는] 말'이 있는 까닭에서이다. "이러한 모든 창조물들은, 매일 그 브라흐만 세상으로 가면서도, [그것을] 찾지 못한다."〈찬도 8.3.2〉에서이다. 이곳에서는, 논제인 작은 [허공을] '브라흐만 세상'이라는 말을 통해 지시한 뒤에, '창조물이라는 말에 의해 표현되는 개별자아들'이 그것(브라흐만 세상)과 관계하는 '가는 [행위]'를 가진다고 지시함으로써, 작은 [허공이] 브라흐만이라는 것을 이해하게끔 한다.[94] 왜냐하면 다른 계시에서 그렇게 매일 개별자아들이 숙면 상태에서 브라흐만의 영역으로 가는 것이 알려지기 때문이다. "얘야, [이 사람이 '잠잔다'라고 말할 때], 그 경우에 존재와 융합하게 된다."〈찬도 6.8.1〉라고 이렇게 운운하는 것들에서이다. 이 세상에서도 깊숙이 숙면하는 자에 대해 소위 '브라흐만이 되었다.', '브라흐만 상태로 갔다.'라고 그들은 말한다. 마찬가지로 '브라흐만 세상'이라는 말마저 논제인

94_ <찬도 8.3.2>에서는 창조물(prajā)이 개별자아이고, 브라흐만 세상이 작은 허공이라고 알려진다. 그리고 개별자아들이 작은 허공으로 '가는 [행위]'(gati)가 알려진다. 따라서 작은 허공은 브라흐만임에 틀림없다.

작은 [허공]에 대해 사용됨으로 말미암아 개별자아나 원소로서의 에테르라는 의심을 물리침으로써, 그것(작은 허공)이 브라흐만이라는 것을 이해하게끔 한다.

[전론]: '브라흐만 세상'이라는 말은 '연꽃에 앉은 자[95]의 세상'마저 의미해야 하지 않는가?

[후론]: 만약 '브라흐만(브라흐마)의 세상'이라며 6격복합어의 양상으로 어원을 좇는다면, [그것을] 의미할 수 있다. 반면에 동격 관계의 양상으로 어원을 좇음으로써 브라흐만 세상은 '브라흐만 그 자체인 세상'이므로 오직 지고한 브라흐만을 의미할 것이다. 그리고 매일 브라흐만 세상으로 가는 것이 알려진다는 바로 그 점은, '브라흐만 세상'이라는 말이 동격 관계의 양상이라고 수용하는 데 표징이다. 왜냐하면 매일 그러한 창조물들이 '진리 세상'이라고 불리고 또 결과에 [불과한] 브라흐만(브라흐마)의 세상[96]으로 간다는 것은 상상조차 할 수 없기 때문이다.[97]‖15‖

95_ 연꽃에 앉은 자(kamalāsana)=연꽃을 성좌(聖座)로 가지는 브라흐마 신. 브라흐마 신은 실재인 상위 브라흐만 즉 지고한 브라흐만과 비교해서 하위 브라흐만에 지나지 않는다.

96_ 결과에 [불과한] 브라흐만(브라흐마)의 세상=지고한 브라흐만으로부터 산출된 결과인 '브라흐마 신(神)의 세상', 즉 히란야가르바의 세상 또는 하위 브라흐만의 세상.

97_ 여기서 주장하는 바는 다음과 같다: <찬도 8.3.2>에서는 개별자아들이 매일 브라흐만 세상으로 간다고 한다. 만약 그 브라흐만 세상이 '브라흐마 신의 세상'(6격한정복합어)이라면, 어떻게 개별자아들이 매일 그곳으로 갈 수 있겠는가! 개별자아들은 오직 숙면 상태에서 매일 '브라흐만 그 자체인 세상'(동격한정복합어)으로 갈 수 있을 따름이다. 따라서 개별자아들이 매일 브라흐만 세상으로 간다고 알려주는 <찬도 8.3.2>는 '브라흐만 세상'이라는 말을 '동격 관계'(동격한정복합어)의 양상으로 풀이하게끔 하는 표징(liṅga)이 된다.

16. 또한 지지하기 때문에, [작은 허공은 지고한 신이다]; ['지지함'으로 지시되는] 이 위대성이 [다른 계시를 통해] 그것(지고한 신)과 관계하여 알려지기 때문이다.

dhṛteś ca mahimno 'syāsminn upalabdheḥ ‖16‖

또한 지지한다는 이유 때문에, 그 작은 [허공은] 오직 지고한 신이다. 어떻게? 왜냐하면 "그 안에는 작은 허공이 있다."〈찬도 8.1.1〉라고 시작한 뒤에, [잘 알려져 있는] 허공과 비교하는 것을 앞세운 채 그것(작은 허공)에 모든 것이 놓여 있다는 것을 말한 다음, 또 '아뜨만'이라는 말을 바로 그것(작은 허공)에 대해 사용한 채 '죄악으로부터 자유로움' 등의 속성들을 가진다고 가르치고 나서, 또 끝나지 않은 주제인 바로 그것을 "이제, 아뜨만인 것은 이 세상들이 뒤섞이지 않도록 지지하는 다리(둑)이다."〈찬도 8.4.1〉라고 언급하기 때문이다. 이곳에서 '지지함'이라는 것은 '아뜨만'이라는 말과 동격 관계임으로 말미암아 '지지하는 자(것)'가 지시된다.[98] '끄띠쯔'는 행위주체와 관계한다고 전승되기 때문이다.[99] 마치 이 세상에서 둑이란 들판의 풍요로운 것들이 뒤섞이지 않도록 물의 흐름을 지지하듯이, 마찬가지로 이 아뜨만은 인격적인 것 등[100]의 구분에 따라 차이를 가지는 이러한 세상들이 뒤섞이지 않고 계급(바르나)·인생단계 등이 혼동되지 않도록 둑과 [같이] 지지한다. 그래서 이곳에서도 논제인 작은 [허공과] 관계하여 '지지함'으로 지시되는 위대성을 보여준다.

98_ <찬도 8.4.1>에서 '아뜨만'이라는 말은 'ātmā'로 즉 1격(주격)으로 표현되고, '지지함'이라는 말도 'vidhṛtiḥ'로 즉 1격으로 표현된다.

99_ 끄띠쯔(ktic)='끄리뜨(kṛt) 접사'(어근으로부터 파생어를 만듦) 중의 하나로서 'ti'의 형태로 종결된다. 이곳에서는 동사 vi+ √dhṛ에 'ti'가 첨가된 것이 'vidhṛti'라는 명사이다. '행위주체'(kartṛ)란 1격(주격)을 가리킨다.

100_ 인격적인 것 등=인격적인 것, 대상적인 것, 신격적인 것 등.

그리고 이 위대성은 다른 계시를 통해 오직 지고한 신과 관계하여 알려진다. "가르기여, 정녕 이 불멸체의 통치 하에서 해와 달이 제어된(지지된) 채로 존재합니다."〈브리 3.8.9〉라는 등을 통해서이다. 마찬가지로 지고한 신에 대한 문장이라고 확정되는 다른 곳에서도 계시된다.[101] "그것은 모든 것의 신이고, 그것은 존재들의 지배자이며, 그것은 존재들의 보호자이고, 그것은 이 세상들이 뒤섞이지 않도록 지지하는 다리(둑)입니다."〈브리 4.4.22〉에서이다.

이와 같이 또한, 지지함이라는 이유 때문에, 그 작은 [허공은] 오직 지고한 신이다.‖16‖

17. 또한 ['허공'이라는 말이 지고한 신과 관계하여] 잘 알려져 있기 때문에, [작은 허공은 지고한 신이다].

prasiddheś ca ‖17‖

이로 말미암아 또한, "그 안에는 작은 허공이 있다."〈찬도 8.1.1〉에서는 오직 지고한 신을 말한다. '허공'이라는 말이 지고한 신과 관계하여 잘 알려져 있는 까닭에서이다. "'허공'이라고 불리는 것은 명칭과 형태의 산출자이다."〈찬도 8.14.1〉, "정녕 이 모든 존재들이 오직 허공으로부터 생성되고"〈찬도 1.9.1〉라는 등에서 [그렇게] 사용되는 것을 보기 때문이다. 반면에 '허공'이라는 말이 개별자아와 관계하여 사용되는 것은 그 어디에서도 보이지 않는다.

한편, 비록 '허공'이라는 말에 의해 원소로서의 에테르(허공)가 잘 알려져 있다고 할지라도, '비교어와 비교대상의 관계' 등이 불가능함으로

101_ 문장의 취지가 지고한 신과 관계한다고 확정되는 다른 계시에서도 그 신이 '지지함'으로 지시되는 그 위대성을 가진다고 알려진다.

말미암아 수용되어서는 안 된다고 [앞서] 언급했다.‖17‖

18. 만약 [보조적 문장에서] 다른 것(개별자아)을 지시하기 때문에 [작은 허공은] 그것(개별자아)이라고 한다면, 아니다; 불가능하기 때문이다.

itaraparāmarśāt sa iti cen nāsaṃbhavāt ‖18‖

[전론]: 만약 보조적 문장에 힘입어 작은 [허공이라는] 것이 지고한 신이라고 수용한다면, 실로 다른 것인 개별자아마저 보조적 문장에서 지시된다. "그(스승)는 말했다: 이제, 그 적정(寂靜)은 이 육체로부터 솟아오른 후, 지고한 빛에 도달하고 나서 자체의 형태로 현시한다. 그것(적정)은 아뜨만이다."〈찬도 8.3.4〉에서이다. 왜냐하면 이곳에서 '적정'이라는 말은, 다른 계시서에서[102] 숙면 상태와 관계하여 알려짐으로 말미암아, 그 상태에 있는 개별자아를 제시할 수 있을 뿐 다른 대상을 제시할 수는 없기 때문이다. 또한 한갓 육체에 의지하는 개별자아는 육체로부터 솟아오르는 것[103]이 가능하다. 예컨대 허공에 의지하는 공기 등이 허공으로부터 솟아오르듯이, 그와 마찬가지이다. 또한 예컨대 이 세상에서 '허공'이라는 말이 지고한 신과 관계하여 알려지지 않음에도 지고한 신의 특성과 연결됨으로 말미암아 "'허공'이라고 불리는 것은 명칭과 형태의 산출자이다."〈찬도 8.14.1〉라고 이렇게 운운하는 것들에서 지고한 신과 관계한다고 용인되듯이, 마찬가지로 개별자아와 관계해서도 가능하다. 따라서 다른 것을 지시하기 때문에 "그 안에는 작은 허공이 있다."〈찬도 8.1.1〉라는 곳에서는 바로 그것 즉 개별자아를

102_ 다른 계시서에서=<브리 4.3.15>에서.

103_ 솟아오르는 것(samutthāna)=벗어나거나 넘어서거나 초월하는 것.

말한다.

[후론]: 그건 그렇지 않을 것이다.

무엇 때문에? 불가능하기 때문이다. 실로 '지성 등의 한정자에 의해 제한된 것'을 자기로 가정하는 개별자아가 허공과 비교될 수는 없다. 또한 '한정자의 특성들'을 자기로 가정하는 것에서 '죄악으로부터 자유로움' 등의 특성들은 가능하지 않다.[104] 그리고 이 점은 첫 번째 수뜨라에서[105] 상술되었다. 하지만 여분의 의심을 제거하기 위해 이곳에서 다시 제시된다.[106] 또한 나중에 "또한, [만약 작은 허공이 지고한 신인 경우에 보조적 문장에서 개별자아를 지시하는 것이 무의미하게 된다면, 보조적 문장에서 개별자아를] 지시하는 것은, 다른 목적을 가진다; [지고한 신의 본질을 확정한다]."〈수뜨라 1.3.20〉라고 언급할 것이다.‖18‖

19. 하지만, 만약 뒤따르는 것(문장) 때문에 [작은 허공이 개별자아라는 의심이 생긴다면], [그러한 의심은 가능하지 않다]; 본질이 드러난 [개별자아를 말하고자 하기 때문이다].

uttarāc ced āvirbhūtasvarūpas tu ‖19‖

[전론]: '다른 것을 지시하기 때문에' [작은 허공이] 개별자아라고 의심이 생긴 것은, '불가능하기 때문에' 부인되었다.

그러면 이제, 망자(亡者) 자신이 뿌려진 불멸수(不滅水)를 통해 다시 소생하는 [것처럼], 뒤따르는 것 때문에 즉 '쁘라자빠띠의 문장'[107] 때문

104_ '한정자의 특성들'을 자기로 가정하는 것=한정자의 특성들이 자기에게 속한다고 잘못 가정하는 개별자아. 죄악 등은 한정자의 특성이므로 한정자에 의해 제한된 개별자아가 '죄악으로부터 자유로움' 등의 특성들을 가질 수는 없다.

105_ '작음'이라는 주제의 첫 번째 수뜨라인 <수뜨라 1.3.14>에 대한 주석에서.

106_ 여분의 의심은 바로 다음의 수뜨라와 주석에서 더욱 선명하게 제시된다.

107_ 쁘라자빠띠의 문장=<찬도 8.7-12>에서 창조주인 쁘라자빠띠가 인드라에게

에 개별자아라는 의심이 생긴다. 실로 그곳에서 [쁘라자빠띠는] "아뜨만은 죄악으로부터 자유롭고"〈찬도 8.7.1〉라며 '죄악으로부터 자유로움' 등의 속성들을 가지는 아뜨만을 추구대상으로 또 탐구대상으로 전제한 뒤에, "눈에서 보이는 그 뿌루샤가 아뜨만이다."〈찬도 8.7.4〉라고 말함으로써 눈에 머무는 '보는 자'로서 개별자아를 아뜨만이라고 교시한다. 또한 "나는 바로 그것을 그대에게 다시 설명할 것이다."〈찬도 8.9.3〉라며 바로 그것을 되풀이해 지시한 뒤에, "꿈에서 경배받으며 돌아다니는[108] 그것이 아뜨만이다."〈찬도 8.10.1〉라고, 또 "그래서 잠자는 누군가가 침잠[109]이고, 적정이며, 꿈을 보지 않는 경우에, 그것이 아뜨만이다."〈찬도 8.11.1〉라며 상이한 상태들에서 존재하는 바로 그 개별자아를 설명한다. 게다가 바로 그것이 '죄악으로부터 자유로움' 등을 가진다고 보여준다. "그것은 불멸이고, 두려움이 없음이다. 그것은 브라흐만이다."〈찬도 8.11.1〉에서이다. 더욱이 [인드라가] "정녕 그는 그 자신을, '나는 이것이다.'라는 그런 식으로는, 정확하게 알지 못한다. 이러한 존재들도 결코 알지 못한다."[110]〈찬도 8.11.1〉라며 숙면 상태의 결점을 이해한 뒤에, 또 [쁘라자빠띠가] "나는 바로 그것을 그대에게 다시 설명할 것이다. 이것(아뜨만)과는 다른 것이 결코 아닌 [그것을!]"〈찬도 8.11.3〉이라고 시작한 다음, 육체와의 관계에 대한 비난을 앞세운 채 "그 적정은 이 육체로부터 솟아오른 후, 지고한 빛에 도달하

아뜨만에 대한 가르침을 주는 문장들.

108_ 꿈에서 경배받으며 돌아다니는=꿈속에서, 경배받으면서 즉 인상으로 이루어진 대상들(여자 등)에 의해 경배받으면서, 돌아다니는 즉 다양한 것들을 향유하는.

109_ 침잠(samasta)=모든 기관들이 철회한 상태.

110_ 숙면 상태에서 잠자는 자는, '나는 이것이다.'(ayam aham asmi)라는 식으로, 자신이 아뜨만이라는 것을 정확하게 알고(의식하고) 있지 못하다. 또한 생시 상태나 꿈 상태에서와는 달리, 대상적인 존재들을 알고 있지 못하다.

고 나서 그 자체의 형태로 현시한다. 그것(적정)은 최상의 뿌루샤이다."〈찬도 8.12.3〉라며 오직 개별자아가 '육체로부터 솟아오른 최상의 뿌루샤'라는 것을 보여준다. 따라서 지고한 신의 특성들은 개별자아의 경우에도 가능하게 된다. 결국 "그 안에는 작은 허공이 있다."〈찬도 8.1.1〉에서는 오직 개별자아를 말한다.

만약 누군가가 이렇게 말한다면, 그에게 대답해야 한다. "하지만 … 본질이 드러난."

[후론]: '하지만'이라는 말은 전론을 배제하기 위해서이다. 뒤따르는 문장 때문이더라도 이곳에서 [작은 허공이] 개별자아라는 의심은 가능하지 않다는 뜻이다.

무엇 때문에? 이곳에서조차 본질이 드러난 개별자아를 말하고자 하는 까닭에서이다. [복합어인] '드러난-본질'이란 '어떤 것의 본질이 드러난'이다. ['어떤 것'이란 본질이 드러나기] 이전의 상태로 존재하는 개별자아를 의미한다.[111]

말한 바는 이러하다: "눈에서 [보이는] 그 …"라며 눈으로 지시되는 '보는 자'를 교시한 뒤에, 물 단지에 대한 브라흐마나를 통해 육체를 아뜨만으로 삼은 [인드라가] 그것(보는 자)에 대해 이의를 제기하게끔 한 다음,[112] "[나는] 바로 그것을 그대에게 …"라며 바로 그것을 되풀이해

111_ 수뜨라에서 'āvirbhūtasvarūpa'(드러난-본질)라는 복합어는 소유복합어로서 'āvirbhūtaṃ svarūpam asya'(어떤 것의 본질이 드러난)라고 풀이된다. 이 경우에 수뜨라의 'āvirbhūtasvarūpaḥ'는 1격이므로 같은 1격의 실사인 'jīvaḥ'가 보충되고 그 결과 '개별자아의 본질이 드러난'이라고 풀이될 수 있다. 결국 이는 '본질이 드러나기 이전의 상태로 존재하는 개별자아의 본질이 드러난'이라는 뜻이다. 그리고 개별자아의 본질이 드러났다는 것은, 개별자아가 더 이상 개별자아가 아닌 브라흐만이 되었다는 의미이다. 따라서 후론자의 주장에 따르면, '쁘라자빠띠의 문장'에서는 브라흐만 상태인 개별자아에 관해 가르치고 있는 셈이다.

112_ <찬도 8.8>의 브라흐마나에서 쁘라자빠띠는 인드라(신의 대표)와 비로짜나

설명의 대상으로 내세우고 나서, 꿈과 숙면을 제시하는 방식을 통해 "지고한 빛에 도달하고 나서 그 자체의 형태로 현시한다."라며 그 개별자아가 '그것(개별자아)의 실재적인 본질인 것 즉 지고한 브라흐만'을 특성(본질)으로 한다고 설명할 뿐, 개별자아에 속하는 것을 특성(본질)으로 한다고 설명하지는 않는다.[113]

도달해야만 하는 것으로 계시되는 그 지고한 빛은 지고한 브라흐만이다. 또한 그것(브라흐만)은 '죄악으로부터 자유로움' 등의 특성들을 가진다. 그리고 바로 그것은,[114] "그것이 너이다."〈찬도 6.8.7〉라는 등의 성전들에서 [계시되기] 때문에, 개별자아의 실재적인 본질이다. 한정자에 의해 구성된 다른 본질은 [개별자아의 실재적인 본질이] 아니다. 예를 들어 기둥에 대해 사람이라고 생각한 것처럼, 실로 이원성으로 지시되는 무지의 파기를 통해 '나는 브라흐만이다.'라며 '불변적 영원이고 보는 것(순수인식)을 본질로 하는 아뜨만'을 알지 못하는 한, 그 때까지 개별자아는 개별자아이다. 반면에 신체 · 기관 · 마음 · 지성의 복합체로부터 벗어나게끔(솟아나게끔) 한 뒤에, '너는 신체 · 기관 · 마음 · 지성의 복합체로 존재하지 않고, 윤회하는 자로도 존재하지 않는다. 그렇다면 무엇으로 존재하는가? 존재(진리)인 아뜨만은 순수의식 자체를 본질로 하는 것으로서, 너는 그것으로 존재한다.'라고 계시서를 통해 알려주는 경우에, 불변적 영원이고 보는 것(순수인식)을 본질로

(악신의 대표)에게 자신의 모습을 물 단지에 비춰보라고 한다. 그러자 그들은 (생시 상태의) 그 비쳐진 모습을 아뜨만이라고 안 다음에 쁘라자빠띠를 떠난다. 〈찬도 8.9〉부터 쁘라자빠띠는, 다시 돌아온 인드라에게 꿈 상태, 숙면 상태에 대한 가르침을 통해 점차적으로 아뜨만에 대한 지식을 전해준다.

113_ '쁘라자빠띠의 문장'에서는 브라흐만으로서 그 본질이 드러난 개별자아의 특성을 설명할 뿐, 그 본질이 드러나지 않은 개별자아의 특성을 설명하지는 않는다.

114_ 그것은='죄악으로부터 자유로움' 등의 특성들은.

하는 아뜨만을 깨닫고 나서, 육체 등에 대한 그 자기가정으로부터 벗어나(솟아나) 있는 그것 자체는 불변적 영원이고 보는 것을 본질로 하는 아뜨만이 된다. “실로 그 지고한 브라흐만을 아는 자는 브라흐만 자체가 된다.”〈문다 3.2.9〉라는 등이 계시되기 때문이다. 결국 바로 이것(브라흐만)이, 육체로부터 솟아오른 후에 자체의 형태로 현시하게끔 하는, 그것(개별자아)의 실재적인 본질이다.

[전론]: 그렇다면 어떻게 불변적 영원에게서 ‘자체의 형태(본질)를 가지는 동시에 바로 그 자체로 나타나는 것’이 가능하다는 말인가? 실로 다른 물체와의 접촉으로부터 본질이 억눌리고 고유한 특징이 현시하지 않은 금 등은, 산류(酸類)를 첨가하는 것 등을 통해 청정해짐으로써 그 본질로 현시할 수 있다. 마찬가지로 낮에 빛이 억눌린 별 등은, 억누르는 것[115]이 없는 밤에 그 본질로 현시할 수 있다. 하지만 저와 같은 본질을 가지는 순수의식인 영원한 빛은 그 무엇에 의해서도 억눌릴 수 없다. 천공처럼 [어떤 것과도] 접촉이 없기 때문이고, 또 관찰되는 바와 모순되기 때문이다. 실로 보기, 듣기, 생각하기, 알기가 개별자아의 본질이다. 그리고 이것(본질)은 심지어 육체로부터 솟아오르지 못한 개별자아에도 항상 이미 나타나 있었다고 알려진다. 실로 모든 개별자아는 보고 듣고 생각하고 앎으로써 경험작용을 하며, 그렇지 않은 경우 경험작용이란 가능하지 않기 때문이다. 만약 그것(본질)이 육체로부터 솟아오른 [개별자아에] 나타난다면, 솟아오르기 이전에 살펴지는 경험작용은 모순되고 말 것이다. 결국 육체로부터 솟아오르는 그것은 무엇으로 이루어지는가, 혹은 본질로 현시하는 것은 무엇으로 이루어지는가?[116]

115_ 억누르는 것=태양.

116_ 전론자의 주장에 따르면, 개별자아의 본질은 보기, 듣기 등과 같은 경험작용이다. 이러한 개별자아의 본질은 육체로부터 솟아오르기(벗어나기) 이전에도

이에 대하여 대답한다.

[후론]: 보기 등을 통해 [나타나는] 개별자아의 '빛'(순수의식)이라는 본질은, 분별적 지식이 생성되기 이전에는, 신체 · 기관 · 마음 · 지성 · 대상 · 감각(감성)이라는 한정자들로 말미암아 소위 분별되지 않은 상태이다. 예컨대, 순수한 수정의 투명함과 맑음이라는 본질은, 분별적 인식이 [생성되기] 이전에, 붉음 · 푸름 등의 한정자들로 말미암아[117] 소위 분별되지 않은 상태이다. 반면에 지식수단으로부터 발생한 분별적 인식을 통해 그 이후의 수정은, 심지어 이전에도 바로 그와 같이 존재했지만 투명함과 맑음이라는 그 자체의 형태로 현시한다고 말해진다. 마찬가지로 신체 등의 한정자들로 말미암아 결코 분별되지 않은 개별자아에게는, 계시서를 통해 야기되는 분별적 지식 즉 '육체로부터 솟아오름'과, 분별적 지식의 결과인 '단독적인 아뜨만의 본질에 대한 직접적 앎' 즉 '본질로 현시함'이 [가능하다].

그리고 아뜨만의 탈육화(脫肉化) 상태와 육화 상태는 단지 분별과 무분별에 의해서 [생길] 뿐이다. "육체들 속에서 탈육화하는 것으로"〈까타 2.22〉라는 만뜨라의 전언 때문이다. 또한 "꾼띠의 아들이여, 그것은 육체에 머물지라도 행하지 않고 더럽혀지지 않습니다."〈기따 13.31〉라며 육화 상태와 탈육화 상태에 차이가 없다고 전승되기 때문이다. 따라서 분별적 지식이 없음으로 말미암아 본질이 드러나지 않고, 분별적 지식으로 말미암아 본질이 드러난다고 말해진다. 하지만

이후에도 항상 나타난다. 그렇다면 후론자의 주장에 따라 개별자아의 본질이 오직 육체로부터 솟아오른 이후에 현시한다면(나타난다면), 솟아오르기 이전에도 여전히 살펴지고(나타나) 있는 그 모든 경험작용(개별자아의 본질)은 한갓 무의미한 것이 되고 만다. 이러한 논쟁은 전론자와 후론자가 개별자아의 본질을 서로 다르게 규정함으로써 발생한다.

117_ 붉음 · 푸름 등의 한정자들로 말미암아=붉은색과 푸른색을 띤 물체(한정자)들로 말미암아.

본질에서 '다른 종류인 것이 드러남과 드러나지 않음'이란 가능하지 않다. 실로 [본질은] 본질이기 때문이다.[118] 그래서 개별자아와 지고한 신의 차이는 거짓된 지식에 의해 야기될 뿐 사물에 의해 야기되지 않는다. 천공처럼 접촉이 없음은 [양자에서] 한결같기 때문이다.[119]

[전론]: 또 어떤 근거에서 이는 그와 같이 알려질 수 있는가?

[후론]: "눈에서 보이는 그 뿌루샤가 [아뜨만이다]."라고 [개별자아를] 가르친 뒤에, "그것은 불멸이고, 두려움이 없음이다. 그것은 브라흐만이다."라고 가르치는 까닭에서이다. 만약 '지각주체로 간주되고 눈에서 잘 알려져 있는 보는 자'가 '불멸과 두려움이 없음을 특징으로 하는 브라흐만'과 다르다면, 그 경우에 ['보는 자'와] '불멸이고 두려움이 없는 브라흐만' 사이에 동격 관계는 가능하지 않다.[120]

또한 '눈으로 지시되는 그것'(보는 자)을 반사된 아뜨만이라고 교시하지는 않는다. 쁘라자빠띠가 거짓말쟁이라는 부조리한 결말이 생기기 때문이다.[121] 마찬가지로 두 번째 과정[122]에서도, "꿈에서 경배받으며

118_ 어떤 것의 본질에서 그 본질과는 다른 종류인 것이 드러나거나 드러나지 않는 것은 실제로 불가능하다. 본질은 항상 동일하기 때문이다.

119_ 개별자아와 지고한 신(브라흐만)은 둘 모두 본질적으로 마치 천공(vyoman)처럼 그 어떤 대상과도 실제로 접촉하지 않는다. 따라서 사물(vastu) 자체의 관점에서 이 둘 사이에는 차이가 없다.

120_ 눈에서 보이는 뿌루샤 즉 '보는 자'(지각주체)와 '불멸', '두려움이 없음', '브라흐만'이라는 말은 '그것'이라는 말을 통해 연결되면서 모두 1격으로 지시되기에 동격 관계를 가진다. 따라서 보는 자와 브라흐만은 다르지 않아야 한다.

121_ 만약 눈에서 잘 알려져 있는 '보는 자'가 한갓 '반사된 아뜨만'(praticchāyā-ātman)에 지나지 않는다면, 아뜨만에 대한 가르침을 약조한 쁘라자빠띠가 아뜨만이 아닌 것을 가르친 셈이 되므로, 그가 거짓말쟁이라는 부조리한 결말이 생기고 만다.

122_ 두 번째 과정(dvitīya-paryāya)=인드라가 쁘라자빠띠로부터 아뜨만에 대한 가르침을 얻는 과정들 중에서 두 번째. 이 과정에서는 꿈 상태의 아뜨만에 대한 가르침을 얻는다. 첫 번째 과정에서는 생시 상태의, 세 번째 과정에서는 숙면 상태의, 네 번째 과정에서는 소위 제4 상태의 아뜨만에 대한 가르침을 각각 얻

돌아다니는 그것이 아뜨만이다."라며, 첫 번째 과정에서 교시한 '눈에 있는 뿌루샤' 즉 '보는 자'와는 다른 것을 교시하지 않는다. "나는 바로 그것을 그대에게 다시 설명할 것이다."라는 서두 때문이다. 덧붙이자면,[123] [꿈에서] 깨어난 자는 '나는 오늘 꿈에서 코끼리를 보았다. 나는 지금 그것을 보지 못한다.'라며 바로 그 [꿈에서] 본 것을 부인한다. 반면에 '꿈을 보았던 바로 그 내가 생시를 보는 나이다.'라며 바로 그 보는 자를 인지한다. 마찬가지로 세 번째 과정에서마저 "정녕 그는 그 자신을, '나는 이것이다.'라는 그런 식으로는, 정확하게 알지 못한다. 이러한 존재들도 결코 알지 못한다."라며 숙면 상태에 특정한 인식이 부재할 뿐이라는 것을 보여준다. 인식주체를 부정하지는 않는다. 그리고 이곳에서 "그는 소멸되는 듯이 사라지게 된다."[124]〈찬도 8.11.1〉라고 하는 것조차, 오직 특정한 인식의 소멸을 의도하며 인식주체의 소멸을 의도하지는 않는다. "왜냐하면 지식주체가 가지는 앎의 [기능은] 소멸 불가함으로 말미암아 소실되지 않기 때문입니다."〈브리 4.3.30〉라는 다른 계시 때문이다. 마찬가지로 네 번째 과정에서도, "나는 바로 그것을 그대에게 다시 설명할 것이다. 이것(아뜨만)과는 다른 것이 결코 아닌 [그것을!]"〈찬도 8.11.3〉이라고 시작한 뒤에, "마가반(인드라)이여, 정녕 이 육체는 사멸한다."〈찬도 8.12.1〉라는 등을 상술하면서 신체 등의 한정자와 가지는 관계를 부정하는 것을 통해 "그 자체의 형태로 현시한다."에서 '적정'이라는 말로 불리는 개별자아를 브라흐만의 본질

는다.

123_ 첫 번째 과정과 두 번째 과정에서 교시한 것이 어떤 근거에서 다르지 않는지 논리적 설명을 덧붙이자면.

124_ 이 문장은 "정녕 그는 그 자신을 …"이라는 문장들에 바로 이어서 등장한다. 원문의 'eva'를, <찬도 8.11.1>에 대한 주석가의 주석에 따라 'iva'(듯이)로 읽는다. 왜냐하면 숙면 상태에 있는 자는 완전히 소멸되지 않고 소멸되는 듯하기 때문이다.

에 다다른 것이라고 보여줌으로써, 개별자아가 불멸과 두려움이 없음을 본질로 하는 지고한 브라흐만과 다르지 않다는 것을 보여준다.

한편, 혹자들은 지고한 아뜨만을 말하고자 하는 경우에 "[나는] 바로 그것을 그대에게 [다시 설명할 것이다]."에서 개별자아를 내세우는 것이 정당하지 않다고 간주하면서, '나는, 시작되는 문장에서[125] 지시된 바로 그것을, 즉 죄악으로부터 자유로움 등의 속성들을 가지는 아뜨만을, 그대에게 다시 설명할 것이다.'라는 [뜻이라고] 추정한다. 그들의 경우에는, 근처에 놓여 있는 것에 의존하는 대명사가 즉 '그것을'이라는 계시어가, [근처에 놓이지 않고] 멀어지고 말 것이다.[126] 게다가 '다시'라는 계시어도 교란되고 말 것이다. 한 과정에서 언급된 것이 다른 과정에서는 언급되지 않기 때문이다.[127] 더욱이 "[나는] 바로 그것을 그대에게 …"라고 약조한 뒤에 네 번째 과정의 이전에 '각각 [아뜨만과는] 상이한 것'을 설명하는 쁘라자빠띠가 기만자로 되는 부조리한 결말이 생길 것이다.[128]

125_ 시작되는 문장에서=<찬도 8.7.1>에서.

126_ 혹자들에 따르면, '쁘라자빠띠의 문장'에서 그 취지가 오직 지고한 아뜨만인 경우에, 쁘라자빠띠는 "나는 바로 그것을 그대에게 다시 설명할 것이다."<찬도 8.9.3>에서조차 개별자아를 말하지 않는다. 즉 시작되는 문장인 <찬도 8.7.1>에서 말한 바로 그 아뜨만을 <찬도 8.9.3>에서 지속적으로 말할 뿐이다. 이에 대한 주석가의 첫 번째 논박은, <찬도 8.9.3>의 '그것을'이라는 대명사가 <찬도 8.7.1>의 아뜨만을 지시하기에는 지나치게 멀리 놓여 있다는 것이다. 왜냐하면 대명사란 주로 '근처에 놓여 있는 것'(saṃnihita)을 지시하기 때문이다.

127_ <찬도 8.9.3>의 '다시'(더)라는 말은 첫 번째 과정에서 언급된 것이 두 번째 과정에서도 되풀이해 언급된다는 의미이다. 그런데 <찬도 8.9.3>의 취지마저 오직 지고한 아뜨만이라면, 앞에서 언급된 것이 뒤에서도 되풀이해 언급되지 않기 때문에, '다시'(더)라는 계시어가 무의미해질 뿐이다.

128_ <찬도 8.9.3>의 취지마저 오직 지고한 아뜨만이라면, 쁘라자빠띠는 그곳에서 '그것(아뜨만)을 … 설명할 것이다'라고 약조한 뒤에 실제로는 두 번째 과정과 세 번째 과정에서 각각 '아뜨만과는 상이한 것'(아뜨만이 아닌 것)을 설명할 뿐이므로 그는 그저 기만자에 지나지 않게 된다.

따라서 행위주체, 향유주체가 가지는 애욕 · 혐오 등의 결점에 의해 혼탁된 것이고 다양한 해악들과 연관된 것인 '무지에 의해 가공(架空)된 비실재적인 형태(본질)이자 개별자아에 속하는 형태'를 해소함으로써, 그와는 상반되고 죄악으로부터 자유로움 등의 속성들로 [지시되는] '지고한 신에 속하는 본질'을, 지식을 통해 제시한다.[129] 뱀 등을 해소함으로써 밧줄 등을 [제시하는 바와] 같다.

한편, 일단의 논자들과 우리 가운데 일부는 개별자아에 속하는 형태(본질)가 실재적인 것 그 자체라고 간주한다. 이러한 모든 이들 즉 아뜨만의 유일성에 대한 참된 직관에 대립하는 자들을 부정하기 위해서[130] 이 샤리라까 [논서는] 시작된다. 불변적 영원이고 지식을 본체로 가지며[131] 오직 하나인 지고한 신이, 환술에 의해 환술사가 그러하듯이 무지에 의해 다양하게 현현된다. [지고한 신 이외에] 지식을 본체로 가지는 다른 것은 존재하지 않는다.

한편, 수뜨라 저자가 지고한 신에 대한 문장에서 그 개별자아를 의문시한 뒤에 "[만약 보조적 문장에서 다른 것(개별자아)을 지시하기 때문에 작은 허공은 그것(개별자아)이라고 한다면,] 아니다; 불가능하기 때문이다."〈수뜨라 1.3.18〉라는 등을 통해 [개별자아를] 부정하는 것에 관해서는, 그 경우에 의도하는 바는 이러하다: '영원 · 순수 · 자각 ·

129_ '지식을 통해'(vidyayā)라는 말을 '해소함으로써'라는 술어와 관련시키는 경우와 '제시한다'라는 술어와 관련시키는 경우는 그 의미가 조금 상이하다. 원문에서 '지식을 통해'라는 말이 '제시한다'라는 말의 바로 앞에 등장하므로 '지식을 통해 해소함으로써'라는 방식으로 읽지 않고 '지식을 통해 제시한다'라는 방식으로 읽는다. 이 경우에 '지식을 통해'라는 말은 '베단따의 (위대한) 문장을 통해'라는 뜻일 것이다.

130_ * Samata에 '부정하기 위해서'(pratiṣedhāya)라는 표현이 등장하는 것과 달리, Nirnaya에는 '일깨우기 위해서'(pratibodhāya)라는 표현이 등장한다.

131_ 지식을 본체로 가지며(vijñānadhātuḥ)=지식을 그 자체의 속성으로서가 아니라 본질로서 가지며.

자유를 본질로 하고 불변적 영원이며 유일하고 접촉이 없는 지고한 아뜨만에, 천공에 [하늘이라는] 표면 · 오염 등이 가상되는 것처럼, 그것과는 상반되고 개별자아에 속하는 형태(본질)가 가상된다. 아뜨만의 유일성을 제시하고자 하고 [그것을 지지하는] 논리들을 가지며 또 이원론을 부정하는 문장을 통해, 나는 그것을 제거할 것이다.'라며 [수뜨라 저자는] 지고한 아뜨만과 개별자아 사이의 차이를 확고히 한다. 하지만 그는 개별자아와 지고한 [아뜨만] 사이의 차이를 제시하고자 하지 않을 것이다. 그 반면에 이 세상에서 잘 알려져 있는 '무지에 의해 상상된 개별자아의 차이'를 되풀이해 말할 따름이다. 왜냐하면 이와 같이 '본유적인 행위주체, 향유주체'를 되풀이해 말함으로써, 진행되는 '행위의 명령들'이 상충되지 않는다고 그는 생각하기 때문이다.[132] 반면에 그는 확립해야만 하는 '성전의 목적'으로 오직 아뜨만의 유일성을 보여준다. "[화자인 인드라는] 실로 성전에 [따르는 성자의] 직관을 통해 [자신을 지고한 아뜨만으로 직관함으로써] 바마데바에서처럼 [쁘라따르다나를] 가르쳤다; [따라서 이것은 브라흐만에 대한 문장이다]." 〈수뜨라 1.1.30〉라는 등을 통해서이다. 그리고 행위의 명령들과 상충되는 것을, 지식을 가진 자와 지식을 가지지 않은 자의 차이를 통해 피한다고 우리는 [이미] 설명했다.[133]‖19‖

20. 또한, [만약 작은 허공이 지고한 신인 경우에 보조적 문장에서 개별자아를 지시하는 것이 무의미하게 된다면, 보조적 문장에서 개

132_ 개별자아가 무지에 의해 상상된 것임에도 개별자아(행위주체, 향유주체)를 계속 언급하는 것은, 그렇게 해야만 아뜨만에 대한 지식이 개별자아를 바탕으로 하는 베다의 명령들과 상충되지 않기 때문이다. 진행되는=주어진 채로 작동하고 있는.

133_ '지식을 가지지 않은 자'(개별자아)가 행위의 명령들을 따르는 반면에 '지식을 가진 자'(지고한 아뜨만)는 그 명령들로부터 벗어난다.

별자아를] 지시하는 것은, 다른 목적을 가진다; [지고한 신의 본질을 확정한다].

anyārthaś ca parāmarśaḥ ‖20‖

[전론]: '작은 [허공에] 대한 보조적 문장'에서 "이제, 그 적정(寂靜)은" 〈찬도 8.3.4〉이라는 등은 개별자아를 지시한다고 밝혀졌다.[134] 이제 이것은, 작은 [허공을] 지고한 신이라고 설명하는 경우에 개별자아에 대한 계속적 명상을 가르치지 않고 논제의 특징을[135] 가르치지 않으므로, 무의미하게 된다.

이로부터 [수뜨라 저자는] 말한다.

[후론]: 그렇게 '개별자아를 지시하는 것'은 다른 목적을 가질 뿐 개별자아의 본질을 확정하지 않는다.

[반박]: 그렇다면 무엇을 확정하는가?

[후론]: 지고한 신의 본질을 확정한다.

어떻게? '적정'이라는 말로 불리는 개별자아는, 생시의 경험작용에서 신체 · 기관으로 [이루어진] 우리(새장)[136]의 지배자로 존재하고, 또 그곳의 인상에 의해 만들어진 꿈들을 경맥[137]에서 움직이며 경험한 뒤에, 지친 채로 쉴 곳을 열망하며 '육체를 자기로 가정하는 두 가지 형태'[138] 모두로부터 솟아오른 다음, 숙면 상태에서 지고한 빛에 즉 '허공'

134_ <주석 1.3.18>의 전론 참조.

135_ 논제의 특징을='논제' 즉 '개별자아가 아닌 지고한 신'이 가지는 특징을.

136_ 주석가는 신체 · 기관을 우리(새장)에 비유한다. 결국 그는 개별자아를 우리(새장) 속에 갇혀 있는 새에 비유하는 셈이다.

137_ '경맥'의 원어는 nāḍi(나디)이다. 우빠니샤드의 나디는 주로 개별자아(영혼)가 육체 내에서 움직이는 통로로 간주된다. 우빠니샤드에서는 101개의 나디를 제시하는데, 지식을 가진 자는 정수리로 빠져나가는 1개의 나디를 통해 '브라흐만 세상'으로 갈 수 있다고 한다.

138_ 육체를 자기로 가정하는 2가지 형태=생시 상태에서 가시적 신체를 자기로 가

이라고 불리는 지고한 브라흐만에 도달하고 나서, 또 특정한 인식을 가지는 상태를 버리고 나서, 자체의 형태로 현시한다. 그것(개별자아)이 도달해야만 하는 지고한 빛이고, 그것(개별자아)을 자체의 형태로 현시하게끔 하는 것은, '죄악으로부터 자유로움 등의 속성들을 가지는 명상 대상으로서 그 아뜨만'이므로, 이와 같은 목적을 가진 채로 개별자아를 그렇게 지시하는 것은 지고한 신을 주장하는 자에게도 합당하다.‖20‖

21. 만약 [허공의] 작음이 계시되기 때문에 [지고한 신이 아니라 개별자아에 대해 적절하다고] 한다면, 이는 [이미] 말했다.
alpaśruter iti cet tad uktam ‖21‖

그리고 "그 안에는 작은 허공이 있다."〈찬도 8.1.1〉라며 계시되는 허공의 작음이 지고한 신에 대해 합당하지 않지만 그 작음이 몰이 막대기의 끄트머리에 비교되는 개별자아에 대해 적절하다고 주장한 것에 관해서는, 논박을 행해야만 한다.

실로 이에 대한 논박으로는, 심지어 지고한 신에 대해서도 상대적인 작음이 적절하다고 [이미] 말했다. "작은 거처로 말미암아, 또 그러함(매우 작음)에 대해 언급함으로 말미암아, 만약 [지고한 아뜨만을 지시하지] 않는다고 한다면, 아니다; [신이] 주시되어야만 하기 때문에 그와 같다; 또한 [이는] 천공처럼 [이해된다]."〈수뜨라 1.2.7〉라는 곳에서이다. 바로 그 논박이 이곳에 이어져야만 한다고 [수뜨라 저자는] 지적한다.

게다가 계시서 자체도 잘 알려져 있는 허공과 비교하는 것을 통해 이 작음을 논박한다. "정녕 이 허공만한, 그런 만큼이 심장의 안에 있는 그 허공이다."〈찬도 8.1.3〉에서이다.‖21‖

정하는 형태와 꿈 상태에서 미시적 신체를 자기로 가정하는 형태.

{ 6. '따라 하기'라는 주제: 수뜨라 22-23 }

22. [그것은 최상의 지성인 아뜨만이다]; ['따라 빛남'에서의] 따라 하기 [즉 모방하기] 때문이고, 또 [아뜨만을 지시하는] '그것의'라는 [행 때문이다].
anukṛtes tasya ca ‖22‖

"그곳에는(그것에서는)[139] 해가 빛나지 않고, 달과 별도 빛나지 않는다. 이러한 번개들도 빛나지 않는다. 이 [지상의] 불은 더더군다나 아니다. 빛나는 바로 그것을 따라 모든 것은 빛나고, 그것의 빛에 의해 이 모든 것이 빛난다."〈문다 2.2.10〉라고 전한다.

빛나는 그것을 따라 모든 것이 빛나고, 또 그것의 빛에 의해 이 모든 것이 빛나는 경우, 그것이 어떤 광체(光體)인지 아니면 최상의 지성인 아뜨만인지 의문이 생긴다.

[전론]: 먼저 광체라고 귀결된다.

어떤 근거에서? 해 등의 광체들 자체가 빛난다는 것이 부정되기 때문이다. 실로 빛을 본질로 할 뿐인 해가 낮에 빛날 때에 빛을 본질로 하는 달, 별 등은 빛나지 않는다고 잘 알려져 있다. 마찬가지로 어떤 것에서 해와 함께 달, 별 등의 이 모든 것이 빛나지 않는다면, 그 어떤 것마저 빛을 본질로 할 뿐이라고 이해된다. '따라 빛남'[140]마저 빛을 본질로 할 뿐인 것과 관계하여 합당하다. 유사한 본질을 가지는 것들에

139_ 그곳에는(그것에서는)=모든 것을 아뜨만으로 하는 브라흐만에서는.
140_ 따라 빛남=어떤 것을 '따라(anu) 빛남(bhāna)'. <문다 2.2.10>의 "빛나는 바로 그것을 따라 모든 것은 빛나고"에서 술어로 사용되는 동사 'anubhāti'가 '따라 … 빛나다'라는 의미를 가진다.

서 '따라 하기'를 보기 때문이다. '가는 자를 따라 그는 간다.'에서와 같다.[141] 따라서 [그것은] 어떤 광체이다.

이와 같은 귀결에서 우리는 말한다.

[후론]: 그것은 최상의 지성 자체인 아뜨만이어야만 한다.

무엇 때문에? 따라 하기 때문이다. 따라 하기란 모방하기이다. "빛나는 바로 그것을 따라 모든 것은 빛나고"에서 그 '따라 빛남'은 최상의 지성을 수용하는 경우에 적절하다. 왜냐하면 "빛의 형태이며, 진실한 결의를 가지고"〈찬도 3.14.2〉라며 최상의 지성인 아뜨만을 전하기 때문이다.[142] 반면에 해 등은 그 어떤 광체를 따라 빛나지 않는다고 잘 알려져 있다. 또한 해 등의 광체들은 [서로] 동등하기 때문에, 따라 빛나야 하는 '다른 빛나는 광체'에 의존하지 않는다. 예를 들어, 등불은 다른 등불을 따라 빛나지 않는다.

그리고 유사한 본질을 가지는 것들에서 따라 하기가 보인다고 주장한 것에 관해서는, 그러한 절대적인 원칙은 없다. 왜냐하면 심지어 상이한 본질을 가지는 것들에서도 따라 하기가 보이기 때문이다. 예컨대, 불을 따라 하는 '아주 붉게 단 쇠구슬'은 타는 불을 따라 탄다. 혹은 [바람을 따라 하는] 흙먼지는 부는 바람을 따라 분다.

[수뜨라에서] '따라 하기 때문이다'라는 것은 '따라 빛남'을 암시한다.[143] '또 그것의'라는 것은 그 시구의 4번째 행(行)[144]을 암시한다. 그

141_ 가고 있는 한 사람을 따라 다른 사람이 갈 때에 두 사람은 '감'이라는 유사한(동일한) 본질을 가진다. 이 경우에 앞 사람이 '감'이라는 행위를 하고 뒷 사람이 '감'이라는 유사한 행위를 하므로 '따라 하기'(anukāra, anukṛti)가 성립된다.

142_ 일반적으로 '탁월하게 알다'(prakarṣeṇa jānāti)라고 풀이되는 'prajña'가 곧 'prājña'(최상의 지성)이다. 탁월하게 아는 것은 '자기조명성'(sva-prakāśatva)이자 '빛의 형태', '빛을 본질로 함'이다.

143_ * 원문에는 '암시하다'(√sūc)라는 동사의 아오리스트(일종의 과거시제) 형태(asusūcat)가 등장한다.

리고 "그것의 빛에 의해 이 모든 것이 빛난다."에서는, '해 등의 빛남'이 '그것'을 원인으로 한다고 말함으로써 최상의 지성인 아뜨만을 지시한다. 왜냐하면 "그것을 신격들은 빛들의 빛으로, 불멸의 삶으로 계속 명상하리라."〈브리 4.4.16〉라며 최상의 지성인 아뜨만을 전하기 때문이다. 반면에 다른 빛에 의해 해 등의 빛이 빛난다고 하는 것은 잘 알려져 있지 않고 또 모순적이다. 하나의 빛은 다른 빛을 물리치기 때문이다.

또 다른 해설로는,[145] 단지 '시구에서 열거된 해 등'만이 '그것'을 원인으로 하여 빛나는 것이라고 말하지는 않는다. 그렇다면 [또] 무엇이 빛나는가? '이 모든 것이'라는 무조건적인 계시어로 말미암아, 실로 이 모든 명칭 · 형태 · 행위 · 행위수단 · 행위결과의 총체가 현시된다(빛난다). 이는 '브라흐만의 빛이 존재하는 것'에 기인한다. 예컨대 모든 형태(색깔)의 총체가 현시되는 것이 '해의 빛이 존재하는 것'에 기인하듯이, 그와 마찬가지이다. 게다가 "그곳에는 해가 빛나지 않고"에서 '그곳에는'이라는 말을 가까이 놓음으로써 논제를 수용하는 것을 보여준다.[146] 실로 "그 무엇에서 천상과 지상과 중간대가 … 엮인다."〈문다 2.2.5〉라는 등을 통해 논제는 브라흐만이라고 [알려진다]. 그리고 곧 이어서 "황금으로 이루어진 지고한 덮개에, 더럼이 없고 부분이 없는 브라흐만이 [존재한다]. 그것은 순수이고 빛들의 빛이다. 그것은 아뜨만을 아는 자들이 아는 것이다."〈문다 2.2.9〉라고 한다. [결국] 어떻게 해서 그것(브라흐만)이 빛들의 빛인지 [의문이 생기고], 그로부터 "그곳

144_ 그 시구의 4번째 행(行)=4행으로 구성된 시구인 <문다 2.2.10>의 마지막 행. "그것의 빛에 의해 이 모든 것이 빛난다."라는 부분이다.

145_ 또 다른 해설로는="그것의 빛에 의해 이 모든 것이 빛난다."라는 부분에 대한 다른 해설로는.

146_ <문다 2.2.10>의 첫머리에 '그곳에는'(tatra)이라는 말을 놓음으로써 그 앞선 문장들에서 다루어진 논제(브라흐만)를 <문다 2.2.10>에서도 수용하는 것을 보여준다.

에는 해가 빛나지 않고"라는 이 [문장이] 등장한다.

그리고 해가 [빛나는 경우에] 다른 것들이 [빛나지 않는] 것처럼, ['그것'이] 오직 다른 광체일 때에 해 등의 빛들이 빛나지 않는 것은 적절하다고 주장한 것에 관해서는, 실로 그 경우에 '그것'(브라흐만) 자체가 광체이고 다른 것일 수 없다고 제시했다.[147] 게다가 바로 그 브라흐만인 경우에도 그것들이 빛나지 않는 것은 적절하다. 지각되는 모든 것은 오직 브라흐만의 빛에 의해 지각되지만, 브라흐만은 다른 빛에 의해 지각되지 않는 까닭에서이다. [브라흐만은] 자기조명(自己照明)을 본질로 하기 때문이다. 이를 통해 해 등은 '그것'(그곳)에서 빛날 수 있다.[148] 실로 브라흐만은 다른 것을 드러내지만, 브라흐만이 다른 것에 의해 드러나지는 않는다. "오직 아뜨만이라는 빛을 통해, 그는 앉고"〈브리 4.3.6〉, "그것은 지각되지 않기 때문에 지각 불가능한 것입니다."〈브리 4.2.4〉라는 등이 계시되기 때문이다.‖22‖

23. 더 나아가 ['자기조명'을 본질로 하는 아뜨만의 이와 같은 특성은 『바가바드 기따』에서] 전승된다.

api ca smaryate ‖23‖

147_ 계시서에서 다른 광체를 말하지 않고 오직 브라흐만만을 말하므로.

148_ 만약 <문다 2.2.10>의 '그곳에는'이라는 말이 논세인 브라흐만을 지시한다면, 즉 <문다 2.2.10>의 취지가 '브라흐만에서는' 해 등의 그 어떤 광체도 빛나지 않는다는 것이라면, 영원한 브라흐만의 현존 아래 해 등의 광체는 결코 영원히 빛나지 못할 것이다. 그럼에도 <문다 2.2.10>에서는 브라흐만을 따라 모든 것이 빛난다고 분명히 계시되므로 모순이 발생한다. 결국 이러한 반론에 대해 후론자는 다음과 같이 대답할 수 있다: 브라흐만에서 그 어떤 광체도 빛나지 않는다는 계시는 브라흐만이 '자기조명'이라는 본질을 가진다는 것을 의도한다. 즉 브라흐만은 다른 광체에 의존하지 않고 그 자체로 빛난다는 것을 의도한다. 이렇듯 브라흐만의 본질이 자기조명이라면, 다른 광체는 오직 브라흐만을 따라 빛날 수 있다. 다른 광체는 스스로 빛날 수 없지만 자기조명인 브라흐만의 빛을 통해 빛날 수 있는 것이다.

더 나아가 최상의 지성 자체인 아뜨만이 가지는 이와 같은 특성은 『바가바드 기따』에서 전승된다. "해가 그곳(거처)을 비추지 못합니다. 달도 못하고 불도 못합니다. 그들이 도달하고 나서 되돌아오지 않을 그곳이, 나의 궁극적 거처입니다."〈기따 15.6〉에서이고, 또 "전 세계를 비추는, 해에 존재하는 빛. 달에서의 빛과 불에서의 빛. 그 빛이 나의 것임을 알도록 하시오."〈기따 15.12〉에서이다.‖23‖

{ 7. '재어진 것'이라는 주제: 수뜨라 24-25 }

24. [엄지손가락 크기로] 재어진 것인 [뿌루샤는 지고한 아뜨만이다]; 바로 그 말 [즉 '주재자'라는 계시어] 때문이다.

śabdād eva pramitaḥ ‖24‖

"엄지손가락 크기의 뿌루샤는 몸통의 중간에 존재한다."〈까타 4.12〉라고 계시된다. 또한 마찬가지로 "연기가 없는 빛과 같은 엄지손가락 크기의 뿌루샤는, 과거와 미래의 주재자이다. 바로 그것이 오늘 [존재하고], 또 그것이 내일 [존재할 것이다]. 이것이 정녕 그것이다."〈까타 4.13〉라고 계시된다.

이곳에서는, 엄지손가락 크기의 뿌루샤라고 계시되는 그것이, 인식적 아뜨만인지 또는 지고한 아뜨만인지 의문이 생긴다.

[전론]: 이곳에서는 먼저, 부피에 대한 가르침 때문에 인식적 아뜨만이라고 귀결된다. 왜냐하면 무한한 길이와 넓이를 가지는 지고한 아뜨만이 엄지손가락 부피를 가지는 것은 합당하지 않기 때문이다. 반면에 인식적 아뜨만은, 그 어떤 가정 하에서,[149] 한정자를 가짐으로 말미암아

엄지손가락 크기를 가지는 것이 가능하다. 또한 "그러고 나서 야마(죽음의 신)는 사뜨야바뜨의 육신으로부터, 올가미에 씌고 순종적이 된 엄지손가락 크기의 뿌루샤를 강제로 끄집어냈습니다."〈마하 3.297.17〉라고 전승되기 때문이다. 실로 야마는 지고한 신을 강제로 끄집어낼 수 없다. 이로 말미암아 그곳에서는 윤회하는 자가 엄지손가락 크기라고 확정되고, 바로 그것이 이곳에서도 확정된다.

이와 같은 귀결에서 우리는 말한다.

[후론]: 오직 지고한 아뜨만이 그것 즉 엄지손가락 크기로 재어진 뿌루샤여야만 한다.

무엇 때문에? '과거와 미래의 주재자이다'라는 말 때문이다. 실로 지고한 신과는 다른 것이 과거와 미래의 무제한적인 주재자(지배자)이지는 않다. 또한 "이것이 정녕 그것이다."라며, [앞서] 질문된 논제가 이곳에서 이어진다. 실로 '이것'이 '그것' 즉 '질문된 것으로서의 브라흐만'이라는 뜻이다. 그리고 이 경우에 질문된 것은 "'다르마'와는 다른 것이라고 '다르마가 아닌 것'과는 다른 것이라고, 이러한 '행한 것'과 '행하지 않은 것'과는 다른 것이라고, 또한 '있었던 것'(과거)과 '있어야 할 것'(미래)과도 다른 것이라고 당신이 보는, 그것을 [제게] 말씀해 주십시오."〈까타 2.14〉에서 [지시되는] 브라흐만이다.[150]

[수뜨라에서] '바로 그 말 때문이다'라는 것은, '실로 주재자(지배자)라는 계시어가 언급되기 때문이다'이므로,[151] 지고한 신이 알려진다는 뜻

149_ 그 어떤 가정 하에서=개별자아가 거주하는 곳으로 알려져 있는 연꽃 심장의 덮개가 '엄지손가락 크기'(aṅguṣṭha-mātra)라는 가정 하에서.

150_ 나찌께따스가 야마(죽음의 신)에게 질문한 논제들 가운데 <까타 2-3>에서 중요하게 다루어지는 논제는 <까타 4>에서도 이어진다. 이는 "이것이 정녕 그것이다."<까타 4.13>라는 문장을 통해 증명된다. 여기서 '이것' 즉 <까타 4.12-13>의 논제는 '그것' 즉 <까타 2.14>에서 질문된 논제와 동일한 것이다. 질문된 논제인 '그것'이 브라흐만이므로 '이것'도 브라흐만이다.

이다.‖24‖

[전론]: 그렇다면 편재하는 지고한 아뜨만을 어떻게 부피를 가지는 것으로 가르친다는 말인가?

이에 대하여 우리는 말한다.

25. [만약 편재하는 지고한 아뜨만을 어떻게 부피를 가지는 것으로 가르치느냐고 한다면, 지고한 아뜨만이] 실로 심장에 [거주한다는] 견지에서 [엄지손가락 크기라고 말한다]; [생명체마다 심장의 크기가 일정하지 않더라도, 성전에 대해] 인간이 자격을 가지기 때문에 [엄지손가락 크기라는 것은 합당하다].

hṛdy apekṣayā tu manuṣyādhikāratvāt ‖25‖

[후론]: 비록 지고한 아뜨만이 편재할지라도 심장에 거주한다는 견지에서 엄지손가락 크기라고 그렇게 말한다. 허공이 대나무의 마디라는 견지에서 1완척(腕尺)의 크기인 것과 같다.[152] 왜냐하면 크기(척도)를 초월하는 지고한 아뜨만이 직접적으로 엄지손가락 크기를 가진다는 것은 합당하지 않기 때문이다. 그리고 이곳에서는 '주재자' 등의 말로

151_ 문장의 의미 특히 이차적 의미를 결정할 경우에 계시어(śruti, 직접적으로 계시된 말)는 표징(liṅga, 간접적인 증거)에 우선하고, 표징은 문장(vākya, 구문론적인 관계)에 우선한다. 그런데 이 수뜨라에서 '말'(śabda)이 문장을 뜻한다면, '엄지손가락 크기'라는 표징으로부터 뿌루샤가 인식적 아뜨만 즉 개별자아라는 해석이 더 합당하게 된다. 표징이 문장에 우선하기 때문이다. 이러한 해석을 미연에 방지하기 위해, 주석가는 수뜨라의 '말'이 문장이 아니라 '주재자'라는 계시어를 뜻한다고 강조한다.

152_ 완척(aratni)=팔꿈치에서 손가락 끝까지의 길이. 1완척의 크기인 '대나무의 마디' 안에 있는 허공은, 비록 그 자체로는 편재할지라도, 대나무의 마디라는 견지에서 1완척의 크기라고 불린다.

부터 지고한 아뜨만과는 다른 것이 수용될 수 없다고 언급했다.[153]

[전론]: 각각의 상이한 생명체마다 심장의 [크기가] 일정하지 않기 때문에, 그러한 견지에서조차 엄지손가락 크기라는 것은 합당하지 않지 않는가?

이로부터 답변을 한다.

[후론]: [성전에 대해] 인간이 자격을 가지기 때문이다. 실로 성전이 차등 없이 작동함에도, 오직 인간들에게만 자격을 준다.[154] 능력이 있기 때문이고, 열망하기 때문이며, 금지되지 않기 때문이고, 또 입문식(入門式) 등에 대한 성전 때문이다.[155] 이러한 것은 [미맘사 수뜨라의] '자격의 장'(6장)에서 설명되었다.[156] 그리고 인간들의 육신은 고정된 부피를 가진다. 또한 실로 고정된 부피를 가진다는 것에 걸맞게, 그들의 심장은 엄지손가락 크기이다. 따라서 성전에 대해 인간이 자격을 가지기 때문에, 지고한 아뜨만이 인간의 심장에 거주한다는 견지에서

153_ 지고한 아뜨만이 '직접적으로' 엄지손가락 크기일 수 없고, '주재자' 등의 말로부터 지고한 아뜨만과는 다른 것이 이곳에서 수용될 수 없기 때문에, 오직 지고한 아뜨만이 '심장에 거주한다는 견지(관점)에서' 엄지손가락 크기라고 불린다.

154_ 성전이 차등 없이 작동함에도=성전이 어떤 특별한 종의 생명체를 거론하지 않은 채 일반적인 방식으로 가르침을 전함에도. 하지만 성전을 학습하고 실행할 수 있는 자격은 오직 인간에게만 주어진다. 따라서 '엄지손가락 크기'라는 것은 오직 인간의 심장에 관한 언급이다.

155_ 미맘사 학파에 따르면, 이러한 4가지 이유들로부터 인간 가운데서도 상위의 3계급만이 자격을 얻는다. 첫째, 인간에게만 성전의 가르침(제의)을 실행할 수 있는 능력이 있다는 이유로부터 신격, 성자, 동물은 제외된다. 신격과 성자는 제의의 대상이나 구성요소가 될 수 있기 때문에 배제된다. 둘째, 성전에 의해 명령된 행위(제의)의 결과를 열망한다는 이유로부터 오직 해탈만을 열망하는 자는 제외된다. 셋째와 넷째, 최하위의 계급인 슈드라는, 성전에 대한 학습이 금지되어 있고 신성한 실을 수여하는 입문식(upanayana) 등에서 배제된다고 성전에 명시되어 있으므로, 또한 제외된다.

156_ <미맘사-수>의 6장은 자격(자격자)을 다룬다. 특히 6.1.25-28에서는 슈드라가 자격을 가지지 않는다는 점을 제시한다.

엄지손가락 크기라는 것은 합당하다.

그리고 부피에 대한 가르침 때문에, 또 전승되기(전승서) 때문에, 오직 윤회하는 자가 엄지손가락 크기인 그것으로 알려져야만 한다고 주장한 것에 관해서 대답한다.

"그것은 아뜨만이다. [슈베따께뚜여], 그것이 너이다."〈찬도 6.8.7〉라는 등에서처럼, 엄지손가락 크기로 존재하는 윤회하는 자 자체가 브라흐만이라고 그렇게 가르친다. 왜냐하면 베단따 문장들은 2가지 형태로 작동하기 때문이다. 어떤 경우에는 지고한 아뜨만의 본질을 확정하는 것을 의도하고, 어떤 경우에는 인식적 아뜨만과 지고한 아뜨만의 동일성을 가르치는 것을 의도한다. 그래서 이곳에서는 인식적 아뜨만과 지고한 아뜨만의 동일성을 가르칠 뿐, 그 어떤 것이 엄지손가락 크기라는 것을 가르치지 않는다. 바로 이러한 점은 뒤따르는 [문장에] 의해 분명해질 것이다. "내재적 아뜨만인 엄지손가락 크기의 뿌루샤는, 언제나 사람들의 심장에 머무른다. 그것을, 문자 풀로부터 줄기를 끌어내듯이, 확고하게 자신의 육체로부터 끌어내야 한다. 그것을, 순수이고 불멸인 것으로 알아야 한다."〈까타 6.17〉에서이다.‖25‖

{ 8. '신격'이라는 주제: 수뜨라 26-33 }

26. 심지어 그들(인간들) 위에 있는 [신격 등에게도 브라흐만에 대한 지식과 관계하여 자격을 준다고] 바다라야나는 [생각한다]; [열망 등이라는 '자격의 근거'가] 가능하기 때문이다.

tadupary api bādarāyaṇaḥ saṃbhavāt ‖26‖

'엄지손가락 크기'라는 계시어는 인간의 심장이라는 견지에서 [합당하며], 성전에 대해 인간이 자격을 가지기 때문이라고 언급했다. 이와 관련하여 이렇게 말한다.

[후론]: 정말이다. 성전은 인간들에게 자격을 준다. 하지만 이 경우에 브라흐만에 대한 지식과 관계하여 오직 인간들에게만 [자격을 준다는] 원칙은 없다. 성전은 심지어 그러한 인간들의 위에 있는 신격 등에게도[157] 자격을 준다고, 대(大)스승 바다라야나는 생각한다.

무엇 때문에? 가능하기 때문이다. 실로 심지어 그들에게도 열망 등이라는 '자격의 근거'가 가능하다. 이 경우에 먼저 해탈과 관계하는 열망은 '변형의 영역에 속하는 권능'이 무상하다는 것에 대한 반성 등을 통해 야기되는데, 이는 신격 등에게서마저 가능하다.[158] 또한 능력도 그들에게서 가능하다. 만뜨라, 아르타바다(의미진술), 이띠하사(서사집), 뿌라나(전설집), 통념으로부터 [그들의] 육화(肉化) 상태 등이 알려지기 때문이다. 게다가 그들에 대해서는 그 어떤 금지도 [알려지지] 않는다.[159] 더욱이 '입문식에 대한 성전'에 의해 그들의 자격이 파기될 수는 없다. 입문식은 베다 학습을 의미하기 때문이다. 또한 그들에게는 베다가 자발적으로 드러나기 때문이다.[160] 더 나아가 [계시서는] 지식을 수용하기 위한 그들의 금욕(학습) 등을 보여준다. "실로 마가반(인드라)은 쁘라자빠띠와 101년을 금욕(학습)으로 살았다."〈찬도 8.11.3〉, "바

157_ '신격 등'에서 '등'은 성자를 가리킨다.

158_ 신격이 가지는 권능(vibhūti)은 변형의 영역에 속하기 때문에 영원하지 않다. 바로 그것이 무상하다는 것에 대해 반성·숙고함(ālocana)으로써 신격은 영원한 해탈에 대한 열망을 가질 수 있게 된다.

159_ 인간들 가운데 슈드라가 금지되는 것과 같은, 그러한 금지가 신격들에 대해서는 알려져 있지 않다.

160_ 신격들은 전생에서 베다를 학습했기 때문에 이생에서 다시 학습할 필요가 없다.

루나의 아들인 브리구가, 아버지인 바루나에게로 다가갔다: 존경스러운 이여, 브라흐만을 가르쳐 주십시오."〈따잇 3.1.1〉라는 등에서이다.

비록 의례들과 관계하여 [신격 등에게] 자격이 없다는 근거가 "신격들은 [자격이] 없다; 다른 신격이 없기 때문이다."〈미맘사-수 6.1.6〉, "성자들은 [자격이] 없다; 성자와 관계된 다른 것이 없기 때문이다."〈미맘사-수 6.1.7〉라고 언급될지라도,[161] 그것(근거)은 지식들과 관계하지 않는다. 왜냐하면 인드라 등은 지식들에 대해 자격을 얻게 됨으로써 [다른] 인드라 등을 명목으로 하여 행해야만 하는 그 어떤 것도 가지지 않기 때문이다.[162] 또한 브리구 등도, 같은 가계(家系)의 [다른] 브리구 등으로 말미암아 [행해야만 하는 그 어떤 것도 가지지] 않는다.

그러므로 심지어 신격 등도 지식들에 대해 자격을 가진다는 것을 누가 부인하겠는가! 신격 등이 자격을 가지는 경우마저, '엄지손가락 크기'라는 계시어는 [그들] 자신의 엄지손가락이라는 견지에서 모순되지 않을 것이다.‖26‖

27. 만약 [신격의 육화 상태가 의례의 부분이 됨으로 말미암아] 의례에서 모순된다고 한다면, [그러한 모순은] 없다; [하나의 신격적 아뜨만이] 다수의 [형태를] 취하기 때문이다; [계시서가 그렇게] 보여주기 때문이다.

161_ 신격과 성자에게는 의례(karma)를 행할 자격이 없다. 왜냐하면 신격들에게는 의례의 대상이 될 만한 또 다른 유사한 신격이 없고, 성자들에게는 의례의 대상이 될 만한 또 다른 유사한 성자가 없기 때문이다. 의례는 인간이 신격이나 성자를 대상으로 행하는 것일 뿐이다. <미맘사-수 6.1.6>과 <미맘사-수 6.1.7>은 후대에 추가된 수뜨라들로 보인다.

162_ 인드라 등의 신격이 지식들에 대해 자격을 얻게 된 경우에는, 의례(행위)의 경우와 달리, 또 다른 신격 등을 명목으로 하여 행해야만 하는 것이 없다. 즉 다른 신격이 없어도 무방하다. 따라서 신격은 '의례'에 대해서 자격이 없더라도 '브라흐만에 대한 지식'에 대해서는 자격이 있다.

virodhaḥ karmaṇīti cen nānekapratipatter darśanāt ‖27‖

[전론]: 이러할 수도 있다. 만약 신격 등이 육화 상태 등을 가진다고 용인하는 것을 통해 지식들에 대해 자격을 가진다고 설명한다면, 육화 상태 때문에, 사제(司祭) 등처럼 인드라 등마저 자신의 형태가 현존함으로써 의례의 부분이 된다고 용인해야 한다.[163] 그리고 그 경우에는 의례에서 모순이 생길 것이다. 왜냐하면 인드라 등이 자신의 형태가 현존하는 것을 통해 제의의 부분이 된다고는 알려지지 않기 때문이다. 또한 가능하지 않다. 하나의 인드라가 수많은 제의들에서 동시에 자신의 형태로 현존하는 것은 가능하지 않기 때문이다.

[후론]: 그러한 모순은 없다.

무엇 때문에? 다수의 [형태를] 취하기 때문이다. 비록 신격적 아뜨만은 하나일지라도 동시에 자신의 형태를 다수로 취하는 것은 가능하다. 이는 어떻게 해서 알려지는가? 보여주기 때문이다. 그러한 증거로서, 계시서는 "신격들은 얼마나 많습니까?"〈브리 3.9.1〉라고 시작한 뒤에, "303이고, 3003입니다."〈브리 3.9.1〉라며 알리고 나서, "그것들은 무엇입니까?"〈브리 3.9.1〉라는 그 질문에 대해 "그것들은 그들의 권능(화현)일 뿐입니다. 하지만 신격들은 단지 33입니다."〈브리 3.9.2〉라고 설명함으로써, 하나씩의 신격적 아뜨만이 동시에 다수의 형태를 가진다는 것을 보여준다. 또한 33조차도 6 등에 포함시키는 순서로,[164] "무엇이 1인 신격입니까? 생기입니다."〈브리 3.9.9〉라며 [모든] 신격들이 생기를 유일한 형태로 한다고 보여줌으로써, 바로 그 하나의 생기가

163_ 육화된 인드라는 그 현존으로 말미암아 사제와 다를 바가 없으므로 의례(제의)를 구성하는 하나의 부분(aṅga) 또는 종속적인 것이 되고 만다.

164_ 33, 6, 3, 2, 1과 1/2, 1이라는 식으로 신격들의 수를 줄여나가고, 또 그것들이 각각 무엇인지 연이어서 순서대로 말하면서.

동시에 다수의 형태를 가진다는 것을 보여준다. 마찬가지로 전승서 또한, "바라따의 으뜸가는 이여, 요가 수행자는 위력(偉力)을 얻은 뒤에 자신으로부터 수많은 육체들을 만들어야 하고, 또 그것들(육체들) 모두를 통해 지상을 돌아다녀야 합니다. 그는 그 어떤 육체들을 통해 [원하는] 대상들을 획득해야 하고, 그 어떤 육체들을 통해 지난한 고행을 행해야 합니다. 또한 그는, 태양이 광선의 무리를 철회하듯이, 다시 그것들을 철회해야 합니다."라고 한다. 이러한 유형의 [전승서는] '미세한 존재가 되는 것' 등의 초능력을 획득한 요가 수행자들마저도 다수의 육체와 동시에 연계되는 것을 보여준다. 탄생과 함께 완전함을 가지는 신격들은 말할 나위조차 없다. 그리고 하나씩의 신격은 다수의 형태를 취하는 것이 가능하기 때문에, 자신을 여러 형태들로 나눈 뒤에 수많은 제의들에서 동시에 부분인 것이 된다. 또한 [신격은] 은신술(隱身術) 등의 힘을 가지기 때문에[165] 다른 자들에게 보이지 않는다. 이로써 [우리의 주장은] 합당하다.

[다음은 수뜨라의] "다수의 … 취하기 때문이다 … 보여주기 때문이다."(다양한 실행이 관찰되기 때문이다)라는 것에 대한 다른 설명이다.[166]

육화된 자들에 대해서도 '의례의 부분이 되는 신성한 명령들'과 관계하여 다양한 실행(행위)이 관찰된다.[167] 어떤 경우에는 다만 하나인 육

165_ * Samata에 '은신술 등의 힘을 가지기 때문에'(antardhānādiśaktiyogāt)라는 표현이 등장하는 것과 달리, Nirnaya에는 '은신술 등의 행위(활동)를 가지기 때문에'(antardhānādikriyāyogāt)라는 표현이 등장한다.

166_ 다음은 수뜨라의 뒷부분인 'anekapratipatter darśanāt'를 "다양한 실행이 관찰되기 때문이다."라고 다르게 해석하는 경우이다.

167_ 다른 설명을 따르는 경우에 전체 수뜨라는 다음과 같이 풀이될 수 있다: 만약 신격의 육화 상태가 의례에서 모순된다고 한다면, 그러한 모순은 없다. 즉 육화된 신격도 의례의 부분이 될 수 있기 때문에 모순되지 않는다. 왜냐하면 육화된 자들에 대해서도 '의례의 부분이 되는 명령'과 관계하여 '다양한(anekā) 실행이(pratipattiḥ) 관찰되기(dṛśyate) 때문이다.' 쉽게 말해 어떤 명령과 관계해서는

화된 자가 여러 곳에서 동시에 부분인 것이 되지 못한다. 예컨대, 한 명의 브라흐마나는 [성찬을] 먹이려는 여러 명이 있으면 동시에 먹지 못한다. 그러나 어떤 경우에는 심지어 하나인 육화된 자가 여러 곳에서 동시에 부분인 것이 된다. 예컨대, 한 명의 브라흐마나는 [자신을] 경배하는 여러 명이 있으면 동시에 경배된다.[168] 그와 마찬가지로 이 경우에도, 제의는 [신격의] 지정과 [제물의] 헌납을 본질로 하기 때문에, 심지어 육화된 하나의 신격을 지정한 뒤에 여러 명이 각각 자신의 재산(제물)을 동시에 헌납할 것이므로, 비록 신격들이 육화 상태일지라도 의례에서 전혀 모순되지 않는다.‖27‖

28. 만약 [신격의 육화 상태가 용인되는 경우에 베다의] 말과 관계하여 [확립된 진리성에 모순이 수반된다고] 한다면, [그러한 모순마저] 없다; 그것(말)으로부터 [세계가] 발생하기 때문이다; [이는] 지각(계시서)과 추론(전승서)으로부터 [알려진다].

śabda iti cen nātaḥ prabhavāt pratyakṣānumānābhyām ‖28‖

[전론]: 의례에서 신격 등의 육화 상태가 용인되는 경우에 그 어떤 모순도 수반되지 않을지 모른다. 하지만 말과 관계하여 모순이 수반될 것이다. 어떻게? 왜냐하면, 말과 의미의 본유적인 관계에 의지함으로써 ['말이라는 지식수단'이] "독립적이기 때문이다."〈미맘사-수 1.1.5〉라는 것을 [통해], 베다의 진리성이 확립되기 때문이다.[169] 하지만 이

하나의 육화된 자가 여러 곳에서 제의(의례)의 부분이 되지 못하지만 또 어떤 명령과 관계해서는 하나의 육화된 자가 여러 곳에서 제의의 부분이 될 수 있다.

168_ 예를 들어, 한 명의 육화된 브라흐마나에 대해서, 여러 사람들이 동시적으로 그 한 명의 브라흐마나에게 성찬을 먹일 수는 없지만 여러 사람들이 동시적으로 그 한 명의 브라흐마나를 경배할 수는 있다.

169_ 말과 의미의 관계가 본유적(autpattika)임으로 말미암아 '말'이라는 것은 다른

경우에는 육화된 신격이 용인됨으로써, 비록 그가 권능(초능력)의 덕택으로 다수의 의례에 속하는 공물들을 동시에 향유할 수 있을지라도, 그는 육신과 연관됨으로 말미암아 개별적 영혼 등처럼 태어남과 죽음을 겪으므로, 영원한 말과 영원한 의미의 영원한 관계가 인지될 때에 베다의 말과 관계하여 확립된 진리성이 모순되고 말 것이다.[170]

[후론]: 그러한 모순마저 없다.

무엇 때문에? 그것(말)으로부터 [세계가] 발생하기 때문이다. 실로 바로 그것으로부터 즉 베다의 말로부터 신격 등을 [포함하는] 세계가 발생한다.

[전론]: "그 무엇으로부터 이것(세계)의 생성 등이 [초래되는데, 그 무엇이 곧 브라흐만이다]."〈수뜨라 1.1.2〉라는 곳에서 '세계가 브라흐만으로부터 발생하는 것'을 확정했지 않는가? 어떻게 이곳에서 '말로부터 발생하는 것'을 언급한다는 말인가? 더 나아가, 만약 그것(세계)이 베다의 말로부터 발생하는 것을 용인했다손 치더라도, '바수들, 루드라들, 아디뜨야들, 비슈베데바들, 마루뜨들'이라는 그러한 존재들이 생성을 겪음으로 말미암아 무상할 뿐인 이상, 어떻게 그러한 만큼을 통해서 말과 관계하는 모순을 피한다는 말인가! 그리고 그들이 무상한 경우에, '바수' 등 그들을 지시하는 베다의 말들이 무상하다는 것을 그 누가 피하겠는가![171] 예를 들어, '데바닷따'의 아들이 태어났을 때에 '야즈냐닷따'라며 그의 이름을 짓는 것은 이 세상에서 잘 알려져 있다.[172] 따

지식수단들에 의존하지 않고 독립적이기 때문에, '말'(성언)로서의 베다는 진리성(prāmāṇya) 즉 타당성을 가진다.

170_ '신격'이라는 영원한 말과 그 말이 가지는 '(상대적인) 불멸성'이라는 영원한 의미는 영원한 관계를 가지기 때문에, 만약 신격이 태어남과 죽음을 겪는다면, 베다의 말이 가지는 진리성이 심각하게 손상될 것이다.

171_ 모든 신격들이 무상한 경우에 그 신격들을 지시하는 베다의 말들도 무상한 것이 되고 만다. 그 누구도 이 점을 피하거나 부인할 수 없다.

라서 [신격 등의 육화 상태는] 말과 관계하여 한갓 모순이다.

[후론]: 아니다. '암소' 등에서 말과 의미의 관계가 영원하다는 것을 보기 때문이다.[173] 실로 '암소' 등의 개별자들이 생성을 겪는 경우에 그것들의 형상(形相)들마저 생성을 겪을 수는 없다. 왜냐하면 단지 실체 · 성질 · 운동의 개별자들만이 생성될 뿐이고 형상들은 생성되지 않기 때문이다. 또한 말들은 형상들과 관계를 가질 뿐이고 개별자들과 관계를 가지지 않는다. 개별자들은 무한수(無限數)임으로 말미암아 관계를 수용하는 것이 합당하지 않기 때문이다.[174] 심지어 개별자들이 생성되고 있을 때에도 형상들은 영원하기 때문에 '암소' 등의 말들과 관계하여 그 어떤 모순도 알려지지 않는다. 마찬가지로 신격 등의 개별자들이 발생(생성)된다고 용인할지라도, 형상은 영원하기 때문에 '바수' 등의 말들과 관계하여 그 어떤 모순도 없다고 이해해야만 한다.[175]

한편, 만뜨라, 아르타바다(의미진술) 등으로부터 육화 상태 등이 알려짐으로 말미암아, [각각의] 신격 등은 특정한 형상을 가진다고 이해해야만 한다.[176] 또한 '인드라' 등의 말들은 '지휘관' 등의 말처럼 특정한

172_ 이 세상에서는 데바닷따가 아들을 낳았을 때라야만 비로소 그 아들의 이름을 '야즈냐닷따'라고 짓는다. 따라서 태어남을 겪은 '데바닷따의 아들'이 무상한 경우에 그 아들을 지시하는 '야즈냐닷따'라는 말(이름)도 무상하다.

173_ 상크야 학파와 느야야 학파에서는 말이 개별자(vyakti)를 지시하고, 밧따 미맘사 학파와 베단따 학파에서는 말이 보편자(jāti)나 형상(ākṛti, 에이도스)을 지시한다. 따라서 주석가가 말과 의미의 관계가 영원하다고 하는 경우에 그 말은 항상 보편자나 형상을 지시한다.

174_ 예컨대, '암소'라는 말은 보편자나 형상으로서의 '암소성(性)'과 관계를 가질 수 있지만 개별자들과는 관계를 가질 수조차 없다. 개별자로서의 암소들은 그 수가 무한에 가깝기 때문이다.

175_ 개별적인 신격이 육화 상태를 가지더라도, 또 그 결과 개별적인 신격이 태어남과 죽음을 겪더라도, 형상으로서의 그 신격은 영원하기 때문에 '신격'이라는 말과 관계하여 아무런 모순도 발생하지 않는다. 이와 마찬가지로 '바수' 등의 말들도 개별적인 바수들과 보편(형상)적인 바수의 차원에서 이해해야만 한다.

176_ 한편 각각의 신격들은 형상의 차이 즉 보편자의 차이를 가진다. 예컨대, 바수

지위와의 관계에서 기인한다. 그리고 이로부터, 지위에 오르는 것마다 '인드라' 등의 말들에 의해 지시되므로, 결함은 없다.[177]

게다가 '말로부터 발생하는 것'을 언급하는 것은, '브라흐만으로부터 발생하는 것'과는 달리, 물질적 원인을 의도하기 위해서가 아니다.

[전론]: 그러면 무엇이란 말인가?

[후론]: 영원한 의미와 관계하여 ['그 의미를] 지시하는 것을 본질로 하는 영원한 말'이 확립된 경우에, [그] 말의 용법에 적합한 의미를 가지는 개별자가 나타난다. [그래서] '그것(말)으로부터 발생하는 것'이라고 언급한다.[178]

[전론]: 그렇다면 어떻게 해서 '세계가 말로부터 발생한다'라고 알려지는가?

[후론]: 지각과 추론으로부터 [알려진다]. 실로 지각이란 계시서이다. 진리성에 관해서 독립적이기 때문이다. 추론이란 전승서이다. 진리성

들은 바수의 형상에, 루드라들은 루드라의 형상에 각각 속한다. 이는 만뜨라 등으로부터 알려진다.

177_ '인드라'라는 말은 '지휘관'이라는 말처럼 지위(sthāna)와 관련된다. 특정한 지위에 있는 자가 사라지더라도 다른 자가 그 지위를 얻기 때문에 '인드라' 등의 특정한 지위와 관련된 형상은 영원하다.

178_ 말과 그 의미는 '지시대상과 지시어의 관계'(vācyavācaka-saṃbandha) 혹은 '명명어와 명명대상의 관계'(saṃjñāsaṃjñi-saṃbandha)를 가진다. 말은 지시어 또는 명명어이고, 의미는 지시대상 또는 명명대상이다. 이러한 관계가 확립된 경우에, 즉 말과 의미 사이의 본유적인 관계가 먼저 확립된 경우에, 그 이후 그 말의 용법에 적합한 의미를 가지는 개별자가 나타난다. 따라서 '말로부터 발생하는 것'(śabda-prabhava)이란, 말(형상을 지시하는 말)과 그 의미의 영원한 관계가 먼저 확립되고 나서 그것에 적합한 개별자가 발생한다는 뜻이다. 결국 '말로부터 발생하는 것'이란 물질적 원인과 그 결과를 의도하는 존재론적 선후관계가 아니라 논리적 선후관계이다. 참고로, 말과 의미의 관계가 본유적이라고(영원하다고) 간주하는 미맘사 학파나 베단따 학파에서와 달리, 느야야 학파에서는, <느야야-수 2.1.55>에서 살펴지듯이, 그 관계가 약정적 · 관습적(samaya)이라고 주장한다. 그들에 따르면, 말 자체는 신에 의해 창조되었지만 그 말을 사용하는 것은 인간들의 약정에 의해서이다.

에 관해서 의존적이기 때문이다.[179]

실로 이것들은 말을 앞세우는 창조를 보여준다. 계시서는 "쁘라자빠띠는 '에떼'라고 [생각함으로써] 신격들을 창조했도다. 그는 '아스리그람'이라고 [생각함으로써] 인간들을, '인다바하'라고 [생각함으로써] 조상들을, '띠라하빠비뜨람'이라고 [생각함으로써] 행성들을, '아샤바하'라고 [생각함으로써] 찬송가를, '비슈바니'라고 [생각함으로써] 샤스뜨라를, '아비사우바가하'라고 [생각함으로써] 다른 창조물들을 창조했도다."〈리그 9.62.1〉[180]라고 한다. 또한 다른 곳에서도 "그는 마음을 통해 언어와의 합일을 이루었다."[181]〈브리 1.2.4〉라는 등을 통해, 말을 앞세우는 창조를 여기저기에서 들려준다. 그리고 전승서는 "태초에 스바얌부[182]에 의해, 시작과 끝이 없고 영원하며 베다로 이루어지고 신성하며 모든 행위들을 [나아가게끔 하는], 말이 발화되었다."라고 한다. 심지어 이러한 '말의 발화'도, 전통 계승의 개시(開始)를 특징으로 한다

179_ 수뜨라에서 말하는 지각이란 계시서를 가리키고, 추론이란 전승서를 가리킨다. 지각이 다른 그 어떤 지식수단에도 의존하지 않은 채 독립적으로 타당성을 가지는 것은, 계시서가 다른 그 어떤 수단에도 의존하지 않은 채 독립적으로 타당성을 가지는 것과 다르지 않다. 추론이 지각에 의존한 채 타당성을 가지는 것은, 전승서가 계시서에 의존한 채 타당성을 가지는 것과 다르지 않다.

180_ <리그 9.62.1>에 대한 직접 인용이 아니지만 그곳에는 '에떼' 등의 말들이 등장한다. 에떼(ete)='그들은'이라는 말은 쁘라자빠띠가 떠올린 신격들이다. 아스리그람(asṛgram)='아스리끄'(asṛk, 피)라는 말은 인간을 가리킨다. 인다바하(indavaḥ)='인두'(indu, 달)의 1격 복수로서 달에 거주하는 조상들을 의미한다. 띠라하빠비뜨람(tiraḥpavitram)=글자 그대로 '소마를 숨김'을 뜻하며, 이는 곧 그렇게 하는 행성(graha)들을 가리킨다. 아샤바하(āśavaḥ)='담거나 포함하는 것'(āśu)들은 <리그>의 찬송가(stotra)이다. 비슈바니(viśvāni)='들어가는 것'(viśvat)들은 찬송가 다음에 사용되는 샤스뜨라(śastra) 즉 만뜨라이다. 아비사우바가하(abhisaubhagaḥ)=모든 창조물들은 '은총'(saubhaga)을 받은 것들이다.

181_ '그는 베다(말)에 규정된 창조의 질서를 마음으로 숙고했다.'라는 뜻이다.

182_ 스바얌부(svayaṃbhū)=글자 그대로 '그 자체로 존재하는 것'을 뜻한다. 즉 자존적인 창조주를 지시한다.

고 이해해야만 한다. 시작과 끝이 없는 [말이] 다른 종류의 발화를 가지는 것은 불가능하기 때문이다.[183] 마찬가지로 "태초에 그 마헤슈바라는 오직 베다의 말들로부터, 존재들의 명칭과 형태를 또 행위(의례)들의 절차를 창조했다."라고 한다. 또한 "한편, 태초에 그는 오직 베다의 말들로부터, 모든 것의 명칭들과 행위들을 또 다양한 삶의 양상들을 별도로 별도로 창조했다."〈마누 1.21〉라고 한다. 더 나아가, 바라는 대상을 성취하려는 자는, 우선 그것을 지시하는 말을 기억한 뒤에 나중에 그 대상을 성취하므로, 이는 우리들 모두에게 명백하다. 그리고 창조주인 쁘라자빠띠의 경우에도,[184] 창조의 이전에 베다의 말들이 마음에 떠올랐고, 나중에 그것에 대응하는 대상들을 창조했다고 이해된다. 또한 마찬가지로 "그는 '부후'(지상)라고 발화하면서, 그는 지상을 창조했다."〈따잇-브 2.2.4.2〉라고 이렇게 운운하는 계시서는, 마음에 떠오른 '부후' 등[185]의 말 자체들로부터 '부후' 등의 세상들이 창조되었다는 것을 보여준다.

[전론]: 그렇다면 '말로부터 발생하는 것'을 언급하는 것은, 무엇을 본질로 하는 말을 의도하기 위해서인가?

[문법학자]: 스포따[186]를 [본질로 하는] 것이라고 말한다.[187] 왜냐하면

183_ 전승서에서 언급되는 말의 발화(utsarga)란 말의 개시 즉 시작을 의미한다. 그런데 말 그 자체는 시작과 끝이 없기 때문에 개시될 수 없다. 따라서 말의 발화라는 것은 스승과 제자 사이에 '전통 계승'(saṃpradāya)이 개시(시작)되는 것을 의미한다.

184_ 앞서 인용한 <리그 9.62.1>, <브리 1.2.4>에서도.

185_ '부후' 등=부후(bhūḥ), 부바하(bhuvaḥ), 스바하(svaḥ) 즉 지상, 공중, 천상.

186_ 스포따(sphoṭa)=글자 그대로는 '터짐'(√sphuṭ)을 뜻한다. 말의 소리를 듣는 경우에 마음에서 '터지는'(번뜩이는) 말의 의미에 대한 관념을 실재화한 것이다. 문법학자들은 문장, 단어, 음소의 형태인 말의 본질이, 단순히 그것들의 집합이 아니라 모든 사람들에게 이미 존재하고 있는 소리로서의 불가분적 실재 즉 스포따라고 간주한다. 화자가 이 스포따를 소리를 통해 드러낼 경우에, 소리를 들은 청자의 스포따가 깨어남으로써 의미 전달이 가능하게 된다. 스포따는 말과 영원

[말이] 글자라는 입장에서는, 그것(글자)들이 생성되고 나서 소멸됨으로 말미암아, 영원한 말들로부터 신격 등의 개별자들이 발생한다는 것은 합당할 수 없기 때문이다. 글자들은 실로 생성되고 나서 소멸된다. 각각의 발화마다 다르게 또 다르게 인지되기 때문이다. 그러한 예시로서, 특정한 사람이 보이지 않음에도 단지 낭독하는 소리를 들음으로 말미암아 '이것은 데바닷따가 읽는다.', '이것은 야즈냐닷따가 읽는다.' 라며 특정한 채로 확정한다. 그리고 글자와 관계하여 이렇게 다르게 인식하는 것은 거짓된 지식이 아니다. 지양시키는 [다른] 인식이 없기 때문이다.[188]

게다가 글자들로부터 [말의] 의미를 안다는 것은 합리적이지 않다. 실로 하나씩의 글자는 의미를 인지시킬 수 없다. 반례 때문이다.[189] 또한 글자 전체에 대한 [동시적] 인식도 일어나지 않는다. 글자들은 순서를 따르기 때문이다.[190] 만약 '각각에 앞서는 글자에 대한 인식으로부

히 연계되어 있는 의미를 담지하고 있기 때문이다. 스포따는 주로 '문장 스포따'의 형태이고, 부차적으로 '단어(낱말) 스포따'와 '음소 스포따'가 있다.

187_ 만다나 미슈라가 스포따 이론을 수용하는 것과 달리, 주석가는 이를 수용하지 않는다.

188_ 거짓된 지식은 '그것 자체를 지양시키는(bādhaka) 다른 지식' 즉 '참된 지식' 때문에 거짓된 지식이 된다. 하지만 동일한 글자에 대해 사람마다 다르게 발화함으로써 듣는 자가 다르게 인식하는 것은 그것 자체를 지양시키는 다른 인식을 가지지 않는다. 따라서 그 인식은 결코 거짓된 인식이 아니다.

189_ 어떤 말의 의미는 단지 하나의 글자에 의해 인지되지 않는다. 만약 그 의미가 하나의 글자에 의해 인지된다면, 그 말을 구성하는 다른 글자들은 무의미해지고 말기 때문이다. 이는 반례(vyabhicāra)를 통해 증명된다. 반례란, 예컨대 불이 없는 곳에 연기가 존재하지 않아야 함에도 연기가 존재하듯이, 대개념(sādhya)이 없는 곳에 매개념(hetu)이 존재하지 않아야 함에도 매개념이 존재하는 경우이다. 결국 어떤 말의 의미가 하나의 글자로부터 인지되는 경우에는 의미가 없는 곳에 글자가 존재하지 않아야 함에도 글자가 존재하기 때문에, 이러한 반례로부터 어떤 말의 의미는 단지 하나의 글자로부터 인지되지 않는다고 결론 내릴 수 있다.

190_ 글자들은 각각이 순서대로 즉 차례대로 발화되기 때문에, 글자들 전체

터 발생한 잠재인상들'과 결합된 최종적 글자가 의미를 인지시킬 것이라고 말한다면, 그렇지 않다. 왜냐하면 '[말과 의미의] 관계를 이해하는 것'과 관련되는 말은, 연기 등처럼 그 자체가 인지됨으로써 의미를 인지시킬 수 있기 때문이다.[191] 또한 '각각에 앞서는 글자에 대한 인식으로부터 발생한 잠재인상들'과 결합된 최종적 글자는 인지되지 않는다. 잠재인상들은 지각 가능하지 않기 때문이다.[192] 만약 '결과를 통해 인지하게 된 잠재인상들'과 결합된 최종적 글자는 의미를 인지시킬 것이라고 한다면, 아니다. 기억은 잠재인상의 결과임에도 순서를 따르기 때문이다.[193] 따라서 말은 오직 스포따이다.

그리고 그것(스포따)은, '하나씩의 글자를 인식하는 것에 의해 주어진 잠재인상'의 씨앗이 최종적 글자에 대한 인식을 통해 성숙하게 되는 경우에, 인식주체에서 '하나의 인식'[194]의 대상으로 즉시 나타난다. 게다가 이 하나의 인식은 글자를 대상으로 하는 기억이 아니다. 글자들

(samudāya) 혹은 총체에 대한 동시적 인식은 가능하지 않다. 따라서 글자들로부터 말의 의미를 안다는 것은 합리적이지 않다. * Samata에 '순서를 따르기 때문이다'(kramavartitvāt)라는 표현이 등장하는 것과 달리, Nirnaya에는 '순서를 가지기 때문이다'(kramavattvāt)라는 표현이 등장한다.

191_ 연기 자체가 먼저 인지된 경우에만 추론을 통해 불을 인지시킬 수 있다. 마찬가지로 말과 의미의 경우에도, 말 자체가 먼저 인지된 경우에만 그 의미를 인지시킬 수 있다.

192_ 연기가 인지되어야만 실제로 인지된 연기로부터 불을 인지시킬 수 있듯이, 잠재인상(saṃskāra)들과 최종적 글자가 모두 인지되어야만 실제로 인지된 그 말로부터 의미를 인지시킬 수 있다. 하지만 잠재인상은 지각되지 않는 것이기 때문에 '그것들과 결합된 최종적 글자'도 인지될 수 없고, 결과적으로 의미도 인지시킬 수 없다.

193_ 비록 잠재인상이 지각 가능하지 않을지라도 그것은 그 결과(기억)를 통해 추론 가능하다. 그래서 '결과를 통해 인지하게 된 그 잠재인상들'과 결합된 최종적 글자가 의미를 인지시킬 것이라고 주장할 수 있다. 하지만 기억조차도 각 글자에 대한 연속적 부분으로 구성되어 있기 때문에, 글자들 전체에 대한 동시적 인식은 가능하지 않다.

194_ 하나의 인식(ekapratyaya)=인식과 관계하는 마음의 한 작용.

은 다수임으로 말미암아, [그것들이] 하나의 인식의 대상이라는 것은 합당하지 않기 때문이다. 더욱이 그것(스포따)은 각각의 발화마다 [동일한 것으로] 인지됨으로 말미암아 영원하다. 차이를 인식하는 것은 글자와 관계하기 때문이다.

따라서 스포따의 형태이자 지시주체인 영원한 말로부터, 행위 · 행위수단 · 행위결과를 특징으로 하고 지시대상으로 존재하는 세계가 발생한다.

[후론]: "하지만 말은 오직 글자들이다."[195]라고 존경스러운 우빠바르샤는 [생각한다].[196]

[문법학자]: 글자들은 생성되고 나서 소멸된다고 언급했지 않는가?

[후론]: 그렇지 않다. 그것들 자체라고 인식되기 때문이다.[197]

[문법학자]: 머리카락 등에서처럼 유사성을 통한 인식이다.[198]

[후론]: 아니다. [그러한] 인식이 다른 증명수단(지식수단)에 의해 지양되는 것은 불가능하기 때문이다.[199]

[문법학자]: 인식은 형상에 기인한다.

[후론]: 아니다. 개별자가 인식되기 때문이다. 실로 만약 각각의 발화마다 암소 등의 개별자처럼 글자의 개별자들이 다르게 다르게 인지된

195_ * Nirnaya에 등장하는 'na'를 Samata에 따라 읽지 않는다.

196_ 주석가는 우빠바르샤(Upavarṣa)에 대해 '존경스러운'(bhagavān)이라고 부름으로써 언어 이론에 관한 한 그의 전통을 계승하고 있다는 것을 간접적으로 밝힌다. 우빠바르샤는 해설가(vṛttikāra)로 매우 잘 알려져 있는 인물인데, <미맘사-수>와 <수뜨라>에 대한 주석을 썼을 가능성이 높다. 우빠바르샤는 <주석 3.3.53>에 다시 한 번 등장한다.

197_ 비록 글자들이 사람에 따라 다르게 발화될지라도, 발화되는 것은 동일할 뿐인 그 글자들 자체라고 인식되기 때문이다.

198_ 머리카락을 자른 뒤에 새로 자라난 머리카락을 이전의 머리카락과 동일하다고 인식하는 것은 착오이다. 즉 유사성을 통한 인식은 착오에 지나지 않는다.

199_ 착오(거짓된 지식)와는 달리, 글자와 관계하는 인식은 다른 인식에 의해 지양될 수 없다. 따라서 그 인식은 착오가 아니다.

다면, 그 경우에 형상에 기인하는 인식이 일어날 것이다. 하지만 그렇지는 않다. 왜냐하면 각각의 발화마다 오직 글자의 개별자들이 인식되기 때문이다. 실로 '암소'라는 말이 2번 발화된다고 이해될 뿐, '암소'라는 말이 2개라고 이해되지는 않는다.[200]

[문법학자]: 단지 낭독하는 소리를 들음으로 말미암아 데바닷따와 야즈냐닷따 사이의 차이(다름)를 인지하기 때문에, 글자들마저 발화의 차이에 따라 다르게 인지된다고 언급했지 않는가?[201]

이에 대하여 말한다.

[후론]: 글자와 관계하는 인식이 확정되어 있는 경우에, 글자들은 연결과 분리를 통해 발음되기 때문에[202] 글자와 관계하는 그 다양한 인식은 발음주체의 다양성에 기인할 뿐, [글자의] 본질에 기인하지 않는다. 더 나아가, 심지어 글자의 개별자가 차이를 가진다고 주장하는 자도 인식의 성립을 위해서는 글자의 형상들을 추정해야만 한다. 또한 그것(형상)들과 관계하여 [글자가] '다르게 인식되는 것'은 다른 [외부의] 한정자를 가진다고 용인해야만 한다.[203] 그래서 바로 그 글자의 개별자들

200_ '암소, 암소'라고 발화된 경우에, 동일한 '글자의 개별자'가 2번 반복적으로 발화된 것일 뿐, 다르게 인지되는 2개의 '암소'라는 말이 발화된 것은 아니다.

201_ 문법학자는 앞서 글자에 대한 인식이 보편자(형상)에 기인한다고 주장한 바 있다. 이에 대해 후론자는 글자의 개별자들이 동일하게 인지되기 때문에 글자에 대한 인식이 개별자에 기인한다고 주장했다. 그러자 여기서 문법학자는 글자의 개별자들이 동일하게 인지된다는 후론자의 논거를 반박한다. 문법학자의 이러한 반박에 대해 후론자는 곧 글자의 개별자들이 오직 '본질에 기인하여' 동일하게 인지된다고 대답할 것이다.

202_ 글자들은 입천장, 이빨 등과 연계된 공기(숨)의 연결(saṃyoga)과 분리(vibhāga)를 통해 발음된다.

203_ 문법학자들은 일단 글자의 개별자들이 다르게 인지된다고 주장하는데, 이 경우 인식 자체의 성립을 위해서 그들은 무엇보다도 글자의 형상(보편자)을 가정해야만 한다. 하지만 형상은 차이를 가지지 않기 때문에, 이 경우 글자가 '다르게 인식되는 것'(bheda-pratyaya)을 설명하기 위해서 그들은 형상을 제한하는 또 다른 외부의 한정자를 가정해야만 한다. 따라서 그들의 논리는 극도로 복잡

과 관계하여 '다르게 인식되는 것'은 다른 [외부의] 한정자를 가지고, 또 [동일하게] 인식되는 것은 본질에 기인한다고 가정하는 논리적 간소성이 더 낫다.[204] 그리고 바로 그 [동일하게] 인식되는 것이, 글자와 관계하여 '다르게 인식되는 것'을 지양시키는 인식이다. 예를 들어, 음소 'ㄱ'가 오직 하나로 존재함에도, 어떻게 같은 순간에 고음이거나 저음이거나 중간음이고 또 비음(鼻音)이거나 비음이 아닌 것으로 여럿이 발화함으로써 동시에 다수의(다양한) 형태가 될 것이라는 말인가![205]

또 다른 해설로서,[206] 그 '다르게 인식되는 것'이란 말소리에 의해 야기되지만 글자에 의해 야기되지는 않으므로, 결함은 없다.

[문법학자]: 그렇다면 '말소리'라고 불리는 그것은 무엇인가?

[후론]: [말소리란] 멀리서 글자를 식별하지 못한 채로 듣는 자에게 들을 수 있는 범위에 들어오는 것이자, 또 가까이 있는 자에게 글자들에 대해 날카로움(고음), 부드러움(저음) 등의 차이를 부여하는 것이다. 그리고 고음 등의 차이(다르게 인식되는 것)들은 이것(말소리)에 의존할 뿐 글자의 본질에 의존하지 않는다. 글자들은 각각의 발화마다 [동일하게] 인지되기 때문이다. 결국 그와 같을 경우에 고음 등에 대한 인식들은 분명 근거를 가지게 될 것이다.

실로 다른 방식에서는,[207] [동일하게] 인지되는 글자들이 차이를 가

해지고 만다.

204_ '논리적 간소성'(lāghava) 즉 논리의 경제성이라는 견지에서는, 단지 형상이 내재해 있는 글자의 개별자들과 관계하여, 첫째로 그것들이 동일하게 인식되는 것은 글자의 본질에 기인하고, 둘째로 그것들이 다르게 인식되는 것은 발음주체 등과 같은 외부의 한정자에 기인한다고 하는 편이 더 합당하다.

205_ 그렇게 될 수 있기 위해서는, 다르게 인식되는 원인이 한정자의 다양성이어야 하고 글자의 본질이어서는 안 된다.

206_ 주석가가 정론을 향해 새로운 후론을 전개하기 시작한다.

207_ 앞선 후론에서는, 곧 '다르게 인식되는 것'이 다른 외부의 한정자에 기인한다는 입장에서는.

지지 않기 때문에 연결과 분리에 의해 야기되는 '고음 등의 차이들'을 가정해야 한다. 하지만 연결과 분리는 지각 가능하지 않기 때문에 그것들에 의존하는 차이들이 글자들과 관계한다고 확정될 수 없으므로, 그로부터 고음 등에 대한 그러한 인식들은 분명 근거를 가지지 못할 것이다.[208]

더 나아가, '고음 등'의 차이로 말미암아 '[동일하게] 인지되는 글자들'의 차이가 생길 수 있다는 것에 결코 동조해서는 안 된다. 왜냐하면 '어떤 것'의 차이로 말미암아 '차이를 가지지 않는 다른 것'의 차이가 초래될 수는 없기 때문이다. 실로 '개별자'의 차이로 말미암아 '보편자'에 차이가 있다고 간주되지는 않는다.

더욱이 글자들로부터 의미를 인지하는 것이 가능하기 때문에, 스포따를 가정하는 것은 무의미하다.

[문법학자]: 나는 스포따를 가정하지 않는다. 반면에 실로 직각적으로 그것을 안다. [그것은] '하나씩의 글자를 인식하는 것에 의해 주어진 잠재인상'을 가지는 인식(지성)[209]에서 즉시 나타나기 때문이다.

[후론]: 아니다. 그 인식(지성)마저 글자와 관계하기 때문이다. 실로 하나씩의 글자를 인식하는 것 이후에 [나타나는] '암소'(가우후)[210]라는 그 하나의 인식은 모든 글자와 관계할 뿐 다른 어떤 것(스포따)과 관계하지 않는다.

208_ 입천장, 이빨 등과 연계된 공기(숨)의 연결과 분리는 귀를 통해 지각되지 않기 때문에, 그러한 비지각적인 연결과 분리에 의존하여 '다르게 인식되는 것'(차이)이 글자들과 관계한다고는 확정될 수 없다. 따라서 그 경우에는 고음, 저음 등처럼 글자가 다르게 인식되는 이유가 무엇인지 찾지 못한다.

209_ 이곳에서 '인식'을 가리키는 원어는 'buddhi'(지성)이다. 앞서 주석가는 'pratyaya'와 'pratyabhijñāna'를 '인식'의 의미로 사용한 바 있다. 이 3가지 용어는 약간씩 상이한 의미를 가지지만 여기서는 대체적으로 인식을 뜻한다.

210_ * Nirnaya에 등장하는 'goḥ'를 Samata에 따라 'gauḥ'라고 읽는다.

[문법학자]: 이는 어떻게 해서 알려지는가?

[후론]: 그 [하나의] 인식에서도 음소 '그' 등의 글자들이 제공될 뿐이고 음소 '드' 등이 제공되지는 않는 까닭에서이다.[211] 실로 만약 그 [하나의] 인식에서 음소 '그' 등과는 다른 어떤 것 즉 스포따가 대상이라면, 그 경우에 음소 '드' 등처럼 음 '그' 등마저 그 인식에서 배제될지도 모른다. 하지만 그와 같지는 않다. 따라서 그 하나의 인식은 오직 글자를 대상으로 하는 기억이다.

[문법학자]: 글자들은 다수임으로 말미암아 [그것들이] 하나의 인식의 대상이라는 것은 합당하지 않다고 언급했지 않는가?

그에 대하여 우리는 대답한다.

[후론]: 비록 [글자들이] 다수일지라도 하나의 인식의 대상이라는 것은 가능하다. 줄, 숲, 군대, 십, 백, 천 등을 보기 때문이다.[212] 그리고 '암소라는 이 말은 하나이다'라는 인식은, 실로 여러 글자들과 관계하여 하나의 의미를 확정하는 것과 결부되는 비유적 사용으로서, 숲, 군대 등에 대한 인식과 같을 따름이다.[213]

이에 대하여 말한다.

[문법학자]: 만약 바로 그 글자들 전부가 하나의 인식의 대상이 됨으로써 [하나의] 단어가 된다면, 그 경우 '자라(연인)와 라자(왕)', '까뻬(원

211_ '가우후'(gauḥ)라는 하나의 인식에서도 '그'(g), '아우'(au), '후'(ḥ)라는 글자들이 제공되기 때문에, 즉 '드'(d)와 같은 다른 글자들이 제공되지는 않기 때문에, 그 인식은 모든 글자와 관계한다고 알려진다.

212_ 이 말들의 산스크리트 원어는 모두 다수의 글자들로 이루어져 있다.

213_ 말의 본질이 글자인 경우에, '암소'라는 말은 다수의 글자들로 이루어져 있기 때문에 일차적·직접적으로 하나의 말은 아니다. 그럼에도 '비유적 사용'(aupacārikī)을 통해 하나의 말이라고 할 수 있다. 왜냐하면 비록 다수의 글자들로 이루어져 있을지라도 그것들과 관계하여 오직 하나의 의미가 확정되는 것만큼은 틀림없기 때문이다. 실제로 '그', '아우', '후'라는 글자들은 모두 '암소'(가우후)라는 하나의 의미를 확정하는 데 기여한다.

숭이)와 삐까(뻐꾸기)'라는 등에서 단어의 차이를 이해하지 못할 것이다. 왜냐하면 바로 그 [똑같은] 글자들이 여러 가지 다른 방식으로 나타나기 때문이다.[214]

이에 대하여 우리는 말한다.

[후론]: 비록 모든 글자를 의식하고 있을지라도, 예컨대 오직 순서에 호응한 채로 개미들이 줄에 대한 인식에 도달하듯이, 마찬가지로 오직 순서에 호응하는 글자들도 단어에 대한 인식에 도달할 것이다. 그 경우에 비록 글자들에는 차이가 없을지라도, 특정한 순서에 따라 야기되는 '특정한 단어에 대한 이해(인식)'는 모순되지 않는다.[215]

실로 어른들의 용법에서 순서 등[216]을 따르게 되는 그 글자들은, [아이들에 의해] 특정한 의미와의 관계가 파악됨으로써 [아이들] 자신의 용법에서마저 하나씩의 글자를 인식하는 것에 곧 이어 '모든 [글자를] 의식하는 인식(지성)'에서 바로 그와 같이 나타나면서[217] 그러그러한 의미를 예외 없이 인지시킬 것이므로, 글자주의자(문자주의자)의 가정은 [논리적으로] 더 간소하다. 반면에 스포따주의자는 관찰되는 것을 폐기하고 관찰되지 않는 것을 가정한다. 또한 순서에 따라 파악되는 그러한 글자들이 스포따를 드러내고, 그 스포따가 의미를 드러낸다고 하는 것은, [논리적으로] 더 번쇄한 가정일 수 있다. 비록 각각의 발화마다 글자들이 각각 새롭다손 치더라도, 여전히 글자의 보편(보편자)들이

214_ 예를 들어 'kapi'의 경우에 'k, a, p, i'의 네 글자들이 'kapi', 'kpai', 'kipa' 등등 여러 조합을 이룬 채 나타날 수 있다. 따라서 글자들 전부가 하나의 인식의 대상이 된다면, 'kapi'(원숭이)라는 단어와 'pika'(뻐꾸기)라는 단어를 다른 것이라고 인지하지 못할 것이다.

215_ 단어(말)에 대한 인식은 글자들의 특정한 순서(krama)와 관계하므로, 비록 '자라'(jārā)라는 단어와 '라자'(rājā)라는 단어 사이에 글자들의 차이가 없을지라도, 글자들의 순서에 호응하여 각각의 특정한 단어에 대한 인식은 가능하다.

216_ 순서 등=순서와 글자의 수.

217_ 바로 그와 같이 나타나면서=순서 등을 따르는 식으로 나타나면서.

인식의 근거인 것으로 반드시 용인되어야만 하기 때문에 글자들과 관계하여 제시된 의미의 확립 방식은 보편들에 전가되어야만 한다.[218]

결국 이로부터, 신격 등의 개별자들이 영원한 말들로부터 발생한다는 것은 모순되지 않는다.‖28‖

29. 또한 바로 이로부터 [즉 세계가 베다의 말로부터 발생하기 때문에, 베다의 말이] 영원하다는 것이 [수반된다].

ata eva ca nityatvam ‖29‖

독립적인[219] 저자가 전승되지(기억되지) 않는 것으로부터 베다의 영원성이 확립된 경우에 신격 등의 개별자가 [영원한 말들로부터] 발생한다고 용인하는 것이 그것과[220] 모순될지도 [모른다고] 의문시하고 나서 "그것(말)으로부터 [세계가] 발생하기 때문이다."〈수뜨라 1.3.28〉라며 논박한 뒤에,[221] 이제 [이미] 확립된 바로 그 '베다의 영원성'을 확고히 한다. "또한 바로 이로부터 … 영원하다는 것이."

바로 이로부터 즉 고정된 형체를 가지는 '신격 등을 [포함하는] 세계'가 베다의 말로부터 발생하기 때문에, '베다의 말'이 영원하다는 것마저 수반되어야만 한다. 또한 마찬가지로 만뜨라의 전언은 "제의를 통

218_ 스포따주의자가 매 발화마다 글자들이 다르게 인지된다고 주장하는 것을 받아들이더라도, 그 경우에 그렇게 인지되는 글자들 개별자의 근거로서 글자들의 보편(sāmānya) 즉 형상이 용인되어야만 한다. 그렇다면 글자주의자에 의해 '글자들의 개별자들'과 관계하여 제시된 의미의 확립 방식(과정)은, 스포따주의자의 경우에 '글자들의 보편들'과 관계하여 적용되어야만 한다.

219_ Samata에는 '독립적인'(svatantrasya)이라는 표현이 등장하지 않는다.

220_ 그것과=베다의 영원성과 즉 말의 영원성과.

221_ 주석가는 <수뜨라 1.3.28>의 앞부분이 즉 "만약 [신격의 육화 상태가 용인되는 경우에 베다의] 말과 관계하여 [확립된 진리성에 모순이 수반된다고] 한다면"이라는 부분이 베다의 영원성과 관련된다는 점을 간접적으로 밝힌다.

해서[222] 그들은 말의 경로를 따라갔도다. 그들은 성자들에 들어가 있는 [그것을] 찾았도다."〈리그 10.71.3〉라며, [그들이] '이미 확립된 말'을 찾았다는 것을 보여준다. 게다가 베다브야사도 바로 그와 같이, "옛적에 스바얌부(스스로 존재하는 자)의 허가를 얻은 대(大)성자들은 고행을 통해, 유가[223]의 끝에 거두어진 베다들을 이띠하사(서사집)들과 함께 얻었다."라고 전승한다.‖29‖

30. 또한, [만약 세계가 남김없이 소멸되고 완전히 새롭게 나타난다고 계시서 등에서 언급하는 경우에 말과 의미 사이의 영원한 관계가 불가능하므로 모순이 있다고 한다면, 대창조와 대소멸로 지시되는] 회귀가 [용인되는] 경우에도 [세계가] 똑같은 명칭과 형태를 가지기 때문에, [말(베다)의 진리성과] 모순되지 않는다; [계시서가] 보여주기 때문이고, 또 전승되기 때문이다.

samānanāmarūpatvāc cāvṛttāv apy avirodho darśanāt smṛteś ca ‖30‖

[전론]: 한편 이러할 수 있다. 만약 짐승 등의 개별자처럼 신격 등의 개별자들도 단지 계속적으로 생성되고 또 소멸된다면, 그 경우에 지시 · 지시대상 · 지시주체의 경험작용이 중단되지 않기 때문에 [말과 의미 사이의] 관계의 영원성을 통해 말에 관한 모순이 논박될 것이다.[224] 하지만 계시서와 전승서의 교의들에서 실로 3개의 모든 세상들

222_ 제의를 통해서=이전 생애들의 선행을 통해서.

223_ 유가(yuga)=생성에서 시작하여 소멸에 이르는 세계의 주기. 인간의 기준으로 432만 년인 대(大)유가는 4개의 소(小)유가로 이루어져 있다.

224_ 만약 신격 등 세계를 구성하는 개별자들이 지속적으로 생성되고 소멸된다면, 언어와 관련된 경험작용들도 결코 중단되지 않을 것이다. 그 경우에는 개별자들의 생성과 소멸이 보편자에 영향을 미치지 않으므로 말과 의미 사이의 영원

이 명칭과 형태를 잃은 채 남김없이 소멸되고 또 완전히 새롭게 나타난다고 언급하는 경우에, 어떻게 모순이 없다는 말인가?

그에 대하여 이렇게 말한다.

[후론]: [세계가] 똑같은 명칭과 형태를 가지기 때문이다. 그 경우에는 심지어 윤회가 시초를 가지지 않는다는 것을 당장 용인해야만 한다.[225] 그리고 대(大)스승은 "더 나아가, [만약 윤회세계가 시초를 가지지 않는다고 어떻게 알려지느냐고 한다면, 윤회세계에 시초가 없는 것은] 합당하고, 또 [계시서 등에서] 알려진다."〈수뜨라 2.1.36〉라며 윤회가 시초를 가지지 않는다고 제시할 것이다. 결국 윤회가 시초를 가지지 않는 경우에, 예컨대 잠잘 때의 사라짐(소멸)과 깨어날 때의 나타남(생성)이 계시되는 경우에도 심지어 그 이후의(새로운) 생시에서 이전의 생시처럼 경험작용이 [가능하기] 때문에 전혀 모순이 없듯이, 다른(새로운) 겁(劫)[226]의 생성과 소멸에서도 마찬가지라고 이해해야만 한다. 그리고 잠잘 때의 사라짐과 깨어날 때의 나타남은 "잠자는 자가 그 어떤 꿈도 꾸지 않고서 오직 그 생기와 하나인 것이 되는 경우에, 발성기관이 모든 명칭들과 함께 그것(생기)에 되들어간다. 눈이 모든 형태들과 함께 [그것에] 되들어간다. 귀가 모든 소리들과 함께 [그것에] 되들어간다. 마음이 모든 생각들과 함께 [그것에] 되들어간다. 그가 깨어날 때, 타오르

한 관계가 가능하다. 따라서 말에 관한 모순 즉 베다의 말이 영원하지 않다는 모순을 피할 수 있을 것이다.

225_ 모순이 없다. 왜냐하면 세계가 회귀(순환)되는 경우에도 세계는 똑같은 명칭과 형태를 가지므로 말과 의미 사이의 영원한 관계를 기반으로 하는 베다(말)의 진리성은 훼손되지 않기 때문이다. 그리고 세계의 회귀 즉 세계의 소멸과 생성(창조)을 수용하는 그 경우에는, 우선적으로 윤회가 '시초를 가지지 않는 것'(anāditva)마저 즉 윤회의 '무(無)시초성'마저 용인해야만 한다.

226_ 겁(kalpa)=생성부터 소멸까지의 대유가가 1,000번 반복되는 시간. 일 겁은 브라흐마 신의 낮 시간에 해당된다. 브라흐마 신은 낮 시간과 동일한 길이의 밤 시간을 쉬고 나서 다음 날에 새로운 일 겁을 다시 반복한다.

는 불로부터 불꽃들이 사방팔방으로 흩날리듯이, 바로 그와 같이 이 아뜨만으로부터 [모든] 생기들이 처소를 향해 움직인다. 생기들로부터 신격들이, 신격들로부터 세상들이 움직인다."〈까우 3.3〉라고 계시된다.

[전론]: 이러할 수도 있다. 잠의 경우에는, 다른 사람의 경험작용이 중단되지 않기 때문에, 또 잠에서 깨어난 자가 스스로 이전 생시의 경험작용을 지속하는 것이 가능하기 때문에, 모순되지 않는다. 반면에 대(大)소멸[227]의 경우에는, 모든 경험작용이 절멸되기 때문에, 또 전생에서의 경험작용처럼 다른(지난) 겁에서의 경험작용이 지속될 수 없기 때문에, [잠의 경우와는] 상이하다.

[후론]: 그러한 결함은 없다. 대소멸에서 모든 경험작용의 절멸이 있음에도, 지고한 신의 은총을 통해 히란야가르바 등의 신들이 다른 겁에서 경험작용을 지속하는 것은 가능하기 때문이다. 비록 자연적인 생명체들이 전생에서의 경험작용을 지속한다고 알려지지 않을지라도, 이는 자연적인 [생명체들과] 같이 신들에 대해 적용되어서는 안 된다. 실로 예컨대, 인간에서 시작하여 풀무더기로 끝나는 것들이 생명체라는 점에 차이가 없을지라도, [아래로 갈수록] 지식 · 권능 등에 대한 장애가 점점 더 증가한다고 알려진다. 마찬가지로 바로 그 인간에서 시작하여 히란야가르바로 끝나는 것들 가운데 [위로 갈수록] 지식 · 권능 등에 대한 현시도 점점 더 증가한다는 점이 계시서와 전승서의 교의들에서 수차례 전해짐으로써, [신들이 경험작용을 지속하지] 않는다고 말할 수는 없다.[228]

227_ 대소멸(mahāpralaya)=세계의 한 주기가 끝나는 시점에서 발생하는 모든 존재들의 소멸.

228_ * Samata에는 '수차례'(asakṛd)와 '전해짐으로써'(anuśrūyamāṇaṃ) 사이에 몇 개의 단어들이 추가로 등장하지만 그것들을 읽지 않는다. 문맥상 그다지 필요하지 않기 때문이다. 추가된 단어들을 넣은 원문은 'asakṛd evānukalpādau prādurbhavatāṃ pāramaiśvaryaṃ śrūyamāṇaṃ'이다.

결국 이로부터, 과거 겁(劫)에서 탁월한 지식(명상)과 행위를 실행했고 현재 겁의 시초에 출현하면서 지고한 신의 은총을 입은 히란야가르바 등의 신들이, 잠에서 깨어난 자처럼 다른 겁에서 경험작용을 지속하는 것은 합당하다. 또한 그와 같이 계시서는 "옛적에 브라흐마를 창조했고, 그에게 베다들을 전했으며, 또 자신의 지성에 의해 빛나는 그 신을, 나는 해탈을 욕구하면서 의지처로 삼는다."〈슈베 6.18〉라고 한다. 그리고 샤우나까 등은 "마둣찬다스를 비롯한 성자들이 『리그베다』 제10권의 찬가들을 보았다."라고 전승한다. 또한 바로 그와 같이, '편(篇)을 본 성자' 등을 각각의 베다마다 전승한다.[229] 계시서마저 오직 성자에 대한 지식을 앞세우는 '만뜨라를 통한 실행'을 보여준다.[230] "실로 성자와 관련된 것, 운율, 신격, 브라흐마나[231]를 모른 채로 만뜨라를 통해 제의를 행하게끔 하거나 가르친다면, 그는 정물(靜物)에 들어가거나 구덩이(지옥)에 떨어진다."라고 시작한 뒤에, "따라서 모든 만뜨라에서 이것들을 알아야 한다."라고 한다.

게다가 생명체들이 즐거움을 획득하도록 다르마가 명령된다. 또한 괴로움을 회피하도록 다르마가 아닌 것이 금지된다. 그리고 애욕과 혐오는 '경험되거나 성전에서 전해지는 즐거움과 괴로움'과 관계하여 생길 뿐 [그것들과는] 상이한 것과 관계하여 생기지 않으므로, 그로부터 '다르마와 다르마가 아닌 것의 결과에 각각 뒤따르는 창조'가 일어남으

229_ 이러한 전승서의 증거들은 신들뿐만 아니라 성자들도 탁월한 지식을 가진다는 점을 알려준다. '편을 본 성자'(kāṇḍarṣi)란 '베다의 특정한 편을 본 성자'라고 풀이될 수 있다. 다른 한편, 이 말은 베다의 행위편과 지식편을 각각 수뜨라를 통해 해설한 자이미니와 바다라야나를 지칭하는 데도 사용된다. 이 경우에는 '편을 해설한 성자'라는 의미가 된다.

230_ 계시서마저 만뜨라와 관련된 성자에 대해 먼저 알고 난 다음에 만뜨라를 통해 제의(의례)를 실행해야 한다는 것을 보여준다.

231_ 브라흐마나='만뜨라를 제의에 적용하는 내용'을 담은 산문들.

로써 [그 창조는] 마치 앞선 창조와 유사한 듯이 나타난다. 또한 "그것(생명체)들 가운데 '이전의 창조'에서 그 어떤 행위들을 좇은 것들은, 되풀이해 창조되면서 바로 그것(행위)들로 나아간다. 해롭거나 해롭지 않고 온화하거나 잔인하며 정의롭거나 정의롭지 않고 진실이거나 허위인 그것(행위)들에 좌우된 채로, [생명체들은] 나아간다. 따라서 어떤 것(생명체)은 어떤 것(행위)을 좋아한다."라는 전승도 있다.[232]

더욱이 이 세계는 소멸되면서도 심지어 내재력(內在力)을 남긴 채로 소멸된다. 그리고 바로 그 내재력을 근원으로 하는 [세계가 다시] 생성된다. 그렇지 않으면 우연성이라는 부조리한 결말이 생기기 때문이다.[233] 또한 여러 형태(양상)의 내재력들이 추정될 수는 없다.[234]

결국 이로부터, 중단되고 중단된 뒤에도 [다시] 산출되는 '지상 등 세상의 연쇄들', '신격 · 동물 · 인간으로 지시되는 생명체 집단의 연쇄들', 또 '계급(바르나) · 인생단계 · 다르마 · 결과의 배열들'이, 감관과 대상의 관계가 고정된 것이듯이 시작이 없는 윤회에서 고정된다고 이해해야만 한다. 왜냐하면 '감관과 대상의 관계' 등의 경험작용이 각각의 창조마다 다르다는 것은, '6번째 감관과 [그] 대상'이 [짐작될 수 없는 것과] 거의 다를 바 없이 짐작될 수 없기 때문이다.[235] 따라서 또한,

---

232_ 앞선 창조와 뒤따르는 창조의 유사성을 방증하는 전승서 문장들이다. 각각의 생명체들은 이전의 창조에서 추구한 행위들을 이후의 창조에서 다시 추구한다. 생명체들 각각은 행위와 관련하여 특정한 기호 또는 경향성을 가지기 때문이다.

233_ 내재력(śakti)을 전제하지 않으면 새로운 창조에서 원인이 없기 때문에, '원인 없는 결과의 창조'라는 우연성(ākasmikatva)이 도출되고 만다.

234_ 각각의 창조마다 오직 하나이자 동일한 내재력이 창조의 근원인 것으로 전제되어야 한다.

235_ 5가지 감관인 귀, 피부, 눈, 혀, 코는 각각에 대응하는 소리, 감촉, 형태(색깔), 맛, 냄새라는 대상을 가진다. 그리고 이러한 대응관계는 너무나 확고하게 고정된 것이라서 그 관계가 각각의 창조마다 다르다는 것은 결코 짐작될 수조차 없다. 이는 마치 이러한 5가지 감관과 대상 이외에 또 하나의 6번째 감관과 6번

모든 겁들에서 똑같은 경험작용이 있기 때문에, 또 신들이 다른(지난) 겁에서의 경험작용을 지속할 수 있기 때문에, 오직 똑같은 명칭들과 형태들을 가지는 개별체(個別體)들이 각각의 창조마다 출현한다.

또한 대(大)창조와 대소멸로 지시되는 회귀가 용인되는 경우에도, 세계가 똑같은 명칭과 형태를 가지기 때문에, '말(베다)의 진리성' 등과 전혀 모순되지 않는다. 계시서와 전승서 역시 [세계가] 똑같은 명칭과 형태를 가진다는 것을 보여준다. "조물주는 해와 달을, 천상과 지상과 중간대를, 그리고 천국을 예전대로 만들어 냈도다."〈리그 10.190.3〉에서이다. 앞선 겁에서 해 · 달을 비롯한 세계를 만들어 냈듯이, 마찬가지로 이 겁에서도 지고한 신이 [그것들을] 만들어 냈다는 뜻이다. 그리고 "불(제의 집행자)이 욕망했다: 나는 신격들의 음식을 먹는 자가 될 것이리라. 그(제의 집행자)는 불에게, '끄릿띠까'[236]들을 위해, 그 '여덟 그릇의 뿌로다샤(떡)'를 바쳤다."〈따잇-브 3.1.4.1〉라며, 별에 대한 제의를 실행하는 데 '[공물을] 바친 불(제의 집행자)'과 '[공물이] 바쳐진 불'이 똑같은 명칭과 형태를 가진다고 보여주므로,[237] 이러한 유형의 계시가 이곳에서 예시되어야만 한다. "생성되지 않은 자는, 성자들의 '이름들'과 '베다들에 대한 직관들'이라는 바로 그것들을, 밤(대소멸)의 끝에 태어난 그들(성자들)에게 준다. 계절들에서 계절에 대한 다양한 형태의 징표들이 순환되면서 바로 그 그러그러한 것들이라고 알려지듯이, 유

째 대상이 결코 짐작될 수 없는 바와 같다. 혹은, 여기서 6번째 감관은 마음(manas)을 지시할 수도 있다. 마음의 경우에는 결코 그 대상이 짐작될 수 없기 때문이다.

236_ 끄릿띠까(Kṛttikā)=플레이아데스성단의 6개 별들. 여기서는 그 별들에 주재하는 신격들을 가리킨다.

237_ 제의 집행자는 '음식을 먹는 자'가 되고자 즉 불이 되고자 욕구하면서 공물을 바쳤기 때문에 뒤따르는 겁에서 불(아그니 신)이 된다. 그 결과 <따잇-브 3.1.4.1>에서 알려지듯이 공물을 바친 제의 집행자도 불이라고 불리고 공물이 바쳐진 대상도 불이므로, 양자는 똑같은 명칭과 형태를 가진다.

가 등에서의 존재들도 그와 같다. 자기가정을 한 바대로, 과거의 그것들은 지금 이곳의 것들과 똑같다. 예를 들어 신들은 실로 형태들과 명칭들에서 과거의 신들과 똑같다."라는, 이러한 유형의 전승도 제시되어야만 한다.‖30‖

31. [신격 등은] '마두(벌꿀)의 [명상적 지식]'[238] 등에 적합하지 않기 때문에 [브라흐만에 대한 지식에도] 자격이 없다고 자이미니는 [생각한다].

madhvādiṣv asaṃbhavād anadhikāraṃ jaiminiḥ ‖31‖

여기서는, 심지어 신격 등이 '브라흐만에 대한 지식'에 자격을 가진다고 주장한 것에 대해 응수한다.[239]

[전론]: 신격 등은 자격이 없다고 대(大)스승 자이미니는 생각한다.

무엇 때문에? 마두의 [명상적 지식] 등에 적합하지 않기 때문이다. 실로 브라흐만에 대한 지식에 [신격 등이] 자격을 가진다고 용인하는 경우에, [둘 모두] 한결같이 명상적 지식임으로 말미암아[240] '마두의 명상적 지식' 등에 대해서도 자격을 용인해야 한다.

238_ 마두(벌꿀)의 명상적 지식(Madhu-vidyā)=글자 그대로는 '벌꿀의 명상적 지식'이다. 벌집은 공중에, 벌꿀은 태양에, 벌의 알(애벌레)들은 빛에 비교된다. 그래서 태양을 벌꿀로 명상하는 자는 태양에 거주하는 신격처럼 벌꿀(정수 또는 불멸)을 마실 수 있게 된다. '마두의 명상적 지식'은 <찬도 3.1-11>에서 다루어진다.

239_ 이 수뜨라에서는, <수뜨라 1.3.26>에서 대스승 바다라야나가 신격 등에게도 브라흐만에 대한 지식에 자격이 있다고 주장한 것에 대해, 자이미니가 논박하는 내용을 다룬다. <수뜨라>와 <주석>은 당연하게도 바다라야나의 입장을 지지한다.

240_ [둘 모두] 한결같이 명상적 지식임으로 말미암아='마두의 명상적 지식'과 '브라흐만의 명상적 지식'(Brahma-vidyā, 브라흐만에 대한 지식)이 공통적으로 명상적 지식임으로 말미암아.

하지만 그러할 수는 없다. 어떻게? "실로 저 태양(아디뜨야)은 신들의 벌꿀이다."〈찬도 3.1.1〉라는 곳에서, 인간들은 태양을 '[그것에] 덧놓인 벌꿀'로 계속 명상해야 한다. 실로 신격 등이 명상주체로서 용인되는 경우에, 어떻게 태양이 다른 태양을 계속 명상할 것이란 말인가![241] 한층 나아가, 태양에 주재하는 붉음 등의 5가지 불멸수(不滅水)들을 소개한 뒤에, '바수들, 루드라들, 아디뜨야들, 마루뜨들, 사드야들'이라는 다섯인 '신격의 무리'들이 그러그러한 불멸수로 살아간다고 차례로 언급한 다음, "이와 같이 그 불멸수를 아는 자는 바로 바수들 중의 하나가 되고, 으뜸인 불(아그니) 자체를 통해 바로 그 불멸수를 보고 나서 만족하게 된다."〈찬도 3.6.3〉라는 등을 통해, '바수 등을 살아가게끔 하는 불멸수들'을 아는 자들이 바수 등의 영광(위대성)을 획득한다고 보여준다. 하지만 [어떻게] 바수 등이 불멸수로 살아가는 다른 어떤 바수 등을 알 것인가! 혹은 [어떻게 바수 등이] 다른 어떤 '바수 등의 영광'을 얻고자 할 것인가![242]

마찬가지로 "불이 한 발이고, 공기가 한 발이며, 태양이 한 발이고, 방위가 한 발이다."〈찬도 3.18.2〉, "공기는 실로 '흡수하는 것'입니다."〈찬도 4.3.1〉, "'태양은 브라흐만이다'라는 것이 교훈이다."〈찬도 3.19.1〉라는 등의 '신격적 아뜨만에 대한 계속적 명상들'에서, 바로 그 신격적 아뜨만들은 자격을 가질 수 없다. 또한 "실로 이 둘(귀)은 [성자] 고따마와 바라드바자입니다. 바로 이것(오른쪽 귀)은 고따마이고, 이것(왼쪽 귀)은 바라드바자입니다."〈브리 2.2.4〉라는 등의 '성자와 연계된 계속

241_ 신격 등이 명상적 지식에 자격을 가진다는 것은 그들이 명상주체일 수 있다는 뜻이다. 그렇다면 명상대상이 태양이라는 신격인 경우에, 어떻게 신격이 다른 신격을 명상할 것이라는 말인가!

242_ 만약 바수 등이 명상주체라면, 어떻게 바수 등이 다른 바수 등을 알 것이란 말이고, 어떻게 바수 등이 스스로의 영광과는 다른 영광을 얻고자 할 것이란 말인가! 2가지 경우 모두가 성립되지 않는다.

적 명상들'에서도, 바로 그 성자들은 자격을 가질 수 없다.‖31‖

또 어떤 근거에서 신격 등은 자격이 없는가?

32. 또한 [비의식체라고 알려진] 빛의 [구체에] 대해 [신격을 의미하는 '태양' 등의 말들이] 존재하기 때문에, [신격 등은 자격이 없다].
jyotiṣi bhāvāc ca ‖32‖

하늘에 놓인 채 밤낮으로 돌면서 세계를 비추는 그 '빛의 구체(球體)'에 대해, 신격을 의미하는 '태양' 등의 말들이 사용된다(존재한다). 통념(일상)에서 잘 알려져 있기 때문이고, 또 보조적 문장에서 잘 알려져 있기 때문이다.[243] 그리고 빛의 구체는, 심장 등의 육신이나 의식성(意識性)이나 열망 등과 연관된다고 알려질 수 없다. 찰흙 등처럼 비의식체라고 알려지기 때문이다. 이로 말미암아 불 등이 설명된다.[244]

[반박]: 이러할 수도 있다. 만뜨라, 아르타바다(의미진술), 이띠하사(서사집), 뿌라나(전설집), 통념으로부터 신격 등의 육화 상태 등이 알려지기 때문에, 그러한 결함은 없다.

[전론]: 아니라고 말한다. 왜냐하면 먼저 통념이라고 불리는 것은 그 어떤 독립적인 지식수단이 아니기 때문이다. 실로 '예외 없음과 관계하는[245] 지각 등의 지식수단들' 그 자체로부터 잘 알려져 있을 뿐인 대상

243_ 빛의 구체를 '태양'이라고 하는 것은 통념에 따라 잘 알려져 있다. 또 '마두의 명상적 지식' 즉 <찬도 3.1-11>의 뒷부분에 등장하는 보조적 문장들에서는 뜨고 지는 태양에 관해서 언급한다.

244_ 빛의 구체로서 단순한 태양이 비의식체이기 때문에 자격을 가질 수 없듯이, <찬도 3.18.2> 등에서 신격을 의미하는 것으로 알려진 단순한 불, 공기 등도 그러하다고 설명된다.

245_ * Nirnaya는 '고려될 특이성이 없는'(avicāritaviśeṣebhyaḥ)이라고 읽는다.

이 통념으로부터 잘 알려져 있다고 말해진다. 하지만 이 경우에는 지각 등 가운데 어느 하나의 지식수단도 없다.[246] 이띠하사와 뿌라나마저 인간의 저작이기 때문에, 다른 지식수단을 근거(권위)로 요구한다.[247] 아르타바다들마저도 명령과의 문장적 통일성으로 말미암아 찬양을 의도하기 때문에, [찬양과는] 별도의 의도로서 신격 등이 육신 등으로 존재한다는 데 근거가 되지는 못한다. 만뜨라들마저 계시어 등을 통해 [제의에] 적용되고 [제의의] 실행에 내재하는 것을 지시하려고 의도하기 [때문에],[248] 그 어떤 것에 대한 지식수단이라고 불리지는 않는다.

그러므로 신격 등은 자격이 없다. ‖32‖

33. 하지만 [신격 등마저 자격이] 있다고 바다라야나는 [생각한다]; 왜냐하면 ['마두의 명상적 지식' 등에서 자격이 불가능할지라도 순수한 '브라흐만에 대한 지식'에서는 자격의 가능성이] 있기 때문이다.

bhāvaṃ tu bādarāyaṇo 'sti hi ‖33‖

이는 '특별히 고려되거나 숙고될 필요가 없는 즉 이미 승인되어 있는'이라는 의미이다. Samata는 '예외 없음과 관계하는'(avyabhicaritaviṣayebhyaḥ)이라고 읽는다. 여기서 예외 없음이란 '확실히 승인되어 있음'이라는 의미이다. 결국 두 곳에서 의미의 차이는 거의 없는 편이다.

246_ 신격 등의 육화 상태는 통념(loka)으로부터 알려질 수 없다. 왜냐하면 지각, 추론 등의 지식수단들로부터 알려지는 대상이 통념으로부터도 알려지기 때문이다. 즉 통념은 승인된 지각 등의 지식수단들에 의존해서만 기능한다. 하지만 신격 등의 육화 상태와 관계하여 지각 등의 지식수단들이 적용될 수 없기 때문에, 그 육화 상태는 통념으로부터도 알려지지 않는다.

247_ 인간의 저작이 아닌 베다와는 달리, 이띠하사와 뿌라나는 인간의 저작이기 때문에, 그 자체로 타당성을 가지지 못하고 그 근거(권위)가 될 만한 다른 타당한 지식수단을 필요로 한다.

248_ 만뜨라들은 계시어(śruti), 표징(liṅga) 등의 6가지를 통해 제의의 여러 단계에 걸맞게 적용된다. 그리고 만뜨라들은 제의의 실행에서 그 내재적인 것들을 지시한다.

[후론]: '하지만'이라는 말은 전론을 배제한다. 하지만 신격 등마저 자격이 있다고 대스승 바다라야나는 생각한다. 왜냐하면 비록 신격 등이 뒤섞인 '마두의 명상적 지식' 등에서 자격이 불가능할지라도, 여전히 순수한 '브라흐만에 대한 지식'에서는 [자격의] 가능성이 있기 때문이다. 자격이란 열망, 능력, 금지되지 않음 등에 의존하기 때문이다. 그리고 어떤 경우에 [자격이] 불가능하다고 해서, 그런 만큼에 의해 가능한 경우까지 자격이 상실될 수는 없다.[249] 심지어 인간들의 경우에도, 브라흐마나 등이 라자수야 등에 대해서 [그러한 것처럼], 모두가 모든 것에 대해서 자격이 가능하지는 않다.[250] 그 경우(인간)의 논리는 이 경우(신격)에도 적용될 것이다.

게다가 '브라흐만에 대한 지식'이라는 주제 아래 베다(계시서)에서 표징을 언급하는 것은 신격 등의 자격을 암시한다. "그것을 깨달은 신격들 가운데 그 누구이든지, 바로 그가 그것이 되었다. 성자들도 마찬가지이고 인간들도 마찬가지이다."〈브리 1.4.10〉에서이다. 또한 "그들은 말했다: 자, 그 아뜨만을 찾도록 하자. 아뜨만을 찾은 뒤에 모든 세상들과 또 모든 욕망들을 얻으리라. 그리하여 신들 가운데 인드라가, 악신들 가운데 비로짜나가 출발했다."〈찬도 8.7.2〉라는 등에서이다. 또한 전승서도 '간다르바와 야즈냐발끼야의 대화'[251] 등을 [언급한다].

그리고 "또한 [비의식체라고 알려진] 빛의 [구체에] 대해 [신격을 의

249_ '마두의 명상적 지식' 등에서 신격 등의 자격이 불가능하다는 이유 때문에, 브라흐만에 대한 (명상적) 지식에서는 그들의 자격이 가능함에도 그 경우에마저 자격이 불가능하다고 말해서는 안 된다.

250_ 대부분의 제의에 자격을 가지는 브라흐마나는 라자수야(Rājasūya) 제의에 대해서만큼은 자격을 가지지 못한다. 라자수야=끄샤뜨리야(끄샤뜨라)인 왕이 주권의 성취 또는 왕권의 신성화를 목적으로 2년 이상에 걸쳐 실행하는 베다의 제의.

251_ <마하>의 'Mokṣadharma-parvan'(解脫法品)에서는 신격(반신)인 간다르바(Gandharva)가 야즈냐발끼야(Yājñavalkya)로부터 브라흐만에 대해서 배운다.

미하는 '태양' 등의 말들이] 존재하기 때문에, [신격 등은 자격이 없다]."〈수뜨라 1.3.32〉라고 주장한 것에 관해서, 우리는 말한다.

비록 신격을 의미하는 '태양' 등의 말들이 빛의 [구체] 등과 관계할지라도, 그것들은 '의식을 가지고 권능 등을 가지는 그러그러한 신격적 아뜨만'을 제시한다. 만뜨라 · 아르타바다(의미진술) 등에서 그와 같은 용법이 있기 때문이다. 실로 권능의 덕택으로 신격들은 '빛의 [구체]' 등의 아뜨만으로 거주하거나, 또 원하는 바대로 그러그러한 육신을 취하는 능력을 가진다. 그러한 예시로서, 수브라흐만야[252]의 아르타바다에서는 '메다띠티의 숫양'[253]이라는 것이 계시된다. "인드라는 숫양이 된 채 깐바의 후손인 메다띠티를 데려갔다."〈샤드-브 1.1〉에서이다. 또한 "태양은 사람이 된 채 꾼띠에게로 다가왔다."라고 전승된다. 심지어 찰흙 등에서도 의식체인 주재자(主宰者)들이 용인된다. "흙이 말했다. … 물이 말했다."〈샤따-브 6.1.3.2-4〉라는 등을 보기 때문이다. 결국 태양 등에서도 빛 등의 물질적(원소적) 요소는 비의식체라고 용인된다. 하지만 주재자로서의 신격적 아뜨만들은, 만뜨라 · 아르타바다 등에서 용법이 있기 때문에 의식체라고 불린다.

한편, 만뜨라와 아르타바다가 다른 의도를 가지기 때문에 신격의 육신(육화 상태) 등을 해명하기에 적절하지 않다고 주장한 것에 관해서, 우리는 말한다.

252_ 수브라흐만야(Subrahmaṇya)=소마 제의에서 우드가뜨리(Udgātṛ) 사제를 돕는 세 명의 보조사제 가운데 하나로서 인드라를 부르는 '수브라흐만야'(Subrahmaṇyā) 기도문을 암송함.

253_ 메다띠티의 숫양(Medhātither meṣa)=성자 메다띠티는 유명한 베다의 성자인 깐바(Kaṇva)의 후손이다. 그가 숫양(meṣa)의 모습을 한 인드라에 의해 납치되는 내용의 신화는 '수브라흐만야의 아르타바다'라는 형식으로 여러 브라흐마나와 아란야까에서 전승된다. 제의에서 소마가 경내로 옮겨질 때에 사제(수브라흐만야)는 인드라를 '메다띠티의 숫양'이라고 큰 소리로 맞이하면서 이 아르타바다를 암송한다.

실로 존재함과 존재하지 않음의 근거는 [각각] '인식이 [있음]'과 '인식이 없음'일 뿐, '다른 의도를 가짐'과 '다른 의도를 가지지 않음'이 아니다.[254] 그러한 예시로서, 심지어 다른 의도로 [길을] 떠난 자도, 실로 길에 떨어진 풀 · 잎 등이 존재한다고 안다.

이에 대하여 말한다.

[전론]: 잘못된 예시이다. 왜냐하면 그 경우에는 풀 · 잎 등과 관계하는 지각이, 그것들의 존재를 알게끔 하는 것으로서 작용하고 있기 때문이다. 한편 이 경우에는, 즉 명령을 지시하는 [문장과의] 문장적 통일성으로 말미암아 찬양을 의도하는 아르타바다(의미진술)에서는, [찬양과는] 별도의 의도로서 '존재하는 것과 관계하는 작용'이 확정될 수 없다. 실로 [단일한] 의도를 전달하는 전체 문장에서 부분 문장은 별도의 [의도를] 전달하지 못한다.[255] 예컨대, '술을 마시지 말아야 한다.'라는 부정어를 가지는 문장에서는, 3개 단어의 연계로 말미암아 오직 '술을 마시는 것에 대한 금지'가 단일한 의도라고 알려진다. 하지만 [그 문장에서] '술을 마셔야 한다.'라는 2개 단어의 연계로 말미암아 [그 문장이] '술을 마시는 것에 대한 명령'까지 [의도한다고는 알려지지] 않는다.[256]

이에 대하여 대답한다.

254_ '신격의 육화 상태'가 존재(sadbhāva)하느냐 그렇지 않느냐는 그것에 대한 타당한 인식(pratyaya)이 있느냐 그렇지 않느냐에 따라 확정된다. 만뜨라나 아르타바다가 본래의 의도 이외에 다른 의도를 가지느냐 그렇지 않느냐에 따라 확정되지는 않는다.

255_ 전체 문장(mahāvākya)=여러 단어들로 이루어진 온전한 문장. 부분 문장(avāntaravākya)=전체 문장에서 하나 이상의 단어가 빠진(생략된) 문장.

256_ '술을 마시지 말아야 한다.'(na surāṃ pibet)라는 전체 문장은 3개의 단어로 이루어져 있고 '술을 마시는 것에 대한 금지'라는 단일한 의도를 가진다. 그런데 그 전체 문장에서 부정어(na)가 빠진 '술을 마셔야 한다.'(surāṃ pibet)라는 부분 문장이 가능하다고 해서 그 전체 문장이 '술을 마시는 것에 대한 명령'이라는 별도의 의도를 가진다고 말할 수는 없다. 왜냐하면 전체 문장에 부차적 · 의존적인 부분 문장은 별도의 의도를 전달할 수 없기 때문이다.

[후론]: 잘못된 예시이다. '술을 마시는 것에 대한 금지'에서는, 단어들의 연계가 단일한 [의도를] 가지기 때문에, 부분 문장의 의도를 수용하지 않는 것이 합리적이다. 반면에 명령을 지시하는 [문장과] 아르타바다에서는, 아르타바다에 존재하는 단어들이 '존재하는 것'과 관계하여 별도의 연계를 이룬 뒤에, 곧 이어서 목적(의도)하는 바에 힘입어 기어이 명령에 대해 찬양하는 것으로 나아간다. 실로 예컨대, "번영을 바라는 자는 공기의 [신격에게] 흰 [동물을] 희생으로 바쳐야 한다."〈따잇-상 2.1.1〉라는 곳에서, 명령을 지시하는 [문장에] 존재하는 '공기의 [신격]' 등의 단어들은 명령과 연계된다. [그와 달리] "실로 공기는 가장 빠른 신격이다. 그(제의 집행자)는 자신의 몫을 따라 공기 자체를 향해 달린다. 바로 그(공기의 신격)가 그를 번영으로 이끈다."〈따잇-상 2.1.1〉라는, 아르타바다에 존재하는 이러한 단어들은 그러하지 않다.[257] 왜냐하면 '실로 공기를 희생으로 바쳐야 한다.'라거나 '실로 가장 빠른 신격을 희생으로 바쳐야 한다.'라는 등이 적용되지 않기 때문이다.[258] 결국 [아르타바다의 단어들은] 공기의 본질을 언급함으로써 [별도의] 부차적인 연계를 이룬 뒤에, '그와 같은 특징의 신격'(가장 빠른 공기의 신격)을 가지는 것이 그러한 의례라며 명령을 찬양한다.

그래서 '부차적 문장[259]의 의미'가 다른 지식수단을 영역으로 하고

257_ <따잇-상 2.1.1>에서 인용된 이러한 문장들은 연이어서 등장한다. 앞의 것은 명령을 지시하는 문장이고, 뒤의 것은 아르타바다이다. 아르타바다의 경우에, '공기'를 '가장 빠른 신격'이라고 하듯이 '공기' 등의 단어들은 '존재하는 것'(vṛttānta)과 관계한다. 따라서 이 아르타바다에 존재하는 단어들은 명령(vidhi)과 연계되지 않는다. 그럼에도 그 단어들은 '번영'을 의도함으로써 즉 '목적하는 바'(kaimarthya)에 힘입어 명령을 찬양한다. 결과적으로 아르타바다는 존재하는 것과 관계하여 별도의 연계를 이룬 뒤에 명령을 찬양할 수 있다.

258_ 왜냐하면 <따잇-상 2.1.1>의 아르타바다에서 '공기'나 '가장 빠른 신격'은, 첫 번째 문장에서 명령을 지시하는 술어인 '희생으로 바쳐야 한다'와 아무런 관련이 없기 때문이다.

있는 경우에, 그것(의미)에 대한 반복진술로서 아르타바다(의미진술)가 나아간다.[260] [그 의미가] 다른 지식수단과 모순되는 경우에, [의미에 대한] 비유진술로서 [아르타바다가 나아간다].[261]

한편 이러한 두 가지가 없는 경우,[262] 다른 지식수단이 없음으로 말미암아 비유진술일 것인가, 그렇지 않으면 다른 지식수단과 모순이 없음으로 말미암아 '기존(旣存)의 것에 대한 진술'(반복진술)일[263] 것인가? 확정적 인식을 의지처로 삼는 자들은 '비유진술'이 아닌 '기존의 것에 대한 진술'을 받아들여야만 한다.[264] 이를 통해 만뜨라도 설명된다.[265]

259_ 부차적 문장(avāntara-vākya)=명령을 지시하는 문장에 부차적인(종속적인) 문장, 즉 아르타바다인 문장.

260_ 반복진술(anuvāda)은 아르타바다(의미진술)의 하나이다. 이는 부차적 문장의 의미가 다른 지식수단으로부터 참이라고 이미 알려져 있는 경우에 그 의미를 되풀이하여(anu) 진술(vāda)하는 것이다. 예컨대, '불은 추위에 대한 치료제이다.'라는 아르타바다에서는, 지각이라는 지식수단으로부터 참이라고 이미 알려져 있는 의미가 되풀이해서 알려진다.

261_ 비유진술(guṇavāda)은 아르타바다의 하나이다. 이는 부차적 문장의 의미가 다른 지식수단과 모순되는 경우에 그 의미가 비유(gauṇa)를 통해 알려지는 진술(vāda)이다. 예컨대, '제의의 말뚝은 태양이다.'라는 아르타바다에서는, 비록 그 진술이 지각이라는 지식수단과 모순될지라도, 비유를 통해 제의의 말뚝이 태양처럼 빛난다는 의미가 알려진다.

262_ 앞서 제시한 2가지 조건에 즉 '다른 지식수단을 영역으로 함'과 '다른 지식수단과 모순됨'이라는 2가지에 각각 해당되지 않는 경우인 '사실담진술'(bhūtārthavāda)을 가리킨다. 이는 반복진술, 비유진술과 더불어 아르타바다의 하나이다. '인드라는 브리뜨라를 향해 무기를 치켜들었다.'와 같이 오로지 성전만을 지식수단으로 하고 다른 지식수단과 모순되지 않는 진술이다. 신격의 육화 상태는 이러한 사실담진술에 속한다.

263_ * Samata에는 '기존의 것'(vidyamāna)과 '진술'(vāda) 사이에 '의미'(artha)가 추가로 등장하지만 그것을 읽지 않는다.

264_ 주석가의 설명은 다음과 같다: 2가지 조건 모두가 없을 경우, 사실담진술은 '다른 지식수단을 영역으로 함'이 없기 때문에 비유진술과 관계할 것인가, 아니면 '다른 지식수단과 모순됨'이 없기 때문에 '기존의 것에 대한 진술'(vidyamāna-vāda) 즉 반복진술과 관계할 것인가? 사실담진술은 둘 가운데 어느 것에 가까울 것인가? 비록 2가지 조건을 모두 가지지 않는 사실담진술이 오직 성전으로

더 나아가, '인드라 등의 신격들에게 공물을 향하게 하는 명령들' 그 자체로 말미암아 인드라 등은 자체 형태를 필요로 한다. 왜냐하면 자체 형태가 없는 인드라 등은 마음에 떠올릴 수가 없기 때문이다. 또한 마음에 떠오르지 않은 그러그러한 신격에게 공물을 제공할 수는 없다. 그리고 "[호뜨리 사제가] '바샤뜨'를 발화하려고 할 때에, 그는 [아드바르유 사제가] 제공할 공물을 [받는] 신격을 명상해야 한다."〈아이-브 3.8.1〉라고 들려준다. 게다가 대상의 자체 형태가 단순한 말일 수는 없다.[266] [지시하는] 말과 [지시되는] 대상은 상이하기 때문이다. 이 경우에 인드라 등이 '자체 형태'(육화 상태)를 가진다고 만뜨라와 아르타바다에서 알려지는 그와 같은 점을, 성언을 지식수단으로 삼는 자가 부인하는 것은 합리적이지 않다.

이띠하사(서사집)와 뿌라나(전설집)마저 만뜨라와 아르타바다에 근거하기 때문에, 설명한 방식과 합치됨으로써 신격의 육신(육화 상태) 등을 증명할 수 있다. [이띠하사와 뿌라나는] 심지어 지각 등에도 근거할 수 있다. 왜냐하면 우리에게 지각 가능하지 않은 것조차 옛사람들에게는 지각 가능한 것이 되기 때문이다. 또한 그와 같이, 브야사 등은 신격 등과 직접적으로 교류했다고 전승된다. 그리고 현재인(現在人)들처럼

부터만 알려지고 다른 지식수단을 통해 확정되는 것과 무관할지라도, '확정적 인식'(pratīti)을 추구하는 자들은 그것이 반복진술과 관계한다고 받아들여야 한다. 왜냐하면 사실담진술이 절대적 권위를 가지는 성전의 진술인 한, 그 진술은 '다른 지식수단과 모순되지 않아야만 하고'(비유진술일 수 없고) 또 '다른 지식수단을 통해 사실로서 확정된 것이어야만 하기'(반복진술이어야만 하기) 때문이다.

265_ 신격의 육화 상태에 관한 아르타바다의 사실담진술이 다른 지식수단을 통해 사실로서 확정된 것에 대한 진술이라는 견지에서 신격의 육화 상태를 해명하는 근거일 수 있듯이, 만뜨라도 그러하다.

266_ 존재하는 대상 즉 신격의 '자체 형태'(svarūpa)가 단지 만뜨라나 아르타바다를 구성하는 말 자체에 지나지 않는다고 볼 수는 없다.

옛사람들도 신격 등과 교류할 능력이 없었다고 말하는 자는 세계의 다양성을 부정할 것이다. 게다가 현재처럼 옛적에조차 만천하를 통치하는 끄샤뜨리야(왕)가 없었다고 말할 것이다.[267] 이로부터 또한, 라자수야 등의 신성한 명령이 교란될 수 있다. 더욱이 현재처럼 다른(지난) 시대에도 계급(바르나) · 인생단계 · 다르마들이 대부분 불안정했다고 주장할 것이다. 이로부터 또한, [그러한 것들을] 확립하려고 명령하는 성전을 무용하게 만들 수 있다. 따라서 극치의 공덕에 힘입어 옛사람들이 신격 등과 직접적으로 교류할 수 있었다고 하는 것이 온당하다.

더 나아가 "성전 공부를 통해 원하는 신격과 접속한다."〈요가-수 2.44〉라는 등을 전승한다. 요가마저 '미세한 존재가 되는 것' 등 초능력의 획득을 그 결과로 가진다고 전승함으로써,[268] [그것이] 허세일 뿐이라고 부정될 수는 없다. 그리고 계시서도 "흙, 물, 불, 공기, 에테르라는 5가지로 이루어진 [육체가] 소생할 때, 요가의 특성이 작용할 때,[269] 요가의 불로 만들어진 육체를 얻은 자에게는 병이 없고, 노쇠함이 없으며, 죽음이 없다."〈슈베 2.12〉라며 요가의 위대성을 공개한다. 만뜨라와 브라흐마나를 직관한 성자들의 능력마저, 우리에게 속한 능력으로 가늠하는 것은 합리적이지 않다. 따라서 이띠하사와 뿌라나는 근거(권위)를 가진다.

상식(통념)마저도, 가능성이 있는 한, 근거가 없다고 확정하는 것은 합리적이지 않다.

그러므로 신격 등의 육화 상태 등이 만뜨라 등으로부터 알려지는 것

267_ 이 문장은 샹까라가 생존하던 시절의 시대적 배경을 아는 데 중요한 단서가 되기도 한다.

268_ <요가-수 3.16-48> 참조.

269_ 육체를 구성하는 5가지 원소들이 깨어남으로써 육체가 활성화되고, '미세한 존재가 되는 것' 등과 같은 '요가의 특성'(yoga-guṇa)이 발현할 때.

은 합당하다. 결국 이로부터 열망 등이 가능하기 때문에 신격 등도 브라흐만에 대한 지식에 자격을 가진다는 것은 합당하다. 바로 이와 같이, 점진적 해탈에 대한 언급들도 합당하다.[270]‖33‖

{ 9. '슈드라가 아닌 자'라는 주제: 수뜨라 34-38 }

34. [슈드라는 명상적 지식에 자격을 가지지 않는다]; [또한 '슈드라'라는 말은 자격자와 관계하여 적용될 수 있다]; 왜냐하면 그(백조)가 무시하는 것을 들음으로써 그(자나슈루띠)에게 슬픔이 [치솟았고, '슈드라'라는 말을 통해 치솟은 슬픔이] 암시되기 때문이다; '그것(슬픔)으로 쇄도함'이라는 [어원] 때문이다.

śug asya tadanādaraśravaṇāt tadādravaṇāt sūcyate hi ‖34‖

[오직] 인간이 자격을 가진다는 원칙을 부인한 뒤에 신격 등도 명상적 지식들에 자격을 가진다고 언급했듯이, 바로 그에 따라 [오직] 재생자(再生者)[271]가 자격을 가진다는 원칙을 부인함으로써 '슈드라도 자격을 가질 수 있다는 그러한 의심'을 물리치기 위해, 이 '주제'가 시작된다.

[전론]: 이 경우에 먼저 슈드라도 자격을 가질 수 있다고 귀결된다. 열망과 능력이 가능하기 때문이다. 또한 "따라서 슈드라는 제의에 부

270_ 신격이 브라흐만에 대한 지식에 자격이 있음으로써, 인간에서 신격이 되고, 다시 신격에서 브라흐만이 되고자 할 수 있기 때문에, 점진적 해탈에 대한 성전의 언급들도 합당하게 된다.

271_ 재생자(dvijāti)=육체적 탄생 이후에 정신적 탄생을 이룰 수 있는 자격을 가진 자, 즉 학인(學人)이 되기 위해 입문식을 치를 수 있는 브라흐마나, 끄샤뜨리야, 바이샤 계급에 속하는 자. dvijāti는 dvija(두 번 태어난 자)의 유의어이다.

적절하다."〈따잇-상 7.1.1.6〉에서와 달리, '슈드라는 명상적 지식에 부적절하다.'라는 금지가 계시되지 않기 때문이다. 그리고 '슈드라가 불을 가지지 않는 것' 즉 '[슈드라가] 의례들에 자격이 없다는 근거'는,[272] 명상적 지식들에 대한 자격을 부인하는 표징(논거)이 아니다.[273] 왜냐하면 아하바니야 불 등이 없다고 해서 명상적 지식을 얻을 수 없지는 않기 때문이다. 게다가 슈드라의 자격을 확증하는 계시서의[274] 표징이 있다. 실로 '상바르가(흡수하는 것)의 명상적 지식'[275]에서는 가르침을 받고자 하는 자나슈루띠 빠우뜨라야나(자나슈루따의 증손자)를 [라이끄바가] '슈드라'라는 말로써 지시한다. "슈드라여, 암소들과 함께 목걸이와 수레는 바로 그대가 가지십시오."[276]〈찬도 4.2.3〉에서이다. 더욱이 비두라 등은 슈드라 가계에서 태어났음에도 빼어난 지식을 갖추었다고 전승된다. 따라서 슈드라는 명상적 지식들에 자격이 있다.

272_ 슈드라가 불을 가지지 않는 것=슈드라가 의례(제의)에서 신성한 불을 밝힐 수 없는 것. 바로 이것은 '슈드라가 의례들에 자격이 없다는 점'을 알려주는 근거이자 표징이다.

273_ * '표징이'(liṅgam)라는 표현은 Nirnaya에만 추가로 등장한다.

274_ * '계시서의'(śrautaṃ)라는 표현은 Samata에만 추가로 등장한다.

275_ '상바르가의 명상적 지식'(Saṃvarga-vidyā)=<찬도 4.1-3>에서 다루어지는 명상적 지식으로서 '흡수하는 것'(Saṃvarga)을 그 대상으로 삼는다. 이 명상적 지식에 얽힌 배경 이야기는 다음과 같다: 어느 날 선행을 널리 베푸는 자나슈루띠에게로 백조 두 마리가 날아와 '손수레와 함께하는 라이끄바'의 위대함을 찬양한다. 세상의 그 어떤 선행(덕행)도 모두 라이끄바의 선행에 포함되고, 라이끄바가 아는 것을 아는 자는 라이끄바처럼 된다는 것이다. 그래서 자나슈루띠는 거지 행색의 라이끄바를 찾아낸 후 그에게 엄청난 재물 등을 갖다 바침으로써 그가 명상하는 신격에 관해 가르침을 받게 된다. 라이끄바에 따르면, 신격적(대우주적) 측면에서 불, 해, 달, 물은 공기에 흡수되므로 공기가 흡수하는 것이다. 인격적(소우주적) 측면에서는 발성기관, 눈, 귀, 마음이 잠자는 상태에서 생기에 흡수되므로 생기가 흡수하는 것이다. 이러한 가르침이 바로 그 상바르가에 대한 명상적 지식이다.

276_ 라이끄바는 자나슈루띠를 '슈드라'라고 부르면서 그가 가져온 재물들을 처음에는 거절한다.

이와 같은 귀결에서 우리는 말한다.

[후론]: 슈드라는 자격을 가지지 않는다. 베다를 학습하지 않기 때문이다. 실로 베다를 학습하고 베다의 내용을 이해한 자가, 베다의 내용들에 자격이 있다. 하지만 슈드라는 베다를 학습하지 않는다. 베다에 대한 학습은 입문식을 앞세우기 때문이다. 그리고 입문식은 세 계급(바르나)과 관계하기 때문이다. 결국 열망이라는 것은 능력이 없는 경우에 자격의 근거가 되지 못한다. 단순히 세속적인 능력도 자격의 근거가 되지 못한다. 성전과 관련된 내용에 대해서는 성전과 관련된 능력이 요구되기 때문이다. 그리고 성전과 관련된 능력은 그 학습의 거부를 통해 거부되기 때문이다. 또한 "슈드라는 제의에 부적절하다."라는 그 [언급은] 논리를 기인으로 하기 때문에, [슈드라가] 명상적 지식에마저 부적절하다는 것을 분명히 한다. 논리는 [양자에] 공통적이기 때문이다.[277]

한편, 당신은 '상바르가의 명상적 지식'에서 '슈드라'라는 말을 듣는 것이 표징(추론의 근거)이라고 간주한다. 그것은 표징이 아니다. 논리가 없기 때문이다. 실로 논리를 통해 말하는 경우에 언급된 표징은 암시하는 바를 가진다. 하지만 그곳에는 논리가 없다.[278]

게다가 기어이 '슈드라'라는 그 말은 유일하게 '상바르가의 명상적 지식' 자체에서만 슈드라에게 자격을 줄지도 모른다. [그 말이] 그것과 관계하기 때문이다.[279] 모든 명상적 지식들에서는 아니다. 하지만 그

277_ 슈드라는 성전을 학습할 수 없음으로 말미암아 성전과 관련된 능력이 없기 때문에 제의와 같은 성전의 내용(artha)들에 자격이 없다. 이러한 논리(nyāya)는 슈드라가 명상적 지식과 같은 성전의 내용들에 자격이 없다는 것에도 적용된다.

278_ "슈드라여, 암소들과 함께 …"<찬도 4.2.3>라는 문장에는 논리가 없다. 논리가 없기 때문에 '슈드라'라는 표징(추론의 근거)은 실제로 표징이 아니다. 표징은 무언가를 추론할 수 있게끔 암시하는 역할을 하기 때문이다.

279_ '슈드라'라는 말이 '상바르가의 명상적 지식'과 관계하여 등장하기 때문이다.

[말은] 아르타바다(의미진술)에 존재하기 때문에, 그 어느 경우일지라도 [그 말은] 슈드라에게 자격을 줄 수 없다.[280]

더욱이 '슈드라'라는 그 말은 자격자(資格者)와 관계하여 적용(해석)될 수 있다. '어떻게?'라고 한다면, 대답한다. "여보게, '손수레와 함께하는 라이끄바'인 것처럼 그대가 말한, 그렇게 [하찮은] 존재인 그는 누구인가?"〈찬도 4.1.3〉라는 백조의 이러한 말로부터 자신을 무시하는 것을 듣게 된 자나슈루띠 빠우뜨라야나에게 슬픔이 치솟았고, 성자 라이끄바는 자신이 가진 '멀리 있는 것을 아는 능력'을 알려주기 위해 '슈드라'라는 그 말을 통해 [자나슈루띠의] 그것(슬픔)을 암시했다고 이해된다. 태생적인 슈드라는 자격을 가지지 못하기 때문이다.

[전론]: 그렇다면 어떻게 '슈드라'라는 말을 통해 '치솟은 슬픔'이 암시된다는 말인가?

[이에 대하여] 대답한다.

[후론]: '그것(슬픔)으로 쇄도함'이라는 [어원] 때문이다. '슈드라'란 '[자나슈루띠가] 슬픔으로(슈짬) 돌진했다(아비두드라바)', 혹은 '[자나슈루띠가] 슬픔에 의해(슈짜) 돌진되었다(아비두드루베)', 혹은 '[자나슈루띠가] 슬픔으로 말미암아(슈짜) 라이끄바에게 돌진했다(아비두드라바)'이다.[281]

280_ '슈드라'라는 말이 존재하는 <찬도 4.2.3>은 명령을 지시하는 문장이 아니라 아르타바다이기 때문에, 그 어떤 가능한 경우를 찾아내더라도 원천적으로 결코 슈드라에게 자격을 줄 수 없다.

281_ 수뜨라의 'tadādravaṇāt'는 'tat-ādravaṇa'(그것/그-쇄도)라는 복합어의 5격이다. 주석가는 이 복합어를 바탕으로 하여 '슈드라'(śūdra)를 어원적으로 풀이한다: ① 자나슈루띠가 '그것'으로 즉 슬픔으로(śucam) '돌진'(쇄도)했다(abhidudrāva). ② 자나슈루띠가 '그것'에 의해 즉 슬픔에 의해(śucā) '돌진'되었다(abhidudruve). 즉 자나슈루띠에게 슬픔이 돌진했다. ③ 자나슈루띠가 슬픔으로 말미암아(śucā) '그'에게 즉 라이끄바에게 '돌진'했다(abhidudrāva). 이 모든 3가지 경우에서는, '슬픔'과 관계된 '슈'라는 글자와 '돌진'과 관계된 '우드라'(우드루)라는 글자가 합해져서 '슈+ 우드라=슈드라'(śu+ udra=śūdra)를 구성한다.

성분적(成分的) 의미가 가능하기 때문이고, 또 관습적 의미가 불가능하기 때문이다.[282] 또한 이러한 의미는 이 이야기에서[283] 알려진다.‖34‖

35. 또한 뒤따르는 곳에서 [끄샤뜨리야인] '찌뜨라라타의 후손'과 ['그'가 함께 언급되는] 표징을 통해, [그가] 끄샤뜨리야라는 것이 알려지기 때문에, [자나슈루띠는 태생적인 슈드라가 아니다]; [따라서 슈드라는 자격을 가지지 않는다].

kṣatriyatvagateś cottaratra caitrarathena liṅgāt ‖35‖

이로 말미암아 또한, 자나슈루띠는 태생적인 슈드라가 아니다. 맥락을 주시함으로써, 뒤따르는 곳에서 끄샤뜨리야인 '찌뜨라라타의 후손 아비쁘라따린'과 [그가] 함께 언급되는 표징을 통해, 그가 끄샤뜨리야라는 것이 알려지는 까닭에서이다.

실로 뒤따르는 곳에서 즉 '상바르가의 명상적 지식'에 [속하는] 보조적 문장에서[284] 아비쁘라따린은 '찌뜨라라타의 후손'(짜이뜨라라티)으로서 끄샤뜨리야라고 언급된다. "이제, 한때, 샤우나까 까뻬야(까삐의 후손)와 아비쁘라따린 깍샤세니(깍샤세나의 아들)가 공양을 받고 있는 동안에 한 학인(學人)이 음식을 구걸했다."〈찬도 4.3.5〉에서이다. 실로 아비쁘라따린이 찌뜨라라타의 후손이라는 것은 까삐의 후손과 연관됨으로 말미암아 알려질 수 있다. 왜냐하면 찌뜨라라타가 까삐의 후손과

282_ 성분적 의미(avayava-artha)=말의 성분(부분)들이 가지는 의미가 결합되어 나타나는 의미. <찬도 4.2.3>의 '슈드라'라는 말에 대해서는, '계급의 하나인 슈드라'라는 관습적 의미가 적용 불가능하고, '슬픔으로 돌진함(쇄도함)' 등의 성분적 의미가 적용 가능하다.

283_ 이 이야기에서='상바르가의 명상적 지식'과 관계하는 이야기에서.

284_ '상바르가의 명상적 지식'에 [속하는] 보조적 문장에서='상바르가의 명상적 지식'을 찬양하는 아르타바다 문장에서.

연관되는 것은 "까삐의 후손들이 찌뜨라라타로 하여금 이 제의를 행하게끔 했다."〈딴드-브 20.12.5〉라고 알려지기 때문이다. 그리고 같은 가문에서는 주로 같은 가문의 사제들을 가진다. 또한 "그에게서 '짜이뜨라라티'라는 이름의 한 '끄샤뜨리야 군주'가 태어났다."라며 [짜이뜨라라티가] '끄샤뜨리야 군주'라는 것이 알려지기 때문에, 그(아비쁘라따린)는 끄샤뜨리야라고 알려져야만 한다. 이로 말미암아 끄샤뜨리야인 아비쁘라따린과 함께 [자나슈루띠가] 똑같이 '상바르가의 명상적 지식'에서 언급(찬양)되는 것은, 자나슈루띠마저 끄샤뜨리야라는 것을 암시한다. 왜냐하면 분명 똑같은(동등한) 것들은 대체적으로 함께 언급되기 때문이다.[285] 더욱이 종자(從者)를 급파하는 것 등의 권능과 연관되기 때문에 자나슈루띠는 끄샤뜨리야라고 알려진다.[286]

그러므로 슈드라는 자격을 가지지 않는다. ‖35‖

36. [명상적 지식의 영역들에서] 신성한 의례들이 지시되기 때문에, 또

285_ 주석가가 펼치는 논증은 다음과 같다: ① '상바르가의 명상적 지식'에 속하는 <찬도 4.3.5>에서는 샤우나까 까뻬야(까삐의 후손)와 아비쁘라따린 깍샤세니(깍샤세나의 아들)가 함께 언급된다. 두 사람은 서로 연관이 깊은 가문에 속해 있을 가능성이 크다. ② 아비쁘라따린은 '찌뜨라라타의 후손'(짜이뜨라라티)이다. 왜냐하면 <딴드-브 20.12.5>를 통해 제의 고용주인 까삐의 후손과 제의 집행자(사제)인 찌뜨라라타가 연관되는 것을 알 수 있기 때문이다. 제의 고용주 가문과 제의 집행자 가문의 관계는 대대로 계승되므로 <찬도 4.3.5>에서 까삐의 후손과 함께 공양을 받고 있는 아비쁘라따린은 찌뜨라라타의 후손인 것이다. ③ 또한 짜이뜨라라티(찌뜨라라타)는 '끄샤뜨리야 군주'(kṣatrapati)로 알려져 있다. ④ 따라서 찌뜨라라타의 후손인 아비쁘라따린은 끄샤뜨리야이다. ⑤ 그러므로 아비쁘라따린과 함께 똑같이 하나의 명상적 지식에서 언급되는 자나슈루띠도 끄샤뜨리야이다. 즉 자나슈루띠는 슈드라가 아니다.

286_ <찬도 4.1.5-8>에서 자나슈루띠는 라이끄바를 찾기 위하여 종자(kṣattṛ)를 급히 파견한다. 그러한 힘(권능)은 슈드라가 아닌 끄샤뜨리야인 경우에만 가능하다. 'kṣattṛ'는 '문지기, 시종, 마차꾼, 슈드라 아버지와 끄샤뜨리야 어머니 사이에서 태어난 자' 등을 뜻한다.

[슈드라에 대해서는] 그것(신성한 의례)이 없다고 언급되기 때문에, [슈드라는 자격을 가지지 않는다].

saṃskāraparāmarśāt tadabhāvābhilāpāc ca ‖36‖

이로 말미암아 또한, 슈드라는 자격을 가지지 않는다. 명상적 지식의 영역들에서 입문식 등의 신성한 의례(정화의식)들이 지시되기 때문이다. "그를 입문시켰다."[287] 〈샤따-브 11.5.3.13〉[에서이다]. 또한, "'존경스러운 이여, 가르침을 주십시오.'라고 하면서 [나라다가 사나뜨꾸마라에게] 다가갔다."〈찬도 7.1.1〉, "브라흐만을 목적으로 하고 브라흐만에 몰두해 있으며 지고한 브라흐만을 추구하면서, 그들은 '실로 그가 그것에 대해 모든 것을 말해줄 것이리라!'라며, 장작을 손에 든 채 존경스러운 뻽빨라다에게 다가갔다."〈쁘라 1.1〉에서이다. "심지어 그들을 입문시키지 않고서"〈찬도 5.11.7〉에서조차 입문식이 유효하다는 것을 밝히고 있을 따름이다.[288]

또한 슈드라에 대해서는 신성한 의례가 없다고 언급된다. "슈드라는 네 번째 계급(바르나)으로서 일생자(一生者)[289]이다."〈마누 10.4〉라며 일생자라고 전승되기 때문이다. 그리고 "슈드라에게는 [신분을 추락시키는] 그 어떤 죄악도 없다.[290] 또한 그는, 그 어떤신성한 의례에도 적합하지 않다."〈마누 10.126〉라는 등 때문이다.‖36‖

287_ 그를 입문시켰다=그에게 신성한 실을 수여했다.

288_ 입문식을 행하지 않았다고 언급하는 바로 그 점으로부터 입문식이 일반적으로 유효하게 행해졌다는 사실이 밝혀진다.

289_ 일생자(ekajāti)=재생자(再生者)에 대비되는 개념으로서 학인이 되기 위한 입문식을 치를 수 없는 슈드라.

290_ 최하위의 계급으로서 슈드라는 죄악을 저지르더라도 그 계급을 상실하지 않는다.

37. 또한 [자발라가 진실을 말함으로써] 그것(슈드라)이 아니라고 확정될 때, [가우따마가 자발라를 입문시키고 가르치려고] 나아가기 때문에, [슈드라는 자격을 가지지 않는다].

tadabhāvanirdhāraṇe ca pravṛtteḥ ‖37‖

이로 말미암아 또한, 슈드라는 자격을 가지지 않는다. [자발라가] 진실을 말함으로써 슈드라가 아니라고 확정될 때, 가우따마가 자발라를 입문시키고 또 가르치려고 나아갔기 때문이다.[291] "브라흐마나가 아닌 자는 그렇게 말할 수가 없다. 장작을 가져오너라! 얘야, 진실(진리)을 떠나지 않은 너를, 나는 입문시킬 것이다."〈찬도 4.4.5〉라는 계시서의 표징 때문이다.[292]‖37‖

38. 또한 전승서로부터 [슈드라가 '베다를] 듣는 것, [베다를] 학습하는 것, [베다의] 내용을 [알고 실행하는 것'이] 금지되기 때문에, [슈드라는 자격을 가지지 않는다].

śravaṇādhyayanārthapratiṣedhāt smṛteś ca ‖38‖

이로 말미암아 또한, 슈드라는 자격을 가지지 않는다. 전승서로부터

291_ '상바르가의 명상적 지식'에 바로 이어지는 <찬도 4.4>에서 사뜨야까마 자발라(Satyakāma Jābāla)는 어머니에게 자신의 가계(gotra)에 관해 질문한다. 어머니는 젊은 시절 여러 가지 일을 하느라 겨를이 없어 가계에 대해 아는 바가 없다고 말하면서, 나의 이름이 '자발라'이고 너의 이름이 '사뜨야까마'이니 '사뜨야까마 자발라'라고 대답할 것을 권유한다. 그 후 사뜨야까마 자발라는 존경스러운 가우따마(Gautama)를 찾아가 제자가 되기를 간청하고, 가우따마가 그의 가계를 묻자 어머니가 말한 바대로 진실하게 대답한다. 그러자 가우따마는 그가 진실을 말했기 때문에 브라흐마나라고 인정하면서 입문을 허락한다.

292_ 가우따마는 가계조차도 모르는 사뜨야까마 자발라가 브라흐마나인 것을 확인하고 나서 입문을 허락한다. 따라서 <찬도 4.4.5>를 통해 슈드라는 자격이 없다고 추론되므로, 그 문장은 표징 즉 추론의 근거가 된다.

그(슈드라)가 '[베다를] 듣는 것, [베다를] 학습하는 것, [베다의] 내용을 [알고 실행하는 것'이] 금지되어 있기 때문이다. 슈드라가 베다를 듣는 것이 금지되고, 베다를 학습하는 것이 금지되며, 또 그 내용을 알고 실행하는 것이 금지된다고 전승된다.

먼저 듣는 것은 "그리고 베다를 들은 그(슈드라)의 귀는 납과 랙으로 채워진다."라며 금지된다. 또한 "실로 슈드라인 자는 '발을 가진 화장터'와 같다. 따라서 슈드라의 근처에서 낭독(공부)해서는 안 된다."라고 한다. 바로 이로부터 학습하는 것이 금지된다. 실로 그의 근처에서조차 낭독해서는 안 된다면, 어떻게 그가 듣지 못한 것을 학습할 수 있다는 말인가! 그리고 베다를 발화하는 경우에 혀가 잘리고, 암기하는 경우에 몸이 찢긴다고 한다. 또한 바로 이로부터 [베다] 내용에 대해 알고 실행하는 것이 암시적으로 금지되어 있다. "슈드라와는 [베다에 대한] 식견(識見)을 나누지 말아야 한다."〈마누 4.80〉라고 하며, 또 "학습하기, 제의, 자선(慈善)은 재생자(再生者)들에게 속한다."라고 한다.

한편, 전생에서 만들어진 잠재인상에 힘입어 지식이 생겨난 '비두라, 다르마브야다 등의 [슈드라들'이 지식의] 결과를 획득하는 것은 부정될 수 없다. 지식은 절대적으로 결과를 가지기 때문이다.[293] 게다가 "4계급(바르나)들에게 들려주어야 한다."라며 이띠하사(서사집)와 뿌라나(전설집)에 대한 [지식을] 획득하는 데 4계급이 자격을 가진다고 전승되기 때문이다. 하지만 슈드라들에게는 '베다를 내세우는 자격'은 없다고 확립된다.‖38‖

293_ 지식은 어떤 경우에도 예외 없이 필연적으로 결과를 낳기 때문이다.

{ 10. '떨림'이라는 주제: 수뜨라 39 }

39. [생기는 브라흐만이다]; 떨림 때문이다.

kampanāt ‖39‖

자격에 대한 우발적인 검토가 종결되었다. 이제 논제 자체인 '문장의 의미에 대한 검토'로 우리는 나아갈 것이다.

"무엇이든지 간에 이 모든 세계는 [생기로부터] 나와서 생기에서 떤다. 치켜 들린 번개와 [같이] 거대한 두려움인 그것을 아는 자들은 불멸이 된다."〈까타 6.2〉라는 이 문장은, '떨림'과 관계하여 '에즈리'(에즈)라는 동사 어근의 의미를 따라감으로써, [이 수뜨라에 의해] 지시된다.[294] 이 문장에서 이 모든 세계는 생기를 소재지로 하면서 떤다. 또한 그 어떤 거대한 '두려움의 원인'이 치켜 들린 번개로 지시되고, 또 그것에 대한 앎을 통해 불멸성을 획득한다고 계시된다.

[전론]: 이곳에서 그 생기가 무엇인지 그 두려운 번개가 무엇인지 이해되지 않음으로 말미암아 검토를 시작하는 경우에, 먼저 잘 알려져 있기 때문에 5가지 양상을 가지는 공기가 생기라고 귀결된다. 그리고 실로 잘 알려져 있기 때문에 벼락이 번개일 것이다.

결국 공기의 그 위대성이 찬양된다. 어떻게? 이 모든 세계는 생기로 지시되는 '5가지 양상을 가지는 공기'에 머문 채로 떤다. 또한 실로 공기에 기인하여 거대하고 두려운 번개가 치켜 들린다. 왜냐하면 공기가 비구름의 상태로 전변될 때에 번개 · 천둥 · 소나기 · 벼락으로 전변된

294_ <까타 6.2>는 수뜨라에 의해 지시되는 '자체 문장'이다. 왜냐하면 수뜨라의 '떨림'(kampana)과 관계하여 동사 어근 '에즈리'(√ejṛ, √ej)를 따라감으로써 '떤다'(ejati)라는 표현이 등장하는 <까타 6.2>가 지시되기 때문이다.

다고 말하기 때문이다. 게다가 오직 공기에 대한 지식을 통해 그 불멸성을 [획득한다]. 그러한 예시로서, 다른 계시서는 “실로 공기는 개별이고, 공기는 집합입니다. 이와 같음을 아는 자는 ‘다시 죽는 것’을 극복합니다.”〈브리 3.3.2〉라고 한다. 따라서 이곳에서 그것(생기)은 공기라고 이해해야만 한다.

이와 같은 귀결에서 우리는 말한다.

[후론]: 이곳에서 그것(생기)은 오직 브라흐만이라고 이해해야만 한다.

어떤 근거에서? 전후사정에 대한 고려 때문이다. 실로 앞서고 뒤따르는 글의 일부에서 오직 브라흐만이 지시되는 것을 우리는 본다. 바로 그 경우에 어떻게 까닭 없이 중간 지점에서 공기가 지시되는 것을, 우리가 이해할 수 있다는 말인가!

먼저 앞서는 곳에서 “실로 그것(뿌리)은 순수하다. 그것은 브라흐만이다. 바로 그것이 불멸이라고 불린다. 그것에 모든 세상들이 매달린다. 그 무엇도 그것을 초월하지 못한다.”〈까타 6.1〉라며 브라흐만이 지시된다. 이곳에서도, 근접으로 말미암아, 또 “모든 세계는 … 생기에서 떤다.”에서 ‘세상의 소재지라는 [속성을] 가지는 것’이 인지됨으로 말미암아, 바로 그것(브라흐만)이 지시된다고 알려진다. 심지어 이 ‘생기’라는 말도 오직 지고한 아뜨만에 대해 사용된다. “생기의 생기를”〈브리 4.4.18〉이라고 보기 때문이다. 그 ‘떨게 하는 자’라는 것도 오직 지고한 아뜨만에 대해서 합당할 뿐, 단순한 공기에 대해서는 합당하지 않다. 또한 마찬가지로 “죽어야 하는 그 누구도 날숨에 의해 살지 못하고 들숨에 의해 살지 못한다. 하지만 이 둘이 의존하는 다른 무언가에 의해 사람들은 산다.”〈까타 5.5〉라고 말한다.[295]

295_ 〈까타 5.5〉에서 다른 무언가(지고한 아뜨만)에 의존하는 날숨과 들숨은 단순한 공기로서의 생기이다.

뒤따르는 곳에서도 "그것을 두려워함으로써 불이 타오른다. 두려워함으로써 태양이 타오른다. 두려워함으로써 인드라와 공기가, 그리고 제5인 죽음이 달린다."〈까타 6.3〉라며 공기가 아닌 오직 브라흐만이 지시될 것이다. '공기를 포함하는 세계'가 두려움을 가지게 되는 원인(근거)이 언급되기 때문이다. 이곳에서도, 근접으로 말미암아, 또 "치켜 들린 번개와 [같이] 거대한 두려움인"에서 '두려움의 원인인 것'이 인지됨으로 말미암아, 바로 그것(브라흐만)이 지시된다고 알려진다. 심지어 이 '번개'라는 말도 그 유사성 때문에 두려움의 원인인 것으로 사용된다. 실로 예컨대, 어떤 사람이 '만약 내가 그의 명령을 행하지 않는다면, 치켜 들린 번개가[296] 바로 나의 머리에 떨어질 것이다.'라는 이러한 두려움에 의해 왕 등의 명령에 따라 규칙적으로 움직이듯이, 마찬가지로 불 · 공기 · 태양 등의 그러한 세계는 바로 그 브라흐만을 두려워함으로써 그 자체적 작용에 따라 규칙적으로 움직이므로, 두려운 브라흐만은 번개에 비교된다. 또한 마찬가지로 브라흐만과 관계하여 다른 계시서는 "그것을 두려워함으로써 바람(공기)이 불리라. 두려워함으로써 태양이 떠오르리라. 그것을 두려워함으로써 불과 인드라가, 그리고 제5인 죽음이 달리리라."〈따잇 2.8.1〉라고 한다.

게다가 불멸성이라는 결과가 계시되기 때문에, 그것(생기)은 오직 브라흐만이라고 알려진다. 실로 브라흐만에 대한 지식을 통해 불멸성을 획득한다. "오직 그를 앎으로써 죽음을 넘어선다. 가야 할 다른 길은 없다."〈슈베 6.15〉라는 만뜨라의 전언 때문이다. 한편 어떤 곳에서 언급된 것인[297] '공기에 대한 지식을 통한 불멸성'은 상대적이다. 바로 그 곳에서는, 다른 장절을 시작하는 바에 따라 지고한 아뜨만을 언급한

296_ 치켜 들린 번개가=격노가 또는 진노가.

297_ 어떤 곳에서 언급된 것인=전론자가 앞서 인용한 〈브리 3.3.2〉에서 언급된 것인.

뒤에 "이것과는 다른 것은 소멸을 향합니다."〈브리 3.4.2〉라며 공기 등의 소멸성을 언급하기 때문이다.[298]

더욱이 맥락 때문에, 이곳에서는 지고한 아뜨만이 확정된다. "'다르마'와는 다른 것이라고 '다르마가 아닌 것'과는 다른 것이라고, 이러한 '행한 것'과 '행하지 않은 것'과는 다른 것이라고, 또한 '있었던 것'(과거)과 '있어야 할 것'(미래)과도 다른 것이라고 당신이 보는, 그것을 [제게] 말씀해 주십시오."〈까타 2.14〉에서 지고한 아뜨만이 질문되기 때문이다.‖39‖

{ 11. '빛'이라는 주제: 수뜨라 40 }

40. 빛은 [지고한 브라흐만이다]; [계시서가] 보여주기 때문이다.

jyotir darśanāt ‖40‖

"그 적정은 이 육체로부터 솟아오른 후, 지고한 빛에 도달하고 나서 그 자체의 형태로 현시한다."〈찬도 8.12.3〉라고 계시된다.

이곳에서 의문시된다. '빛'이라는 말은 시각적 대상이자 어둠을 물리치는 빛인가, 또는 지고한 브라흐만인가?

실로 무엇으로 귀결되는가?

298_ <브리 3.3.2>에서 언급된 것인 '공기에 대한 지식을 통한 불멸성'은 단지 상대적일 뿐이다. 즉 다른 것들에 비해 공기가 상대적으로 더 위대하기 때문에 그렇게 언급한 것이다. 하지만 곧 이어 다른 장절인 <브리 3.4>에서는 지고한 아뜨만을 언급한 뒤에, 그것과는 다른 모든 것들이 소멸을 향한다고 언급한다. 결국 공기는 소멸성(ārtatva)과 관계한다.

[전론]: '빛'이라는 말은 한갓 잘 알려져 있는 빛이다.

어떤 근거에서? 이곳에서 '빛'이라는 말은 관습적이기 때문이다. 실로 "빛은 [브라흐만이다]; 발을 언급하기 때문이다."〈수뜨라 1.1.24〉라는 곳에서는 맥락을 통해 '빛'이라는 말이 자체적 의미를 버린 뒤에 브라흐만이라는 의미를 가진다. 하지만 그와 달리 이곳에서는, 자체적 의미를 버리는 데 그 어떤 이유도 보이지 않는다. 또한 마찬가지로 경맥에 대한 장절에서는,[299] "이제 그렇게 이 육체로부터 떠나는 경우에, 그러면 바로 이러한 광선들을 따라 위쪽으로 올라간다."〈찬도 8.6.5〉라며 해탈을 욕구하는 자가 태양에 도달한다고 언급된다. 따라서 '빛'이라는 말은 한갓 잘 알려져 있는 빛이다.

이와 같은 귀결에서 우리는 말한다.

[후론]: '빛'이라는 말은 오직 지고한 브라흐만이다.

무엇 때문에? 보여주기 때문이다. 실로 이곳의 맥락(장절)에서 그것은 '말해야만 하는 것'으로 반복된다고 알려진다. "아뜨만은 죄악으로부터 자유롭고"〈찬도 8.7.1〉라며 장절의 시작에서 '죄악으로부터 자유로움' 등의 속성들을 가지는 아뜨만이 추구대상으로 또 탐구대상으로 전제되기 때문이다. 또한 "나는 바로 그것을 그대에게 다시 설명할 것이다."〈찬도 8.9.3〉라며 계속되기 때문이다. 게다가 "호감과 반감은 육화(肉化)를 탈피하여 존재하는 자에게 결코 접촉하지 않는다."〈찬도 8.12.1〉에서 [등장하는] 탈육화 상태를 위해, 그것이 빛과 결합한다고[300] 언급되기 때문이다. 그리고 브라흐만 상태를 배제한 채로 탈육화 상태란 합당하지 않기 때문이다.[301] 더욱이 "지고한 빛에 … 그것(적정)

299_ 경맥에 대한 장절에서는=<찬도 8.6>에서는.

300_ 빛과 결합한다고=빛에 도달한다고. <찬도 8.12.3>의 "그 적정은 이 육체로부터 솟아오른 후, 지고한 빛에 도달하고 나서 …"라는 부분 참조.

301_ <찬도 8.12.1>에서 말하는 탈육화 상태를 획득하기 위해 그것(아뜨만)이 빛

은 최상의 뿌루샤이다."〈찬도 8.12.3〉라며 한정어가 있기 때문이다.[302]

한편, '해탈을 욕구하는 자가 태양에 도달하는 것'이 언급된다고 주장한 것에 관해서는, 그것은[303] '감'과 '떠남'[304]과 연계됨으로 말미암아 완전무결한 해탈이 아니다. 실로 완전무결한 해탈에는 '감'과 '떠남'이 없다고 우리는 [나중에] 말할 것이다.‖40‖

{ 12. '다른 것으로 언급됨'이라는 주제: 수뜨라 41 }

41. 허공은 [지고한 브라흐만이다]; [허공에 대해 '명칭과 형태와는] 다른 것' 등으로 [존재한다고] 언급되기 때문이다.

ākāśo 'rthāntaratvādivyapadeśāt ‖41‖

"'허공'이라고 불리는 것은 명칭과 형태의 산출자이다. 안에 그것들을 가지는 것은 브라흐만이다. 그것은 불멸이다. 그것은 아뜨만이다." 〈찬도 8.14.1〉라고 계시된다.

이곳에서 '허공'이라는 말이 지고한 브라흐만인지, 또는 한갓 잘 알

에 도달한다고 <찬도 8.12.3>에서 언급되기 때문이다. 이 경우에 탈육화 상태란 반드시 '브라흐만 상태'(brahmabhāva)여야만 하므로, 도달되는 빛은 브라흐만이다.

302_ '지고한'(para)이라는 한정어와 '최상의'(uttama)라는 한정어 때문에 빛은 브라흐만이다.

303_ 그것은=태양에 도달하는 것은.

304_ "이제 그렇게 이 육체로부터 떠나는 경우에, 그러면 바로 이러한 광선들을 따라 위쪽으로 올라간다."<찬도 8.6.5>에서 지시되는 위쪽으로 '올라감'과 육체로부터 '떠남'.

려져 있는 원소로서의 에테르인지 검토한다.

[전론]: 원소를 수용하는 것이 합리적이다. '허공'이라는 말은 그것(원소)에 대해 관습적이기 때문이다. 또한 공간을 제공하는 것을 통해 그것은 명칭과 형태를 산출하는 것과 관련될 수 있기 때문이다. 또한 창조주라는 것 등의 '브라흐만에 대한 표징'이 명백하게 계시되지 않기 때문이다.

이와 같은 귀결에서 이렇게 말한다.

[후론]: 이곳에서 '허공'이라는 말은 오직 지고한 브라흐만이어야만 한다.

무엇 때문에? [허공에 대해 '명칭과 형태와는] 다른 것' 등으로 [존재한다고] 언급되기 때문이다. 실로 허공은 "안에 그것들을 가지는 것은 브라흐만이다."라며 명칭과 형태와는 다른 것으로 존재한다고 언급된다. 그리고 '명칭과 형태와는 다른 것'이란 브라흐만을 제외하고는 적합하지 않다.[305] 모든 '변형의 총체'는 오직 명칭과 형태에 의해 전개되기 때문이다. 심지어 명칭과 형태도 브라흐만을 배제한 채로는 독립적으로 산출하는 것이 불가능하다. "그러한 개별자아로써 즉 [나의] 아뜨만으로써 … 명칭과 형태를 전개하리라."〈찬도 6.3.2〉라는 등에서 브라흐만이 동작주체라고 계시되기 때문이다.

[전론]: 개별자아마저 명칭과 형태와 관계하여 '산출하는 자'라는 것은 명백하지 않는가?

[후론]: 정말 그러하다. 하지만 그곳에서는 [개별자아와 브라흐만 사이에] 차이가 없다는 것을 말하고자 한다.[306]

305_ 오직 브라흐만만이 명칭과 형태와는 다른 것일 뿐, 그 외의 모든 것들은 '전개되지 않거나 전개된 명칭과 형태'에 지나지 않는다.

306_ 하지만 <찬도 6.3.2>에서는 개별자아가 동작주체라는 것을 말하고자 하지 않고 개별자아가 브라흐만과 차이 없다는 것을 말하고자 한다.

그리고 실로 명칭과 형태의 산출에 대한 언급으로부터, 창조주라는 것 등의 '브라흐만에 대한 표징'이 언급되고 만다.[307] 또한 "[안에 그것들을 가지는] 것은 브라흐만이다. 그것은 불멸이다. 그것은 아뜨만이다."라는 것은 브라흐만을 언급하는 표징들이다.

이 [수뜨라는], "허공은 [지고한 브라흐만이다]; 그것(브라흐만)에 대한 표징 때문이다."〈수뜨라 1.1.22〉라는 바로 그 [수뜨라에] 대한 상술이다.‖41‖

{ 13. '숙면과 죽음'이라는 주제: 수뜨라 42-43 }

42. [이 문장들은 지고한 신을 가르친다]; [지고한 신이] 숙면과 죽음에서 [육화된 자와는] 상이한 것으로 [언급되기 때문이다].

suṣuptyutkrāntyor bhedena ‖42‖

[앞선 수뜨라의] '언급되기 때문이다'라는 것은 [이 수뜨라에서] 반복(보완)된다.

브리하다란야까의 6장에서는 "어느 것이 아뜨만입니까? '인식으로 이루어진 것'이고, 생기(기관)들의 [한가운데에] 있으며, 심장의 안에 있는 빛인, 이 뿌루샤입니다."〈브리 4.3.7〉라고 시작한 뒤,[308] 아뜨만과

307_ 전론자는 창조주라는 것 등의 '브라흐만에 대한 표징'이 없다고 말한 바 있다. 이에 관하여 후론자는 명칭과 형태의 산출에 대해 언급하는 것 자체가 바로 그 표징이라고 대답한다.

308_ 주석가는 6'장'(prapāṭhaka)이라고 언급하지만, 실제로는 4장의 문장들을 인용한다. 이는 깐바 이본의 경우에 <샤따-브> 17편의 3장이 <브리> 1장에 해당되기 때문이다. 따라서 <샤따-브> 17편 6장은 <브리> 4장이다.

관계하는 광범위한 상술이 이루어진다. 이 경우에 문장들이 윤회하는 자의 본질 자체를 상설(詳說)하고자 하는지, 아니면 윤회하지 않는 자의 본질을 제시하고자 하는지 의문이 생긴다.

실로 무엇으로 귀결되는가?

[전론]: 윤회하는 자의 본질 자체와 관계할 따름이다.

어떤 근거에서? [문장들의] 시작과 끝 때문이다. 시작에서 "'인식으로 이루어진 것'이고, 생기(기관)들의 [한가운데에] 있으며 … 이 …."라는 '육화된 자에 대한 표징'이 [등장하기] 때문이다. 또한 끝에서 "인식으로 이루어진 것'이고, 생기(기관)들의 [한가운데에] 있는 그것은, 실로 위대하고 생성되지 않은 이 아뜨만입니다."〈브리 4.4.22〉라며 그것을 버리지 않기 때문이다.[309] 중간에서도 생시 등의 상태들을 제시함으로써 바로 그것을 상술하기 때문이다.

이와 같은 귀결에서 우리는 말한다.

[후론]: 이 문장들은 오직 지고한 신을 가르치고자 할 뿐, 육화된 자 자체를 상설하고자 하지 않는다.

무엇 때문에? 지고한 신이 숙면에서 또 죽음에서 육화된 자와는 상이한 것으로 언급되기 때문이다. 먼저 숙면에서는 "그 뿌루샤는 최상의 지성인 아뜨만에 껴안겨서 바깥도 전혀 모르고 안도 전혀 모릅니다."〈브리 4.3.21〉라며 지고한 신이 육화된 자와는 상이한 것으로 언급된다. 이 경우에 뿌루샤는 육화된 자여야 한다. 그것(뿌루샤)은 지식주체이기 때문이다. 바깥과 안의 [대상에] 대한 앎이 수반되는 경우에 그것(앎)에 대한 부정이 가능하기 때문이다.[310] 최상의 지성은 지고한

309_ 그것을 버리지 않기 때문이다=육화된 자에 대한 표징이 계속 등장하기 때문이다.

310_ 〈브리 4.3.21〉에서 뿌루샤는 지식주체(육화된 자)이다. 왜냐하면 뿌루샤가 바깥과 안의 대상에 대해 전혀 '모른다'(앎에 대한 부정)고 하는 것은, 그 뿌루

신이다. [신은] 전지성으로 지시되는 지성과 영원히 분리되지 않기 때문이다. 마찬가지로 죽음에서도 "최상의 지성인 아뜨만이 올라앉은 이 육화된 아뜨만은 … 신음하면서 갑니다.[311]"〈브리 4.3.35〉라며 지고한 신이 개별자아(육화된 아뜨만)와는 상이한 것으로 언급된다. 이 경우에도 개별자아는 육화된 자여야 한다. [개별자아는] 육체의 주인이기 때문이다. 반면에 최상의 지성은 바로 그 지고한 신이다. 따라서 숙면과 죽음에서 상이한 것으로 언급되기 때문에, 이곳에서 말하고자 하는 것은 오직 지고한 신이라고 알려진다.

시작, 끝, 중간에서 '육화된 자에 대한 표징'이 [등장하기] 때문에 이 문장들이 그것을 의도한다고 주장한 것에 관해서, 우리는 대답한다.

먼저 "'인식으로 이루어진 것'이고, 생기(기관)들의 [한가운데에] 있으며, … 이 ….”라는 시작에서는 윤회하는 자의 본질을 말하고자 하지 않는다. 그렇다면 무엇을 말하고자 하는가? 윤회하는 자의 본질을 말하고 나서 그것과 지고한 브라흐만의 동일성을 말하고자 한다. "그것은 명상하는(생각하는) 듯하고, 떠는(움직이는) 듯합니다."〈브리 4.3.7〉라고 이렇게 운운하는 뒤따르는 글의 경향이, 윤회하는 자의 특성을 부인하고자 한다고 살펴지는 까닭에서이다.[312] 마찬가지로 끝에서도, 바로 그 시작한 바와 같이 끝맺는다. "인식으로 이루어진 것'이고, 생기(기관)들의 [한가운데에] 있는 그것은, 실로 위대하고 생성되지 않은 이 아뜨만입니다."에서이다. '인식으로 이루어진 것이고, 생기(기관)들

샤가 바깥과 안의 대상에 대해 '안다'는 것이 가능해야 하기 때문이다. 쉽게 말해서, 어떤 것에 대해 '알 수 있음' 즉 '앎'이 가능해야만 그것에 대해 '알 수 없음' 즉 '모름'이 가능하기 때문이다.

311_ 신음하면서 갑니다=숨이 거칠어지는 소리를 내면서 이 세상을 떠납니다.

312_ 뒤따르는 문장들이 윤회하는 자의 특성을 부인하고자 하는 목적을 가진다는 것은, 그 문장들이 윤회하는 자와 지고한 브라흐만(아뜨만)의 동일성을 말하고자 하는 목적을 가진다는 것이다.

의 [한가운데에] 있으며, 윤회하는 자라고 이해되는 그것은, 실로 위대하고 생성되지 않은 이 아뜨만 즉 지고한 신 자체라고 우리는 확립한다.'라는 뜻이다.

한편, 중간에서 생시 등의 상태들을 제시함으로 말미암아 윤회하는 자의 본질을 말하고자 한다고 생각하는 자는, 다만 동쪽 방향으로 파견되었음에도 그저 서쪽 방향에 머물고 싶은 [자와 같다]. 생시 등의 상태들을 제시하는 것은 '상태들을 가지는 것'이나 '윤회하는 것'을 말하고자 하는 것이 아닌 까닭에서이다. 그렇다면 무엇을 말하고자 하는가? '상태들을 결여하는 것'과 '윤회로부터 벗어나는 것'이다.

[전론]: 이는 어떻게 해서 알려지는가?

[후론]: "[실로] 해탈을 위해서 그 이상으로 말해주십시오."〈브리 4.3.14;15;16;33〉[313]라며 각 단계마다 질문하기 때문이다. 또한 "[그는 그곳에서 본 그 어떤] 것에 의해서도 접촉되지 않습니다. 왜냐하면 이 뿌루샤는 집착이 없기 때문입니다."〈브리 4.3.15;16〉라며 각 단계마다 대답하기 때문이다. 그리고 "그는 선행에 의해서도 접촉되지 않고 악행에 의해서도 접촉되지 않습니다. 왜냐하면 그 경우에 심장의 모든 슬픔들을 넘어서 있기 때문입니다."〈브리 4.3.22〉라고 한다.[314]

그러므로 이 문장들은 오직 윤회하지 않는 자의 본질을 제시하고자 한다고 알려져야만 한다.‖42‖

43. '통치자' 등의 말들 때문에, [이 문장들은 윤회하지 않는 자의 본질

313_ * <브리 4.3.15;16;33>과는 달리 <브리 4.3.14>에는 '실로'(eva)라는 말이 등장하지 않는다.

314_ 인용 문장들에서 '접촉되지 않음', '집착이 없음'은, 생시 · 꿈 · 숙면 상태들에서 경험한 것들에 얽매이지 않음 즉 '상태들을 결여하는 것'과 관계한다. 그리고 '해탈', '모든 슬픔들을 넘어서 있음'은 '윤회로부터 벗어나는 것'과 관계한다.

을 제시하고자 한다]; [따라서 이 문장들에서 말하는 것은 지고한 신이다].

patyādiśabdebhyaḥ ‖43‖

이로 말미암아 또한, 이 문장들은 오직 윤회하지 않는 자의 본질을 제시하고자 한다고 알려져야만 한다. 이 문장들에서 '통치자' 등의 말들이 윤회하지 않는 자의 본질을 제시하고자 하고, 또 윤회하는 자의 본질을 부정하고 있기 때문이다. "그것은 만물의 통치자이고, 만물의 주재자이며, 만물의 지배자입니다."〈브리 4.4.22〉라는 이러한 유형인 것들은 윤회하지 않는 자의 본질을 제시하고자 한다. "그것은 선행에 의해 증대하지도 않고, 악행에 의해 결코 감소하지도 않습니다."〈브리 4.4.22〉라는 이러한 유형인 것들은 윤회하는 자의 본질을 부정한다.

그러므로 이곳에서 말하는 것은 윤회하지 않는 자인 지고한 신이라고 알려진다.‖43‖

제4절

{ 1. '추론된 것'이라는 주제: 수뜨라 1-7 }

브라흐만에 대한 탐구욕을 선언한 뒤에 "그 무엇으로부터 이것(세계)의 생성 등이 [초래되는데, 그 무엇이 곧 브라흐만이다]."〈수뜨라 1.1.2〉라며 브라흐만에 대한 정의를 말했다. 그러한 정의가 쁘라다나에 대해서도 공통적이라고 의문시한 채로 "[상크야 학자들이 제안하는 세계의 원인인 쁘라다나는 베단따들에서 견지될 수] 없다; [그것은] 성언을 벗어나기 [때문이다]; '마음으로 바라보기' 때문에 [성언을 벗어난다]."〈수뜨라 1.1.5〉라며 '그것(쁘라다나)이 성언을 벗어난다는 것'을 통해 [그것을] 부인했다. 그리고 베단따 문장들이 가지는 '지식의 일관성'이 브라흐만 원인론과 관련될 뿐 쁘라다나 원인론과 관련되지 않는다고 앞선 글에서 상술했다.

한편 이제는 그 남은 것을 의문시한다.[1] 쁘라다나가 성언을 벗어난다고 주장한 것은 실증되지 않았다. [베다의] 어떤 분파들에서 '쁘라다나를 제시하는 것 같은 성언들'이 계시되기 때문이다. 이로부터 '쁘라다나가 원인이라는 것'은 분명 베다에서 실증되었고 고귀하고 위대한 성자인 까삘라 등에 의해 수용되었다는 결말이 생긴다. 이 경우에 그러한 성언들이 다른 것을[2] 의도한다고 확립되지 않는 한, 그런 만큼 전지한 브라흐만이 세계의 원인이라고 확립된 것마저도 흔들리게 될 것이다.

결국 그것들이[3] 다른 것을 의도한다는 점을 증명하기 위해 다음의 장절이 나아간다.

1_ 지금까지 제기되지 않고 논박되지 않은 문제가 다음과 같이 의문시된다.
2_ 다른 것을=쁘라다나와는 다른 것을 즉 브라흐만을.
3_ 그것들이=쁘라다나를 제시하는 것 같은 성언들이.

1. 만약 추론된 것조차 [즉 추론에 의해 확정된 쁘라다나조차] 어떤 자들에게 [성언에서 주어지는 것으로 알려진다고] 한다면, 아니다; [까타까의 문장에서 '쁘라다나'라는 말은] 육체에 대한 은유에서 등장하는 것이라고 파악되기 때문이다; 또한 [그 이전의 글은 '아뜨만, 육체 등'에 대해 은유적 고안을] 보여준다.

ānumānikam apy ekeṣām iti cen na
śarīrarūpakavinyastagṛhīter darśayati ca ‖1‖

[전론]: 어떤 '분파의 추종자들'에게는 추론된 것조차 즉 '추론에 의해 확정된 쁘라다나'조차, 성언에서 주어지는 것으로 알려진다. 예를 들어 까타까에서는 "위대한 것(마하뜨)보다 미현현자가 더 지고하고, 미현현자보다 뿌루샤가 더 지고하다."〈까타 3.11〉라고 언급된다. 이 경우에 이곳에서는, 그러한 명칭들을 가지고 그러한 순서를 가지며 전승서에서 잘 알려져 있는, '위대한 것(마하뜨), 미현현자, 뿌루샤'라는 바로 그것들이 인지된다. 그 가운데 미현현자라는 것은, 전승서에 의해 확립되기 때문에, 소리 등을 결여하기 때문에,[4] 또 '현현되지 않은 것이 미현현자'라는 어원이 적합하기 때문에, 전승서에서 잘 알려져 있는 쁘라다나라고 지시된다. 따라서 그것(쁘라다나)이 성언에서 주어짐으로 말미암아 '성언을 벗어난다는 것'은 합당하지 않다. 그리고 바로 그것이, 계시서 · 전승서 · 논리에 의해 확립되기 때문에, 세계의 원인이다.

[후론]: 그건 그렇지 않다. 왜냐하면 까타까의 이 문장은 '전승서에서 잘 알려져 있는 위대한 것과 미현현자'가 존재한다는 것을 의도하지 않기 때문이다. 실로 이곳에서는 전승서에서 잘 알려져 있는 '독립적인 원인이자 3구나를 가지는 쁘라다나'와 같은 것이 인지되지 않는다.

4_ 〈까타 3.15〉 참조: "소리가 없고, 감촉이 없으며, 형태(색깔)가 없고 …"

왜냐하면 이곳에서는 '미현현자'라는 단순한 말이 인지되기 때문이다.[5] 그리고 어원적으로 '현현되지 않은 것이 미현현자'라고 하는 그 말은, 심지어 미시적(微視的)이고 매우 식별되기 어려운 어떤 것에 대해서도 사용된다. 또한 그것은 관습적으로 어떤 것을 의미하지 않는다. 실로 쁘라다나주의자들에게 관습적인 것은 바로 그들의 전문용어가 되기 때문에, 베다의 의미를 확정하는 데 근거가 된다고 수용되지 않는다. 게다가 어떤 것의 특성을 인지하지 못하는 경우에, 단지 순서의 동일성을 통해서는 동일한 대상이라고 인식하지 않는다. 예를 들어, 바보가 아닌 자라면, 말의 자리에서 암소를 보면서 '이것은 말이다.'라고 이해하지 않는다.[6] 더욱이 이곳에서 맥락을 눈여겨보는 경우에 논적(論敵)이 추정한 쁘라다나는 알려지지 않는다. [그 말은] 육체에 대한 은유에서 등장하는 것이라고 파악되기 때문이다. 실로 이곳에서는 '미현현자'라는 말을 통해 '마차의 은유에서 등장하는 육체'가 이해된다.

어떤 근거에서? 맥락(주제) 때문이고, 또 남겨진 것 때문이다.

그러한 증거로서, 바로 이전의 지나간 글은 '아뜨만, 육체 등'에 대해 '마차를 탄 자, 마차 등'이라는 은유적 고안을 보여준다. "아뜨만을 마차를 탄 자라고, 또 육체를 한갓 마차라고 알도록 하라. 그리고 지성을 마차꾼이라고, 또 마음을 한갓 고삐라고 알도록 하라. 감관들을 그들은 말들이라고 이른다. 그것들의 대상들을 반경(半徑)[7]들이라고 [알도록 하라]. 몸, 기관, 마음과 연계된 것을 식자들은 '향유주체'라고 이른다."〈까타 3.3-4〉에서이다. 또한 '그러한 감관 등이 제어되지 않음으로

5_ <까타 3.11>의 '미현현자'(avyakta)라는 말로부터 상크야의 쁘라다나가 인지되지 않고 단순히 그 말만이 인지된다. 달리 말해, 상크야의 '미현현자'와 <까타 3.11>의 '미현현자'는 단지 말로서만 동일할 뿐이다.

6_ 예를 들어, 항상 말이 묶여 있던 특정한 순서의 자리에 어느 날 암소가 묶여 있다면, 바보가 아닌 한 아무도 암소를 보면서 말이라고 이해하지는 않는다.

7_ 반경(gocara)=말들이 행동하는 반경으로서 길.

써 [어떤 자는] 윤회에 다다른다. 반면에 제어됨으로써 여로의 끝인 그곳 즉 비슈누의 궁극적 거처에 도달한다.'라고 보여준 뒤에,[8] '무엇이 여로의 끝 즉 비슈누의 궁극적 거처인 그곳인가?'라는 그러한 질의에 대해, '논제들인 바로 그러한 감관 등'보다 더 지고한 것으로 지고한 아뜨만을 '여로의 끝 즉 비슈누의 궁극적 거처'라고 보여준다. "감관들보다 대상들이 실로 더 지고하고, 또한 대상들보다 마음이 더 지고하다. 그리고 마음보다 지성이 더 지고하고, 지성보다 '위대한 아뜨만'이[9] 더 지고하다. 위대한 것(마하뜨)보다 미현현자가 더 지고하고, 미현현자보다 뿌루샤가 더 지고하다. 그 어떤 것도 뿌루샤보다 더 지고하지 않다. 그것은 정점이다. 그것은 궁극적 목적지이다."〈까타 3.10-11〉에서이다. 이 경우에 앞서는 '마차의 은유적 가정(고안)'에서 논제들인 바로 그 '말 등으로서의 감관 등'이 이곳에서 이해된다. 논제를 폐기하고 논제가 아닌 것을 소개하는 [부조리한 결말을] 피하기 위해서이다.

그 가운데 먼저 '감관, 마음, 지성'은 앞선 곳과 이곳에서 실로 동일한 말(言語)들이다.[10] 그리고 감관들보다는, '감관 즉 말(馬)의 반경으로 지시되는 소리 등의 사물들' 즉 대상들이 더 지고하다. '감관들은 붙잡는 자이고, 대상들은 붙잡는 자를 넘어서는 것이다.'[11]라며 계시서에서

8_ <까타 3.5-9>에서. <까타 3.9> 참조: "그는 여로의 끝에 도달한다. 그곳은 비슈누의 궁극적 거처이다."

9_ 위대한 아뜨만이(mahān ātmā)=모든 것에 편재해 있는 동시에 가장 내적인 지성적 존재가 즉 히란야가르바가.

10_ <까타 3.3-4>와 <까타 3.10-11>에 등장하는 논제들 가운데 '감관, 마음, 지성'이라는 3가지는 두 곳 모두에서 등장하므로 완전히 동일한 말들이다.

11_ <브리 3.2.1> 참조: "붙잡는 자가 여덟이고, 붙잡는 자를 넘어서는 것이 여덟입니다." <브리 3.2.8> 참조: "실로 손은 붙잡는 자로서, 그것은 붙잡는 자를 넘어서는 일에 의해 붙잡힙니다. 왜냐하면 두 손을 통해 일을 하기 때문입니다." '붙잡는 자'(graha)란, 밧줄로 매는 듯한 기능을 하는, 지각 · 이해 · 행동 등과 관련된 기관들(좁게는 감관들)을 가리킨다. '붙잡는 자를 넘어서는 것'(atigraha)이란, 그러한 '붙잡는 자'를 붙잡는 대상들을 가리킨다.

잘 알려져 있기 때문이다. 또한 대상들보다 마음이 더 지고하다. 대상과 감관의 교섭이 마음을 근원으로 하기 때문이다. 그리고 마음보다 지성이 더 지고하다. 왜냐하면 지성에 올라앉은 채로 향유대상의 총체가 향유주체로 움직이기 때문이다. 지성보다는, "아뜨만을 마차를 탄 자라고 … 알도록 하라."라며 마차를 탄 자로 암시되는 그것이 즉 '위대한 아뜨만'이 더 지고하다. 어떤 근거에서? '아뜨만'이라는 말 때문이다. 또한 향유주체가 향유의 수단보다 더 지고하다는 것이 합당하기 때문이다.[12] 그리고 그것(아뜨만)이 주인임으로 말미암아 위대하다는 것은 합당하다.

또 다른 해설로는, "실로 마음, 위대한 것(마하뜨), 성찰, 브라흐마, 본거지(本據地), 지성, 명망(名望), 신, 예지, 인식, 사유, 기억이라고 불립니다."[13]〈마하 13.10.11〉라며 전승되기 때문에, 또 "옛적에 브라흐마를 창조했고, 그에게 베다들을 전했으며, [또 자신의 지성에 의해 빛나는 그 신을]"〈슈베 6.18〉이라며 계시되기 때문에, '첫 번째로 산출된 히란야가르바'의 지성이 모든 지성들의 궁극적인 토대이고, 그것(히란야가르바의 지성)이 이곳에서 '위대한 아뜨만'이라고 불린다. 그리고 그것(히란야가르바의 지성)은 앞선 곳에서 실로 '지성'이라는 언급을 통해 파악되고, 이곳에서는 ['지성'과 '위대한 아뜨만'이라는 언급을 통해] 따로따로 지시된다. 바로 그것(히란야가르바의 지성)이 우리의 지성들보다 더 지고하다는 것은 합당하기 때문이다.[14] 결국 이러한 입장에서는,

---

12_ 〈까타 3.3-4〉의 '마차를 탄 자로서 아뜨만'과 〈까타 3.10-11〉의 '위대한 아뜨만'에서는 '아뜨만'이라는 말이 공통적이다. 이 '아뜨만'이라는 말은 향유주체를 가리키며, 향유주체는 일반적으로 '향유의 수단(upakaraṇa)' 즉 지성 등보다 더 지고하다고 알려져 있다.

13_ 열거된 것들은 히란야가르바의 지성 또는 내재력(śakti)에 관한 다양한 표현들이다. 성찰(mati)=결정 · 미결정 등에 따르는 의심. 본거지(pur)=향유대상들의 거처.

[앞선 곳에서 언급된] 마차를 탄 자인 아뜨만이, [이곳에서 미현현자보다] 더 지고한 것이자 실로 지고한 아뜨만과 관계하는 것인 '뿌루샤'라는 언급을 통해 파악된다고 간주해야만 한다. 실재적으로는 지고한 아뜨만과 인식적 아뜨만(개별자아) 사이에 차이가 없기 때문이다.[15]

이러한 연관에서, 오직 육체 하나만이 남겨진다. [결국] 궁극적 거처를 제시하려는 의도에 따라 감관 등의 여러 논제들 자체를 열거하면서, 그것들 가운데[16] 남겨진 논제인 육체를, 이곳에서 최종적으로 남겨진 '미현현자'라는 말을 통해 제시한다고 이해된다. 왜냐하면 이곳에서는, '육체 · 감관 · 마음 · 지성 · 대상 · 감각과 연계되고 무지를 가지는 향유주체'가 윤회로부터 해탈하는 길을, 육체 등에 대하여 마차 등이라는 은유적 가정을 통해 확정함으로써, 내재적 아뜨만인 브라흐만에 대한 직접적 앎을 말하고자 하기 때문이다.

또한 마찬가지로 "그것은 모든 존재들에 숨어 있고, 아뜨만으로 드러나지 않는다. 하지만 미묘한 주시자들은, 예리하고 미묘한 지력(지성)을 통해 [그것을] 본다."〈까타 3.12〉라며 비슈누의 궁극적 거처에 대해 알기 어렵다는 것을 말한 뒤에, 그것을 알기 위한 요가를 "지적인

14_ <까타 3.3-4>의 '지성'은 히란야가르바의 지성이다. 이 '지성'은 <까타 3.10-11>에서 '지성'과 '위대한 아뜨만'으로 나뉜 채 따로따로 지시된다. 바꿔 말해, 전자에서 언급된 '지성'이 후자에서는 2가지로 분리된 채 언급된다. 후자에서 '지성'과 '위대한 아뜨만'은 각각 우리(사람)의 지성과 히란야가르바의 지성을 가리킨다. 물론 전자보다는 후자가 더 지고하다.

15_ <까타 3.3-4>에서는 '① 감관-② 대상-③ 마음-④ 지성-⑤ 육체-⑥ 아뜨만'이 등장한다. <까타 3.10-11>에서는 '① 감관-② 대상-③ 마음-④ 지성-⑤ 위대한 아뜨만(마하뜨)-⑥ 미현현자-⑦ 뿌루샤'의 순서이다. 만약 전자의 ④가 후자에서 ④, ⑤로 분리된 채 언급된다면, 전자의 ⑥은 후자의 ⑦이라고 이해해야만 한다. 마차(육체)를 탄 자 즉 개별자아로서 '전자의 ⑥'은, 실재적 관점에서는, 가장 지고한 것인 '지고한 아뜨만' 즉 뿌루샤와 차이가 없기 때문이다.

16_ 그것들 가운데(teṣu)=<까타 3.3-4>에서 제시된 6가지 논제들 가운데. * Nirnaya에는 '그것들 가운데'라는 표현이 등장하지 않는다.

자는 발성기관 [등을] 마음에서 제어해야 한다. 그것(마음)을 인식의 아뜨만에서 제어해야 한다. 인식의 [아뜨만을] 위대한 아뜨만에서 제어해야 한다. 그것(위대한 아뜨만)을 평온한 아뜨만에서 제어해야 한다." 〈까타 3.13〉라며 보여준다.

말한 바는 이러하다: 발성기관 [등을] 마음에서 제어해야 한다. 즉 발성기관 등 외부기관들의 작용을 그친 뒤에 단순한 마음으로 남아 있어야 한다. 대상에 대한 미결정을 낳으려는 마음마저, 미결정이라는 결함을 봄으로써, '인식'이라는 말로 불리고 확정을 본질로 하는 지성에서 억제해야 한다. 그 지성마저 미시성을 야기함으로써 '위대한 아뜨만, 향유주체, 또는 예리한 지성'에서 제어해야 한다.[17] 그리고 위대한 아뜨만을 논제인 '평온한 아뜨만, 궁극적인 뿌루샤, 궁극적인 정점'에서 확고히 서게 해야 한다.

그러므로 이와 같이 전후관계를 조망하는 경우에, 이곳에서는 논적이 추정한 쁘라다나에 대해 [그 어떤] 여지도 없다.‖1‖

2. 하지만, [만약 가시적인 육체가 '미현현자'라는 말에 적합하지 않다고 한다면, 미현현자는] 미시적인 [육체이다]; [미시적인 육체는] 그것에 [즉 '미현현자'라는 말에] 적합하기 때문이다.

sūkṣmaṃ tu tadarhatvāt ‖2‖

맥락과 남겨진 것을 통해 '미현현자'라는 말이 육체일 뿐 쁘라다나가

17_ <까타 3.13>에 등장하는 '인식(jñāna)의 아뜨만'과 '위대한 아뜨만'은 각각 <까타 3.10-11>의 '지성'과 '위대한 아뜨만'에 대응한다. 후자인 '위대한 아뜨만'은 미시적 세계를 주관하는 히란야가르바의 지성이다. 사람의 지성을 히란야가르바의 지성에서 제어하기 위해서는 '미시성(sūkṣmatā)을 야기하는 것'이 필요하다. 왜냐하면 히란야가르바의 지성 자체가 가장 미시적이기 때문이다.

아니라는 점을 말했다.

이제 이렇게 의문이 제기된다. 가시적(可視的)임으로 말미암아 더 분명한 그 육체는 '현현자'라는 말에 적합하고, 불분명함을 의미하는 것이 '미현현자'라는 말에 적합한 이상, 어떻게 육체가 '미현현자'라는 말에 적합하다는 말인가?

이로부터 답변을 한다.

하지만 이곳에서는 원인의 형태인 미시적인 육체를 말하고자 한다. 미시적인 [육체는] '미현현자'라는 말에 적합하기 때문이다. 비록 가시적인 그 육체는 그 자체로 '미현현자'라는 말에 적합하지 않을지라도, 바로 그것(육체)을 산출하는 '원소들의 미시성'(미시적인 원소)은 '미현현자'라는 말에 적합하다. 게다가 원형물(原型物)에 대한 말은 변형물(變形物)에도 [적용된다고] 알려진다. 예컨대, "소마를 암소들과 섞도록 하라."〈리그 9.46.4〉에서이다.[18] 더욱이 계시서는, "실로 그때에, 이것(세계)은 전개되지 않고 있었다."〈브리 1.4.7〉라며, 바로 그 '전개된 명칭과 형태에 의해 분기된 세계'가, 이전 상태에서는 '전개된 명칭과 형태를 결여하는 원천적 내재력의 상태'이고 '미현현자'라는 말에 알맞다는 것을 보여준다.‖2‖

3. [만약 세계의 이전 상태가 '미현현자'라는 말에 적합한 경우에 그 이전 상태가 쁘라다나이기 때문에 쁘라다나 원인론에 다다른다고 한다면, 세계의 이전 상태는 독립적으로 세계의 원인이 아니다]; [이전 상태는] 그(지고한 신)에 의존하기 때문이다; [이전 상태는] 의의를 가지기 [때문에 불가피하다고 용인해야만 한다].

tadadhīnatvād arthavat ‖3‖

18_ 실제로 소마와 섞는 것은 암소들이 아니라 우유이다. '암소'(원형물)라는 말이 '우유'(변형물)에 적용된 경우이다.

이에 대하여 말한다.

[전론]: 만약 이전 상태에서 현시되지 않은 명칭과 형태를 가진 채로 잠재된 형태인 이 세계가 '미현현자'라는 말에 적합하다고 용인한다면, 또 똑같은 상황으로서 육체마저 '미현현자'라는 말에 적합하다고 주장한다면, 그 경우에 이러한 사정에 따라 바로 그 쁘라다나 원인론에 다다를 것이다. 바로 그 세계가 가지는 이전 상태는 쁘라다나라고 용인되기 때문이다.

이에 대하여 대답한다.

[후론]: 만약 우리가 그 어떤 이전 상태를 독립적으로 세계의 원인이라고 용인한다면, 그 경우에 쁘라다나 원인론을 우리가 허용할지도 모른다. 하지만 우리는 세계의 그 이전 상태가 지고한 신에 의존한다고 용인할 뿐 독립적이라고 용인하지 않는다.

그리고 그것(이전 상태)은 불가피하다고 용인해야만 한다. 왜냐하면 그것은 의의를 가지기 때문이다. 실로 그것이 없이는 지고한 신이 창조주라는 것은 확립되지 않는다. 내재력이 없는 그(신)에게는 동작 성향이 합당하지 않기 때문이다. 또한 해탈한 자들이 재생하지 않는다는 것도 [확립되지 않는다]. 어떤 근거에서? 지식을 통해 그러한 원천적 내재력이 절멸되기 때문이다. 실로 무지를 본질로 하는 그 원천적 내재력은 '미현현자'라는 말로 지시될 수 있고, 지고한 신에 의존하며,[19] 환술[20]로 이루어진 것으로서, 본질에 대한 깨달음을 결여하는 '윤회하는 개별자아들'이 그 안에서 눕는(잠자는) 대(大)수면이다. 그래서 이러한 미현현자는 어떤 곳에서는 '허공'이라는 말로써 지시된다. "과연 가르기여, 정녕 이 불멸체에서 에테르(허공)가 엮이고 또 풀립니다."〈브

19_ 지고한 신에 의존하며=지고한 신을 처소(āśraya)로 하며.

20_ 환술(māyā)=물질적 원인.

리 3.8.11〉라며 계시되기 때문이다. 어떤 곳에서는 '불멸체'라는 말로써 불린다. "지고한 불멸체보다 더 지고하다."〈문다 2.1.2〉라며 계시되기 때문이다. 어떤 곳에서는 '환술'이라고 지시된다. "바로 그 쁘라끄리띠를 환술로, 또 환술을 가진 자를 마헤슈바라로 알아야 한다."〈슈베 4.10〉라는 만뜨라의 전언 때문이다. 실로 미현현자는 그 환술이다. [미현현자는] 실재라고도 다른 것이라고도 확정할 수 없기 때문이다. 그래서 "위대한 것(마하뜨)보다 미현현자가 더 지고하고"〈까타 3.11〉라고 그렇게 말한다. 히란야가르바의 지성이 위대한 것인 경우에, 미현현자로부터 위대한 것이 산출되기 때문이다. 한편, 심지어 개별자아가 위대한 것인 경우에도, 개별자아의 존재가 미현현자에 의존함으로 말미암아, 위대한 것보다 미현현자가 더 지고하다고 말한다. 실로 미현현자는 무지이다. 개별자아는 한갓 무지를 가짐으로 말미암아 모든 지속적인 관행(경험작용)에 종사한다.

결국 미현현자가 위대한 것보다 더 지고하다는 그 점은,[21] 동일한 것에 대한 비유적 사용 때문에, 그것(미현현자)의 변형인 육체에 대해서도 추정된다.[22] 비록 육체처럼 감관 등이 그것(미현현자)의 변형인 것은 한결같다고 할지라도, 오직 육체만이 동일한 것에 대한 비유적 사용 때문에 '미현현자'라는 말을 통해 파악된다. 감관 등은 바로 그 자체에 대한 말들을 통해 언급되었기 때문이고, 또 육체는 남겨졌기 때문이다.[23]

21_ * Nirnaya에는 문장의 앞부분에 'tac ca avyaktagataṃ'(결국 미현현자가 … 그)이라는 표현이 등장하지 않는다. 따라서 Nirnaya에서는 이 구절을 "위대한 것보다 더 지고하다는 것은"이라고 읽는다.

22_ 원인과 결과는 동일한 것이기 때문에, '원인인 미현현자'가 위대한 것보다 더 지고하다는 것은, '미현현자의 결과(변형)인 육체'가 위대한 것보다 더 지고하다는 것에도 비유적으로 적용(사용)될 수 있다.

23_ <까타 3.3-4>의 감관 등은 <까타 3.10-11>에서도 똑같이 감관 등의 말들을 통해 언급되었다. 반면에 <까타 3.3-4>의 육체는 <까타 3.10-11>에서 언급되지 않고 남겨졌다. 따라서 오직 육체만이 '비유적 사용'(upacāra) 때문에 '미현

한편 혹자들은 설명한다.

[이론]: 실로 육체는 가시적이고 미시적인 2종류이다. 가시적인 [육체는] '지각되는 것'이다. 미시적인 [육체에 대해서는] 뒤따르는 곳에서 "[개별자아는] 다른 어떤 것(육체)을 획득할 때 [육체의 씨앗인 미시적 원소들에 의해] 둘러싸인 채로 움직인다; 질문과 해법 때문이다."〈수뜨라 3.1.1〉라고 말할 것이다. 그리고 앞선 곳에서는 이 2가지 육체 모두 차등 없이 '마차'라는 것으로 언급되었다. 반면에 이곳에서는[24] 미시적인 [육체가] '미현현자'라는 말을 통해 이해된다. 미시적인 [육체는] '미현현자'라는 말에 적합하기 때문이다. 또한 속박과 해탈에 대한 [개별자아의] 경험작용은 그것(미시적인 육체)에 의존하기 때문에, 개별자아보다 그것이 더 지고하다. 예컨대, 감관의 작용은 대상에 의존하기 때문에 감관들보다 대상들이 더 지고하다.

하지만 이들은 이에 대해 대답해야만 한다.

[후론]: 앞선 곳에서 2가지 육체가 차등 없이 '마차'라는 것으로 언급됨으로 말미암아 [2가지 모두가] 똑같이 '논제인 것'이고 '남겨진 것'인 경우에, 어떻게 이곳에서 오직 미시적인 육체만이 파악되고 더 나아가 가시적인 육체까지는 파악되지 않는다는 말인가?

[이론]: 우리는 [성전에서] 전해지는 것[25]의 의미를 수용할 수 있을 뿐, 전해지는 것을 의문시할 수는 없다. 결국 '미현현자'라고 전해지는 단어는 오직 미시적인 [육체만] 제시할 수 있을 뿐 다른 것을 제시할 수 없다. 그것(가시적인 육체)은 현현자이기 때문이다.

[후론]: 아니다. 의미를 결정하는 것은 문장적(의미적) 통일성에 의존하기 때문이다. 실로 전후로 전해지는 그 [문장들이] 문장적 통일성을

현자'라는 말을 통해 파악된다.

24_ 앞선 곳=<까타 3.3-4>. 이곳=<까타 3.10-11>.

25_ [성전에서] 전해지는 것(āmnāta)=성전에서 직접 언급되는 것.

이루지 못한 채로는 그 어떤 의미도 제시하지 못한다. 논제를 폐기하고 논제가 아닌 것을 소개하는 부조리한 결말이 생기기 때문이다. 게다가 기대성(期待性)[26]이 없이는 문장적 통일성이 획득되지 않는다. 이 경우에는, 2가지 육체가 차등 없이 파악될 수 있다는 기대성 속에서 기대한 바대로의 관계가 용인되지 않을 때에, 바로 그 문장적 통일성이 훼손되고 만다.[27] 어찌하여 전해지는 것의 의미가 결정되겠는가![28]

더욱이 다음과 같이 생각해서는 안 된다: 이곳에서는 미시적인 육체 자체가 바로잡기 어려움으로 말미암아 파악되지만, 가시적인 육체는 '역겨움이 지각(관찰)되는 것'으로서 바로잡기 쉬움으로 말미암아 파악되지 않는다.[29] 결코 이곳에서는 그 무엇에 대해 바로잡는 것을 말하고자 하지 않는 까닭에서이다. 실로 이곳에는 바로잡기를 명령하는 그 어떤 동사도 없다. 반면에 이곳에서는, "그곳은 비슈누의 궁극적 거처이다."〈까타 3.9〉라며 바로 이전에 교시되기 때문에, 그것(그곳)이 무엇인지를 말하고자 한다. 왜냐하면 그렇게 '그것보다 이것이 더 지고하고, 그것보다 이것이 더 지고하다'라고 말한 뒤에 "그 어떤 것도 뿌루

26_ 일반적으로 문장의 의미를 이해하기 위한 근거들로 3가지가 알려져 있다. 그것들은 기대성(ākāṅkṣā), 양립성(yogyatā), 근접성(saṃnidhi, āsatti)이다. 기대성이란, '암소'와 '몰고 오라'에서와 같이, 말들이 서로 기대하고 있는 것을 가리킨다. 양립성이란, '물'과 '젖다'에서와 같이, 또 '물'과 '타다'에서와는 달리, 말들이 양립해야 하는 것을 가리킨다. 근접성이란 말들이 시간적(혹은 공간적)으로 근접해야 하는 것을 가리킨다. 예컨대, '암소를'과 '몰고 오라' 사이에 시간적 근접이 없다면 '암소를 몰고 오라'라는 문장의 의미를 이해할 수가 없다.

27_ <까타 3.3-4>를 통해 <까타 3.10-11>에서도 2가지 육체가 차등 없이 파악될 수 있다고 기대를 가지지만, 후자에서 미시적인 육체만이 파악됨으로써 그렇게 기대한 바대로 두 문장들의 관계가 용인되지 않는 경우, 결과적으로 문장의 '문장적 통일성'(ekavākyatā)도 불가능하다.

28_ 문장적 통일성이 없이 어떻게 성전에서 전해지는 것의 의미가 결정되겠는가!

29_ 미시적인 육체는 순수한 아뜨만과 유사성이 크기 때문에, 그것이 아뜨만이 아니라고 바로잡기(śodha)가 어렵다. 그와 달리 가시적인 육체는 순수한 아뜨만과 분명하게 구별되기 때문에, 그것이 아뜨만이 아니라고 바로잡기가 쉽다.

샤보다 더 지고하지 않다."〈까타 3.11〉라고 말하기 때문이다.

한편 어느 경우이든지 간에 추론된 것을 부인하는 것은 합당하기 때문에 그건 그와 같다고 하고,[30] 우리는 아무것도 손해 보지 않는다.‖3‖

4. 또한 [상크야 학자들은 쁘라다나를 지식대상으로 전승하지만 이곳에서는 미현현자를] 지식대상이라고 말하지 않기 때문에, [미현현자는 쁘라다나가 아니다].

jñeyatvāvacanāc ca ‖4‖

또한 구나와 뿌루샤의 차이에 대한 지식을 통해 독존(獨存)한다고 주장하는 상크야 학자들은 쁘라다나를 지식대상으로 전승한다. 왜냐하면 구나의 본질을 모른 채로는 구나들로부터 뿌루샤가 가지는 차이를 알 수 없기 때문이다.[31] 그리고 어떤 곳에서는 특정한 초능력을 획득하기 위해 쁘라다나가 지식대상이라고 전승한다.

하지만 이곳에서는 그 미현현자를 지식대상이라고 말하지 않는다. 왜냐하면 '미현현자'라는 말은 단순한 단어(통칭)이기 때문이다. 이곳에서는 미현현자를 알아야만 한다거나 계속 명상해야만 한다는 문장이 없다. 그리고 대상(미현현자)에 대한 지식을 가르치지 않음에도 [그 대상에 대한 지식이] 인간에게 유익하다고 간주할 수는 없다.

그러므로 또한 '미현현자'라는 말에 의해 쁘라다나가 지시되지는 않는다. 반면에 우리는 '마차의 은유를 통해 고안된 육체 등을 따라감으

30_ 후론과 이론 가운데 어느 경우이든지 간에 추론된 쁘라다나를 부인하는 것만큼은 공통적으로 합당하기 때문에 이론자의 대안적인 해설도 나름대로 일리 있다는 것을 인정하고.

31_ 구나의 본질을 아는 것은 곧 쁘라다나의 본질을 아는 것이고, 이는 또 쁘라다나를 지식대상으로 삼는 것이다.

로써 비슈누 자체의 궁극적 거처를 보여주기 위한 것'이라고 제안하므로, 결함이 없다.‖4‖

5. 만약 [쁘라다나를 지식대상(주시해야만 하는 것)으로] 말한다고 한다면, 아니다; 왜냐하면 맥락으로 말미암아 최상의 지성이 ['주시해야만 하는 것'으로 지시되기] 때문이다; [따라서 쁘라다나는 지식대상이 아니고 미현현자가 아니다].

vadatīti cen na prājño hi prakaraṇāt ‖5‖

이에 대하여 상크야 학자는 말한다.

[상크야]: "지식대상이라고 말하지 않기 때문에"〈수뜨라 1.4.4〉라는 것은 실증되지 않는다. 어떻게? 왜냐하면 뒤따르는 곳에서 '미현현자'라는 말로 불리는 쁘라다나를 지식대상으로 말하는 것이 계시되기 때문이다. "소리가 없고, 감촉이 없으며, 형태(색깔)가 없고, 소실이 없으며, 또한 맛이 없고, 영원하며, 냄새를 가지지 않는 것. 시작이 없고 끝이 없으며, 위대한 것(마하뜨)보다 더 지고하고, 항구적인 것. 그것을 주시함으로써 죽음과의 대면으로부터 자유로워진다."〈까타 3.15〉에서이다. 실로 이곳에서는, '소리 등을 결여하고 위대한 것보다 더 지고하다고 전승서에서 확정된 쁘라다나'와 거의 같은 것 자체가, 주시해야만 하는 것으로[32] 지시된다. 따라서 그것(주시해야만 하는 것)은 바로 쁘라다나이고, 또 바로 그것이 '미현현자'라는 말로 지시된다.

이에 대하여 우리는 말한다.

[후론]: 이곳에서 쁘라다나는 주시해야만 하는 것으로 지시되지 않는다. 왜냐하면 이곳에서는 지고한 아뜨만인 최상의 지성이 주시해야만

32_ 주시해야만 하는 것으로=알아야만 하는 것으로, 즉 지식대상으로.

하는 것으로 지시된다고 알려지기 때문이다.

어떤 근거에서? 맥락 때문이다. 실로 최상의 지성에 대한 맥락이 폭넓게 펼쳐진다. "그 어떤 것도 뿌루샤보다 더 지고하지 않다. 그것은 정점이다. 그것은 궁극적 목적지이다."〈까타 3.11〉라는 등이 교시되기 때문이고, 또 "그것은 모든 존재들에 숨어 있고, 아뜨만으로 드러나지 않는다."〈까타 3.12〉라며 '알기 어려움'을 말함으로써 바로 그것이 지식대상이라고 기대되기 때문이다. 게다가 "지적인 자는 발성기관 [등을] 마음에서 제어해야 한다."〈까타 3.13〉라며 바로 그 '그것에 대한 지식'을 위해 발성기관 등을 제어하는 것이 규정되기 때문이다. 더욱이 '죽음과의 대면으로부터 자유로움'이 [그 지식의] 결과이기 때문이다. 실로 상크야 학자들은 단지 쁘라다나를 주시함으로써 죽음과의 대면으로부터 자유로워진다고 간주하지 않는다. 왜냐하면 그들은 의식체인 아뜨만(뿌루샤)에 대한 지식을 통해 죽음과의 대면으로부터 자유로워진다고 주장하기 때문이다. [그리고] 모든 베단따(우빠니샤드)들에서는 오직 최상의 지성인 아뜨만이 '소리가 없음' 등의 특성들을 가진다고 언급된다.

그러므로 이곳에서 쁘라다나는 지식대상이 아니고, 또 '미현현자'라는 말로 지시되지 않는다.‖5‖

6. 또한 마찬가지로, 오직 3가지가 [즉 불, 개별자아, 지고한 아뜨만이 '말해야만 하는 것'으로] 제시되고 또 질문되기 [때문에, 쁘라다나는 미현현자가 아니고 지식대상이 아니다].

trayāṇām eva caivam upanyāsaḥ praśnaś ca ‖6‖

이로 말미암아 또한, 쁘라다나는 '미현현자'라는 말로 지시되지 않고, 또 지식대상이 아니다. 이 저작에서는 즉 까타발리에서는 오직 3

가지 대상들인 '불, 개별자아, 지고한 아뜨만'이 은혜를 주는 것에 힘입어[33] '말해야만 하는 것'으로 제시된다고 알려지는 까닭에서이다. 또한 오직 그것들과 관계하여 질문된다. 그것들과는 다른 것이[34] 질문되지 않고 또 제시되지 않는다.

그 가운데 먼저, "죽음이여, 그러한 당신은 천국으로 이끄는 불을 알고 있습니다. 믿음이 있는 저에게 [당신이] 그것에 대해 말씀해 주십시오."〈까타 1.13〉라는 것이 불과 관계하는 질문이다. "인간이 죽은 경우에 어떤 자들은 그가 존재한다고 하고 또 어떤 자들은 그가 존재하지 않는다고 하는 이러한 의문을, 당신의 가르침을 통해 저는 알고 싶습니다. 이것이 [제가 받을] 은혜들 중에서 세 번째의 은혜입니다."〈까타 1.20〉라는 것이 개별자아와 관계하는 질문이다. "'다르마'와는 다른 것이라고 '다르마가 아닌 것'과는 다른 것이라고, 이러한 '행한 것'과 '행하지 않은 것'과는 다른 것이라고, 또한 '있었던 것'(과거)과 '있어야 할 것'(미래)과도 다른 것이라고 당신이 보는, 그것을 [제게] 말씀해 주십시오."〈까타 2.14〉라는 것은 지고한 아뜨만과 관계하는 [질문이다].

또한 대답의 경우, "[죽음은] 그에게, 세계의 시초인 그 불에 대해 말했다. 어떤 벽돌인지, 얼마만큼의 벽돌인지, 어찌어찌 하는지에 대해 말했다."[35]〈까타 1.15〉라는 것이 불과 관계한다. "자, 가우따마여, 나는 이것에 대해 그대에게 말할 것이다. 비밀스럽고 영원무궁한 브라흐만에 대해, 그리고 죽게 된 후에 아뜨만(영혼)이 있는 방식에 대해. [각각의] 행위(업)에 따라 식견에 따라, 어떤 영혼들은 육화되기 위해 자궁

33_ 은혜(vara)를 주는 것에 힘입어=야마(죽음의 신)가 나찌께따스에게 3가지 은혜를 주는 것에 힘입어.

34_ 그것들과는 다른 것이=3가지와는 다른 것이, 즉 쁘라다나가.

35_ 제단을 쌓는 데 필요한 벽돌의 형태(종류)와 개수, 그리고 불을 준비하고 조절하는 방법 등에 대해 말했다.

으로 나아가고, 어떤 영혼들은 정물을 좇아간다."〈까타 5.6-7〉라는 동떨어진 [문장들이] 개별자아와 관계한다.[36] "현명한 지성은 태어나지도 죽지도 않는다."〈까타 2.18〉라는 등의 풍부한 상술은 지고한 아뜨만과 관계한다.

이와 달리 쁘라다나와 관계하는 질문은 없다. 그리고 그것은 질문되지 않았기 때문에 제시되지 않아야만 한다.[37]

이에 대하여 말한다.

[상크야]: "인간이 죽은 경우에 … 그가 존재한다고 … 이러한 의문을"〈까타 1.20〉이라는 아뜨만과 관계하는 바로 그 질문이 "'다르마'와는 다른 것이라고 '다르마가 아닌 것'과는 다른 것이라고"〈까타 2.14〉라는 이 [질문으로] 다시 환기되는가, 또는 그것과는 달리 이 [질문은] 새로운 질문으로 제기되는가?[38] 그래서 결국 어떠한가? 만약 바로 그 질문이 이 [질문으로] 다시 환기된다고 말한다면, 그 경우에 두 질문이 동일화되어 [모두] 아뜨만과 관계하기 때문에 '불과 관계하고 아뜨만과 관계하는 단지 두 질문들'이므로, 이로부터, 두 질문이 제시된 것을 3가지라고 말할 수는 없다. 이제 만약 [그것과는] 달리 이 [질문이] 새로운 질문으로 제기된다고 말한다면, 그 경우에 실로 은혜를 주는 것과 별도로 질문을 가정하는 데 결함이 없는 바와 같이, 마찬가지로 심지어 질문과 별도로 쁘라다나가 제시된다고 가정하는 데도 결함이 없을 것이다.[39]

36_ 개별자아와 관계하는 질문이 <까타 1.20>에 등장하는 반면에 그 대답이 <까타 5.6-7>에 등장하므로, 거리상 질문과 대답은 동떨어져 있다.

37_ 나찌께따스에 의해 쁘라다나가 질문되지 않았기 때문에 쁘라다나는 '말해야만 하는 것'으로 제시되지 않는다.

38_ <까타 1.20>의 그 질문과 관련하여 <까타 2.14>의 이 질문은 동일한 내용을 환기하는 것인가 아니면 새로운 내용을 제기하는 것인가?

39_ <까타 1.20>의 질문에서 나찌께따스는 그 질문이 자신이 받을 세 번째의 은혜

이에 대하여 대답한다.

[후론]: 그와 달리 우리는 은혜를 주는 것과 별도로 그 어떤 [새로운] 질문도 이곳에서 가정하지 않는다.[40] 시작되는 문장의 효력 때문이다. 실로 까타발리에서, 은혜를 주는 것을 시작으로 하고 죽음과 나찌께따스의 대화로 이루어진 '문장들의 경향'은 그 결말까지 [이어진다고] 관찰된다. 전해지듯이, 죽음은 아버지에 의해 보내진 나찌께따스에게 세 은혜들을 주었다. 전해지듯이, 나찌께따스는 그것들 중에 첫 번째 은혜를 통해 아버지의 인자함을, 두 번째 은혜를 통해 불에 대한 지식을, 세 번째 은혜를 통해 아뜨만에 대한 지식을 요청했다.[41] "[인간이] 죽은 경우에 … 이러한 …", "이것이 [제가 받을] 은혜들 중에서 세 번째의 은혜입니다."라는 표징 때문이다.

이러한 사정에서, 만약 "'다르마'와는 다른 것이라고"라며 [그 질문과는] 달리 이 [질문이] 새로운 질문으로 제기된다면, 그 경우에 심지어

라고 말한다. 그런데 <까타 2.14>의 질문이 완전히 새로운 질문이라면, 오직 3가지뿐인 은혜(질문)와는 별도로 또 하나의 질문을 가정하는 것이 정당하게 된다. 이 경우 이러한 논리를 그대로 적용하자면, '말해야만 하는 것'으로 오직 3가지가 즉 '불, 개별자아, 지고한 아뜨만'이 제시된다는 것과 별도로 또 하나의 '말해야만 하는 것'으로 쁘라다나가 질문과 무관하게 제시된다고 가정하는 것도 정당하게 된다.

40_ 이곳에서=<까타 2.14>에서. 후론자는 <까타 2.14>가 새로운 질문은 아니라고 주장한다.

41_ 앞서 주석가는 <까타 1.13>이 불과 관계하는 질문이고, <까타 1.20>이 개별자아와 관계하는 질문이며, <까타 2.14>가 지고한 아뜨만과 관계하는 질문이라고 말한 바 있다. 그런데 여기서는 <까타 1.13>의 두 번째 은혜가 불과 관계하고, <까타 1.20>의 세 번째 은혜가 아뜨만(개별자아와 지고한 아뜨만을 모두 지시할 수 있는 말)과 관계한다고 말한다. 물론 첫 번째 은혜는 3가지 질문과 상관이 없다. 하지만 왜 주석가는 세 번째 은혜가 개별자아가 아닌 아뜨만과 관계하는 질문이라고 말하는 것일까? 곧 이어 밝혀지겠지만, 개별자아와 지고한 아뜨만은 동일하기 때문에 '세 번째 은혜로서 <까타 1.20>의 질문'과 '<까타 2.14>의 질문'은 다르지 않은 질문이다.

은혜를 주는 것과 별도로 질문을 가정하기 때문에, 문장이[42] 훼손될 것이다.

[상크야]: 질문대상이 상이하기 때문에 이 질문은 새로운 것이어야만 하지 않는가? 실로 앞의[43] 질문은 개별자아와 관계한다. "인간이 죽은 경우에 … 그가 존재한다고 하고 … 그가 존재하지 않는다고 하는 이러한 의문을"이라며 의문이 언급되기 때문이다. 그리고 개별자아는 다르마 등의 영역에 속함으로 말미암아 "'다르마'와는 다른 것이라고"라는 질문에 적합하지 않다. 반면에 최상의 지성(아뜨만)은 다르마 등을 초월함으로 말미암아 "'다르마'와는 다른 것이라고"라는 질문에 적합하다. 게다가 질문의 양상도 동일하지 않다고 이해된다. 앞의 [질문은] '존재하는 것과 존재하지 않는 것'과 관계하기 때문이고, 또 뒤의 [질문은] '다르마 등을 초월하는 것'과 관계하기 때문이다. 따라서 [두 질문의 동일성을] 인지하게끔 하는 것이 없음으로 말미암아 [두] 질문은 상이하다. 앞의 [질문] 자체는 뒤에서 환기되지 않는다.

[후론]: 아니다. 개별자아와 최상의 지성이 동일하다고 용인되기 때문이다. 만약 개별자아가 최상의 지성과 다르다면, 질문대상의 상이함으로부터 질문의 상이함이 가능하다. 하지만 [양자는] 다르지 않다. "그것이 너이다."〈찬도 6.8.7〉라는 등이 다른 곳에서 계시되기 때문이다. 또한 이곳에서 "'다르마'와는 다른 것이라고"라는 그 질문에 대해 "현명한 지성은 태어나지도 죽지도 않는다."라며 태어남과 죽음을 부정하는 [형태로] 제시되는 대답은, 육화된 자와 지고한 신 사이에 차이가 없다는 것을 보여준다. 실로 우발(偶發)성이 있는 경우에 부정이 제

42_ 문장이=문장의 문장적 통일성이.

43_ * Nirnaya에 '앞의'(pūrvo)라는 표현이 등장하는 것과 달리, Samata에는 '새로운'(apūrvo)이라는 표현이 등장한다. 논의의 전개를 따져본다면 '앞의'라는 표현이 더 적합할 것이다.

몫을 하게 된다. 그리고 태어남과 죽음의 우발성은 육체와의 연관으로 말미암아 육화된 자에게 속할 뿐 지고한 신에게 속하지 않는다.[44]

마찬가지로 "꿈의 대상(속)과 생시의 대상이라는 양자를 바라다보게끔 하는 '광대하고 편재하는 아뜨만'을 숙고한 뒤에, 현자는 슬퍼하지 않는다."〈까타 4.4〉라며, 꿈과 생시에서 보는 자이자 광대함과 편재함이라는 특징을 가지는 개별자아 그 자체가 숙고하기를 통해 슬픔을 끝내는 것을 보여줌으로써, 개별자아가 최상의 지성과 다르지 않다는 것을 보여준다. 왜냐하면 최상의 지성에 대한 지식을 통해 슬픔을 끝낸다고 하는 것이 베단따의 정론이기 때문이다. 또한 계속해서, "정녕 이곳에 있는 것은 그곳에 있다. 그처럼, 그곳에 있는 것은 이곳에 있다. 이곳에 마치 다양함이 있는 듯이 보는 자는, 죽음으로부터 죽음으로 향한다."〈까타 4.10〉라며, 개별자아와 최상의 지성 사이에 차이가 있다고 보는 것을 힐난한다. 마찬가지로 개별자아와 관계하는 '존재하는 것과 존재하지 않는 것에 대한 질문'에 곧 이어서 "나찌께따스여, 다른 은혜를 선택하도록 하라."〈까타 1.21〉라고 시작한 뒤에, 죽음이 이러저러한 욕망대상들로 나찌께따스를 꾀어냄에도 그가 흔들리지 않을 때에 죽음은 그에게 '번영과 지고선'의 구분을 밝힘으로써 또 '무지와 지식'의 구분을 밝힘으로써 "나는 [그대] 나찌께따스가 지식을 얻고 싶어 한다고 생각한다. 수많은 욕망대상들도 그대를 혹되게 하지는 못한다."〈까타 2.4〉라고 칭찬한 다음, 그의 질문까지 칭찬하면서 "보기 어렵고, 비밀스러운 곳에 들어가 있으며, 공동에 놓여 있고, 심연에 존재하는 그 태고의 것을, 현자는 아뜨만에 관한 요가를 달성함으로써 신

44_ 어떤 대상이 부정된다는 것은 그 대상이 우발성(prasaṅga)을 가지기 때문이다. 즉 '태어남과 죽음'이라는 것은 우발적인 것이기 때문에 "현명한 지성은 태어나지도 죽지도 않는다."라며 부정된다. 따라서 이 우발성은 오직 '육화된 자 즉 개별자아'와 관계할 뿐 '지고한 신 즉 최상의 지성'과 관계하지 않는다.

으로 숙고한 뒤에 기쁨과 슬픔을 떠난다."〈까타 2.12〉라는 것을 말한다. 이로부터도 오직 개별자아와 최상의 지성 사이에 차이가 없다는 것을 이곳에서 말하고자 한다고 이해된다. 그리고 만약 어떤 질문에 기인하여 죽음으로부터 큰 칭찬을 받게 된 나찌께따스가 그것(질문)을 버린 채로 칭찬에 곧 이어서 한갓 다른 질문을 던졌다면, 표출되어 있는 그러한 모든 칭찬들은 실로 어울리지 않을 것이다. 따라서 "[인간이] 죽은 경우에 … 이러한 …"이라는 바로 그 질문이 "'다르마'와는 다른 것이라고"라는 것을 통해 환기된다.

한편, 질문의 양상이 상이하다고 주장한 것은 문제가 되지 않는다. 바로 그것(앞의 질문)에 속하는 특징(특이점)이 다시 질문되기 때문이다.[45] 실로 앞선 곳에서는 육체 등과는 구별되는 아뜨만이 존재하는지 질문되고, 실로 뒤따르는 곳에서는 바로 그것이 윤회하지 않는 자인지 질문된다. 왜냐하면 무지가 파기되지 않은 동안 개별자아가 '다르마 등의 영역에 속하는 것'과 '개별자아라는 것'은 파기되지 않지만, 그것이 파기된 경우에는 [개별자아가] 최상의 지성 자체로서 "그것이 너이다."라는 계시에 따라 인지되기 때문이다. 그리고 무지를 가진 경우에도 그것이 제거된 경우에도, 사물은 그 어떤 차이도 가지지 않는다. 예컨대, 어떤 자가 암흑에 놓여 있는 어떤 밧줄을 뱀으로 간주함으로써 두려워하고 떨면서 물러서고, 그에게 다른 자가 "두려워하지 마시오. 그것은 뱀이 아니고, 단지 밧줄이라오."라고 말할지도 모른다. 그리고 이를 들은 어떤 자는, 뱀에 의해 두려워하고 떨면서 물러서던 것을 그칠지도 모른다. 하지만 뱀에 대한 관념을 가진 동안에도 그것이 제거된 동안에도, 사물(밧줄)은 그 어떤 차이도 가지지 않을 것이다. 이 경

45_ 앞의 질문에 속하는 특징(viśeṣa)이 뒤에서 다시 질문되기 때문에, 즉 앞의 질문에 속하는 특이점이 뒤에서 표현만 달리한 채 다시 질문되기 때문에, 질문의 양상도 상이하지 않다.

우도 바로 그와 같이 이해해야만 한다. 또한 이로부터 “태어나지도 죽지도 않는다.”라고 이렇게 운운하는 것들조차도 ‘존재하는 것과 존재하지 않는 것에 대한 질문’의[46] 대답이 된다.[47]

하지만 수뜨라는 무지에 의해 상상된 ‘개별자아와 최상의 지성 사이의 차이’라는 견지에서 해석해야만 한다. 실로 비록 아뜨만과 관계하는 질문은 하나일지라도, 죽음의 상태에서 단지 육체와는 구별되는 것이 존재하는지에 관한 의문 때문에, 또 행위주체 등 윤회세계의 상태가 제거되지 않았기 때문에, 앞의 과정은 개별자아와 관계한다고 짐작된다. 반면에 뒤의 [과정은], 다르마 등을 초월하는 것이 언급(찬양)되기 때문에, 최상의 지성과 관계한다고 [짐작된다].

결국 이로부터 ‘불, 개별자아, 지고한 아뜨만’을 가정하는 것은 합리적이다. 반면에 쁘라다나를 가정하는 경우에는 은혜를 주는 것이 없고, 질문이 없으며, 대답이 없으므로, [우리와] 동등하지 않다.‖6‖

7. 또한 ‘마하뜨’처럼, [‘미현현자’라는 말도 베다의 용법에서는 쁘라다나를 지시할 수 없다]; [따라서 추론된 것은 성언에서 주어지지 않는다].
mahadvac ca ‖7‖

예컨대, 비록 상크야 학자들이 ‘마하뜨’(위대한 것)라는 말을 첫 번째로 산출된 ‘존재일 뿐인 것’[48]에 대해 사용할지라도, 베다의 용법에서는

46_ * ‘존재하지 않는 것’(-nāstitva-)이라는 표현은 Samata에만 추가로 등장한다.

47_ 지고한 아뜨만과 관계하는 “현명한 지성은 태어나지도 죽지도 않는다.”<까타 2.18>라는 문장들조차, “인간이 죽은 경우에 어떤 자들은 그가 존재한다고 하고 또 어떤 자들은 그가 존재하지 않는다고 하는 이러한 의문을, 당신의 가르침을 통해 저는 알고 싶습니다.”<까타 1.20>라는 개별자아와 관계하는 질문의 대답이 될 수 있다.

48_ ‘존재일 뿐인 것’(sattāmātra)을 ‘전변의 시초에서 삿뜨바가 가장 우세한 것’으

바로 그것을 지시하지 않는다. "지성보다 '위대한 아뜨만'이 더 지고하다.〈까타 3.10〉, "광대(廣大)하고 편재하는 것으로 아뜨만을"〈까타 2.22〉, "나는 … 그 위대한 뿌루샤를 안다."〈슈베 3.8〉라고 이렇게 운운하는 [계시들에서] '아뜨만이라는 말과 함께 사용되는 것' 등의 이유들 때문이다.[49] 마찬가지로 '미현현자'라는 말도 베다의 용법에서는 쁘라다나를 지시할 수 없다.

그러므로 또한 추론된 것은 성언에서 주어지지 않는다.‖7‖

{ 2. '국자'라는 주제: 수뜨라 8-10 }

8. ['아자'(생성되지 않은 여자)라는 만뜨라를 통해 상크야 이론을 받아들일 수는 없다]; 국자와 같이, [이 만뜨라에는 상크야 이론만이 의도된다고 확정하는 데] 징표가 없기 때문이다; [따라서 '아자'에 의해 쁘라다나가 의도되지 않는다].

camasavad aviśeṣāt ‖8‖

[전론]: 한층 나아가 쁘라다나주의자는 쁘라다나가 성언을 벗어난다는 것이 실증되지 않았다고 말한다.

무엇 때문에? 만뜨라의 전언 때문이다. "붉고 희고 검은 색을 가지

로 이해할 수 있다.

49_ 인용된 세 문장에서 '마하뜨'라는 말은 '위대한', '광대한'을 뜻하면서 '아뜨만', '뿌루샤'라는 말과 함께 등장한다. 이처럼 베다의 용법에서 '마하뜨'는 상크야 학파에서와 달리 '존재일 뿐인 것'(붓디)을 지시하지 않는다. '마하뜨'는 단순한 한정어로서 '아뜨만 등'을 수식하는 데 사용될 뿐이다.

며, 같은 형태(종류)의 수많은 창조물들을 창조한, 생성되지 않은 어떤 여자.[50] 실로 생성되지 않은 한 남자는 즐기면서 [그녀의 곁에] 눕지만, 생성되지 않은 다른 남자는 향락을 경험한 그녀를 떠난다."〈슈베 4.5〉에서이다. 실로 이곳의 만뜨라에서는 '붉고 희고 검은 색'이라는 말들을 통해 라자스, 삿뜨바, 따마스가 지시된다. 붉음은 채색(색칠하는 것)[51]을 본질로 하기 때문에 라자스이다. 흼은 빛(광명)을 본질로 하기 때문에 삿뜨바이다. 검음은 은폐를 본질로 하기 때문에 따마스이다. 그것들의 균형 상태가 '붉고 희고 검은 색'이라는 부분들의 특성들을 통해 지시된다.[52] 그리고 '태어나지 않다'라는 것이 '아자'(생성되지 않은 여자)일 것이다. "'근원적 원형물'은 변형물이 아니다."〈상크야-까 3〉[53]라고 용인하기 때문이다.

[반박]: '아자'라는 말은 관습적으로 암염소를 의미하지 않는가?[54]

[전론]: 정말이다. 하지만 이곳에서는 그러한 관습적인 것을 받아들일 수 없다. 지식이라는 맥락 때문이다. 실로 그것(아자)은 3구나를 가지는 수많은 창조물들을 태어나게 한다. 그 쁘라끄리띠를, 생성되지

50_ 이 '주제'에서 논의의 핵심어인 'ajā'(아자)를 <슈베 4.5>의 맥락에 따라 일단 '생성되지 않은 여자'('생성되지 않은 자'의 여성형)로 읽는다. 앞으로 전개되는 논의에서 '아자'라는 말은 '생성되지 않은 여자'(어원적 의미), '암염소'(관습적 의미) 등으로 풀이된다.

51_ 채색(rañjana)=마음을 물들이고 마음에 영향을 끼치는 것, 즉 열정 · 매혹을 만드는 것.

52_ 3구나의 균형 상태를 뜻하는 쁘라다나가 '붉음, 흼, 검음'이라는 구나(부분)들의 특성들을 통해 언급된다.

53_ <상크야-까 3>의 전문은 다음과 같다: "'근원적 원형물'(mūlaprakṛti)은 변형물(vikṛti)이 아니다. 마하뜨(mahat) 등의 7가지는 원형물이기도 하고 변형물이기도 하다. 16가지는 변형물일 뿐이다. 순수정신(뿌루샤)은 원형물도 아니고 변형물도 아니다."

54_ 'aja'(생성되지 않은 자, 숫염소)의 여성형인 'ajā'라는 말은 관습적으로 '암염소'를 의미하지 않는가?

않은 한 뿌루샤(남자)는 '즐기면서' 즉 '기뻐하면서 혹은 섬기면서' [그 곁에] 눕는다. 그는 무지에 의해 바로 그것(쁘라끄리띠)을 아뜨만으로 인정한 채, '나는 행복하다', '나는 불행하다', '나는 우둔하다'라며 분별이 없기 때문에 윤회를 겪는다. 그 반대로, 생성되지 않은 다른 뿌루샤(남자)는 분별적 지식이 생기고 무심하게 된 채, '그녀를 떠난다'. 즉 '향락을 경험한 또는 향유와 해방이라는 [목적을] 끝낸 쁘라끄리띠를 버리고 자유로워진다'는 뜻이다. 따라서 까삘라의 추종자들은 오직 계시서를 근거(권위)로 하여 쁘라다나 등을 가정한다.

이와 같은 귀결에서 우리는 말한다.

[후론]: 이 만뜨라를 통해 계시서에서 상크야 이론이 주어진다고는 받아들일 수 없다. 실로 이 만뜨라는 그 어떤 이론조차도 독립적으로 실증할 수 없다. 어느 경우이든지 즉 그 어떤 것을 가정하더라도 '아자' 등과 결합되는 것이 가능하기 때문이다. [또한] 이곳에서 단지 상크야 이론만이 의도된다고 확정(한정)하는 데 특별한 이유가 없기 때문이다.[55] 국자와 같다. 실로 예컨대, "공동(빈곳)이 아래를 향하고 밑바닥이 위를 향하는 국자."〈브리 2.2.3〉라는 이 만뜨라에서 어떠한 명칭의 어떠한 국자가 의도되는지 독립적으로는 확정할 수 없다. 어느 경우이든지 어쨌든지 간에[56] '공동이 아래를 향하는 것' 등을 가정하는 것은 가능하기 때문이다. 마찬가지로 이곳에서도 "… 생성되지 않은 어떤 여자."라는 이 만뜨라는 징표를 가지지 않는다.[57]

[그러므로] 이 만뜨라에서 '아자'에 의해 단지 쁘라다나가 의도된다

55_ '아자' 등의 말은 맥락에 따라 여러 가지를 지시할 수 있다. 따라서 단지 상크야의 이론(vāda)만이 <슈베 4.5>에서 특별히 의도된다고 확정할 만한 아무런 이유가 없다.

56_ 어느 경우이든지 어쨌든지 간에=어떠한 명칭의 어떠한 국자이든지 간에.

57_ "… 생성되지 않은 어떤 여자."라는 이 만뜨라는 독립적으로 '아자'가 무엇을 지시하는지 알려주는 그 어떤 징표(viśeṣa)도 가지지 않는다.

고는 확정할 수 없다.‖8‖

[전론]: 하지만 그곳에서는, "그것은 그의 머리입니다. 왜냐하면 이것(머리)은 공동이 아래를 향하고 밑바닥이 위를 향하는 국자이기 때문입니다."〈브리 2.2.3〉라는 보조적 문장으로 말미암아 특정한 국자가 수용된다. 그렇다면 이곳에서는 이 '아자'를 무엇이라고 이해해야만 하는가?

이에 대하여 우리는 말한다.

9. 실로 ['아자'란 지고한 신으로부터 생성된] '불을 시작으로 하는 것'이다; ['아자'는 3가지 원소일 뿐 3가지 구나가 아니다]; 왜냐하면 그렇게 어떤 자들이 읽기 때문이다.
jyotirupakramā tu tathā hy adhīyata eke ‖9‖

[후론]: 이 '아자'는 지고한 신으로부터 생성된 불을 필두로 하여 '불, 물, 흙'으로 지시되는 것이자 4종류 생물[58]의 물질적 원인인 것이라고 이해해야만 한다. '실로'라는 말은 강조(한정)의 의미이다. 이 '아자'는 실로 3가지 원소로 지시될 뿐 3가지 구나로 지시되지 않는다고 알려져야만 한다.

무엇 때문에? 왜냐하면 그렇게, 어떤 분파의 추종자들은 '불, 물, 흙'이 지고한 신으로부터 생성된다는 것을 전한 뒤에, 바로 그것들이 붉음 등의 색깔(특성)을 가진다고 전하기(읽기) 때문이다. "[가시적인] 불에서, 붉은 색깔은 불의 색깔이고, 흰 색깔은 물의 색깔이며, 검은 색깔은 흙의 색깔이다."〈찬도 6.4.1〉에서이다. 바로 그것들이 이곳에서

58_ 4종류 생물=① 태생(jarāyuja): 자궁으로부터 탄생한 생물, ② 난생(āṇḍaja, aṇḍaja): 알로부터 탄생한 생물, ③ 습생(svedaja): 이, 모기 등과 같이 습기로부터 탄생한 생물, ④ 토생(udbhijja): 풀, 나무 등과 같이 흙을 뚫고서 탄생한 생물.

'불, 물, 흙'이라고 인지된다. 붉음 등의 말들이 공통적이기 때문이다. 그리고 붉음 등의 말들은 특정한 색깔들에 대해 일차적이기 때문이고, 또 [그것들이] 구나와 관계하는 것은 이차적이기 때문이다.

게다가 명료한 것을 통해 불명료한 것을 결정하는 것이 정당하다고 그들은 생각한다. 그와 같이 이곳에서도, "브라흐만주의자들은 말한다: 원인인 브라흐만은 무엇인가?"〈슈베 1.1〉라고 시작한 뒤에, "명상의 요가를 따르는 그들은, [내재력] 그 자체의 속성(구나)들에 의해 숨겨진 '신격적 아뜨만의 내재력'을 보았다."〈슈베 1.3〉라고 시작되는 문장에서 전 세계를 창조하는 것인 '지고한 신에 속하는 내재력'이 알려지기 때문이다. 더욱이 보조적 문장에서도 "바로 그 쁘라끄리띠를 환술로, 또 환술을 가진 자를 마헤슈바라로 알아야 한다."〈슈베 4.10〉, "모든 원천들을 지배하는 유일자이고"〈슈베 4.11〉라며 바로 그것(내재력)이 알려지기 때문에, '아자'에 대한 만뜨라에서 독립적인 어떤 원형물로서 '쁘라다나'라고 불리는 것이 전해진다고 말할 수는 없다.[59]

반면에 맥락 때문에, 전개되지 않은 명칭과 형태이자 [전개된] 명칭과 형태의 이전 상태인 바로 그러한 '신성의 내재력'이, 이 만뜨라에서도 전해진다고 [우리는] 말한다. 그리고 그것(내재력)은, 자체의 변형물과 관계하는 3개의 형태 때문에, 3개의 형태라고 언급된다.‖9‖

[전론]: 그렇다면 어떻게, 당장 '불, 물, 흙'에서 '아자'(암염소)의 형체(형상)가 존재하지 않는 이상, '불, 물, 흙 그 자체인 3개의 형태'를 통해 '3형태(3색깔)를 가지는 아자(암염소)'를 이해할 수 있다는 말인가? 또한 '불, 물, 흙'의 탄생이 계시되기 때문에 심지어 '탄생되지 않음'에 대한

59_ 주석가는 '아자'가 '지고한 신에 속하는 내재력'(쁘라끄리띠, 환술, 원천)을 지시한다고 주장한다. 이 내재력은 말 그대로 신에 내재하는 힘이기 때문에, 상크야에서 주장하는 '뿌루샤로부터 독립적인 쁘라다나'와는 다르다.

표징인 '아자'(생성되지 않음)라는 말도 적합하지 않다.[60]

이로부터 답변을 한다.

10. 또한, [만약 '아자'라는 말이 '암염소'의 형체에 대한 표징이거나 어원적 의미인 경우에 '불, 물, 흙'에 대해 사용될 수 없다고 한다면, 그 말은 양자가 아니다]; 가상적 가르침이기 때문이다; 벌꿀 등과 같이 [암염소가 아닌 것에 대해 암염소인 그것이 가상된다]; [따라서 '아자'라는 말이 '불, 물, 흙'에 대해 사용되는 것에는] 모순이 없다.

kalpanopadeśāc ca madhvādivad avirodhaḥ ‖10‖

[후론]: '아자'라는 이 말은 '암염소'의 형체에 대한 표징이 아니다. 또한 어원적 의미도 아니다.[61] 그렇다면 무엇인가? 그것은 가상적 가르침이다. '불, 물, 흙'으로 지시되는 '움직이는 것과 움직이지 않는 것의 원천'에 대해 '아자'라는 은유적 고안을 가르친다.

실로 예컨대, 이 세상에서 우연히 어떤 암염소가 붉고 희고 검은 색

60_ 여기서 전론자는 앞서 후론자가 제시한 해석이 '아자'라는 말의 관습적 의미와 어원적 의미 모두에 적용되지 않는다는 점을 지적한다. 우선 후론자는 지고한 신으로부터 생성되는 '불, 물, 흙'을 통해 '아자'가 '불, 물, 흙'의 3가지 원소로 지시되는 원형물 또는 물질적 원인이라는 것을 밝혔다. 그런데 이러한 해석은 '아자'라는 말의 관습적 의미인 '암염소'에 적용할 경우 견지될 수 없다. 왜냐하면 '불, 물, 흙'에서 암염소의 형체(ākṛti)가 존재하지 않는 이상 그 '불, 물, 흙'을 통해 그것들을 소유한 암염소를 이해할 수는 없기 때문이다. 또한 이러한 해석은 '아자'라는 말의 어원적 의미인 '생성(탄생)되지 않음'에 적용할 경우에도 견지될 수 없다. 왜냐하면 '불, 물, 흙'의 3가지 원소는 탄생(jāti)된 것들이기 때문에 탄생된 것들(변형물들)로 지시되는 원형물마저도 탄생되지 않은 것이 아니라 탄생된 것이어야 하기 때문이다. 따라서 후론자의 해석은 '아자'라는 말의 관습적 의미와 어원적 의미 모두에 적합하지 않다. 바로 이러한 문제 제기에 대한 답변이 <수뜨라 1.4.10>이다.

61_ '아자'라는 말은 관습적 의미인 '암염소'를 지시하지도 않고, 어원적 의미인 '생성되지 않음'을 지시하지도 않는다.

깔을 가질지도 모르고 수많은 새끼들 즉 동종의 새끼들을 가질지도 모르며, 또 어떤 숫염소가 그녀와 즐기면서 [곁에] 누울지도 모르고 어떤 숫염소가 향락을 경험한 그녀를 떠날지도 모르듯이, 마찬가지로 존재들의 그 원형물(물질적 원인)도 '불, 물, 흙'으로 지시되고 3색깔을 가진 채로 수많은 동종의 '움직이는 것과 움직이지 않는 것으로 지시되는 변형물의 총체'를 태어나게 하며, 또 지식이 없는 '몸을 아는 자'(개별자아)가 [그것을] 향유하고 지식이 있는 자가 [그것을] 버린다.

그러나 어떤 '몸을 아는 자'가 눕고 다른 '몸을 아는 자'가 떠나므로, 그로부터 논적들이 원하는 바대로 '몸을 아는 자들의 실재적인 차이'가 수반된다고 그렇게 의문시해서는 안 된다. 왜냐하면 이는 몸을 아는 자들의 차이를 제시하고자 하지 않는 반면에 한갓 속박과 해탈의 꼴(모양새)을 제시하고자 하기 때문이다. 결국 잘 알려져 있는 차이를 말한 다음 속박과 해탈의 꼴을 제시한다. 하지만 차이란, 한정자에 기인하고 거짓된 지식에 의해 상상된 것으로서, 실재적이지 않다. "하나의 신은 모든 존재들에 숨겨져 있다. 그는 편재하는 자이고, 모든 존재들의 내재적(안에 있는) 아뜨만이다."〈슈베 6.11〉라는 등이 계시되기 때문이다.

벌꿀 등과 같다. 예컨대, 벌꿀이 아닌 태양에 대해 벌꿀이라고, 암소가 아닌 언어에 대해 암소라고, 또 불이 아닌 천상의 세상 등에 대해 불이라고 이러한 유형이 가상되듯이,[62] 마찬가지로 암염소가 아닌 것에 대해 그렇게 암염소라고 가상된다는 의미이다.

그러므로 '아자'라는 말이 '불, 물, 흙'에 대해 사용되는 것에는 모순이 없다.‖10‖

62_ 3가지 예시는 각각 <찬도 3.1.1>, <브리 5.8.1>, <브리 6.2.9>에 등장하는 가상적 가르침 또는 계속적 명상의 형태들이다.

{ 3. '수에 대한 진술'이라는 주제: 수뜨라 11-13 }

11. 또한 수에 대한 진술을 통해서도 [계시서에서 쁘라다나 등이 주어지지는] 않는다; [스물다섯의 원리들이 가지는] 잡다한 성향 때문이고, 또 [아뜨만과 허공으로 말미암아 스물다섯이라는 수가] 초과되기 때문이다.

na saṃkhyopasaṃgrahād api nānābhāvād atirekāc ca ‖11‖

[전론]: 비록 이와 같이 '아자'에 대한 만뜨라가 논박되었을지라도, 또 다시 상크야 학자는 다른 만뜨라를 통해 대립한다. "다섯의 다섯 사람들과 허공이 그 안에 머무는 것. 나는 바로 그 아뜨만을 불멸의 브라흐만으로 간주하리라. [브라흐만에 대한] 지식을 가진 나는 불멸이리라."〈브리 4.4.17〉라는 것이다. 이 만뜨라에서는, '다섯의 다섯 사람들'이라며 '다섯'이라는 수와 관계하는 다른 '다섯'이라는 수가 계시된다. '다섯'이라는 말을 두 번 언급하기 때문이다. 그러한 이 '다섯인 다섯'은 스물다섯이 된다. 그리고 '스물다섯'이라는 이 수를 통해 열거할 수 있다고 기대할 만한 바로 그러한 것들은 또 상크야 학자들이 열거하는 원리들이다. "'근원적 원형물'은 변형물이 아니다. 마하뜨(위대한 것) 등의 7가지는 원형물이기도 하고 변형물이기도 하다. 16가지는 변형물일 뿐이다. 순수정신(뿌루샤)은 원형물도 아니고 변형물도 아니다."[63]〈상크야-까 3〉에서이다. 계시서에서 잘 알려져 있는 그러한 '스

63_ '근원적 원형물(쁘라끄리띠)'이란 오직 원인이기만 한 쁘라다나를 가리킨다. '마하뜨(위대한 것) 즉 붓디(지성), 아항까라(자아의식), 5유(五唯)'라는 7가지 원리는 원형물(원인)인 동시에 변형물(결과)이다. 그리고 단지 변형물(결과)일 뿐인 것은 '마나스(마음), 5인식기관, 5행위기관, 5대(五大)'라는 16가지 원리

물다섯'이라는 수를 통해 전승서에서 잘 알려져 있는 그러한 '스물다섯'의 원리들이 진술되기 때문에, 또다시 계시서에서 쁘라다나 등이 분명 주어진다고 귀결된다.

이로부터 우리는 말한다.

[후론]: 또한 수에 대한 진술을 통해서도 계시서에서 쁘라다나 등이 주어진다는 것과 관련되는 기대가 생겨서는 안 된다.

무엇 때문에? 잡다한 성향 때문이다. 실로 그러한 스물다섯의 원리들은 잡다하다. 그것들은, 스물다섯이 새로이 다섯씩 다섯의 수들로 묶일 수 있게끔 하는, 다섯씩 다섯씩의 공통적인 특성을 가지지 않는다.[64] 실로 잡다한 존재들은 하나의 [공통된] 기반이 없이는 '둘' 등의 수로 묶이지 못한다.[65]

만약, 예컨대 '5년과 7년, 인드라는 비를 내리지 않았다.'에서 12년 동안의 가뭄을 말하는 것과 마찬가지로, 단지 스물다섯이라는 그 수가 부분을 통해 지시된다고 말한다면,[66] 그 또한 합당하지 않다. 그러한 입장에서는 함축에 의지할 수밖에 없다는 바로 그 점이 결함이다.[67] 게

이다. 마지막으로 순수정신인 뿌루샤는 전개 또는 창조와 무관하게 존재하므로 원형물도 변형물도 아니다. 이렇게 하여 상크야의 25가지 원리(tattva)는 '원형물 1가지+ 원형물이고 변형물인 것 7가지+ 변형물 16가지+ 순수정신 1가지'이다.

64_ 계시서에서는 '다섯의 다섯 사람들'이라며 '다섯으로 된 다섯 묶음'을 말한다. 그런데 상크야의 스물다섯 원리들은 다섯 묶음씩으로 묶일 수 있는 공통적인 특성을 가지지 않는다. 다섯 묶음씩으로 묶일 수 있는 공통적인 특성을 가져야만, 스물다섯은 계시서에서 말하듯이 '다섯으로 된 다섯 묶음'으로 나뉠 수 있다.

65_ 만약 잡다한 존재들이 하나의 공통된 기반을 가지지 않는다면 즉 공통적인 특성을 가지지 않는다면, 그것들은 '둘', '셋' 등으로 묶일 수 없다.

66_ 이제 만약, 마치 '5년과 7년, 인드라는 비를 내리지 않았다.'에서 부분(5년과 7년)의 합을 통해 가뭄이 12년 동안이나 지속되었다고 말하는 것과 마찬가지로, '다섯의 다섯'에서도 2개의 다섯이라는 부분(avayava)이 곱셈을 통해 스물다섯을 지시한다고 주장한다면.

다가 이곳에서는 '[다섯의] 다섯 사람들'이라며 다른(두 번째) '다섯'이라는 말이 '사람'이라는 말과 복합어를 이룬다. '바쉬까 규칙의 악센트'에 따라 하나의 단어라고 확정되기 때문이다.[68] 또한 "다섯들에 대하여 다섯 사람(신격)들에 대하여, 그대(공물)를"〈따잇-상 1.6.2.2〉이라는 다른 용법에서도 하나의 악센트, 하나의 격어미를 가지는 하나의 단어가 이해되기 때문이다.[69] 그리고 복합어를 이룸으로 말미암아 '다섯, 다섯'이라는 반복은 아니다. 이로부터 '다섯, 다섯'이라며 '다섯'의 쌍으로 파악되지는 않는다.[70] 더욱이 하나(첫 번째)의 '다섯'이라는 수는, 다른(두 번째) '다섯'이라는 수로 말미암아, '다섯인 다섯'이라는 [식의] 한정어가 아니다. 종속어(從屬語)는 한정어와 연계되지 않기 때문이다.[71]

67_ '다섯의 다섯 사람들'에서 '다섯'과 '다섯'이라는 부분이 '스물다섯'을 지시한다고 주장하는 입장에서는 함축(lakṣaṇā)을 적용해야만 한다. 즉 '다섯의 다섯'이 '스물다섯'을 함축한다고 주장해야 한다. 하지만 '스물다섯'이라고 명시적으로 말할 수 있음에도 굳이 '다섯의 다섯'이라고 함축적으로 말할 필요가 있겠는가! 따라서 함축에 의지하는 그 입장은 함축에 의지하는 것 자체를 결함으로 가질 뿐이다.

68_ 바쉬까(Bhāṣika) 수뜨라에 명기된 규칙에 따라 '다섯 사람들'(pañcajanāḥ)에서는 마지막 모음에 악센트가 주어진다. 따라서 '다섯 사람들'이라는 말은 하나의 악센트(svara)를 가지므로 하나의 단어(pada) 즉 복합어라고 확정된다.

69_ 인용 문장의 원문인 'pañcānāṃ tvā pañcajanānām'에서 'pañcajanānām'은 하나의 악센트와 하나의 격어미(6격)를 가지는 하나의 단어이다.

70_ '다섯의 다섯 사람들'에서 뒷부분인 '다섯 사람들'이라는 것은 복합어이기 때문에 '다섯'과 '사람들'을 분리한 채로 설명해서는 안 된다. 즉 첫 번째 '다섯'과 두 번째 '다섯'이 반복(vīpsā)된다는 식으로 설명해서는 안 된다. 따라서 '다섯의 다섯 사람들'에서는 '다섯의 쌍' 즉 '열'이 의도된다고 할 수 없다.

71_ 종속어(upasarjana)=복합어나 파생어에서 그 자체의 고유하고 독립적인 특성을 상실하는 것과 동시에 다른 말의 의미를 결정하는 어떤 말. 소유복합어(bahuvrīhi)에서는 두 항(말) 모두 종속어이며, 그 밖의 다른 복합어들에서는 주로 첫 번째 항(말)이 종속어이다. 이곳의 '다섯 사람들'이라는 복합어에서는 첫 번째 항인 '다섯'이 종속어이다. 여기서 주장하는 바는 다음과 같다: '다섯의 다섯 사람들'에서 첫 번째 '다섯'은 두 번째 '다섯'의 한정어(viśeṣaṇa)일 수 없다. 왜냐하면 두 번째 '다섯'이 종속어이기 때문이다. 종속어(두 번째 '다섯')는

[전론]: '다섯'이라는 수를 취한 사람들 자체가 다시 '다섯'이라는 수에 의해 한정됨으로써 스물다섯에 도달할 것이지 않는가? 예컨대, '다섯의 다섯 꾸러미들'에서 스물다섯의 꾸러미들이 알려지듯이, 그와 마찬가지이다.

[후론]: 아니라고 우리는 말한다. '다섯 꾸러미'라는 말이 집합을 의도하기 때문에,[72] '얼마나 많은가?'라며 구분(한정)하는 것을 기대할 때에 '다섯의 다섯 꾸러미들'이라는 [식의] 한정어는 합리적이다. 반면에 이곳에서는 '다섯 사람들'이라며 바로 시작부터 구분(한정)하는 것이 수용되기 때문에,[73] '얼마나 많은가?'라며 구분(한정)하는 것을 기대하지 않을 때에 '다섯의 다섯 사람들'이라는 [식의] 한정어는 불가능하다. 비록 그것이 한정어가 될지라도 단지 '다섯'이라는 수에 대해서만 가능하고, 결국 그 경우에는 결함이 있다고 언급했다.[74] 따라서 '다섯의 다섯 사람들'이라는 것은 스물다섯의 원리들을 의도하지 않는다.

또한 초과되기 때문에 [그것은] 스물다섯의 원리들을 의도하지 않는다. 실로 아뜨만과 허공으로 말미암아 스물다섯이라는 수는 초과된

한정어에 의해 한정될 수 없으므로, 첫 번째 '다섯'은 한정어가 아니다.

72_ 집합(samāhāra)을 의도한다는 것은 '집합적 수사한정복합어'(samāhāra-dvigu)에 해당된다는 것이다. 따라서 '다섯 꾸러미'는 '다섯으로 이루어진 한 집합적 꾸러미'를 지시한다.

73_ '다섯의 다섯 사람들'의 '다섯 사람들'에서는 애당초에 '사람들'이 '다섯'에 의해 한정되어 있다. 즉 '다섯 사람들'은 '다섯으로 이루어진 한 집합적 사람'이 아니라 '구분되는 다섯인 사람들' 또는 '다섯으로 한정된 사람들'을 지시한다. 왜냐하면 '다섯 사람들'은 집합적 수사한정복합어가 아니기 때문이다. 주석가는 <주석 1.4.11>의 끝부분에서 바로 이 '다섯 사람들'이라는 말에 대한 올바른 문법적 설명을 보여준다.

74_ 만약 '다섯 사람들'이 그 자체로 한정의 의미를 가진다면, '다섯의 다섯 사람들'에서 첫 번째 '다섯'은 비록 한정어가 될 수 있을지라도 기껏 '다섯 사람들'의 '다섯'(두 번째 다섯)에 대해서만 한정어일 수 있다. 그 경우에는, 종속어가 한정어와 연계되지 않는다는 원칙에 따라 결함이 생긴다고 이미 언급했다.

다.[75] 이곳에서 먼저 아뜨만은 지지하는 것과 관련되는 거처(처소)로서 교시된다. '그 안에'라는 7격(처격)으로 지시되는 것이 "나는 바로 그 아뜨만을 … 간주하리라."라며 '아뜨만'으로 환기되기 때문이다. 그리고 아뜨만이란 의식체인 뿌루샤이다. 그리고 그것(뿌루샤)은 스물다섯에 이미 포함되므로, 바로 그것이 거처가 되면서 또 거주하는 자가 되는 것은 합리적일 수 없다.[76] 혹은 다른 의미를 수용하는 경우에,[77] 원리들의 수가 초과되는 것 즉 [상크야의] 정론과 모순되는 것이 수반되고 만다. 마찬가지로 "허공이 [그 안에] 머무는 것."이라며, 스물다섯에 [이미] 포함된 허공마저 별도로 언급하는 것은 정당하지 않다. 그리고 다른 의미를 수용하는 경우의 문제점은 [이미] 언급했다.[78]

그리고 단지 수에 대해서 듣고 있는 경우에, 어떻게 듣지 않은 스물다섯의 원리들이 진술된다고 알려질 수 있다는 말인가? '사람'이라는 말은 관습적으로 원리들을 의미하지 않기 때문이다. 심지어 다른 것이 진술되는 경우에도 수는 합당하기 때문이다.[79]

75_ 아뜨만과 허공(ākāśa)이 따로 언급됨으로 말미암아 스물다섯이 스물일곱으로 된다.

76_ 뿌루샤는 아뜨만이라고 잘 알려져 있으므로 거처(ādhāra)여야 한다. 그와 동시에 뿌루샤는 이미 스물다섯의 원리들에 포함된 것이므로 아뜨만에 머무는 '거주하는 자'(ādheya)들 가운데 하나여야 한다. 그런데 뿌루샤가 거처인 동시에 거주하는 자가 되는 것은 합리적이지 않다. 결국 아뜨만은 뿌루샤와는 다른 것일 수밖에 없다.

77_ '아뜨만'이라는 말에서 다른 의미를 즉 '뿌루샤와는 다른 것'이라는 의미를 수용하는 경우에, 또는 아뜨만을 스물다섯의 원리들에 포함되지 않는 것으로 이해하는 경우에.

78_ 5대(mahābhūta) 가운데 하나로 스물다섯의 원리들에 이미 포함된 허공(에테르)에 대해서도, 앞서 언급한 바대로 아뜨만의 경우와 동일한 논리가 적용된다.

79_ 만약 '다섯의 다섯 사람들'이 '스물다섯의 원리들'을 지시한다고 주장한다면, '다섯의 다섯 사람들'에서 언급된 것은 단지 '수'일 뿐인데 어떻게 언급되지 않은 '원리'를 연관시킨다는 말인가? 그것은 불가능하다. '사람'이라는 말로부터 관습적으로 '원리'라는 의미를 도출할 수는 없기 때문이고, 또 '원리'가 아닌 다

[전론]: 그렇다면 '다섯의 다섯 사람들'이라는 것은 무엇이란 말인가? [이에 대하여] 대답한다.

[후론]: "방향이나 수가 ['다른 말'과 이루는 복합어는] 명칭[80]에 대해서이다."〈아슈따 2.1.50〉라며 특별히 전승되기 때문에, '다섯'이라는 말과 '사람'이라는 말의 복합어는 명칭에 대해서일 뿐이다.

결국 이로부터, 오직 관습적인 것을 의도하기 위해 '다섯 사람들'이라고 불리는 어떤 것들을 말하고자 한다. 상크야의 원리들을 의도하기 위해 말하고자 하지는 않는다. 그것들이 '얼마나 많은가?'라며 그렇게 기대할 때에 또다시 '다섯'이라고 제시한다. '다섯 사람들'이라고 불리는 어떤 것들이 실로 '다섯'일 따름이라는 뜻이다. '일곱 성자들은 일곱이다.'(일곱의 일곱 성자)라는 것이 그 실례이다.[81] ‖11‖

[전론]: 그렇다면 '다섯 사람들'이라고 불리는 것들은 무엇(누구)인가? 이에 대하여 말한다.

12. [다섯 사람들이란] 생기 등이다; 보조적 문장 때문이다.

prāṇādayo vākyaśeṣāt ‖12‖

[후론]: "다섯의 다섯 사람들과 [허공이] 그 안에"〈브리 4.4.17〉라는

른 것이 언급된다고 주장하는 경우마저 그 '수'를 설명하는 데는 아무런 문제가 없기 때문이다.

80_ 명칭(saṃjñā)=전문술어. 예컨대, 글자 그대로 '남쪽 불'을 뜻하는 'dakṣiṇāgni'라는 복합어는, '안바하르야 빠짜나'(anvāhārya pacana)라고 불리는 불에 대한 다른 명칭으로서 전문술어이다.

81_ '일곱 성자'라고 불리는 것은 관습적으로 굳어진 표현이다. 그래서 일곱 성자가 몇 명인가 하고 기대할 때에 또 다시 분명하게 '일곱'이라고 제시할 수 있다. 따라서 '일곱의 일곱 성자'란 49명이 아니라 7명에 지나지 않는다.

것에 뒤따르는 만뜨라에서는, 브라흐만의 본질을 확정하기 위해 생기 등의 다섯이 교시된다. "생기의 생기를, 눈의 눈을, 귀의 귀를, 음식의 음식을, 마음의 마음을 아는 자들은"〈브리 4.4.18〉[82]에서이다. 이 경우에 근접으로 말미암아 보조적 문장에 담긴 이것들을 '다섯 사람들'로서 말하고자 한다.

[전론]: 그렇다면 어떻게 '사람'이라는 말이 생기 등에 대해 적용된다는 말인가?

[후론]: 오히려 어떻게 '사람'이라는 말이 원리들에 대해 적용된다는 말인가! 결국 주지하는 바를 위배하는 것이 [양측에서] 공통적인 경우에,[83] 보조적 문장으로 말미암아 오직 생기 등을 받아들여야만 한다. 또한 생기 등은 사람과 연계되기 때문에 '사람'이라는 말을 구성하는 것이 된다.[84] 게다가 '사람'을 의미하는 '뿌루샤'라는 말은 생기들에 대해 사용된다. "실로 그러한 이 브라흐만의 다섯 뿌루샤들(신하들)은"〈찬도 3.13.6〉이라는 곳에서이다.[85] 또한 "실로 생기는 아버지이고, 생기는 어머니이며"〈찬도 7.15.1〉라는 등의 브라흐마나에서이다.

더욱이 복합어의 위력을 통해 합성어가 관습적 의미를 가지는 것은 모순되지 않는다.[86]

82_ * 이 문장은 마드얀디나 이본에 따라 주석가가 <브리 4.4.18>을 인용한 것이다. 보다 오래된 깐바 이본에는 "음식의 음식을"이라는 표현이 등장하지 않는다.

83_ '사람'이라는 말이 '생기 등'에 대해 적용되는 경우와 '원리들'에 대해 적용되는 경우 모두, '사람'이라는 말은 '주지하는 바'(prasiddhi) 또는 '잘 알려져 있는 바'를 위배한다.

84_ <브리 4.4.18>의 '생기, 눈, 귀, 음식, 마음'은 사람과 연계된다. 따라서 그것들은 '사람'이라는 말을 구성하는 것들이 된다.

85_ '브라흐만의 다섯 뿌루샤들'이란 5숨들 즉 5생기들을 가리킨다.

86_ 만약 '다섯의 다섯 사람들'에서 '사람'(jana)을 '생기 등'으로 이해하는 경우에 'jana'의 어원적 의미(생성, 탄생, 산출)에 충실하지 않게 된다고 상크야 학자가 주장한다면, '다섯 사람들'이라는 합성어(samudāya)가 복합어로서의 위력을

[전론]: 그렇다면 어떻게 최초의 용법이 없는 경우에 관습적 의미를 받아들일 수 있다는 말인가?

[후론]: '우드비드' 등에서와 같이 [받아들일] 수 있다고 말한다. 왜냐하면 '잘 알려져 있지 않은 의미를 가지는 말'이 '잘 알려져 있는 의미를 가지는 말'과 근접한 곳에 사용됨으로써, '의미의 연결'(함께 언급됨)로 말미암아 그것과 관계한다고[87] 수용되기 때문이다. 예컨대, '우드비드를 통해 제의를 행해야 한다.', '유빠를 자른다.', '베디를 만든다.'에서이다.[88] 마찬가지로 복합어에 대한 상설(詳說)로부터 명칭인 것이라고 알려지고 [그로부터] 명명대상(명명된 것)이 기대되는 '다섯 사람'이라는 이 말도, 보조적 문장에 [등장하고] 의미가 연결되는 '생기 등'에 대해 쓰인다.[89]

한편 어떤 자들은 '다섯의 다섯 사람들'을 '신들, 조상들, 반신(半神)들,[90] 악신들, 악마들'이라고 설명한다. 또한 혹자들은 '니샤다[91]를 다

가지기 때문에 그것이 어원적 의미 대신에 관습적 의미를 가지는 것은 결코 모순되지 않는다고 대답할 수 있다.

87_ 그것과 관계한다고='잘 알려져 있지 않은 의미를 가지는 말'이 '그것'과 즉 '잘 알려져 있는 의미를 가지는 말'과 관계한다고.

88_ '우드비드'(udbhid)라는 말은 잘 알려져 있지 않은 의미를 가지지만, '제의를 행해야 한다'라는 잘 알려져 있는 말과 '의미의 연결'(samabhivyāhāra)을 가지기 때문에, 어떤 제의의 명칭이라고 수용된다. '유빠'(yūpa)라는 말은 본디 '제의의 말뚝'을 뜻하지만, '자른다'라는 잘 알려져 있는 말로부터 말뚝을 만들기 위한 '목재'라고 수용된다. 마찬가지로 '베디'(vedi)라는 말은 본디 '(만들어진) 제단'을 뜻하지만, '만든다'라는 잘 알려져 있는 말로부터 '(만들어지고 있는) 제단'이라고 수용된다.

89_ '다섯 사람'이 명칭이라면 그러한 명칭이 주어지는 대상 즉 명명대상이 무엇인지 기대된다. 그리고 그 명명대상은 보조적 문장에서 등장하는 '생기 등'이다. 의미가 잘 알려져 있는 '생기 등'과 의미의 연결을 통해 의미가 잘 알려져 있지 않은 '다섯 사람'이 이해되는 것이다.

90_ 반신은 간다르바(Gandharva)에 대한 번역이다.

91_ 니샤다(niṣāda)='마을의 변방에 사는 자'를 뜻하며, 브라흐마나인 아버지와 슈드라인 어머니 사이에서 태어남으로써 4개의 카스트 바깥에 존재하는 계급.

섯 번째로 하는 4계급(바르나)들'이라고 수용한다. 그리고 어떤 곳에서는 "다섯 사람들에 속하는 인간들이"〈리그 8.53.7〉라며 '다섯 사람'이라는 말에 대해 창조물을 의도하는 용법이 살펴진다. 심지어 이것들을 수용하는 경우에, 이곳에서는 그 어떤 모순도 없다. 하지만 대스승은 이곳에서 [상크야의] 스물다섯 원리들이 알려지지 않는다는 그러한 의도에서 "[다섯 사람들이란] 생기 등이다; 보조적 문장 때문이다."라고 말했다.‖12‖

[전론]: 먼저 '음식'을 [포함한] 채로 생기 등을 전하는 마드얀디나의 추종자들에게 생기 등이 '다섯 사람들'이라는 것은 가능하다. 하지만 '음식'을 [포함하지] 않은 채로 생기 등을 전하는 깐바의 추종자들에게 생기 등이 '다섯 사람들'이라는 것은 어떻게 가능하다는 말인가?[92]

이로부터 답변을 한다.

13. [만약 음식을 포함하지 않은 채 생기 등을 전하는 깐바의 추종자들에게 '다섯 사람들'이 어떻게 가능하냐고 한다면], 어떤 자들(깐바의 추종자들)에게는 음식이 없는 경우에도 빛에 의해 ['다섯'이라는 수가 채워질 것이다].

jyotiṣaikeṣām asaty anne ‖13‖

[후론]: 깐바의 추종자들에게는 음식이 없는 경우에도 빛에 의해 '다섯'이라는 그들의 수가 채워질 것이다. 왜냐하면 그들조차 "다섯의 다섯 사람들과 [허공이] 그 안에"〈브리 4.4.17〉라는 것보다 앞서는 만뜨

92_ 깐바 이본에서는 음식이 포함되지 않으므로 '다섯 사람들'이 아니라 생기, 눈, 귀, 마음의 '네 사람들'일 뿐이지 않는가?

라에서, 실로 브라흐만의 본질을 확정하기 위해 '빛'을 언급하기 때문이다. "그것을 신격들은 빛들의 빛으로"〈브리 4.4.16〉에서이다.

[전론]: 그렇다면 양측 모두가 [앞서는 만뜨라에서] 동등하게 언급하는 그 '빛'을, 어떻게 어떤 자들은 같은 만뜨라에 담긴 '다섯'이라는 수에 [포함된다고] 받아들이고 다른 자들은 받아들이지 않는다는 말인가?[93]

[후론]: 필요성의 차이 때문이라고 말한다. 실로 마드얀디나의 추종자들은, 하나의(같은) 만뜨라에서 언급되는 생기 등의 다섯 사람들을 얻음으로 말미암아, 다른 만뜨라에서 언급되는 그 빛을 필요로 하지 않는다. 반면에 깐바의 추종자들은 그것을 얻지 못함으로 말미암아 [그 빛을] 필요로 한다. 결국 필요성의 차이 때문에, 비록 만뜨라가 같을지라도[94] 빛을 수용하거나 수용하지 않는다. 예컨대, 비록 아띠라뜨라가 같을지라도 글귀의 차이 때문에 소마 잔을 수용하거나 수용하지 않듯이, 그와 마찬가지이다.[95]

이러한 연관에서, 당장 계시서에서는 '쁘라다나와 관계하는 그 어떤 것'도 확립되지 않는다. 그리고 '[쁘라다나가] 전승서와 논리에서 확립

93_ 마드얀디나 이본과 깐바 이본에 따르면 <브리 4.4.16>에서는 '빛'을 동등하게 언급한다. 그런데 마드얀디나 이본에 따르면, <브리 4.4.18>에서는 <브리 4.4.17>의 '다섯 사람들'을 모조리 열거한다. 따라서 그들은 '다섯'이라는 수를 채우기 위해 <브리 4.4.16>의 '빛'을 받아들이지 않아도 된다. 반면에 깐바 이본에 따르면, <브리 4.4.18>에서는 '다섯 사람들' 가운데 음식을 뺀 네 가지만 열거한다. 따라서 그들은 <브리 4.4.16>의 '빛'을 받아들여야만 <브리 4.4.17>의 '다섯 사람들'을 다 채울 수 있다.

94_ 비록 만뜨라가 같을지라도=비록 '빛'을 언급하는 <브리 4.4.16>의 만뜨라가 두 이본에서 동일할지라도.

95_ 동일한 아띠라뜨라(Atirātra) 제의에서 명령 · 규정과 관련된 글귀(vacana)의 차이 때문에 '소마 잔'(ṣoḍaśī)을 잡거나 잡지 않듯이. '다섯 사람들'에 대한 내용이 계속적 명상과 관련되기 때문에 행위(의례)와 관련되는 이러한 예시는 적절하다.

된다는 것'은 [나중에] 논박할 것이다.[96]‖13‖

{ 4. '원인인 것'이라는 주제: 수뜨라 14-15 }

14. 또한, [비록 창조되는] 허공 등과 관계하여 [각각의 베단따에서 상위함이 있을지라도 창조주와 관계해서는 상위함이 없다]; [어떤 베단따에서] 원인인 것이라고 언표되는 바대로 [바로 그와 같이 다른 베단따들에서도] 언급되기 때문이다.

kāraṇatvena cākāśādiṣu yathāvyapadiṣṭokteḥ ‖14‖

브라흐만에 대한 정의는 제시되었다. 또한 베단따 문장들이 브라흐만과 관계하는 '지식의 일관성'을 가진다고 제시되었다. 그리고 쁘라다나가 성언을 벗어난다고 제시되었다.[97] 이 경우에 또 하나의 이러한 의문이 든다.

[전론]: 브라흐만이 [세계의] 생성 등의 원인이라거나 베단따 문장들이 브라흐만과 관계하는 '지식의 일관성'을 가진다고 이해할 수는 없다.

무엇 때문에? 상위함을 보기 때문이다. 실로 각각의 베단따에서 창조란, 순서 등의 다양성으로 말미암아 각각 다르다고 이해된다. 그러한 예시로서, 어떤 곳에서는 "아뜨만으로부터 … 허공(에테르)이 산출되었다."〈따잇 2.1.1〉라며 허공을 시초로 하는 창조를 전한다. 어떤 곳에서는 "그는 불을 창조했다."〈찬도 6.2.3〉라며 불을 시초로 하는

96_ <수뜨라 2.1.1-11> 참조.

97_ 이는 주석가가 <주석 1.4.1>을 시작하면서 이미 언급한 내용이다.

창조를 전한다. 어떤 곳에서는 "그는 생기를 창조했다. 생기로부터 믿음 … [창조했다]."〈쁘라 6.4〉라며 생기를 시초로 하는 창조를 전한다. 어떤 곳에서는 "그는 이러한 세상들을 창조했다. 천상수, 광선, 죽음, 물."[98]〈아이 1.1.2〉이라며, 심지어 순서도 없이 세상들이 창조된다고 전한다. 그리고 어떤 곳에서는 "실로 태초에 이것(세계)은 비존재였으리라. 그것으로부터 존재가 태어났으리라."〈따잇 2.7.1〉라며 비존재를 앞세우는 창조를 언급한다. 또한 "태초에 이것(세계)은 오직 비존재였다. 그것은 존재가 되었다. 그것은 자라났다."〈찬도 3.19.1〉라고 언급한다. 어떤 곳에서는 비존재론[99]을 부인함으로써 존재를 앞세우는 창조를 주장한다. "이에 대하여 실로 혹자들은 말한다: 태초에 이것은 단지 비존재였다."〈찬도 6.2.1〉라고 시작한 뒤에, "그는 말했다: 하지만 얘야, 실로 어떻게 그러할 수가 있느냐? 어떻게 비존재로부터 존재가 태어날 수 있다는 말이냐! 얘야, 태초에 이것은 오직 존재였다."〈찬도 6.2.2〉라고 [주장하는 곳에서이다]. 어떤 곳에서는 "실로 그때에, 이것(세계)은 전개되지 않고 있었다. 그것은 바로 그 명칭과 형태로 전개되었다."〈브리 1.4.7〉라며 세계의 전개가 그저 자발적인 동작주체를 가진다고 언명한다.

그래서 다양한 종류의 이견 때문에, 또 사물(사실)에 관해 선택(택일)하는 것은[100] 합당하지 않기 때문에, 베단따 문장들이 세계의 원인을 확정하려고 의도한다는 것은 정당하지 않다. 반면에 다른 원인을 수용하는 것은 전승서와 논리에서 확립되기 때문에 정당하다.

98_ 천상수(ambhas)는 천상계를, 광선(marīci)은 중간계를, 죽음(mara)은 지상계를, 물(āp)은 지하계를 각각 가리킨다. 따라서 천상수, 광선, 죽음, 물은 모두 세상(loka)을 가리킨다.

99_ 비존재론(asadvāda)='비존재를 앞세우는 창조'를 따르는 이론.

100_ 사물(vastu)에 관해 선택(vikalpa)하는 것은=창조의 문제와 같이 사실과 관계하는 문제에서 택일을 해야만 하는 상황이 발생하는 것은.

이와 같은 귀결에서 우리는 말한다.

[후론]: 비록 창조되는 허공 등과 관계하여 각각의 베단따에서 순서 등을 매개로 하는 상위함이 있을지라도, 창조주(브라흐만)와 관계해서는 그 어떤 상위함도 없다.

어떤 근거에서? 언표되는 바대로 언급되기 때문이다. 실로 어떤 베단따에서 '전지하고, 모든 것의 신이며,[101] 모든 것을 아뜨만으로 하고, 유일하며, 제2자를 가지지 않는 것'이 원인인 것이라고 언표되는 그러한 바대로, 바로 그와 같이 다른 베단따들에서도 언표된다. 그러한 예를 들어, "브라흐만은 존재이자 지식이자 무한이다."〈따잇 2.1.1〉라는 곳에서는, 먼저 '지식'이라는 말을 통해, 또 그 다음에 그것과 관계하는 '욕망함'을 말함으로써 브라흐만이 의식체라는 것을 확정한다.[102] [그리고] '다른 것에 의존하지 않음'을 [말함으로써] 신이 원인이라는 것을 언급한다.[103] 그 다음에 바로 그것과 관계하는 '아뜨만'이라는 말을 통해, 또 [계속] 내부로 들어가는 '육체부터 시작하는 덮개의 연쇄'로써,[104] 모든 것들의 안에 있는 내재적 아뜨만을 확정한다. 게다가 "'나는 다수가 될 것이리라. 나는 태어날 것이리라.'"〈따잇 2.6.1〉라며 다수가 발생하는 것을 아뜨만과 관계시켜 찬양함으로써, 창조되는 변형물들이 창조주와 차이가 없다는 것을 말한다. 마찬가지로 "그렇게 있는 그 무엇이든, 이 모든 것을 창조했다."〈따잇 2.6.1〉라며 전 세계에 대한 창조를 교시함으로써, 창조 이전의 '제2자를 가지지 않는 창조주'를 전한다. 이 경우에 이곳에서 브라흐만이 원인인 것이라고 알려지는

101_ '모든 것의 신이며'(sarveśvara)라는 말은 '전능하며'라는 뜻이기도 하다.

102_ <따잇 2.6.1> 참조: "그는 '나는 다수가 될 것이리라. 나는 태어날 것이리라.' 라고 욕망했다."

103_ <따잇 2.7.1> 참조: "그것은 그 자체를 스스로 만들었도다."

104_ 각각 <따잇 2.1.1>과 <따잇 2.2.1-2.5.1> 참조.

바로 그러한 특징이 다른 곳에서도 알려진다. "얘야, 태초에 이것(세계)은 오직 존재였다. 유일무이한 것이었다."〈찬도 6.2.1〉, "그는 '나는 다수가 될 것이리라. 나는 태어날 것이리라.'라고 마음으로 바라보았다. 그는 불을 창조했다."〈찬도 6.2.3〉에서이다. 그리고 또 "실로 태초에 이것(세계)은 오직 하나의 아뜨만이었다. 다른 그 어떤 것도 눈을 깜박이지 않았다. 그는 '나는 세상들을 창조하리라'라고 마음으로 바라보았다."〈아이 1.1.1〉에서이다. 원인의 본질을 확정하려고 의도하는 이러한 유형의 모든 문장은 각각의 베단따에서 상위하지 않은 의도(취지)를 가지기 때문이다.

물론 어떤 곳에서는 창조가 허공을 시초로 하고 어떤 곳에서는 창조가 불을 시초로 한다며, [창조의] 결과와 관계하는 그러한 유형의 상위함이 살펴진다. 하지만 [창조의] 결과와 관계하는 상위함으로 말미암아 모든 베단따들에서 상위하지 않다고 알려지는 브라흐만 즉 원인마저 '말하고자 하지 않은 것'일 수 있다고는 말할 수 없다. 확대해석 때문이다.[105] 그리고 대스승은 "에테르의 [생성은] 없다; 계시되지 않기 때문이다."〈수뜨라 2.3.1〉라고 시작하면서, 결과와 관계하는 상위함마저 어우를 것이다. 비록 결과가 상위하다고 나타날지라도, [그 상위함은] 제시되지 않아야만 하기 때문이다.[106]

실로 [베단따에서는] 창조 등의 그러한 복합현상계를 제시하고자 하지 않는다. 왜냐하면 그것(복합현상계)과 결부되는 그 어떤 '인간의 목표'가 보이지도 않고 들리지도 않기 때문이다. 또한 추정될 수도 없다. 여기저기에서 [그것들은] 브라흐만과 관계하는 문장들과 함께 문장적

105_ '결과가 상위하기 때문에 원인도 상위해야 한다.'라는 논리는 확대해석(atiprasaṅga)에 지나지 않는다.

106_ 비록 결과와 관계하는 상위함이 베단따들에서 계시될지라도, 그 상위함이 베단따들의 취지로 제시된다고는 말할 수 없기 때문이다.

통일성을 가진다고 시작과 끝으로부터 알려지기 때문이다.[107] 게다가 창조 등의 복합현상계가 브라흐만에 대한 이해를 의도한다는 것을 보여준다. "얘야, 싹인 음식(흙)을 통해 뿌리인 물을 찾도록 해라. 얘야, 싹인 물을 통해 뿌리인 불을 찾도록 해라. 얘야, 싹인 불을 통해 뿌리인 존재를 찾도록 해라."〈찬도 6.8.4〉에서이다. 더욱이 찰흙 등의 예시들을 통해 [창조의] 결과와 원인 사이에 차이가 없다는 것을 말하기 위해 창조 등의 복합현상계를 들려준다고 이해된다.[108] 또한 그와 같이 '계승된 전통'에 정통한 자들은 말한다. "찰흙, 금, 불꽃 등을 통해 다르게 제언되는 창조란 [동일성의 관념을] 발현하기 위한 수단이다. 여하튼 차이(다양성)라는 것은 없다."〈만두-까 3.15〉에서이다.

반면에 브라흐만에 대한 이해와 결부되는 [그 어떤] 결과는 계시된다. "브라흐만을 아는 자는 지고함을 얻는다."〈따잇 2.1.1〉, "아뜨만을 아는 자가 슬픔을 건넌다고"〈찬도 7.1.3〉, "오직 그를 앎으로써 죽음을 넘어선다."〈슈베 3.8〉에서이다. 그리고 이러한 결과란 직각적(直覺的) 앎이다. "그것이 너이다."〈찬도 6.8.7〉라며 윤회를 겪지 않는 아뜨만에 대한 이해가 있는 경우에 윤회를 겪는 아뜨만이 사라지기 때문이다.‖14‖

이제 "실로 태초에 이것(세계)은 비존재였으리라."〈따잇 2.7.1〉라는

107_ 복합현상계와 결부되는 인간의 목표가 추정될 수도 없다. 실제로 베단따들의 여기저기에서 '창조 등의 복합현상계와 관계하는 문장들'은 '브라흐만과 관계하는 문장들'과 함께 문장적 통일성을 이룬다고 문장들의 '시작과 끝'(upakramopasaṃhāra)으로부터 알려지기 때문이다. 다르게 말해, '창조 등의 복합현상계와 관계하는 문장들'은 '브라흐만과 관계하는 문장들'에 종속적이고 부차적이기 때문이다.

108_ <찬도 6.1.4> 참조: "얘야, 마치 하나의 찰흙덩이를 [아는 것을] 통해 찰흙으로 이루어진 모든 것을 알 수 있듯이, [찰흙의] 변형이란 언어에 근거(기원)하고 있으며 명칭 자체이고 오직 찰흙이라는 것만이 실재이다."

등에서 원인과 관계하는 상위함이 제시된다는 것을 논박해야만 한다.

이에 대하여 말한다.

15. [만약 '비존재'를 앞세우는 창조에서 원인과 관계하는 상위함이 제시된다고 한다면, 이곳에서는 비실체인 비존재를 원인인 것이라고 들려주지 않는다]; [논제인 '존재'가] 연접되기 때문이다.

samākarṣāt ‖15‖

"실로 태초에 이것(세계)은 비존재였으리라."라는 곳에서는 비(非)실체인 비존재를 원인인 것이라고 들려주지 않는다. "만약 브라흐만이 비(非)존재라고 안다면, 그는 비존재 자체가 되리라. 만약 브라흐만이 존재한다고 안다면, 그로부터 [사람들은] 그가 존재한다는 것을 알리라."〈따잇 2.6.1〉라고 비존재론을 부인함으로써 존재하는 것으로 지시되는 브라흐만을 '음식으로 이루어진 덮개' 등의 연쇄를 통해 내재적 아뜨만이라고 확정한 뒤, "그는 … 욕망했다."〈따잇 2.6.1〉라며 논제인 바로 그(브라흐만)를 연접(連接)하고 나서 '그로부터 [시작되는] 복합 현상계의 창조'를 들려준 다음에, 또 "그것을 '존재'라고 그들은 부른다."〈따잇 2.6.1〉라고 끝맺은 채로 "그에 대해서 또한 이러한 시구가 있다."〈따잇 2.6.1〉라며 바로 그 논제인 것에 관해 "실로 태초에 이것(세계)은 비존재였으리라."라는 이 시구를 인용하는 까닭에서이다. 반면에 만약 비실체인 비존재가 이 시구에서 의도된다면, 그 경우에 어떤 것을 연접하는 데 다른 것이 인용되기 때문에 일관적이지 않은 문장이 될 것이다.[109] 따라서 명칭과 형태에 의해 전개된 사물과 관계하

109_ <따잇 2.6.1>에서는 연접을 통해 '존재'(존재하는 것)로부터 세계가 창조된다는 것을 알려준다. 그리고 <따잇 2.6.1>의 끝부분에서는 "그것을 '존재'라고 그들은 부른다."라며 존재를 언급하고 나서 "그에 대해서 또한 이러한 시구가 있

여 주로 '존재'라는 말이 잘 알려져 있으므로, 그것(명칭과 형태)에 의한 전개가 없다는 견지에서 발생(창조) 이전의 브라흐만 즉 존재 자체가 마치 비존재처럼 있었다고 비유적으로 적용된다.

바로 이는 "태초에 이것(세계)은 오직 비존재였다."〈찬도 3.19.1〉라는 곳에서도 적용된다. "그것은 존재가 되었다."〈찬도 3.19.1〉라며 연접되기 때문이다. 실로 완전한 비존재가 용인되는 경우에, 어떻게 "그것은 존재가 되었다."라고 연접되겠는가! "이에 대하여 실로 혹자들은 말한다: 태초에 이것은 단지 비존재였다."〈찬도 6.2.1〉라는 곳에서도 혹자들의 그러한 의견은 다른 계시서의 소견(소신)으로 제시되지 않는다. 행위와는 달리 사물(사실)에 관해 선택(택일)하는 것은 불가능하기 때문이다. 따라서 그저 계시서를 통해 수용되는 '존재'의 입장을 공고히 하기 위해, 우둔한 자에 의해 가상된 '비존재'의 입장을 제시하고 나서 그렇게 논파한다고 이해해야만 한다.

"실로 그때에, 이것(세계)은 전개되지 않고 있었다."〈브리 1.4.7〉라는 곳에서도 세계의 전개가 창조자 없이 언급되지는 않는다. "그러한 그것은 그곳에 손톱들의 끝까지 들어갔다."〈브리 1.4.7〉라며 창조자가 '전개된 결과에 들어가는 것'으로 연접되기 때문이다. 실로 창조자가 없는 전개가 용인되는 경우에, 곧 이어지면서 논제에 의존하는 '그것은'이라는 이 대명사를 통해 [도대체] 무엇이 '[전개된] 결과에 들어가는 것'으로 연접(언급)되겠는가![110] 그리고 의식체인 아뜨만이 육체에

다."라며 연접을 통해 '존재'라는 논제를 일관되게 이어가려고 한다. 따라서 "실로 태초에 이것(세계)은 비존재였으리라."<따잇 2.7.1>에서 '비존재'가 실제로 의도된다면 <따잇 2.6.1>과 <따잇 2.7.1> 사이에는 일관성이 없게 된다.

110_ "실로 그때에, 이것(세계)은 전개되지 않고 있었다."라는 곳에서 창조자(adhyakṣa)가 없는 전개가 용인된다면, "그러한 그것은 그곳에 손톱들의 끝까지 들어갔다."에서는 '그것은'이라는 대명사를 통해 도대체 무엇이 '전개된 결과에 들어가는 것'으로 언급되겠는가! 따라서 '그것은'이라는 대명사는 오직 창

들어가는 그것이라고 확인된다. 들어간 것이 의식체라고 계시되기 때문이다. "보기 때문에 '눈'이라고, 듣기 때문에 '귀'라고, 생각하기 때문에 '마음'이라고 [불린다]"〈브리 1.4.7〉에서이다. 더 나아가 현재 명칭과 형태에 의해 전개되고 있는 이 세계가 창조자를 가진 채로 전개되는 바와 같이,[111] 최초의 창조에서도 마찬가지라고 이해된다. 경험과 상반되는 것을 가정하는 것은 합당하지 않기 때문이다. 다른 계시서도 "… 그러한 개별자아로써 즉 [나의] 아뜨만으로써 [이러한 세 신격들에] 들어가, 명칭과 형태를 전개하리라.'라고 [마음으로 바라보았다]."〈찬도 6.3.2〉라며 세계의 전개가 오직 창조자를 가진다는 것을 보여준다.

심지어 '전개된다'라는 것은 '행위대상으로서의 행위주체'[112]와 관계하는 동사활용('르'무리)[113]으로서, 실로 지고한 신이 전개주체로 존재할 때에 [전개의] 용이함과 관련된다고 이해해야만 한다. 예컨대 실로 농군(農軍)이 수확하는 주체로 존재할 때에 '논이 그저 스스로 수확된다.'라고 한다.[114] 그렇지 않으면, 행위대상 자체와 관계하는 이 동사활용

조자를 지시할 뿐이다.

111_ 예를 들어 '항아리'라는 명칭과 형태를 만들 때 반드시 창조자인 도공이 필요하다.

112_ '행위대상으로서의 행위주체'(karmakartṛ)=실제로는 행위대상(목적격)임에도 문법상 행위주체(주격)로 나타나는 것을 가리키는 문법용어로서, 재귀적 수동활용 형태인 동사와 주로 관계한다. 이 경우에 '전개된다'(vyākriyate)라는 자동사의 행위주체(주격)는 세계이다. 하지만 실제로 세계는 전개되는 대상(목적격)에 지나지 않는다. 따라서 '전개된다'라는 자동사는 세계 즉 행위대상(목적격)을 마치 행위주체(주격)인 양 가지는 셈이다.

113_ 동사활용('르'무리, lakāra)='르'(l)문자를 사용하여 상징적으로 표현되는 총 10가지의 '시제들과 법들'(6가지 시제들과 4가지 법들). 이곳에서는 구체적으로 '전개된다'(vyākriyate)라는 수동활용 자체를 가리킨다.

114_ 실제로는 농군이 직접 수확을 함에도, 농군이 존재할 때에 수확이라는 행위가 용이(saukarya)하다는 견지에서 논이 스스로 수확된다고 말한다. 마찬가지로 실제로는 지고한 신이 직접 전개를 함에도, 지고한 신이 존재할 때에 전개라는 행위가 용이하다는 견지에서 세계가 스스로 전개된다고 말한다.

은 추정되는 의미인 '다른[115] 행위주체'와 관련된다고 이해해야만 한다. 예컨대 '마을이 도달된다.'에서이다.[116]‖15‖

{ 5. '발라끼'라는 주제: 수뜨라 16-18 }

16. [뿌루샤들의 조물주는 지고한 신이다]; ['이것을 과업으로 삼는'에서 '이것'이] 세계를 지시하기 때문이다.
jagadvācitvāt ‖16‖

'까우쉬따끼 브라흐마나'의 '발라끼와 아자따샤뜨루의 대화'에서 계시된다. "발라끼여, 실로 그러한 뿌루샤들의 조물주이고, 오히려 이것을 과업으로 삼는, 그것을 알아야만 합니다."〈까우 4.19〉에서이다.

이곳에서는 '알아야만 하는 것'으로 지시되는 것이 개별자아인지, 아니면 으뜸인 생기인지, 아니면 지고한 아뜨만인지 의문이 생긴다.

실로 무엇으로 귀결되는가?

[전론]: 생기이다.

어떤 근거에서? "오히려 이것을 과업으로 삼는"이라고 계시되기 때문이다. 그리고 움직임을 특징으로 하는 과업(일)은 생기에 의존하기 때문이다. 게다가 보조적 문장에서 "그러면 그는 그 생기 자체와 하나

115_ * '다른'(-antaram)이라는 표현은 Samata에만 추가로 등장한다.

116_ '전개된다'라는 표현에 대한 다른 해석이다. '마을이 도달된다.'에서 도달되는 것은 마을(행위대상)임에 틀림없지만, '도달된다'라는 동사는 추정되는 의미인 어떤 행위주체(데바닷따 등)와 관련된다고 이해할 수밖에 없다. 마찬가지로 '세계가 전개된다.'에서도 전개되는 것은 세계(행위대상)이지만, 추정되는 의미인 행위주체로는 지고한 신을 이해할 수밖에 없다.

가 됩니다."〈까우 4.20〉라며 '생기'라는 말이 계시되기 때문이다.[117] 그리고 '생기'라는 말은 으뜸인 생기와 관계한다고 잘 알려져 있기 때문이다. 더욱이 앞에서 '태양 안의 뿌루샤', '달 안의 뿌루샤'[118]라고 이렇게 운운하며 발라끼가 지시하는 그러한 뿌루샤들에 대해서도 생기는 조물주가 된다. '태양' 등의 신격적 아뜨만들은 생기의 특정한 상태들이기 때문이다. "무엇이 1인 신격입니까? 생기입니다. 그것은 그들이 '뜨야뜨'(저쪽)라고 부르는 브라흐만입니다."〈브리 3.9.9〉라며 다른 계시서에서 확립되기 때문이다.[119]

혹은, 이곳에서 알아야만 하는 것으로 언급되는 것은 개별자아이다. 그것(개별자아)에 대해서도 다르마와 다르마가 아닌 것을 특징으로 하는 과업이 "오히려 이것을 과업으로 삼는"이라며 알려질 수 있다.[120] 그것(개별자아)마저 향유주체임으로 말미암아 '향유의 수단으로 존재하는 그러한 뿌루샤들'의 조물주로 합당하다. 게다가 보조적 문장에서[121] 개별자아에 대한 표징이 알려진다. '알아야만 하는 것으로 제시되는 뿌루샤들의 조물주'를 알기 위해 다가온 발라끼에게 일깨움을 주고자 하는 아자따샤뜨루가, 잠자는 사람을 부르고[122] [그 사람이] 부르는 소리(이름)를 듣지 못하는 것을 통해 [발라끼에게] 생기 등이 향유주체가 아니라고 알려주고 나서, 막대기로 두드림으로써 [그 사람이] 일어나는

117_ * Samata에 '계시되기 때문이다'(-śravaṇāt)라는 표현이 등장하는 것과 달리, Nirnaya에는 '보여주기 때문이다'(-darśanāt)라는 표현이 등장한다.

118_ 각각 <까우 4.3>과 <까우 4.4>에서 등장한다.

119_ 생기가 최후의 하나인(1인) 신격이기 때문에 다른 신격들은 생기의 특정한 상태들이라고 할 수 있다.

120_ 인용 문장의 '이것'을 '다르마와 다르마가 아닌 것'으로 해석하는 경우에 개별자아가 '알아야만 하는 것'으로 언급된다고 할 수 있다.

121_ 보조적 문장에서=아자따샤뜨루가 발라끼를 제자로 받아들인 뒤에 직접적인 가르침을 주는 <까우 4.19>의 문장들에서.

122_ 이때 아자따샤뜨루는 '생기'의 유의어를 사용하여 잠자는 어떤 사람을 부른다.

것을 통해 [발라끼에게] 생기 등과는 구별되는 개별자아가 향유주체라고 알려주는 까닭에서이다. 또한 차후에도 개별자아에 대한 표징이 알려진다. "이 경우의 예를 들어, 우두머리가 자신의 [수하들과] 함께 향유하듯이, 바로 그와 같이 그 지성적 아뜨만은 그러한 아뜨만들과 함께 향유합니다. 혹은 예를 들어, 우두머리를 자신의 [수하들이] 지키듯이, 바로 그와 같이 그 [지성적] 아뜨만을 그러한 아뜨만들은 지킵니다."〈까우 4.20〉에서이다. 더욱이 [개별자아는] 생기를 떠받치기 때문에 '생기'라는 말은[123] 개별자아에 대해 합당하다.

따라서 이곳에서는 개별자아와 으뜸인 생기 가운데 어느 하나를 받아들여야만 할 뿐, 지고한 신은 아니다. 그것에 대한 표징이 알려지지 않기 때문이다.

이와 같은 귀결에서 우리는 말한다.

[후론]: 오직 지고한 신이 그러한 뿌루샤들의 조물주인 것이어야 한다.

무엇 때문에? 시작(서두)의 효력 때문이다. 실로 이곳에서 발라끼는 "나는 당신에게 브라흐만에 대해 말하려고 합니다."〈까우 4.1〉라며 아자따샤뜨루와 함께 이야기하는 것을 시작했다. 그리고 그는 태양 등을 거처로 하고 이차적인 브라흐만에 대한 견해로 이어지는 몇몇의 뿌루샤들을 말한 뒤에 침묵을 지켰다. 아자따샤뜨루는 "실로 헛되게도, 그대는 '나는 당신에게 브라흐만에 대해 말하려고 합니다.'라고 내게 이야기했습니다."[124]〈까우 4.19〉에서 [발라끼가 단지] 이차적인 브라흐

123_ '생기'라는 말은="그러면 그는 그 생기 자체와 하나가 됩니다."<까우 4.20>에서 등장하는 '생기'라는 말은.

124_ * '이야기했습니다'에 대한 <주석>의 원어는 'saṃvadiṣṭhāḥ'이다. Olivelle은 'saṃvadiṣṭhāḥ' 대신에 'samavādayiṣṭhāḥ'라고 읽는다. Olivelle을 따를 경우, 이 문장 전체는 "실로 헛되게도, 그대는 '나는 당신에게 브라흐만에 대해 말하려고 합니다.'라고 [함으로써] 내가 이야기하게끔 했습니다."라는 뜻이다.

만에 대해 말한 것이라며 그를 부인한 뒤에, '알아야만 하는 것'으로 그것들(뿌루샤들)에 대한 다른 조물주를 암시했다.[125] 만약 그것마저[126] 이차적인 브라흐만에 대한 견해로 이어진다면, [이는 장절의] 시작과 배치될 것이다. 따라서 오직 지고한 신이 그것이어야만 한다. 결국 지고한 신과는 다른 것이 독자적으로 그러한 뿌루샤들의 조물주라는 것은 가능하지 않다.

"오히려 이것을 과업으로 삼는"이라는 것마저, '움직임을 특징으로 하는 과업'이나 '다르마와 다르마가 아닌 것을 특징으로 하는 과업'을 지시하지는 않는다. 심지어 그 둘 중의 어느 하나도 논제가 아니기 때문이다. 또한 [우빠니샤드에서 그렇게] 언급되지도 않기 때문이다. 게다가 그것은[127] 뿌루샤들을 지시하지 않는다. "그러한 뿌루샤들의 조물주이고"라는 것 자체가 [이미] 그것들(뿌루샤들)을 지시했기 때문이다. 또한 성(性)과 수(數)가 상위하기 때문이다.[128] 더욱이 그것은[129] 뿌루샤와 관계하여 '만든다'라는 의미를 지시하거나 행위(동작)의 결과를 지시하지 않는다. 이 둘은 '조물주'라는 말 자체를 통해 [이미] 수용되었기 때문이다.[130] 결과적으로 대명사인 '이것'이라는 말이 지시하는

'samavādayiṣṭhāḥ'는 동사 'saṃvad'(√vad)의 사역 아오리스트 형태이다.

125_ 아자따샤뜨루는 "실로 헛되게도 … 이야기했습니다."라는 문장에 곧 이어 "발라끼여, 실로 그러한 뿌루샤들의 조물주이고 …."<까우 4.19>라고 말한다.

126_ 그것마저=아자따샤뜨루가 제시한 다른 조물주마저.

127_ 그것은='이것을 과업으로 삼는'(etat-karma)이라는 말은.

128_ '그러한 뿌루샤들의'(eteṣām puruṣāṇām)는 남성 복수이고, '이것을 과업으로 삼는'(etat-karma)은 중성 단수이다. 이처럼 성과 수가 다르기 때문에, '이것을 과업으로 삼는'은 뿌루샤들을 지시하지 않는다.

129_ 그것은='이것을 과업으로 삼는'이라는 말은.

130_ "그러한 뿌루샤들의 조물주이고"에서 '조물주'라는 말 자체를 통해 뿌루샤들을 '만든다'(창조한다)라는 행위(동작)와 또 행위의 결과인 뿌루샤들이 이미 함의되었기 때문에, '이것을 과업으로 삼는'이라는 말이 뿌루샤와 관계하면서 이러한 2가지('창조 행위'와 '창조 행위의 결과')를 의미한다고 말할 수는 없다.

것은 지각 가능하고 근처에 놓여 있는 세계이다. 그리고 '만들어진다'라는 것으로서 바로 그 세계가 과업이다.[131]

[전론]: 세계마저 논제가 아니고 또 언급되지 않지 않는가?

[후론]: 그것은 사실이다. 그렇다고 할지라도 특정한 것에 대한 언급이 없는 경우에, 근접하고[132] 일반적인 것으로서 '단순히 근처에 놓여 있는 대상'을 그렇게 지시할 뿐, 그 어떤 특정적인 것을 그렇게 지시하지는 않는다고 이해된다. 특정한 것이 근접하지는 않기 때문이다. 그리고 앞선 곳에서 '세계의 한 부분으로 존재하는 뿌루샤들'에 대해서 특정하게 언급함으로 말미암아, 특정적이지 않은 세계 자체가 이곳에서 수용된다고 이해된다. 말한 바는 이러하다: '세계의 한 부분으로 존재하는 그러한 뿌루샤들'의 조물주에게는, 그러한 특정함은 차치하고서라도, 실로 전적인 즉 특정적이지 않은 세계가 [그의] 과업이다. '오히려'라는 말은 '한 부분으로 국한되는 조물주라는 것'을 배제하는 의도이다.[133] 발라끼가 브라흐만으로 간주하면서 언급하는 뿌루샤들이 브라흐만이 아니라는 것을 보이기 위해 [앞서] 특정하게 언급한다.[134]

그래서 '브라흐마나와 출가자'라는 논리에 따라, 일반적 진술과 특정적 진술로부터 세계의 조물주가 '알아야만 하는 것'이라고 지시된다.[135] 그리고 모든 베단따들에서는 지고한 신이 모든 세계의 조물주라

131_ '만들어지는'(kriyate) 것으로서의 바로 그 세계가 그 무엇(조물주)의 '만드는 일'(karma) 또는 과업이다.

132_ 근접하고(saṃnidhānena)=조물주에 의해 만들어지는 대상인 것으로 마음에 가장 쉽게 직접적으로 떠오르고.

133_ "오히려 이것(세계)을 과업으로 삼는"에서 '오히려'라는 말은 '뿌루샤들만의 조물주'에 국한되는 것을 배제하기 위해 사용된다.

134_ '그러한 뿌루샤들의 조물주이고'라며 '뿌루샤들'을 특정하게 언급하는 까닭은, 발라끼가 브라흐만이라고 주장하는 뿌루샤들이 실제로는 브라흐만이 아니라는 것을 즉 전적인 세계의 한 부분에 불과하다는 것을 보이기 위해서이다.

135_ '브라흐마나들과 출가자(parivrājaka)들에게 음식을 주어야만 한다.'라고 말

고 확정된다.‖16‖

17. 만약 [보조적 문장에 담긴] 개별자아와 으뜸인 생기에 대한 표징 때문에 [지고한 신은] 아니라고 한다면, 이는 [앞서] 설명(논박)되었다.

jīvamukhyaprāṇaliṅgān neti cet tad vyākhyātam ‖17‖

이제, 보조적 문장에 담긴 개별자아에 대한 표징 때문에 또 으뜸인 생기에 대한 표징 때문에, 이곳에서는 바로 이 둘 중의 어느 하나를 수용하는 것이 정당할 뿐 지고한 신을 수용하는 것은 정당하지 않다고 주장한 것은, 논박되어야만 한다.

이에 대하여 말한다.

실로 이는 "만약 개별자아와 으뜸인 생기에 대한 표징 때문에 [브라흐만이] 아니라고 한다면, 아니다; 3종류의 계속적 명상 때문이고, [다른 곳에서도 생기가 브라흐만에 대해] 수용되기 때문이며, 이곳에서도 ['가장 유익한 것' 등이] 그것(브라흐만에 대한 표징)과 연관되기 때문이다; [따라서 이것은 브라흐만에 대한 문장이다]."〈수뜨라 1.1.31〉라는 곳에서 논박되었다.

실로 그와 같을 경우에,[136] 이곳에서는 개별자아에 대한 계속적 명상, 으뜸인 생기에 대한 계속적 명상, 브라흐만에 대한 계속적 명상이

하는 경우에, 브라흐마나만이 출가자가 될 수 있기 때문에 브라흐마나로서의 출가자라는 '특정적 진술'(viśeṣa)이 살펴지고, 또 그로부터 출가자를 제외한 모든 브라흐마나라는 '일반적 진술'(sāmānya)이 살펴진다. 마찬가지로 '실로 그러한 뿌루샤들의 조물주이고, 오히려 이것(세계)을 과업으로 삼는'에서도, '세계의 한 부분인 뿌루샤들'에 대한 조물주라는 특정적 진술이 살펴지고, 또 그로부터 '뿌루샤들을 제외한 전적인 세계'에 대한 조물주라는 일반적 진술이 살펴진다. 따라서 두 진술로부터 <까우 4.19>의 '알아야만 하는 것'은 모든(전적인) 세계의 조물주라고 밝혀진다.

136_ 전론자가 주장한 바와 같을 경우에.

라는, 3종류의 계속적 명상이 수반될 것이다. 그러나 이는 정당하지 않다. 왜냐하면 시작과 끝으로부터 이 문장이 브라흐만과 관계한다고 알려지기 때문이다.[137] 그 가운데 먼저, 시작은 브라흐만과 관계한다고 밝혀졌다. [이제] 비할 데 없는 결과가 계시됨으로 말미암아 끝마저도 브라흐만과 관계한다고 살펴진다. "모든 죄악들을 제거하고, 모든 존재들의 지상(至上), 자치권, 통치권에 도달합니다. 이와 같음을 아는 자는."〈까우 4.20〉에서이다.

[전론]: 이와 같을 경우에, 바로 그 '쁘라따르다나에 대한 문장'에서 확립된 것을 통해 이 문장도 확립되지 않겠는가?[138]

[후론]: 확립되지 않는다. "오히려 이것(세계)을 과업으로 삼는"〈까우 4.19〉이라는 이 [문장이] 브라흐만과 관계하는 것이라고 그곳에서 확정되지 않았기 때문이다. 따라서 이곳에서는 개별자아와 으뜸인 생기에 관해 다시 발생한 의심이 파기된다.

심지어 '생기'라는 말도 브라흐만과 관계한다고 알려진다. "얘야, 왜냐하면 생기에 묶인(속박된) 것이 마음이기 때문이다."〈찬도 6.8.2〉라는 곳에서이다. 개별자아에 대한 표징마저, 시작과 끝이 브라흐만과 관계하기 때문에, 차이 없음[139]을 의도한다고 해석해야만 한다.‖17‖

18. 질문과 설명 때문에 [개별자아에 대한 지시가] 실로 다른 것을 [즉 브라흐만에 대한 이해를] 의도한다고 자이미니는 [생각한다]; 더

137_ <주석 1.1.31> 참조: "그러나 하나의 문장에서 이를(3종류의 계속적 명상을) 용인하는 것은 합리적이지 않다. 왜냐하면 [문장들의] 시작과 끝으로부터 문장적 통일성이 알려지기 때문이다."

138_ '쁘라따르다나에 대한 문장'을 다루는 <수뜨라 1.1.28-31>에서 확립된 것을 통해 <까우 4.19>마저도 확립된다면, <수뜨라 1.4.16-18>이 무의미해지고 마는 부조리한 결말이 생긴다.

139_ 차이 없음(abheda)=개별자아와 브라흐만 사이에 차이가 없다는 것.

나아가 어떤 자들도 [즉 바자사네야 분파의 추종자들도] 그러하다.
anyārthaṃ tu jaiminiḥ praśnavyākhyānābhyām api caivam eke ‖18‖

더 나아가 이 경우에, 이 문장이 개별자아를 주된 것으로 해야 하는지 혹은 브라흐만을 주된 것으로 해야 하는지, 결코 논쟁하지 말아야만 한다. 이 문장에서 개별자아에 대한 지시가 다른 것을 의도한다고 즉 브라흐만에 대한 이해를 의도한다고, 대스승 자이미니가 생각하는 까닭에서이다.

무엇 때문에? 질문과 설명 때문이다. 먼저 잠자는 사람을 깨움으로써 생기 등과는 구별되는 개별자아를 [발라끼가] 알게 될 때에, 또다시 '개별자아와는 구별되는 것'과 관계하는 질문이 살펴진다. "발라끼여, 이 경우에 그 사람은 어디에 누웠습니까? 또 그는 어디에 있었습니까? 그는 어디로부터 왔습니까?"〈까우 4.19〉에서이다. 또한 대답(설명)은, "잠자는 자가 그 어떤 꿈도 꾸지 않는 경우에 … 그러면 그는 그 생기 자체와 하나가 됩니다."〈까우 4.19-20〉"라는 등과, 또 "이 아뜨만으로부터 [모든] 생기들이 처소를 향해 움직입니다. 생기들로부터 신격들이, 신격들로부터 세상들이 움직입니다."〈까우 4.20〉에서 [살펴진다]. 실로 숙면 동안에 지고한 브라흐만과 개별자아가 동일성으로 나아간다. 또한 지고한 브라흐만으로부터 생기 등의 세계가 생성된다는(나온다는) 것은 베단따의 공리(公理)이다. 따라서 지고한 아뜨만이란, 그 개별자아가 '인식력의 부재로 이루어지고 자존(自存)적인 형태인'[140] 즉 '한정자에 의해 발생한 특정한 인식이 없고 그 본질로 [존재하는]' 수면

140_ * Nirnaya에는 '자존적인 형태인'(svasthatā-rūpaḥ)이라는 표현 대신에 '청정함으로 이루어진'(svacchatā-rūpaḥ)이라는 표현이 등장한다.

을 겪는 곳이자 [그 개별자아가] 그것(수면)의 소멸 양상에서 떠나게 되는 곳이다.[141] 그것(그곳)을 이곳에서는 '알아야만 하는 것'으로 가르친다고 이해된다.

더 나아가 어떤 자들도 그러하다. 즉 바자사네야 분파의 추종자들은, 바로 이 '발라끼와 아자따샤뜨루의 대화'에서[142] '인식으로 이루어진'이라는 말을 통해 분명하게 개별자아를 전한 뒤에 그것과는 구별되는 지고한 아뜨만을 전한다. "인식으로 이루어진 이 사람이 … 그러면 그는 어디에 있었습니까? 그는 어디로부터 왔습니까?"〈브리 2.1.16〉라는 질문에서이다. 또한 "심장의 안에 있는 허공인 것에 눕습니다."〈브리 2.1.17〉라는 대답에서이다. 그리고 '허공'이라는 말은 "그 안에는 작은 허공이 있다."〈찬도 8.1.1〉라는 곳에서 지고한 아뜨만에 대해 사용된다. 또한 "이러한 모든 아뜨만들이 퍼져 나옵니다."〈브리 2.1.20〉[143]라며, 한정자를 가지는 아뜨만들이 '그 무엇'으로부터 퍼져 나오는 것을 전함으로써 오직 지고한 아뜨만을 원인으로 전한다고 이해된다. 숙면하는 사람을 깨어나게 함으로써 '생기 등과는 구별되는 것'을 가르치는 것은, 심지어 생기를 부인하는 데 추가적 [논거이다].[144]‖18‖

141_ 숙면에서는 개별자아가 그 어떤 인식도 없이 그 자체의 본질로 머무르지만, 숙면이 끝날 때에는 개별자아가 지고한 아뜨만과 동일화된 그 양상으로부터 다시 생시 상태로 되돌아온다.

142_ <브리 2.1>에서는 <까우 4>와 동일한 이름의 주인공들이 등장하여 <까우 4>와 거의 유사한 대화를 나눈다.

143_ * 이 문장은 <브리 2.1.20>의 마드얀디나 이본에만 등장한다.

144_ 처음에는 '생기와는 구별되는 개별자아'를 가르친다. 그 후 숙면하는 사람을 깨어나게 함으로써 '개별자아와는 구별되는 지고한 아뜨만'을 가르친다. 따라서 후자(개별자아에 대한 부인)는 전자(생기에 대한 부인)를 다시 한 번 뒷받침하는 논거가 된다.

{ 6. '문장의 연계'라는 주제: 수뜨라 19-22 }

19. ['보아야만 하는 것' 등은 지고한 아뜨만을 지시한다]; 문장의 연계 때문이다.

vākyānvayāt ‖19‖

브리하다란야까의 '마이뜨레이 브라흐마나'에서 언급한다. "여보, 실로 남편에 대한 사랑에서 [남편이 소중하게 되지] 않고"〈브리 2.4.5; 4.5.6〉[145]라고 시작한 뒤에, "여보, 실로 만물에 대한 사랑에서 만물이 소중하게 되지 않고, 그와 달리 아뜨만에 대한 사랑에서 만물이 소중하게 됩니다. 여보 마이뜨레이여, 실로 아뜨만을 보아야만 하고 들어야만 하고 숙고해야만 하고 깊이 명상해야만 합니다. 여보, 실로 아뜨만을 봄으로써 들음으로써 숙고함으로써 인식함(직관함)으로써, 이 모든 것을 압니다."〈브리 2.4.5〉라고 한다.

이곳에서는 '보아야만 하는 것', '들어야만 하는 것' 등의 특성이 지시하는 것이 단지 인식적 아뜨만인지, 그렇지 않으면 지고한 아뜨만인지, 이렇게 의문시된다. 그렇다면 이러한 의문의 근거는? '소중함'으로 시사되는 향유주체로서의 아뜨만과 함께 시작하기 때문에 인식적 아뜨만을 지시한다고 여겨진다. 또한 '아뜨만에 대한 지식을 통한 모든 것에 대한 지식'을 가르치기 때문에 지고한 아뜨만을 지시한다고 [여겨진다].

실로 무엇으로 귀결되는가?

145_ <브리 2.4>와 <브리 4.5>는, <브리 4.5.1>에 배경 소개가 있는 것을 제외하고는 그 내용이 거의 유사하다. 따라서 <브리 2.4.1-14>와 <브리 4.5.2-15>는 몇몇 내용을 빼고 차례대로 대응한다.

[전론]: 인식적 아뜨만을 지시한다.

무엇 때문에? 시작의 효력 때문이다. 실로 남편 · 아내 · 아들 · 재물 등 향유대상으로 존재하는 모든 세계가 아뜨만에 대한 의도에서 소중하게 되므로 '소중함'으로 시사되는 향유주체로서의 아뜨만을 소개하고, 곧 이어서 그것을 '아뜨만을 봄(보는 것)' 등으로 지시하기 때문에,[146] [어떻게 그것이] 다른 그 어떤 아뜨만일 수 있겠는가? 중간에서도 "이 위대한 존재는 무한이고 무한정이며 인식 덩어리일 뿐입니다. [아뜨만은] 이러한 원소들로부터 솟아오르고 나서 바로 그것들을 좇아 소멸합니다. 세상을 떠난 후에는 [특정한] 의식이 존재하지 않습니다."〈브리 2.4.12〉라며, 논제 자체인 '보아야만 하는 것' 즉 '위대한 존재'가 인식적 아뜨만의 상태인 채로 원소들로부터 솟아오르는 것을 말하기 때문에, 그 '보아야만 하는 것'이 바로 그 인식적 아뜨만이라는 것을 제시한다. 마찬가지로 "여보, 무엇을 통해 아는 자를 알아야 하겠습니까?"〈브리 2.4.14; 4.5.15〉라며 행위주체(아는 자)를 의미하는 말로 써 끝맺기 때문에, 이곳에서는 지시되는 것으로 오직 인식적 아뜨만을 제시한다. 따라서 '아뜨만에 대한 지식을 통한 모든 것에 대한 지식'이라는 진술은, 향유대상의 총체가 향유주체를 의도하기 때문에, 비유적 표현이라고 간주해야만 한다.[147]

이와 같은 귀결에서 우리는 말한다.

[후론]: 그것은 지고한 아뜨만을 지시할 뿐이다.

146_ 곧 이어서 그것을 '아뜨만을 봄' 등으로 지시하기 때문에=곧 이어서 바로 그 향유주체로서의 아뜨만을 "실로 아뜨만을 보아야만 하고 들어야만 하고 …" 〈브리 2.4.5〉라며 가르치기 때문에.

147_ 향유대상들은 향유주체와 관련되어야만 의미를 가질 수 있다. 따라서 '아뜨만에 대한 지식을 통한 모든 것에 대한 지식'이란 '향유주체에 대한 지식을 통한 모든 향유대상들에 대한 지식'을 비유적으로 표현한 것이다. 결국 '보아야만 하는 것'은 향유주체 즉 인식적 아뜨만이다.

무엇 때문에? 문장의 연계 때문이다. 실로 이 문장을 전후관계에 따라 고찰하면, 지고한 아뜨만에 연계되는 부분들이 관찰된다. '어떻게?'라고 한다면, 다음을 제시한다. "하지만 재물을 통해서는 불멸성에 대한 희망이 없습니다."〈브리 2.4.2〉라며 야즈냐발끄야로부터 들은 뒤에 "저를 불멸일 수 없게끔 하는 그것을 통해 저는 무엇을 해야 합니까? 당신이 아는 바로 그것을 저에게 말씀해 주십시오."〈브리 2.4.3〉라며 불멸성을 소망하는 마이뜨레이에게,[148] 야즈냐발끄야는 그 '아뜨만에 대한 지식'을 가르친다. 그리고 계시서와 전승서의 논의들에서는 지고한 아뜨만에 대한 지식이 없이는 불멸성이 없다고 말한다. 또한 마찬가지로, 궁극적 원인에 대한 지식이 없이는, '아뜨만에 대한 지식을 통한 모든 것에 대한 지식'이라고 언급하는 것은 일차적 의미로서 가능하지 않다.

게다가 그것은[149] 비유적 표현이라고 받아들일 수 없다. '아뜨만에 대한 지식을 통한 모든 것에 대한 지식'을 주장하고, 곧 이어지는 글로써 즉 "브라흐만(사제)은, 브라흐만을 아뜨만과는 다른 것으로 아는 자를 내쫓습니다."〈브리 2.4.6〉라는 등으로써, 바로 그것을[150] 제시하는 까닭에서이다. 실로 허위적으로 보이는(경험되는) '브라흐만(브라흐마나) · 끄샤뜨라(끄샤뜨리야) 등의 바로 그 세계'가, 브라흐만 · 끄샤뜨라 등 세계의 존재가 아뜨만이 없이 독립적으로 얻어진다고 보는(아는) 자를 즉 허위적으로 보는 자를 물리치므로,[151] 차이의 견해를 부인한 채

148_ * Nirnaya에 'āśāsānāyā maitreyyā'라는 표현이 등장하지만, Samata에 따라 'āśāsānāyai maitreyyai'(소망하는 마이뜨레이에게)라고 읽는다.

149_ 그것은='아뜨만에 대한 지식을 통한 모든 것에 대한 지식'은.

150_ 그것을='아뜨만에 대한 지식을 통한 모든 것에 대한 지식'을.

151_ <브리 2.4.6>에 대한 풀이이다. 브라흐만 · 끄샤뜨라 · 세상들 · 신격들 등은 각각 자기 자체를 '아뜨만과는 별도로 존재한다고 거짓으로 보는 자'를 스스로 물리친다(내쫓는다).

로 "이러한 모든 것이 [바로] 그 아뜨만입니다."〈브리 2.4.6〉라며 모든 '사물의 총체'가 아뜨만과 다르지 않다는 것을 소개한다. 그리고 북 등의 예시들을 통해[152] 바로 그 '다르지 않다는 것'을 확고히 한다.

더욱이 "『리그베다』 … 라는 것은 이 위대한 존재가 내쉰 숨입니다."〈브리 2.4.10〉라는 등을 통해 논제인 아뜨만을 '명칭 · 형태 · 의례(행위)로 [이루어진] 복합현상계'의 원인이라고 설명함으로써, 그것을 오직 지고한 아뜨만으로 이해하게끔 한다. 바로 그와 같이 '하나의 목적지'에 대한 단락에서도,[153] [그 아뜨만을] '대상들과 기관들과 내부기관들을 포함하는 복합현상계'가 가지는 하나의 목적지이자 안이 없고 밖이 없으며 전적으로 지식 덩어리인 것이라고 설명함으로써,[154] 그것을 오직 지고한 아뜨만으로 이해하게끔 한다.

그러므로 오직 지고한 아뜨만과 관계해서 '보는 것'(보아야만 하는 것) 등을 그렇게 가르친다고 이해된다.‖19‖

한편, '소중함'으로 시사되는 시작 때문에 단지 인식적 아뜨만과 관계해서 '보는 것' 등을 그렇게 가르친다고 주장한 것에 관해서, 우리는 말한다.

20. ['소중함'으로 시사되는 아뜨만을 '보아야만 하는 것' 등으로 언급하는 것은] 확언의 달성에 대한 표징이라고 아슈마라트야는 [생각한다].

pratijñāsiddher liṅgam āśmarathyaḥ ‖20‖

152_ 북 등의 예시들을 통해=<브리 2.4.7-9>에서 악기들에 관한 예시들을 통해.

153_ '하나의 목적지'에 대한 단락에서도="이와 같이 모든 감촉들이 가지는 하나의 목적지는 피부입니다."라는 등의 문장들이 담긴 <브리 2.4.11>에서도.

154_ <브리 4.5.13> 참조: "마찬가지로 이 아뜨만은 안이 없고 밖이 없으며 전적으로 지식 덩어리일 뿐입니다."

"아뜨만을 알 때에 이 모든 것을 압니다.",[155] "이러한 모든 것이 [바로] 그 아뜨만입니다."〈브리 2.4.6〉라는 곳에는 확언이 있다. '소중함'으로 시사되는 아뜨만을 '보아야만 하는 것' 등으로 언급하는 이 표징은 [바로] 그러한 확언의 달성을 암시한다.[156] 왜냐하면 만약 인식적 아뜨만이 지고한 아뜨만과는 다른 것이라면, 그 경우에 심지어 지고한 아뜨만을 알 때에도 인식적 아뜨만을 알지 못하므로, 확언된 것인 '하나에 대한 지식을 통한 모든 것에 대한 지식'이 폐기되고 말기 때문이다.

그러므로 확언의 달성을 위하여 인식적 아뜨만과 지고한 아뜨만 사이에 차이가 없다는 측면에서 ['소중함'으로] 시작된다고,[157] 대스승 아슈마라트야는 생각한다.‖20‖

21. [적정을 얻은 인식적 아뜨만이] 이탈하려고 하면서 그렇게 [지고한 아뜨만과] 동일화되기 때문에 ['차이 없음'으로 시작된다고][158] 아우둘로미는 [생각한다].

utkramiṣyata evaṃ bhāvād ity auḍulomiḥ ‖21‖

155_ 주석가가 인용한 이 문장의 출처는 분명치 않지만 다음 두 문장과 내용상 거의 다르지 않다. <브리 2.4.5>에서는 "실로 아뜨만을 봄으로써 들음으로써 숙고함으로써 인식함(직관함)으로써, 이 모든 것을 압니다."라는 문장이 등장하고, <브리 4.5.6>에서는 "실로 아뜨만을 볼 때에 들을 때에 숙고할 때에 인식할 때에 이 모든 것을 압니다."라는 문장이 등장한다.

156_ 두 인용 문장은 '아뜨만에 대한 지식을 통한 모든 것에 대한 지식'을 확언한다. <브리 2.4.5>의 시작에서 '소중함'으로 시사되는 아뜨만을 '보아야만 하는 것' 등으로 언급하는 것은, 바로 그러한 확언이 반드시 달성될 것이라고 암시하는 표징이다.

157_ <브리 2.4.5>의 시작에서 '소중함'으로 시사되는 아뜨만은 '지고한 아뜨만과 차이가 없는 인식적 아뜨만'이다. 그래야만 '지고한 아뜨만에 대한 지식을 통한 모든 것(인식적 아뜨만을 포함한)에 대한 지식'이라는 확언이 달성될 수 있다.

158_ 개별자아(인식적 아뜨만)가 죽음을 맞이하면서 지고한 아뜨만과 동일화되기 때문에, <브리 2.4.5>의 시작에서 '소중함'으로 시사되는 아뜨만은 '지고한 아뜨만과 차이가 없는 인식적 아뜨만'이다.

신체 · 기관 · 마음 · 지성의 집합인 한정자와 연계됨으로 말미암아 혼탁하게 되었지만 지식 · 명상 등 성취수단의 실행을 통해 적정(寂靜)을 얻은 인식적 아뜨만 자체가, 신체 등의 집합으로부터 이탈하려고(떠나려고) 하면서 지고한 아뜨만과 동일화될 수 있기 때문에, '차이 없음'으로 그렇게 시작된다고, 대스승 아우둘로미는 생각한다.

그리고 이러한 연관을 가지는 계시서가 있다. "그 적정은 이 육체로부터 솟아오른 후, 지고한 빛에 도달하고 나서 그 자체의 형태로 현시한다."〈찬도 8.12.3〉에서이다. 또한 어떤 곳에서는 강에 대한 예시를 통해 명칭과 형태가 다만 개별자아에 의지한다는 것을 알려준다.[159] "흐르는 강들이 명칭과 형태를 버린 채로 바다에서 소멸되듯이, 마찬가지로 지식을 가진 자는 명칭과 형태로부터 자유로워지고, 지고한 것보다 더 지고한 신성의 뿌루샤에 도달한다."〈문다 3.2.8〉에서이다. '예시'와 '예시되는 것'(예시의 대상)이 상응하기 위해서는, 예컨대 이 세상에서 강들이 단지 그 자체들에 의지하는 명칭과 형태를 버린 채로 바다에 도달하듯이, 마찬가지로 개별자아마저 바로 그 자체에 의지하는 명칭과 형태를 버린 채로 지고한 뿌루샤에 도달한다는 것이, 실로 이곳에서 의미하는 바라고 알려진다.‖21‖

22. [지고한 아뜨만이 인식적 아뜨만의 상태로] 남아 있기 때문에 ['차이 없음'으로 시작된다고] 까샤끄리뜨스나는 [생각한다].

avasthiter iti kāśakṛtsnaḥ ‖22‖

바로 그 지고한 아뜨만이 심지어 인식적 아뜨만의 그 상태로 남아

159_ 명칭과 형태가 개별자아 즉 인식적 아뜨만에 의지할 뿐이고 지고한 아뜨만에 의지하지 않는다는 것을 알려준다.

있기 때문에, '차이 없음'으로 그렇게 시작되는 것이 합당하다고, 대스승 까샤끄리뜨스나는 생각한다.

또한 마찬가지로, "그러한 개별자아로써 즉 [나의] 아뜨만으로써 [이러한 세 신격들에] 들어가, 명칭과 형태를 전개하리라.'"〈찬도 6.3.2〉라는 이러한 유형의 브라흐마나는, 바로 그 지고한 아뜨만이 개별자아 상태로 남아 있다는 것을 보여준다. 게다가 "모든 형태들을 현현시킨 뒤에 명칭들을 붙인 다음, 지성체(뿌루샤)는 그것들을 계속해서 부른다."〈따잇-아 3.12.7〉라는 이러한 유형인 만뜨라의 전언도 [그러하다]. 더욱이 불 등의 창조에서는, 개별자아를 지고한 아뜨만과는 다르게끔 하고 그것의 변형일 수 있게끔 하는 '개별자아에 대한 별도의 창조'가 계시되지 않는다.[160]

대스승 까샤끄리뜨스나는, 변형을 겪지 않은 지고한 신이 개별자아일 뿐 다른 것은 아니라고 간주한다. 그와 달리 아슈마라트야의 경우에는, 비록 개별자아가 지고한 것과 다르지 않다는 것이 의도될지라도, 여전히 "확언의 달성에 대한"〈수뜨라 1.4.20〉이라며 상대성을 언급함으로 말미암아 인과관계가 어느 정도나마 의도된다고 알려진다.[161] 한편, 아우둘로미의 입장에서는 조건의 차이에 의존하는 '차이

160_ 만약 성전에서 개별자아에 대한 창조가 계시된다면, 그로부터 개별자아가 지고한 아뜨만과는 다르고 또 지고한 아뜨만의 변형이라는 것을 알 수 있다. 그런데 성전에서는 불 등의 원소들에 대한 창조가 계시되지만 개별자아에 대한 창조는 별도로 계시되지 않는다. 왜냐하면 지고한 아뜨만이 개별자아 상태로 존재하기(남아 있기) 때문이다.

161_ 확언이라는 것은 '하나에 대한 지식을 통한 모든 것에 대한 지식'이다. 이 확언은 상대성(sāpekṣatva)을 함의한다. '지고한 아뜨만에 대한 지식'을 조건으로 해야만 '개별자아에 대한 지식'을 얻을 수 있기 때문이다. 따라서 이러한 상대성으로부터 지고한 아뜨만과 개별자아 사이에 원형물과 변형물의 관계가 어느 정도 있다는 것이 암시된다. 즉 양자 사이의 인과관계가 어느 정도 암시된다.

와 차이 없음'이 실로 명백하게 알려진다.[162]

이 가운데 까샤끄리뜨스나의 의견이 계시서를 따른다고 이해된다. "그것이 너이다."〈찬도 6.8.7〉라는 등의 계시들에서 제시하고자 하는 의미를 따르기 때문이다. 결국 이와 같을 경우에 그것에 대한[163] 지식으로부터 불멸성이 가능하다. 왜냐하면 개별자아가 변형을 본질로 한다고 용인되는 경우에,[164] 변형물이 원형물과의 관계에서 소멸을 수반함으로 말미암아, 그것에 대한 지식으로부터 불멸성이 가능하지 않을 것이기 때문이다. 따라서 또한, [개별자아] 그 자체에 의지하는 명칭과 형태가 불가능함으로 말미암아,[165] 한정자에 의지하는 명칭과 형태가 개별자아에 대해 비유적으로 적용된다. 바로 이로부터, 어떤 곳에서 '불과 불꽃'이라는 예시를 통해 계시되는 '개별자아의 발생'마저 한정자에 의지할 뿐이라고 알아야만 한다.

한편, 논제 자체인 '보아야만 하는 것' 즉 '위대한 존재'가 인식적 아뜨만의 상태인 채로 원소들로부터 솟아오르는 것을 제시함으로써 그 '보아야만 하는 것'이 바로 그 인식적 아뜨만이라는 것을 제시한다고 주장한 것에 관해서도, 바로 이러한 세 수뜨라를 적용해야만 한다.[166]

162_ 개별자아가 속박의 조건을 가지느냐 그렇지 않으면 해탈의 조건을 가지느냐에 따라, 개별자아와 지고한 아뜨만 사이에 각각 차이와 차이 없음(동일성)이 있다고 알려진다.

163_ 그것에 대한=개별자아와 지고한 아뜨만 사이의 차이 없음(동일성)에 대한.

164_ 인과관계가 어느 정도 의도되는 아슈마라트야의 경우이다.

165_ 명칭과 형태가 개별자아에 의지한다고 주장하는 아우둘로미의 경우와 달리, 개별자아와 지고한 아뜨만 사이에 절대적으로 차이 없음이 있는 경우에는 명칭과 형태가 개별자아 그 자체에 속하지 않음으로 말미암아.

166_ <주석 1.4.19>에서 전론자가 주장한 것을 논박하기 위해서도, <수뜨라 1.4.20-22>의 세 수뜨라를 "이 위대한 존재는 무한이고 무한정이며 인식 덩어리일 뿐입니다. [아뜨만은] 이러한 원소들로부터 솟아오르고 나서 바로 그것들을 좇아 소멸합니다. 세상을 떠난 후에는 [특정한] 의식이 존재하지 않습니다."<브리 2.4.12>라는 문장들과 관련하여 새롭게 적용하고 해석해야만 한다.

"['소중함'으로 시사되는 아뜨만을 '보아야만 하는 것' 등으로 언급하는 것은] 확언의 달성에 대한 표징이라고 아슈마라트야는 [생각한다]."〈수뜨라 1.4.20〉. 이 경우에 "아뜨만을 알 때에 이 모든 것을 압니다.", "이러한 모든 것이 [바로] 그 아뜨만입니다."〈브리 2.4.6〉라는 것이 그 확언이다. 그리고 [확언은] 확립된다.[167] 명칭 · 형태 · 의례(행위)로 [이루어진] 모든 복합현상계가 일자(一者)로부터 산출되기 때문이고, 또 일자에 소멸되기 때문이며, 또 북 등의 예시들을 통해 원인과 결과가 다르지 않다는 것을 제시하기 때문이다. 보아야만 하는 것[168] 즉 위대한 존재가 인식적 아뜨만의 상태인 채로 원소들로부터 솟아오른다고 언급하는 이 표징은 바로 그러한 확언의 달성을 암시한다고, 대스승 아슈마라트야는 생각한다. 왜냐하면 차이 없음이 있는 경우에 '하나에 대한 지식을 통한 모든 것에 대한 지식'이라며 확언된 것이 가능하기 때문이다.

"[적정을 얻은 인식적 아뜨만이] 이탈하려고 하면서 그렇게 [지고한 아뜨만과] 동일화되기 때문에 ['차이 없음'으로 시작된다고] 아우둘로미는 [생각한다]."〈수뜨라 1.4.21〉. 지식 · 명상 등의 효력을 통해 적정을 얻은 인식적 아뜨만이 이탈하려고 하면서 지고한 아뜨만과 동일화될 수 있기 때문에, '차이 없음'이 그렇게 언급된다고, 대스승 아우둘로미는 생각한다.

"[지고한 아뜨만이 인식적 아뜨만의 상태로] 남아 있기 때문에 ['차이 없음'으로 시작된다고] 까샤끄리뜨스나는 [생각한다]."〈수뜨라 1.4.22〉.

167_ 주석가는 확언(하나에 대한 지식을 통한 모든 것에 대한 지식) 그 자체인 계시서 문장을 먼저 제시한 뒤에 그 확언이 확립된다는 것을 덧붙인다. 그러고 나서 주석가는 그렇게 확립되는 근거들을 몇 가지 제시한다.

168_ * '보아야만 하는 것'(draṣṭavyasya)이라는 표현은 Nirnaya에만 추가로 등장한다.

바로 그 지고한 아뜨만이 심지어 인식적 아뜨만의 그 상태로 남아 있기 때문에, '차이 없음'이 그렇게 언급되는 것은 합당하다고, 대스승 까샤끄리뜨스나는 생각한다.

[전론]: "[아뜨만은] 이러한 원소들로부터 솟아오르고 나서 바로 그것들을 좇아 소멸합니다. 세상을 떠난 후에는 [특정한] 의식이 존재하지 않습니다."〈브리 2.4.12〉라는 것은 절멸에 대한 언급이지 않는가? 어떻게 이것이 '차이 없음'에 대한 언급이라는 말인가?

[후론]: 그러한 결함은 없다. 소멸에 대한 이러한 언급은, 특정한 인식의 소멸을 의도할 뿐 아뜨만의 절멸을 의도하지 않는다. "바로 여기서, '세상을 떠난 후에는 [특정한] 의식이 존재하지 않습니다.'라며 당신이 저를 혼동케 했습니다."〈브리 2.4.13〉라고 이의를 제기한 뒤에, 계시서는 실로 자체적으로 다른 의미를 밝히기 때문이다. "여보, 실로 나는 혼동을 말하지 않습니다. 여보, 정녕 소멸 불가한 이 아뜨만은 절멸 불가한 특성을 가집니다. 정녕 그것은 편린들과 접촉하지 않습니다."〈브리 4.5.14〉[169]에서이다.

말한 바는 이러하다: 인식 덩어리로서 그 아뜨만은 실로 불변적 영원이고, 그것의 절멸이 수반되지는 않는다. 그리고 지식을 통해, 그것(아뜨만)은 '무지에 의해 야기되고 원소들과 기관들로 지시되는 편린들'과 접촉하지 않게 된다. 또한 접촉이 없는 경우에 그것(접촉)에 의해 야기되는 특정한 인식이 없기 때문에, '세상을 떠난 후에는 [특정한] 의식이 존재하지 않습니다'라고 말했다.

169_ 이 부분은 "… 당신이 저를 혼동케 했습니다."<브리 2.4.13>라며 마이뜨레이가 질문하자, 그에 대해 야즈냐발끄야가 대답한 내용이다. 그리고 이 부분은 <브리 2.4.13>이 아니라 <브리 4.5.14>로부터 인용한 것이다. 또 "정녕 그것은 편린들과 접촉하지 않습니다."(mātrāsaṃsargas tv asya bhavati)라는 마지막 문장은 주석가가 <브리 4.5.14>의 마드얀디나 이본을 따라 추가한 것이다.

한편, "여보, 무엇을 통해 아는 자를 알아야 하겠습니까?"〈브리 2.4.14; 4.5.15〉라며 행위주체(아는 자)를 의미하는 말로써 끝맺기 때문에 그 '보아야만 하는 것'이 오직 인식적 아뜨만이라고 주장한 것에 관해서는, 이 또한 바로 그 까샤끄리뜨스나의 언급(주장)을 통해 논박해야만 한다. 더 나아가, "실로, 소위 이원성이 있을 경우에, 그러면 하나가 다른 하나를 보고"〈브리 4.5.15〉라고 시작함으로써 무지의 영역에서 바로 그것이[170] '보는 것 등으로 지시되는 특정한 인식'을 가진다고 상술한 뒤에, "하지만 모든 것이 오직 '그의 아뜨만'이 될 경우에, 그러면, 무엇을 통해 무엇을 보아야 하겠습니까?"〈4.5.15〉라는 등으로써 지식의 영역에서 바로 그것이 '보는 것 등으로 지시되는 특정한 인식'의 부재를 가진다고 언급한다. 한층 나아가, 대상이 부재하는 경우에도 아뜨만을 알 수 있는지에 관해 의문시한 채로 "여보, 무엇을 통해 아는 자를 알아야 하겠습니까?"라고 말한다.[171] 이로부터 또한, [이] 문장이 특정한 인식의 부재를 증명하려고 의도하기 때문에, 이전의 상태라는 접근에 따라, 인식의 본체 그 자체이고 독존으로 존재하는 것이 동작주체를 의미하는 '뜨리쯔'에 의해 지시된다고 알려진다.[172] 그리고

170_ 그것이=까샤끄리뜨스나의 언급을 따를 경우, '인식적 아뜨만의 상태로 남아 있는 지고한 아뜨만'이.

171_ <브리 4.5.15>에서 말하듯이 모든 것이 오직 '그의 아뜨만'이 되어버리면 대상의 부재가 수반된다. 그래서 야즈냐발끄야는, "여보, 무엇을 통해 아는 자를 알아야 하겠습니까?"라는 등의 의문(의문이라기보다는 반어적인 확신이다)을 마이뜨레이에게 슬쩍 비춘다. 하지만 이 문장은 마이뜨레이가 가질지도 모르는 의문을 일소시키는 표현이자, 일원적 상태인 아뜨만에서 특정한 인식이 없다는 것을 확신하는 표현이다. 이 문장은 결코 동작주체인 인식적 아뜨만에 관한 표현이 아니다.

172_ "여보, 무엇을 통해 아는 자를 알아야 하겠습니까?"라는 이 문장이 특정한 인식의 부재를 증명하려고 의도하는 이상, '아는 자'(동작주체)라는 말은, '지고한 아뜨만이 특정한 인식을 가지고 있던 이전의 상태'라는 접근에 따라 이해되어야 한다. 즉 '특정한 인식이 없는 지고한 아뜨만'이 무지의 영역에 불과한 이전

까샤끄리뜨스나의 입장은 계시서에서 주어진다고 앞서 밝혔다.

따라서 또한, 인식적 아뜨만과 지고한 아뜨만의 차이란 '무지에 의해 가공(架空)된 명칭과 형태'가 만드는 신체 등의 한정자에 기인할 뿐, 실재적으로 차이는 없다. 이러한 의미(취지)를 모든 베단따주의자들은 용인해야만 한다. "얘야, 태초에 이것(세계)은 오직 존재였다. 유일무이한 것이었다."〈찬도 6.2.1〉, "정녕 아뜨만은 이 모든 것입니다."〈찬도 7.25.2〉, "실로 브라흐만은 이 모든 것이고"〈문다 2.2.11〉,[173] "이러한 모든 것이 [바로] 그 아뜨만입니다."〈브리 2.4.6〉, "그것과는 다른, 보는 자는 없습니다."〈브리 3.7.23〉, "그것과는 다른, 보는 자는 없습니다."〈브리 3.8.11〉[174]라는 이러한 유형들이 계시되기 때문이다. 또한 "'바수데바가 모든 것이다'라고"〈기따 7.19〉, "더 나아가, 바라따의 자손이여, '나'라는 [존재가] 모든 몸들과 관계하여 '몸을 아는 자'임을 알도록 하시오."〈기따 13.2〉, "모든 존재들에 동등하게 머무르고 … 지고한 신을"〈기따 13.27〉이라는 이러한 유형들이 전승되기 때문이다. 게다가 "'그는 어떤 것이고 나는 다른 것이다.'라고 [하면서, … 계속 명상하는] 자는 알지 못한다. … 짐승과도 같다."〈브리 1.4.10〉, "이곳에 마치 다양함이 있는 듯이 보는 자는, 죽음으로부터 죽음으로 가리라."〈브리 4.4.19〉라며 차이에 대한 전망을 부인하는 이러한 유형들이 [계시되기] 때문이다. 더욱이 "실로 그러한 그 위대하고 생성되지 않은 아뜨만은, 늙음이 없는 것이고, 죽음이 없는 것이며, 불멸이고, 두려움이 없는 것이며, 브라흐만이다."〈브리 4.4.25〉라며 아뜨만과 관계하여

상태에서 '특정한 인식이 있는 인식적 아뜨만'이었다는 접근에 따라, 전자가 후자에 의해 즉 '아는 자'라는 말에 의해 이 문장에서 지시된다고 알려진다. 뜨리쯔(tṛc)=행위나 동작의 주체를 지시하는 접미사.

173_ * '모든 것이고'에 대한 <주석>의 원어는 'sarvam'이다. 이와 달리 Olivelle은 'viśvam'이라고 읽는다. 두 말의 뜻은 동일하다.

174_ <브리 3.7.23>과 <브리 3.8.11>은 내용이 같지만 표현이 약간 다르다.

모든 변화가 부정되기 때문이다. 그리고 그렇지 않은 경우,[175] 해탈을 욕구하는 자들에게 '부인될 수 없는 지식'이 발생하지 않기 때문이고, 또 대상을 철저하게 확정하는 것이 발생하지 않기 때문이다. 실로 아뜨만과 관계하는 지식은, 부인될 수 없고 모든 질의(질문)들을 파기한다고 간주된다. "베단따의 지식을 통해 대상을 철저히 확정하고"[176] 〈문다 3.2.6〉라며 계시되기 때문이다. 또한 "그 경우에 [아뜨만의] 유일성을 바라다보는 자에게 무슨 미혹이 있겠고 무슨 슬픔이 있겠는가!" 〈이샤 7〉라며 [지식의 결과가 계시된다]. 그리고 확고한 지혜를 가지는 자의 특징이 전승되기 때문이다.[177]

결국 '몸을 아는 자'(개별자아)와 지고한 아뜨만의 동일성과 관계하는 참된 직관이 확고한 경우에 '몸을 아는 자', '지고한 아뜨만'이라는 것은 단순한 명칭의 차이이기 때문에, 그 몸을 아는 자가 지고한 아뜨만과 차이를 가지고 그 지고한 아뜨만이 몸을 아는 자와 차이를 가진다는 이러한 유형은 즉 아뜨만의 차이와 관계하여 이렇게 단언하는 것은 무의미하다. 왜냐하면 그 아뜨만은 유일할 뿐이고 단순한 명칭의 차이에 따라 여럿으로 불리기 때문이다. 실로 "브라흐만은 존재이자 지식이자 무한이다. [심장의] 공동에 … 놓여 있는 [그것을] 아는 자는" 〈따잇 2.1.1〉이라는 것은, 단지 다른(어떤) 하나의 공동과 관련하여 언급되지 않는다.[178] 게다가 브라흐만과는 다른 것이 공동에 놓여 있지 않다.

175_ 그렇지 않은 경우=아뜨만과 관계하여 모든 변화(vikriyā)가 부정되지 않는 경우.

176_ 우빠니샤드에 대한 지식을 통해 그 지식의 대상인 지고한 아뜨만을 철저히 확정하고.

177_ <기따 2.54-72> 참조.

178_ '단지 다른(어떤) 하나의 공동과 관련하여 언급되지 않는다'라는 말은 두 가지로 풀이될 수 있다. 첫째, '개별자아가 놓여 있는 공동'과는 별도의 다른 어떤 공동을 언급하고자 하지 않는다. 즉 공동에 오직 개별자아가 놓여 있다는 것을 언급하고자 한다. 둘째, 하나의 개별자아가 놓여 있는 하나의 공동을 언급하고

"그것(모든 것)을 창조하고 나서, 바로 그것에 그는 들어갔다."〈따잇 2.6.1〉라며 창조주 자체가 들어가는 것이 계시되기 때문이다.[179]

한편, [아뜨만의 차이와 관계하여] 단언을 하는 자들은 베단따의 의미(취지)를 훼손함으로써 지선(至善)의 통로(수단)인 참된 직관 자체를 훼손한다. 또한 그들은 해탈을 인위적이고 무상한 것으로 간주한다. 그리고 [그들의 주장은] 논리와 서로 들어맞지 않는다.‖22‖

{ 7. '원물질'이라는 주제: 수뜨라 23-27 }

23. [브라흐만은 동작적 원인이고] 또 원물질(물질적 원인)이다; [베다의] 확언이나 예시와 대치되지 않기 때문이다.

prakṛtiś ca pratijñādṛṣṭāntānuparodhāt ‖23‖

다르마가 번영의 근거이기 때문에 탐구해야만 하듯이, 마찬가지로 브라흐만도 지고선(해탈)의 근거이기 때문에 탐구해야만 한다고 언급했다. 또한 브라흐만은 "그 무엇으로부터 이것(세계)의 생성 등이 [초래되는데, 그 무엇이 곧 브라흐만이다]."〈수뜨라 1.1.2〉라고 정의되었다. 그러나 그 정의는, 항아리, 금목걸이 등과 관계하여 '찰흙, 금 등처럼 원물질(물질적 원인)이라는 것'과 또 '도공, 금 세공자 등처럼 동작적

자 하지 않는다. 즉 무수한 개별자아들이 놓여 있는 무수한 공동들을 언급하고자 한다. 두 번째 풀이는, 브라흐만은 하나이지만 심장의 공동은 여럿이라는 점을 강조하는 경우이다. 앞뒤 문맥을 고려한다면, 첫 번째 풀이가 더 적합할 것이다.

179_ 결국 그 공동에 놓여 있는 것은 개별자아인 동시에 브라흐만(지고한 아뜨만)이다.

원인이라는 것'에 대해 공통적으로 [적용되므로], 이로부터 의문이 생긴다. 그렇다면 '브라흐만이 원인이라는 것'은 무엇을 본질로 할 것인가?[180]

[전론]: 이 경우에 먼저, [브라흐만은] 전적으로 단지 동작적 원인일 것이라고 여겨진다.

무엇 때문에? 마음으로 바라보기를 앞세우는 동작주체가 계시되기 때문이다. 실로 브라흐만은 마음으로 바라보기를 앞세우는 동작주체라고 알려진다. "그는 마음으로 바라보았다."〈쁘라 6.3〉, "그는 생기를 창조했다."〈쁘라 6.4〉라는 등이 계시되기 때문이다. 그리고 마음으로 바라보기를 앞세우는 동작주체는 분명 도공 등의 동작적 원인들에서 관찰된다. 또한 이 세상에서는 여러 행위수단들을 앞세워서 행위의 결과를 달성한다고 관찰된다. 결국 이러한 논리는 창조주(최초의 조물주)와 관계해서도 병용(竝用)되는 것이 합리적이다.[181]

게다가 지배권이 잘 알려져 있기 때문이다. 실로 왕, 바이바스바따[182] 등의 지배자들은 전적으로 단지 동작적 원인이라고 알려진다. 그와 마찬가지로 지고한 신도 단지 동작적 원인이라고 간주하는 것이 합

180_ 브라흐만에 대한 정의인 '브라흐만이 세계의 원인이라는 것'은 '물질적 원인'(prakṛti)인 경우에도 '동작적 원인'(nimitta)인 경우에도 공통적으로 적용된다. 그렇다면 이것은 양자 가운데 무엇을 본질로 하는가?

181_ 만약 브라흐만이 동작적 원인인 동시에 물질적 원인이라면, 오직 브라흐만만이 창조에 관여할 것이다. 하지만 이 세상에서는, 예를 들어 항아리를 만드는 경우에, 도공(행위주체)을 포함한 여러 행위수단(kāraka)들을 앞세운 채로 그 결과를 달성한다고 관찰된다. 이와 마찬가지로 세계의 창조에서도 창조주(행위주체)를 포함한 여러 행위수단들 또는 요인들이 요구된다. 따라서 오직 브라흐만만이 창조에 관여하지는 않으므로 브라흐만은 두 가지 원인일 수 없고 계시서에서 전하는 바대로 단지 동작적 원인이어야 한다.

182_ 여기서 바이바스바따(Vaivasvata)는 죽음의 신을 가리킨다. 한편, 바이바스바따는 14명의 선조 또는 주권자인 마누들 가운데 7번째 마누(바이바스바따-마누)로서 현 인류의 선조를 가리키기도 한다.

리적이다.

더욱이 결과로서 이 세계는 부분들을 가지고 비의식체이며 불순하다고 관찰된다. 심지어 그것(세계)의 원인도 바로 그와 같아야만 한다. 원인과 결과의 유사성을 보기 때문이다. 그러나 브라흐만은 그러한 특징을 가지지 않는다고 알려진다. "부분이 없고 동작이 없으며 평온이고 과실이 없으며 오점이 없는 그를!"〈슈베 6.19〉이라는 등이 계시되기 때문이다. 결과적으로, 불순 등의 속성을 가지고 전승서에서[183] 잘 알려져 있으며 브라흐만과는 다른 물질적 원인을 용인해야만 한다. 브라흐만이 원인이라는 것에 대한 계시는 단순한 동작적 원인이라는 것에서 끝이 나기 때문이다.

이와 같은 귀결에서 우리는 말한다.

[후론]: 브라흐만은 동작적 원인이고 또 원물질이라고 즉 물질적 원인이라고 용인해야만 한다. 전적으로 단지 동작적 원인이지는 않다.

무엇 때문에? 확언이나 예시와 대치되지 않기 때문이다. 실로 베다의 확언이나 예시는 다음과 같이 대치되지 않는다.

먼저 확언은 "듣지 못한 것을 듣게끔 하고 생각하지 못한 것을 생각하게끔 하고 인식하지 못한 것을 인식하게끔 하는, 그 교훈을 여쭌 적이 있었느냐?"〈찬도 6.1.3〉라는 것이다. 그리고 이곳에서는, 알려지는 하나를 통해 심지어 알려지지 않은 다른 모든 것도 알려지게 된다고 이해된다. 그래서 또한, 물질적 원인에 대한 지식이 있으면 모든 것에 대한 지식이 가능하다. 결과는 물질적 원인과 다르지 않기 때문이다. 반면에 결과는 동작적 원인과 다르지 않지는 않다. 이 세상에서 목수가 궁전과 다르다는 것을 보기 때문이다.[184]

183_ 전승서에서=상크야의 전승서 등에서.

184_ '동작적 원인인 목수'는 '결과인 궁전'과 다르다고 이 세상에서 매우 잘 알려져 있다.

예시 또한, "얘야, 마치 하나의 찰흙덩이를 [아는 것을] 통해 찰흙으로 이루어진 모든 것을 알 수 있듯이, [찰흙의] 변형이란 언어에 근거(기원)하고 있으며 명칭 자체이고 오직 찰흙이라는 것만이 실재이다."〈찬도 6.1.4〉라는 것은 단지 물질적 원인을 영역으로 하여 전해진다. 또한 "마치 하나의 금덩이를 [아는 것을] 통해 금으로 이루어진 모든 것을 알 수 있듯이"〈찬도 6.1.5〉, "마치 하나의 손톱가위를 [아는 것을] 통해 쇠로 만든 모든 것을 알 수 있듯이"〈찬도 6.1.6〉라고 한다.

마찬가지로 다른 곳에서도, "존경스러운 이여, 과연 무엇을 알 때 이 모든 것을 알게 됩니까?"〈문다 1.1.3〉라는 것이 확언이다. "땅에서 식물들이 자라나듯이"〈문다 1.1.7〉[185]라는 것이 예시이다. 그리고 "여보, 실로 아뜨만을 볼 때에 들을 때에 숙고할 때에 인식할 때에 이 모든 것을 압니다."〈브리 4.5.6〉라는 것이 확언이다. "이는 마치 두드리고 있는 북의 외적인 음들을 파악할 수 없을지 모르지만 북이나 북을 두드리는 것을 파악함으로써 음이 파악되는 것과 같습니다."〈브리 4.5.8〉라는 것이 예시이다.

이와 같이 가능한 한, 각각의 베단따마다 확언이나 예시가 원물질을 실증한다고 이해해야만 한다. "정녕 그 무엇으로부터 이러한 존재들이 태어난다."〈따잇 3.1.1〉라는 곳에서 '그 무엇으로부터'라는 바로 이 5격(탈격)은, "'태어나다'라는 동사 어근의 행위주체를 [낳는] 원물질은 [5격으로 지시된다]."〈아슈따 1.4.30〉라며 특별히 전승되기 때문에, 오직 원물질로 지시되는 행위이탈과 관계한다고 이해해야만 한다.[186]

185_ <문다 1.1.7> 참조: "마치 거미가 [줄을] 뿜어내고 붙들듯이, 땅에서 식물들이 자라나듯이, 살아 있는 사람에게서 머리카락과 털이 자라나듯이, 마찬가지로 불멸체로부터 여기 온 세상이 태어납니다."

186_ 빠니니에 따르면, '동사 √jan(태어나다)'의 행위주체(kartṛ)에 대한 원물질(prakṛti)은 5격(탈격)으로 쓰인다. <따잇 3.1.1>에서는 '태어난다'라는 동사, '존재들'이라는 행위주체, '그 무엇으로부터'(yatas)라는 5격이 살펴진다. 따라

한편 동작적 원인이라는 것은 다른 주재자(主宰者)의 부재로부터 알려져야만 한다. 실로 예컨대, 이 세상에서 찰흙, 금 등의 물질적 원인은 도공, 금 세공자 등의 주재자들에 의존한 채로 작동한다. 그와 달리 브라흐만은 비록 물질적 원인으로 존재할지라도 다른 주재자에 의존하지 않는다. 발생(창조) 이전에 [그것은] "유일무이한 것이었다."〈찬도 6.2.1〉라고 강조되기 때문이다. 다른 주재자의 부재마저 바로 그 '확언이나 예시와 대치되지 않음'으로부터 도출된다고 이해해야만 한다. 왜냐하면 물질적 원인과는 상이한 [어떤] 주재자가 용인되는 경우에, 심지어 또다시 '하나에 대한 지식을 통한 모든 것에 대한 지식'이 불가능함으로 말미암아, 실로 확언이나 예시와 대치되고 말기 때문이다.

그러므로 다른 주재자가 없음으로 말미암아 아뜨만은 동작주체(동작적 원인)이고, 또 다른 물질적 원인이 없음으로 말미암아 아뜨만은 원물질이다.‖23‖

또 어떤 근거에서 아뜨만은 동작주체이고 원물질인가?

24. 또한 의욕을 언급하기 때문에, [아뜨만은 동작주체이고 원물질이다].

abhidhyopadeśāc ca ‖24‖

또한 의욕을 언급하는 것은 아뜨만이 동작주체이고 원물질이라는 것을 지시한다. "그는 '나는 다수가 될 것이리라. 나는 태어날 것이리라.'라고 욕망했다."〈따잇 2.6.1〉, "그는 '나는 다수가 될 것이리라. 나

서 5격 또는 행위이탈(apādāna)의 격으로 쓰이는 '그 무엇'은 원물질 즉 물질적 원인이다.

는 태어날 것이리라.'라고 마음으로 바라보았다."〈찬도 6.2.3〉에서이다. 이곳에서는 의욕을 앞세우는 독자적인 작용(동작) 때문에 [아뜨만이] 동작주체라고 이해된다. '나는 다수가 될 것이리라'에서 다수가 되려는 의욕이 내재적 아뜨만과 관계하기 때문에, 심지어 [아뜨만이] 원물질이라고 이해된다.‖24‖

25. 또한 직접적으로 [브라흐만을 원인으로 수용하면서] 양자(발생과 소멸)를 전하기 때문에, [브라흐만은 원물질이다].

sākṣāc cobhayāmnānāt ‖25‖

이는 [아뜨만이] 원물질이라는 것에 대한 추가적 [논거이다].

이로 말미암아 또한, 브라흐만은 원물질이다. 직접적으로 오직 브라흐만을 원인[187]으로 수용하면서 발생과 소멸이라는 양자를 전하는 까닭에서이다. "정녕 이 모든 존재들이 오직 허공으로부터 생성되고 허공을 향해 소멸됩니다."〈찬도 1.9.1〉에서이다. 실로 '그 무엇으로부터 발생되고 그 무엇에서 소멸되는 어떤 것'에 대해서 '그 무엇'이란 물질적 원인이라고 잘 알려져 있다. 예컨대, 벼·보리 등에 대해서 흙이란 [물질적 원인이다].[188] 또한 [수뜨라의] '직접적으로'라는 것은, '오직 허공으로부터'에서 다른 물질적 원인을 수용하지 않는다는 것을 암시한다.[189] 그리고 결과물이 물질적 원인과는 다른 곳에서 소멸하는 것은 관찰되지 않는다.‖25‖

187_ 여기서 'kāraṇa'(원인)라는 말은 동작적 원인을 지시하지 않고 포괄적인 의미의 원인을 지시한다.

188_ '흙으로부터 발생되고 흙에서 소멸되는 벼·보리 등'에 대해서 흙이란 물질적 원인이다.

189_ * Samata에 '암시한다'(sūcayati)라는 표현이 등장하는 것과 달리, Nirnaya에는 '보여준다'(darśayaty)라는 표현이 등장한다.

26. 전변을 통해서 [브라흐만은] 그 자체를 [스스로] 만들었기 때문에, [브라흐만은 원물질이다].

ātmakṛteḥ pariṇāmāt ‖26‖

이로 말미암아 또한, 브라흐만은 원물질이다. 브라흐만에 대한 장절에서 "그것은 그 자체를 스스로 만들었도다."〈따잇 2.7.1〉라며, 아뜨만이 행위대상이자 행위주체라는 것을 보여주는 까닭에서이다. '그 자체를'은 행위대상이라는 것을, '스스로 만들었도다'는 행위주체라는 것을 [보여준다].

[전론]: 그렇다면 이미 존립되어 있고 행위주체로 정초된 것이 어떻게 '만들어지는 것'(행위대상)으로 전용(轉用)될 수 있다는 말인가?

[후론]: 전변을 통해서라고 우리는 말한다. 왜냐하면 아뜨만이 이미 존립되어 있음에도 그 자체를 특정한 '변형물의 아뜨만'으로 전변했기 때문이다. 그리고 '변형물의 아뜨만'으로 전변하는 것은 찰흙 등의 원물질들에서 알려진다. 또한 '스스로'라는 한정어를 통해, [아뜨만이] 심지어 다른 동작적 원인에 의존하지 않는다고 이해된다.

혹은, '전변을 통해서'라는 것은 별개의 수뜨라이다. 그것의 의미는 이러하다: 이로 말미암아 또한, 브라흐만은 원물질이다. 브라흐만 자체가 '변형물의 아뜨만'으로 전변하는 것이, "가시적인 것과 미시적인 것이 되었다.[190] 설명되는 것과 설명되지 않는 것"〈따잇 2.6.1〉이라는 등의 동격 관계를 통해 전해지는 까닭에서이다.[191]‖26‖

190_ 가시적인 것(sat)=형체가 있는 '흙, 물, 불' 원소. 미시적인 것(tyat)=형체가 없는 '공기, 에테르' 원소.

191_ <따잇 2.6.1> 참조: "그는 '나는 다수가 될 것이리라. 나는 태어날 것이리라.' 라고 욕망했다. 그는 숙고(고행)했다. 숙고하고 나서 그는, 그렇게 있는 그 무엇이든, 이 모든 것을 창조했다. 그것(모든 것)을 창조하고 나서, 바로 그것에 그는 들어갔다. 그것에 들어간 뒤에, 가시적인 것과 미시적인 것이 되었다. 설명

27. 또한 [베단따들에서 브라흐만을] 원천이라고 말하기 때문에, [브라흐만은 원물질이다].

yoniś ca hi gīyate ‖27‖

이로 말미암아 또한, 브라흐만은 원물질이다. 베단따들에서 브라흐만을 심지어 원천이라고 언급하는 까닭에서이다. "조물주, 신, 뿌루샤, 브라흐만의 원천을"〈문다 3.1.3〉에서이고, 또 "현자들이 존재의 원천으로 간주하는 것입니다."〈문다 1.1.6〉에서이다. 그리고 '원천'(요니)이라는 말은 이 세상에서 원물질을 의미한다고 알려진다. '흙은 초본(草本)들과 수목(樹木)들의 원천이다.'에서이다. 여성의 요니(생식기관)마저 그 부위들을 통해 태아와 관련된 물질적 원인이 될 따름이다.[192] 어떤 곳에서는 '요니'라는 말이 다만 자리를 의미한다고 알려진다. "인드라여, 나는 당신이 앉을 자리를 만들었도다."〈리그 1.104.1〉에서이다. 하지만 이곳에서는, "마치 거미가 [줄을] 뿜어내고 붙들듯이"〈문다 1.1.7〉라는 이러한 유형의 보조적 문장으로 말미암아, 원물질을 의미하는 것이 수용된다. 이러한 연관에서 브라흐만이 원물질이라는 것은 확립된다.

한편, 이 세상에서 마음으로 바라보기를 앞세우는 동작주체가 분명 도공 등의 동작적 원인들에서 관찰될 뿐 물질적 원인들에서 관찰되지 않는다고 그렇게 주장한 것에 관해서 대답한다. 이 경우에는 통념적인 것을 적용하지 말아야만 한다. 왜냐하면 이는 추론을 통해 알려질 수

되는 것과 설명되지 않는 것". 이곳에서 주어인 '그'(브라흐만)와 '가시적인 것, 미시적인 것, 설명되는 것, 설명되지 않는 것'은 모두 1격으로서 동격 관계를 가진다.

192_ 생식기관(yoni)의 부위들인 난소, 나팔관, 자궁 등은 태아(garbha)와 관련된 물질적 원인으로 작용한다.

있는 주제가 아니기 때문이다. 반면에 이 주제는 성언을 통해 알려질 수 있음으로 말미암아, 이 경우에는 성언에 따라 적용해야만 한다. 그리고 성언은 마음으로 바라보는 신이 원물질이라는 것을 제시한다고 우리는 말했다. 한층 나아가, 우리는 이를 충분히 자세하게 다룰 것이다.‖27‖

{ 8. '모두 설명됨'이라는 주제: 수뜨라 28 }

28. 이로 말미암아 [즉 쁘라다나 원인론을 부정하는 논리의 다발로 말미암아], 모든 [입장들이 '부정되는 것'으로] 설명되었다; 설명되었다.

etena sarve vyākhyātā vyākhyātāḥ ‖28‖

[후론]: "[상크야 학자들이 제안하는 세계의 원인인 쁘라다나는 베단따들에서 견지될 수] 없다; [그것은] 성언을 벗어나기 [때문이다]; '마음으로 바라보기' 때문에 [성언을 벗어난다]."〈수뜨라 1.1.5〉라고 시작한 뒤, 쁘라다나 원인론은 수뜨라들 자체를 통해 되풀이해 의문시되면서 부인되었다. 왜냐하면 우둔한 자들은 그 입장을 확증하는 그 어떤 그럴듯한 전거들이 베단따들에서 나타난다고 여기기 때문이다. 그리고 그 [입장은] 원인과 결과가 다르지 않다는 것을 용인함으로 말미암아 베단따주의와 가깝다. 또한 데발라를 비롯한 『다르마 수뜨라』의 어떤 저자들은 [그 입장을] 자신들의 저작에서 수용했다.

이로 말미암아 오직 그 [입장을] 부정하는 데 상당한 노력을 기울였고, 원자 원인론 등을 부정하는 데는 노력을 기울이지 않았다. 하지만 그것들마저 브라흐만 원인론이라는 입장에 대한 대립이론이기 때문에 부정되어야만 한다. 더욱이 우둔한 자들은 그것들을 확증하는 그 어떤 베다의 표징이 [베단따들에서] 나타난다고 여길 것이다.

이로부터, '주된 선수 물리치기'라는 금언[193]에 따라 연장 적용한다. '이로 말미암아' 즉 쁘라다나 원인론을 부정하는 논리의 다발로 말미암아, 심지어 원자 원인론 등의 모든 [입장들이] '부정되는 것'으로 설명되었다고 이해해야만 한다. 그것들마저 쁘라다나처럼 성언을 벗어나기 때문이고, 또 성언과 모순되기 때문이다.

'설명되었다; 설명되었다'라며 말을 반복하는 것은 '장'의 종결을 나타낸다.‖28‖

193_ '주된 선수 물리치기'(pradhānamalla-nibarhaṇa)라는 금언=주된 선수를 물리친 경우에 나머지 선수들도 모두 물리친 것으로 간주된다는 금언.

찾아보기*

ㄱ
가시적인 육체 483, 484
감각철회 109
개별자아 상태 535
개별자아의 덩어리 376
거짓 94, 163
거짓된 자기가정 163
거짓된 지식 94
결합하기 144, 146, 185
경맥 403, 463
계급(바르나) 101, 389, 437, 449, 452, 456
계속적 명상 128
계승된 전통 516
계시서 · 전승서 · 논리 140, 474
공기의 변형 235
관찰자 102, 151, 156, 174, 340
구나 141, 170, 173, 485, 496, 498
균형 상태 496
그럴듯한 문장 169
그럴듯한(사이비) 문장 168
그럴듯한 추리 169
그럴듯한(사이비) 추리 168
그럴듯한 추리와 문장 116
극대 360
글자주의자(문자주의자) 431
금욕(학습) 306, 414
기대성 484
까나다 168
까삘라 473, 497
까샤끄리뜨스나 534-540
깐바 315, 510, 511
꿈 상태 364

* 여기서는 다음과 같은 원칙들을 적용하여 용어나 구절을 선별하고 그 용례를 표기한다: 첫째, 문헌 소개와 역주를 제외하고 본문(수뜨라, 주석, 인용문)에 등장하는 것들만을 대상으로 삼는다. 둘째, 본문 전체에서 매우 빈번하게 등장하는 것들은 ① 아예 목록에 포함시키지 않거나, ② 목록에는 포함시키되 본문 전체에서 처음으로 등장하는 용례만 표기하거나, ③ 목록에는 포함시키되 191개의 '주제'마다 처음으로 등장하는 용례만 표기한다. 셋째, 특별히 베단따를 공부하는 데 도움이 될 만한 것들은 그 용례를 모두 표기한다. 넷째, 각각의 '주제'에서 논의의 핵심소재들은 대개 처음으로 등장하는 용례만 표기한다.

ㄴ
남쪽 길 139
내부기관(內部器官) 102, 297, 532
내부의 아뜨만 199
내부의 지배자 228, 310
내재력(內在力) 285
내재적(內在的) 아뜨만 97, 147, 258, 316, 332, 478, 514, 547
4계급 458, 510
네 발을 가지는 브라흐만 244
눈을 장소로 가지는 뿌루샤 306
눈의 뿌루샤 224

ㄷ
다르마에 대한 탐구욕 105, 121, 138
5가지 양상을 가지는 생기 235
5덮개 213
다섯의 다섯 사람 502
대립이론 551
대원소(大元素) 237
덧놓기 144
덧놓음 95, 98, 242
덮개 407, 514, 517
데발라 550
독존(獨存) 151, 170, 485, 539
동격 관계 331, 351, 388, 389, 398, 548
동작 성향 481
두려움의 원인 459
두 마리의 새 296, 358
두 형태의 브라흐만 195
듣기 137, 165, 166
따라 빛남 405
땃잘란 271, 272

ㄹ
라자스, 삿뜨바, 따마스 496
로까야따 115

ㅁ
마두의 명상적 지식 439, 443
마드얀디나 315, 510, 511
마음억제 109
마음으로 바라보기 168, 209, 374, 473, 543, 550
마음으로 이루어진 것 199, 272
마이뜨레이 브라흐마나 529
마하뜨 179, 474, 494, 502
마헤슈바라 423, 482, 499
말과 의미의 본유적인 관계 418
명령편(命令篇) 156
명상적 지식 139
명상하기 137, 165, 166
명칭과 형태 118, 172, 195, 229, 302, 324, 354, 390, 423, 464, 480, 499, 513, 534
모든 것을 아뜨만으로 하는 것 156, 252
모든 것을 아뜨만으로 함 115, 226, 271, 326, 327, 337, 340, 364
모든 존재들의 내부 아뜨만 326
몸을 아는 자 281, 291, 357, 501, 540
무분별(無分別) 94, 100, 164, 178, 298, 397
무욕(無慾) 109

무지(無知) 98
무지 등의 결점 140
무지 · 애욕 · 혐오 등의 결점 353
무지 · 욕망 · 행위 308
무지의 파기 146, 395
무(無)특성 브라흐만 215
문장 116
문장의 연계 529
미시적인 육체 480, 483, 484
미현현자 474

ㅂ

바다라야나 413, 414, 442, 443
바다리 342
바수데바 540
바이슈바나라 328
반례 424
반복진술 447
반사된 아뜨만 300, 398
발라끼와 아자따샤뜨루의 대화 520, 528
밥과 반찬 287
번뇌 133
번영과 지고선 492
베다브야사 433
베다의 말 419, 423, 432
베다의 영원성 432
베단따 116
베단따 성전 131
베단따주의 540, 550
본질의 동일성 210, 211
부동심(不動心) 357
북쪽 길 139
분별(分別) 94
분별적 지식 397, 497
불멸과 두려움이 없음 301, 308, 398, 400
불멸체(不滅體) 317, 370, 482
불, 물, 흙 498
불변적 영원 141, 156, 157, 197, 395, 396, 401, 402, 538
브라흐만과 아뜨만의 동일성 144, 146, 167
브라흐만 상태 151, 274, 463
브라흐만 세상 375, 378, 379, 387, 388
브라흐만에 대한 계속적 명상 196, 243, 246, 250, 264, 268, 272, 273, 525
브라흐만에 대한 탐구욕 104, 121, 166, 473
브라흐만 원인론 473, 551
브라흐만의 길 307
브라흐만의 마을 379
브라흐만의 유일성 133
브라흐만의 환희 142, 201, 215, 217
브라흐만의 획득 218
브라흐만이 곧 아뜨만이라는 것 133, 160, 165
브라흐만주의 499
브라흐만주의자 266
브라흐만 즉 아뜨만 153, 154, 160, 168, 169
브리구와 바루나의 지식 206, 220, 233
브야사 448
비슈누 295, 302, 385, 476, 478,

484, 486
비유진술 447
비이원 167
비존재론 513, 517
'빛'이라는 말 462
빠니니 125
뿌루샤 찬가 252
쁘라다나 원인론 193, 372, 473, 481, 550, 551
쁘라다나주의 475, 495

ㅅ

사람에 의존 121, 152, 153
사물에 의존 122, 123, 147, 152, 153
사실담진술 160
삼매 139
3합(三合) 241
삿뜨바 169
삿뜨바와 몸을 아는 자 296
상바르가(흡수하는 것)의 명상적 지식 451, 452, 454, 455
상위 브라흐만 375
상위 지식 321, 322
상크야 141, 168, 169, 171, 209, 313, 355, 485-487, 494, 497, 502, 507
생기들의 대화 262
생기로 이루어진 것 199
생시 상태 364
샤리라까 401
샤리라까 미맘사 103
샨딜르야의 명상적 지식 244
성자의 직관 260
성전의 취지 135, 156
성전이라는 지식수단 126
3가지 구나를 가지는 쁘라다나 169
3가지 원소 498
숙고하기 137, 165, 166, 492
숙면과 죽음 466
숙면 상태 191, 192, 363, 364, 369, 387, 391, 393, 399, 403
순수의식(純粹意識) 93
순수한 브라흐만 149, 278
슈드라 450
슈베따께뚜 182
스물다섯 502
스포따 423, 425, 426, 429-431
스포따주의자 431
신격적 아뜨만 255
신 원인론 120
신의 길 306
신체와 기관의 집합체 154, 291, 314

ㅇ

아뜨만과 아뜨만이 아닌 것 98, 164
아뜨만에 대한 이해 516
아뜨만에 대한 지식을 통한 모든 것에 대한 지식 529-531
아뜨만의 유일성 103, 282, 401, 402
아뜨만이 행위주체라는 것 162
아룬다띠 188, 202
아슈마라트야 341, 532, 533, 535, 537
아우둘로미 533-535, 537
'아자'라는 말 496
애욕 · 혐오 등의 결점 401
야스까 119

엄지손가락 크기 409
에테르에 이르기까지 지지하는 것 372
6번째 감관 437
연속과 불연속 163
완전무결한 해탈 464
요가 295, 449, 478, 492, 499
요가 교서 176
요가 수행자 169, 174, 176, 310, 311, 417
우빠바르샤 426
원물질 542
원소들의 미시성(微視性) 324, 325, 480
원소로서의 에테르 229, 304, 379, 465
원자 원인론 550, 551
원천적 내재력 324, 480, 481
위장에 있는 불 330
유(有)속성 브라흐만 278
유(有)특성 브라흐만 215, 220
유희 125
육화된 아뜨만 200
으뜸인 생기 235, 257, 520
은총 176, 227, 331, 435, 436
음식으로 이루어진 것 199
의미의 일관성 205, 264, 268
의식으로 이루어진 것 284, 285
이원론 402
이전 상태 480
인간의 목표 110
인간의 순환 307
인간의 저작이 아닌 베다 275
인드라와 쁘라따르다나 254
인식으로 이루어진 것 199, 315, 466
인식적 아뜨만 208
일생자(一生者) 456

ㅈ

자격의 근거 414, 452
자기가정 99, 160, 161, 163, 396, 439
자기조명(自己照明) 142, 408
자이미니 338, 339, 343, 344, 439, 526, 527
작은 허공 379
잠재인상 425, 429, 458
재생자(再生者) 450, 458
적정(寂靜) 360, 391, 462, 534
전변 548
전통 계승 422
점진적 해탈 196, 379, 450
정화하기 145
존재의 원천 317
존재, 지식, 무한 205
존재하는 것 108, 136, 157
존재할 것 107, 136, 157
죽음과 나찌께따스의 대화 490
즉각적 해탈 197
지고한 신에 대한 계속적 명상 339
지성 등의 한정자 265, 358, 392
지성적 아뜨만 255
지식(知識) 98
지식력(知識力)과 행위력(行爲力) 266
지식의 일관성 194, 195, 209, 473, 512
직각(直覺) 121
직접성 98

직접적 앎 113, 114, 120, 133, 154, 160, 165-169, 188, 397, 478

ㅊ

창조주 514
천상, 지상 등의 처소 349
초능력 310, 311, 417, 449, 485
초월해서 말하는 것 362
최상의 지성 406
추론된 것 209, 354, 355, 473, 474, 485, 495
추리학자 168, 193
출가자(出家者) 161, 524
취지 131

ㅋ

카스트 110

ㅌ

탈육화(脫肉化) 상태 140-142, 161, 397, 463
태양의 뿌루샤 224
특정한 행위와 연계하기 145

ㅎ

하나에 대한 지식을 통한 모든 것에 대한 지식 321, 533, 537, 546
하위 브라흐만 375
하위의 지식 321
한 뼘의 척도 329
한정자 177
한정자의 차이 196, 197
함축 503
해탈론자 142
해탈에 대한 욕구 109, 356
행위결과를 마시는 것 291
행위 촉구와 행위 억제 135, 155, 157
행위편(行爲篇) 136
향유 287
'허공'이라는 말 464
환술 281, 401, 481, 482, 499
환술사 208, 401
환영 227
환희로 이루어진 것 198
환희로 이루어진 아뜨만 200, 201, 213, 214, 217, 221
황금의 수염을 가지는 것 227
회귀 433, 438
홍미 309